高等院校公共管理系列教材

The Principles of
Administrative Law

行政法原理

王景斌 蔡敏峰◎主编

图书在版编目(CIP)数据

行政法原理/王景斌,蔡敏峰主编. —北京:北京大学出版社,2016.4
(高等院校公共管理系列教材)
ISBN 978-7-301-27013-4

Ⅰ. ①行… Ⅱ. ①王… ②蔡… Ⅲ. ①行政法学—中国—高等学校—教材 Ⅳ. ①D922.101

中国版本图书馆 CIP 数据核字(2016)第 063077 号

书　　　名	行政法原理 Xingzhengfa Yuanli
著作责任者	王景斌　蔡敏峰　主编
责任编辑	朱　彦　朱梅全
标准书号	ISBN 978-7-301-27013-4
出版发行	北京大学出版社
地　　　址	北京市海淀区成府路 205 号　100871
网　　　址	http://www.pup.cn
电子信箱	sdyy_2005@126.com
新浪微博	@北京大学出版社
电　　　话	邮购部 62752015　发行部 62750672　编辑部 021-62071998
印　刷　者	三河市北燕印装有限公司
经　销　者	新华书店 787 毫米×1092 毫米　16 开本　30.75 印张　603 千字 2016 年 4 月第 1 版　2016 年 4 月第 1 次印刷
定　　　价	59.00 元

未经许可,不得以任何方式复制或抄袭本书之部分或全部内容。
版权所有,侵权必究
举报电话: 010-62752024　电子信箱: fd@pup.pku.edu.cn
图书如有印装质量问题,请与出版部联系,电话: 010-62756370

前　言

为公共管理专业的本科生、MPA研究生开设"行政法原理"作为基础课程十分必要。

我在多年教学中发现，公共管理专业的学生大多没有法学基础，所以将给法学专业学生使用的行政法教材直接用于公共管理专业的教学是不合适的。因此，在全国范围内为公共管理专业的学生编写一本符合其专业特点的教材显得十分必要。为此，我在教学中不断修订自己使用的讲义，希望时机成熟时出版这样一本教材。经过教学实践积累，我从以下三个方面出发，努力使这本教材更有针对性：

第一，让概念交代更加全面、系统。鉴于公共管理专业的学生普遍没有法学基础，为避免直接进入行政法学习在概念上的唐突，我补充了必要的概念。通过全面、系统地阐述相关概念，以利于学生对相关知识的理解与掌握。例如，在"公共行政"概念的阐述中，不只是对公共行政作一个基本的界定，更是介绍了针对"公共行政"这一概念的十余种中外学说。

第二，让法的价值植入行政管理。我在教学中发现，大部分公共管理专业的学生在学科的价值判断上局限于管理学。管理学与法学对行政权有不同的价值追求是正常的，行政管理学以行政权行使的绩效、效益为第一取向，忽视公平、正义的价值选择；而行政法学往往以行政权公平、正义地行使为第一取向，兼顾效率与效益。通俗地讲，一个追求"快"，一个追求"好"。法的价值能致远，即可持续地实现效率才是真效率，不能偏离公平、正义追求效率。例如，在行政权来源问题上，传统行政法教材多不作科学阐释，导致很多学生在研究行政管理时不问权力来源，对权力与权利的关系这一行政法的基础性问题不能形成正确认识。如果说公共管理专业的学生通过纯粹的管理学课程学习，能使自己的工作更有效、更科学，那么通过"行政法原理"课程的学习，能使他们对行政权作出新的价值判断，从而使他们做到更加公正、更具人性化。

第三，体系建构更加清晰、易懂。对公共管理专业的学生来说，所面临的一大难题是行政法的体系庞大、内容繁复，常常使他们无从下手。本书按照行政法的基本脉络，分为四编：行政法学本论、行政主体论、行政行为论与行政救济论。各章节之间有严密的逻辑关系，公共管理专业的学生按照这一顺序学习，就可以轻松入门，掌握行政法的基本知识与理论体系。

本书的完成，得益于师门内众多弟子的努力，包括蔡敏峰、邱宇峰、夏琦绿、王翠红等，他们在我教学使用的讲义基础上，按我的要求查阅文献，进行汇总分析，并协助我对书稿做了后期的集中整理工作。

最后，感谢北京大学出版社的朱梅全编辑，他在 2014 年主动来我的课堂找我，表达了给公共管理专业的学生专门写一本行政法教材的想法。正是他的诚意、热情和耐心，才让本书能较快付梓。对他的大力支持，在此由衷地表示感谢。此外，也望读者批评指正。

王景斌

2016 年 1 月

目 录
Contents

第一编　行政法学本论

第一章　绪论　001
　　第一节　行政与公共行政　001
　　第二节　行政权及其来源　012
　　第三节　行政法　015
　　第四节　行政法学　028

第二章　行政法理论基础　036
　　第一节　行政法理论基础诸说　036
　　第二节　行政法理论基础的界定　052
　　第三节　我国行政法学理论基础的展望　054

第三章　行政法律关系　056
　　第一节　行政法律关系的含义与性质　056
　　第二节　行政法律关系的构成要素　058
　　第三节　行政法律关系的类型与特征　059
　　第四节　行政法律关系的产生、变更与消灭　061

第四章　行政法基本原则 063
　　第一节　行政法基本原则概述　063
　　第二节　合法行政原则　065
　　第三节　合理行政原则　069
　　第四节　比例行政原则　071

第五节　应急行政原则　　075
　　第六节　公正行政原则　　076
　　第七节　诚信行政原则　　079
　　第八节　民主行政原则　　081
　　第九节　文明行政原则　　084
　　第十节　责任行政原则　　086

第二编　行政主体论

第五章　行政主体原理　　093
　　第一节　行政主体概述　　093
　　第二节　行政主体的职权、地位与优益权　　100
　　第三节　行政主体的职责、权限与责任　　102
　　第四节　行政主体的产生、变更与消灭　　104
　　第五节　行政主体资格的确认　　105
　　第六节　行政主体之间的关系　　106
　　第七节　行政主体法定代表人　　108
　　第八节　行政主体的相对方：行政相对人　　108

第六章　行政主体与行政机关　　113
　　第一节　行政机关概述　　113
　　第二节　行政主体与行政机关的区别与联系　　114
　　第三节　行政机关的类型　　115
　　第四节　我国现行行政机关体系　　116
　　第五节　行政机关组织法、编制法　　117
　　第六节　机构改革与行政机关的发展　　118

第七章　行政主体与公务员　　122
　　第一节　公务员概述　　122
　　第二节　公务员法律关系　　124
　　第三节　公务员的双重身份及其划分　　127
　　第四节　公务员的权利与义务　　128

第五节　公务员法　　　　　　　　　　　　130

第三编　行政行为论

第八章　行政行为原理　　　　　　　　　132
　　第一节　行政行为概述　　　　　　　　132
　　第二节　行政行为的分类　　　　　　　137
　　第三节　行政行为的内容与形式　　　　143
　　第四节　行政行为的效力　　　　　　　145

第九章　抽象行政行为　　　　　　　　　150
　　第一节　抽象行政行为概述　　　　　　150
　　第二节　行政法规　　　　　　　　　　154
　　第三节　行政规章　　　　　　　　　　156
　　第四节　其他规范性文件　　　　　　　165

第十章　具体行政行为　　　　　　　　　168
　　第一节　具体行政行为概述　　　　　　168
　　第二节　行政许可原理与实务　　　　　171
　　第三节　行政征集原理与实务　　　　　188
　　第四节　行政强制原理与实务　　　　　194
　　第五节　行政处罚原理与实务　　　　　201
　　第六节　行政检查原理与实务　　　　　213
　　第七节　行政规划原理与实务　　　　　220
　　第八节　行政奖励原理与实务　　　　　225
　　第九节　行政合同原理与实务　　　　　231
　　第十节　行政指导原理与实务　　　　　238
　　第十一节　行政给付原理与实务　　　　245
　　第十二节　行政确认原理与实务　　　　248
　　第十三节　行政裁决原理与实务　　　　251
　　第十四节　行政调解原理与实务　　　　257
　　第十五节　行政仲裁原理与实务　　　　265

第十一章　行政程序理论　　276
第一节　行政程序概述　　276
第二节　行政程序法概述　　279
第三节　行政程序法的产生与发展　　283
第四节　行政程序法的基本原则　　288

第十二章　行政违法与不当　　294
第一节　行政违法概述　　294
第二节　行政违法的形态　　302
第三节　行政侵权　　309
第四节　行政不当　　311

第十三章　行政责任　　313
第一节　行政责任概述　　313
第二节　行政责任的分类　　315
第三节　行政责任的承担方式　　315
第四节　行政责任的追究　　317
第五节　行政责任的免除、转继与消灭　　319

第四编　行政救济论

第十四章　行政救济概述　　322
第一节　行政救济的概念　　322
第二节　行政救济的分类　　323
第三节　回归公正价值下的行政救济制度　　326

第十五章　行政复议救济　　330
第一节　行政复议概述　　330
第二节　行政复议法的基本原则　　333
第三节　行政复议法律关系　　336
第四节　行政复议管辖与范围　　338
第五节　行政复议机关与机构　　343

第六节　行政复议参加人　　345
　　第七节　行政复议程序　　349
　　第八节　行政复议证据　　352
　　第九节　行政复议法律责任　　354

第十六章　行政诉讼救济　　357
　　第一节　行政诉讼概述　　357
　　第二节　行政诉讼的受案范围　　367
　　第三节　行政诉讼管辖　　372
　　第四节　行政诉讼参加人　　386
　　第五节　行政诉讼证据　　401
　　第六节　行政诉讼的法律适用　　425
　　第七节　行政诉讼程序　　428
　　第八节　特殊行政诉讼　　439

第十七章　行政赔偿救济　　444
　　第一节　行政赔偿的概念与特征　　444
　　第二节　行政赔偿与其他赔偿的区别　　445
　　第三节　行政赔偿与行政补偿的区别　　448
　　第四节　行政赔偿的分类　　451
　　第五节　行政赔偿请求人与义务机关　　453
　　第六节　行政赔偿的提起与处理程序　　455
　　第七节　行政赔偿的方式与计算标准　　458
　　第八节　行政赔偿的追偿制度　　460

第十八章　行政信访救济　　462
　　第一节　行政信访的概念　　462
　　第二节　行政信访法律关系主体　　463
　　第三节　行政信访的受案范围及管辖　　467
　　第四节　行政信访程序　　469

参考文献　　476

第一编 行政法学本论

第一章 绪 论

本章要点

1. 了解行政与公共行政的概念。
2. 了解行政权来源的不同学说。
3. 了解行政法与行政法学的关系。
4. 了解行政法学在法律体系中的地位。

导语

学习行政法碰到的第一个问题就是何谓行政,了解行政及其相关知识是进入这门学科的第一步。一提到"行政",很多人会立刻想到诸多与"行政"相关的词汇,如"公共行政""私行政""行政权""行政管理""行政主管""行政人员"等。了解行政法中的"行政"指的是什么,以及公共管理中的"公共行政"有什么内涵,是掌握行政法学的前提。

第一节 行政与公共行政

一、行政

1. 行政的概念

行政法,顾名思义,是与行政有关的法。因此,要了解行政法,首先需弄清行政的含义。"行政"一词的英文是"administration",源出于拉丁文"administrare",原意是"执行事务"。据美国出版的《文字与科学》一书统计,"行政"一词有多达12种含义。但是,它通常多指对政务的管理,即对国家与公共事务的管理。行政法上的"行政",通常指国家与公共事务的管理,而不是指对一般社会组织、私人企业内部事务的管理。前者一般称为"公共行政"(public administration),后者相对于前者叫作"私人行政"。只有前者才受行政法调整、规范,它是国家的一种专有活动,体现着国家的一类职能即行政管理职能。非行政法意义上的"行政",未必一定与国家的管理、公共事务的管理有联系,可以指一般意义的社会管理。例如,美国学者怀德(Leonard D. White)就在其《行政学导论》一书中说:行政艺术乃是为完成某种目的而对许多人的指挥、协调与控制。这显然与行政法上的"行政"相去甚远。

对于作为国家活动行为的行政,国内外学者亦无统一的解释,主要观点有如下几种:

第一种观点认为行政是指国家意志的执行。这种观点把国家的活动分为两大部分:一部分是国家意志的制定和表达,另一部分是国家意志的执行和推行。行政是后一部分的国家活动。持该说的主要代表是美国行政学家 F. 古德诺(F. J. Goodnon),他在《政治与行政》一书中提出政治、行政二分说,指出:"在一切政治制度中,只有两种基础的功能,即国家意志的表达和国家意志的执行。前者谓之政治,后者谓之行政。"这种解释已开始对国家活动进行分类,提出行政只是国家活动的一种类型、一定范围内的活动,而不是一切或全部活动。在更早之前,德国学者奥托·迈耶(Otto Mayer)等曾简单地把行政等同于国家活动或为国家目的而进行的一切活动,这是一个进步。这种观点与当时强调的议会主权、议会至上原则有契合之处,即强调行政是国家意志的执行有利于表达国家意志的制定和表达高于执行,有利于限定行政的地位和作用。但是,这一见解过于绝对化。例如,行政决策也是国家意志的表达,不过是在决策的层次、范围、效力上与一般议会或权力机关的决策不同罢了。

第二种观点认为行政是指除立法、司法活动之外的一切活动。人们将这种观点概括为"排除说",又称"扣除说""蒸馏说""除外说"。其特征是从消极的意义上给行政下定义。持这种观点的主要代表人物是日本的行政法学家美浓部达吉,他的原话是:"行政是除立法、司法以外的一切活动。"[1]室井力在其所著的《日本现代行政法》一书中也表达了这一观点。这一观点明显是建立在资产阶级的分权学说的基础之上,与三权分立的原则相吻合,在资产阶级学者中有较大"市场",为他们所普遍接受。它是从国家的作用、职能方面着眼的,即除其他作用、职能,如立法作用、职能和司法作用、职能外,再将剩余者归为行政作用。但是,问题在于:其一,该

---

[1] 转引自张载宇:《行政法要论》,台湾汉林出版社1977年版,第10页。

学说仅止于形式意义的表述,没有反映其实质内容。如果说"行政是除立法、行政以外的一切活动",也可以说"立法是除行政、司法以外的一切活动","司法是除立法、行政以外的一切活动"。可见,这是一种毫无意义的,无法说明问题的循环定义。其二,现代行政出现职权交叉与混合趋势,同一行政机关可能同时具备行政、准立法、准司法职能,"排除说"便难以表述行政的含义了。

第三种观点认为行政是指国家事务的管理,被称为"行政即管理说"。美国《社会科学大辞典》就是这样解释的。萨佛里兹的《公共行政辞典》也将"行政"表述为政府事务的管理和指导。这种解释在国外较流行,与我国普遍流行的"行政即管理说"近似,只是欠充分,缺乏进一步的补充说明。"行政"与"管理"在一定意义上是同等概念,仅用管理确定行政并没有充分表述行政的含义,需要作进一步的补充和解释。

第四种观点是"行政机关职权说",认为"行政乃行政机关本于行政职权所为之一切行为"。此说似显过狭。

第五种观点是"目的说"或者"目的实现说"。例如,德国行政法学者奥托·迈耶、乃班德(Paul Laband)等人主张,行政是实现国家政治目的的一切活动。日本行政法学者田中二郎认为:"近代行政,可理解为于法之下,受法之规制,并以实现目的为目标,所为之整体上具有统一性之继续的形成性国家活动。"①另一位日本行政法学者南博方认为,行政是"为适应国家社会的需要具体实施公共政策的过程及行动"②。以上观点试图从正面给行政下一个积极的定义,但是都趋向于简单地把行政等同于国家活动,是为国家而进行的一切活动。这是一种"警察国"的行政观,已与现代法治不合。

第六种观点是"组织管理说"。马克思在《评一个普鲁士人的〈普鲁士国王和社会改革〉一文》中给"行政"下过一个定义,即行政是国家的组织活动。我国许多行政法学者认为这一定义是科学的,它"不仅提示了行政的本质,而且划定了它的范围"③。我国学者进一步具体化地指出:"行政是国家行政机关对国家公共事务的决策、组织、管理和调控。"④"行政是国家行政主体依法对国家和社会事务进行组织和管理的活动。"⑤按照"组织管理说",行政法上的行政可分解为下列几层意思:

(1) 行政就其性质而言是一种国家活动,而不是一般的社会活动,即不包括私人企业、组织、团体内部的管理活动。

(2) 行政是现代国家权力分立体制的产物,没有立法、司法与行政职能的分

---

① 〔日〕田中二郎:《新版行政法》(上卷),弘文堂1974年版,第5页。
② 〔日〕南博方:《日本行政法》,杨建顺、周作彩译,中国人民大学出版社1988年版,第8页。
③ 转引自胡建淼:《行政法学》,法律出版社1998年版,第4页。
④ 罗豪才:《行政法学》,北京大学出版社1996年版,第3页。
⑤ 胡建淼:《行政法学》,法律出版社1998年版,第5页。

工,就不存在以执行、适用法律和贯彻立法机关意志为目的和内容的行政。

(3) 行政活动的方式和手段主要包括决策、组织、管理和调控等。

(4) 行政的范围有日益扩大的趋势,已经不仅仅局限于国家行政即国家事务的管理,也涉及广泛的公共事务的管理即公行政。国家行政属于公行政,而公行政并不等于国家行政。所谓公行政,是指除了国家行政之外,还包括其他非国家的公共组织的行政,如公共社团(如律师协会、医生协会等)的行政以及公共企事业单位(如国家企业、公立学校、研究院所等)的行政。传统的行政法学通常只研究国家行政。20世纪以后,不仅限于国家行政的其他公行政也被纳入行政法的视野。例如,许多英美的行政法著作在讨论正当法律程序原则时,引用公立学校开除学生学籍或给予其他纪律处分的案例,以及律师协会拒绝给律师颁发执照或吊销开业律师执照的案例。德国、法国、日本等国的行政法著作大多单设专章,研究国家行政机关以外的公法人行政。在我国,人民法院的行政判例近年来也开始涉及国家行政机关以外的公行政问题。例如,原告以自己符合高校的录取条件而高校拒绝录取为由提起诉讼,以及高校学生因不服校方开除、退学处分或拒发毕业证、学位证而提起诉讼。法院将被诉高校作为法律、法规授权的组织而将其纳入行政诉讼被告的范畴。

2. 行政的价值

价值,是对好坏、美丑、善恶、利弊、得失等以功能、功用为标尺进行衡量的理性形态。在哲学上,价值属于客观世界满足主观需要的意义关系的范畴。从"价值"这一概念产生的机理可以看出,价值是一个表征关系的范畴,它反映的是在人类实践活动中主体与客体需求与被需求的关系,揭示的是人的实践活动的动机和目的。[1] 行政价值是价值及其观念在行政领域的具体体现。价值对于行政来说并非毫无关涉,其自身也并未不中立,而是具有多元性、时态性、地域性、层次性以及包容性等特质。行政价值是自在的、自为的,而不是独立的。[2] 行政具有多角度、多方位的价值,包括但不限于民主、法治、效率、公正、服务和责任等。寻找行政的核心价值是建构行政及行政法体系的首要问题,以下我们试从效率与公正的阐述与对比中明晰行政的核心价值。

(1) 行政效率

"效率"最初是自然科学中使用的一个概念,它主要是指产出的能量或功与所投入的能量或功的比值。后来,"效率"被应用到了社会科学领域,成为社会科学中广泛使用的一个术语。

早期的行政和行政法学者认为,效率就是指以经济的手段获得最大的效果,即主要是追求人力、物力、财力和时间的节省。后来,"行政效率"的概念得到了进一

---

[1] 参见张文显主编:《法理学》(第四版),高等教育出版社、北京大学出版社2013年版,第249页。
[2] 参见高小平等主编:《行政的价值》,湘潭大学出版社2013年版,第7页。

步的发展,即从行政活动对社会所起的作用和做出的贡献角度衡量行政效率。

行政效率是指公共组织和行政工作人员从事公共行政管理工作所投入的各种资源与所取得的成果和效益之间的比例关系。各种资源是指人力、财力、物力和时间以及各种有形无形的资源。

效率是政治与行政二分以及官僚制基础上必然的价值选择。行政是一个事务性领域,即对公共政策的执行,其目标是如何有效地执行政策,这种技术性工作所追求的价值必然是效率。马克斯·韦伯(Max Weber)所推崇的建立在形式理性基础上的现代官僚制度因其"准确、速度、知识、连续性、灵活、统一、严格的服从、摩擦少、物力和人力成本低"①,即现代官僚体制因效率而具有技术上的优势,成为现代行政组织最理想的组织形式。

新中国成立后,政治稳定和经济发展成为政府和社会的首要任务。只有提高生产力水平,促进经济的全面发展,改善人民生活,新生的政权和国家局势才能得以稳定,社会主义各项事业才能得以开展。因此,从新中国成立至"大跃进"之前这一时期,效率是政府行政的首要价值追求,政府通过高度集中的政治与经济体制对社会生活进行全面的干预与管理,并通过国家政权的强制性作用使得社会高度一体化。这一价值选择在当时的情况下是必要的,而且具有一定的合理性。实践证明,在大力发展经济的思想指导下,我国的社会主义建设取得了辉煌的成绩,提前完成了社会主义改造。②

但是,我们非常清楚,现代社会中,行政的作用从根本上是为了促进自由、民主、人权等人们所共享的基本价值。因此,效率仅仅是行政所追求的价值之一。行政从本质上说属于社会公器,属于全体社会成员,它要向全体社会成员提供公共产品和公共服务,其所作出的决定和制定的公共政策与全体社会成员休戚相关。这一公共性本质决定了行政必须保证公共产品和公共服务始终面向全体社会成员,而非为某一特殊群体或利益集团服务。正是行政的这一特质,决定了效率仅具有工具性价值,即只有在确保所提供的公共产品和公共服务是公平的、正义的前提下,效率才有意义。

效率作为行政的工具性价值有其存在的合理性,问题在于传统行政把效率推向极端,作为行政的核心价值甚至是唯一价值。这种效率至上的价值观具有片面性,在实践中产生了巨大的危害。这其中隐含着一种风险,即效率可以摆脱其他行政价值而独立存在,单纯讲效率可能会忽视行政的本质,忽视行政作为社会公器而存在。在行政实践中,效率至上的直接后果就是单纯追求经济增长,把政府的合法性建立在经济增长的基础之上。效率虽可以带来经济增长,但经济并不是人们所

---

① 〔美〕文森特·奥斯特罗姆:《美国公共行政的思想危机》,毛寿龙译,上海三联书店1999年版,第37—38页。
② 参见高小平等主编:《行政的价值》,湘潭大学出版社2013年版,第87页。

追求的全部,不能取代人们所追求的其他基本价值。单纯追求效率,忽视人民的其他价值诉求,可能会使政府失去人民的认同和信任,从而使政府面临合法性危机。同时,把效率作为公共行政的核心价值在行政实践中会产生另一种危害,即行政官员为追求政绩而千方百计地制造政绩。比如,时下众多的"形象工程"、官场上出现的数字游戏以及为制造政绩而造成的"政绩债"等,均是对效率目的化、唯一化非常形象的注解。

(2) 行政公正

公正是人类社会中具有永恒价值的基本理念和维系社会秩序的行为准则,也是人类思想史上最早关注的哲学命题。在不同的历史阶段,思想家们都对公正的问题作出了反映其时代精神的探讨。近代以来,公正的问题成为哲学、伦理学、政治学、社会学以及经济学等多个学科普遍关注的问题,几乎一切涉及如何对待人的学科都难以避免地对公正的问题发表意见。自古至今,对于如何理解公正,许多学者都提出了自己的意见,但一直是见仁见智,聚讼纷纭。公正历来就是人们追求的一种价值目标,尽管它的内容在不同时代是各不相同的。博登海默(Edgar Bodenheimer)形象地说:"正义有着一张普罗透斯似的脸,变幻无常,随时可以呈现不同形状,并且有极不同的面貌。"①

亚里士多德(Aristotle)认为:"公正是一种完全的德性,它是尚未分化的、相关于他人的德性,有了这种德性,人们就不但能以德性对待自己,并且以德性对待他人。所以,公正不是德性的一部分,而是整个德性。"②古罗马法学家乌尔庇安说:"正义乃是使得每个人获得其应得的东西的永恒不变的意志。"③阿奎那(Thomas Aquinas)认为:"正义是一种习惯,依据这种习惯,一个人以一种永恒不变的意愿使每个人获得其应得的东西。"④

行政公正,又叫"行政公道""行政公平",是确保行政机关行使行政权的过程和结果可以为社会一般理性人认同、接受所要遵循的原则。行政公正一方面要体现行政的本质要求,另一方面又要代表社会公正的基本精神。因此,我们必须从行政活动与社会公正的有机结合上理解行政公正。

公正是行政的本质属性与核心价值,是行政的最基本美德和品格。行政只有合乎正义的要求才是合法正当的。威廉·葛德文(William Godwin)认为,人们对于政权的要求来源于社会生活状态中的非正义行为和暴力行为,而一个合法的政权必须是能够表现出合乎功利和正义要求的政权。"只要集体稍一超越正义的界限,

---

① 〔美〕E.博登海默:《法理学——法哲学及其方法》,邓正来、姬敬武译,华夏出版社1987年版,第238页。
② 〔古希腊〕亚里士多德:《尼各马科伦理学》,苗力田译,中国社会科学出版社1990年版,第88页。
③ 转引自〔美〕博登海默:《法理学——法哲学及其方法》,邓正来、姬敬武译,华夏出版社1987年版,第253页。
④ 同上书,第254页。

它的正当权力也就马上结束。"①这表明,拥有权力的人必须合乎公正地行使权力才具有合法性、正当性。离开了行政公正,政府就从根本上失去了存在的必要性。公正自始至终是政府的根本属性和政府发展的基本逻辑。

(3) 行政的价值冲突及选择

所谓价值冲突,是指一种人的行为不能同时满足两种或两种以上的价值要求的情景。行政的价值冲突"是指行为主体处于一种两难的情形:它本应该满足两种义务或两种规范要求,但实际上它无法做到这一点,而是必须两者择一,从而势必要违背其中的一种义务或规范"②。价值本身是多元的,从理想角度来说,我们的行为应满足每一种价值要求。也就是说,对人类有价值的东西都是我们所应当追求和保护的。但是,实践中,我们的行为常常不可能同时满足所有的价值要求,当我们实现一种价值的时候就必须舍弃或减损另外一种价值。因此,我们必须对价值进行排序,区分先后和轻重缓急,以避免面临价值冲突时无从选择的境地。

在现代社会的治理体系中,一般说来,政治家谈论较多的是公正问题,而行政部门则较为倾向于效率追求。公共行政转化为一个公正导向的治理体系,是一个需要通过行政价值观念的根本性转变才能达到的目标。也就是说,它不意味着简单地把政治上的、伦理上的公正价值引入公共行政过程就能够实现公共行政的公正导向,而是一个在公正追求中包含着效率并充分实现效率目标的公共行政重建过程。在某种意义上可以说,当公共行政从属于效率目标的时候,是不能够达成其目标的;如果超越了效率目标,以公正的目标追求代替之,反而会包含效率目标的充分实现。这是根据21世纪复杂性、不确定性迅速增长以及人群分化加剧的历史背景去重建公共行政所必须考虑的基本原则。

公共行政在社会事务管理过程中,必然会遇到公正地对待社会公众的问题,而且需要在制度安排中充分地考虑公正的问题。如上所述,在20世纪关于公共行政的理论研究中,对公正问题的探讨显得非常薄弱。这是因为,20世纪的公共行政研究主要受到科学精神的统摄,以至于公正这一本应贯穿于几乎全部人文社会科学的伦理精神在公共行政学中被忽视。公共行政实践进而丧失了公正追求的理论支持,效率导向掩盖甚至排挤了公正导向。

人的社会生活也因政府公正追求的弱化而被异化。正如罗尔斯所说:"一个社会,当它不仅被设计旨在推进它的成员的利益,而且也有效地受着一种公开的正义观管理时,它就是组织良好的社会。也就是说它是一个这样的社会,在那里:(1)每个人都接受、也知道别人接受同样的正义原则;(2)基本的社会制度普遍地满足、也普遍为人所知地满足这些原则。"③20世纪的公共行政没有做到这一点,所

---

① 〔英〕威廉·葛德文:《政治正义论》,何慕李译,商务印书馆1980年版,第150页。
② 甘绍平:《道德冲突与伦理应用》,载《哲学研究》2012年第6期,第93—94页。
③ 〔美〕约翰·罗尔斯:《正义论》,何怀宏、何包钢、廖申白译,中国社会科学出版社1988年版,第3页。

以这个社会不是一个"组织良好的社会"。在21世纪,公共行政需要在20世纪科学技术和物质生产力取得的巨大成就基础上,推进整个社会朝着"组织良好的社会"这一目标前进,因而需要根据"一种公开的正义观"实施对社会的管理。这样,无疑就把公正在公共行政中的价值突显了出来。

公共行政的效率导向是工业社会大生产文化的具体体现,也是发生在社会复杂性已经引起人们注意,但是复杂性程度不高的历史条件下的,这是一个社会表现出"简单复杂性"的历史阶段。在这一社会,自然和社会的运行规律都是可以被认识的,并且能够根据对事物运行规律的认识而作出科学、合理的安排。科学地把握世界是效率追求的前提,20世纪公共行政的效率导向完全契合了这一历史条件。当然,由于公共行政对象即社会生活的复杂性程度远远超出了效率导向所能够统摄的临界点,使20世纪公共行政的效率追求表现出不成功的方面。但是,就其效率追求而言,它还是有着历史合理性的。当人类进入21世纪,社会复杂性程度已经达到了使公共行政固有模式变得无法驾驭的地步,固定的制度、形式合理性的程序以及格式化的行为模式等,都在社会生活的复杂性和不确定性面前显得无能为力,以至于社会经常性地陷入危机状态。在这种情况下,公共行政的效率导向就不能不让位于公正导向这一新的目标模式了。

公共行政的公正导向并不是对效率导向的排斥,相反,恰恰是在公共行政的公正导向中包含着效率追求。公正能够生成和促进效率。这是因为,公共行政的公正导向不仅在行政体系中"呼唤"出有效率的行动,而且能够在它的管理对象那里,即在整个社会中激发出存在于社会成员之中的整合社会秩序、推动社会发展的潜能。也就是说,由于公共行政的公正导向为社会成员提供了平等地参与社会治理以及其他社会生活的机会,对他们在发挥自己的主动性和能动性方面起到激励作用,他们不需要把一切问题都交由政府处理,而是可以积极地处理一切他们自己能够处理的问题,即使对于那些他们自己不能独立处理的问题,也会在组织起来的自治体中先进行解决问题的尝试。这样,公共行政的公正导向不仅在整个社会中"呼唤"出很高的效率,而且在很大程度上把政府从日常社会事务的管理中解放了出来,使政府的运行成本下降,使行政效率得以大幅度提高。公共行政的公正导向是获得社会秩序的最佳途径。

二、公共行政

1. "公共"的含义

"公共行政"是公共行政学中的专门术语,由于在"行政"前面加了"公共"二字,使"行政"本身的含义更为丰富。

美国著名的公共行政学家德怀特·沃尔多(Dwight Waldo)在《公共行政学研究》一书中给"行政"下了一个定义后,紧接着就提出了三个相互联系的问题:"什么是'公共'行政?""'公共'(public)这一修饰词表示什么特征?""公共行政怎样区别于一般行政,种怎样区别于属?"

英文"public"本身包含"公(有)的""公众(事务)的""政府的""公家的""公立的""社会的""公用的""公共的""公开的"等多种意思,它的反义词是"private"(私人的),其概念外延的直观理解比较明确,但在具体探讨它的内涵时却会遇到难以回答的问题。沃尔多对此评论说,我们可以用不同的方法探索"公共"的意义。他列举了三个方面:(1)可以根据"政府"和"国家"之类的词语给"公共"下定义,这就要求进一步探讨"主权""合法性""普通福利"等法律概念、哲学概念以及普通政治理论方面的问题;(2)可以按照在某种社会中人们认为有哪些公共职能或公共活动的认识,简单地从经验方面给"公共"下定义,但是由于人们认识不同而很难有统一的规定;(3)可以根据政府所执行的职能或活动的常识性方法下定义,但是有许多政府行为是不稳定或不确定的。沃尔多认为,理解"公共"的含义和意义的最有效的方法是利用一些已在社会学、人类学等学科中得到最充分发展的概念,即用结构—功能分析的方法和文化概念分析的方法进行分析。他的论述说明了由于各国的社会观念和国情不同,对"公共"一词理解的复杂性。

在"行政"前面加上"公共"一词包括下面几个含义:

（1）与私人行政相区别。"公共"是相对于"营利的""私人的""企业的"行政来说的,即强调执行行政活动的主体主要是公共部门或公共服务机构,而不是私人企业或私人机构。

（2）明确了行政活动的目的和性质。如果进行抽象的研究,所有的行政管理都有同样的职能、程序、要素和过程。但是,不同的行政管理活动有不同的目的和性质。例如,封建国家的行政管理的目的和性质是巩固王权和少数人的统治,私人行政的目的和性质是营利,而公共行政的目的和性质主要是为公众提供服务。由于国家的本质是阶级统治的工具,在资本主义国家中,"行政"前面虽然加了"公共"二字,但是其目的和性质与其词义仍有本质的区别,"公共"两个字只说明了政府职能的形式而不是本质。

（3）强调行政所负的社会责任和义务。行政活动的目的和性质决定了它应负的社会责任和义务,因此其工作绩效不能简单地用利润或效率作标准,而必须用服务数量、质量、满足社会需求的程度等多种尺度作标准。

（4）强调公众的参与性。行政的整个活动过程和广大公众的利益有密切联系,这种参与主要表现在公众对政府决策的影响,通过立法、司法机构对政府行为的约束,以及通过各种渠道对政府活动的舆论监督等各个方面。

（5）强调了行政活动的公开性。国外有人形容,"公共行政官员近似于在金鱼缸里生活",并且"他不仅要干得很好,而且要使公众知道他干得很好",这都需要公开性。公开性一方面说明行政官员的工作要有透明度,让公众知晓;另一方面说明要让立法机关、司法机关、新闻媒介和公众了解主要的行政工作,并随时接受检查、调查和监督。由于"公共"一词具有以上这些主要内容,因此"公共行政"一词本身的含义要比"行政"一词丰富得多。

2. 关于"公共行政"的解释

在对"公共"和"行政"两个概念有了初步理解之后,我们可以对"公共行政"的概念有一个初步认识。关于什么是"公共行政",国内外学者有多种多样的解释和定义,现将其中有一定代表性的论述列举如下:

(1)"公共行政的过程就是实现政府意图或愿望的种种行为。因此,公共行政就是政府的持续不断地活跃着的'业务'工作,这种业务工作是通过一系列组织和管理程序,同法律的执行联系起来的;至于这种法律则由立法机关(或者其他权威性的机构)制定,并由法院进行解释。"[①]

(2)"公共行政是实现政治决定的目标。"[②]

(3)"公共行政可定义为与执行立法机关、行政部门和法院所采用或颁布的法律及其他规定相联系的一切过程、组织和个人(后者以官员职位和角色行动)。对这个定义应该理解为还包括制定和执行立法与行政命令中的许多管理事务在内。"[③]

(4)"公共行政:第一,是在公共环境中共同合作的群体努力。第二,包括所有三个部门——行政执行的、立法的和司法的——以及它们的相互作用。第三,在制定政策方面有重要作用,因此是政治过程的一部分。第四,明显地不同于私人行政。第五,在提供社会服务方面,与许多私人团体和个人有密切关系。"[④]

(5)"它的目的是促进深入了解政府以及政府与其所管理的社会的关系,鼓励制定更为关心社会需要的公共政策。"[⑤]

(6)"公共行政是运用管理的、政治的、法律的理论和过程,遵行立法、执行和司法部门的政府命令,以履行对整个社会及其各个部分进行规制管理和提供服务的职能。"[⑥]

上述定义可说是众说纷纭,各有侧重。实际上,这种情况反映出公共行政研究中仍然存在的一个问题,即直到现在还没有任何可以为多数人所接受的关于公共行政的简单明了的定义。国外不少学者认为,很难用一句话甚或一段话给公共行

---

① 此语出自德怀特·沃尔多的《公共行政学》。转引自〔美〕R. J. 斯蒂尔曼编著:《公共行政学》,李方、潘世强等译,中国社会科学出版社 1988 年版,第 10 页。
② M. Shafritz Jay, The Facts on File Dictionary of Public Administration, Facts on File, Inc. ,1986, p.439.
③ Ibid.
④ Felix A. Nigro, Lloyd G. Nigro, Modern Public Administration, Harper & Row, 1984, p.11.
⑤ Henry Nicholas, Public Administration and Public Affairs, Prentice-Hall, 1989, p.20.
⑥ H. David Rosenblum, Public Administration: Understanding Management, Politics and Law in the Public Sector, Clarinda Company, 1993, p.6.

政下定义。

除此之外,由于公共行政研究几乎涉及社会领域的各个方面及其跨学科的性质,更导致了研究重点和定义上的千差万别,以至于美国学者弗雷德里克·C.莫舍(Frederick C. Mosher)认为:"也许最好是不要给它(公共行政)下定义。它更多地是一个兴趣的领域而不是学科的领域,更多地是一个问题的焦点而不是一门科学。它必然是跨学科的。"①

以上对公共行政定义的论述,是为了便于读者从多个角度探讨公共行政领域,对此学科的研究范围和内容有较广泛的了解。如上所述,一门学科的科学性、应用性是与其概念的规范性、定义的确定性密切相关的,对公共行政的定义还应作更深入的探讨。

3. 我国国内对"公共行政"的理解

我国现有的行政学方面的著作一般对"行政"和"公共行政"未作明确区别,统称为"行政"或"行政管理"。现将一些定义按时间顺序列举如下:

(1)"行政管理是国家的基本职能之一,是对国家事务的一种有组织的管理活动,目的是实现统治阶级的意志。"②

(2)行政是"行使国家权力、从事国家事务管理的活动"③。

(3)"行政是国家的组织活动,是行使国家权力,管理整个社会的活动。"④

(4)行政"是指国家行政部门管理国家事务、政府事务和社会事务的活动"⑤。

(5)行政是"国家政务的管理活动"⑥。

(6)"所谓行政管理,是指国家产生以后,国家政府部门通过组织、领导、指挥、协调和全体工作人员的共同努力,以完成行政任务,实现国家目标的一种基本政府职能。"⑦

(7)"所谓行政管理是指国家依据宪法和有关法律,通过各级行政机关对国家事务、社会事务和政府事务进行管理的活动。"⑧

(8)"行政管理是从社会管理中演化出来的一种特殊管理,随着国家的产生而产生,是一种高层次的管理。它的基本含义应该理解为:是国家政府系统对社会公共事务的管理。"⑨

---

① 转引自〔美〕R.J.斯蒂尔曼编著:《公共行政学》,李方、潘世强等译,中国社会科学出版社1988年版,第7页。
② 应松年主编:《行政管理学》,北京师范学院出版社1986年版,第4页。
③ 田禾:《中国社会主义行政管理学导论》,西南师范大学出版社1986年版,第2页。
④ 王健刚等编著:《行政机关学》,上海交通大学出版社1987年版,第1页。
⑤ 谭健主编:《现代行政管理手册》,辽宁人民出版社1987年版,第1页。
⑥ 黄达强、刘怡昌主编:《行政学》,中国人民大学出版社1988年版,第3页。
⑦ 李方、李福玉主编:《行政管理学基础》,高等教育出版社1988年版,第10页。
⑧ 蒋翰庭主编:《行政管理学基础》,机械工业出版社1989年版,第6页。
⑨ 向美清主编:《现代中国行政管理学教程》,法律出版社1990年版,第2页。

与国外学者关于公共行政的定义相比较,我国学者侧重于"谁"管理"什么"的问题,主要涉及行政管理的主体及其任务和活动范围,如行政主体包括国家、国家行政部门(机关)、国家政府系统等,行政范围包括国家事务、社会事务、政府事务、社会公共事务等等;而国外学者则侧重于如何管理的问题,如强调执行法律、实现政治决定的目标、制定并执行公共政策等。这些定义反映出研究的侧重点的某些区别,但在研究的基本内容上又存在着许多共同的方面。

4."公共行政"的定义

综上所述,"公共行政"可概括为:国家行政组织或公共行政组织在宪法和有关法律规定的范围内,对国家和社会公共事务的管理活动。这个定义包括"谁在管理""如何管理""管理什么"三个方面。其一,国家行政组织或公共行政组织是行政管理的主体,由于各国国家政治体制和行政体制各不相同,行政管理的主体也不同,用这种较为抽象的概念可以更多地概括它们的本质和共同点;其二,行政管理的主体并不是国家的最高权力机关,而是与立法、司法部门相对的行政执行部门或国家最高权力的执行机关,它对执行宪法和各种法律负有责任,在宪法和法律规定的范围内进行管理是各国行政组织的一种普遍特点,即使是议行合一的行政体制也有这种特点;其三,管理国家和社会公共事务突出了"公共"的特性,涉及公共权力的运用、公共利益、公共政策、公共服务等问题。在以私有制为基础的国家中,强调公共行政是一种历史的进步,它本身是资本主义国家中民主政体思想的一种反映。它一方面与封建君主制国家的行政管理相区别,另一方面与私人行政相区别。在我国,由于国家政治体制和行政体制是以公有制为基础的,行政管理本身具有"公共"的性质,因此在某种意义上和"公共行政"是同义词。但是,我国在对"行政"的理解上,长期以来有一种传统的认识,或是单纯地将其等同于"管理",或是将其等同于"一般事务或后勤事务管理"。如果不加"公共"二字,容易和传统的认识相混淆。同时,随着我国由传统的计划经济体制向市场经济体制过渡,多种经济成分出现和发展,私人行政的领域在逐步扩大,国家行政机关对国家和社会公共事务管理的职能、范围、方式、界限也在发生着变化。这种情况说明,公共行政和私人行政作为两个研究领域已成为一种趋势。尽管在我国,私人经济和私人行政不会构成行政主体,但如何对其管理仍需要进行研究。这种研究所揭示的不是"行政"的共性,而是"行政"的"个性"。同样,对国家和社会公共事务管理所进行的研究强调的是"行政"的另一种"个性"。

第二节 行政权及其来源

一、行政权

按照多数人的观点,所谓行政权,是指国家行政机关执行法律、实施行政管理活动的权力,是国家政权的组成部分。近代资产阶级著名法学家布莱克(Black)就从这个角度,给行政权作过一个权威的解释:行政权即执行法律的权力,它区别于制定法律以及对法律纠纷裁判的权力。行政权的含义,还可以从它与相关概念的比较中加以理解:

(1) 行政权与政权。政权通常指一个国家的统治权,统治权完整而独立就意味着主权。行政权是国家政权的一个组成部分,是国家主权的一项内容。政权的主体是国家,而行政权的主体是政府(行政主体)。

(2) 行政权与行政职权。行政权指行政机关依法管理国家行政事务的权力,是一般的、笼统的所指。行政职权则是"定位"到具体的行政机关和工作人员身上,与其职务和职位相适应的管理资格和权能。两者是抽象与具体、一般与个别的关系。

(3) 行政权与行政权限。行政权一般由三个要素构成,即权力主体、权力内容、权力范围。行政权限仅指权力范围,即行使行政权所不能逾越的范围界限,是行政权的构成要素之一。两者是包含关系,而不是等同关系。

(4) 行政权与权利。行政权作为一种权力,与权利在法理上是不能等同的概念。两者的区别主要表现在:其一,就含义而言,行政权指一定的机关或组织依法所具有的支配力量,权利指一定的公民、法人或者其他组织(有时也包括国家机关)可以依法进行的一定作为或不作为的资格。其二,就性质与归属而言,行政权属于国家行为,故与之搭配的动词多用"实施";权利不同于国家行为,故与之搭配的动词多用"享有"。进一步讲,实施权力的行为具有单方性,不以相对一方的态度和行为为转移;而所享有权利的实现则取决于义务人的态度和行为,具有非单方性。其三,就主体而言,权力的主体限于一定的国家机关或法律法规授权的组织,公民个人不能成为权力主体;而权利不受此限,任何人都可以依法享有一定的权利。其四,就能否自由处分而言,行政权不允许实施主体自由处理,权利则可以被享有人相对自由地放弃或转让。

行政权存在的基础是公共利益。公共利益是为了保证私人利益最大化而存在的,是"反映在个人利益之中的最一般的、相对稳定的、不断重复的东西,是人的最强大的利益基础"①。每个人都是其自身利益的最佳判断者,都有追求自身利益最大化的自由。因此,人们才从理性的角度选择了公共利益,并且为了维护公共利益而选择了公共权力。无论从哪个角度来看,行政机关(政府)都是公共权力最主要的行使者。因此,可以说,公共利益构成了行政权得以行使的道德基础和伦理基础。

行政权就其实质而言,是一种可以强制他人服从的力量,是行政主体代表国家

---

① 公丕祥:《马克思法哲学思想述论》,河南人民出版社1992年版,第283—284页。

强制被管理者服从的力量。由于行政权是一种带有支配、命令、强制等特性的权力,故其行使本身对于承受者就蕴含着某种可能的侵犯性。由于行政权的行使者基于公务需要,往往被赋予较多的行政自由裁量权,这又使行政权的运用具有某种扩张性、任意性。同时,行政系统内部呈层阶式的机构设置方式,实行下级服从上级的组织原则,这决定了其纵向上的支配力明显强于横向上的制约力,习惯于排拒内外干预,把某种意志一贯到底,而缺乏自律自控意志。显而易见,如果不对行政权进行适当的制约,它可能产生很大的消极、破坏作用。它的侵犯性、扩张性、任意性所影响或威胁的,往往是宪法、法律赋予一般公民、法人及其他组织的权利(益)。因此,对行政权通过一定的原则、制度、程序进行监督制约,防止其被滥用、发生腐败是十分必要的,这也是行政法最重要的任务之一。法律的功能之一就在于防止权力的滥用,对于行政法而言尤其如此,若不能对在社会生活领域辐射面最广、干预影响最细微、运用最频繁的行政权加以有效监督制约,其价值无疑等于零。

二、行政权的来源

行政权的来源是行政法学领域重要且不可回避的理论问题,但是并未引起学界的足够重视。权力的高度集中在我国有着悠久的历史,人们习以为常地认为权力,尤其是其中最积极主动、与公民日常生活息息相关的行政权,理所当然地来源于政府。作为我国基本大法的《宪法》第2条第1款明确规定:"中华人民共和国的一切权力属于人民。"由此可见,我国法律从形式上确认人民是权力的最终拥有者。世界上绝大多数的国家宪法均承认人民(或国民、公民)是权力的主体,每个人享有的天赋权利是行政权的唯一来源。

"人类天生都是自由、平等和独立的;没有本人的同意,不能剥夺任何人的这些权利,也不能使任何人受制于另一个人的政治权力。一个人放弃其自然赋予的自由并受制于公民社会约束的唯一途径,就是通过社会契约同其他人联合组成一个共同体,以谋求他们彼此间的舒适、安全与和平的生活。组成共同体后,人们便可以安稳地享受他们的财产,并且有更强大的力量来抵御外来侵略。无论人数多少,人们都可以通过社会契约组成一个共同体。因为这不会危及其他人的自由,没加入的人仍然可以像以前一样保有自然状态中的自由。当任何数量的人通过契约而建立一个共同体或政府时,他们就因此立刻结合起来并组成一个国家。在这个国家中,多数人有权立法和作出决定,少数人必须服从。"①这是行政权最初形成的基本理论,在忽略阶级性质而单纯看其内涵的情况下可知,行政权是人民为了一定的目的而从基本人权中派生出的一种权利。

在民主和法治社会,国家的一切权力属于人民,源于社会经济和政治关系的公

---

① 〔英〕洛克:《政府论》,刘晓根编译,北京出版社2007年,第100页。

民权利是国家权力的源泉,国家(及其机构)的权力是由人民赋予的,是人民委托出去的;国家权力的配置,行使国家权力的机构的设置及其运作方式和程序,以及国家核心官员的产生,都是公民行使权利的结果。不是权力"创造"或"批准"权利,而是权利"创造"和"批准"权力。权力来源于权利的背后是人民的利益高于一切,人民的利益是国家一切活动的目的和源泉。① 张文显教授坚定地赞成权力来源于权利,权力服务于权利,权力应以权利为界限,权力必须由权利制约。

"国家权力属于人民采取间接行使方式的部分","行政权力来源于公民权利。从行政权力的来源来看,是公民让与或'赋予'了政府某些权力。"② 张英俊教授认为,公民权利是政府权力天然的界限,公权力不仅不得损害公民的一般权利,还必须以保护公民权利为目的。

因为行政权来源于私权利,所以行政权的运行要遵守以下原则:

(1)以民意为基础。国家行政机关是国民共同意志的执行机关,执行宪法、法律和政策,全心全意为人民服务,是中央和地方各级人民政府的天职。因此,不仅在实质上,而且在行政管理过程中,要充分体现民意、尊重民意,反映广大人民群众的意愿和要求。

(2)以政策为依据。政党是现代政治的生命线。在现代社会,政党是综合民意、代表民意的社会政治组织,尤其是执政党通过综合民意、提炼政策,领导政府,影响政府行为,属于现代民主政治的常规形式。所以,国家行政权力的运行,必须以执政党的政策为依据,接受执政党的政策指导。

(3)以法律为准绳。在行政权力运行过程中,法律是最重要的依据和准绳。执政党基于民意提出的各项政策,虽然可以有效地影响政府权力的运行,但是有时会因为缺乏权威性和规范性而导致自由裁量权的滥用,影响政府职能的实现。所以,通过立法或行政机关,及时地将执政党的成熟政策制定为法律或法规,用来规范行政权力的运用和社会公共行为,是现代国家管理的基本模式。③

第三节 行　政　法

一、行政法的概念

行政法,源于法文"droit administratif",英文为"administrative law",日文翻译成"行政法"。法国被认为是行政法的"母国"。由于社会历史发展、制度、法律及文化等背景的差异,以及认识角度的不同,学者们对行政法概念的表述也存在分歧,可

---

① 参见张文显:《法哲学范畴研究》(修订版),中国政法大学出版社2001年版,第396页。
② 张英俊:《现代行政法治理念》,山东大学出版社2005年版,第71页。
③ 参见张永桃主编:《行政管理学》,高等教育出版社2003年版,第29页。

简单归纳为如下几种:

(1) 把行政法定义为有关行政之法。例如,德国法学家奥托·迈耶在其于1886年出版的《法国行政法理论》一书中提出:"行政法即关于行政之法,属于行政之法。"这可以说是一种最简单的定义,统而论之并不错,但缺乏对行政法内涵和外延的进一步提示,不便于明确行政法的内容体系、本质特征等。

(2) 认为行政法是管理法。从管理的角度界定行政法,谓之"管理论"。"行政法作为一种概念范畴,就是管理法,更确切地说:就是国家管理法。……管理主体对管理对象的影响……是借助于行政法规范来实现的。""行政法是政府机构中从事管理活动的各种机构的组织、权力、职责、权利和义务的法。简言之,它是关于公共管理的法。"①这一理论在早期特别是在大陆法系国家和前苏联及东欧国家的行政法学中占统治地位,在我国的计划经济时代也比较流行。管理论在一定社会历史条件下,对社会的稳定和发展起过积极作用。但是,它具有明显的片面性:在政治上过分强调政府的集中管理,视法为管理工具;以管理者为本位、主体,而将管理对象视为纯粹的义务客体,过于强调两者之间权力与义务的不对等,只要求管理对象服从命令而轻视追究管理者的违法责任。这与现代社会的发展、民主与法治原则不相适应。

(3) 认为行政法是"调整行政关系的法律规范的总称"②,或者说是"调整行政活动的法律"③,或是"关于国家各个方面行政管理活动的法律规范的总称"④等。此类定义的特点是以行政活动、行政权力为中心,单纯从管理者的角度界定行政法,而忽略了管理对象的地位、权利,以及从监督法引申出对行政的监督这一行政法的重要使命;同时,从逻辑上也极易导出行政法的管理主体享有特权的法律结论。日本学者中村弥三次的表述似能道出这种实质:"行政法就是以命令关系即职务上的命令服从为构成原理的执法机关所适用的法规总称。"⑤今村成和则更直截了当,他在1982年出版的《行政法入门》一书中说,所谓的行政法,是在拥有广泛行政权的政府活动这个意义上被使用的。

(4) 根据行政法包含的主要内容给行政法下定义。例如,日本行政法学家田中二郎认为,行政法是"有关行政之组织、作用及其强制之国内公法"⑥。

(5) 认为行政法是用于控制行政权的法律,有称之"控权说"。英美一些行政法学者从权利本位出发,认为"行政法是控制政府权力的法","行政法是控制和执

---

① 〔苏〕B. M. 马诺辛等:《苏维埃行政法》,黄道秀译,群众出版社1983年版,第24页。
② 王珉灿:《行政法概要》,法律出版社1983年版,第14页。
③ 王名扬:《法国行政法》,中国政法大学出版社1989年版,第14页。
④ 《法学辞典》编辑委员会编:《法学辞典》,上海辞书出版社1984年版,第334页。
⑤ 〔日〕中村弥三次:《规范行政法学》,有斐阁1932年版,第25页。
⑥ 转引自〔日〕盐野宏:《行政法1》,刘宗德译,台湾月旦出版社股份有限公司,第26页。

行各种行政程序的法律"①;"行政法是控制国家行政活动的法律部门,它设置行政机构的权力,规范这些权力行使的原则,以及为那些受行政行为侵害者提供法律补救"②;"行政法是管理行政机关的法,而不是由行政机关制定的法"③。"无论是在普通法国度还是在大陆法国度,贯彻于行政法的中心主题完全是相同的。这个主题就是对政府权力的法律控制。"④控权说的特点是,从目的着眼,给行政法下定义。它强调必须通过行政法制约行政权,防止其腐败,以保障公民的权利等。这一学说虽具有一定的道理,有利于制约权力、保障权利,但对现代社会所要求的积极行政、提高行政效率等未给予足够的重视,有失片面。

(6) 认为行政法是关于赋予行政权、规范行政权的运行以及权利补救的法,即围绕行政权表述行政法的意义,其实质亦强调控权。

(7) 认为行政法是调整行政关系以及在此基础上产生的监督行政关系的法律规范和原则的总称,谓之"平衡说"。按照这种观念,行政关系即管理关系。在这种关系中,行政机关处于主导、优势地位,享有指挥命令权,传统上称之为"权力—服从"关系,具有非平衡性。监督行政关系则指为了监督行政权,解决行政争议而产生的各种关系。例如,在行政诉讼关系中,行政机关被置于被动地位,须为自己行为的合法性、合理性辩护,承担更多的义务。这种关系同样具有非平衡性。行政法既调整行政关系,又调整监督行政关系。综观其运作全局,它经历了管理中的非平衡、监督中的倒置不平衡,最终到平衡的辩证过程。行政法就是以实现这种最终的平衡为目的的"平衡法"。这种观点的特点是,从调整的社会关系的角度阐明什么是行政法。

以上定义是从不同的角度作出的,各有各的道理。由于认识问题的角度、切入点不同,很难形成一个公认的行政法定义。事实上,所谓"定义"也就是一个抽象的界定,它可能是深刻的、概括性的,却不可能涉及事物的全部内容、所有层面。在我们看来,因为行政法的目的与作用是多重的,从单一目的出发定义行政法失之偏颇,还是从其内容、调整对象的角度给行政法下定义相对稳定,容易把握一些。

二、行政法的渊源

1. 行政法的渊源概述

行政法的渊源是指行政法的存在形式。任何部门法均需通过一定的法律规范和原则形式表现,行政法亦不例外。

---

① K. Davis, Administrative Law Text, West Publishing Co., 1972, p.1.
② 〔美〕伯纳德·施瓦茨:《行政法》,徐炳译,群众出版社1986年版,第2页。
③ 同上。
④ 〔印度〕M. P. 赛夫:《德国行政法—普通法的分析》,周伟译,台湾五南图书出版公司1991年版,第4页。

不同国家行政法的渊源不尽相同,概括起来,大致有以下五种:

(1) 制定法

制定法通常包括宪法、法律、法规、行政规章等。例如,在德国,行政法的制定法法源就较多。德国的制定法《行政程序法》就是德国行政法的基本法。

尽管就制定法在行政法法源中所占地位而言,各国情况不同,但是它作为法源之一是没有例外的。世界上没有哪一个国家的行政法完全没有制定法法源。

(2) 判例法

判例法是指"可作为先例据以决案的法院判决"[①]。作为判例法的法院判决,其所确立的一般规则不仅拘束法院本身(本级法院和下级法院),而且也拘束行政机关。行政机关在实施行政行为时,也必须遵循法院相关判例所确定的原则;否则,其行为在行政诉讼中就有被法院撤销的危险。法院判决对行政行为发生拘束力和执行力,因而成为行政法的法源之一。

判例法不仅在英美法系国家普遍是行政法的法源,在部分大陆法系国家,如法国等,亦是行政法的重要法源。

(3) 习惯或惯例

作为行政法法源的习惯主要指某种社会习惯。习惯主要是调整私法关系的法源,它作为行政法法源通常只是实质渊源,而不是形式渊源。例如,在日本,公民长期持续使用某种公物即形成某种习惯性权利。如在公共河流里取水、漂木材,在公共原野上放牧等,一旦长期固定使用,行政机关实施有关行政行为即应受之约束。

惯例在此指行政惯例,为行政主体实施行政行为的某种习惯。在英美法系国家,特别是英国,行政惯例在行政法渊源中占有重要地位。在法国、日本等国家,行政惯例作为法源的情况则较少,且在行政惯例相对固定后,往往以判例法或成文法取而代之。

(4) 行政法理

在许多国家(无论是英美法系国家还是大陆法系国家),行政法不仅以制定法、判例法、习惯或惯例为法源,而且以权威法学著作、学说确立的行政法理、行政法基本原则为法源。例如,经常为西方国家法院司法审查所引用的自然正义原则、不准翻供原则、越权无效原则、比例原则、穷尽行政救济原则等,均是通过学说确定的。当然,这些原则在被法院适用后,即转换成判例法规范,有的国家甚至通过成文法加以固定。例如,在一些国家的行政程序法中,往往专设"总则"一章,规定行政法的基本原则。

(5) 条约、协定

条约、协定主要是国际法的法源,有时也会涉及行政权的运作,从而成为行政

---

① 《中国大百科全书·法学》,中国大百科全书出版社1984年版,第449页。

法的渊源。如《万国邮政条约》,以及国与国之间避免双重征税、双重国籍的协定等。

行政法的法源多种多样,又由于各国的法律制度不同,各类行政法法源之间的效力位阶也不存在一个统一的原则。一般而言,成文法法源优于判例法法源;判例法法源优于习惯、惯例和法理等形式的法源;作为条约、协定的法源则优于国内法法源。

2. 我国行政法的渊源

我国是成文法国家,行政法法源一般只限于成文法,依其制定主体、效力层次、制定程序的差别等,大体包括以下八类:

(1) 宪法

宪法是国家的根本大法,具有最高法律地位和法律效力。宪法中确立了一系列行政法的原则和规范,这些原则和规范具有基础、纲领指导性,并具有统率作用和最高的适用效力,也被作为行政法的渊源。宪法中所包含的行政法律规范通常很强,主要涉及:一是行政权力的来源、取得;二是行政机关的法律地位和活动原则;三是行政机关的设立程序、体制、职责权限等制度;四是公民权利与行政权力的关系,特别是公民权利遭受行政权力侵犯时的处理原则。

(2) 法律

法律指国家最高权力机关制定的规范性文件,它包括基本法律和一般法律。基本法律由全国人大制定,一般法律由全国人大常委会制定。法律作为行政法规范的表现形式,有三种情况:一是整体上具有行政法性质,如《行政诉讼法》《行政处罚法》;二是以行政法为主要内容或重要内容,如《国家赔偿法》,就不仅包括行政法规范,还包括其他部门法规范;三是以其他部门法为主要对象的某一项法律,包括行政法规范,如《婚姻法》中有关结婚、离婚登记的规范。

(3) 行政法规

行政法规特指国务院制定的规范性文件,其具体名称有"条例""规定""办法"和"实施细则"等,如《政府信息公开条例》《行政复议条例》等。行政法规作为行政法的一种渊源与其他法律渊源相比,更集中地规定和体现了行政法的内容,在行政法表现形式中占重要的地位。从法律效力上看,行政法规的效力低于宪法、法律,故它作为行政法渊源的有效行政法律规范,必须与宪法和法律相一致,不得出现抵触情形;否则,该行政法规无效。

(4) 地方性法规

地方性法规指省、自治区、直辖市的人大及其常委会,省、自治区和设区的市及自治州的市的人大及其常委会在不同宪法、法律、行政法规相抵触的前提下,根据本行政区域的具体情况和实际需要制定的规范性法律文件的总称,是地方人民政府从事国家行政管理的法律依据之一。地方性法规中有相当一部分涉及地方国家行政机关权力的取得、权力的行使以及对权力的监督等问题,涉及公民、法人或者其他组织在行政权力行使过程中的权利和义务,因而是行政法的重要渊源。

(5) 自治条例和单行条例

自治条例和单行条例是民族自治地方的人大依照宪法、《民族区域自治法》和其他法律规定的权限,结合当地的政治、经济和文化的特点所制定的规范性法律文件。自治区的自治条例和单行条例,须报全国人大常委会批准后生效。自治州、自治县的自治条例和单行条例,须报省或自治区的人大常委会批准后生效,并报全国人大常委会备案。自治条例和单行条例作为行政法的渊源,既可以规定民族自治地方的自治机关的组织和工作,也可以规定地方行政管理事务。

(6) 行政规章

行政规章指国务院所属各部门或有关地方人民政府依职权或授权制定的具有强制力的普遍性行为规则。行政规章又分为部门规章和地方规章。部门规章指国务院各部门根据法律、行政法规等在本部门权限内制定的规定、办法、实施细则等规范性文件的总称。例如,财政部发布的《财政支农资金项目管理试行办法》、交通运输部发布的《船舶升挂国旗管理办法》等。根据我国《宪法》和《地方各级人大和地方各级人民政府组织法》的规定,在国务院的各部门中,只有各部、委才能发布规章。但是,根据社会生活的迫切需要,法律和行政法规有时也可以授权国务院的直属机构发布规章。部门规章的地位低于宪法、法律、行政法规,不得与它们相抵触。地方规章指省、自治区、直辖市及设区的市以及自治州的市人民政府,根据法律和行政法规所制定的规范性文件的总称。例如,青海省人民政府发布的《青海省经销伪劣商品处罚暂行规定》、湖北省人民政府发布的《湖北省处理专利纠纷暂行办法》等。地方规章除不得与宪法、法律、行政法规相抵触外,还不得与上级或同级的地方性法规相抵触。

(7) 国际条约和行政协定

国际条约指规定两个或两个以上国家关于政治、经济、贸易、法律、文化、军事等方面相互权利和义务的各种协议。行政协定指两个或两个以上的政府之间签订的有关政治、经济、贸易、法律、文化、军事等方面内容的协议。国际条约和行政协定的区别在于:前者以国家名义签订,后者则由政府签订。我国一旦与外国或外国政府签订了条约或协定,所签订的条约和协定对国内的机关、组织和公民同样具有法律拘束力。这样,国际条约和行政协定中具有的行政法方面的内容即成为我国行政法的一个渊源。例如,《保护世界文化和自然遗产公约》《万国邮政公约》《承认及执行外国仲裁裁决公约》《国际劳工公约》等。我国已加入世贸组织,世贸组织的规则等国际性规则成为新形势下我国行政法的重要渊源之一。

(8) 有权法律解释

法律解释是指对法律规范的含义以及所使用的概念、术语、定义所作的说明和解释。法律解释可分为无权解释和有权解释。无权解释主要包括学者的解释等。有权解释属具有法律效力的解释。作为行政法渊源之一的法律解释是有权解释，大致可分为四种：

① 立法解释，指全国人大常委会对法律条文本身的界限予以进一步明确或用法令加以补充规定的解释。

② 司法解释，指最高人民法院和最高人民检察院对审判和检察工作中如何具体适用法律、法规的解释。司法解释的具体形式又分为解释、规定、批复三种。对某一类案件、某一类问题如何适用法律，采用"解释"的形式；对审判工作提出的规范、意见，采用"规定"的形式；就审判中具体问题的请示所作的答复，采用"批复"的形式。

③ 行政解释，指国务院及其主管部门对非审判和检察工作中如何具体适用法律、行政法规问题的解释。

④ 地方解释分为两种：一是地方国家权力机关对自己制定的地方性法规条文本身的界限予以进一步明确或作补充规定的解释；二是地方人民政府的主管部门对本级地方人民政府制定的地方规章如何具体应用的解释。

在以上四种解释中，最高人民法院的司法解释具有特别重要的地位。这是因为，在法律解释实践中，最高国家权力机关很少作出立法解释，很多法律由最高人民法院进行司法解释。行政解释和地方解释虽然也具有重要意义，但是这些解释是否符合法律原意，人民法院在审理具体案件时还要附带进行适当的司法审查。人民法院如果认为相应解释不符合法律原意，虽然不能撤销和宣布其无效，但是可不予适用，或者以司法解释取而代之。

关于法的一般原则、习惯、判例等形式应否成为我国行政法的不成文法渊源，尚有争论。在国外，不成文形式作为法的渊源早成定论。在我国，目前许多人提出承认不成文法，尤其是判例，是行政法的渊源。他们认为这样可以使法的精神更加明确和具体化，以适当的灵活性解决行政审判实践中遇到的某些行政法律、法规等成文法渊源难以适应变化的情况等问题。同时，行政判例法也有为行政成文法的制定积累、总结经验以及创造条件等价值。

三、行政法的内容及分类

1. 行政法的内容

行政法的内容，是指由行政法所确立的各项权利（力）与义务的内容。世界各国由于历史渊源和理论基础的不同，其行政法的内容也存在差异。

在我国，行政法的内容主要包括：一是有关行政主体的法律规范，如行政组织制度、公务员制度等；二是有关行政行为的法律规范，涉及抽象行政行为和具体行政行为；三是有关行政程序的法律规范即行政程序法；四是有关行政违法和行政责任的法律规范,包括行政赔偿、行政补偿等;五是有关行政救济的法律规范,如行政复议、行政诉讼等。

2. 行政法的分类

行政法的内容十分广泛,在行政法学研究中,许多学者从不同角度,依不同标准,对行政法进行了分类:

首先,以行政法的作用为标准,将行政法分为三大类:第一类是有关行政组织的规范,这类规范基本上可分为两部分:一部分是有关行政机关的设置、编制、职权、职责、活动程序和方法的规范,其中职权、职责规范是行政组织规范的核心。另一部分是有关国家行政机关与其公务员双方在录用、培训、考核、奖惩、晋升、调动中的权利(职权)、义务(职责)关系的规范。第二类是行政行为规范,其中主要是行政机关与个人、组织双方权利(职权)、义务(职责)关系的规范。这类规范数量最多,涉及面最广,情况最复杂。第三类是对行政进行监督的规范,其中包括关于行政诉讼的原则、形式、程序的规范。

其次,以行政法调整对象的范围为标准,将行政法分为一般行政法与特别行政法。一般行政法是对一般的行政关系和监督行政关系加以调整的法律规范和原则的总称。例如,行政组织法、公务员法、行政程序法等。一般行政法调整的行政关系和监督行政关系的范围广、覆盖面大,具有更多的共性,常常是其他行政法规范的基础。特别行政法(部门行政法)是对特别的行政关系和监督行政关系加以调整的法律规范的总称。它具体包括经济行政法、军事行政法、教育行政法、公安行政法、民政行政法、卫生行政法、体育行政法、科技行政法等。

最后,以行政法规范的性质为标准,行政法可分为实体行政法与程序行政法。实体行政法是规范涉及当事人的地位、资格、权能等实体内容的行政法规范的总称。程序行政法是实施实体法的程序性行政法规范的总称。例如,行政诉讼法,行政程序法等。

另外,根据所调整的社会关系有无隶属性,行政法可分为内部行政法与外部行政法。内部行政法是调整有隶属性的行政关系的行政法,如行政组织法、公务员法等。外部行政法则是调整没有隶属关系的行政主体与行政相对方之间关系的行政法。大部分行政法规范属于外部行政法。根据适用时期不同,行政法可分为平时行政法与战时行政法。平时行政法是和平时期适用的行政法,战争时期则适用战时行政法。

四、行政法的性质和特征

1. 行政法的性质

行政法的性质主要体现在以下三方面:

(1) 行政法的政治属性

行政法是与宪法具有最密切关系的部门法,有学者将之称为"动态的宪法"。行政法的研究领域涉及国家与公民的关系、权威与自由的关系、社会与个人的关系等政治学的基本问题。与其他部门法相比,行政法与主权、政党、政策等政治现象的联系是紧密而不可分的。从这一角度出发,行政法可以被看作有政治意义的法。

(2) 行政法的公法属性

行政法主要负责调整公权关系,即国家行政机关在行政管理即公务活动中,与作为相对一方的公民、法人等关系的法,故应当属于公法。当然,不能说行政法就是公法,否则无法解释无公私法区分的传统国家的行政法现象。这种提法旨在阐明行政法调整和规范对象的特殊性。无论在哪一个国家,公权与私权的不同都是存在的。

(3) 行政法的国内法属性

行政法不是规定国家与国家之间关系的法律,它属于国内法。尽管国内行政法有时为国际行政法所吸收而成为国际关系的准则,国际法有时也是国内行政法的渊源,但这些都不影响行政法的国内法性质。例如,我国加入世贸组织和世界人权组织后,国内行政法也吸收了一些国际法上的原则,体现出一定的国际性特征,如经济利益和诉求的国际化等。但是,相比较而言,行政法的国内性仍然占主导地位。

2. 行政法的特征

行政法的特征主要有以下几点:

第一,内容,行政法具有广泛性、易变性。广泛性指行政法所调整、规范的内容几乎包括了社会生活的所有领域,不仅限于传统的治安、军事、税务、外交,还包括工商、食品、卫生、保健、环境、劳务、社会福利等。可以说,各个社会领域所发生的社会关系均需行政法进行调整。易变性指相对于其他法律,诸如宪法、民法、刑法等,行政法的内容容易发生变化,没有相当的稳定性。其原因是,社会公共事务、经济状况等发展多变,与之相适应,行政法的内容亦需修正,即不断地废、改、立。当然,这种易变性只是相对于其他部门法而言的,其基本特征还在于稳定性,不能因强调其变动而随意变动,朝令夕改。

第二,形式上,行政法无统一、完整的法典,而是由众多的分散于各个法律文件中的行政法规范所构成的。这是由于,其一,行政法涉及的社会生活领域十分广泛,内容纷繁复杂,技术性、专业性强,行政管理关系变动又快,故制定一部包罗万象、完整统一的行政法典是十分困难的。虽然有的国家进行过尝试,但都没有成功。其二,部分行政管理关系的稳定性低,变动性大,有必要留给法律位阶较低的法规和规章调整,而不宜由统一法典进行规范。行政法不存在统一的法典,并不意味着行政法没有法典。无论我国还是外国,在行政法的许多领域都形成了不少局部性的法典,如我国的《行政诉讼法》《国家赔偿法》等。尽管目前尚不存在统一的行政法典,但对将来有无可能下结论还为时过早,至少在理论上不能排除这种可能性。这是因为,统一的行政法典并非将一国所有的具体行政法规汇集成一部大全,而是将一国行政法的一般原则和基本规范编纂在一起,形成一个统一的、有内在逻辑联系的法律规范体系。随着行政法各领域局部法典的日益完善,以及调整行政管理关系的一般原则的逐步形成,制定通则式或纲要式的行政法典成为可能。事实上,有的国家已开始这种尝试。例如,荷兰在20世纪90年代制定了《荷兰行政法通则》。只是这种情况属个别现象。

第三,行政法赖以存在的法律形式、法律文件以及行政法规范的数量特别多,居各部门法之首。制定行政法的机关也多,包括权力机关、不同层次的行政机关。这种多级立法体制归根到底是由行政权内容的广泛性、技术性和规范的易变性决定的。再者,行政法的效力也具有多元性。构成行政法的各种法律规范在时间、空间上的效力和对人的效力并不具有统一性。

第四,行政实体法与行政程序法没有明确的界限。传统上,将法律分为实体法与程序法,如民法与民诉法、刑法与刑诉法通常都是实体法与程序法分开,独立立法成章。行政法的实体性规范与程序性规范总是交织在一起,往往共存于一个法律文件之中。就整体而言,行政法规范更多的是程序性规范,甚至占主导地位。这是因为,行政机关种类繁多、职责各异,行政活动本身又变动不居,很难作出实体的概括。但是,在程序上,有些则是统一的、稳定的、可以作出概括性的规定。这一点也是行政法律关系特殊的地方。在民事关系中,通常在非诉讼情况下,当事人行为按照"意思自治",很少有法律规定的严格的行为程序。在刑事关系中,若规定罪犯按一定的程序作案,那是绝对的荒谬。但是,在行政管理关系中,基于民主、公正的要求以及科学与效率的需要,有必要也有可能为行政机关行使职权规定一定的程序。进一步说,行政实体法与作为行政救济法组成部分的行政诉讼法有十分密切的联系。行政法就其重心而言,更注重对行政权力的行使以及对公民权益受到不法行政侵害之后的补救,即通过行政诉讼寻求对行政权力的适度、最终控制。从此意义上看,行政法离不开诉讼活动,没有行政诉讼就没有行政法。

五、行政法在法律体系中的地位

行政法在法律体系中的地位,主要指行政法在法律体系中担任的角色以及与其他法律的关系。在我国,对于行政法在法律体系中地位的看法比较一致,具体有如下两点:

第一,行政法是宪法的重要实施法。宪法是法律体系中最重要、地位最高的法律,它调整着国家的基本制度。尽管刑法、民法、行政法等都是宪法的实施法,但相对而言,行政法与宪法的关系更为紧密。刑法、民法都实施着宪法某一方面的规定,而行政法却较为全面地实施着宪法。正是在这个意义上,西方法学家霍兰德(Holland)认为,宪法是"静态的行政法",而行政法是"动态的宪法"。当然,宪法与行政法毕竟是两种不同的法:前者是根本法,后者是部门法;前者的效力高于后者,后者不得与前者相抵触。有学者用下面的图例直观地表达了行政法在法律体系中的地位。① 行政法作为"动态的宪法"可以分为行政实体法、行政程序法和行政诉讼法。行政实体法所要解决的问题是行政机关有什么权力,即行政机关能干什么。行政程序法所要解决的问题是行政机关如何行使权力,即行政机关怎么干。行政诉讼法所要解决的问题是行政相对人不服行政权力时的法律救济,即行政机关做错了怎么办。由此,行政法的内外逻辑结构应当是:

图 1-1

第二,行政法是独立的部门法,这反映了行政法与其他部门法的关系。行政法是一个独立的法律部门,不依附于其他部门法,这取决于它所调整对象的独立性。也就是说,它所调整的行政关系是其他部门法所不能调整的。行政法与其他部门法的关系还表现为,行政法规范逐渐向社会的各个角落渗透,直接对其他法律规范产生影响。例如,行政机关越来越多地"插手"国家刑事、民事问题,轻微犯罪属行政法调整,归有关行政部门处理;行政调解和行政裁决活动急剧增加,有的国家甚至出现"行政刑罚"法律规范。这也说明,行政法在法律体系中占有愈加重要的地位。

六、行政法的作用

1. 西方行政法作用理论

关于行政法的作用问题,在西方存在三种理解,即保权说、控权说、均衡说。

(1) 保权说

这种观点认为行政法的作用就是保障行政权。它认为行政法应解决的问题是如何才能让行政权行使得更加顺利,对社会进行更有效的控制,以助于实现统治者和管理者所预期的秩序状态。这种观点的价值取向是行政管理法。持这种观点的人往往属于早期大陆法系国家。

---

① 参见章剑生:《现代行政法基本原则之重构》,载《中国法学》2003 年第 3 期。

（2）控权说

这种观点显然来自于控权理论。它认为行政法主要是解决如何限制行政权的问题,使之不能无限扩大,不压抑、排挤乃至践踏个体权利,进而将行政权力置于法律和社会的控制之下,以助于实现社会公众所期望的行政法治、权力有序行使的状态。这种观点的价值取向是管理行政法。持这种见解的人多为英美法系学者。

（3）均衡说

这是西方近年来出现的一种折中的观点。这种观点对"保权"与"控权"加以折中、均衡,认为行政法既有保权作用也有控权作用。

2. 我国行政法作用理论

目前,在我国,有些学者亦强调行政法具有保障行政管理有效实施与保障公民个人、组织等合法权益的双重作用,并认为两个作用是相互依赖、有机统一、相得益彰的。

具体而言,行政法对行政管理的保障可以从如下几个方面理解:

第一,行政法确认行政权是一种相对独立的国家权力,由国家行政机关享有。其他国家机关不得僭越行政机关的行政权,也不得无故干涉行政机关行使行政权的活动。

第二,确立行政机关相对个人、法人及其他社会组织的行政权以及一定程度的对自己案件的复议权等。例如,当公民个人对行政决定有疑问时,通常不能阻止行政决定的执行;而当行政机关认为公民个人行为违法时,可以迫使公民个人停止行为。又如,在行政合同履行过程中,为公共利益的需要,行政机关可径自中止合同,而相对一方则不能。

第三,随着社会发展的需要,不断确立新的行政权,如行政仲裁、行政司法等方面的权力。

第四,保障行政机关对其公务员的管理权。这是指为了保证行政"机器"的有效运转、内部协调,行政法通常规定行政机关对公务员的录用、考核、惩戒等权力。

第五,保护行政机关在特别情形下的特权,如行政诉讼中行政决定不停止执行。有的国家的行政法规定,在某些情况下,行政机关可以违反国家保密法为由,拒绝出示证据等。

行政法对于保障公民个人、组织等的合法权益的作用体现在:

（1）保护公民个人的财产和人身自由权,禁止行政机关侵犯公民个人此类权利的行为。

（2）保护公民的参政权、批评建议权、申诉控告权,使公民有效地、真正地参与行政管理。

（3）保护公民个人依法取得新的权益,如经营权、免交税费权、专利权等。

（4）保护公民个人的其他法律权利,如信仰宗教权、受教育权、言论出版权等。

另外，行政法还通过建立一系列制度，如听证制度、暂缓执行制度、行政申诉制度、国家赔偿制度等，保障公民个人、组织的合法权益。

同时，认为行政法具有双重作用的观点，并不否认从行政法的特性和我国当今现实角度出发，更偏重于强调行政法保障公民个人、组织等合法权益的作用的思想。[①] 其原因是：首先，在一般行政管理活动中，公民个人、组织等，相对于掌握行政权，可以直接实施各种行政强制手段，且有较优厚的物质力量的行政机关而言，处于"弱者""劣势"地位，故从法理学上的"公平"或"正义"观念出发，我们需要更多强调其保障"权利"的作用。其次，从行政法意识发生原理分析，行政法是因为需要制止、限制不法、违法、法外行政而发展起来的。不法、违法、法外行政的直接后果就是侵犯、损害公民个人、组织等的合法权益，制止、限制不法与违法行政的根本目的亦在于保障公民个人、组织等的合法权益。

也有学者从政治意义上和法律意义上两方面对行政法的功能予以概括：

（1）从政治意义上讲，行政法的功能在于：其一，体现社会主义民主。这包括将宪法所确立的"一切权力属于人民"的原则具体化，通过对检举、揭发、控告、申诉和来信来访等法律制度的规定，落实人民对国家管理的监督、参与权等。其二，作为社会主义法律体系的重要组成部分，规定了国家行政管理方与被管理方各自的法律地位，以及无论哪方违反行政法规范，均应承担的法律责任等，以维护社会主义民主和秩序，实现国家行政管理的法制化。其三，有助于提高国家行政管理的效率。它以法律形式确认了国家行政管理的客观规律，协调并理顺行政管理领域的各项关系，减少其中的"内耗"，并将之与合法性相结合；同时，赋予行政主体必要、有效的各种行政管理手段，如命令、制裁、强制执行等。

（2）从法律意义上讲，行政法的作用体现在：其一，将宪法中的许多规范，诸如关于国家行政机关的组织及其职权、行为等具体化。其二，作为法律事实，导致行政法律关系的发生、变更或消灭。其三，成为当事人提起行政诉讼的根据和人民法院审理行政案件的适用规范。

还有的学者更强调行政法的服务作用，认为现代行政法更应当偏重服务和授益，其内容和方向应愈发侧重于增进社会福利，以最大限度地服务并满足日益增长、永无止境的各项社会需求目标，使国家、政府真正负起兴国利民的责任等。尤其对于政府在培育市场体制之始起主导作用的我国，强调并重视发挥行政法服务作用是十分有益的。

---

① 参见罗豪才主编：《行政法学》（修订本），中国政法大学出版社1996年版，第39页。

第四节 行政法学

一、行政法与行政法学

行政法与行政法学是两个既有联系又有区别的不同范畴。行政法属于法律的范畴,是一系列行政法规范的总称。行政法学则属于法学范畴,是研究行政法的科学,包括研究行政法的基本原则和规范,研究行政法的历史发展规律,研究行政法的本质、内容和形式,研究行政法的制定、执行和遵守等。

二、行政法学体系

行政法学体系是行政法学在学科上的内部结构关系及整体构成方式。它既包含内容上的逻辑联系,也包括形式上的逻辑构架,是对本学科研究的一个综合反映。因此,从一定意义上说,对行政法学体系研究的成熟程度就直接反映出行政法学科本身研究的成熟程度。①

1. 构筑行政法学体系的原则

(1) 大胆借鉴,勇于创新,适应中国国情的原则

应该说,该原则不仅是构筑行政法学体系的原则,更是进行行政法研究所应遵循的原则。新中国行政法学研究经历了一个从无到有、逐渐摸索的过程。在行政法学体系的研究中,存在着不分国情、法律和学术背景,照搬外国模式的情况。为此,诸多行政法学者提出要不断强调立足国情的重要性。姜明安教授认为:"中国行政法学体系不应该照搬照抄外国行政法学体系,因为中国行政法制不同于外国行政法制。"②"不能认为只有根据外国的体系、前人的体系建立的行政法学才能叫作'行政法学',我们根据自己的情况建立不同于它们体系的体系就不是行政法学了。"③当然,我们在立足国情,不照搬照抄的前提下,还应大胆借鉴外国行政法学研究中一切合理的成果和可取之处,通过比较鉴别,使之为我所用。

(2) 适应社会主义市场经济发展的原则

从中共十四大报告中正式提出"社会主义市场经济体制",到其后在《宪法》中的补充确立,均表明市场化已成为我国面向 21 世纪,实现国家富强的战略性选择。它意味着政府和行政相对方的关系,特别是与企业的关系,将产生实质性变化。面对这一当代中国的新国情,学者们就行政法与市场经济的关系展开了热烈探讨,纷

---

① 参见王景斌、陈伟杰:《近年来我国行政法学体系研究述要》,载《行政与法》2001 年第 3 期。
② 北京大学法学百科全书编委会编:《北京大学法学百科全书——宪法学、行政法学》,北京大学出版社 2004 年版,第 558 页。
③ 姜明安:《建立和完善我国社会主义行政法学体系应遵循的原则》,载《学术研究》1985 年第 1 期。

纷提出了重构行政法学体系的新观点、新思路。例如,有学者提出:"行政法学理论应以管理相对方的权利为本位,重构行政法学体系。"①有学者提出,行政法要以"市场经济及其辐射下的社会关系为出发点和归宿"②。罗豪才教授以及众多学者在总结"管理论"和"控权论"之不足的基础上,提出了以"平衡论为基石,建立现代行政法学体系"③的观点,很有影响力和代表性。该观点主张我国应尽快走出计划经济时期重行政主体权力、轻市场主体权利的状态,强调"兼顾"与"平衡"。总之,这一原则要求行政法学的学科体系既反映市场经济发展的客观要求,又体现行政法学理论在对市场经济的培育与发展中的积极作用。

(3)理论研究与行政法实践相结合的原则

"理论联系实际"是进行一切学术研究总的指导方针和宝贵经验。研究行政法学的学者们普遍认识到"理论与实践的紧密结合始终是行政法学不断发展和完善的原动力"④。姜明安教授认为:"我们研究法律不应该仅仅限于考察法律文件,而且应该考察决定此种法律文件的各种社会事实和社会关系;我们不应该仅仅限于解释和说明现有的法律文件,而且应该通过对具体社会事实和社会关系的考察,作出对这些法律文件的评价,并提出完善各具体管理领域法制的有说服力建议意见。"这就要求"行政法学体系适应不断发展变化的客观情势,及时概括总结,做到立足现实与预见未来相结合,对行政法学的发展趋势进行科学的预测","使其成为具有自我调节、自我发展的开放功能的学科体系,以求更有效地指导行政法制实践"⑤。理论研究既要立足于法治实践,揭示其中本质的一般性规律,更要高于实践,体现前瞻性,进而指导法治实践的发展。

2. 行政诉讼法学的并入问题

行政诉讼法学与行政法学的关系是一个有争议的问题,主要有两种观点:一种观点认为行政诉讼法学从属于三大诉讼法学,应当与刑事诉讼法学和民事诉讼法学并列且独立于外。另一种观点则认为行政诉讼法与行政法并非并列的存在,行政诉讼法在实质上应被认为是行政法的一个组成部分,因而行政诉讼法学在实质上也只应作为行政法学的一个组成部分。⑥ 本书赞同杨海坤教授的观点,即同意后者。

行政诉讼法与行政法是密不可分的,它们之间的关系不完全同于民事诉讼法与民法、刑事诉讼法与刑法的关系。首先,行政法调整行政主体与行政相对人的行

---

① 皮纯协、朱韶武:《社会主义市场经济要求发展行政法》,载《法制与经济》1993年第4期。
② 杨海坤、章志远:《中国行政法基本理论研究》,北京大学出版社2004年版,第114页。
③ 罗豪才、袁曙宏、李文栋:《现代行政法的理论基础——论行政机关与相对一方的权利义务平衡》,载《中国法学》1993年第1期。
④ 程雁雷:《重构行政法学体系应遵循的原则》,载《行政法学研究》1994年第3期。
⑤ 参见姜明安:《建立和完善我国社会主义行政法学体系应遵循的原则》,载《学术研究》1985年第1期。
⑥ 参见杨海坤:《中国行政法基本理论》,南京大学出版社1992年版,第562页。

政关系,规范行政权的行使;行政诉讼法则调整行政相对人因不服行政主体的具体行政行为而向人民法院提起诉讼的行政诉讼关系,规范监督行政权行使行为。规范监督行政权行使行为的法律是规范行政权行使的法律的实施保障。其次,行政诉讼法调整的行政诉讼制度与行政法调整的行政复议、行政裁判制度是紧密相连的,行政诉讼往往以行政复议、行政裁判为前置程序。行政复议、行政裁判程序与行政诉讼程序通常是解决一个行政案件的前后两个阶段,两者紧密衔接、相互联系。再次,行政诉讼既是解决行政争议、处理行政纠纷的一种手段、一个途径,又是对行政行为实施司法监督和对行政相对人实施法律救济的一种手段、一个途径。对行政行为的司法监督与对行政行为的行政监察监督、审计监督等,同为对行政权的监督机制,统称"行政法制监督";通过司法程序提供的司法救济与行政复议、申诉、控告等提供的救济,同为对行政相对人的法律救济机制,统称"行政法律救济"。最后,作为行政实体法的法律文件,同时载有行政诉讼法的规范,如规定相对人不服某种具体行政行为可提起行政诉讼的诉权、起诉条件、起诉时限的规范等,作为行政诉讼法的法律文件亦往往同时载有行政实体法的规范。

就其实质而言,行政诉讼法是行政法的一部分。但是,行政诉讼法相对于行政法的其他部分来说,也有着一定的独立性:行政诉讼关系与行政实体关系在主体、客体、内容等方面均有较大的差异。特别是《行政诉讼法》作为一部独立的法律文件颁布,行政诉讼制度作为一项独立的法律制度在我国运作,行政诉讼法更具有独立的外在形式。为了专门研究行政法这一相对独立的部门法律规范及其适用过程中发生的大量理论问题和实践问题,以保证行政诉讼的顺利进行,进一步发展和完善我国行政诉讼制度,将行政诉讼法作为行政法的独立分支部门研究,建立独立的行政诉讼法学分支学科(三级学科)也是有必要的。当然,行政诉讼法学之于行政法学的独立性只是相对的。无论如何,它仍然从属于行政法学,属于行政法学的分支学科,其普遍原理、基本原则均源于行政法学。[①]

3. "单线体系"和"双线体系"的问题

我国行政法理论一般认为,行政法律关系是由行政法规范调整,受国家强制力保障的行政关系。它所涉及的是作为管理方的行政主体与作为被管理方的行政相对人之间的权利义务关系。由此,根据行政法学体系是从行政法律关系的两端主体出发还是仅从一端主体出发,形成了"单线"和"双线"两种不同的体系。

以行政法律关系中作为管理方的行政主体为主线,贯穿于行政法的始终,可称之为"单线体系"。它所设置的行政主体、行政行为、行政程序、行政违法、行政责任等各部分,仅以管理方的内容为限。在内容的具体编排上,根据学者们的不同表述,笔者认为可分为"板块结构"和"点线结构"。前者以行政机关的组织管理为主

---

① 参见姜明安主编:《行政法与行政诉讼法》(第五版),北京大学出版社、高等教育出版社2011年版,第36—37页。

线,把行政法分成几大板块:行政组织法、行政行为法和行政法制监督法。这种体系显然是受苏联行政法是国家法观念影响下的产物,与宪法学、行政学较为接近,未完全凸显法学学科的特点,而且实务性稍差。后者则从行政权这一点出发,到执行行政法的行政主体,再到主体的行为,最后通过行政救济或司法监督,把落脚点放到个案监督——行政诉讼上。这种"两点一线"的体系安排的逻辑层次分明,能反映出行政法学研究对象的特殊性。特别是作为教材,采用此体系,可以和行政诉讼法学的内容形成很好的衔接关系。因此,目前采用这一体系的比较多。学者们之所以多采用这一体系,主要与对行政法性质的理解有关。学者们从管理、控权或平衡等不同角度对行政法进行考察,都必须从行政权展开。比如,罗豪才教授在他的《行政法学》中就提出:"行政法的特定调整对象是行政关系和监督行政关系,是因国家行政机关行使其职权而发生的各种社会关系",并认为其中的"行政职能是关键"。① 这表明,主张"单线体系"的学者是把行政权的拥有、行使以及对它的监控作为构筑行政法学体系的主轴。

与此不同的是,"双线体系"从行政法律关系的两端出发,以作为管理方的行政主体为一线,以作为被管理方的行政相对人为另一线,两条线并行,贯穿行政法学的始终。这种双线体系的特征反映在内容上就是:无论是论述法律主体、行为还是违法问题时,均从行政主体和行政相对人两方面展开。支持这种体系的学者认为,行政法学研究行政管理是研究行政法怎样调节行政管理,研究因行政管理形成的行政法律关系双方当事人的权利义务等,而不是以行政管理为主线去研究。行政法学的主要任务不是解决行政效率问题,而是解决行政法律问题,对行政法律关系双方的权利义务的探讨无疑应贯穿学科的始终。

行政法学的基本内容可以用若干基本范畴构成的逻辑关系图谱描述(如图1-2),具体有:私权与行政权——行政权(行政法)与行政主体——行政主体与行政行为——行政行为与行政责任——行政责任与行政救济——行政救济与私权保护。这是从私权出发,回归私权保护的一个闭环逻辑。行政法学这个闭环逻辑结

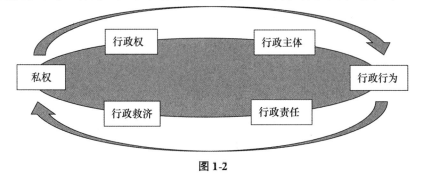

图 1-2

---

① 参见罗豪才、湛中乐主编:《行政法学》(第三版),北京大学出版社 2012 年版,第 8 页。

构符合法的价值需求,才使行政法具备正当性。简单用语言表达就是,人类为了每个私人主体(相对人)能自由并有效率地生活,理性地选择了行政权(行政权是把"双刃剑",需要行政法制约才能达到行政目的);行政权是抽象的,要靠行政主体才能运行;行政主体的运行要通过一系列行政行为;行政行为的做出要依法负行政责任才不至于滥权;行政责任的追究要靠行政救济;行政救济可以起到矫治违法行为通过个案维护私权目的。研究这些行政法现象及其理论规律的学问称为"行政法学"。这就形成了行政法学的一个可以闭合的线路图谱,对于私权与私人利益目的的自由和效率等价值目的,公权与公共利益只能是手段,不是归属。在不危害他人和公益的前提下,行政法就应以鼓励和彰显私益为目的,而不是简单的公益。公益和私益还要考虑匹配性才是人性的和必要的,否则就只能是虚假的理论前提。所以,行政法最终要回归到个案的救济上去维护私权,这才符合行政权设立的初衷,才能回归本原。

三、国外行政法学的发展概况

行政法学的产生必然始于行政法的产生之后。关于行政法的产生,有两种不同观点:一种观点认为,行政法以三权分立为基础,是近代资产阶级革命的产物;另一种观点认为,行政法是自古代随着国家的产生而产生的,如我国古代就产生了《唐六典》那样的行政法典。但是,正如有的学者所指出的,任何法律制度的存在,不仅仅在于为社会提供一种规范,更重要的是为社会提供一种价值观念。规范只能形成一定的秩序,它却无法说明是一种什么样的秩序,秩序的合理公正有赖于法律规范的内在价值目标的实现。行政法不单纯是一种法律规范,更体现一定的价值判断。从这个意义上说,应当承认行政法产生于近代资产阶级革命胜利以后。因为行政法的产生需要有一定的经济、政治条件,而这种经济、政治条件在资产阶级革命前后才开始逐渐具备。

行政法学作为法律科学的一门分支学科始于19世纪。当时随着行政法的产生,一些法学家开始系统研究行政法学。在大陆法系国家,德国法学家奥托·迈耶是最早对行政规范的法规、法令进行研究,并把行政法视为一门独立法律科学的法学家。他潜心研究法国大革命前后的行政法律制度后,于1886年出版了《法国行政法理论》一书,随后又出版了《德意志行政法》。在被称为"行政法母国"的法国,行政法学的研究是对行政法的一系列基本原则加以归纳总结,再经演绎扩张而成为行政法理论的。法国最初的行政法学著作是在19世纪出现的。例如,巴特勒迷(Barelelemy)所著的《行政法》,分为行政组织、行政作用和行政诉讼三卷,在当时颇为流行。英国作为实行普通法的国家,由于长期受宪法学家戴雪(A. V. Dicey)不承认英国有行政法思想的影响,未展开行政法学研究。美国曾一度效仿英国。1893年,法学家古德诺写出《比较行政法》一书,比较了英、美、德、法四国行政法,从而开创了美国行政法研究的先河。

在初创阶段，行政法学研究的特征：一是热衷于条文注释，鲜有创新。例如，法国学者将大革命前后的行政法令，按年代加以编纂，成为《法国行政法典》。德国学者亦仅是将行政法令及训示等，系统整理、演绎、扩张而成理论。二是内容上与行政学重叠，界限不分，极为偏重行政组织法。例如，古德诺于1905年所撰《美国行政法原理》一书，就用了2/5以上篇幅介绍行政组织。三是带有明显的民法学痕迹。例如，奥托·迈耶在《德意志行政法》中阐述行政法的公法性质、法理、观念、公物权法时，就是以民法理论为依据的，包括用语上的借助。这表明了行政法理论的不成熟。四是以总论为核心，主要立足于分析探讨各种行政法规的一般性和共同性的理论原则。例如，巴特勒迷所著的《行政法》一书，内容局限于总论范围。五是注重行政权的维护，较多论证行政权的优越性和行政机关拥有权力的重要性。法国早期的行政法学就是建立在"公共权力说"的理论基础之上的，德国早期的行政法亦是以警察行政为基础发展起来的。六是以秩序行政法为重心。即将国家安全、社会秩序等作为行政法的主要内容加以阐述。

进入20世纪后，随着各国行政法律制度的发展，以及政府行政职能的扩大，行政法学的研究也日益深入。在19世纪行政法学尚无从谈起的英国，自20世纪20年代起，以法学家波特（F. Port）出版的《英国行政法》一书为开端，重要的行政法学著作开始陆续面世。美国自罗斯福"新政"推行以来，行政法研究成为热点，行政法论著纷纷出版，包括韦德（Wade）和菲尔普斯（Phillips）合著的《宪法与行政法》、戴维斯（K. C. Davis）的《行政法与政府》等。在大陆法系国家，随着"警察国家"向"福利国家"的转化，行政法理论研究开始振作，更新、争鸣活动增多，新作层出不穷。日本的行政法学研究中，出现了田中二郎的《行政法》等力作。

当代外国行政法学研究的普遍特点：一是走出以往搞注释法学的误区，摆脱了行政学的阴影，逐渐形成了较完备的行政法学体系。二是与宪法学更紧密相连，以宪法学原理作为理论体系之根基，强调行政法治的发展应符合宪法法治的要求，立足于保障人民的自由权利。三是以给付行政为重心，倡导改变昔日行政的"消极维持"，主张积极行政，行政指导、行政契约等成为行政法学研究的"新宠"。四是内容丰富、新颖的行政法各论纷纷被推出，与总论部分齐头并进，如社会保障行政法、资金助成行政法、开发行政法、环境保护法、公共设施法等。五是偏重于行政诉讼。无论大陆法系还是英美法系国家，均从理论上将行政诉讼的最主要目标放在保障人权上，探讨扩大行政诉讼的范围等问题，变以往仅就"列举条款"内消极被动之救济为积极主动之救济。六是重视行政程序，尤其是英美法系国家。美国甚至将"正当程序说"作为其行政法学的理论基础，指出严格、健全的行政程序制度能实现行政救济中的事前和事中救济，是避免行政侵权的关键。近数十年，行政法学的研究又在行政法律制度健全、完善的背景下，呈现出新的发展趋势，具体表现为：一是放弃静态研究法而采取动态研究法。具体而言,从往昔以注释概念、解释条文为主的"解释论"走上"执行论",不仅仅围绕基本概念架构以及法律制度本身研究行政法,更注重观察分析行政法在社会秩序中的形成、发展、构造及效果,致力于其功能及运作的研究等。二是研究的问题深入、专门化。例如,公法与私法二元论的澄清与适用,"行政主体""公法人""特殊法人"的差异,非权力性行政,公务员的基本人权,行政权限的委任与代理等。现当代行政法学的研究已踏上新的一级台阶。

四、我国的行政法学研究

1949年以前,我国的行政法和行政法学主要受大陆法系国家的影响。在国民党统治时期,尽管曾仿效德、法、日等国颁布过一些行政法令,搬来行政法院的建制,但其作用极为有限,仅在中央设置,只二十多人,一年只办几十件案子,且基本是"原告之诉驳回",谈不上保护民权。20世纪50年代后,我国在建设和研究行政法学中又抄袭苏联模式,只根据宪法制定了一系列规范行政组织的法律,颁布了各类行政管理法规,缺乏对行政活动本身进行控制、监督的法律、法规。1957年以后,尤其是"文革"期间,受"左"的思潮影响,"以阶级斗争为纲",搞以党代政、以政策代替法律等,使行政法和行政法学与其他部门法一样,受到冷漠甚至被抛弃。中共十一届三中全会以后,随着经济、政治改革的深入,我国的行政法和行政法学获得了新生并取得了重大发展。近二十多年来,我国已经制定了大量的行政法律、法规和规章,有力地推动了行政法学研究的深入发展。1983年,我国出版了新中国成立以来第一部行政法学教材《行政法概要》。该书对于我国建立行政法学学科、普及和发展行政法有重要意义。自此至1987年,我国的行政法学界把研究重点放在行政组织和行政法基本原则以及公务员的管理上,强调行政法对于实施和保障行政管理的作用,而忽略、轻视行政法对于监督与控制行政权、保障行政相对人权利的作用。1987年到1989年,行政法学者普遍突破苏联围绕管理的行政法模式体系,试图按照行政法本身的性质和特征构造行政法学的理论体系。1989年,法学教材编辑部重新编审了一本高等学校试用教材《行政法学》,反映了这一时期的状况。该书着重研究并论述了行政法的基本概念、基本原则、法律关系、行政行为以及监督行政行为等方面的问题。1989年以后,尤其是随着中共十四大确立了在我国建立社会主义市场经济体制,行政法学研究进入一个崭新的发展时期,具体体现:一是打破了以往单纯重"管理"轻"服务"、重"实体"轻"程序"的行政法理论研究格局;二是改变了过去仅仅以行政权作为专门研究对象的传统模式,将研究的视野拓展到行政相对人及其权利的保障;三是围绕规范行政权行使,强化了对监督行政、行政责任和行政救济等问题的深入研究;四是对非强制行政手段,如行政合同、行政指导、行政奖励的探讨被提上日程;五是有关专题的研究,如行政法的理论基础、行政自由裁量权的法律控制、具体行政行为与抽象行政行为的界限、司法审查的原理与范围等都取得了一定突破。

思考题

1. 试述行政的含义。
2. 试述公共行政的定义。
3. 试述行政权的来源。

拓展阅读书目

1. 〔日〕南博方:《日本行政法》,杨建顺、周作彩译,中国人民大学出版社1988年版。
2. 胡建淼:《行政法学》,法律出版社1998年版。
3. 罗豪才主编:《行政法学》,北京大学出版社1996年版。
4. 姜明安主编:《行政法与行政诉讼法》(第五版),北京大学出版社、高等教育出版社2011年版。
5. 应松年等编著:《行政管理学》,北京师范学院出版社1986年版。

第二章　行政法理论基础

> **本章要点**
>
> 1. 了解行政法理论基础诸说。
> 2. 行政法理论基础不同观点的辨析。
> 3. 了解平衡论产生的背景及发展。

> **导语**
>
> 和其他任何一种学说体系一样,行政法学也构筑在一定的基础之上。在对行政法理论基础的认识上,在行政法学者的研究和争论中出现的最主要、最有影响的观点有三:控权论、管理论和平衡论。行政法最主要、最基本的调整对象就是行政主体与行政相对人的关系,不同的行政法理论基础观点关于如何调整此关系,如何配置双方当事人的权利和义务,从而构成怎样的法的秩序等问题,也有着各种不同的主张和理论。

第一节　行政法理论基础诸说

一、控权论

1. 背景与主要观点

控权论,也被概括为"红灯理论",形成于英国,主要在英美国家流行。控权论之所以在英国形成是有一定理论背景的——主要指关于国家宪法的理论、法治思想以及宪政制度的背景。

关于这一时期英国行政法中控权论的宪法烙印,英国宪法学家詹宁斯(Jennings)是这样表述的:"从17世纪初到19世纪末,对政府权力的猜忌是宪法的一个特征;即使是对一个仅仅由于在议会中占多数——以社会舆论的一次自由表达为基础——而获得自己权威的政府,猜忌也并未完全消失。"①

戴雪是英国19世纪最有影响的宪法学家,他通过对宪法原则的解释而归纳出来的"法治"理论可谓英国行政法控权论的最早渊源。"法治"理论的重要内容之一,就是政府不应有任何特权,应严格受普通法和普通法院控制。他认为,不能设想在普通法和普通法院之外还允许行政法和行政法院的存在,否则将不意味着实行了法治。

博登海默进一步指出:"我们很难想象,一个现行有效的行政法制度对于由法院或某种公正机构及裁判庭对政府官员的行动至少进行一种有限制的检查都未作规定,便能阻止政府官员任意滥用权力的现象。"②

控权论的主要理论依据包括以下几点:

第一,限制行政权力的范围与防止公务人员滥用职权。限制行政权力范围的直接目的是防止行政权力过大,干预本应由个人自己完成的社会事务。防止公务人员滥用职权的直接目的重在防止享有自由裁量权的公务人员不按照法定目的行使权力,损害个人的利益。当然,这种区分仅仅是侧重点上的区分,而不是内容上的截然分离。这是因为,公务人员滥用职权就无法限制政府行政权力的范围,而限制政府行政权力的范围意味着明确政府行政权力的界限,政府行政权力的界限一旦明确,其公务人员就不容易滥用职权。事实证明,公务人员滥用职权的现象十分容易在政府行政权力没有范围界限的情况下发生。

第二,法律高于权力,享有至上权威。19世纪中期以来,作为戴雪"法治"理论根基之一的所谓规则主义或形式主义的法治观念十分盛行。在涉及行政法治方面,规则主义的特点表现为:要求政府严格遵照议会所制定法律规则中对行政权力范围及其行使方式的规定执行权力,主张"无法律即无行政"。在没有规则的地方,政府必须止步,不能够便宜行事。戴雪认为,法治的首要含义是,"与专断的权力相比(主要指行政权),正式的法律具有绝对的至高性和主导性,排除政府中任何形式的专断的、特权的或宽泛的自由裁量权的存在"③。规则主义法治的具体主张是,法律应当与政治特别是政策相区别,使政府严格按照法律规则的授权行使有限的权力,而不是简单地根据政治需要发挥自由裁量权。

第三,对行政自由裁量权不信任。控权论理论的坚持者在强调政府只能在法律规定的范围内行事的同时,对行政自由裁量权表现出不信任。其中,对行政自由裁量权敌意最大的莫过于戴雪,他把行政自由裁量权等同于专制,不主张授予政府行政裁量权,认为法治排除宽泛的自由裁量权在政府那方的存在。"哪里有自由裁量权,哪里就有专横,共和制国家与君主制国家一样,政府一方专横的自由裁量权,

---

① 〔英〕詹宁斯:《英国议会》,蓬勃译,商务印书馆1959年版,第484页。
② 〔美〕博登海默:《法理学——法哲学及其方法》,邓正来、姬敬武译,华夏出版社1987年版,132页。
③ A. V. Dicey, Law of the Constitution, Macmillan, 1885, p. 198.

必然意味着公民一方的法律自由难以保障。"①相形之下，美国大法官道格拉斯（William Douglas）的看法似乎不那么激进，他说："当法律使人们免受……无限制的自由裁量权统治时，法律就达到了最佳状态。……无限的自由裁量权是残酷的统治，它比其他人为的统治手段对自由更具破坏性。"②

第四，立法是控制行政权的重要手段。控权论从国家权力分立与制衡的角度，在肯定立法权高于行政权的基础上，强调立法权对行政权的监控。这种观念最早可溯源到洛克（Locke）的议会主权说。洛克在《政府论》一书中指出，立法权作为国家最高权力，在于"它有权为社会的一切部分和每个成员制定法律，制定他们的行为准则，并在法律被违反时授权加以执行"③。戴雪关于立法权对行政权监控的主要观点有三：一是议会的立法权没有限制，可以对任何事情制定法律，也可废除或修改任何已经制定的法律；二是议会制定的法律是最高的法律，其他机构所制定的规则都是从属性的立法（委托立法），不能与议会制定的法律相抵触，议会可通过法律废除它们；三是法院对议会所制定的法律必须执行。在美国，虽然存在"议会主权"原则，但是在理论上也倡导立法对行政的监督。

关于立法控制行政权的关键，在控权论者看来，主要在于严格限制行政权力的范围。其具体措施有两个：一是议会本身尽量不用立法规定（即干预）个人可以自由处理的事务。当拥有至上权威的议会尚且竭力使国家主动远离个人自由支配的领域时，行政机关就更谈不上获得来自议会的管理权力的授予。二是如果对个人的事务必须干预，议会也往往通过详细的立法直接规定个人的权利和义务。这样，当一定的法律事实发生时，会形成私法意义上的法律关系。例如，议会所立的法律直接规定了工人的工作安全及卫生条件、妇女和儿童的工作时间等，如果出现违法行为或纠纷，公民可以直接提请法院处理，而无须行政权力的介入。

第五，司法审查是行政法最重要的内容。在控权论者看来，法院的司法审查是一种最得力的控权手段。英国法学家艾兰（Allan）在对立法控权和司法控权进行比较以后，认为立法与司法虽都发挥着控制行政权力的作用，但后者比前者更有力。这既体现在英国公众对司法自由裁量的信任程度明显高于对行政自由裁量的信任程度，也体现在司法与行政的关系不如立法与行政的关系那么密切，故对行政的监督更具说服力。"在美国，人们则普遍认为：司法审查是法院监督行政机关遵守法律的有力工具，没有司法审查，行政法治等于一句空话，个人的自由和权利就缺乏保障。"④美国一些著名的行政法学家直接把司法审查法列为美国行政法的重要组成部分。例如，美国的行政法学权威戴维斯指出："行政法是关于行政机关权力和

---

① A. V. Dicey, Introduction to the Study of the Law of the Constitution, Macmillan, 1959, p. 188.
② 《美国最高法院判例汇编》第342卷，第98—101页。
③ 〔英〕洛克：《政府论》（下篇），叶启芳、瞿菊农译，商务印书馆1983年版，第86页。
④ 王名扬：《美国行政法》，中国政法大学出版社1995年版，第48页。

程序的法律,尤其是包括规范对行政行为的司法审查的法律。"①施瓦茨(Schwartz)曾针对"斯塔克诉威卡德"(Stark v. Wickard)一案发表评论:行政机关不是"飞机",不能我行我素。它只是一个下级行政法庭,必须服从司法审判权。法院在几个世纪中一直对这种案件行使这种审判权。即使法律没有规定复审,法院也有监督行政官员的手段。

在"斯塔克诉威卡德"一案中,美国农业部根据法律授权有权规定牛奶的价格。为此,农业部长签署了一项法令,规定波士顿地区的牛奶价格。按此规定,牛奶生产者执行固定的牛奶价格,并将一部分收入交给农业部,由农业部交给农业生产合作社,而牛奶生产合作社是牛奶生产者的竞争对手。也就是说,牛奶价格的规定使牛奶生产者的一部分收入用来资助自己的竞争对手。因此,牛奶生产者向法院提起诉讼,认为农业部的行为已超越了职权,要求禁止执行农业部的价格规定。该案所涉及的问题是法律对于法院可否对该行政行为进行司法审查没有作出规定。为此,联邦政府要求法院拒绝受理此案,认为法院不应该在没有法律依据的情况下行使司法审查权。哥伦比亚特区法院以判决驳回了政府的要求,这一判决又被上诉法院维持。联邦最高法院在1944年的判决中,推翻了一审和二审法院的判决,指出法律没有授权农业部从牛奶生产者所得的价款中提取部分款项。可见,事实上,在控权论的影响下,英美等国的法院对司法审查行政一直采取十分支持甚至是过于主动的姿态。在这一点上,法官们对自己的能力颇为自信,人们对此也持宽容的态度。这是因为,在人们眼里,司法审查是保护公民权利最主要的途径,规范司法审查的法律自然构成行政法最主要的内容。

第六,重视行政程序,认为行政程序问题才是行政法的核心。例如,美国行政法学家盖尔霍恩(Gellhorn)在他的两本著作《联邦行政程序》《行政案例和评论》中均表达了这样的观点:法院对违法行为的审查不能代替良好的行政程序,司法审查费时费钱。大量的行政行为,或者由于性质特殊,或者由于当事人缺乏经济能力,不能受到法院的审查。行政法的主要问题是发展良好的行政程序,防止专横、任性的行政决定的产生,同时保障行政机关办事公平而有效率。② 行政程序问题可以说在美国行政法学的理论研究中受到持久的关注。1975年,施瓦茨在其所著的《行政法》一书中写道:"大约在30年以前(1946年以前),行政法被分为权力和补救两个方面。行政法被认为是公法的下述部分:规定行政当局的组织及权限,向个人指明他的权利遭到侵害时的补偿。这只强调了授权与司法审查。近年来,行政权力的行使,如果说未被认为比这两者更重要的话,也已被认为与它们具有同等的重要性。由于这个认识,产生了对程序保障的重视,以确保行政权力的正当行使……现

---

① 转引自姜明安主编:《外国行政法教程》,法律出版社1993年版,第216页。
② 参见王名扬:《美国行政法》,中国政法大学出版社1995年版,第66页。

在的焦点是行政自身——是行政机关在行使它们的权力时必须遵从的程序。"①从英美行政法学教科书中,也可以看出行政程序所占的重要地位。戴维斯的《行政法教程》共30章,其中13章论述司法审查,15章论述行政程序。施瓦茨的《行政法》共10章,其中3章论述司法审查,5章论述行政程序。

在控权论主张者看来,行政程序的设计体现了以"公正"为核心的价值目标。所谓"公正",王名扬先生在其著作中作出这样的诠释:"公正原则的中心问题不在于公民是否享有某种权利,而是在行政机关行使权力对公民可能产生不利的结果时,需要遵守一个公正的程序。""当行政机关不遵守这种为保护公民权利而设定的程序时,普通法院可以判决撤销行政决定。"②在美国,多使用"正当"一词,即"正当程序",与英国的"公正"具有同样意义。美国《宪法第五修正案》规定:"未经正当的法律程序不得剥夺任何人的生命、自由或财产。"该规定适用于联邦政府机关。正当程序原则被看作英国行政法的基本原则,在美国行政法中也被广泛使用。

对于行政程序的理论依据、内在价值等,许多著名法学家作过深入的探讨研究。例如,英国的行政法学家韦德在《行政法》一书中指出:"程序(这里指行政程序)不是次要的事情。随着政府权力持续不断地急剧增长,只有依靠程序公正,权力才可能变得让人容忍。"他还指出:"不论国家权力如何广泛,也不论它的授权如何广泛,总是有可能要求权力以程序上公正的方式行使。"他甚至具体表述了自己关于公正行政程序设计的五项原则:一是受审判时的权利(辩论、证据);二是在作出行政行为之前获得相关的信息;三是在行政程序中的协助与代理;四是在行政程序中或在合理时间内应请求书面陈述理由;五是指明救济及所享有的时间限制。③美国法学家、耶鲁大学教授杰里·马修(Jerry L. Mashaw)提出了著名的"尊严理论",并基于此理论,对行政程序的内在价值进行了阐述。他认为,在对公共裁决活动的正统性作出评价时,不仅要考虑实体结论的合理性,而且要考虑过程本身对参与者的影响。在这个过程中,永远要把人当作目的,而绝不仅仅当作手段对待。当事人参与裁决制作过程,可使其作为人的尊严和道德主体的地位得到维护,并且产生受尊重的感觉。④

在控权论主张者看来,行政程序对行政效率并不负责任,它更重要的是对相对人的权利负责。尽管公正与效率是作为行政程序两种可能的价值目标,但行政程序主要着眼于前者,尤其是在两者发生冲突的情况下。韦德曾就此坦言:"法律工作者是注重程序的人,行政官员则往往把法律工作者发明的程序看成效率的障碍,

---

① 〔美〕伯纳德·施瓦茨:《行政法》,徐炳译,群众出版社1986年版。
② 王名扬:《英国行政法》,中国政法大学出版社1987年版,第156页。
③ See H. Wade, Administrative Law, Oxford University Press, 1982, p.461—468.
④ 参见〔美〕杰里·马修:《行政性正当程序:对尊严理论的探求》,载《波士顿大学法律评论》1981年第61卷。

这是自然而然的。"接下来,他又对这种单一的价值主义作了一番解释:"确实,自然正义规则、公正原则限制了行政机关活动的自由,遵循这些规则须花费一定的时间与金钱,但如果减少了政府机器的摩擦,时间与金钱似乎用得其所。正因为它们主要是维持公正的原则,可以减少苦怨,所以可以说自然正义原则促进效率而不是阻碍效率。……正义与效率并行不悖,只要法律不过分苛刻。"

第七,个人利益优先于公共利益。控权论者主张,行政法的最根本目的在于保障私人的权利和自由。例如,施瓦茨在《行政法》中引用了早期行政法学者古德诺关于行政法内涵的界定,即行政法是"公法的下述部分——规定行政当局的组织及其权限,向个人指明他的权利受到损害时的救济"。他指出,"行政法的目标是要纠正个人与国家的不平等"。他还引用另一学者伊莱休·鲁特(Elihu Root)的话说,行政权力"本身就带有很多危险的可让其用于压迫和作恶的机会。如果我们要实行宪政,这些管理机关自身必须受到规制,它们管理公民的权力范围必须固定、明确。公民反抗它们的权利必须规定得清清楚楚"。[①] 王名扬教授在其所著的《美国行政法》和《英国行政法》中这样总结:很多美国学者认为行政法的目的是约束行政机关的权力,保障私人的权利。他还指出,英国行政法上的法治的重要要求是:"政府尊重公民自由和权利的法律。"[②] 立足于强调个人利益优先于公共利益,某些学者甚至对行政行为的先定力表示质疑。例如,艾兰认为:"正如公民生而自由的原则赋予他抵制不法拘捕的权利,公民服从政府决定的义务以该决定的合法为前提。原则上,公民有权依据自己的判断确定一项政府决定的合法性,并有权拒绝执行在他看来不法的决定。与此相应,政府不能仅以公共利益为由,影响公民根据一般的法律享有的权利,即公共利益的实现不能以牺牲个人利益为代价。假如行政权被证实不正当地行使,或者缺乏足够的法律依据,它从一开始就是无效的,公民对它的抑制可以免受处罚,就像对待一个个人的决定一样。即使是合法的行政行为,也不能限制公民在私法上的一般权利。"[③] 这种偏重个人利益而导致的对于政府行为先定力的怀疑,是出于这样一种考虑:在个人与政府的关系问题上,个人往往被视为弱小的一方,个人利益似乎很容易被强大的政府以公共利益的名义侵犯。所以,行政法应当在对待这两种利益时尽量考虑个人利益优先。

2. 历史作用

控权论尽管在当前已明显显露其不足,但它曾发挥过的合理与积极作用是不容否认的。这主要体现在以下几方面:

---

① 参见姜明安:《行政法新理念行政的"疆域"与行政法的功能》,载《求是学刊》2002年第2期,第71页。

② 王名扬:《美国行政法》,中国政法大学出版社1995年版,第44页;《英国行政法》,中国政法大学出版社1987年版,第11页。

③ F. R. S. Allan, Law Liberty and Justice, Clarendon Press, 1993, p.231.

第一,反映了资产阶级上升时期新兴的产业资产阶级的意志,促进了英美国家早期自由竞争资本主义的发展。具体而言,它是资产阶级自由主义观念的反映,又为自由主义提供了重要的理论上和制度上的组成内容。比如,控权观念对资产阶级所谓"合理谋利"①的实现有积极的促进作用。所谓合理谋利,是指英国人独有的工业民族精神,是与在前工业社会中通过非经济的强制手段吞占社会财富的谋利手段相对而言的。合理谋利理论完全依靠经济杠杆调节生产,排斥任何依靠权威对公民财产随心所欲的剥夺。但是,在一个政府享有广泛权力,权力的行使又没有严格法律限制的情况下,很难想象人们有兴趣把财富拿到市场中去交换,只有在政府权力被限制在最小的范围(只包括国防、外交、治安、税收等有限职能)内时,才能为资产阶级的合理谋利提供最广泛的市场活动空间。

第二,控权论以保护个人权利与自由为宗旨,在调整国家与公民的关系上,始终关注与国家相对的个人利益的安危,成为行政相对方寻求庇护的法律基点。这种对于个人权利与自由的极端尊重,曾是个人抵制国家专制、反对人身禁锢、提供人性尊严和个性独立的锐利武器。

第三,控权论传达出这样一种合理的思想信息,即对政府权力的扩张持警惕慎重的态度(尽管现实中这种扩张的趋势不可避免且无法阻挡)。控权论提醒人们并作出如下主张:应当使政府的每项新增权力都有可能基于诉讼或其他途径,受到来自司法或其他组织的质询,这样有助于使急速蔓延的政府权力得到一定程度的缓冲。尽管坚持认为"最小的政府就是最好的政府"的观念在现代社会中已变得不合时宜,但无论如何,政府对社会的干预须受到限制,而不能无限地放纵,这种观念所包括的合理成分是不容置疑的。

第四,控权论为实现控权宗旨,还对控权手段、控权机制与体制进行了深入探讨。例如,从早期以限制行政权力范围为主的立法监控机制,到之后的严格司法监控机制,再到晚近的行政程序监控机制,形成包括事前监督、事中监督和事后监督的监督机制,这也是控权论对于强大、能动的行政职能监控做出的重要贡献。

3. 弊端

第一,控权论片面强调行政权力与个人权利间的对立、冲突互不相容,而没有全面考虑两者的共存、互相依赖以维护社会统一体存在,以及互相监督、激励等关系。总之,形而上学的、片面的、绝对的对待缺少一种客观、公正的态度。

第二,控权论把行政法视作控制政府权力的一种消极工具(negative instrument),即政府政策的制定和执行也可能代表个人和社会的利益,并能增进这些利益;而对个人权利也限于消极的保护,忽略了公民有效作用于行政过程的参与机

---

① 〔德〕马克斯·韦伯:《新教伦理与资本主义精神》,于晓、陈维纲等译,生活·读书·新知三联书店1987年版,第二章。

制。总之,控权论对于政府和公民均缺乏激励。①

第三,控权论笼统地排斥行政自由裁量权,认为行政自由裁量权的存在和随意行使注定对个人权利产生不利的限制和影响,否认行政自由裁量权能发挥行政机关的积极性和能动性,以适应不断变化、永不停顿的社会变化,保障公民权益并促进其增长。如此,与现实需要发生明显的脱节与不符。

第四,控权论受司法万能观念影响,过分倚重渲染司法的控权作用,甚至成为司法广泛介入行政的借口,这实际上为新的权力滥用提供了方便;②同时,也必然使司法机关负担过重,面对累累且复杂的行政案卷而力不从心。

第五,控权论忽略了公民权利也可能被滥用,以及行政法在防止公民权利的滥用方面的作用。

对于控权论的弊端,美国哈佛大学的斯图尔特(Stewart)教授作出了比较深刻的总结。他指出,这一模式的最大弊端是法律对政府和人民都缺乏激励。他进一步指出,行政法不应当被视作控制政府权力的消极工具,一味抑制政府官员的主动性和创造精神,法律就无法助成"积极的一面"(the affirmative side),即使政府政策的制定和执行能代表个人利益和社会利益,并能有效地增进这些利益。他认为,控权模式实际上是一种"私权保障模式",而行政法也绝不应仅为个人权利提供消极保护。③

二、管理论

1. 背景和形成基础

管理论曾在苏联以及二战之前的日本和德国的行政法中占主导地位。苏联行政法学者曾指出:"行政法作为一种概念范畴就是管理法,更确切一点说,就是国家管理法。"④在新中国成立后相当长一段时间,直至1978年左右,行政法理论还未摆脱行政法就是管理法的观念影响。这从我国第一本行政法统编教材《行政法概要》中可以看出。

管理论的形成基础主要有三:一是中央集权的政治体制,如苏联和二战前的日本。二是计划的经济模式。例如,苏联是采用纯粹计划经济体制的国家,经济管理是最重要的国家任务之一。对计划政策而言,法律处于从属地位,计划的地位等于或高于法律,故行政领域强调国家管理便成为很自然的事情。三是国家专权主义和集体主义占统治地位,个人自由法律思想匮乏。

---

① 参见包万超:《行政法平衡理论比较研究》,载《中国法学》1999年第2期,第74页。
② 参见李娟:《行政法学控权理论研究》,载罗豪才主编:《行政法论丛》(第2卷),法律出版社1999年版,第59页。
③ 参见崔卓兰、王景斌:《行政法与行政诉讼法》,吉林人民出版社2006年版,第41、42页。
④ [苏]B.M.马诺辛等:《苏维埃行政法》,黄道秀译,群众出版社1983年版,第24页。

管理论在历史上曾有过两种不同的典型表现形式:

一种是二战前的德国和日本模式。对此,一些行政法学者有过评述。例如,我国台湾地区学者城仲模指出:"19 世纪后半期以来,德国行政法系以安全与秩序为中心,较为偏重行政组织,尤以官僚制度为最。"[①]印度学者赛夫在其所著的《德国行政法——普通法的分析》中也指出:"在普通法国家中,作为行政法核心内容的司法审查和法律救济,在所有德国行政法著作中几乎都明显地不存在。"[②]受管理论的理论支配,德国二战前的行政法学基于公共权力说推崇行政至上,坚持特别权力关系理论。[③] 当时德国行政法学的主要内容侧重于行政组织、行政行为以及行政主体与公民之间的权力支配关系,突出行政权优越的传统,轻视司法审查和司法救济。城仲模的一段话可以作为总结:"德国行政法学之发展,动辄离不开以国家或行政权之支配命令权,或国家意见之优越性观念为中心"[④]。二战前的日本行政法学是以德国行政法学为借鉴原型的,主要体现为以公共权力观念为基本理论基础,强调公法关系中国家主体的优越性,带有浓厚的官尊民卑的权力主义色彩,被称为官僚法学。日本行政法学家和田英夫也称:"当时的行政法学是一部带有日本特色的,是自上而下的由特权官僚为维护其匪民统治而制定的法律便览文集"[⑤]。

另一种是苏联模式。苏联时期的行政法学者认为,"管理论"实际上是将行政管理中的行政相对人视为行政客体,突出地强调行政权力,片面强调行政主体的优越性,忽视或漠视行政相对人的合法权利。这种主张往往与"人治"的观念有很大的关系,将法律仅视为统治民众的一种工具。它在国家利益或公共利益与个人利益的关系上,过分强调所谓国家利益或公共利益,甚至不惜以牺牲个人利益为代价。在这种观念支配下的"行政法",一定是有较强"人治"色彩或专制成分的"管理法",它往往与中央高度集权或计划经济相结合,同时可能与政治思想领域或意识形态中的极端理想主义相联系。在这种理论支配下,国家往往缺乏对行政相对人有效的法律救济机制,缺乏对行政权力自身进行监督的法律机制,而是强化行政权威,强调行政权的影响力。这样,结果必然是维护行政权力,轻视公民权利。

管理论的观点主要产生并盛行于东方,但并非说在西方毫无痕迹,事实上,在美国罗斯福"新政时期",也曾存在过类似但不同于管理论的行政法理论。在当时,行政法被视为由行政官僚运用其专业知识贯彻其功能等的一种工具(instrument)。该理论被称为"工具主义"或"功能主义"导向的行政法理论。它与管理论相似的地方是都主张以行政权为中心,不同的地方在于管理论单纯强调"国家管理",而"新

---

① 城仲模:《行政法之基础理论》,台湾三民书局1999年版,第37页。
② 同上书,第9页。
③ 所谓特别权力关系,是指行政主体在特别权力关系中的自由裁量受到尊重,司法审查不得介入为维护内部纪律而采取的惩戒处分,特别权力服从者亦无请求救济的权利。
④ 城仲模:《行政法之基础理论》,台湾三民书局1999年版,第40页。
⑤ 〔日〕和田英夫:《现代行政法》,倪建明、潘世圣译,中国广播电视出版社1993年版,第24页。

政时期"的美国行政法理论更强调行政专业性(professionalism)管理,主张由行政专家(experts)广泛地行使行政裁量权。故建立于该指导思想基础上的美国行政法,又被称为"专业技能模式"。

2. 主要观点与特征

首先,从行政法的目的看,管理论认为,行政法的主要目的在于保障国家和社会公共利益。例如,苏联行政法学者马诺辛在其所著《苏维埃行政法》一书中指出:"行政法规范的任务是调整苏维埃国家管理范围内的社会关系。这种调整的目的在于保证管理关系的参加者的行为符合苏联共产党和苏维埃国家的政策。"其次,从行政法的概念及内容而言,如马诺辛在《苏维埃行政法》一书中指出的:"行政法作为一种概念范畴就是管理法,更确切一点说,就是国家管理法……行政法规范调整苏维埃国家管理范围内的社会关系。"即在社会主义和共产主义建设中为完成国家任务和行使国家职能而进行实际组织工作的过程中产生的关系。① 关于行政法的手段,管理论者认为行政法手段主要是强制和命令性的。例如,瓦西林科夫在《苏维埃行政法总论》中曾提出:"管理过程的权力和组织性质自然也反映在行政法规范的内容上,这种规范大都是命令性的。"②

3. 弊端

首先,管理论过分信赖和倚重国家权力,即把行政机关及其公务员行为设想成理性的,没有出现武断专横、滥用权力的可能。随着世界民主潮流的日益高涨,行政法亦日趋民主化,更加注重对人民权益的切实保障,行政机关一改往日仅采用强制命令的单一手段,更多地采用了行政合同、行政指导等非权力方法,使公民在行政法关系中的地位得到了提升。管理论则是在计划经济的基础上产生的,崇尚国家主权主义和集体主义,强调国家管理的重要性和行政权力的优越性,个人自由的思想受到彻底的否定。

其次,管理论以管理者为本位,以管理为使命,以法为管理工具,单向性地强调行政特权和行政效率,突出行政领域"官本位"的特征,忽略对管理者的监督,忽视对个人权利的保障,使得行政权力的运用容易陷入失控的状态,这与行政民主、法治的原则并不相符。

最后,管理论明确宣称,在行政法律关系中,管理者与被管理者之间处于不平等的法律地位,把行政管理对象视为纯粹的管理客体,无视行政相对人的权利,甚至从根本上否定在行政管理领域存在公域与私域的界分,使公民的个人利益完全淹没于社会公共利益中,使行政相对人的独立自主性无以立足,自主发展更没有可能。③

---

① 参见〔英〕B.M.马诺辛:《苏维埃行政法》,黄莲秀译,群众出版社1983年版,第29页。
② 〔苏〕瓦西林科夫主编:《苏维埃行政法总论》,姜明安、武树臣译,北京大学出版社1985年版,第318页。
③ 参见崔卓兰、王景斌:《行政法与行政诉讼法》,吉林人民出版社2006年版,第45页。

三、平衡论

1. 理论源头与现实基础

关于平衡论的本质与作用，在罗豪才教授作出全面系统论述之前，西方的一些行政法学家从不同角度，或深或浅、或多或少地提出过这方面的观点，也可谓平衡论的理论源头。

平衡论最早甚至可以从韦德·古德诺等人的理论中略见端倪，他们曾经预言，工业革命、福利国家及其相应的公共行政的职能变迁将导致传统行政法理论的变迁。就行政法的目的和功能而言，它应当在授权与限权、行政权力与公民权利、行政效率与个人自由之间维持一种合理的平衡。

尤其是进入20世纪80年代以来，英美行政法学界开始对已明显不适合现代社会发展需要的传统行政法学即控权论产生质疑，对旧日视行政权为洪水猛兽的观点进行反思，进而提出应遵循平衡思想，重新认识行政法的性质、目的、功能等。例如，斯图尔特教授提出，行政法应当通过多种有效的机制设置，扩大相关利益方的参与机会，并在各种冲突的价值和利益间保持平衡。又如，英国伦敦政治经济学院卡罗尔·哈洛（Carol Harlaw）和理查德·罗林斯（Richard Rawling）提出了著名的"红灯、绿灯与黄灯理论"。关于"红灯理论"，两人在合著的《法律与行政》中提出，相信行政法的主要功能应当是控制政府任何形式的越权行为，并使之从属于法律，尤其是司法审查的控制。关于"绿灯理论"，他们指出，该理论更倡导"政府模式"（mode of government），即把行政法视作授予和尊重积极的行政权力，旨在提高行政效率的法。在他们看来，这两种理论尽管存在合理之处，但均难以契合现代社会发展的要求，中立立场才是明确的选择且更易达成认同。在此基础上，他们提出了"黄灯理论"。"黄灯理论"强调，在行政法的目的或功能方面，应当在以个人利益和行政（公共）利益为中心的多种利益间保持公正的平衡（a fair balance）。在行政法的手段上，该理论主张运用法院内外的多种解决办法，建立行政自由裁量权的激励和约束机制。此外，英国牛津大学的克雷格教授（P. Craig）从行政机关和公民（包括私人团体）权利义务关系的角度，讨论了平衡的法律机制设置问题。他认为，行政法对行政机关、公民和私人组织要同等地授权和予以制约。美国大学的阿尔弗雷德·阿曼（Alfred C. Aman）教授则从总结行政法发展历程的角度，提出了行政法朝平衡法方向发展的趋势。他提出，行政法的发展历程可划分为三个阶段，相应地，有三种行政法模式。第一阶段是自由放任时期，即19世纪末期到20世纪初期，国家职能是有限的、消极的，行政法的主导理论为"红灯理论"，其功能被界定为以司法审查为中心对行政权力进行控制，旨在最大限度地保护公民个人权利免遭权力的侵蚀。第二阶段是管制时期，自罗斯福"新政"到20世纪70年代末，行政法的理论基础是国家干预主义，在制度安排上为管理的或功能主义的行政法模式。第三阶段是自20世纪80年代以来的全球时代,与此相应的即为"全球化时代的行政法",其发展方向是"市场导向型"行政法模式。这一模式的显著特点是公法、私法走向新的融合,尤其是行政法私法化,放松管制,注重成本—效益分析,广泛运用市场导向型行政方法替代过去的命令—控制规则,降低管理预算,将传统公共行政的部分职能授予或委托给私有部门按照市场规则行使。与此协调,行政法学的学术思想亦应重构,即旨在研究如何通过打破传统的公私法界别,缓和公权与私权的紧张对峙,平衡社会混合的多元利益,从而创造政府和公民间良好的互动、合作关系。

2. 理论的提出与基本观点

在我国,提出并系统讲述行政法的平衡理论,最早见于罗豪才教授等于1993年发表的论文《现代行政法的理论基础》。该文提出:"现代行政法既不是管理法,也不是控权法,而是保护行政权与公民权处于平衡状态的平衡法。"① 关于平衡论的基本观点,罗豪才教授和甘雯博士在1996年合写的一篇论文中进行了如下概括归纳:关于行政法的目的,平衡论主张,行政法既要保障行政管理的有效实施,又要防止公民权利的滥用或者违法行使。行政法的本质就在于平衡行政机关和行政相对人的权利义务关系。"平衡"是行政法的最优化状态和基本价值导向。② 关于行政法的内容,平衡论认为,行政法是调整行政关系和监督行政关系的法律规范和原则的总称。平衡论强调"行政法的内容除了调整行政关系和监督行政关系的成文法律规范外,行政法的原则也是行政法不可缺少的重要内容"③。关于行政法的原则,平衡论主张将依法行政作为行政法的重要、基本原则。不过,贯彻依法行政原则对积极行政与消极行政的要求有所不同。对于对各行政相对方权利和义务产生直接不利影响的消积行政(行政处罚、行政强制执行),应严格遵守没有法律规范就没有行政的原则;对于对行政相对方的权利和义务没有直接不利影响或者产生有利影响的积极行政(行政指导、行政咨询),则"法无明文禁止即可为",但是要符合法定权限和程序的要求,并且不得同宪法、法律相抵触。关于行政法的手段,平衡论主张综合运用行政法的各种手段,既在必要的场合运用命令、强制手段,也在可能的情况下,尽量避免采用行政命令、行政制裁、行政强制手段,淡化权力色彩。

行政程序具有独立的价值,要实现程序正义,"厘定该价值的价值取向,便需要行政法基本理念的支撑,作为行政法的基本理念,平衡论指导下的行政程序立法其优势必将日益显现,因其在自由与秩序、公正与效率之间寻求总体的、动态的平衡。以行政程序法律体系与法律规范为载体,张扬平衡论的基本价值;以平衡论的基本理念引领行政程序的立法实践,使得各种对峙或冲突因素处于相互协调之中的和

---

① 罗豪才、袁曙宏、李文栋:《现代行政法的理论基础》,载《中国法学》1993年第1期。
② 参见罗豪才、甘雯:《行政法的"平衡"及"平衡论"范畴》,载《中国法学》1996年第4期。
③ 罗豪才等:《现代行政法的平衡理论》(第二辑),北京大学出版社2003年版,第12页。

谐状态"①。

(1) 自由与秩序的平衡

自由与秩序同是行政价值的基本目标。在行政法治的价值定位上,平衡理论既不像控权论那样唯自由是重,又不像管理论那样唯秩序是瞻,它注重自由与秩序的平衡。自由与秩序价值作为行政法治中具有相反属性(并非无法兼容)的基本行政目标模式,在矛盾与统一中相互推动,共同演进。在行政法治建设的漫漫征程中,自由与效率价值的选择考验着立法者的价值取向,凸显着一国的法律精神所在。除此而外,在具体的行政执法过程中,自由与秩序的冲突呈现出更加极端的状况,导致执法者很难权衡。法具有稳定性的特征,而这正是秩序价值产生的根源,法不能朝令夕改,所以脱离法的稳定性谈秩序只是空谈。另外,社会发展归根结底是人的全面发展,只有人发展进步了,社会才能随之进步。人的发展依赖独立的思想与行为,这种出于人的自由发展的需要势必与秩序的价值需求产生冲突。如何协调两者的关系,从中找到双方的最佳契合点,是人类社会不懈的追求。行政法治理念的革新为这种追求的理想提供了现实的理论基础,那就是用平衡理念指导行政程序立法,以一种自由与秩序价值的双赢模式架构起双方的动态平衡模式。

人是自然属性与社会属性相统一的产物。要实现人的社会属性,需将作为个体的人置于有序的社会之中。作为个人,自由与秩序相伴而生,两者不可或缺,表现为统一性、相容性。首先,自由与秩序相伴共存。自由的自然增长有赖于秩序的保障,只有将自由置于秩序的框架内,自由才可能增长。② 自由是人类建立秩序的终极目的,人类社会的一切制度安排都以实现人类最大限度内的自由为起点与终点。其次,秩序与自由相互交融。秩序旨在实现秩序控制下的自由,而自由却是处于秩序状态的自由。可以说,没有自由的秩序,则人类社会会陷于停滞;没有秩序的自由,则社会会处于动荡之中。所以,一个善治的法治社会是自由与秩序和谐共融的社会,是一个社会秩序得以有力维护、个人自由得以有序施展的社会。

人的自然性崇尚自由,人的社会性则需要秩序。随着社会的发展,明确法治的精神旨在寻求自由与秩序总体的、动态的平衡,对于现时与将来推动社会发展,推进行政法治,建设服务性政府具有重要意义。只有确保社会的良好秩序,各项事业才能得以顺利开展;只有充分保障公民的自由,才能最大限度地激发其积极性、创造性,从而推动社会可持续发展进步。

(2) 公正与效率的平衡

一般而言,在行政法领域,公正与效率处于截然对立的状态,行政权在两者之间左右徘徊,未能达致动态的、总体的平衡。在平衡论看来,通过制度保障,实现两

---

① 王锡梓:《再论现代行政法的平衡精神》,载《法商研究》1995年第2期。
② 参见〔美〕查尔斯·库顿·库利:《人类本性和社会秩序》,包凡一、王湲译,华夏出版社1999年版,第278页。

者的兼顾是可能的。

①公正。对行政相对人而言,公正是其追求的首要价值。第一,保障行政相对人的合法权益。维护社会秩序是行政职能之一,但是这一职能极易异化为对权力的滥用。鉴于此,在程序上应设立保权机制与控权机制。公民权意识的觉醒与行政相对人主体观念的强化,使得其不再满足于对实体权利的满足,对程序性权利的渴望变得更为迫切。当事人在行政过程中不应仅仅是被动地受到保护,还应积极主动地保护自己。① 第二,确立行政相对人的程序知悉权与参与权。行政相对人欲通过行政程序保障自身合法权益,必先以知悉行政活动的有关内容为前提。行政相对人只有充分地参与行政过程,才能确保其合法权益或者免于被侵害的危险。由此可见,行政相对人的知悉权与参与权的价值功用在于实现对行政行为的事中监督,从而尽可能地维护自身合法权益。第三,确保行政公正。行政事务的大众性、公益性决定了行政工作必须恪守行政公正理念。一个社会是否处于善治状态,行政公正是一个重要的参考标准。恪守行政公正就要做到行政过程的公正与行政结果的公正,如若违反,则是"不良行政"。如果行政相对人与公众有足够的理由相信行政过程与结果是公正的,那么该行政权的行使必然是畅通的,行政效率也必然随之提高。第四,严格按照程序行使行政权力。行政行为具有程式性、步骤性,这些程式与步骤按顺位编排,应反映程序价值实现的程序性要求;否则,行政程序的设置势必会流于形式。

②效率。行政行为重视行政效率,这是达到既定行政效果的重要因素。行政主体在实施行政行为时具有相对的积极性,所以效率价值主要是针对行政机关而言的,其特征包括:首先,行政职能的实现是建立在一定资源的消耗之上的。因此,降低人力、物力、财力的消耗,是追求行政效率的首要选择,即以最小的行政成本达致最大的行政效益。其次,行政工作的特殊性,决定了行政主体必将面对纷繁复杂的社会生活,单一的、机械的行政方式难以应对复杂的社会事务。因此,通过灵活的行政方式与刚性的行政程序立法以确保行政效率的实现是最佳途径。鉴于上述原因,行政自由裁量权的行使成为行政方式的必然选择,但是应当受到严格限制。所以,设计有助于行政权的有效控制与行政效能的充分实现的制度是行政程序立法的既定模式。最后,提高立法技术,保障行政程序的规范化、便利化。程序的价值在于其规范化、程式化,以避免权力的滥用。实现程序性规则的规范化是坚持程序正当的题中之义,也是保证行政高效的重要手段。程序的设计要坚持实用性,即要具有可操作性与便利性;如若相反,则会降低行政效能。在运行过程中具有可重复性和实施性,可以将行政程序文本方便、迅速、准确地转化为实践,从而准确实现程序法所蕴含的法律精神与价值取向。尽管公正价值与效率价值在一定程度上表

---

① 参见应松年主编:《行政行为法》,人民出版社1992年版,第15页。

现为对立冲突的态势,但是在平衡理念的影响下,兼顾行政权力运作公正与效率的平衡是现代行政法治的基本模式之一。平衡理念重视机制的构建,在平衡公正价值与效率价值时,同样强调机制的构建,而通过行政程序立法,实现两者动态的、总体的平衡,必将开辟全新的发展进路。

(3) 个人利益与公共利益的平衡

在廓清个人利益与公共利益的概念之前,有必要探讨一下公共利益的基本特点,以便于进一步厘定其与个人利益之间的关系。本书认为,公共利益具有公共性、相对重要性与实现性的特点。首先,公共利益要以广大人民群众与广大地域为服务对象。其次,相对于个人利益而言,公共利益处于更重要的地位。最后,公共利益通过行政权的行使即可达到,从而具有可实现性。由此可见,公共利益是一定区域内为大多数人生存与发展所必需的,并为群体中不确定的人所广泛享有和认可的利益。与个人利益不同,公共利益具有消费的非竞争性和受益的非排他性,即公共利益的享有是自然的,无须通过竞争手段即可获得,并且利益享有者不会因其数量的多少而影响利益的质量与数量。与个人利益的实现方式相同,公共利益的实现必须遵循正当的法律程序,对公共利益与个人利益进行平衡就是通过这一手段得以实现的。平衡公共利益与个人利益时,必须借助正当程序加以保证,即行政权力的行使必须符合正当的法律程序,具体包括公开、公正、回避、听证等程序。这明显要严格于个人权利的行使。行政程序法是实现个人利益与公共利益平衡的最佳方式,通过平衡论视野下的行政程序立法,达致个人利益与公共利益的平衡。行政程序法旨在建立良好的公共秩序,从而需要把公共利益的实现方式纳入规范化的轨道。但是,行政权是针对行政相对人行使的,所以行政权的行使可能会对个人利益造成侵害。在此情况下,便出现了个人利益与公共利益的冲突,而这正是行政程序法创制与不断完善的前提。善的行政程序法旨在促进个人利益与公共利益在动态中和谐一致,从而推进两者的可持续平衡发展。公益具有优先性、主导性,所以当公益与私益彼此冲突、矛盾时,私益应让位于公益,但应当给予个人合理补偿。个人利益与公共利益并非天然对立、不可调和,当行政行为处于行政程序的规制之下,行政权得以合理限制的情况下,在个人利益与公共利益之间寻求恰当的平衡完全具有可行性。个人利益不能淹没于公共利益的瀚海之中,公共利益也不可能脱离个人利益谋求自身的存在与可持续发展。因此,行政程序法应在个人利益与公共利益之间寻找一个平衡的支点,做到既尊重个人利益又维护公共利益,使两者之间形成良性的互动,最终达到和谐的动态平衡。

(4) 平衡论实现了权利义务等值化目标

法学是权利义务之学,行政法是调整行政上的权利义务之学,行政主体与行政相对人之间权利义务的总体平衡和行政主体与行政相对人的权利义务关系构成了最基本的行政程序法律关系。与现代行政法治的实质相适应的是权利义务的总体

平衡,这主要表现在以下两个方面,同时也是平衡论存在的基础:

① 行政主体与行政相对人之间外部权利义务的总体平衡。行政法治的三个环节中,起始阶段是行政立法。所以,实现行政主体与行政相对人之间的权利义务平衡首先要从行政立法环节着手。在传统的行政立法中,立法机关在管理论或者控权论的影响下,形成了偏执一端的立法价值取向,或者倾向于行政权力的实施,而忽视行政相对人的权利;或者倾向于对行政相对人权利的保障,而忽视行政效能的实现。这两种立法倾向使得行政主体两端的权利义务处于失衡的状态。因此,在立法环节,应当平衡地分配行政主体两端的权利义务。具体而言:首先,行政立法应当有先法或法律依据;其次,行政立法不得规定涉及公民的基本权利的事项;再次,行政行为必须由行政法律严格规定,并规制其实施的行政程序与方式;最后,立法机关有权进行立法审查,并赋予司法机关司法审查权力。在行政执法环节,应当强化执法的程序规制。鉴于行政权力的恣意性,对行政行为的规制是必要的,规制措施包括:首先,制定保证行政相对人合法权益的相关制度,如公民参与制度、听证制度、信息公开制度等;其次,加强行政行为的程序规制与程序设计,如了解程序、公开程序、取证程序、回避程序、听证程序、处理程序、告知程序等,同时赋予行政相对人了解权、要求回避权、辩论权和申请补救权等。行政主体与行政相对人之间正是通过上述方式达到其外部权利义务的总体、动态平衡的。

② 行政主体与行政相对人之间内部权利义务的总体平衡。这表现在行政主体内部行政职责与行政权的平衡、行政相对人权利与义务的平衡两个方面。首先,行政主体的职责是行政权存在的基础和前提。可以说,行政职责是行政权来源合法性的基础之一。行政主体要将行政职责视作行政义务的履行,而行政机关的权力则是其为了履行行政义务而被赋予的有限权利。其次,既然行政权是一种为履行行政义务而创设的权能,那么这种权能的行使必然有其法定的限度、时限、方式、途径、补救措施、惩罚措施等具体事项。从这一角度出发,行政主体内部权利义务的平衡才具有法理基础。行政相对人内部权利义务的总体平衡是要达致权利的有限伸张与义务的适当消弭,从而使两者达到总体的、动态的平衡。在管理论模式下,行政相对人权利的行使范围很小,义务的履行则占据了大部分,从而忽视了对行政相对人的权利保障,片面地强调义务的履行。我们要清楚地看到,权利的享有程度直接关涉义务的履行程度,没有相应的权利保障,义务的履行也是不彻底、不完全的。在控权论模式下,控权论者过度强调行政相对人权益的保障,这是以牺牲行政效率与秩序为前提的。这样做导致的结果是公民权利的滥用,严重影响了行政效能的实现。我国幅员广大、人口众多,这两种失衡的行政模式不可取。所以,行政相对人内部权利义务的总体平衡是必需的。

总之,重视行政主体与行政相对人之间的外部与内部权利义务的总体、动态平衡是限制行政权与保证行政效能的平衡,是保障公民权利与防止公民权利的滥用的平衡。当然,该理念不能一蹴而就,既然确立了这一既定目标,就应当有长期坚持下去的思想准备。

第二节　行政法理论基础的界定

一、行政法理论基础的概念

在对上述几个理论作出评述前,首先必须明确什么是行政法的理论基础。只有弄清了这一概念本身及意义,我们才能正确地界定或构建行政法的理论基础。

行政法的理论基础不同于行政法的基础理论。行政法的基础理论是比理论基础高一层级的概念范畴,由许多不同层级的理论构成;而行政法的理论基础属于行政法的基础理论范畴,且是其中最基本的理论内容,其他的基础理论都建立在理论基础之上,如研究行政法的产生与发展、本质与特征、内容与形式、功能与作用等方面的基本理论。

行政法的理论基础应当具备一定的条件。从本质意义上说,首先,它是行政法存在的前提,行政法学的一切问题也是以该理论基础为出发点而展开的。正如有学者所说,行政法的理论基础"并非是一种针对特定的、具体的制度安排的理论主张,而是为旨在描述、解释、评价行政法现象的整个行政法理论体系提供根基——这主要包括核心理念、基本范畴、基本立场、方法论体系等。因此研究行政法理论基础问题就只能是一个形而上、而不是形而下的问题,它主要是一种行政法哲学研究,涉及行政法的本体论、认识论、价值论与方法论等一系列基本问题"[①]。其次,该理论基础应当可以用来分析和解释各种行政法学现象,是对行政法从立法到实施的整个运行过程中运行规律的高度概括。最后,行政法的理论基础也应当能够在一定程度上发挥指导具体行政法治建设的作用,它可以为行政法律运行过程中的立法、执法和司法等相关活动提供正确的指导,从而促进行政法治的不断发展。

在明确以上两点的基础上,我们可以大致给出"行政法的理论基础"的定义:高度概括并揭示行政法运行的基础和规律,可以用来解释和分析各种行政法现象,进而指导具体行政法治建设的最基本理论。

二、行政法理论基础的界定

控权论、管理论和平衡论这三种基础理论都主要是从行政法的作用和功能角度讨论的。由于管理论自身存在的明显弊端,目前只有极少数学者主张这一观点。首先,管理论过分信赖和倚重国家权力,即把行政机关及其公务员行为设想成理性

[①] 宋功德:《行政法的均衡之约》,北京大学出版社2004年版,第54页。

的,没有出现武断专横、滥用权力的可能。其次,管理论以管理者为本位,以管理为使命,视法为管理工具,单向性地强调行政特权和行政效率,突出了行政领域"官本位"的特征,忽略了对管理者的监督,使行政权力的运用容易陷入失控的状态,这与行政民主、法治的原则并不相符。最后,管理论明确宣称,在行政法律关系中,管理者和被管理者之间处于不平等的法律地位,把行政管理对象视为纯粹的管理客体,无视行政相对人的权利,甚至根本否认在行政管理领域存在公域和私域的界分,使公民的个体利益完全淹没于社会公共利益之中,使行政相对人的独立自主性无以立足,自主发展更没有可能。

控权论强调保障公民的自由与权利,提倡对政府权力进行必要的控制与限制,对我国行政法的起步与发展有着重要的指引作用。然而,控权论本身的局限性和偏颇之处已经使其不能适应转型时期我国的现状,尤其是在目前强调政府积极给付作用的背景之下。第一,控权论形而上学地、片面地、绝对地对待行政权力与个人权利。它片面强调两者之间的对立、冲突互不相容,而没有全面考虑两者的共存、互相依赖以维护社会统一体的存在,以及互相监督、激励等关系。总之,它缺少一种客观、公正的态度。第二,控权论把行政法视作控制政府权力的一种消极的工具,即政府政策的制定和执行也可能代表个人和社会的利益,并能增进这些利益;而对个人权利也限于消极的保护,忽略了公民有效作用于行政过程的参与机制。总之,它对于政府和公民均缺乏激励。① 第三,控权论笼统地排斥行政自由裁量权,认为行政自由裁量权的存在和任性行使注定对个人权利产生不利的限制和影响,否认行政自由裁量权能发挥行政机关的积极性和能动性,以适应不断变化、永不停顿的社会变化,保障公民权益并促进其增长的作用。如此,与现实需要发生明显的脱节与不符。第四,控权论受"司法万能"观念影响,过分倚重、渲染司法的控权作用,甚至成为司法广泛介入行政的借口,这实际为新的权力滥用提供了方便;② 同时,也必然使司法机关负担过重,面对累累且复杂的行政案卷而力不从心。第五,控权论忽略了公民权利也可能被滥用,以及行政法在防止公民权利的滥用方面的作用。

与管理论和控权论相比,平衡论理论有着更多的合理性和积极意义,它的价值在于:其一,平衡论奠基于哲学上矛盾的"两点论"与"重点论",揭示了行政主体与相对人的对立统一,兼顾了公益与私益、效率与公平,不搞一点论,不走极端。其二,平衡论倡导以行政权—公民权的关系为行政法研究的核心问题,将行政权与公民权的关系作为行政法的主导关系,作为一种基础性的、直接的、最重要的关系加以处理,并在两者间诉诸平衡的机制设置。这使行政法从传统的控权、管理的模

---

① 参见包万超:《行政法平衡理论比较研究》,载《中国法学》1999年第1期,第74页。
② 参见李娟:《行政法学控权理论研究》,载罗豪才主编:《行政法论丛》(第2卷),法律出版社1999年版,第59页。

式、框架中跳脱出来，而从平衡的视角更新了传统行政法学的概念框架和学科体系。其三，平衡理论的发展反映了转型发展时期我国的行政法制度实践。现阶段，我国正由旧的计划经济体制向新的社会主义市场经济体制转轨，平衡论可谓既兼顾了我国行政法传统，符合我国国情，同时又体现了现代行政法的总趋势，对于我国行政立法、行政执法、行政司法均起到了有力的指导作用。

当然，平衡论在行政法中的贯穿也是面临难题的：是否可能建立一套制度，以便能够在规则约束与自由裁量之间、多元分散的利益之间发现"平衡点"，并达致一种良好的平衡？有学者就对平衡论持怀疑或批评态度。[①]

第三节　我国行政法学理论基础的展望

其实，在国外行政法学中并没有关于行政法的理论基础的专门研究，但是存在着指导行政法治建设与行政法学研究的观念和学说。[②] 不同国家有着不同的理论基础，即使是同一个国家，在不同发展时期，行政法的理论和实践也是有区别的。例如，在19世纪的法国，"公共权力说"居主导地位，行政法院均以公共权力作为适用行政法的标准。到了19世纪末20世纪初，行政机关的活动领域不断扩大，延伸到了社会生活的各个领域，传统的公共权力标准受到挑战，被"公务学说"取而代之，成为法国行政法的主流观点。但是，二战后，公务标准也出现了危机，又出现了多元化的标准说，如公共利益说、新公共权力说等。由此可见，行政法的理论基础应当是多元的。

在我国，围绕行政法的理论基础已经产生了十余种观点或学说，除了前文已经列举的三种基础理论观点外，还有"公共利益本位论""政府法治论""服务论""人民主权论"等。今后在强调继续坚持深入研究行政法的基础理论问题之外，还应当注意从多个不同视角出发，进行学术探讨。在横向上，既要面向当今世界各国普遍追求的价值体系，也不能脱离我国的特殊性；在纵向上，对行政法理论基础的研究需要结合我国特定时期的特定问题，避免以一种学说或观点诠释所有历史时期行政法的发展模式。只有这样，才能避免得出错误的研究结论，行政法的理论基础本身所应当具有的作用和功能方能得以实现。

---

① 参见杨解君：《关于行政法理论基础若干观点的评析》，载《中国法学》1996年第2期；皮纯协、冯军：《关于"平衡论"疏漏问题的几点思考——兼议"平衡论"的完善方向》，载《中国法学》1997年第2期；朱维究：《行政法的理念：服务、管理、法制监督》，载《中外法学》1996年第5期；杨建顺：《从哲学、宪政学、法学的视角反思行政法之理论基础》，载《中外法学》1996年第5期。

② 参见苗连营、仪喜峰：《行政法理论基础比较研究》，载《当代法学》2004年第1期。

思考题

1. 试述控权论的合理性与弊端。
2. 分析控权论与管理论的优缺点。
3. 平衡论的合理性体现在哪些方面?

拓展阅读书目

1. 王名扬:《美国行政法》,中国政法大学出版社1995年版。
2. 崔卓兰、王景斌:《行政法与行政诉讼法》,吉林人民出版社2006年版。
3. 罗豪才、湛中乐主编:《行政法学》(第三版),北京大学出版社2012年版。
4. 罗豪才主编:《现代行政法的平衡理论》,北京大学出版社1998年版。
5. 罗豪才等:《现代行政法的平衡理论》(第二辑),北京大学出版社2003年版。
6. 罗豪才等:《现代行政法的平衡理论》(第三辑),北京大学出版社2008年版。

第三章 行政法律关系

本章要点

1. 了解行政法律关系的含义。
2. 了解行政法律关系的性质。
3. 了解行政法律关系的构成要素。
4. 了解行政法律关系的类型。

导语

在行政机关履行行政职能的过程中,会形成各种各样的社会关系,如外部行政管理关系、行政法制监督关系、行政救济关系和内部的行政关系,这些社会关系统称为"行政关系"。不同的法律部门调整不同的社会关系,而在行政法领域,法律与行政的关系表现为:行政法调整行政关系,行政法律规范与行政关系相结合,而那些受到行政法律规范确认和调整的行政关系就形成了行政法律关系。从严格依法行政的角度来看,所有行政行为都应当受到行政法律规范的调整,一切的行政关系都应当成为行政法律关系。但是,从行政实践的经验来讲,还是有部分行政关系尚未或者无须受到行政法律规范的调整。由此可见,行政法律关系是行政关系的一部分。

第一节 行政法律关系的含义与性质

一、行政法律关系的含义

行政关系在实施行政权的过程中必须通过行政法的调整,将之"升华"为行政法律关系。原因在于,未经行政法调整规范的行政关系:其一,是一种绝对化的支配关系。也就是说,只具有"我令你从"这一单向性运动程式。其二,是一种完全的隶属关系。严格说来,在其中并不意味着有双方或多方的存在,所体现出来的仅仅是整体与部分之间的关系,部分不能分离或独立于整体之外。其三,表现为一种固定不变的主动与被动关系。也就是说,其中一方处于绝对、永恒的主动地位,一切意志表示、指示、命令等,均由之发出、实行;而相对一方始终不过是纯粹的客体而已。在以往专制制度下,这种行政关系在统治者对被统治者的管制过程中最突出、明显、典型。

行政关系经过行政法的规范、调整,就成为行政法律关系。完整地说,行政法律关系,指经过行政法规范、调整的,因实施国家行政权而发生的,行政主体与行政相对人之间以及行政主体之间的权利与义务关系。

二、行政法律关系的性质

行政法律关系与行政关系虽有联系,但不能等同,两者有原则区别。就性质而言,前者体现的是一种民主、理性化、规范化、有序的关系。具体而言:

第一,在行政法律关系中,管理者与管理对象之间不属于一种完全单向性的支配关系。也就是说,行政相对人在行政管理过程中通常是受支配者,而从实体的角度来讲,行政相对人却是支配者——因为公权力是来自于公民的私权利。例如,有的学者认为,公民个人请求公安机关侦察破案、打击犯罪等,实质上也含有支配的意思,即后者只能无条件服从这种"命令"。由此可见,行政法律关系并不同于行政关系,在其中,当事人双方的支配与被支配关系具有双向性,即允许角色的相互换位。

第二,在行政法律关系中,一定的行政主体与行政相对人存在的是一种相互独立的关系。也就是说,作为国家权力实际享有者的公民与公共权力直接行使者的政府之间具有的是在各自意志存在基础上的一致。

第三,在行政法律关系中,当事人双方的主动与被动地位只是相对的,无论哪一方都不是绝对的主动者或被动者。行政主体既是实施管理者,又是提供服务者、接受监督者与制约者;而行政相对人既是接受管理者,也是享受服务者、实行监督与制约者,甚至是罢免权的行使者。

因此,在行政管理领域,凡是涉及权利、义务的,都应当形成行政法律关系,这是现代民主与法治的基本要求。同时,随着现代行政的发展、民主与法治的进步,某些被认为对行政主体有约束力,而对行政相对人的权利、义务不产生直接影响的行政行为,如行政指导、行政奖励等,也逐步被纳入行政法的调整范围,从而形成一种具有特殊性的行政法律关系,即主要由行政机关担当义务主体,而行政相对人作为权利主体。不过,也不是说与行政管理活动有关的一切关系都要转化为行政法律关系,如行政建议、行政咨询关系等。此外,行政政策关系也不是行政法律关系。这是因为,行政政策主要是依靠行政纪律以及行政机关的威望实现。如果行政机关及其工作人员拒不执行政策,可能要受到行政纪律的追究,这种纪律对行政相对人则不具有约束力;而政策若要由国家强制力加以保障,必须上升为法律。

第二节 行政法律关系的构成要素

行政法律关系由行政法律关系的主体、客体、内容等要素构成。

一、行政法律关系的主体

行政法律关系的主体,亦称"行政法律关系的当事人",指行政法律关系中权利的享有者和义务的承担者。行政法律关系的主体主要包括行政主体与行政相对人,即行政法律关系中的双方当事人。这是因为,两者都无例外地享有行政法上的权利,同时承担相应的义务。

行政法律关系中的行政主体,既可以是经授权行使行政职权并对其承担责任的国家行政机关,也可以是经授权行使行政职权并对其承担责任的组织。行政法律关系中的行政相对人,在我国可以是公民个人、组织,以行政相对人身份出现的国家机关、事业单位,以及在我国境内的外国组织、外国人以及无国籍的人。

"行政法律关系主体"和"行政法主体"是两个不同的概念。后者的范围较前者宽,不仅包括行政主体和行政相对人,还包括与行政法律关系主体存在监督关系的监督主体,如立法机关、司法机关等。

二、行政法律关系的客体

行政法律关系的客体是行政法律关系当事人的权利义务所指向的对象。行政法律关系的客体范围很广泛,可以概括为以下三种:

第一,物质财富。例如,土地、房屋、森林、交通工具等。物质财富成为行政法律关系的客体,必须同时具备两个条件:一是它已为人们所认识、控制、支配,并能满足人们的社会需要。二是它应为行政法律规范所规定。例如,水和土地之所以成为行政法律关系的客体,是由于《水法》和《土地管理法》的规定。在大气污染防治等法律规范作出明文规定以前,大气就未能成为行政法律关系的客体。物质财富之所以能作为行政法律关系的客体,是因为它的存在往往会在主体之间引起以之为对象的权利义务关系,在分配、调整这种权利义务过程之中,有时必须通过行政法规范。

第二,精神财富。精神财富主要指一定形式的智力成果,如著作、专利、商标等。精神财富虽经常转换成物质财富,但在法律上仍是一个独立的法律关系客体。有时,主体的名誉、荣誉也可以被视为精神财富而成为行政法律关系的客体。

第三,行为。行为指行政法律关系主体有目的、有意识的活动。例如,征税、征地、违章建房、扰乱治安、阻碍交通等。当然,并不是所有的行为都是行政法律关系的客体,只有具有行政法律意义的行为或受行政法规范的行为,才能成为行政法律关系的客体。

三、行政法律关系的内容

行政法律关系的内容,指行政主体和行政相对人在行政法律关系中享有的权利和承担的义务。由于行政法律关系的主体包括行政主体与行政相对人,行政法律关系的内容也分为行政主体的权利义务和行政相对人的权利义务两部分。讲行政法律关系的内容,不应仅强调行政主体的权利,而不强调其应承担的义务;不能只讲行政相对人的义务,而不讲其权利。反之,也不能。行政法律关系主体之间的权利义务关系总体上应该是平衡的。

行政法律关系的内容是行政法律关系的核心,离开它谈行政法律关系便没有意义。(其具体内容将在以后的章节中详细论述)

第三节 行政法律关系的类型与特征

一、内部行政法律关系和外部行政法律关系

内部行政法律关系,是指上下级行政机关之间、行政机关内部组成机构之间、行政机关与其工作人员之间发生的受行政法调整的行政关系。外部行政法律关系,是指行政机关或法律授权的组织与公民、法人等之间发生的受行政法调整的行政关系。调整内部行政法律关系与调整外部行政法律关系的行政法规范一般不可交叉适用。

二、行政实体法律关系和行政程序法律关系

行政实体法律关系,是指行政主体在行使行政职权过程中与行政相对人发生的关系。行政实体法是以规定行政主体可以行使的职权为主要目的与内容的法律,故在行政实体法律关系中,更突出表现行政主体作为执法者具有的"主动""指挥"的法律地位。行政相对人则因属于执法对象而处于"被动""服从"的"弱者"地位。行政程序法律关系是行政主体与行政相对人依行政程序法而形成的。由于行政程序法中的程序性规范是对行政机关选择和决定行为程序的一种限制,因此在行政程序法律关系中,行政主体被要求遵守一定的法定行政程序,其角色由实体权利的享有者转化为程序义务的承担者。行政相对人正相反,往往从实体义务的承担者转化为程序权利的享有者。例如,纳税人按行政实体法规定,有缴税的义务;同时,依行政法律程序,享有对缴税决定不服或要求减免等提起行政复议、行政诉讼等程序性权利。由此可见,在行政实体法律关系与行政程序法律关系中,行政主

体与行政相对人有一个"角色换位"现象。也就是说,通过行政程序法律关系的调整,使得在行政实体法律关系中反映出来的行政法律关系双方当事人在身份地位上的差异,以及在权利和义务分配方面的不对等,又重新得以均衡。

行政法律关系区别于其他法律关系的特征主要有五点:

第一,行政法律关系的一方是行政主体。

行政法律关系中必有一方是行政主体。行政职权的行使是行政法律关系得以发生的客观前提。没有行政职权的存在及行使,行政法律关系便不可能形成。行政主体是行政职权的行使者,因此总是作为行政法律关系的一方。

第二,行政法律关系具有非对等性。

行政法律关系的非对等性,主要指行政法律关系主体双方的权利义务不对等。当一方优先实现权利时,另一方的权利同时受到限制。这一点与民事法律关系具有明显的不同。在民事法律关系中,当事人之间在地位、权利、义务等方面都是对等的。非对等性可以说是行政领域的法律关系区别于其他部门法所调整的法律关系的最明显特征。

行政法律关系的非对等性在行政实体法律关系、行政程序法律关系以及行政诉讼法律关系中有不同的表现形式。在行政实体法律关系中,一般表现为行政主体及其行使行政权的优先性;在行政程序法律关系中,通常表现为行政相对方的一部分权利优先实现;在行政诉讼法律关系中,则体现为被告与原告在举证责任、起诉权等方面权利、义务分配的不对等。由此可以看出,在行政法律关系中,主体双方权利、义务的不对等不是固定不变的,而是具有阶段性、能够互相转化的。正是这种转化,体现了行政法的平衡精神,也保证了行政权与行政相对方权利的互相抗衡、制约。

第三,行政法律关系主体权利义务的法定性。

在多数情况下,行政法律关系的主体之间,不能如同民事法律关系的主体那样相互约定权利、义务,自由地选择乃至协商、改变权利和义务,而是必须依据一定的法律规范取得权利并承担义务。例如,行政相对方申请经营许可证只能向法定的主管机关申请,而主管机关也只能严格按照法定条件审批。

第四,行政法律关系主体权利的非自由处分性。

在民事法律关系中,当事人被允许相对自由地处分自己的权利。在行政法律关系中,行政主体则不能自由处分自己的权力。例如,税务机关不能放弃征税,公安机关不能停止维持治安。其一,这是由行政主体在行政法律关系中所处的双重地位决定的。行政主体对社会实施行政管理时体现为权利主体,相对于国家而言又是义务主体。假如行政主体放弃了在行政管理中的权利主体地位,不去行使权利,便意味着对国家没有承担起其作为义务主体的责任。其二,行政法上的权利和义务往往是重合的,较难分开,不像民法上的权利和义务那样界限清楚。例如,征税对税务机关而言既是权利也是义务,对行政相对人而言是权利,对国家而言便是义务。因此,若行政主体放弃或转让了权利,就等于没有履行义务,构成了失职,意味着将受到法律追究。

对行政相对人而言,其权利、义务在某些情况下也是重合的。例如,受教育既是公民的权利,也是公民的义务。在九年制义务教育范围内的受教育权就不允许放弃或转让。一家企业也不能把自己的营业执照擅自转让给另一家企业。当然,与行政主体不同,行政相对人的某些权利是可以放弃的,如申请权、受益权等。这些权利属于可以与义务分开的权利。原则上,要求行政相对人不能放弃或转让的、具有与义务重合性质的权利,必须通过法律的专门规定,才能对行政相对人产生约束力。

第五,行政机关对行政法律关系双方的争议有单方解决、处理权。

在民事法律关系中,发生争议的双方当事人,无论哪一方都无权单方处理纠纷,而只能求助第三人予以解决。行政法律关系的双方当事人发生纠纷时,作为一方当事人的行政机关往往享有单方解决、处理权。同时,由于行政法律关系引起的争议一般具有专业性强、技术要求高等特点,法院对此裁判有时难以胜任。各国目前尽量寻求司法之外的解决渠道,将大多数的行政法律关系争议交由行政机关或行政裁判机构依照行政程序或准司法程序加以解决。只有在法律有规定的情况下,才由法院通过司法审查程序解决。

第四节 行政法律关系的产生、变更与消灭

一、行政法律关系的产生

行政法律关系的产生,亦称"行政法律关系的形成",指行政法律关系主体之间在行政法上的权利和义务的实际构成。这意味着行政法律关系从可能性转变为现实性,即行政法律规范中规定的权利义务转变为现实的由行政法律关系主体享有的权利和承担的义务。例如,公民年满18周岁,就产生了兵役主管部门和该公民间的行政法律关系,该公民具有服兵役的义务,兵役主管部门享有对其予以征集的权利。

二、行政法律关系的变更

行政法律关系的变更,指行政法律关系产生后、消灭前,行政法律关系主体、客体或内容的变更。这具体有两种情形:一是一方当事人发生了变化。例如,某行政主体被合并到另一个主体之中或分立为一个新主体时,该行政主体与行政相对方之间的权利和义务关系依然有效。二是内容发生变化。例如,征税率提高或降低,

征税关系依然存在。

三、行政法律关系的消灭

行政法律关系的消灭,指原当事人之间权利和义务关系的消灭。这主要分三种情形:一是一方或双方当事人消灭,从而使原行政法律关系消灭。例如,某国家公务员死亡,他与国家之间的行政职务关系自然消灭。二是行政法律关系中的权利和义务消灭,又分为两种情况:第一种是行政法律关系的主体双方的权利或义务被履行或行使完毕。例如,被处以行政罚款的公民,在其按规定缴纳罚款之后,原处罚关系消灭。第二种是设定权利或义务的行为被撤销。例如,某县公安局裁定拘留某甲,经某甲申请复议,被上级公安机关裁定撤销原处罚决定。三是行政法律关系客体的消灭。例如,作为客体的文物灭失,使文物保护的行政法律关系归于消灭。

四、法律事实

所谓法律事实,是指能够导致行政法律关系产生、变更与消灭的客观事实。法律事实又可以划分为法律事件和法律行为。法律事件指不以人的意志为转移的客观现象,如战争、天灾、出生、死亡等。法律行为一般指人的主观行为。法律事件和法律行为都可能导致行政法律关系的产生、变更或者消灭。所不同的是,事件不具有合法与否的属性,而行为却有合法和非法的区别。合法或非法的行为都可能引起行政法律关系的产生、变更与消灭,只不过效果不同。例如,违章驾驶可能引起行政处罚法律关系,安全守法驾驶达到一定限期则可能引起行政奖励法律关系。

思考题

1. 试述行政法律关系的特征。
2. 试述行政法律关系的内容。
3. 试述行政法律关系的运行过程。

拓展阅读书目

1. 章剑生:《现代行政法总论》,法律出版社2014年版。
2. 〔日〕南博方:《行政法》(第六版),杨建顺译,中国人民大学出版社2009年版。

第四章　行政法基本原则

本章要点

1. 了解行政法基本原则。
2. 了解合法行政与合理行政的关系。
3. 了解公正行政与比例行政的逻辑联系。
4. 了解责任行政的内涵。

导语

行政法作为一个独立的部门法，是一个有机的整体。成千上万的行政法律规范之间存在着内在的、必然的联系，体现着相同的原则或准则。行政法的基本原则或准则指导着行政法规范的制定、修改、废除等，是行政法的精髓。

第一节　行政法基本原则概述

行政法所应遵循的原则有很多，根据不同的层次，大致上可分为三类：第一类是政治原则和宪法原则。在我国，四项基本原则是行政法的最高准则，它规定行政法的发展方向、道路和根本性质。第二类是一般的行政法原则，即行政法的基本原则。这类原则位于政治原则和宪法原则之下，产生于行政法之中并指导所有的行政法律规范。第三类是行政法的特别原则。这类原则位于行政法基本原则之下，产生于行政法之中并指导局部的行政法规范。例如，行政诉讼中的起诉不停止执行、被告负主要举证责任等原则。

所谓行政法的基本原则，是指指导和规制行政法的立法、执法，行政行为的实施，以及行政争议的处理的基础性规范和准则。

行政法基本原则的价值和作用是十分巨大的，主要体现在以下几方面：

其一，它对行政管理领域进行全面、整体性的宏观调整、规制，是一种"基础性"规范。行政法具体原则和规则的规定，均需以其为指导、依据。

其二,它不仅统帅行政立法、行政执法与行政司法行为,包括国家权力机关制定行政性法律的行为,也要受其指导。这是行政法的特别原则所不能达到的。

其三,它是一种高度抽象的,并体现行政法的基本价值观念的规范。这种基本的价值观念在行政法长期的发展过程中形成,并由行政法学者通过长期的探索、研究概括、总结出来。

总而言之,行政法基本原则是行政法存在的基础,是贯穿于行政法自身体系以及全部运行机制中,负责统帅、指导行政法具体规范的最稳定、最具普遍价值的准则,它决定着行政法的根本性质、发展方向和社会效果。

国外行政法基本原则的表述一直集中于"依法行政",有些表述为"行政法治"或"合法行政",只是对依法行政的理解和解释有较大区别。资本主义发展初期,为适应自由竞争的需要,提倡管得最少的政府是最好的政府,尽量控制政府对经济和社会的干预。因此,依法行政的"法"指的是狭义的法律,即由国会制定的法律,"无法律即无行政"。随着经济和社会的发展,行政权力不断扩大,委任立法迅速增加,如果还将"法"限制在狭义的法律范围内,面对纷繁复杂的社会现状,行政机关将难以发挥作用。因此,依法行政之"法",应扩大至根据法律制定的法规等行政立法,同时加强对行政立法的监督和审查。这是国外依法行政理论的最大变化之一。

各国行政法由于其历史背景、成因不同,学者们概括、归纳的角度和方法相异,行政法基本原则内容的表述也是不尽相同的,但基本精神是一致的。

在英国,学者们称依法行政为"法治"或"行政法治"。戴雪将英国的法治原则归纳为三个原则:"(1)正规法律的绝对优位及政府专断权力之排除;(2)法律上一律平等;(3)宪法的一般原则乃通常法律适用的浓缩。"[1]当代英国学者将法治原则概括为:"(1)政府的一切活动必须遵守法律;(2)法治原则不局限于合法性原则,还要求法律必须符合一定标准,具备一定内容;(3)法律原则表示法律的保护平等;(4)法律在政府和公民之间无偏袒。"[2]

在美国,学者们将依法行政包括在法治原则之内。法治原则包含下列因素:(1)法治原则承认法律的最高权威,要求政府依照法律行使权力,但法律必须符合一定标准,包含一定内容,否则法律也可作为专制统治的工具;(2)正当的司法程序,即为保护公民权益不受政府官员不正当行为的侵犯,必须在程序方面对政府权力的行使加以限制;(3)法律规定的权利和程序必须执行,为此必须有保障法律权威的机构。

法国人把"行政法治"作为其行政法的基本原则,并认为该原则包含三项基本内容:一是行政行为必须有法律依据;二是行政行为必须符合法律;三是行政机关必须以自己的行为保证法律的实施。

---

[1] 转引自城仲模:《行政法之基础理论》,台湾三民书局1994年版,第6页。
[2] 转引自王名扬:《英国行政法》,中国政法大学出版社1987年版,第10—11页。

在德国,学者们认为依法行政应体现为,政府的行政活动首先应符合其宪法原则,如三权分立原则、法治原则;其次,应遵循行政法自身的原则。行政法自身的基本原则主要有两项:一是合法性原则(the principles of legality),它要求做到法律至上和符合法律要件;二是比例原则(the principles of proportionality),即坚持行政行为的公正合理。①

在日本,依法行政被称为"依据法律行政"或"法治行政"。日本学者认为,依法行政原则在具体制度形式上体现为三项要求:其一,建立议会制的民主,通过国会对行政进行政治统治;其二,在这一前提下,在行政立法、行政处分和行政程序中存在着立法优先的要求或者立法的编制问题;其三,通过法院对行政进行司法方面的事后救济。

尽管各国行政法治原则存在着表述上的差异,但是归纳起来可以概括为三个方面:政府行政原则上应有行为法上的依据,包括依据法律原则;政府所守之法为合乎理性之法;政府违法应负法律责任。②

第二节 合法行政原则

我国行政法首要的基本原则之一是合法行政原则,也可以称为"依法行政原则"或"法治行政原则"。合法行政是依法治国的重要基础,是人民当家作主的必然结论,也是政府行使权力的最重要准则。该原则是指行政权的存在、行使必须依据法律,符合法律,不得与法律相抵触。在任何一个推行法治的国家,合法行政原则都是行政法最重要的原则之一。合法行政原则要求行政机关实施行政管理不仅应遵循宪法、法律,还要遵守行政法规、地方性法规、行政规章、自治条例和单行条例等。合法不仅要合乎实体法,也要合乎程序法。

合法行政原则的具体内容通常包括以下几个方面:

一、行政机关依法设立

行政机关的设立、变更和撤销必须依据国家宪法和有关组织的规定。在我国,国务院、地方各级人民政府的组成依据是《宪法》《国务院组织法》以及《地方各级人大和地方各级人民政府组织法》的规定。

二、行政职权必须基于法律的授予才能存在

行政职权,在我国主要是指中央政府及其所属部门和地方各级政府的职权。

---

① 参见〔印度〕M.P.赛夫:《德国行政法——普通法的分析》,周伟译,台湾五南图书出版公司1991年版,第26页。

② 参见郑钟炎:《论法治行政》,载《中国法学》1996年第6期。

合法行政原则要求行政机关必须在法律授予并明确规定的职权范围内活动。凡是法律没有规定的,行政机关均不得为之。行政机关的职权法定,一般有两种形式:一是由行政组织法规定,大都以概括方式划定各机关的职责范围;二是由单行的行政法律、法规等规定某一具体事项由哪一行政机关管辖。

三、法律优先

法律规范在效力上是有位阶层次的。从狭义上说,宪法法律在效力上高于任何其他法律规范。从广义上说,法律优位是指上一层次的法律规范的效力高于下一层次的法律规范。也就是说,各个层次的法律规范必须保持其内部的统一与和谐。这样,国家的法制才能保持统一,而法制的统一是国家统一的基本条件。法律优先包含下列含义:

其一,在已有法律规定的情况下,宪法法律优于任何其他法律规范。任何其他法律规范,包括行政法规、地方性法规和规章,都不得与法律相抵触;凡有抵触,都以法律为准。同样,凡是上一位阶的法律规范已经对某一事项有了规定,下一位阶的法律规范不得与之相抵触。我国《行政处罚法》对法律优先的表述为:在法律对行政处罚已有规定的情况下,法规、规章可使之具体化,但必须在法律关于行政处罚规定的行为、种类、幅度范围以内,不得与之相抵触。同样,行政法规或地方性法规对行政处罚已有规定的情况下,地方性法规、规章可使之具体化,但必须在上位阶规范所规定的行为、种类、幅度以内,不得与之相抵触。

其二,在法律尚无规定,其他法律规范作了规定的情况下,一旦法律就此事项作出规定,法律优先,其他法律规范的规定必须服从法律规定;一旦上位阶规范就此事项作了规定,下位阶规范必须服从。

值得注意的是,我国《宪法》与《立法法》规定:国务院根据宪法和法律,制定行政法规。国务院各部、委员会根据法律、行政法规,制定规章。省、自治区、直辖市人民政府和设区的市及自治州的市人民政府,根据法律、行政法规和地方性法规,制定规章。宪法和法律对行政机关制定法律规范用的是"根据"原则。《宪法》与《立法法》又规定,省、自治区和直辖市的人大及其常委会,在不同宪法、法律、行政法规相抵触的前提下,制定地方性法规。设区的市和自治州的市人大及其常委会,在不同法律、行政法规和本省、自治区地方性法规相抵触的前提下,制定地方性法规。宪法和法律对地方权力机关制定法律规范用的是"不抵触"原则。

我国《宪法》与《立法法》对行政机关制定规范和地方人大制定地方性法规用了"根据"和"不抵触"的不同表述,绝不是偶然的。"不抵触"是指地方性法规的规定不得与已对此问题有规定的法律、行政法规的有关规定相抵触。当然,如果法律、行政法规对此没有规定,地方性法规可以根据地方特点作出规定,因为在这种情况下不存在抵触问题。"根据"则不同,它当然也意味着行政机关制定的规范不得与已对此问题有规定的法律、行政法规、地方性法规相抵触；同时，也表明只有在法律、行政法规和地方性法规对某一问题已有规定的情况下，行政机关的规范才能据此作出规定，否则就是于法无据。很显然，"根据"较之"不抵触"，其要求更严。这是由这两类国家机关的性质所决定的。对行政机关制定规范要求"根据"，是因为行政机关是权力机关的执行机关，必须根据权力机关的意志才能制定规范。在有些法律的规定比较原则的情况下，行政机关可以制定规范，使之进一步具体化。这些具体化的行政法规和规章，当然不得与法律、地方性法规相抵触。行政机关制定规范中的"根据"和地方权力机关制定地方性法规中的"不抵触"，都说明法律优于其他法律规范，法律的效力高于其他法律规范。

由于我国法律的覆盖面还远远不够，而现实迫切需要可供遵循的规范；也由于经验不足，某些领域尚难以立即形成法律，这就需要在法律没有规定的情况下，先由行政机关制定一些规范。但是，这些规范的制定，尤其是涉及公民、法人或其他组织的人身权、财产权时，必须有法律授权。这就是"根据"原则的另一种表现。显然，这些规范都是在法律"空缺"的情况下制定的，一旦法律填补空白，对同一问题作出规定，则行政法规、地方性法规和规章的有关规定就要自动让位于法律，以法律的规定为准，或修改，或废除。这也是法律优先原则的含义。

四、法律保留

凡属宪法、法律规定只能由法律规定的事项，则或者只能由法律规定，或者必须在法律明确授权的情况下，行政机关才有权在其所制定的行政规范中作出规定。我们将此称为"法律保留原则"。我国宪法和法律对必须由法律规定的事项已作出某些规定。《宪法》第62条规定，全国人大"修改宪法"，"制定和修改刑事、民事、国家机构和其他的基本法律"；第67条规定，全国人大常委会"制定和修改除应当由全国人民代表大会制定的法律以外的其他法律"。这里规定的法律保留事项是：修改宪法，制定和修改刑事、民事、国家机构和其他的基本法律，以及基本法律以外的"其他法律"。《行政处罚法》则规定，属于人身自由罚的设定权，只能由法律行使，不予授权。对于财产权的处罚，由法律授权。具体而言，《行政处罚法》作出了这样的授权：对行政法规授予财产权方面处罚的设定权；对规章仅授予警告与一定数额的罚款的设定权。有规章制定权以外的行政机关，法律不授予任何行政处罚的设定权。《立法法》第8条规定："下列事项只能制定法律：（一）国家主权的事项；（二）各级人民代表大会、人民政府、人民法院和人民检察院的产生、组织和职权；（三）民族区域自治制度、特别行政区制度、基层群众自治制度；（四）犯罪和刑罚；（五）对公民政治权利的剥夺、限制人身自由的强制措施和处罚；（六）税种的设立、税率的确定和税收征收管理等税收基本制度；（七）对非国有财产的征收、征用；（八）民事基本制度；（九）基本经济制度以及财政、海关、金融和外贸的基本制度；

(十)诉讼和仲裁制度;(十一)必须由全国人民代表大会及其常务委员会制定法律的其他事项。"第9条规定:"本法第八条规定的事项尚未制定法律的,全国人民代表大会及其常务委员会有权作出决定,授权国务院可以根据实际需要,对其中的部分事项先制定行政法规,但是有关犯罪和刑罚、对公民政治权利的剥夺和限制人身自由的强制措施和处罚、司法制度等事项除外。"这是迄今为止我国法律对法律保留原则最明确的表述。上述《行政处罚法》与《立法法》的规定对法律保留原则作了"绝对保留"与"相对保留"的划分。"绝对保留",是指该事项的设定权只归法律,任何其他国家机关不得行使,且只由法律行使,不得授权其他国家机关,如对人身自由的限制或剥夺。"相对保留",是指该事项的设定权原属法律,但在某些情况下,法律可以通过授权,授予其他国家机关行使,如财产权的处罚,授予多少,该机关享有多少。对《行政处罚法》授予规章的财产处罚权为"一定数额",至于其具体限额为多少,各部门规章要由国务院规定,地方规章要由地方人大常委会规定。法律保留原则保证了全国人大对国家最重大问题的绝对决策权与控制权,保证了国家的发展方向和人民权利。

五、行政行为必须有法律依据

从广义上说,上述"根据"原则也属于依据法律,但主要是指行政机关的抽象行政行为。此处所说"依据法律"和"有法律依据",主要是指行政机关的具体行政行为,尤其是影响公民基本权利和人身的具体行政行为,必须有法律依据,必须依据法律规定作出。这是依法行政的主要内容。

行政机关的行政行为,无非就是两大类:制定规范的抽象行政行为和作出处理决定的具体行政行为。依法行政不仅要求行政机关根据法律和法律授权制定规范,还要求行政机关在作出具体行政行为时必须依据法律;否则,虽然行政机关制定的规范都是根据法律或由法律授权,但是在具体执行法律,作出具体行政行为时并不严格依据法律,"依法行政"就会成为一句空话。因为规范制定得再好,最终仍要看其在现实生活中的落实。

那么,"依据法律"中的"法律"是指狭义的法律还是包括其他法律规范?从根本上说,一切具体行政行为都应该依据法律——狭义的法律。但是,根据法律和经法律授权制定的法规、规章也应该是依法行政的依据。因此,这里所说的"法律"应该包括法规、规章在内。《行政处罚法》中规定的"处罚法定"原则,就是依据法律原则在处罚领域的体现。

依据法律原则与行政机关的自由裁量权并不矛盾。自由裁量指的是在法律规定有一定范围的情况下,行政机关可以在此范围内作出选择。例如,治安管理处罚可以在法定的种类与幅度内,根据具体情况作出选择。这仍然是依据法律的一种形式。当然,所作选择必须合理,合理是依据法律原则的特殊表现。行政机关在作出具体行政行为时常常拥有较大的自由裁量权,因此自由裁量权的行使必须合理、公正,这也是依法行政的重要内容。

六、行政授权与行政委托必须有法律依据

行政职权通常由法律明文规定的行政机关行使,但由于现代社会中事务复杂、技术性强,有时由非行政机关的其他组织代为执行法律可以节约社会资源。在这种情况下,法律往往规定行政授权或委托。合法行政原则要求,行政授权或委托都必须有法律依据,按法定程序进行,同时不得违背法律要旨。

七、违法行政必须承担法律责任

合法行政原则还表现为,行政机关必须依法承担与其职权相应的法律责任。例如,行政机关的存在、行政职权的享有和行使等,没有法律根据、超越法定范围或违反法定程序的,可以并应该确认其无效或加以撤销,同时依法追究有关责任主体的法律责任。

在此有必要指出,强调坚持合法行政原则,并不意味着不加区别地一味限制行政活动。事实上,现代行政活动可分为两类:一类对行政相对人的权利和义务产生直接影响,如行政命令、行政处罚、行政强制措施等;另一类对行政相对人的权利和义务不产生直接影响,如行政规划、行政指导、行政咨询、行政建议、行政政策等。合法行政原则对这两类行政的要求是不同的。前一类行政,应受到严格的法律制约,"没有法律规范就没有行政",我们称之为"消极行政"。后一类行政,则要求行政机关在法定的权限内积极作为,我们称之为"积极行政"或"服务行政"。积极行政是行政机关行为的重要内容,在市场经济条件下,应进一步拓展其内容、范围,提高其质量,发挥其作用。当然,积极行政也要符合法定的权限和程序的要求,不得与宪法、法律相抵触。

第三节 合理行政原则

合理行政原则,亦称"行政适当原则",是指行政行为在合法的前提下,还应当客观、适当、合乎理性。

合理行政原则的产生是由于有行政自由裁量权,而行政自由裁量权存在的理由则在于:行政活动领域情形复杂、千变万化,行政法律规范不可能一无遗漏地规范到每一个具体方面、细节。况且,这样也会不必要地限制、束缚行政机关的手脚,影响行政效率。因此,法律必须给行政活动留下必要的自由空间,即行政自由裁量权。所谓行政自由裁量权,是指在法律规定的条件下,行政机关根据其合理的判断,决定作为或不作为,以及如何作为的权力,又称"酌处权"。

根据法律对行政自由裁量权限制程度的不同,行政机关自由裁量权的行使有以下几种情况:

第一,在法律没有规定限制条件的情况下,行政机关在不违反宪法和法律的前提下,有权采取必要的措施。

第二,法律只规定了模糊的标准,而没有规定明确的范围和方式的,行政机关根据实际情况和对法律的合理解释,采取具体措施。

第三,法律规定了具体、明确的范围和方式的,行政机关根据具体情况选择采用。

尽管承认和保护行政自由裁量权是有充分理由的,但是也不排除行政自由裁量权有被滥用的可能。因此,应当对行政自由裁量权进行必要的控制。

合理行政原则的出现和应用,就是基于和围绕对行政自由裁量权的必要控制而设立的,其具体内容包括:

第一,行政行为应当符合法定目的。法律作为社会关系的调节器,总是为一定目的而制定的。法律赋予行政机关自由裁量权的目的,是要求其"根据法律做某事,而不是根据个人好恶做某事","自由裁量权不应是专断的、含糊不清、捉摸不定的权力,而应是法定的、有一定之规的权力"。如果行政机关完全不顾法律的目的、原则和要求去行使行政自由裁量权,其行为就违背了合理性原则。

第二,行政行为必须建立在正当考虑的基础上,不得考虑不相关因素。这具体又包含三层意思:一是正当的动机。如果行政行为的动机不正当,如以权谋私、挟嫌报复等,则构成行政自由裁量权的滥用,甚至属于违纪违法行为。二是相关考虑。即行政主体在行使自由裁量权时,不能忽视法律规定应当考虑的因素。例如,行政主体在实施行政处罚时,应当考虑违法行为的事实、性质、情节、社会危害程度,以及被处罚人是否成年等。三是排除不相关考虑。例如,考虑行为人职位高低、经济状况如何、民族及政治面貌等而决定是否实施行政处罚,就属于不相关考虑。

第三,行政行为的内容应当客观、公正、适度、合乎情理。所谓客观,指行政行为的作出应当符合自然规律,以客观事实为依据,坚持实事求是,杜绝凭主观好恶、个人恩怨等作出行政行为。所谓公正,指对当事人平等地适用法律规范,无论其地位、社会关系、社会背景如何,不得对相同的事实给予不同的对待或对不同的事实给予相同的对待。所谓适度,指行政主体制定与实施行政法律规范的一切活动都应当在不违背公平正义的前提下,在法律规定的范围内,不偏不倚,选取适当的手段,以实现行政目的。例如,我国《行政处罚法》规定,当事人确有经济困难,需要延期或者分期缴纳罚款的,经当事人申请和行政机关批准,可以暂缓或分期缴纳。

合法行政原则与合理行政原则既有联系又有区别。联系表现为,两者处于互相影响和转化之中。合法行政原则的诸多内容、标准就是由合理行政原则发展而来的。例如,上述行政罚款的缓期、分期缴纳,在立法规定之前属于合理性问题,在立法规定之后则转变成合法性问题。两者的区别在于,合法行政原则适用于行政法的所有领域,合理行政原则主要适用于行政自由裁量领域。在适用方面,通常一个行为如果触犯了合法行政原则,就不再追究其合理性问题。

关于违反合理行政原则是否需承担法律责任的问题,回答是肯定的。否则,侵害行政相对人权益的不合理行为就难以制止。我国法律对此也有规定。例如,根据我国《行政复议法》的规定,行政复议机关有权纠正不适当的具体行政行为。当然,在行政法相对落后的我国,对行政合理性问题的研究更显薄弱,尤其对违反合理性原则所实施的不适当、不合理以及显失公允行政行为的司法审查问题尚有待解决。有学者提出,只有深入研究和贯彻合理性原则,才能进一步推动我国行政法治的进程。

第四节 比例行政原则

比例原则可以理解为广义的合理行政原则的子原则,它要求行政机关实施行政权的手段与目的之间存在一定的比例关系。[①] 具体解释就是:行政机关实施行政行为应兼顾行政目标的实现和保护相对人的权益,即使为了实现某种正当的行政目的而不得不对行政相对人的权益产生不利影响时,也应体现"最小干预""最不激烈手段",不要太过严厉、苛刻,逾越必要的范围和限度。否则,目的与手段之间就可能因为"成本太高""禁止过分"而得出不合比例之结果,甚至构成滥用职权的行为。这项原则是基于经济学上的成本效益原则产生的。根据成本效益原则,为了追求经济效益的最大化,成本管理必须考虑投入与产出之比,比值越大,则效益越高,该成本应当发生;反之,则效益越低,该成本不应当发生。将该原则运用到行政法领域,在采取某行政行为之前,也应当考虑可能对行政相对人带来的利益损失与实现行政执法的目的利益两方面的因素。只有当行政目的利益大于可能对行政相对人带来的不利影响时,行政机关才应当实施该行政行为,从而在总体上实现执法效益的最大化。比例原则通常被行政法学者认为是一个具有宪法位阶的法原则。依此原则,行政主体在行使行政权,不得不对行政相对人的权利产生不利影响时,固然要有法律依据,但是必须选择最小的范围、程度,使之与行政目标的实现处于适度的比例。

比例原则基于对国家权力有度控制的考虑,设定国家行为干预人民权益的界限,要求国家权力的行使目的和实施手段之间比例相称,力图寻求公共权力与公民权利之间微妙而理性的平衡,完成对法律内在合理性的追求。比例原则与基本权

---

① 参见陈新民:《行政法学总论》,台湾三民书局1997年版,第59页。

利的保护密不可分,被称为"限制的限制",它以其自身特有的灵活性成为排除自由裁量的权力对公民权利过度侵害的天然屏障。

我国台湾地区学者蔡宗珍如此概括行政法上的比例原则:行政目的与对自由权的限制之间是有某种平衡性的,可以通过平衡、比较与判断,立足于选择采用对自由权牺牲程度最小的一种,而不至于过度、过分,可简称之为"法益相称"。① 最先确立比例原则的是德国。德国比例原则起源于"警察法"。受法国大革命的影响,普鲁士基本法创始者萨瓦列斯(Savarez)1791年即称"公共国家法之第一原则,即国家仅得在必要情形下有权限制个人之自由,以担保所有人自由的存在"。1794年《普鲁士基本法》第10章第17条规定:"采取必要之设施来维持公共安宁、安全和秩序以及排除对公家或个别成员现在的危害,乃警察之任务。"奥托·迈耶在1895年出版的《德国行政法》(第一册)中主张:"警察权力不可违反比例原则";在同书1923年第三版中认为,逾越必要性原则即属违法的滥权行为。20世纪初,德国另一位行政法大师弗莱纳(F. Fleiner)在其出版的《德国行政法体系》一书中,有一句脍炙人口的名言:"不可用大炮打小鸟",用以比喻警察行使权力的限度。在魏玛共和国时代,比例原则作为行政法治之原则得以在法律中确立。1931年6月1日公布的《普鲁士警察行政法》中规定,警察处分必须具有必要性方属合法。该法第14条对"必要性"予以定义:"若有多种方法足以维护公共安全或秩序,或有效地防御对公共安全或秩序有危害之危险,则警察机关得选择其中一种,唯警察机关应尽可能选择对关系人与一般大众造成损害最小者为之。"此立法例证如同德国以后各邦相同法律之"母体"一般,被广泛采纳。

在其他国家,比例原则也有体现。在美国,法院判决常表现出比例原则之思想,有时被称为"最不激烈手段原则"(the least drastic measures),或称"最小限制手段原则"(the least restrictive means test)。霍尔姆斯(Holmes)大法官曾说:没有一个文明政府,会使其人民所受之牺牲,超过其予以人民之协助。该原则无论名称如何,均表明政府之侵害行为不得逾越宪法所容许之范围或有特定的目的。若有同等效用手段足供役使,应选择对人民自由权利侵害最小者为之。尤其在政府订立有关限制人民言论、宗教、集会、结社等及其他自由法案时,法院常审究有无其他更缓和之措施足以采用以追求同一目的。在立法中,此原则也多有体现。例如,美国《运输部法》(The Department of Transportation Act)、《联邦补助公路法》(The Federal-Aid Highway Act)中,均禁止运输部长动用联邦基金,以通过公园的方式建造公路,除非无其他可行及慎重方案,并且必须提出所有可能的计划,以使公园之损害减到最低。

法国行政法上虽无比例原则,但在多个领域,尤其是基本权利领域,比例原则

---

① 参见蔡宗珍:《公法上之比例原则初论——以德国法的发展为中心》,载《政大法学评论》1999年第62期。

之思想也有体现。适用该原则的核心准则是：人民自由之限制不得超过维护公益所必要的程度。行政法院之判决中，也有体现此原则者。例如，在本杰明（Benjamin）一案中，法国最高法院撤销市长禁止文学演讲会之命令，理由之一是：在当时的情况下，市长有其他手段可以维护公共秩序，并无采取禁止手段之必要。在1953年的一个判例中，行政法院撤销了市长为"集市上的流动商贩须具有对第三人伤害保险单"之命令，并认为为维护公共安全，此项规定对进行危险表演的艺人而言系必要的，但对于贩卖糖果和花卉的商贩而言则是过分的。又如，1984年，巴黎警察局下令禁止早十点至晚一点在五个游客较多的广场从事音乐活动。此禁令被法国最高法院以禁令过宽而无效为由撤销。

在日本，比例原则乃宪法设定的具有宪法位阶的原则。日本《宪法》第13条规定："一切国民都作为个人受到尊重。对于国民谋求生存、自由以及幸福的权利，只要不违反公共福祉，在立法及其他国政上都必须予以最大尊重。"此条还规定："权力对自由的限制，即使必要，也必须限制在最小限度。如无必要，大肆限制就是违法。"此条通说被解释为比例原则。行政裁量要合比例原则的拘束，已成为审查裁量权超越、滥用的标准。

"比例原则"是一个相当宽泛的概念。在行政法层级上，比例原则的含义主要是：拘束行政机关在行使权力，特别是涉及侵害公民权利时，不仅要有法律依据，而且必须选择对公民权利侵害最小的方式。它特别强调在实施公权力行为时，"手段"与"目的"间应该存有一定的"比例"关系。

一般公认的比例原则包括以下三个亚原则：

1. 妥当性原则

妥当性原则，是指国家措施必须有助于行为目的之达成。也有人将之称为"适合性原则"，意即手段适合目的，或手段能达到目的。一则因为目的本身有多重性，手段对于这多重目的中的一个是适合的，对另一个或许是不适合的；二则因为手段对目的的适合有一个程度问题。所以，妥当性的用语较为准确，即手段应能达到目的，且达到一种"妥当"的程度。妥当性原则旨在权衡目的与手段间的关系。但是，目的本身并非不受任何限制，它必须符合宪法，具有正当性和合法性。如在专制时代，在纳粹政权下，即使政府行政手段能够达成行政目的，也会因目的本身的不正当性而违反比例原则。手段因目的的不正当而不具有可考量性，否则，"只见树木，不见森林"，就会使比例原则失去适用的意义，甚至走向它的反面。

也就是说，在目的—手段关系上，必须是适当的。这是一个目的导向的要求，依德国联邦宪法法院的解释，即使只有部分有助于目的的达成，即不违反适当性原则。基本上，联邦宪法法院采取了一个最低的标准，只要手段不是完全或全然不适合，即不违反比例原则。

2. 必要性原则

必要性原则,又称"最小侵害原则",是指达成目的的诸手段中,选择对人民权利侵害最小的手段,即最温和的手段。它是妥当性原则的后续行为,即在相同目的下手段和手段间的比较选择。必要性原则实际上是一个比较性原则,比较各手段哪一个对公民侵害更小。较温和之手段,对目的的达成度至少必须与行政机关所选择之手段具有相同的适合性程度,始为符合必要性原则。

德国联邦宪法法院曾对必要性原则予以界定:当有其他同样有效且对于基本权利侵害较少之措施可供选择时,立法措施即有违必要性原则。也就是说,必要性原则是指立法者或行政机关对同一目的的达成有多种适合的手段可供选择时,应选择对人民权利损害最小的手段。即在不违反或减弱所追求之目的或效果的前提下,对多数可能选择的处置,应尽可能选择对人民权利侵犯最低或产生最少不良作用的方法。

研究法律或某项措施在限制人民权利自由方面是否必要时,一般应注意以下两点:

(1) 相同有效因素。因为选择达成目的之手段原本属于立法者及行政机关的裁量范围,对各种不同适合程度的手段,基本上立法者及行政机关有选择的自由,法院不能取代立法者作决定。此一要素的存在,可以使司法权不致过度介入立法权、行政权的范围。

(2) 最少侵害性要素。目的用手段达成,必须以最小侵害手段为之。即比较各种措施可能造成的侵害大小时,应考虑与目的的达成有关的副作用。例如,房屋年久失修,虽有倒塌危险,但如有修缮可能,且有人准备修缮,则不一定要坚持拆除。

3. 狭义比例原则

狭义比例原则,或称"相当性原则",其基本定义是:行政机关采取的行政手段所造成的损害,不得与欲达成的行政目的的利益明显失衡。也有学者从正面描述狭义比例原则,即手段必须与所追求的目的保持适当、正当、合理或均衡的比例关系。无论是判断手段与目的是否不成比例,还是判断手段与目的是否维持适当比例,法官皆必须针对手段所侵害的利益与手段所增进的利益加以衡量。所以,狭义比例原则本质上是一种衡量的要求。

在德国联邦宪法法院的判决中,最常见的描述是"手段不得与追求之目的不成比例"。换句话讲,选择的手段对于人民所要付出的代价与得到的公共利益要相当,不能为了小小的公益,使人民忍受很大的损失。简言之,在行政目的所达成的利益与侵害人民的权利之间作衡量,必须证明前者重于后者,才可侵犯人民的权利。通常所说的不应"杀鸡取卵",便蕴含了这个道理。这一原则并非准确无误的法则,乃是一个抽象的概念,需要在人民权利、公共利益、手段的合适程度之间综合判定。举例而言,儿童攀上他人果树,纵然无法令其下树,亦不得开枪射击,因为生命之价值大于树木之价值。

狭义比例原则要求公共权力的行使必须针对手段所侵害的利益与手段所增进的利益加以权衡。其实质是禁止"不合比例",是对公权过度的禁止。如罚款的额度、行政拘留的期限,对于究竟如何才是正确的程度,虽然无法精确地认定,但是什么是不合比例的或过度的,一般通过利益衡量以及与其他案例的比较还是可以比较可靠地确定的。

第五节 应急行政原则

应急行政原则是现代行政法治原则的重要内容,也可称为"保障正当的特权原则",是指在某些特殊的紧急情况下,出于国家安全、社会秩序或公共利益的需要,行政机关可采取没有法律依据或与法律相抵触的措施。国家和社会在运转过程中,不可避免地会发生一些紧急情况,如战争、分裂活动、动乱、暴力犯罪失控、瘟疫横行、自然灾害等。这些情况的发生可能威胁国家的安全和独立,破坏社会秩序,严重损害公共利益。在这种情况下,行政机关出于公共利益的需要,可以采取某些不受法律制约的行为。这些行为虽可能在形式上违法,但实为法律所特许。

应急行政原则是合法行政原则的例外,但是并非排斥任何法律控制。不受任何限制的行政应急权力同样是合法行政原则所不容许的。

行政应急权力的行使通常要符合以下条件:

(1) 存在明确无误的紧急危险。

(2) 只能由法定有权机关或有权机关依法委托的其他机关、组织行使。非法定机关确有必要行使了应急权力的,事后应由有权机关加以确认。

(3) 应急权力的行使必须依照有关法律规定的特别程序。行政机关作出应急性行为,事后要受到立法(权力)机关的监督或追认。

(4) 应急权的行使应适当。应将负面损害控制在最小的程度和范围内,对明显可以不予限制或侵犯的公民权利不得限制或侵犯。

从以上四点可以看出,应急性原则虽然突破了严格的合法行政原则和合理性原则,但是并没有脱离行政法治原则。应急性原则应被视为行政法治原则内涵特殊的重要内容,也可以说是合法性原则、合理性原则的非常原则。

第六节　公正行政原则

公正行政,是指行政机关必须平等地、无偏私地行使行政权力。它包括实体公正和程序公正两方面,也可以分为行政公平和行政公开两个子原则。

一、行政实体公正

行政实体公正的主要内容包括:

(1) 公正地分配行政主体与行政相对人的权利和义务。行政主体在行政管理活动中处于管理者的地位,代表国家行使行政权力,是行政权力的支配者,容易侵犯行政相对人的合法权益;而行政相对人则处于被管理者的地位,是行政权力的受支配者,容易受到行政权力的侵犯。

为防止行政主体对行政相对人行使不公正的权力,首先应对双方的权利和义务的分配量予以有差别的设定,使行政相对人一方具有更多的保障自身利益不受行政主体非法侵犯的权利,而对行政主体则应赋予更多的为公益、为公民服务的义务,从而体现一种有差别的、平等公正的正义分配。

(2) 公正地对待一切事件和行政相对人。行政公正原则不承认任何人有法律之外或法律之上的特权,即行使行政权力时,不应考虑行政相对人的地位高低、权势大小、"关系"深浅、"反弹力"强弱等,而应对一切相同的情况和对象予以平等的对待和处理;对一切不相同的情况和对象,采取不相同的对待和处理。

二、行政程序公正

行政程序公正即英国法上的自然正义"nature justice"。强调行政程序公正是行政结果公正的必要前提和保证,它要求行政主体行使行政权力或作出行政行为,在过程上必须依照法定程序进行。即行政主体实施任何行政行为都必须采取一定的方式,具有一定的形式,履行一定的手续,遵循一定的步骤,在一定的时限内完成。其主要内容包括:

(1) 在处理与自己或自己近亲属有利害关系的事务时,应予回避,不得自己做自己的法官。

(2) 在处理涉及两个或两个以上相对人利害关系的事务时,不得在一方当事人不在场的情况下单独与另一方当事人接触。

(3) 不在事先未通知和听取相对人申辩意见的情况下作出对其不利的行政行为。

三、行政公平原则

行政公平是民主国家的要求。全体人民在民主国家内应享有同等的权利和机会,行政主体应平等地对待任何相对人,不能厚此薄彼,不能凭某种关系或自己的好恶赋予某些人特别的权利,给予某些人特别的义务。因此,行政公平原则的基本要求就是平等对待相对人,不歧视。

行政公平原则是公民在"法律面前一律平等"的宪法原则在行政法领域的具体体现。行政机关实施行政行为,必须依法平等对待相对人,不能因相对人的身份、民族、性别、宗教信仰等的不同而予以不平等的待遇。

当然,平等在任何情况下都不是绝对的,行政行为也不可能绝对地、无条件地对相对人一律平等。就公职录用行为来说,有些职位必须对录用对象的性别、身高、视力等规定特别的条件,这些条件只要是相应职位工作的需要,就不是歧视。歧视是设定与相应职位工作的需要无关的、不合理的条件。

四、行政公开原则

1. 行政公开的概念

行政公开,是指将行政权力运行的依据、过程和结果向相对人和公众公开,使相对人和公众知悉。行政公开的目的在于,增加行政的透明度,加强公众对行政的监督,防止行政腐败,保护公民的合法权益。行政公开是现代社会行政活动所应遵循的一项基本原则,具有重要意义。

2. 行政公开的意义

首先,行政公开可以实现公民的知情权,满足公民对信息的需要。在现代社会,公民有权了解政府的活动,而政府对其制定的政策、规章以及作出的具体决定,有义务向公众公开,接受公众的监督。

其次,行政公开有利于公民对行政事务的参与,增强公民对行政机关的信赖。知情权是公民实现其政治权利及其他相关权利的前提条件。公民只有在充分、确实了解政府活动的基础上,才能有效参与国家事务和社会事务的管理。在现代社会,行政机关活动的一个重要变化是,行政行为从命令式向社会管理和社会服务职能转变,行政机关的任务需要公民的合作才能完成。行政公开通过加强行政机关与公民之间的沟通和了解,促进了公民对行政的参与,有助于维护公民对政府的信赖。

最后,行政公开有助于加强对行政机关的监督,防止行政腐败。行政公开是监督行政机关的一条非常重要的途径,正所谓"阳光是最好的防腐剂"。如果将政府的规章、政策以及行政活动的过程和结果予以公开,使公众有权知悉和公开评论,可以有效地防止行政专断和腐败。许多国家的行政程序法都规定了情报公开制度。例如,日本行政程序法规定,许可认可的审查标准和审查期间等,除有特别的障碍外,行政机关必须在受理机关的办公地点张贴或以其他适当方式公布。

3. 行政公开的具体要求

(1) 行政决定公开

行政决定公开,是指行政机关将其作出的行政决定和行政活动结果通过一定方式告知社会和行政相对人的活动。行政主体作出的影响行政相对人合法权益的决定必须及时告知行政相对人,否则就不能发生法律效力。各国往往是从规定行政机关告知和送达义务的角度确认行政决定公开的。我国《行政处罚法》第31条规定:"行政机关在作出行政处罚决定之前,应当告知当事人作出行政处罚决定的事实、理由及依据,并告知当事人依法享有的权利。"根据该法第41条的规定,行政机关及其执法人员在作出行政处罚决定之前,不依法向当事人告知给予行政处罚的事实、理由和依据的,行政处罚决定不能成立。行政处理或处罚决定书只有依法交付或送达当事人才能生效,这是各国的通则,也是行政决定公开的重要形式。

(2) 行政过程公开

行政过程公开,是指将行政程序中涉及重大公共利益、影响公民合法权益等的关键环节和重要事项,让社会或相对方了解的活动。任何行政决定都是在经历一定的程序(即过程)之后作出的。在日益强调行政管理的公正与民主的当代,除法定事由之外,行政决定的过程一般也需要公开。其中,对于行政立法以及其他抽象行政行为而言,民主参与已经成为一个必备的要求。这就意味着,行政组织若需针对某一类或者几类不特定数目的行政相对人群体制定具有规范性、普遍性的规则,应当保障行政相对人的代表参与到这个过程中,无论是通过非正式的、对拟议中的抽象行政行为提交书面意见的方式,还是通过正式听证会的方式。就具体的行政执法行为而言,为了保证决定的公正性,行政组织一般需要遵循听取行政相对人意见、告知行政相对人有关信息(包括在行政管理过程中享有的权利)、说明依据和理由等程序,而这实际上也是在向具体的行政相对人公开其管理过程。

(3) 行政信息公开

上述行政决定、行政过程公开,在相当程度上也意味着,行政组织将行政决定这一信息以及与决定有关的其他信息向行政相对人公开。当然,行政组织掌握的信息不止这些。有许多信息是行政组织在管理过程中获得的,尽管不一定与行政决定有直接的关联性,但很可能会对个人、法人和其他组织的生存与发展产生影响。在日益强调保护公民权利、保持政府透明的时代,在日益重视行政组织与行政相对人在促进经济发展方面合作的时代,行政组织所掌握的信息——包括原始信息以及行政组织对原始信息进行分析处理后形成的信息,除属于法定保密范围的以外,一般都必须公开。同时,法定保密范围也渐趋受到限制。

第七节　诚信行政原则

诚信行政原则源于民法中的诚实信用原则，最早存在于民事合同双方主体之间，应用在行政法领域即可称为"诚信行政原则"。由于公、私法之间存在共同法律原理，人们逐步意识到公法领域中双方主体之间也应当信守承诺，行政机关更应如此，只有这样才能实现法的一般价值。与此同时，随着法学理论和法律实践的发展，公、私法不断相互渗透，公、私法绝对分离观念的存在基础已失去依据。在这种情况下，私法领域的行为方式开始进入公法领域，行政法开始援引私法中的有关规定，诚实信用原则成为首选。诚实信用原则不但在民法中发挥重要作用，在公法领域尤其是行政上也有其适用的合理空间。盐野宏教授认为："适合于民法的一般法则也适用于行政关系。"因此，诚信原则现在被普遍接受为行政法的法律原则，可适用于所有行政法领域。[①]

诚信行政原则反映了立法者在行政管理活动中维持行政主体和行政相对人双方利益平衡以及这两者利益与社会利益平衡的意志。虽然从一般意义上说，诚信行政原则同时适用于行政主体和行政相对人，但是它主要是针对行政主体作出约束，是规范行政主体的行政行为的一项基本原则。诚信行政原则贯穿于整个行政法过程，也正是因为如此，其内涵相对而言较为抽象，可以分为两个具体的子原则。

一、信赖保护原则

信赖保护原则，也称"信赖利益保护原则"。从适用范围来看，信赖保护原则侧重于行政行为发生变更时对行政主体的诚实信用要求。纵观各国法的历史，最早将信赖保护原则规定于行政法中的是德国。因此，德国被称为信赖保护原则的"母国"。之后，这一原则得到越来越多的国家和地区行政法的承认，并加以运用。较为典型的有日本、我国台湾地区，两者都明确地将信赖保护原则作为行政法的基本原则之一。另外，在法国、美国等国家，虽然没有明确提出信赖保护原则的概念，但是在行政法中具有体现信赖保护原则精神的相关规定。目前，信赖保护原则作为建立责任政府、规范政府行为、切实保护相对人合法权益的重要原则，已经越来越为世界各国所广泛关注。

在我国，学界对于如何界定信赖保护原则的内涵，观点并不一致。通说认为，信赖保护原则是指行政相对人或第三人对行政主体的行政行为的确定性形成合理的信赖，且这种信赖值得保护时，行政主体不得变更、撤销或废止该行政行为。如

[①] 参见陈军：《行政法信赖保护与诚实信用两原则比较研究》，载《韶关学院学报（社会科学版）》2005年第2期，第11页。

果公共利益需要或者行政违法而确需变更、撤销或废止,必须对行政相对人或第三人造成的损害予以补偿或者赔偿。

依据这一界定,任何一个行政机关在作出某一行政行为时,都应当符合下列要求:

(1) 行政机关的行政行为应具有确定力和公信力。除法律、法规另有规定的外,不允许行政机关对已生效的行政行为进行任意的撤销、变更或废止,而应当"言必行,行必果",不可以出尔反尔。

(2) 对于行政机关作出的违法行政行为,原则上本着有错必究的态度予以撤销。但是,如果撤销行政行为所带来的公共利益损害大于行政相对人或第三人利益损害的,可以继续保持。

(3) 针对行政机关所作出的合法的行政行为,原则上不予撤销。但是,如果出于公共利益与私人利益对比关系的考虑予以撤销时,应当对行政相对人的信赖利益损失作出合理补偿。权利依赖救济,无救济即无权利。一项权利是否为人们所真正享有,要看其是否具有完备的救济途径。当公民符合信赖保护原则的要件后,国家要变更、消减原来公民信赖的法律状态时,应保护人民因信赖行政机关所产生的信赖利益。

我国《行政许可法》第 8 条规定:"公民、法人或者其他组织依法取得的行政许可受法律保护,行政机关不得擅自改变已经生效的行政许可。行政许可所依据的法律、法规、规章修改或者废止,或者准予行政许可所依据的客观情况发生重大变化的,为了公共利益的需要,行政机关可以依法变更或者撤回已经生效的行政许可。由此给公民、法人或者其他组织造成财产损失的,行政机关应当依法给予补偿。"该条的规定标志着信赖保护原则在我国法律中得到了确认,有利于构筑诚信政府,树立法律的信仰。

信赖保护的方式为存续保护和财产保护。其中,财产保护涉及行政补偿的法律确认、行政补偿的范围、补偿请求人和补偿义务机关、补偿程序、补偿的方式和计算标准等问题,这些问题必将成为行政诉讼法、国家赔偿法和行政补偿法修改与制定的重要内容之一。

二、行政规划、行政指导、行政合同诚信原则

与一般意义上带有指挥、命令、强迫性质的行政行为不同的是,某些行政行为并不以强制行政相对人接受、服从为特征,不对相对人的权利义务直接产生影响。虽然我国针对大部分这类行政行为目前还没有专门立法,但是仍有必要对这类行政行为的诚信原则加以规定。以行政规划、行政指导、行政合同为例,在这类行政行为中,诚信行政原则主要表现如下:

(1) 在行政规划中,规划确定、生效之后,原则上不得变更。如果规范所依据

的法律或实施状态发生重大变更,需要废止或者作实质性变更的,行政机关应重新开始规划程序,并对因规划而给当事人造成的损失予以补偿。

(2)在行政指导中,应遵循合法自愿原则,如果行政机关采取或变相采取了强制措施,迫使当事人听从、配合行政指导,致使当事人或利害关系人的合法权益受到损害;或当事人接受、听从、配合行政指导后,由于行政机关改变或否认该行政指导行为,致使当事人或利害关系人的合法利益受到损害;或行政机关由于故意或重大过失而作出错误的行政指导,致使当事人或利害关系人的合法利益受到损害;或行政机关以利益诱导推行行政指导,当事人实现行政指导目标后,行政机关不履行利益给予承诺的,行政机关均应予以赔偿。

(3)在行政合同中,自行政合同订立后,行政主体就应当信守承诺,履行合同中规定的相关义务,不得单方变更或终止行政合同。如因形势发展需要,为了避免对公共利益造成重大的损害,行政机关有权在必要范围内单方变更、终止合同。但是,行政机关行使此项权力时,必须同时考虑公共利益和当事人及利害关系人的利益。因客观形势变更,更改或终止行政合同,因此给当事人和利害关系人造成损失的,行政机关应当补偿。①

第八节 民主行政原则

近些年来,我国进行了民主行政方面的一系列改革,行政活动的民主化程度有明显改进。民主行政的核心内容是扩大行政活动中的公民参与,即通过公民直接参与到公共事务中,以及行政主体与行政相对人理性的沟通和协商,实现公共利益和社会正义。民主是现代行政的重要价值目标。在我国,政府作为公共权力机构必须坚持民主行政,重大行政决策必须有人民群众的参与。从内容上看,民主行政原则包括两个方面,分别是参政权保障原则和协商行政原则。

一、参政权保障原则

参政权是公民参与政府活动、影响政府决策的政治权利。保障参政权,是现代民主行政、法治行政的必然要求,是民主决策、科学决策的重要体现。中共十五大报告对于民主制度的健全,要求"实行民主选举、民主决策、民主管理和民主监督,保证人民依法享有广泛的权利和自由,尊重和保障人权","逐步形成深入了解民情、充分反映民意、广泛集中民智的决策机制"。我国《宪法》第 2 条规定:"中华人民共和国的一切权力属于人民。……人民依照法律规定,通过各种途径和形式,管理国家事务,管理经济和文化事业,管理社会事务。"第 27 条第 2 款规定:"一切国

---

① 参见刘丹:《论行政法上的诚实信用原则》,载《中国法学》2004 年第 1 期,第 32 页。

家机关和国家工作人员必须依靠人民的支持,经常保持同人民的密切联系,倾听人民的意见和建议,接受人民的监督,努力为人民服务。"

参政权保障的主要内容包括:开放行政职位;建议权、申请权、陈述权保障;听证;政府采购;政府网上办公等。以下以其中三个内容为例:

1. 开放行政职位

行政职位的开放,是指政府行政职位不是世袭的,也不是因先赋的角色获得的,而是向所有符合法定条件的公民开放,由公民通过公开竞争考试,根据其成绩获得职位,参与政府公共活动。也就是说,符合条件的公民都可以通过竞争考试参加国家和社会公共事务的管理,这是各国公务员制度的重要原则和内容。

2. 建议权、申请权、陈述权保障

建议权,是指公民对行政机关及其公务员的工作有提出建议性意见的权利。申请权,是指行政相对人有请求行政机关依法作为或不作为,以保障自己合法权益的权利。陈述权,是指行政相对人在行政机关作出行政决定时有依法陈述理由、意见和要求以保障自己合法权益的权利。通过建议、申请、陈述,向行政机关表达自己的意见、要求、建议等,这是公民参与政府决策、决定和活动的主要形式之一。因此,各国都注重这方面制度和机制的建立健全。

我国《宪法》第35条规定:"中华人民共和国公民有言论、出版、集会、结社、游行、示威的自由。"第41条规定,公民有建议的权利。这是对我国公民表达意见、参加国家政治生活的民主权利的宪法保障。

3. 听证

听证,是指行政主体在作出影响行政相对人合法权益或影响公共利益的决定前,以法定公开的方式,主动或根据申请听取行政相对人意见,为当事人和利害关系人提供辨明机会,接受证据的活动。它主要包括公听会、非正式听证和正式听证。听证是保障当事人平等、有效参与行政决定的法律制度。

我国已在多部法律法规中规定了与参政权保障相关的内容。例如,我国《行政处罚法》的一个重要目的是"保护公民、法人或者其他组织的合法权益"。为达此目的,该法对参政权作了如下规定:

第一,规定了陈述权、申辩权。第6条第1款规定:"公民、法人或者其他组织对行政机关所给予的行政处罚,享有陈述权、申辩权……"

第二,规定了对陈述权、申辩权的保障。第32条规定:"当事人有权进行陈述和申辩。行政机关必须充分听取当事人的意见,对当事人提出的事实、理由和证据,应当进行复核;当事人提出的事实、理由或者证据成立的,行政机关应当采纳。行政机关不得因当事人申辩而加重处罚。"第41条规定,行政机关及其执法人员在作出行政处罚决定之前,拒绝听取当事人的陈述、申辩,行政处罚决定不能成立;当事人放弃陈述或者申辩权利的除外。

第三，规定了通过听证程序参与行政处罚的决定。

第四，规定了违反行政处罚公开制度和程序应当承担的法律责任。

我国《行政复议法》对参政权也作了规定，其第 22 条规定，行政复议原则上采取书面审查的办法，在必要的时候，行政机关可以向有关组织和人员调查情况，听取申请人、被申请人和第三人的意见。

我国《立法法》规定了立法过程中的公民参政权保障。首先，规定了立法中保障公民参政权的基本原则。第 5 条规定："立法应当体现人民的意志，发扬社会主义民主，坚持立法公开，保障人民通过多种途径参与立法活动。"其次，规定了行政立法中对公民参政权的保障。第 67 条规定："……行政法规在起草过程中，应当广泛听取有关机关、组织、人民代表大会代表和社会公众的意见。听取意见可以采取座谈会、论证会、听证会等多种形式。行政法规草案应当向社会公布，征求意见，但是经国务院决定不公布的除外。"

我国《行政监察法》第 34 条规定："监察机关在检查、调查中应当听取被监察的部门和人员的陈述和申辩。"

我国《价格法》对价格听证会作了规定。第 23 条规定："制定关系群众切身利益的公用事业价格、公益性服务价格、自然垄断经营的商品价格等政府指导价、政府定价时，应当建立听证会制度，由政府价格主管部门主持，征求消费者、经营者和有关方面的意见，论证其必要性、可能性。"

我国各地也在尝试举行立法、行政处罚和价格制定等的听证会。例如，1999 年，广东省人大常委会在修改《广东省建设工程招标投标管理条例》时，举行了我国首次立法听证会。重庆市在 1998 年试行了价格决策听证会，凡是重大价格调整决策，均由物价部门邀请人大代表、政协委员、专家、消费者代表以及要求价格调整的单位等多方成员参加。之后，重庆市举行了物业管理服务收费、电信资费调整、教育收费、工程建设中介服务费等多次价格听证会。

二、协商行政原则

协商行政原则，是指行政主体在贯彻、实施法律的过程中，在其法定职权范围内，应尽可能地与行政相对人进行充分的协商，通过协商沟通的途径达成合意或进行合作，从而达到行政目的。该原则要求行政主体摆脱过度依赖行政强制实现行政目的的思想，与行政相对人展开面对面的平等协商。

"协商"这个概念从字面上理解，是指平等主体之间通过共同商量以取得一致意见。许多学者基于行政主体的主导地位和行政法律关系的不对等，主张行政主体和行政相对人双方的地位并不平等，因此对在行政执法领域适用协商的合理性提出质疑。其实，这是一种误读，行政主体和行政相对人双方的地位不对等并不能和不平等画上等号。行政法律关系的不对等是一种程序意义上的优先，在特定情况下,如公益和私益冲突时,基于比例原则和提高行政效率的目的,优先保护公共利益。但是,公益的优先并不意味着不保护私益或者要以牺牲私益为代价,而应当在优先公益后对私益进行补偿和救济,从而在实体意义上实现对双方法益的平等对待。因此,行政法律关系的不对等是大多数情况下公私利益的平等对待和特定情况下在双方法益的实质平等的基础上对公益进行程序上的优先分配,是一种"平等下的不对等"。结合行政法的基本原则,协商机制应当是一种常态,广泛存在于行政执法过程中。除了一些特定情况,如在紧急情况下的即时强制和突发事件中的应急行政行为,为在程序上优先公益,不应当在作出行政行为之前适用协商,其他都可以在行政执法过程中贯彻协商。行政行为的单方性特征并不等于行政行为可以一律通过强制的方式单方地加以落实,在这其中需要加入协商方,以保证行政执法行为的公正性。的确,在某种角度上,协商也有一定的负面效应,如在个案上可能会导致执法效率的低下。但是,且不说从总体大局来看其效率是高是低,只因其涉及行政执法的公正性问题,就不应该忽视行政执法中协商的必要性。

协商行政原则可以具体划分为两个子原则:

1. 协商的优先性原则

在行政执法实践中,应当优先采取协商的方式,未进行协商之前不得使用强制性的行政行为。也就是说,行政执法的强制性必须以经过沟通协商为前提。这不仅是基于行政法比例原则的要求,也符合逻辑顺序。试想,如果通过双方充分的沟通协商的方式就能较好地达到预定的行政目的,平衡公益与私益,用最温和的方式把对相对人的侵害降到最低,何必再动用强制性的手段?只有例外的一些情形,如在紧急状态下,为了维护公共利益和公共秩序,才可不经协商径直强制。

2. 协商的穷尽性原则

这一原则要求,只有在行政主体和行政相对人进行了充分的沟通协商,穷尽了所有协商的方式以后,才能选择强制性的执法。穷尽性原则与优先性原则的不同之处在于,优先性原则强调协商机制在时间上的优先性,先协商后强制;而穷尽性原则强调的是协商的程度,即只有在协商完全、充分的情况下,仍无法达到理想的行政执法目的时,才可动用强制性的执法手段。除法律严格规定可以径直强制的情况外,穷尽对行政相对人的必要沟通和协商,有助于缓和行政主体和相对人之间的紧张关系,在人们心中树立政府真正的权威。

第九节 文明行政原则

文明行政是与野蛮行政相对立的。文明行政原则,指的是在行政执法活动中,树立以人为本、依法行政的理念,充分尊重行政相对人的权益,做到行政文明,实现执法依据、执法过程和执法结果三者文明的统一。文明行政不是指遇到违法行为时不采取任何行政处罚或行政强制措施,也不是指在执法过程中不能与行政相对人产生冲突和对抗。恰恰相反,文明行政原则的根本目的是依法行政,强调的是行政活动中的程序合法和行为文明得当。文明行政原则也包括两个子原则,分别是人权保障原则和禁止强制权滥用原则。

一、人权保障原则

尊重和保障人权是宪法的基本原则,也是行政法的基本原则。作为一个法治政府,应该尊重和保障人权,切实维护行政相对人的合法权益,使之不受侵犯,而不能以自己的行为侵犯公民的人权,损害行政相对人的合法权益。

在行政法领域,人权保障原则的要求具体体现在以下几个方面:

首先,行政主体及其工作人员在实施行政行为时,应当充分尊重行政相对人的人格,不仅要求行政主体及其工作人员不得对行政相对人实施暴力或侮辱、精神折磨等法律明文禁止的行为,还要求在实施行政行为时文明、有礼貌地对待行政相对人。

其次,行政机关应积极履行行政职权,切实保障公民的各项基本自由,包括人身自由、言论自由、信仰自由以及出版、集会、结社、游行、示威等自由。非出于国家和社会公共利益的特别需要,不得限制公民的自由。即使国家和社会公共利益特别需要,其限制也不能超过必要的限度。

再次,行政主体及其工作人员在实施行政行为时,不得侵犯公民的各项政治权利,包括选举权、被选举权、担任国家公职权、参与国家管理权,以及向有关国家机关提出申诉、控告、检举等权利。

最后,行政主体及其工作人员应注重保护行政相对人的财产权,包括财产的所有权、使用权和继承权。这要求行政主体及其工作人员必须积极采取保护措施防止行政相对人的财产被侵犯,同时自身在行使行政职权,尤其是实施征收征用这类行政行为时,不得侵犯行政相对人的财产权,否则应当依法承担赔偿责任。

二、禁止强制权滥用原则

行政机关在采用行政强制行为以实现行政目的时,很有可能会对行政相对人的权益产生不利影响,因此必须在确定该强制性执法行为对于实现行政目的来说是必要的、最后不得已的情况下才能实施。如果发现不必要或者不应该采用强制手段的,不应再实行强制。也就是说,不得滥用行政强制权,这就成为禁止强制权滥用原则。从这个角度来看,可以把强制性行政执法看作为达成行政目的而采用的"最后手段"或"最后保障",即在其他手段都不能达成行政目的的情况下才可采用的执法手段。我国《行政强制法》第5条就是该原则的体现:"……采用非强制手段可以达到行政管理目的的,不得设定和实施行政强制。"

行政主体的行政强制行为以行政强制权为依据,以国家强制力保证实施。行政执法是法律的实施,法律的强制性必然带来行政行为的强制性特征。德国行政法学家弗莱纳在20世纪初就认为,最严厉的手段只能作为最不得已的时刻采用的最后手段。诚然,强制性的行政执法手段有其正面作用,它可以保证令行禁止,确保行政效率,实现行政目标。然而,法律是以其内在感召力而非强制力才得以真正地留存于人们心中的。强制执法一旦使用不当或者被滥用,很可能会直接给行政相对人的权益带来不小的损害,激化社会矛盾,破坏社会和谐。因此,必须给强制性行政执法的使用带上"沉重的镣铐",慎用强制,只有在最不得已的时刻,即优先、充分、适当采取非强制性行政行为后仍不能达到行政目的时,才能采取强制性的执法方式。

第十节 责任行政原则

责任行政原则,是指行政主体必须对自己所实施的行政活动承担责任,整个行政活动应处于一种负责任的状态,不允许行政机关只实施行政活动,而不对自己的行为承担责任。我国最早完整而明确地提出"责任行政原则"的是张树义主编、1991年9月由时事出版社出版的《行政法学新论》一书。该书认为,责任行政原则、行政合法性原则及行政合理性原则是行政法治原则的具体化,也是行政法治原则在我国特定国情下的具体要求。责任行政原则是行政法的基本原则,它是实现行政法治的必要条件,也是行政法治的具体体现。所谓责任行政原则,是指国家行政机关必须对自己所实施的行政活动承担责任,整个行政活动应处于一种负责任的状态,不允许行政机关只实施行政活动,而可以对自己的行为不承担责任。它包括两部分内容,一是责任行政,二是监督行政。

一、责任行政原则概述

首先,责任行政原则是行政法的基本原则。民主是大势所趋,民主政治必然要求责任政治。根据人民主权理论,人民是一切权力的最后拥有者和真正来源,政府必须在人民的控制之下,政府的决策行为和执行行为应该以人民的意志为依归,公共权力的行使必须直接或间接对人民负责,实行责任政治。责任政治必然要求责任行政。

其次,在我国,提出和强调责任行政原则的意义尤为重大。人类历史上普遍存在过政府无责任的状态,这在专制的皇权主义之下的中国尤其明显:以皇帝为首的官僚体系几乎不负有任何公共义务,他们的权力没有受到任何限制,没有边界,这就决定了他们无须对其行为承担任何责任。从社会意识来说,"官贵民贱""官本位""官管民"的思想不仅在统治者中占主导地位,就是在普通民众中也有很大的影响力。相反,官员们的责任意识却极为淡薄。即便是进入共和时期以后,这种情况也没有太大改观。针对这种情况,必须采取有力措施强化官员们的责任意识,建立责任追究制度。

再次,责任行政原则是行政法的内在要求。前已述及,人类历史上普遍存在过政府无责任的状态,官员们滥用权力的行为无法受到约束。正是为了克服专制王权,防止公共权力的滥用,才产生了近代民主政治和宪政制度。在这样的宪政背景下,现代意义上的行政法产生了。行政法的出现就是为了使国家的行政活动从无责任状态进入有责任状态,将整个行政活动置于责任行政的基础上(是否对自己的行为负责是民主政府和专制政府的重要区别),而不能随心所欲,任意行政,滥用职权。因此,行政法规范确立了行政权力行使的规则、行政行为实施的程序以及违反这些规则和程序应当承担的后果。可以说,责任行政原则是行政法产生的基础,是行政法的核心和基本精神,是行政法价值和目标之所在,是行政法的内在要求。

最后,责任行政原则是行政法治原则的逻辑结果和必然要求。行政法治原则要求行政主体及公务人员的活动必须遵守法律,一切行使公共管理权力的活动必须符合法律规定的权限、手段、方式和程序,不得与法律的明文规定以及法律的基本精神相抵触。行政法治原则是从正面对行政主体及公务人员提出要求,如果他们不遵守上述要求,违法行使职权,则必须对其行为后果承担责任。可以说,责任行政原则是行政法治原则的题中应有之义,是实现行政法治的必要条件和具体体现,只有追究行政主体及公务人员违法不当行政行为的法律责任,才能使其自觉尊重法律权威,遵守法律规定,合理使用自由裁量权。没有责任行政的要求,行政法治原则也就失去了存在的保障和意义。

二、责任行政

前已述及,责任行政原则要求行政主体及公务人员对自己行使公共管理权力的行为负责,有行政行为必有责任。这里的责任包括以下几个方面内容:

1. 法律责任和政治责任

责任行政原则要求行政主体及公务人员首先对自己的行为承担法律责任。有些学者甚至认为,责任行政原则所说的"责任"只指法律责任。所谓法律责任,依通说,指因为违反法定义务或者约定义务,或者因为法律的直接规定,由责任主体所承担的某种不利的法律后果。法律责任是社会责任中的一种。与其他社会责任(如道义责任、政治责任)相比,法律责任有如下特点:

其一,法律责任必须有法律的明文规定,承担法律责任的唯一依据是法律,没有法律的明文规定,就无须承担法律责任。法律责任由法律作出明文规定是现代法治的基本要求。

其二,法律责任有专门的追究机关:司法机关。现代法治要求司法独立,即法院和法官行使司法权力裁断案件时,只服从宪法、法律和自己的良知,不受其他机关、团体和个人的干涉,独立行使司法权。法院和法官是法律责任的专门评价机关和评价者,只对宪法和法律负责,不应受外部压力的影响。由专门的司法机关确认和追究法律责任是司法独立的题中应有之义。

其三,法律责任具有国家强制性。法律责任的实现最终要靠国家强制力予以保障。当然,国家强制力是作为威慑力隐藏在幕后的。只有在必要的时候,在责任主体不主动承担其法律责任时,国家强制力才会从幕后跳到前台,直接强制责任主体实现其法律责任。

责任行政原则首先要求行政主体及公务人员对自己的行为承担法律责任。但是,如果对"责任"一词作广义上的理解,我们可以发现,责任行政原则所说的责任不应该仅仅限于法律责任,还应当包括政治责任。

与法律责任相比,政治责任具有如下特点:

其一,政治责任是一种法外责任,不可能由法律作出明文规定。承担政治责任的行为有可能并不违反法律的规定,甚至从形式上看还是合法的。这表明,对政治责任的追究需要考虑的不是法律规定,而是民意;不是形式正义,而是实质正义,即政治行为的正当性。"政治责任相对于法律责任而言,与政府的行为是否违法无关,而是关系到政策是否失误。"①可以说,法律判断无法取代政治判断,法律不可能为政治责任确立一个明确的可操作的标准。

其二,没有固定的专门性的机构追究政治责任。在民主政治下,对政治责任的确认和追究以公意为衡量标准,公意认为是就是,公意认为非就非;而表示民意的,直接是人民,间接为议会。并没有一个常设的专职机构追究有关人员的政治责任,尤其不能由司法机关确认和追究政治责任。

2. 惩罚性责任和补救性责任

一项责任制度,尤其是法律责任制度,其功能或者说目的无非有二:其一,惩罚违法行为人,使其勿再犯,并警示其他人要遵守法律;其二,补偿受害人精神上和经济上的损失。因此,法律责任基本上可以分为两大类:惩罚性的法律责任和补救性的法律责任,前者如刑事责任,后者如民事责任。除了前述功能上的根本差别外,惩罚性的法律责任和补救性的法律责任的区别还有:第一,成立的基础不同。前者以责任主体主观上具有过错或者说恶性为前提条件,后者以存在实际的损害后果为前提条件。第二,对受害人的意义不同。前者不会给受害人带来实际的利益,后者一般能够弥补受害人的经济损失。

责任行政原则所说的"责任"既包括惩罚性责任,也包括补救性责任。具体来说,惩罚性责任包括精神方面的惩罚性责任(使责任主体对其违法行为承担名誉上、人格上的谴责)、资格权能方面的惩罚性责任(使责任主体在法律地位、权利能力等方面受到限制、否定和谴责)、物质方面的惩罚性责任(使责任主体的财产等物

---

① 王成栋:《政府责任论》,中国政法大学出版社1999年版,第80页。

质利益受到损失)、人身方面的惩罚性责任(限制或剥夺责任主体短期内的人身自由)。补救性责任包括行为上的补救性责任(以一定的作为或不作为结束违法状态,以使受害人摆脱侵害)、精神上的补救责任(这种责任是为了补救行政违法对受害人所造成的精神上的伤害)、物质上的补救责任(通过一定的行为恢复被违法行为打破的法律关系主体之间的物质利益关系,弥补违法行为受害人的财产等实际物质利益损失)。

行政主体及公务人员承担惩罚性法律责任的形式主要有:通报批评或批评教育;对公务人员进行行政处分;对违法的行政主体的领导机构进行改组;撤销违法的行政主体;对行政主体或公务人员进行经济制裁或处罚等。

行政主体及公务人员承担补救性法律责任的形式主要有:向受害人赔礼道歉,承认错误,对受害人进行精神抚慰;为受害人恢复名誉,消除影响;返还财产,恢复原状;停止违法行为;撤销违法决定;进行行政赔偿或行政补偿等。

3. 侵权责任和违约责任

行政主体及公务人员在行使职权过程中,违法侵犯公民、法人、其他组织的合法权益造成损害时,应该由国家承担损害赔偿责任,该种责任就是行政侵权责任。从范围上讲,这里所说的公民、法人、其他组织的合法权益既包括人身权(人身自由权、人格权和身份权),也包括财产权(物权、继承权和知识产权);既应该包括私法上的民事权利,也应该包括公法上的政治权利。行政侵权责任有如下特点:其一,侵权主体是行政主体及公务人员;其二,责任主体是国家,即由国家代替侵权主体向受害人承担代位责任;其三,侵权事实发生在侵权主体执行职务的过程中,与国家行政权力相联系;其四,该责任由行政主体及公务人员的具体行政行为或违法行使职权的事实行为引起。现在,行政侵权责任已为绝大多数学者所接受,并为许多国家的立法所认可。

传统的行政行为模式具有很明显的强制性,它以命令—服从为特色,人们越来越认识到其固有的缺陷。为了尊重行政相对人的自由选择权利,一些非强制性的行政行为渐渐为人们所重视,其中最主要的是行政指导和行政合同。尤其是行政合同,成为许多学者关注的焦点,有关的论文和专著为数不少,而且几乎每一本行政法学教科书都会在行政行为部分为行政合同留下一席之地。但是,就笔者阅读范围所及,没有哪个学者对行政合同的违约责任问题进行过专门的讨论和深入的研究。笔者认为,行政合同制度的作用有二:其一,通过这种非强制性的行政行为,为行政行为的相对人留下更大的选择余地;其二,通过合同这种形式,对行政主体的行为有所约束。根据合同法的公理,合法有效的合同在当事人之间即为法律。《法国民法典》第1134条规定,依法成立的契约,在缔结契约的当事人间有相当于法律的效力。也就是说,合法成立、具有效力的合同在合同的双方当事人之间具有约束力,当事人应当依照合同规定的义务全面履行合同,不允许随意变更、终止或者不履行合同,无正当理由违约的当事人应当承担违约责任。行政合同是合同中的一种,合同法的基本原理对行政合同也应该适用。若无正当理由,又无法定免责事由,作为行政合同一方当事人的行政主体应当对其违反合同义务的行为承担违约责任。这是责任行政原则的必然要求。若行政合同只对行政相对人有约束力,行政主体违约也无须承担违约责任,则他们之间签订的所谓"合同"仅有合同之名,而无合同之实。

三、监督行政

监督行政可以有两种解释:一种是指行政主体基于行政职权,依法对行政相对人是否遵守行政法规范和执行行政决定等情况进行的监督检查,也可称为"行政检查"。另一种是指对行政主体及其工作人员的监督。第一种解释在本质上属于行政管理职能和行政执法活动的组成部分,属于行政管理或行政执法的范畴。这里所说的监督行政原则,指的是第二种意义上的监督行政。行政主体及其工作人员在实施行政管理活动时,可能会出现违反法律规定、侵犯行政相对人的合法权益的情况,实施和加强对行政行为的监督可以尽可能地使公民、法人、其他组织的合法权益免受侵害。同时,权力具有天生的腐蚀性,行政主体及其工作人员作为一个特殊的"利益集团",如果缺乏有效的行政监督,当行政目标代表的公共利益和社会利益与行政主体及其工作人员的利益相冲突时,前者很难得到保证。因此,必须对行政主体及其工作人员进行有效的行政监督,把对行政权力行使监督作为我国行政法的一项基本原则。

1. 行政监督的分类

(1)事前监督、事中监督和事后监督

事前监督,是指在行政机关进行行政决策、开展行政行为之前进行的监督。最典型的事前监督就是听证会制度。

事中监督,是指在行政主体决策与执行过程中所进行的监督。为了防止行政管理过程中决策的失误和执行出现偏差,必须进行事中监督,即在决策过程中对决策活动进行监督,在执行过程中对执行活动进行监督。

事后监督,是指行政决策或行政行为实施后相关监督主体进行的监督活动。行政行为往往具有一定先定性,以保证行政权力的权威性和强制性,这就造成不可能对所有行政行为都进行事前和事中监督,因此有必要进行事后监督。

(2)长期监督和暂时监督

长期监督,是指由常设的行政监督主体对行政主体及其工作人员进行的监督活动。例如,上下级之间的监督就属于长期监督。长期监督一般都有相应的、稳定的监督主体和规章程序。

暂时监督,是指为某一项特别行政事务、行政决策或者突发事件进行的监督和调查。由于暂时监督变化大、发生突然,所以一般不具备不变的监督主体和规章程序。权力机关代表的质询活动就是一种较为典型的暂时监督。

2. 行政监督的构成要素

(1) 行政监督主体

如果离开真实的主体,没有有效的制度和完善的机构作为载体,那么对行政机关及其行政人员的监督就成为一句空话。当然,不同的历史时期和不同性质的国家,具有不同的行政监督主体。从某种意义上说,对行政监督主体地位的确立体现了民主程度的差异。我国现阶段的行政监督主体包括国家的行政监督和社会的行政监督两个方面。

国家的行政监督包括以下几种形式:

第一,立法监督。我国立法机关监督行政的方式和内容主要有:听取和审议政府工作报告;审查和批准国民经济计划和财政预算、决算;审查政府的法规、决定和命令;受理申诉和检举等。

第二,司法监督。这主要包括人民检察院的监督、审判机关的监督两类。

第三,内部监督。可以分为行政机关的上下级监督、行政监察监督以及行政审计监督三种。

第四,政党监督。在我国,内部监督主要指中国共产党通过制定正确的路线、方针、政策,实现对国家行政管理工作的领导和监督。此外,全国政协和地方各级政协也可以作为监督主体,对各级政府及其工作人员实施行政监督。

社会的行政监督的主要形式有新闻舆论监督、公众舆论监督等。新闻舆论监督是人民群众行使社会主义民主权利的有效形式,其主要监督方式有报道、评论、讨论、批评、发内参等,其中核心是公开报道和新闻批评。公众舆论监督是公民对行政机关及其工作人员的监督,其主要监督方式有批评和建议、控告、检举和举报、申诉、信访等。

(2) 行政监督客体

行政监督主要是针对行政行为和行政权力的监督,而行政行为和行政权力的载体是国家行政机关及其公务员,所以行政监督的指向和客体应当是国家行政机关及其公务员。依法拥有行政管理权力、行使行政管理职能的非行政组织及其工作人员,也属于行政监督客体。

(3) 行政监督内容

行政监督主体不是对国家行政机关及其公务员的任何行为进行监督,而只是对国家行政机关及其公务员在执行公务和履行职责时的失范行为和失效行为进行监督。所谓失范行为,是指行政权力的使用者违反了法律的有关规定。所谓失效行为,是指在行政权力的运行过程中,尽管投入了相当多的人力、物力和财力,但仍然没有达到既定目标,行政效率低下等。政府的违法行为和效率状态构成了行政监督的基本内容。

（4）行政监督标准

行政监督内容的广泛性决定了监督标准的多维性,其标准主要来源于宪法标准、法律标准、纪律标准、公共政策标准。此外,还有职业道德标准、合理性标准等。

行政监督的主体、客体、内容和标准四个方面相互联系、相互影响,共同构成行政监督的有机统一体。如果缺少四个要素中任何一个,行政监督活动都会难以顺利进行。

行政机关如果违反法律、法规行使行政职权,侵犯了公民、法人或其他组织的合法权益,就必须承担由此产生的后果,即行政法上的责任。公民、法人或其他组织获得赔偿或补偿要通过监督与救济的途径实现。正因为行政机关要为自己的不当行为负责,而这种责任又必须得到落实,所以要赋予公民、法人、其他组织监督与救济的权利,这也正是行政救济法得以建基的根源。

思考题

1. 试述合法行政与合理行政的联系与区别。
2. 试述诚实行政原则在法治国家建设中的意义。
3. 试述民主行政与文明行政的含义。
4. 试述责任行政在现代政府建设中的作用。

拓展阅读书目

1. 周佑勇:《行政法基本原则研究》,武汉大学出版社2005年版。
2. 陈骏亚:《行政法基本原则元论》,知识产权出版社2010年版。
3. 余凌云:《行政法案例分析和研究方法》,中国人民大学出版社2008年版。

第二编 行政主体论

第五章 行政主体原理

本章要点

1. 了解行政主体的概念及范围。
2. 了解行政主体职权与职责。
3. 了解行政主体之间的关系。

导语

行政主体,是指能够以自己的名义行使国家行政职权,作出影响行政相对人权利义务的行政行为,由其自身对外承担行政法律责任,在行政诉讼中作为被告应诉的行政机关。作为行政法律关系中一方的行政主体具有特定的含义与地位,掌握行政主体的相关内容是学好行政法的关键。

第一节 行政主体概述

行政法律关系主体是参加行政法律关系的当事人,也就是行政法律关系中的权利享有者和义务承担者。行政法律关系主体存在于两个以上的主体之间。没有主体,权利、义务就失去了承载者,法律关系便无法存在。行政法律关系主体一般包括二种情形:其一,在行政管理法律关系中,行政主体与行政相对人构成双方关系主体。其中,行政主体可以是依法行使行政职权并对其行为承担责任的国家行政机关,也可以是经授权行使职权并对其行为承担责任的组织。与行政主体对应的行政相对人在我国可以是国家机关、社会组织、公民、外国组织和外国人等。其二,在行政法制监督法律关系中,行政主体与行政法制监督主体构成双方或多方关系主体。我国行政法制监督主体主要有国家立法机关、国家行政机关(上下级以及监察、审计机关)、国家司法机关等。在特定的条件下,公民、法人或其他组织也可以成为行政法制监督主体。其三,在内部行政法律关系中,上下级行政机关之间、行政机关内部组成单位之间、行政机关与国家公务员之间相互构成关系主体。

可见,行政主体是行政法律关系主体中最重要的一种。首先,行政主体在行政管理法律关系中占有主导地位,而行政管理法律关系在整个行政法律关系中又占有主导地位,其他行政法律关系均是因行政管理法律关系的发生、存在而发生、存在的。因为设置公权力的初衷主要是管理国家和社会的公共事务,对外行使管理职能,最终目标是保护私权利。其次,行政主体在各种行政法律关系中均可构成一方主体,而其他行政法律关系主体只可能在一种或两种行政法律关系中出现。例如,相对于行政主体,行政相对人一般只在行政管理法律关系中作为外部主体,国家公务员一般在行政法律关系中只作为内部主体。当然,行政相对人和国家公务员有时会在行政法制监督关系中作为主体(监督主体和监督对象)。但是,行政相对人不可能在内部行政法律关系中作为主体,国家公务员不可能在行政管理法律关系中作为主体。

一、行政主体的概念

"行政主体"是个极为重要的概念,意为"行政所由出的主体"[1]。行政主体理论在行政学中亦占有显著地位。该概念属舶来品,先于我国早在法国、德国、日本等国广泛使用。在德国,行政主体指行政法上享有权利、承担义务,具有统治权并可设置机关以便行使,借此实现行政任务的组织体[2]。法国行政法学将行政主体定义为"享有实施行政职务的权力,并负担由于实施行政职务而产生的权利义务的责任主体"[3]。在日本,行政主体被界定为"行政权的归属者,即行政法律关系中处于支配地位的管理者"[4]。在我国,行政主体指享有国家行政权,能以自己的名义行使行政权,并能独立地承担由此而产生的相应法律责任的组织。具体分析如下:

第一,行政主体是组织而非个人。

尽管某些具体的行政行为由国家公务员实施,但他们是以组织而不是个人名义实施的。个人不享有这一资格。行政是公共权力的行使活动,这种维护公共秩序、服务公众利益的广泛职能,其担当者不可能是组织能力和经济实力有限的特定

---

[1] 黄异:《行政法总论》,台湾三民书局2009年版,第17页。
[2] 参见吴庚:《行政法之理论与实用》,台湾三民书局2005年版,第151页。
[3] 王名扬:《法国行政法》,中国政法大学出版社1988年版,第38页。
[4] 〔日〕南博方:《日本行政法》,杨建顺等译,中国政法大学出版社1988年版,第13—14页。

的个人。况且,一旦发生需要行政赔偿的情况,个人也无力全部承担。

第二,行政主体是享有国家行政权的组织。

并非所有的组织都能成为行政主体。是否享有国家行政权,是某组织能否成为行政主体的决定性条件。国家权力机关享有并行使立法权,人民法院享有并行使审判权,人民检察院享有并行使检察权,它们都不是行政主体。在国家组织中,只有行政机关享有并行使行政权。当然,除行政机关外,一定的行政机构和其他社会组织依照法定授权,也可以成为行政主体。

第三,行政主体是能够以自己的名义行使行政权的组织。

所谓"以自己的名义行使行政权",是指在法律、法规规定的范围内,依照自己的判断作出决定、发布命令,并以自己的职责保障这些决定和命令的实施,独立采取行政行为等。能否以自己的名义行使行政权意味着是否具有独立的法律人格,因而是判断是否为行政主体的主要标准之一。

第四,行政主体是能独立承担法律责任的组织。

能否独立承担法律责任是判断是否为行政主体的关键。要成为行政主体,除了享有行政权,能以自己的名义实施行政权外,还必须能够独立参加行政复议和行政诉讼活动,独立承担因实施行政权而产生的法律责任。这一特征使行政主体与受其委托行使某些行政权的组织或个人区别出来。国家行政权通过行政机关依法委托给某些组织或个人时,被委托的组织或个人虽也行使国家行政权,但不仅该权力的行使须以委托机关的名义,其所为的一切行为的法律后果也由委托机关承担。因此,接受委托的组织或个人不具有行政主体的资格。

二、关联概念的比较

为了进一步弄清行政主体的概念,有必要分析行政主体与相关概念的区别。

1. 行政主体与行政法律关系主体

行政法律关系主体,指行政法律关系中的所有参加者,包括组织和个人。组织如国家机关、企事业单位、社会团体和其他组织。个人如国家公务员以及作为行政相对人的公民、外国人、无国籍人等。行政主体只是行政法律关系主体的一部分,是其中的一方当事人而不是全部。行政主体必定是行政法律关系主体,而行政法律关系主体未必就是行政主体。

2. 行政主体与行为主体

行政主体,指法律上所承认的、确立主体资格,并能直接、具体实施行政行为的组织或个人。例如,行政机关委托社会团体行使行政职权,社会团体是行为主体而不是行政主体。行政主体与行为主体在某些情况下是不可分离的,如行政机关或法律、法规授权的组织作出行政行为之际。但是,也有许多场合不统一,如接受行政委托的组织或个人从事某种行政管理活动时。行政主体与行为主体的主要区别有:其一,前者能以自己的名义行使职权,后者只能以别人的名义行使职权;其二,前者可自己承担其行为后果,后者的行为后果不由其自己承担;其三,在行政诉讼中,前者为被告,而后者不是。

3. 行政主体与行政法人

行政法人是与民事法人相对应的范畴,属于机关法人(立法机关、司法机关也属于机关法人)的一种,指具有一定的行政权利能力和行政行为能力,能够以自己的名义享有行政权利、履行行政义务、实施行政管理活动,并能够以自己的财产独立承担行政法律责任的组织。具备行政法人身份的行政机关在行政管理活动中自然具有行政主体的地位。但是,某些不具有完全的行政权利能力和行政行为能力的行政主体,如公安派出所、工商管理所等,便不具备行政法人的资格。

4. 行政法人与法定代表人

法定代表人,是指依照法律或法人章程的规定,代表法人行使职权的负责人。行政法人的法定代表人一般是行政机关的负责人,因此只能是自然人。行政法人的性质是与自然人相对应的法人,是拟制的人。行政法人的法定代表人可以依照法律的规定,以该行政法人的名义进行行政活动,并作为签字人。当法定代表人代表行政法人进行行政活动时,该自然人并不是行政活动的主体,而只是该行政法人的代表。

三、行政主体的范围

纵观世界各国,行政法中有关行政主体的范围各不一致。在法国,行政法中的行政主体主要包括国家、大区、省、市镇、公务法人等。[①] 德国的行政主体主要有:国家(包括联邦与州)、公法人(指具有公法人性质的行政单位)。公法人又分为:公法社团(指国家设立的由社员组成的公法组织);公共营造物(指邮政局、银行、铁路、学校、医院、军队、看守所、感化院、监狱等体现人与物结合的,为社会服务的事业组织);公法财团(指国家或其他公法社团为履行公共目的,根据公法规定,捐助一定的财产而成立的组织体,如各类公法基金会);具有部分权利能力的行政单位(指根据公法设立,没有公法人资格,但经授权执行待定行政任务,并在此范围内具有自己权利义务的组织,其形式可能是公法团体、公共营造物等);授权性行政主体(即私法人、自然人接受授权而成为行政主体)。日本的行政主体包括国家和公共团体。公共团体包括地方公共团体、公共组合和行政法人三种。其中,地方公共团体又称"地方自治团体",根据宪法享有自治权。它具体又分为两种:普通地方公共团体(都道府县、市町村)和特别地方公共团体(特别区、地方公共团体的组合、财产区以及地方开发事业团)。公共组合是以实施某种行政行为为存在目的,由具有一定

---

① 参见王名扬:《法国行政法》,中国政法大学出版社1988年版,第38—41页。

资格的组成人员构成的公共社团法人(商工组合、健康保险组合、国家公务员共济组合、农业共济组合)。行政法人是由国家或地方公共团体出资设立的公共财团法人(国营公司、公库、公团、金库、基金等)。

在我国,行政主体的范围包括国家行政机关、被行政授权的组织以及少数行政机构。

四、行政主体的种类

1. 国家行政机关

关于国家行政机关的内容在本编第二章有详细讲述,在此不赘述。

2. 被行政授权的组织

(1) 行政授权的概念和特征

所谓行政授权,是指法律、法规将某项或某一方面的行政职权的一部分或者全部,通过法定方式授予某个组织的法律行为。行政授权具有如下特征:

① 行政授权必须有法律、法规的明文规定为依据。行政授权意味着使原来没有行政主体资格的组织取得行政主体资格,或者使原有的行政主体的职权范围扩大、职权内容增加,这是法律、法规才具有并能够赋予的权力。

② 行政授权主要是对行政机关以外的组织的授权。这是因为,行政机关不是通过行政授权才取得行政主体资格的,而是依照组织法在其成立时就取得了行政主体资格。在某些情况下,行政机关的内部机构也可以得到法定授权而成为行政主体。

③ 行政授权具有单方面的强制性。行政授权合法作出即具有法律效力,不以被授权组织的同意为前提。

④ 行政授权引起职权、职责的一并转移。被授权组织在接受职权的同时,必须接受职责,同时就其行使职权和职责的行为承担法律责任。

⑤ 被授权组织在被授权范围内以自己的名义行使行政职权,而不是以授权人的名义实施所接受的行政职权。被授权组织在行使所授职权时有一定的自主权。

⑥ 行政授权的方式主要有两种:一是法律、法规直接授予职权。例如,我国《植物检疫条例》第 3 条第 1 款规定,县级以上地方各级农业、林业行政部门所属的植物检疫机构,负责执行国家的植物检疫工作。二是法律、法规规定由特定的行政机关授予职权。二是法律、法规规定由特定的行政机关授予职权。例如,我国《外国人入境出境管理法》第 25 条第 2 款规定,中国政府在国内受理外国人入境、过境、居留、旅行申请的机关,是公安部、公安部授权的地方公安机关和外交部、外交部授权的其他外事部门。

⑦ 行政授权的内容通常比较单一,仅表现为某一专项、特定内容的职权,如实施卫生防疫工作的职权,而非如同宪法、组织法对行政机关的职权作全面的授予。

⑧ 被授权的组织只有在行使被授予的行政职权时,才具有行政主体的身份和地位。

(2) 行政授权的范围

① 企业单位,主要包括:第一,公用企业。例如,我国《铁路法》第 3 条第 2 款规定,国家铁路运输企业行使法律、行政法规授予的行政管理职能。第二,金融企业。例如,我国《银行管理暂行条例》第 13 条规定,专业银行都是独立核算的经济实体,按照国家法律、行政法规的规定,独立行政职权,进行业务活动。第三,专业公司,又称"行政性公司",是指以公司的形式成立或由原来的行政机关改变成企业单位,通过行政授权使之符合公司的构成要件而有权从事经济活动,同时还承担某方面或一部分行政职能。例如,烟草公司、自来水公司、煤炭公司、煤气公司、电力公司等。

② 事业单位,是指由国家机关或利用国有资产举办的,具有社会公益目的,且具有某种专门性知识、专门技能的单位。它具体包括:第一,教学和科研单位。例如,我国《学位条例》第 8 条第 1 款规定,学士学位,由国务院授权的高等学校授予;硕士学位、博士学位,由国务院授权的高等学校和科学研究机构授予。第二,社会组织团体。例如,工会被授权行使某些社会救济、劳动安全和保护的监督职能,妇联被授权行使某些与计划生育管理、妇女和儿童保护有关的行政职能。第三,技术单位与检验、鉴定机构。例如,我国《计量法》第 19 条第 1 款规定,县级以上人民政府计量行政部门可以根据需要设置计量检定机构,或者授权其他单位的计量检定机构,执行强制检定和其他检定、测试任务。

③ 基层群众性自治组织,是指城市和农村按居民居住的地区设立的居民委员会和村民委员会。基层群众性自治组织与国家基层政权有着极密切的联系,它们的工作受基层人民政府或其派出机关的指导,城市居民委员会受市或市辖区的派出机关——街道办事处的指导,村民委员会受乡、镇的人民政府的指导。居民委员会、村民委员会根据相应组织法的授权,行使一定的行政职权,如代税务机关收税,代民政机关发放救灾款、救济物资等。

④ 社会团体,是指社会成员依照团体章程或者法律规定组成的社会组织。例如,工会、妇联、红十字会、基金会、协会、学会等在接受授权的情况下,实施一定的行政管理活动。例如,根据《注册会计师法》的规定,中国注册会计师协会依法负责注册会计师全国统一的组织实施工作。省、自治区、直辖市注册会计师协会负责注册会计师的注册,并有权撤销注册,收回注册会计师证书。

(3) 行政授权与行政委托

行政授权与行政委托的方式和范围相似。行政委托,是指行政机关将其职权的一部分,依法委托给其他组织或个人行使的法律行为。行政委托的主体只能是行政机关,而不能是被授权的组织。行政委托与行政授权的主要区别如下:

第一,行政委托与行政授权不同,不能导致行政职权的转移。在行政授权的情况下,行政职权的转移意味着创设了新的行政主体,而行政委托只创设新的行为主体。行为主体仅指直接实施具体行政行为的组织或个人。行为主体不能以自己的名义行使行政职权,由此而产生的法律责任也只能由委托者承担。

第二,行政委托也须依法进行。尽管这里的"依法"不如行政授权那样要求严格,但是也应当有法律关于委托的明确规定或者上级主管机关的批示。

第三,行政委托的接受对象比行政授权广泛,不仅可以是组织,也可以是个人。例如,根据国务院发布的《家畜家禽防疫条例》的规定,农牧部门及其畜禽防疫机构可以委托有条件的饲养户(或饲养单位)检疫。行政委托还可以是行政机关之间相互委托。例如,甲地公安机关委托乙地海关扣留其正在追捕的走私犯及货物等。

3. 行政机构

行政机构是应行政事务需要而设置和存在的,是行政组织系统中的构成单位,也可以成为行政主体。行政机构成为行政主体的具体情形有三:

第一,依照法律、法规的规定直接设立的专门行政机构,具有行政主体的资格。例如,根据我国《专利法》第 41 条的规定,专利局设立专利复审委员会,作为行使专利复审权的专门机构,专门审查有关对专利局驳回申请的决定不服的,或者对专利局撤销或者维持专利权决定不服的行政纠纷案件。我国《商标法》第 2 条第 2 款规定,国务院工商行政管理部门设立商标评审委员会,负责处理商标争议事宜。商标评审委员会便是负责处理商标争议、行使商标争议行政复议权的专门行政机构。

第二,行政机关的内部机构在得到法定授权的情况下可以成为行政主体。行政机关的内部机构目前主要分为两种:一种是各级人民政府直属的内部机构,另一种是政府职能部门的内部机构。得到授权而成为行政主体的主要指后者。例如,1987 年国务院发布的《价格管理条例》规定,各级物价部门的物价检查机构,依法行使价格监督检查和处理价格违法行为的职权,对同级人民政府业务主管部门、下级人民政府以及本地区内的企业、事业单位和个体工商户执行价格法规、政策进行监督检查。作为物价管理部门的内部机构的物价检查机构,依法获得施行价格监督检查行为和处理价格违法行为的权力,因而具有行政主体资格。

第三,政府职能部门的派出机构。这是政府职能部门根据需要在一定区域内设立的工作机构,代表该职能部门从事一定范围内的某些行政管理工作,原则上其自身没有独立的法律地位。目前,政府职能部门设立的派出机构种类较多,如审计署驻省、直辖市和自治区的办事处,以及公安派出所、税务所、工商所等。派出机构获得法定授权后,便可以以自己的名义行使行政权,实施具体行政行为,因而取得行政主体资格。

第二节 行政主体的职权、地位与优益权

一、行政职权的概念与内容

行政职权是国家行政权的转化形式,是依法定位到具体行政主体身上的国家行政权,是各行政主体实施国家行政管理活动的资格及其权能。行政职权可分为两大类:一类是固有职权,另一类是授予职权。固有职权以行政主体的依法设立而产生,并随着行政主体的消灭而消灭。授予职权来自于法律、法规或有权机关的授权行为。授予职权既可因法律、法规的修改、废止或授权机关撤回授权而消灭,也可因被授权组织的消灭而消灭。固有职权主要赋予行政机关,授予职权主要授予行政机构、公务组织和其他社会组织。

行政职权的内容和范围因行政主体的不同而异,总的来说,包括以下几项:

第一,行政立法权,根据宪法和法律的规定,行政主体享有制定和发布行政法规、行政规章的权力。当然,并非所有的行政主体都享有行政立法权。我国的宪法和法律又将行政立法权赋予特定的行政机关。

第二,行政决策权,指有权依法对其所辖领域和范围内的重大行政管理事项作出决策。

第三,行政决定权,包括行政主体依法对行政管理中的具体事宜的处理权以及法律、行政法规和规章未明确规定的事项的规定权。行政决定权具体指行政许可权、行政确认权、行政奖励权、行政物质帮助权和行政合同权等,其范围主要限于行政自由裁量权领域。

第四,行政命令权,指行政主体在行政管理过程中,通过书面或口头的行政决定,依法指示、命令特定的或不特定的人作出一定的行为或不作出一定的行为。

第五,行政执行权,指行政主体根据有关法律、法规和规章的规定或有关上级部门的决定,在其所辖范围内具体执行行政事务的权力。例如,公安机关侦察破案、维持社会秩序的权力。

第六,行政处罚权,指行政主体对行政相对人违反有关行政法律规范的行为,依法实施的诸如申诫罚、财产罚、行为罚或人身罚等法律制裁行为。

第七,行政强制权,指行政主体采取法定的强制措施,以促使法定义务人履行法定的义务或者达到与履行义务同样状态的权力。例如,强制拆除、强制划拨、强制检定等。

第八,行政司法权,指行政主体通过调解、仲裁、裁决或复议,以处理、解决某些行政纠纷或民事纠纷的权力。

第九,行政表明权,指表明意思、意见,以对行政相对人的权利、义务发生和影

响的权力。例如,行政证明权、行政指导权等。

二、行政职权的特点

第一,强制性。行政职权是法定权力,因此以国家强制力为后盾。

第二,单方性。行使行政职权是行政主体的单方行为,其效力的发生通常不以行政相对人的意志为转移。

第三,不可处分性。行政职权是行政权的具体化,属于"权力"而不是"权利"范畴,因此不可自由处分。没有法律依据并经法定程序,行政主体不能增加、减少、放弃或转让行政职权。

第四,与职责的统一性。行政职权与行政职责是不可分割的,具有重合性。前者的享有是为了后者的承担,后者随前者的产生、变更、消灭而产生、变更、消灭。

三、行政职权的设定与分配

行政职权的设定,是指宪法、法律、法规直接赋予有关组织一定行政职权的国家行为及法律制度,是行政主体所享有的行政职权的产生方式。通过行政职权的设定,可使某个组织享有行政主体的资格。就性质而言,行政职权的设定是立法行为,而不是行政行为,具有创制性,即国家立法机关通过立法把行政职权赋予有关组织的行为。被"设定"的职权对享有其的行政主体通常具有先天性、恒久性的特征。

行政职权的分配,是指行政主体拥有行政职权以后对职权所作的一种内部分工与安排。它所涉及的是行政职权的"使用",而不是"所有",要解决的是"行使权"问题,而与"拥有权"无关。它不产生导致行政主体成立的法律效果。其性质亦属于内部行政行为,分配的对象是行政机关的内部组成机构和公务员,故由此产生的纠纷在我国一般也不适用于行政复议和行政诉讼。对行政职权实行分配的目的在于,保证行政主体高效、合理地行使职权,以完成各项行政管理任务。

四、行政主体的地位与优益权

行政主体在行政管理领域,相对于管理对象而言,处于主动、优势的地位,这是由顺利实施行政管理的需要决定的。这主要在行政主体参加行政法律关系、行使行政职权、履行行政职责中反映出来,更具体地体现在行政主体享有一定的行政优益权上。所谓行政优益权,指行政主体在行使行政职权时,依法享有一定的行政优先权和行政受益权。行政优益权与行政职权联系密切,后者是前者之所以存在的理由和依据。也就是说,一定的行政优益权设定与被享有的目的,仅在于给行政职权的行使提供保障。与行政职权无关的行政优益权的合法性应当受到质疑。

1. 行政优先权

行政优先权为许多国家的行政法所确认。法国早就确立了"公务优先原则",并把"推定有效"作为其主要内容。美国行政法学则称行政优先权为"行政特权"(executive privilege)。在我国,行政优先权主要指国家为保障行政主体有效地行使行政职权而赋予其许多职务上的优越条件。即行政权与其他社会组织及公民个人的权利在同一领域或同一范围内"相遇"时,行政权具有优先行使和实现的效力。行政优先权的内容主要包括以下三方面:

第一,先行处置权,指在某些紧急情况下,行政机关可以不受行政程序的约束,先行处理。例如,公安机关在紧急情况下采取先行扣留等措施。

第二,获得社会协助权,指行政主体从事紧急公务时,有关组织或个人有协助执行或提供方便的强制性义务,违反者将承担法律责任。一般的协助与作为行政优先权条件下的社会协助不同,后者的义务性强,违者须承担法律责任,适用于紧急公务活动。我国《国家安全法》第77、80、81条分别规定,公民和组织应当为国家安全工作提供便利条件或者其他协助,并明确规定了不提供便利条件或者其他协助的法律责任。

第三,行政行为的推定有效。为了保障行政秩序的稳定性和连续性,行政法律规范承认行政行为具有公定力。也就是说,基于行政优先权的行政行为一经作出,只要未被有权机关正式撤销,即使违法或者不当,也被推定有效。

2. 行政受益权

行政受益权,是指行政主体享受国家所提供的各种物质优待条件。其具体内容表现为,国家向行政主体提供财政经费、办公条件、交通工具等。行政受益权是行政主体从国家所享受的权益,而不是由行政相对人提供的。因此,行政受益权与行政优先权不同,仅体现它与国家的关系,而不体现它与行政相对人之间的关系。

行政优先权和行政受益权尽管共同构成行政优益权,但两者亦有区别:前者是一种职务上的优益条件,后者是一种物质上的优益条件。行政优益权与行政职权的区别在于,前者可以被行政主体抛弃,但行政主体不能抛弃后者,否则将构成失职。

第三节 行政主体的职责、权限与责任

一、行政职责

1. 行政职责的定义

现代民主政治是责任政治,这要求行政主体在行使权力的同时承担一定义务,以对赋予其权力的人民和国家负责。行政职责,是指行政主体在行使国家赋予的

行政职权的同时所必须承担的法定义务。

行政职责与行政职权关系密切、不可分割。行政职权是行政法上权利的转化形式,行政职责是行政法上义务的转化形式,法律上的权利与义务的一致性同样会在行政职权与行政职责的关系上得到体现。任何享有行政职权的组织或个人必须具有行政职责,没有无职权的职责,也没有无职责的职权。行政职责随着行政职权的产生、变更或消灭而变化。

因为行政职责是义务,所以它不允许被推卸或抛弃,否则将引起否定性的法律后果。

2. 行政职责的内容

行政职责的核心是"依法行政",其主要内容包括:

(1) 依法履行职务,不失职;

(2) 恪守权限,不越权;

(3) 符合法定目的,不滥用职权;

(4) 严格遵守法定程序,防止随意化,不得违反法定程序;

(5) 合理行政,避免不当行政;

(6) 作出决定以事实为依据,以法律为准则,正确地适用法律以及法律的有关条款。

二、行政权限

行政权限,简言之就是行政职权的限度,具体指行政职权在行使过程中,为法律所不允许逾越的范围、界限。行政权限与行政职权关系密切,前者无法独立于后者而存在。按照行政法治的一般理论,有行政职权则应附以行政权限,不允许对之不设范围和界限的行政职权。行政权限大多由法律(尤其是组织法)明文规定。在没有明文法律依据的条件下,可以由行政法原理推定确立。

行政权限分为纵横两大类:

纵向行政权限,是指有隶属关系的上下级行政主体之间权力行使范围的划分。例如,我国1982年颁布的《国家建设征用土地条例》规定,征用耕地、园地一千亩以上,其他土地一万亩以上,由国务院批准;征用直辖市郊区的土地,由直辖市人民政府批准;征用五十万人口以上城市郊区的土地,由所在市人民政府审查,报省、自治区人民政府批准。这便是对纵向权限的划分。

横向权限,是指无隶属关系的行政主体之间权力和行使范围的划分。这种权限又可分为区域管辖权限和公务管辖权限。前者如某市公安局与另一市公安局按地域划分管辖范围;后者如某市公安局与工商局之间的权限划分,其地域管辖范围相等,所管辖的公务内容却不同。

三、行政责任

行政责任同样是一个与行政职权、行政职责密切相关的概念和法律制度。任何行政职权一概伴有行政职责,违反行政职责者必须承担行政责任。可见,行政责任是违反行政职责的法律后果,是保障行政职权合法、合理行使的有效手段。

第四节 行政主体的产生、变更与消灭

一、行政主体的产生

行政主体的产生,是指一个组织取得行政主体的资格。行政主体资格的取得与行政主体地位的享有相互关联。只有取得了行政主体资格,同时参与到一定的行政管理活动中来,才能够得上享有行政主体的地位。

行政主体资格的取得因类型的不同而不同。一般来说,行政法对行政主体资格取得的要求是:职权行政主体严于授权行政主体,外部行政主体严于内部行政主体。

职权行政主体,是指依宪法和组织法的规定而产生即取得行政主体资格的行政主体。职权行政主体资格的取得,必须具有下列实质条件和程序条件:

(1) 其成立已获有关机关批准;
(2) 已由组织法或组织章程规定了职责和权限;
(3) 已有法定编制并按编制配备了人员;
(4) 已有独立的行政经费预算;
(5) 已设置了办公地点和必要的办公条件;
(6) 已经政府公报公告其成立,公告内容应包括:组织成立时间,组织名称和首长姓名,组织的性质、级别、任务、职权、职责和权限,组织章程和印章,组织的办公地点和办公时间。

授权行政主体,是指依宪法和组织法以外的单行法律、法规授权而产生即取得行政主体资格的行政主体。授权行政主体的产生,必须有明文法律依据,而且必须经公告授权决定。授权决定的内容应该包括:

(1) 授权人与被授权人;
(2) 授权事项及范围;
(3) 授权依据;
(4) 授权期限。

外部行政主体与内部行政主体资格的取得,其条件和程序大致相同,只是范围有别。例如,内部行政主体成立公告的范围可以小于外部行政主体成立公告的范

围。但是,无论哪种主体成立,公告的范围必须与其行政职权的范围相一致。

二、行政主体的变更与消灭

行政主体的变更与消灭,实质上是指一个组织的行政主体资格的转移、更新与丧失。

资格转移取决于两种情况:

(1) 行政主体分解,即一个行政主体分解为两个以上。

(2) 行政主体合并,即两个以上的行政主体合并为一个。

无论哪种情况,原资格依然有效,由变更后的新主体承受。例如,某行政主体已作出决定对某公民发放救济金。但是,未发出之前,该行政主体被合并到另一个行政主体之中。该决定在未依法定程序变更或撤销前仍然有效,新行政主体应履行该决定。

行政主体的资格丧失同样取决于两种情况:

(1) 该行政主体被解散。

(2) 授权机关收回授权或授权期限已满。

在前一种情况下,原主体虽丧失了原来的资格,但在它享有资格期间所实施的行为效果由其撤销机关承受。在后一种情况下,授权主体的行为效果由授权机关承受。

第五节 行政主体资格的确认

一、确认行政主体资格的意义

确认行政主体资格在行政法上具有重要的意义:

首先,有助于确定行政行为的效力。行政行为实际上就是行政主体的行为,它具有国家强制力,直接影响行政相对人的权利和义务。如果实施行为的组织不具有行政主体资格,那么它的行为就不具有行政行为的效力,对行政相对人权利和义务的影响就不为法律所承认。行政相对人对不享有行政主体资格的组织所实施的行政行为也没有服从和协助的义务。

其次,有助于确定行政诉讼当事人。我国行政诉讼的特点之一在于,它一概以行政主体为被告。因此,任何组织的行政主体资格都决定了它作为行政诉讼应诉人的资格。应诉人资格以行政主体资格为前提。

二、确认行政主体资格的界限与方式

1. 确认界限

确认行政主体资格主要在于划清两条界限:

（1）行政主体与非行政主体的界限。行政主体与非行政主体之间的划分基于这样一个原理：行政主体具有行政主体的法律地位，非行政主体不具有行政主体的法律地位。

（2）外部行政主体与内部行政主体的界限。区别内部行政主体与外部行政主体，体现并贯彻了"交错无效原则"。即内部行政主体不得行使外部行政职权，外部行政主体不得行使内部行政职权，同时具有双重身份者例外。

2. 确认方式

无论划分哪种界限，一般可以遵循以下三种确认方式：

（1）按行政职权确认。是否享有行政职权或享有的是内部行政职权还是外部行政职权，是确认行政主体或行政主体类型的标准。寻找这种标准的方法在于明确行政职权的来源。对于职权主体，应当核实其产生职权的法律内容；对于授权主体，应当审查有权机关的授权行为是否存在以及授权的范围。

（2）按行为性质确认。这一方式对于确认行政机关的法律身份尤其重要。行政机关既可以成为行政主体，也可以成为民事主体（机关法人），其不同的身份取决于其行为的不同性质。行政机关实施行政行为时，属于行政主体；而从事民事活动时，则成了机关法人。因此，确定行政机关的行政主体身份，取决于其行为是否属于行政行为。

（3）按时间确认。行政机关提前行使职权或被撤销后继续行使职权，不享有行政主体资格。

第六节　行政主体之间的关系

行政主体之间的关系属于行政关系，确切地说，属于内部行政关系。这种关系可以分为纵横两大类型。

一、纵向关系

纵向关系，是指以隶属关系为基础的行政主体之间的关系。简单地说，纵向关系就是上下级行政主体之间的关系。按性质划分，纵向关系又有两种：

第一，领导关系。在领导关系中，作为领导方的行政主体对作为被领导方的行政主体享有命令权、指挥权和监督权，前者可以直接改变或者撤销后者的行为。反过来说，被领导方必须服从领导方的命令，听从领导方的指挥。领导关系有两种：一种是单一领导关系，另一种是双重领导关系。前者如上、下级人民政府之间的关系；后者如公安机关，它既受本级人民政府的领导，又必须服从上级公安机关的命令。

第二，指导关系。在指导关系中，作为指导方的行政主体对作为被指导方的行政主体享有指导权，但没有指挥命令权。前者无权直接改变和撤销后者的行为，后者拒绝服从前者的命令一般不引起法律责任的问题。例如,国家体育运动委员会与省、市体育运动委员会之间就是这种关系。在指导关系中,指导方可以采取建议、劝告、权利影响等方式,促使被指导方接受指导。

领导关系与指导关系的最根本区别在于:在领导关系中,领导方行政主体可以直接改变或者撤销被领导方行政主体的行为;在指导关系中,指导方行政主体不能直接改变或撤销被指导方行政主体的行为。

二、横向关系

横向关系,是指无隶属关系的行政主体之间的关系。两个主体不管是否处于同一级别,只要它们之间无隶属关系,即属横向关系。例如,上海市政府与天津市政府之间的关系,北京市公安局与长春市公安局之间的关系。

在横向关系中,一般存在的是公务协助关系。所谓公务协助关系,是指当一方行政主体执行公务时需要另一方协助,另一方有义务无条件协助,无正当理由不得拒绝,否则将承担违法责任。这种公务协助关系在不少国家的行政程序中有明确规定。例如,联邦德国1976年制定的《行政程序法》第4条第1款规定,经其他行政机关要求,任何行政机关都有为其他行政机关提供、补充必要协助的义务。我国虽尚未有法律明文规定主体之间的公务协助关系,但从理论上看,这种关系规则始终是成立的,在实践中也被普遍遵循。

三、行政争议

行政主体之间的关系属行政关系,它们之间的纠纷属行政争议。这种行政争议大多数属于行政权限争议,一种是积极的权限争议,另一种是消极的权限争议。前者表现为两个行政主体都认为自己对某事有管辖权,从而发生职权冲突;后者表现为两个以上行政主体都认为自己对某事没有管辖职责,从而出现管辖上的"空白"。对行政主体之间的内部争议,一般由行政机关自己解决,不由司法机关裁判,这是各国行政法理论所主张和坚持的原则。理由在于,这种纠纷基于内部行政关系发生,不直接涉及社会的行政相对人,对它的处理纯属内部行政事务,不受司法审查。我国处理内部行政争议遵循以下三条规则:

第一,纵向领导关系中的争议。被领导主体有权越级向上级行政主体报告,但在领导主体行为被依法撤销之前,必须服从领导主体的决定。

第二,纵向指导关系中的争议。争议双方主体都应向各自所属政府报告,由双方政府处理。双方政府存在意见分歧的,按上述第一条规则规定的方法处理。

第三,横向关系中的争议。争议双方主体各自向自己的领导主体报告,最终由共同上级领导主体裁决。

第七节　行政主体法定代表人

一、行政主体法定代表人的概念

行政主体是一种组织,而不是个人。组织的活动必须由一定的个人来代表,依法组织从事行政行为和诉讼活动的便是法定代表人。

"行政主体法定代表人"这一概念本身反映了他具有四个特征:

第一,他是个人,而不是组织;

第二,他是代表行政主体的,从事行政活动和诉讼活动;

第三,他是"法定"的,不能由人们随意决定;

第四,他是行政主体的组成部分,不具有独立于行政主体之外的法律人格,其行为效果归属于其所代表的行政主体。

在我国,行政主体法定代表人有以下三种:

第一,行政主体单位的正职行政负责人。例如,市政府的市长、公安局的局长。

第二,在行政主体单位没有正职行政负责人的情况下,由主持工作的副职行政负责人作为法定代表人。例如,市政府在没有市长的情况下,由主持工作的副市长作为法定代表人。

第三,在行政主体单位没有正副职行政负责人的情况下,由主持工作的行政负责人担任法定代表人。行政主体的法定代表人与行政首长实质上是相通的,法定代表人概由行政首长担任。所不同的是,前者侧重于诉讼身份,后者侧重于实施行政权的地位。

二、行政主体法定代表人的作用

行政主体法定代表人的法律意义就在于他对行政主体起代表作用。这种代表意义发生在行政活动和诉讼活动两个方面。

第一,在行政主体实施行政活动过程中,行政主体的正式决定以及签订的行政合同,均须经法定代表人签名,否则将会影响其效力。

第二,在行政诉讼活动中,法定代表人应代表行政主体参加诉讼,其诉讼行为对他所代表的行政主体直接发生法律效力。

第八节　行政主体的相对方:行政相对人

一、行政相对人的概念

行政相对人,是指行政管理法律关系中与行政主体相对应的另一方当事人,即行政主体的行政行为影响其权益的个人或组织。这是行政法学上的概念,而非制定法上的概念。在制定法上,"行政相对人"一般称公民、法人和其他组织。

首先,行政相对人是指处在行政管理法律关系中的个人、组织。任何个人、组织如果不处在行政管理法律关系中而处在其他法律关系中,就不具有行政相对人的地位,不能赋予其"行政相对人"称谓。行政管理法律关系包括整体行政管理法律关系和单个具体的行政管理法律关系。在整体行政管理法律关系中,所有处于国家行政管理之下的个人、组织均为行政相对人;而在单个具体的行政管理法律关系中,只有其权益受到行政主体相应行政行为影响的个人、组织才在该行政管理法律关系中具有行政相对人的地位。

其次,行政相对人是指行政管理法律关系中与行政主体相对应的另一方当事人的个人、组织。在行政管理法律关系中,一方享有国家行政权,能依法对对方当事人实施管理,作出影响对方当事人权益的行政行为;而另一方当事人则有义务服从管理,依法履行相应行政行为确定的义务。接受行政主体行政管理的一方当事人在行政法学中称为"行政相对人"。

最后,行政相对人是指在行政管理法律关系中权益受到行政主体行政行为影响的个人、组织。行政主体的行政行为对相对人的权益有时有直接影响,有时影响也可能是间接的。作为个人、组织,无论其权益受到行政主体行政行为的直接影响还是间接影响,都是行政相对人。那种把行政相对人仅仅界定为行政主体行政行为的直接对象的观点是不适当的,不利于行政法保护公民个人、组织合法权益的实现。

二、行政相对人的权利义务

行政相对人的权利义务,是指行政法所规定或确认的,在行政法律关系中由行政相对人享有和履行并与行政主体的权利义务相对应的各种权利义务。行政相对人的权利义务是行政法上的权利义务,即个人和组织以行政相对人身份出现时所具有的权利义务,这种权利义务不同于个人和组织为民事主体的权利义务。行政相对人权利义务是行政相对人在行政法律关系中的法律地位的综合体现。[1]

1. 行政相对人的权利

行政相对人的权利,是指行政相对人依行政法规定而享有的,针对行政主体所主张的权利。行政相对人的权利与行政主体的义务相辅相成。具体而言,行政主体对行政相对人的权利具有相对应的义务,行政相对人的权利同时构成行政主体的义务。行政相对人在行政法律关系中主要享有下列权利:

(1) 申请权。即行政相对人请求行政主体作为或不作为,以满足其某种利益

---

[1] 参见应松年:《行政法与行政诉讼法》(第二版),中国政法大学出版社2011年版,第95—97页。

需求的权利。申请权是程序性的,就其内容而言,可能是请求得到某种实体利益,如对颁发许可证提出申请;也可能是请求开始或进行某种程序,如申请听证或参加听证程序等。

(2) 参与权。行政相对人有依法享有参与行政管理的权利,包括:参与行政法规、规章及政策的制定;参与国民经济和社会发展规划的编制和实施;参与国家行政机关公务员的考试;参与与自身有利害关系的具体行政行为的相应程序等权利。

(3) 了解权。行政相对人依法有权了解行政主体的各种行政信息,包括各种规范性法律文件、会议决议、决定、制度、标准、程序规则,以及与行政相对人本人有关的各种档案资料和其他有关信息。除法律、法规、规章规定应予保密的外,行政相对人均有权查阅、复制。

(4) 受保护权。即行政相对人的各种合法权益在受他人妨碍、侵害时,有请求行政主体保护的权利。例如,行政相对人的合法权益受他人侵害后请求行政主体予以处理的权利,行政相对人的合法权益受行政主体确认的权利等。

(5) 受益权。即行政相对人通过行政主体的行政活动获得现实利益或可得利益的权利。例如,行政相对人有得到行政许可、行政指导和行政奖励的权利,在遭受自然灾害等紧急情况下得到行政主体救助的权利等。

(6) 受平等对待权。即行政相对人受到行政主体平等对待的权利。行政相对人是以个体身份与行政主体发生关系的,行政相对人个体之间在法律面前是平等的。行政主体作为法律的执行者,对每一个个体的行政相对人都有平等对待的义务。同时,行政相对人对行政主体具有受到平等对待的权利。

(7) 陈述、申辩权。即行政相对人在行政主体作出与自身利益有关,特别是不利的行为时,有权陈述自己的意见、看法,提供有关证据材料,进行说明和辩解,并驳斥行政主体的理由、依据等权利。

(8) 抵制违法行为权。即行政相对人为保护自身合法利益而抵制行政主体实施的明显违法或重大违法的行政行为的权利。这里的"合法权益"包括各种法定权益和自由,如人身权、财产权、经营自主权、劳动权等。这些权益有的虽可能是其他部门法如民法而不属于行政法规定的权益,但为保护这些合法权益而抵制行政主体非法侵害的权利却是行政法专门赋予行政相对人的,如拒绝行政主体乱摊派的权利、拒缴行政主体不合法行政罚款的权利等。

(9) 行政监督权。即行政相对人依法有权对行政主体及其工作人员实施的违法、不当的行政行为提出批评、控告、检举,并有权就如何改善行政主体的工作与提高行政管理和服务质量提出建议、意见。它包括批评权、申诉权、控告权、检举权、建议权等。

(10) 行政救济权。行政相对人认为行政主体实施的违法、不当的行政行为,或是行政主体实施的合法行政行为侵犯了自己的合法权益,有获得相应行政救济的权利,包括申请行政复议权、提起行政诉讼权、请求行政赔偿权和行政补偿权等。

2. 行政相对人的义务

行政相对人在行政法上享有一定的权利,同时也必须履行行政法上一定的义务。行政相对人的义务,是指行政相对人在行政法律关系中,对行政主体所承担的一定作为或不作为的义务。行政主体对行政相对人的这种义务则具有相对应的权力。

在行政法律关系中,行政相对人对行政主体的义务主要有:

(1) 服从行政管理的义务。这具体包括:遵守行政机关制定、发布的行政法规、行政规章和其他规范性文件的义务;执行行政命令、决定的义务。

(2) 协助行政主体正常执行公务的义务。行政相对人对行政主体及其工作人员执行公务的活动,有主动予以协助的义务。例如,行政相对人对行政主体行使调查取证权具有配合、协助的义务。

(3) 接受行政监督的义务。行政相对人在行政法律关系中,要接受行政主体依法实施的监督,包括审查、检查、检验、鉴定等。

(4) 遵守法定程序的义务。行政相对人无论是请求行政主体实施某种行政行为,还是应行政主体要求作出某种行为,均应遵守法律、法规、规章规定的程序,否则可能导致自己提出的相应请求不能实现,甚至要为此承担相应的法律责任。

三、行政相对人的分类

依据不同的标准,可以对行政相对人进行不同的分类。

1. 个人相对人与组织相对人

行政相对人以是否具有一定的组织体为标准,可以分为个人相对人与组织相对人。个人相对人不一定是单个的个人,在一定的具体行政法律关系中,行政主体的行为可能涉及多个个人。只要这些个人不构成一定的组织体,相互之间无组织上的联系,即使数量再多,他们仍是个人相对人,而非组织相对人。

2. 直接相对人与间接相对人

行政相对人以与行政主体行政行为的关系为标准,可以分为直接相对人与间接相对人。直接相对人是行政主体行政行为的直接对象,其权益受到行政行为的直接影响,如行政许可、行政给付的申请人,行政征收的被征收人,行政处罚的被处罚人等。间接相对人是行政主体行政行为的间接对象,其权益受到行政行为的间接影响,如治安处罚关系中受到被处罚人行为侵害的人,行政许可关系中其权益可能受到许可行为不利影响的与申请人有利害关系的人(公平竞争人或相邻人),行政给付关系中依靠给付对象抚养或抚养的直系亲属等。

3. 作为行为的相对人与不作为行为的相对人

行政相对人以影响其权益的行政行为的方式为标准,可分为作为行为的相对人与不作为行为的相对人。行政相对人权益受到行政行为作为方式影响的称为"作为行为的相对人",如行政征收、行政强制、行政裁决、行政许可、行政处罚的相对人远离不作为行为的相对人。行政相对人权益受到行政行为不作为方式影响的称为"不作为行为的相对人",如行政机关不履行法定职责,导致其人身权益或财产权被侵害的相对人、行政机关不依法发给其抚恤金或者对其申请许可证照的请求不予答复的相对人等。

4. 抽象相对人与具体相对人

行政相对人以行政主体行政行为影响其权益是否产生实际效果为标准,可以分为抽象相对人与具体相对人。行政行为对其权益尚未产生实际影响而仅仅具有潜在影响的相对人是抽象相对人。行政行为对其权益已产生实际影响的相对人是具体相对人。

5. 授益相对人与侵益相对人

行政相对人以行政主体行政行为对其权益影响的性质为标准,可分为授益相对人与侵益相对人。行政行为对其权益产生有利影响,即通过行政行为获取某种权益的相对人为授益相对人。行政行为对其权益产生不利影响,即因为行政行为而失去某种权益或使其利益受到侵害的相对人为侵益相对人。

思考题

1. 什么是行政主体?
2. 行政职权及其范围是什么?
3. 简述行政相对人的权利义务。

拓展阅读书目

1. 张树义主编:《行政法学》(第二版),北京大学出版社2005年版。
2. 胡建淼:《行政法学》(第三版),法律出版社2010年版。
3. 应松年主编:《行政法与行政诉讼法学》(第二版),法律出版社2009年版。

第六章 行政主体与行政机关

本章要点

1. 了解行政主体与行政机关的联系与区别。
2. 了解行政机关的类型。
3. 了解我国现行的行政机关体系。

导语

"行政主体"与"行政机关"两个概念的关系极为密切。行政机关是行政主体的一种,也是行政主体中最重要的一种。在行政主体中,法律、法规授权的组织只占较小的比重,国家基本的、主要的行政职权都是由行政机关行使的。在很多情况下,人们甚至将"行政机关"作为行政主体的代名词。但是,行政机关与行政主体仍然是有重要区别的。

第一节 行政机关概述

行政机关,是指依据和按照宪法和有关组织法的规定设立的,依法享有并运用国家行政权,负责对国家各项行政事务进行组织、管理、监督和指挥的国家机关。行政机关与行政组织的区别在于,后者指一切行政机关与行政机构的综合体,包括各机关和机构相互间的横向联系和纵向结构。行政机关与行政机构的区别是,后者指构成行政机关的内部各单位,对外一般不以自己的名义发布决定和命令,其行为的一切法律后果皆归属于其所属的行政机关。行政机关是联结各行政机构的综合体。

在实行权力分立的国家,行使行政权的行政机关、行使立法权的立法机关和行使司法权的司法机关相互独立、相互制衡。无论其政体是内阁制、议会内阁制,还是总统制、委员会制,行政权都属于国家行政机关。我国是社会主义国家,一切权力属于人民,国家行政机关由国家权力机关产生,是国家权力机关的执行机关,从属于国家权力机关,对国家权力机关负责并报告工作。国家行政机关在行使国家行政管理职能的过程中,必须严格依据宪法和法律,不得违背国家权力机关的意志。

国家行政机关具有如下主要特征:

第一,高度的权威性。国家行政机关通过法定的行政权力,对国家政治、经济、文化和社会各个领域实行最广泛的干预和领导,其权力的覆盖面涉及每个公民个人和组织,对其政策、方针、法规、规章和命令等,在其管辖范围内的每一个个人和组织都必须遵守和执行。

第二,相对的独立性。国家行政机关的一切合法行为都受到国家强制力的保障。为了确保行政机关有效地完成管理国家事务的任务,必须保证行政机关拥有自身组织系统上的独立性和依法行使其职权的独立性。

第三,职能的专业性。现代行政的特点决定了国家行政机关具有高度技术性和专业性。为了对纷繁复杂的行政事务实行科学有效的管理,行政机关应当具备一定的专门性、技术性能力。

第四,适应性和创造性。适应性是指国家行政机关善于采取随机应变、机敏适宜的措施,以适应不断出现的新的行政需要。创造性体现为,国家行政机关并不只是机械地、被动地执行法律,而是能够在法律规定的范围内,能动地、富有创造性地执行法律。这一特点尤其反映在进行行政决策活动中。

第五,实行组织体系上的从属制和决策体制上的首长负责制。国家行政机关因其行使的是组织管理职能,特别要求速度和效率,故在组织体系上实行从属制。即上级行政机关领导下级行政机关,下级行政机关从属于上级行政机关。这一特征是其他种类的国家机关所不具备的。例如,省级国家权力机关不能对市级国家权力机关发号施令;上级人民法院对下级人民法院作出的错误判决、裁定,只能通过二审程序或审判监督程序予以纠正。又由于对各级、各类行政机关有权限清晰、责任明确、具有效率的要求,故在决策体制上一般实行首长负责制,而不同于立法机关或司法机关行使职能时通常所采取的合议制形式。

第二节　行政主体与行政机关的区别与联系

"行政主体"与"行政机关"两个概念的关系极为密切。行政机关是行政主体中最重要的一种。通常,行使行政权的行政主体是行政机关,国家基本的、主要的行政职权都是由行政机关行使的,以至于在很多情况下,"行政机关"就是"行政主体"的代名词。但是,行政主体与行政机关在概念上有着重要的区别,我们不能简单地将行政主体等同于行政机关。它们的区别在于:

第一,"行政主体"是个法学概念,属于对行政法律关系一方参加人进行一般研究而创制的抽象概念,与"行政相对人"概念相对应。"行政机关"则属于事实概念,指实际单个、具体存在、享有某些行政职权的机关。当然,"行政机关"同时也是一种具有法律意义的称谓,如与"公民""法人"等相提并论,作为行政法律关系的当事人之一。

第二,行政主体不仅包括行政机关,还包括得到法律、法规授权的组织。

第三,不能把行政机关一概视为行政主体。例如,由政府成立的负责内部工作协调的临时机构,有时也称为"行政机关",但是它不是行政主体,除非给予其法定授权。

第四,行政机关并非在任何场合都是行政主体。当行政机关参与民事活动时,其身份是机关法人,是民事主体,而不是行政主体,但使用"行政机关"称之不发生问题。

第三节　行政机关的类型

行政机关分为各种类型,这也决定了它们在法律上的地位各不相同。行政机关的具体分类为:

第一,中央行政机关与地方行政机关。中央行政机关,指拥有对全国性行政事务的管理权,活动范围涉及全国的行政机关,如国务院及其所属部门。地方行政机关,指活动范围仅涉及特定行政区域,负责处理国家在本地区内的行政事务的行政机关,如地方各级人民政府。

第二,一般行政机关与专门行政机关。一般行政机关,指管理全国或一定行政区域内的全面性行政事务的机关,如国防、外交、财政、计划和统计管理机关。专门行政机关,指管理某种专门事项或特别事项的行政机关。如工商、海关、税务、物价、环保、商检、治安、食品、卫生、药品管理机关。

第三,首长制机关与委员会制机关。首长制机关的最终决策权归于首长一人,由行政首长个人对其决策负责。委员会制机关的决策权归于一个由若干委员组成的委员会,委员会对所有决策性问题均集体讨论,根据少数服从多数的原则进行决策,并由集体共同对其决策负责。行政机关由于职能性质的要求,一般多实行首长负责制,也有一些实行委员制。特别是一些较多地行使准立法和准司法职能的机关,实行委员制更具发展的趋势。二战后国外大量发展起来的独立管理机构大多设立委员会作为决策机构,而较少实行首长负责制。

第四,常设机关与临时机关。常设机关,指管理经常性行政事务的机关。临时机关,指为处理某一临时性或特定的行政事务而设置的行政机关。

第四节　我国现行行政机关体系

我国现行行政机关体系分为中央行政机关与地方行政机关两大部分。

一、中央行政机关

1. 国务院,即中央人民政府,是最高国家权力机关的执行机关,是最高国家行政机关。国务院的组织原则、组织机构、活动准则等均由宪法和国务院组织法规定。国务院由总理、副总理、国务委员、各部部长、各委员会主任、审计长、秘书长组成,实行总理负责制。国务院设有全体会议和常务会议两种会议。全体会议由国务院全体成员组成,常务会议由总理、副总理、国务委员、秘书长组成。全体会议和常务会议由总理召集和主持。

2. 国务院各部、委,是国务院的工作部门,对国务院所管辖的某一类行政事务享有全国范围的管理权限。部、委的设立经总理提出,由全国人大决定。在全国人大闭会期间,由全国人大常委会决定。部、委实行部长、主任负责制。部长、主任领导本部门的工作,召集、主持部务会议、委务会议和委员会会议。

3. 国务院直属机构,是国务院主管各项专门业务的机构。例如,主管工商行政事务的国家工商行政管理总局、主管海关事务的海关总署等。国务院直属机构由国务院根据工作需要和精简的原则设立,无须全国人大或全国人大常委会批准,其行政级别低于国务院部、委,对外行使职能的独立性也不及部、委。

4. 国务院部、委管理的国家局,指由主管部、委管理的,负责对国家某方面工作中的重大方针政策、工作部署等事项实施管理的机构。国家局目前主要有:由国土资源部管理的国家土地管理局、国家海洋局、国家测绘局;由文化部管理的国家文物局;由国家卫生和计划生育委员会管理的国家中医药管理局;由中国人民银行管理的国家外汇管理局等。

5. 国务院办事机构,指协助总理办理专门事项的机构。国务院办事机构目前主要有国务院外事办公室、国务院侨务办公室、国务院港澳办公室、国务院特区办公室以及国务院研究室。国务院办事机构属于国务院的内部机构,通常由国务院根据工作需要和精简的原则自行决定。国务院办事机构对外行使职能的独立性不仅不及部、委,也不及直属机构。

二、地方行政机关

1. 一般地方行政机关,即地方各级人民政府及其工作部门。一般地方行政机关通常可以分为三级,分别为省、直辖市人民政府,县、市辖区及不设区的市人民政府,乡、镇人民政府。地方各级人民政府实行双重负责制,既从属于本级人民代表大会,对本级人民代表大会负责和报告工作,同时又受上一级国家行政机关的垂直领导,对上一机国家行政机关负责和报告工作,并接受国务院的统一领导和服从国务院。地方人民政府工作部门的设立由本级人民政府决定,报上一级人民政府批准。各工作部门通常既受本级人民政府统一领导,同时也受上一级人民政府主管部门的领导或业务指导。

2. 民族自治地方行政机关,即民族自治地方的人民政府,既是民族自治地方人民代表大会的执行机关,也是民族自治地方的行政机关。同时,自治区、自治州、自治县的人民政府与其相应的人民代表大会同为民族自治地方的自治机关。民族自治地方行政机关的组织同于一般地方行政机关的组织,只是自治区、自治州、自治县人民政府的正职首长必须由实行区域自治的少数民族的公民担任。民族自治地方的行政机关除行使宪法和法律规定的一般地方行政机关的职权外,还依照宪法、民族区域自治法和其他法律规定的权限行使自治权,根据本地方实际情况贯彻执行国家的法律、政策。

3. 特别行政区行政机关。我国《宪法》第 31 条规定:"国家在必要时得设立特别行政区。在特别行政区内实行的制度按照具体情况由全国人民代表大会以法律规定。"我国已根据上述规定相继设立了香港特别行政区和澳门特别行政区,全国人民代表大会也先后为此专门制定了《香港特别行政区基本法》和《澳门特别行政区基本法》。

第五节 行政机关组织法、编制法

一、行政机关组织法

行政机关组织法是规定行政机关任务、地位、职责、组成、编制、活动原则、法律责任以及行政机关的设立、变更与撤销程序等法律规范的总和。

目前,我国尚无统一的行政组织法。其实,我国早在 20 世纪 50 年代就制定了中央政府及各部委组织法,地方政府组织法亦基本齐全。1979 年以后,针对新情况,我国又制定了《国务院组织法》(1982 年制定,1998 年修改)和《地方各级人大和地方各级人民政府组织法》(1979 年通过施行,1982 年、1986 年、1995 年、2004 年和 2015 年共作五次修改)。

我国行政机关组织法大致包括以下内容:
(1) 行政机关的性质和任务;
(2) 行政机关的职位组成;
(3) 行政机关的职权和职责;
(4) 行政机关的活动原则、方式和工作制度;

（5）行政机关的建立、变更、撤销程序。

二、行政机关编制法

行政机关编制法，是规定各级行政机关的内部组织机构设置、人员结构和定额的法律规范。

根据我国编制管理的经验和依法管理的要求，行政机关编制法应包括以下内容：

1. 编制管理的机构及其职责权限

目前，我国中央编制委员会设在人事部内，地方各级编制委员会一般都设在人事厅局内。从实际情况看，需要建立自上而下、统一领导、分级管理的强有力的编制管理机构，并确立其职责权限。这包括执行编制审批程序，审查编制方案，控制编制总数，实行编制定员科学化、标准化。

2. 编制的提出、审查、论证、批准程序

行政机关总的编制权应由国家权力机关掌握，制定法律加以规定。行政机关所需编制应经过科学论证和法定程序进行申报，由编制管理机构具体审批。

此外，对编制执行的监督，违反编制的法律责任与承担方式、追究程序，已经确定的机构和人员数额，应视为法律规范，具有法的约束力和强制力，违反者必须承担法律责任。对违反者责任追究方面的职责和控制手段、实施等，也一定要具体化、制度化。同时，对监督体制也有必要作出明确规定。如此，方能避免重蹈以往机构改革搁浅的覆辙。

我国目前需要制定行政机关编制法，因其作用在于：控制机构膨胀，保持机构的合理结构，控制人员数量，保证高效管理，实现行政编制的法律化、制度化等。

第六节 机构改革与行政机关的发展

改革开放以来，我国共进行了七次政府机构改革，具体情况如下：

一、第一次政府机构改革（1982年）

这次改革明确规定了各级各部的职数、年龄和文化结构，减少了副职，提高了素质。在精简机构方面，国务院各部门从100个减为61个，人员编制从原来的5.1万人减为3万人。这次改革提高了政府工作效率，实行了干部年轻化。其成功点不仅在于精兵简政，更具有深远影响，主要是两方面：一是打破了领导职务终身制；二是根据邓小平提出的"四化"标准（革命化、年轻化、知识化、专业化），大批年轻知识分子走上领导岗位。

二、第二次政府机构改革(1988年)

通过改革,国务院部委由45个减为41个,直属机构从22个减为19个,非常设机构从75个减为44个,机构人员编制比原来的实际人数减少19.2%,并首次提出政府职能转变的任务。在国务院66个部、委、局中,有32个部门共减少1.5万多人,有30个部门共增加5300人。增减相抵,机构改革后的国务院人员编制比原来减少了9700多人。这一时期,我国改革的重心已由农村转向城市。由于后来复杂的原因,原定于1989年开展的地方机构改革暂缓进行。但是,这次改革仍影响巨大,其历史性贡献是首次提出了"转变政府职能是机构改革的关键"。直到现在,这仍然是改革面临的重要任务。

三、第三次政府机构改革(1993年)

这次改革实施后,国务院组成部门、直属机构从原有的86个减少到59个,人员减少20%。国务院不再设置部委归口管理的国家局,国务院直属事业单位调整为8个。这次改革提出了建立适应社会主义市场经济发展的行政管理体制目标,实现"政企分开",转变政府职能,行政管理职能转向统筹规划、掌握政策、信息引导、组织协调、提供服务和检查监督。这次改革适应了建设社会主义市场经济的需要。如果说过去经济体制改革一直是"摸着石头过河",那么到1992年终于"摸"到了这块"石头",即邓小平在南方谈话时强调的"建立社会主义市场经济体制"。

四、第四次政府机构改革(1998年)

这次改革后,国务院不再保留的有15个部委,新组建4个部委,更名的有3个部委。除国务院办公厅外,国务院组成部门由原有的40个减少到29个。这是力度最大的一次政府机构改革,主要任务是按照社会主义市场经济的要求,转变政府职能,进行国有企业所有制改革。国务院部门内设机构精简了1/4,移交给企业、地方、社会中介机构和行业自律组织的职能达200多项,人员编制减少了一半。与此同时,新组建了国防科学技术工业委员会、信息产业部、劳动和社会保障部、国土资源部4个部委。这次改革消除了政企不分的组织基础,精简力度很大,一个突出特点是行政管理从具体的工业经济管理中淡出。除了国防科学技术工业委员会和信息产业部两个管理部门外,这次改革将其他直接管理工业的10个部委都撤销了。同时,在国务院和省级政府机构,提出公务人员要减一半,国务院从3.4万人减到1.7万人。

五、第五次政府机构改革(2003年)

这次改革是在我国加入世贸组织的大背景之下进行的。改革后,除国务院办公厅外,国务院由28个部门组成。这次改革进一步推动了政府职能转变,明确提出政府职能应集中于经济调节、市场监管、社会管理和公共服务四个方面。具体内容是:设立国有资产监督管理委员会,改组国家发展计划委员会为国家发展和改革委员会,设立中国银行业监督管理委员会,组建商务部,在国家药品监督管理局基础上组建国家食品药品监督管理总局,将国家经贸委下属的国家安全生产监督管理局改为国务院直属机构。这次改革的目标很明确,即逐步形成行为规范、运转协调、公正透明、廉洁高效的行政管理体制。改革的重点是,深化国有资产管理体制改革,完善宏观调控体系,健全金融监管体制,推进流通体制改革,加强食品安全和安全生产监管体制建设。这次改革重大的历史进步在于,抓住社会经济发展阶段的突出问题,进一步转变政府职能。

六、第六次政府机构改革(2008年)

国务院新组建工业和信息化部、交通运输部、人力资源和社会保障部、环境保护部、住房和城乡建设部。这次改革后,除国务院办公厅外,国务院设置组成部门27个。这次改革涉及调整变动的机构共15个,正部级机构减少4个。具体内容包括:合理配置宏观调控部门职能,国家发展和改革委员会要减少微观管理事务和具体审批事项,集中精力抓好宏观调控。国家发展和改革委员会、财政部、中国人民银行等部门要建立健全协调机制,形成更加完善的宏观调控体系。加强能源管理机构,设立高层次议事协调机构即国家能源委员会。组建国家能源局,由国家发展和改革委员会管理。组建工业和信息化部。组建国家国防科技工业局,由工业和信息化部管理。国家烟草专卖局改由工业和信息化部管理。不再保留国防科学技术工业委员会、信息产业部、国务院信息化工作办公室。组建交通运输部。组建国家民用航空局,由交通运输部管理。国家邮政局改由交通运输部管理,不再保留交通部、中国民用航空总局。组建人力资源和社会保障部。组建国家公务员局,由人力资源和社会保障部管理,不再保留人事部、劳动和社会保障部。组建环境保护部,不再保留国家环境保护总局。组建住房和城乡建设部,不再保留建设部。国家食品药品监督管理总局改由卫生部管理,明确卫生部承担食品安全综合协调、组织查处食品安全重大事故的责任。国务院机构改革是深化行政管理体改革的重要组成部分。中共十七届二中全会强调,到2020年,要建立起比较完善的中国特色社会主义行政管理体制。国务院这轮机构改革是在以往改革基础上的继续和深化,体现了积极稳妥的指导思想。

七、第七次政府机构改革(2013年)

这次改革的重点是,紧紧围绕转变职能和理顺职责关系,稳步推进大部门制改革,实行铁路政企分开,整合加强卫生和计划生育、食品药品、新闻出版和广播电影电视、海洋、能源管理机构。具体内容是:实行铁路政企分开;组建国家卫生和计划生育委员会;组建国家食品药品监督管理总局;组建国家新闻出版广播电影电视总局;重新组建国家海洋局;重新组建国家能源局。通过这次改革,国务院正部级机构减少 4 个,其中组成部门减少 2 个;副部级机构增减相抵,数量不变。改革后,除国务院办公厅外,国务院设置组成部门 25 个。

思考题

1. 如何全面把握行政机关的含义?
2. 行政机关的设置与编制有何联系与区别?
3. 分析我国国务院机构改革的趋势。

拓展阅读书目

1. 薛刚凌主编:《行政主体的理论与实践——以公共行政改革为视角》,中国方正出版社 2009 年版。
2. 王丛虎:《行政主体问题研究》,北京大学出版社 2007 年版。
3. 〔英〕特伦斯·丹提斯、阿兰·佩兹:《宪制中的行政机关——结构、自治与内部控制》,刘刚、江菁、轲翀译,高等教育出版社 2006 年版。

第七章　行政主体与公务员

本章要点

1. 了解我国公务员的范围。
2. 了解公务员的权利与义务。
3. 了解公务员法的相关规定。

导语

多年以来,"公务员热"一直"高烧"不退。纵观近年来公务员考试情况,报名人员数量众多,报考公务员俨然已经成为一种流行趋势,成为一种"追求安逸"的出路。再纵观中国几千年的历史可以看到,当官出仕历来是个人"翻身"的主要而且是重要的出路。

第一节　公务员概述

公务员,是指在国家行政机关中行使行政权力、执行国家公务的人员。英国是西方国家文官制度的发源地,因此"公务员"的词源可从英语中寻找。英语中有"civil servant"和"public officers",中文译法略有区别,有译为"文官"的,也有译为"公务员"的,还有译为"文职公务人员"和"一般公职人员"的。但是,各种译法所代表的客体内容是一样的。

一、西方国家公务员

在西方国家,公务员范围和种类有所不同。

英国的公务员(civil servant),是指中央政府行政部门中经公开考试择优录用,由议会通过的财政预算直接支付俸禄,不与内阁共进退的文职人员。经选举或政治任命产生的议员、首相、大臣、政务次官、政治秘书、法官和军人不在其列。

美国的政府雇员(government employee),包括职类公务员和非职类公务员。前者主要指通过公开竞争考试择优录用的中下级职业文官,以及依法不经过竞争考试而由政府录用的律师、牧师、医生等专家技术人员及邮政系统人员等。后者包括政府系统中的民选官员、政治任命的官员和经过人事管理部门决定不经竞争考试而录用的机要人员、工作重而待遇低的劳务人员和临时人员等例外人员。

法国的公务员(fonctionnaire)也分为两类:一类是适用公务员法的公务员,包括在中央政府及其所属驻外机构、地方行政机关和公立公益机构等各级部门编制内正式担任常设职务的人员。另一类是不适用公务员法的公务员,包括议会工作人员、法官、军事人员、工商性质的公营机构的人员、市镇公职人员和依合同服务的公职人员等。

德国的公务员分为特别职公务员和一般职公务员。特别职公务员是由民选或政治任命产生的,包括联邦总理、各部部长、国务秘书等。特别职公务员不适用公务员法。一般职公务员是经公开竞争考试择优录用,不与内阁共进退,适用联邦公务员法的公务员。

对西方国家公务员的范围,可大致作如下的概括:适用公务员法的公务员主要是指通过公开竞争考试择优录用,实行职务常任,不与内阁共进退的职业文官。不适用公务员法的公务员基本上是经选举产生或通过政治任命的官员。这样,西方国家的公务员大致可分为政务类公务员和事务类公务员两大类。政务类公务员服从执政党的意志,维护执政党的利益,随执政党的更迭而进退。事务类公务员超然于党派利益而存在,以全体人民的利益为其基本出发点和行为准则,在政治中立的原则下,形成各国稳定统治的坚定基础。

二、中国公务员

我国《公务员法》第2条规定:"本法所称公务员,是指依法履行公职、纳入国家行政编制、由国家财政负担工资福利的工作人员。"据此,我国公务员的特征是:

第一,公务员是在国家机关中任职的人员。行政机关以外的其他机关人员,如企事业单位(如公司、学校、医院)的人员,均不是公务员。

第二,公务员是行使国家权力,执行国家公务的人员。在行政机关中工作的工勤人员,包括清洁工、修理工等不属于公务员。这与某些西方国家不同。另外,接受行政机关委托执行公务的行政机关以外的人员也不在公务员序列。

第三,公务员包括了中央人民政府的工作人员和地方各级人民政府的工作人员。我国是单一制国家,从中央到地方,形成了一个自上而下的统一的行政系统。因此,地方各级行政机关的工作人员都是公务员,这不同于实行地方自治的西方国家,即没有国家公务员和地方公务员之分。

第四,公务员不存在政务类和业务类之分。我国是共产党领导的社会主义国家,不实行多党执政的政治制度,无论是政府组成人员,还是非政府组成人员,所有公务员一律适用包括《公务员法》在内的公务员法律规范。

第二节 公务员法律关系

一、公务员法律关系的概念

公务员法律关系,是指一般公民经过一定的法律程序成为公务员,由于其所担任的行政职务而与国家之间构成的权利义务关系。同时,公务员法律关系也包括公务员作为行政主体的代表与行政相对人形成的关系。

1. 公务员与国家行政机关的关系

第一,行政机关的职权、职责、权限和优先权涉及公务员。即行政机关的职权成为公务员的职权,行政机关的优先权同时成为公务员的当然权利,行政机关的职责和权限同样拘束公务员。

第二,在公务员分享行政机关的职权、优先权和分担行政机关的职责、权限时,行政机关有权对分享和分担物进行"再分配"。例如,行政机关对公务员的职责、权限作进一步划分。公务员不仅不能超越其所属行政机关的权限,而且不能超越本机关内部公务员之间的权限。

第三,公务员实施行政管理活动,必须以行政机关的名义,按行政机关的意志进行。在符合形式要件和实质要件的前提下,公务员的行为所引起的一切法律后果都归属于行政机关。行政机关对公务员的过错行为承担责任,支付行政赔偿费用后,再根据公务员的故意或过错程度,决定是否行使求偿权,是否追究公务员的个人责任。

第四,为保障公务员以行政机关的名义并按照行政机关的意志从事公务活动,行政机关可以在法律范围内规定公务员的纪律,并实施监督权和奖惩权。

2. 公务员作为行政主体的代表与行政相对人的关系

国家赋予公务员优益权(包括优先权和受益权),以法律形式对公务员的职务予以特殊保障,公务员必须诚实地服务于国家。公务员作为行政主体的代表并以行政主体的名义对行政相对人实施行政管理,并依法采用各种强制手段。同时,公务员作为行政主体的代表有义务履行行政主体的职责,保护行政相对人的合法权益,接受行政相对人的监督。行政相对人有服从和协助公务员所实施的国家行政管理活动的义务。同时,行政相对人享有建议、批评、控告、申诉、请求行政复议和提起行政诉讼的权利。

公务员代表行政主体与行政相对人之间形成的这种关系,是基于行政机关与公务员之间的行政职务关系而发生的,公务员如果不是作为行政主体的代表,便无权行使行政主体的职权,也就谈不上与行政相对人形成行政法律关系。

二、公务员法律关系的发生

我国公务员法律关系的发生有以下四种情形：

第一，考任。即公民经国家行政机关公开考试，择优录用的方式担任公务员。

第二，选任。即由权力机关通过选举任命公务员。例如，我国《宪法》第101条第1款规定，地方各级人民代表大会分别选举并有权罢免本级人民政府的省长和副省长、市长和副市长、县长和副县长、区长和副区长、乡长和副乡长、镇长和副镇长。

第三，委任。即有权机关不通过选举方式而直接任命公民担任行政公职。委任可以由权力机关实施，也可以由行政机关实施。例如，根据我国《宪法》第62条的规定，全国人民代表大会根据中华人民共和国主席的提名，决定国务院总理的人选；根据国务院总理的提名，决定国务院副总理、国务委员、各部部长、各委员会主任、审计长、秘书长的人选。根据《国务院组织法》第7条的规定，国务院有权任免国务院办公机构的副秘书长，各办公室主任、副主任，各部副部长，各委员会副主任等。

第四，调任。我国《公务员法》第64条规定："国有企业事业单位、人民团体和群众团体中从事公务的人员可以调入机关担任领导职务或者副调研员以上及其他相当职务层次的非领导职务。调任人选应当具备本法第十一条规定的条件和拟任职位所要求的资格条件，并不得有本法第二十四条规定的情形。调任机关应当根据上述规定，对调任人选进行严格考察，并按照管理权限审批，必要时可以对调任人选进行考试。"

以上四种情形，第一种适用于行政机关录用担任主任科员以下非领导职务的公务员，后三种适用于担任领导职务的公务员法律关系的发生。

三、公务员法律关系的变更

公务员法律关系的变更包括以下四种情形：

第一，晋升。即公务员由低层级职位转移到高层级职位。晋升是以公务员的工作成绩和贡献大小为主要依据的，即功绩制是这种变更发生的主要基础。

第二，降职。即公务员由高层级职位转移到低层级职位。这种变更的性质不是惩戒，而是由于公务员的能力等原因引起的。我国《公务员法》规定，国家公务员在年度考核中被确定为不称职的，或者不胜任现职又不宜转任同级其他职务的，应当按照规定程序予以降职。

第三，交流。交流包括调任、转任、轮换和挂职锻炼四种情形。其中，能引起公务员法律关系变更的，只有转任和轮换两种情形。

转任，是指公务员因工作需要或者其他正当理由在行政机关内部平级调动，包括跨地区、跨部门调动。转任的基本原则是量才适用,以利于公务员业务能力的锻炼和发挥,并照顾公务员的生活需要。

轮换,是指行政机关对担任领导职务和某些工作性质特殊的非领导职务的公务员,有计划地实行职位轮换。

第四,撤职。即取消公务员现任职务和责任关系,但仍保留其作为公务员的基本权利和义务的法律关系。撤职主要是由于公务员不认真履行义务引起的,是一种惩戒。受撤职处分的公务员同时还要被降低级别和职务工资。

四、公务员法律关系的消灭

公务员法律关系的消灭,是指由于发生某些事实或行为,致使公务员职务关系不能继续存在的情形。

导致公务员法律关系消灭的原因有法定原因和事实原因两种。

法定原因包括:

(1) 开除。因严重违法失职、违反纪律而受到的最为严厉的处分是开除公职。受开除处分者,其职务关系也随之消灭。

(2) 辞职。即公务员因主观或客观原因而辞去公职,自愿解除公务员法律关系。但是,未满最低服务年限,以及在涉及国家安全、重要机密等特殊职位上任职的公务员,不得辞职。

(3) 辞退。即由于公务员不履行应尽的职责,经教育不改的,由所在行政机关提出建议,按管理权限报任免机关审批,强行解除公务员法律关系。

(4) 调出。即公务员因调出行政机关而导致公务员法律关系的消灭。

(5) 退休。即由于公务员年龄或身体方面的原因而消灭公务员法律关系的行为。公务员退休后,仍享受国家规定的保险金和其他各项待遇,而其与国家之间构成的公务员法律关系则随之而消灭。

(6) 离休。即离职休养,指新中国成立前参加中国共产党领导的革命战争以及脱产享受供给制待遇和从事地下革命工作的老干部,达到一定年龄的,可以离职休养。根据国务院1982年颁布的《国务院关于老干部离职休养制度的几项规定》的规定,老干部离休后,其政治待遇保留不变,生活待遇略为从优。但是,他们与国家之间的公务员法律关系随离休而消灭。

(7) 刑事处分。公务员若触犯了刑法,被人民法院判处刑罚,则公务员法律关系便告消灭。

事实原因包括死亡、丧失国籍。公务员生命终结,其职务与责任关系自然消灭。公务员丧失国籍,标志着其公民资格的丧失,其公务员法律关系也必然消失。

第三节 公务员的双重身份及其划分

一、公务员的双重身份

公务员的"原身"是公民,公民经法律程序进入国家公务员队伍以后,其原来的公民身份并不因此而丧失。公务员无论担任多高的行政职务,仍然是一个公民。可见,每个公务员均具有双重身份,即都属于担任国家公职的公民。与自身的双重身份相适应,公务员具有双重行为。公务员以个人名义进行的活动属于个人行为,而以国家代表人的身份实施行政管理时,其活动属于公务行为(行政行为)。反过来可以说,公务员的双重身份取决于其双重行为。

二、公务员身份的划分

对公务员在具体活动中的具体身份的划分和确定,一般遵循的原则是:当公务员从事个人行为时,其身份是公民。当公务员从事行政行为时,其实际身份为公务员。也就是说,对公务员双重身份的划分取决于其行为性质。

各国划分公务员个人行为与行政行为(公务行为)的标准不相统一。

第一,按时间划分。英国早期的行政法理论按活动时间划分公务员的个人行为与公务行为。例如,一位邮递员(在英国属于公务员)骑自行车,在上班期间撞伤人属于公务行为,发生行政赔偿;在下班后撞伤人属于个人行为,构成民事赔偿。这种划分有明显的不足,它无法解释两种情况:公务员在上班期间从事个人行为;公务员在下班后继续执行公务。

第二,按职责界限划分。公务员行为属于其职责范围者视为执行公务的行为,不属于其职责范围者视为非执行公务的行为。这种划分虽有道理,但却将公务员实施职责范围之外的所有越权行为均推定为个人行为,从而免除了行政机关应承担的责任。其实,在许多场合下公务员的越权不过是执行行政机关的命令,体现了行政机关的意志。在这种情况下,行政机关不负责显然是不合理的。

第三,按公益划分。公务员的行为涉及公共利益的,视为执行公务的行为;不涉及公共利益而涉及其个人利益的,视为非执行公务的行为。

第四,按目的、意志划分。出于私人目的的行为属于个人活动,相反则属于公务活动。反映个人意志的行为属于个人行为,相反则属于公务行为。

在我国,有学者进一步指出,公务员的行为首先可以划分为个人行为和单位行为。个人行为不可能是行政行为,因为行政行为不能以个人名义而只能以行政机关的名义作出。但是,单位行为有两种可能:单位以机关法人身份出现时,公务员的行为属于单位民事行为;单位以行政机关身份出现时,公务员的行为则属于行政行为。因此,对公务员行为性质的确认,需要在两个层次上作两种划分:首先区分个人行为和单位行为,如果属于单位行为,则还需区分民事行为和行政行为。

划分个人行为与单位行为的标准主要有三个:

一是公务员的行为以所属单位名义作出的,属于单位行为;以自己名义作出的,则属于个人行为。

二是公务员的行为是在其职责范围内作出的,属于单位行为。如果超出职责范围,必须结合第一标准和第二标准作综合认定。

三是公务员的行为是执行单位的命令或委托,不管单位的命令或委托是否超越权限,概属单位行为。单位的民事行为与行政行为可以根据各自行为的特征进行确认,如具有纵向管理性质的行为属于行政行为,具有平等有偿特点的行为一般是民事行为。

三、公务标志

对公务员身份的辨别还可以通过他的外表,即从其具有的公务标志进行判定。公务标志是公务员在实施行政行为时设置的一种外形标记。例如,警察穿戴的制服,治安人员佩戴的印有"执勤"字样的袖章,市场价格、卫生人员佩戴的表明其身份的胸章,以及海关人员、商检人员、动植物检疫人员、税收人员穿戴的其他标志等。公务标志必须在执行公务时佩带,佩戴公务标志的公务员或器具不得用于非公务目的。

设置公务标志的目的如下:

一是利于公务员迅速向行政相对方表明身份,便于实施管理。

二是便于行政相对人迅速识别公务员身份,以要求公务员为其提供帮助服务。

三是借此区分公务员执行公务的行为和非执行公务的行为,以确定行为的效力和责任归属。

四是帮助社会外界对公务员执行公务的行为实施法律监督。

我国自1979年以来,越来越多的法律、法规规定公务员在执行公务时须设置相应的公务标志。例如,根据国务院1983年颁布的《植物检疫条例》第3条的规定,植物检疫人员进入车站以及其他有关场所执行植物检疫任务,应穿着检疫制服和佩戴检疫标志。国务院1987年颁布的《公共场所卫生管理条例》第13条第2款规定:"公共场所卫生监督员在执行任务时,应佩戴证章、出示证件。"

第四节 公务员的权利与义务

一、公务员的权利

第一,身份保障权。身份保障权亦称"职业保障权",即实行职业常任制。其基本含义是,公务员一经任用,非因重大过失,不受免职或开除等处分。各国公务员法均规定公务员非因法定事由和非经法定程序,不受免职、停职处分,不受降职、撤职及其他不利于执行职务的处分。

第二,依法执行公务权。公务员履行公职行为的权利必须得到法律的确认和保障,国家有为公务员提供执行公务条件的义务。例如,允许公务员为执行公务而使用公款公物、了解国家机密等。任何有碍于公务员执行公务的活动或者行为都是违法的,必须受到法律的制裁。

第三,获得劳动报酬、福利待遇的权利。公务员有权要求国家提供与其地位和作用相称的经济保障,包括因任职而应享有的工资、福利、保险、休息、休假待遇等,并须以法律的形式固定下来。

第四,参加培训的权利。根据我国《公务员法》第13条第4项的规定,公务员有参加培训的权利。该法第62条第3款规定:"公务员培训情况、学习成绩作为公务员考核的内容和任职、晋升的依据之一。"由于培训和任职、晋升是相互联系的,因而参加培训属于公务员所享有的不可缺少的一项权利。

第五,提出批评和建议的权利。根据我国《宪法》第41条第1款的规定,公民对任何国家机关和国家工作人员,有提出批评和建议的权利。根据我国《公务员法》第13条第5项的规定,公务员有权对国家行政机关及其领导人员的工作提出批评和建议。据此,任何机关和个人都不得压制公务员的批评和建议,更不得乘机或变相打击报复;否则,将追究打击报复者的法律责任。

第六,提出申诉和控告的权利。公务员有权对侵犯其合法权益的行为向有权国家机关提出申诉,有权对任何机关、任何个人的违法违纪行为向监察部门或者司法部门提出控告。申诉和控告权是维护公务员自身利益的有力手段,也是与不法行为进行斗争的武器。

第七,辞职的权利。公务员由于主观或客观原因不愿意继续担任公职,有权要求重新选择职业。但是,由于公务员职务的特殊性,国家可以规定最低服务年限,未满最低服务年限的不得辞职。国家还可以剥夺某些特殊岗位人员辞职的权利。例如,在涉及国家安全、重要机密等特殊岗位上任职的公务员,依照我国《公务员法》第81条第2项的规定,不具有自愿辞职的权利。公务员辞职也有法定程序限制,即应当向任免机关提出书面申请。审批期间,申请人不得擅自离职,否则要被追究法律责任等。

第八,宪法、法律规定的其他权利。如集会、结社、出版等权利。

二、公务员的义务

第一,遵守宪法、法律和法规。遵守宪法、维护宪法,是我国公务员最基本的条件、最重要的义务。我国不实行两党或多党轮流执政制,因此公务员也不实行西方国家公务员实行的对于政治的"中立"原则。

第二,依法执行公务。依法执行公务的"法",包括法律、法规、规章等。以上"法"的效力等级以法律最高,如法规、规章与法律相抵触、违背,公务员应执行法律。

第三,忠于职守,尽职尽责。即要求公务员勤恳、努力地完成各项工作任务,全心全意为人民服务,不得擅离、玩忽职守或贻误工作。公务员要密切联系群众,倾听群众意见和建议,接受监督,为了维护国家和人民的利益,勇于同一切违法乱纪的行为做斗争。

第四,服从命令。公务员在执行公务时,根据我国《公务员法》第12条第5项的规定,应服从上级、领导人的指示、命令,不得对抗上级决议和命令;否则,将受到行政处分,直至被追究法律责任。但是,上述指示、命令应是上级、领导人根据其职权范围发出的,并且不违背有关法律、法规等;否则,公务员没有服从的义务,且有权提出批评和建议,乃至揭发检举。

第五,维护国家的安全、荣誉和利益,保守国家和工作秘密。公务员的特殊身份和职责决定了其言行必须始终保持与其所代表的国家意志的一致,维护国家的安全、荣誉和利益。根据我国《公务员法》第53条的规定,公务员不得散布有损国家声誉的言论,不得组织或参加非法组织,不得组织或参加旨在反对政府的集会、游行、示威等活动,不得组织或参加罢工,不得泄露国家秘密或工作秘密。此外,公务员在外事活动中不得有损国家荣誉和利益。

第六,克己奉公,遵守职业道德。即公务员必须公正廉洁、克己奉公,不得贪污、盗窃、行贿、受贿或者利用职权为自己和他人谋取私利;不得挥霍公款,浪费国家资源;不得经商、办企业以及参与其他营利性的经营活动;通常不得兼职,因工作特别需要兼职者,需经过批准,且兼职不得取双薪。公务员在履行公务时,还必须坚持实事求是,不得弄虚作假,歪曲事实真相。

第五节 公务员法

公务员法是调整公务员职务关系的法律规范的总称,其内容大致包括:

第一,公务员的录用,包括录用的形式、程序,被录用人员的条件,考试委员会的组成、人员要求等。

第二,公务员的考核,包括考核的内容、标准、方法,考核机构的组成、人员要求,考试结果对公务员升降、奖惩、工资报酬的影响。

第三,公务员的奖惩,包括奖惩条件、种类、程序,奖惩的机构和权限。

第四,公务员的培训,包括培训内容、要求,培训机构,培训对工作人员职务晋升的影响等。

第五，公务员的调配和交流，包括调配的原则、手续、要求、交流对象、范围、时限等。

第六，公务员的晋升，包括晋升的条件、程序，领导人员在一个职位上任职的期限，降职、免职的条件和程序等。

第七，公务员的辞退和辞职，包括辞退、辞职的条件、程序等。

第八，公务员的职权，包括优先权、职责、纪律和责任等。

第九，公务员的工资、福利，包括工资的原则、工资形式、工资标准，以及福利的内容和享受方式。

第十，公务员的权利保障，包括公务员不服从人事处理的申诉、诉讼等权利以及权利行使方式等。

第十一，公务员管理机构，包括管理机构的组织类型、职权、管理形式和方法等。

自 2006 年 1 月 1 日起施行的《公务员法》，是我国公务员的基本法。国务院人事部、劳动部等规定的有关实施细则也是公务员法的重要组成部分。

思考题

1. 简述我国公务员的范围。
2. 试述公务员的权利与义务。
3. 对于公务员的处分有哪些？

拓展阅读书目

1. 应松年主编：《公务员法》，法律出版社 2010 年版。
2. 张淑芳主编：《公务员法教程》（第二版），中国政法大学出版社 2011 年版。
3. 方世荣、石佑启、徐银华、杨勇萍：《中国公务员法通论》，武汉大学出版社 2009 年版。

第三编　行政行为论

第八章　行政行为原理

本章要点

1. 了解行政行为的概念。
2. 了解行政行为的分类。
3. 了解行政行为的内容及形式。

导语

作为行政法中的核心内容，行政行为起到了联结行政主体与行政相对人的枢纽作用。行政主体之所以可以对行政相对人及其他公民、法人或者组织产生影响，就是因为行政主体可以做出一系列的行政行为。正因为有了行政行为，行政法律关系的双方主体才有了接触、作用和救济等后续行为。

第一节　行政行为概述

一、行政行为的概念

"行政行为"这一概念起源于二战以后的行政学界，最早由德国学者奥托·迈耶于1895年提出后，由法国的行政学者将其成功地植入行政法学中，进而成为行政法领域一个重要的法律概念。在我国1989年4月颁布的《行政诉讼法》中，第一次使用了"行政行为"的概念。但是，多年来，无论是在国外还是国内，关于行政行为

的含义,在理论上一直存在不同的认识和表述,其中主要观点有:

第一,认为行政行为是指一切与国家行政管理有关的行为,包括行政主体的行为,也包括行政相对人所作出的,能引起行政法律关系产生、变更和消灭的行为,甚至还包括法院的行政审判行为等。其目的主要在于区别民事行为。

第二,认为行政行为是指行政主体所作的一切行为,包括行政机关行使行政权所作的公法行为和未行使行政权所作的私法行为。其意义在于,从机关角度划分行政行为,不同于其他国家机关的行为。这种观点可称为"行为主体说",曾流行于19世纪行政法学产生初期。

第三,认为行政行为是指行政主体所作的一切与行政管理或者说行政权的行使有关的行为,包括法律行为和非法律行为。这种观点的长处在于,排除了行政机关所作的未行使行政权的行为。

第四,认为行政行为是指行政主体运用行政权作出的、具有行政法(公法)意义的行为。无论抽象行政行为还是具体行政行为,只要属于具有法律后果的行政管理行为,均为行政行为。这种观点的特点是将行政机关作出的与行政管理有关但不产生法律后果的行为,以及私法行为排除在外。它曾为德国和日本行政法学界所特有。

第五,认为行政行为是指行政主体针对特定的人或事作出的具体行为。这种观点不承认抽象行政行为是行政行为。它可称为"具体行为说",迄今在德国、日本行政法学上仍通行。

以上解释分别从一定角度说明何谓行政行为,但是均有失偏颇或欠准确。按本书的观点,行政行为是指行政主体在依法行使行政职权过程中实施的能够产生行政法律效果的行为。

首先,行政行为是指行政主体的行为,即行政机关与法律、法规授权的组织所实施的行为。行政机关的公务员与法律、法规授权的组织的工作人员,以及行政机关委托的组织或个人以行政主体的名义实施的行为视为行政主体的行为。一切非行政主体的组织和个人实施的行为均不是行政行为。虽然许多非行政机关的组织也设置了各种行政单位,如人事、财务、物资、监察、审计、治保等,但是因缺乏主体要素,都不是行政法上的行政行为。

其次,行政行为是行政主体依法行使职权或履行职责的行为。行政主体所实施的行为并非均为行政行为,它包括行政行为、民事行为和事实行为等。但是,只有在行政主体依法实现职能过程中实施的行为才能被称为"行政行为"。

最后,行政行为是行政主体实施的能够产生行政法律效果的行为,即行政主体依法实施的职权行为能对作为行政相对人的个人、组织的权利、义务产生影响。这种影响既包括对行政相对人有利的,也包括对行政相对人不利的;既包括对行政相对人产生的直接影响,也包括对行政相对人产生的间接影响。

行政行为是行政主体实施的产生行政法律效果的行为,但是这并不意味着行政行为都是合法的行为。行政主体对行政相对人实施的违法侵权行为同样产生行政法律效果——侵犯行政相对人的合法权益。因此,行政违法侵权行为同样是行政行为。行政行为也并不都是行政主体在职权范围内作出的行为。行政主体在行使行政职权时,有时会作出超其职权范围的行为。行政主体的越权行为同样是行政行为,这种行为只有经过法定监督途径由法定监督主体撤销之后才失去法律效力。在此之前,这种行为不仅仍应被视为行政行为,而且还应被视为有效的行政行为。

二、行政行为与相关概念的区别

1. 行政行为与政府行为

政府行为通常指以一级政府的名义作出的行为,不是其所属的某一行政机关作出的行为,其内容往往与国防、外交、中央或地方某种重大且带综合性的事务相关。这与一般行政行为不同。

2. 行政行为与国家行为

国家行为又称"统治行为",限于以国家名义作出的行为,只能由最高国家权力或行政机关决定并实施,其内容一般包括宣战、议和、签订条约等,享受司法豁免。这可与行政行为区别开来。

3. 行政行为与行政活动

行政活动在内容上包括行政主体进行的各种与行政管理有关的活动,包括产生法律效果的活动,以及调查研究、交流经验等不产生法律效果的活动。行政活动从外延上看大于行政行为。

4. 行政行为与行政法上的行为

行政法上的行为是指一切能引起行政法律关系产生、变更和消灭的行为,这些行为既可由行政主体作出,也可由行政相对人作出。可见,行政行为仅是行政法上的行为的一部分,而非全部。

5. 行政行为与行政过程中的行为

行政过程中的行为既包括执行公务的行为,又包括与执行公务相关但不属于执行公务的个人行为,如非法拘禁;甚至包括与执行公务完全无关的行为,如敲诈勒索。只有执行公务的行为才可称为"行政行为"。

三、行政行为的性质和特征

曾流行于19世纪的传统观念将行政行为表述为行政行使者的命令,故而必须服从。[①] 这种将行政行为的性质单纯断言为命令管理、规制的做法,与现代社会的

---

① 参见〔德〕巴托拉:《在自由法治国与社会法治国中的行政法》,陈新民译,载陈新民:《公法学札记》,台湾三民书局1993年版,第115页。

民主与法治精神原则相去甚远。事实上,已有一些行政法学家摒弃且反其道而论之。例如,德国学者福斯多夫(Forsthoff)曾指出,行政行为的实质是对个人给予"生活照顾"。德国学者巴杜拉(Badura)在对福斯多夫的有关理论进行分析和概括后进一步阐明:行政行为的唯一内涵就是"服务"。依社会法治国的理念,行政必须提供满足个人生活所需的"引导"及"服务"行为。① 我国行政法学者叶必丰的观点是:行政行为在本质上是一种为相对人或者公众提供服务的执法行为,其内容和目的都是服务。行政处罚行为也是为了给公众提供一个良好的社会秩序。②

行政行为相对于民事行为和其他国家机关的行为,主要具有以下特征:

1. 从属法律性

行政行为是执行法律的行为,行政职权来源于法律规定。这决定了行政行为必须从属于法律,接受法律的约束,不可游离于法律之外,更不能凌驾于法律之上。在我国,行政主体有时也可以制定行政性法律规范,进行行政立法。但是,这不同于权力机关的立法,而是从属性质的准立法行为。行政行为必须有法律根据,依法行政是民主和法治的基本要求。作为人民公仆的行政机关及其工作人员,必须根据体现人民意志和利益的法律行事。

行政行为不同于公民个人、组织的行为。公民个人、组织虽然也要遵守法律,也要依法办事,但是并非每一种行为都要有法律根据。法治对公民个人、组织的要求是不违法,不做法律禁止其做的事情。行政机关则不同,其任何行为都必须有法律根据,不能做法律没有授权其做的事情。

2. 裁量性

行政行为必须依法实施,必须有法律根据。但是,这并不意味着法律应该将行政行为的每一个步骤、每一个细节都予以严密规范,行政机关只能机械地按照法律预先设计的具体路线、途径、方式行事,而不能有任何的自行选择、裁量,不能有任何自己的主动性渗透其间。

事实上,这是不可能的。任何法律,无论如何严密,都不可能将行政机关的每一个行政行为的每一个细节都予以规定。即使能够规定,也不应作此种规定。行政机关每天要处理大量的内政、外交事务,这些事务不是固定不变的,国内外形势每天都在变化,社会、经济每天都在发展变化,而法律是具有相对稳定性的,一旦制定就不能随意修改。因此,立法机关在立法时就应该给行政机关留一个自由裁量的余地,否则行政机关将无法实施管理。当然,行政行为的自由裁量性与从属法律性不是截然对立的,而是矛盾的对立统一。自由裁量不是无限制地自由裁量,而是在法律、法规范围内的自由裁量;从属法律也不是机械地执行法律、适用法律,而是

---

① 参见〔德〕巴托拉:《在自由法治国与社会法治国中的行政法》,陈新民译,载陈新民:《公法学札记》,台湾三民书局1993年版,第112、126页。
② 参见叶必丰:《行政法的人文精神》,湖北人民出版社1999年版,第192页。

充分运用其主观能动性,紧紧地把握相应法律、法规的立法目的,积极灵活地执行法律、适用法律,实现立法目的。

3. 单方性

行政主体实施行政行为,原则上只需在法律、法规所授权限范围内,即可自行决定和直接实施,而无须与行政相对人协商和征得行政相对人的同意。行政行为的单方意志性不仅体现于行政主体依职权进行的行为,如行政机关进行行政监督检查、科处行政处罚、采取行政强制措施等,也体现于行政主体应行政相对人申请而实施的行为,如颁发许可证、执照、发放抚恤金等。这些行为是行政主体在行政相对人提出申请的前提下作出的。但是,行政主体是不是同意行政相对人的申请,却不取决于行政相对人的请求,而是根据法律规定的标准、条件,自行决定是否作出某种行为。不过,这也不是绝对的。随着行政民主化的发展,非强制性行政行为不断出现,有的行政行为,如行政合同的订立,就需征得行政相对人的同意。

4. 效力先定性

行政行为一经作出即被推定为有效。在没有被有权机关宣布撤销或变更之前,行政行为具有拘束力,被承认合法,不得被拒绝或抵制。当然,这种"推定合法有效"只是一种必要的假定,系为维持行政效率、公共利益所需。允许行政相对人对行政行为的合法性产生质疑并按法定程序提起行政复议或诉讼,也不妨碍有权机关依法对其进行审查,确认违法不当,直至变更、撤销。

5. 无偿性

行政行为以无偿为原则,不同于一般民事行为通行等价交易、有偿服务。之所以如此,是由行政行为属于公民服务行为的本质所决定的。况且,行政主体实施法律的行为属于行使职权、履行职责或义务,如果使之成为有偿的,于情理不通。从另一角度讲,既然行政相对人无偿地分担了公共负担(如纳税),享受无偿的公共服务也是理所当然的。无偿性亦有例外,这通常发生在特定的行政相对人承担了更多的公共负担(如财物征用),或者分享了比其他人更多公共利益(如获得许可而开采矿藏)的情形下。

6. 以强制力为后盾

行政行为是以国家名义作出的,体现为国家法律的实施,故能以国家的强制力为其保障、后盾。这与民事行为以意思自治为原则不甚相同。这具体体现在:行政主体在行政管理过程中,在某些情况下,可以实施行政强制手段,如行政强制和行政处罚。需要明确的是,对行政行为的强制力不能过分夸大和强调,如此便与行政民主化的发展趋势背道而驰。事实上,伴随着现代行政活动中人文精神的弘扬、服务观念的树立和人权意识的浓厚,其可接受性大大增加,越来越多的行政行为已获得相对人的自愿配合、主动参与,仅有少数情形需要实施强制。行政行为强制力的弱化是必然的趋势。以往那种将强制性视作行政行为最主要特征的观念已经过时。

四、行政行为的意义

首先,对于行政相对人来说,一个出自行政机关的行为,如果是行政行为,就含有约束其行动,需要遵守与执行的意义,行政相对人就要接受来自行政行为为其设定的作为与不作为的义务的约束,满足与实现该行政行为所要求的状态。这是行政行为具有法律效力的结果。同时,如果行政相对人认为该行政行为损害了他的合法权益,理应允许其诉请法院予以审查,或者提请其他有关国家机关予以处理,从而决定该行政行为最终的法律效力。因此,在行政法上,行政行为与行政相对人的权利和义务有着极其密切的关系。

其次,对于人民法院来说,一个出自行政机关的行为的性质,决定了法院予以受理的诉讼的性质,行政相对人对行政行为方能提起行政诉讼,由行政审判庭受理。因为法院在立案受理时首先要确定争议的对象是否属行政行为,只有行政行为方能成为行政诉讼的标的,成为法院审查的对象。所以,行政行为与行政诉讼又是密切相关的。

最后,对于行政机关来说,行政行为是行政机关进行管理的重要手段,行政行为必须符合相应的法律制度。行政行为要受法律的制约,不能超越法律的界限。职权含有"职责"之意,行政机关必须依法行政。判定行政机关的行为属于何种行为,直接关系到应当遵循何种规则,行政行为有其特有的法律规则。因此,在行政法上,行政行为又决定着行政机关活动所应遵循的规则。

第二节　行政行为的分类

行政行为种类繁多,内容庞杂。通过对行政行为的分类研究,可以更深入地理解、把握行政行为的特点,从多种角度对不同行政行为的内容、行为产生的结果以及它所遵循的行为规则进行分析。同时,这种分类研究有助于我们认识各项行政行为的构成要件和法律效力,也有助于对行政行为监督与救济途径、方式的判断适用。

行政行为根据不同的标准和目的,可作如下不同的分类:

一、抽象行政行为与具体行政行为

行政行为以其对象是否特定为标准,可分为抽象行政行为与具体行政行为。

抽象行政行为,是指行政主体以不特定的人或事为管理对象,制定具有普遍约束力的规范性文件的行为。抽象行政行为相对于具体行政行为而存在,其核心的特征就在于行为对象的不特定性或普遍性,即行为对象具有抽象性,属于不确定的某一类人或某一类事项并具有反复适用的效力。抽象行政行为主要包括行政立法行为和非行政立法行为两大类。行政立法行为，是指有权行政机关制定行政法规和行政规章的行为。非行政立法行为，是指有权行政机关制定或规定除行政法规和行政规章以外的具有普遍约束力的其他规范性文件的行为。这种其他规范性文件又称"一般行政规范性文件"，是行政机关为执行国家法律、法规和规章，对社会实施管理，依法定权限和法定程序制定和发布的规范公民、法人和其他组织行为的具有普遍约束力的政令。这不是行政立法，而是行政机关实施的行政立法以外的抽象行政行为。

制定一般行政规范性文件与行政法规、规章虽然同属于抽象行政行为，但是两者也存在以下区别：制定行政法规、规章均属于行政立法；而制定一般行政规范性文件只是一般抽象行政行为，它的制定应以行政法规、规章为依据，至少不与行政法规、规章相抵触。目前，学术界比较重视行政立法行为的研究，而对非行政立法的抽象行政行为却很少涉猎。实际上，制定和发布行政法规、规章以外的其他一般规范性文件，是行政机关管理经济和管理社会极为重要的、不可缺少的手段，也是宪法授予各级人民政府的一项重要职权，具有重要意义。

具体行政行为，是指行政主体在行政管理过程中，针对特定的人或事采取具体措施的行为。具体行政行为的内容和结果将直接影响某一个人或组织的权益，其最突出的特点就是行为对象的特定性和具体化，属于某个个人或组织，或者某一具体社会事项。具体行政行为一般表现为由行政主体作出的具体行政处理规定，如行政处罚决定、行政强制执行决定、授予行政相对方某种权利或剥夺其某种权利的决定等。

具体行政行为是行政主体最大量运用的行政行为，它的实施使国家行政性法律和高层次的抽象行政行为得以贯彻，并且使国家的行政职能经常地、广泛地得以实现。具体行政行为与行政相对人的权益密切相关，它以赋予或剥夺、设定或免除行政相对人在行政法上的权利、义务的方式，最直接地与行政相对人的切身利益发生联系。所以，可能产生对行政相对人合法权益的侵害是显而易见的，各国立法均许可对之提起行政诉讼。

具体行政行为与抽象行政行为的划分，在一般情况下是清楚的，人们对两者的区分并不困难。但是，在某些情况下，具体行政行为与抽象行政行为的划分并不很容易，人们对两者区分时便会发生困难。例如，行政机关发布一个通告或决定，在外在的形式上是针对不特定的个人、组织，实际上却仅有某一个或某几个人、组织符合相应命令、决定的条件，从而受该通告、决定的约束。那么，此种通告、决定属于抽象行政行为还是具体行政行为？行为对象的特定与不特定的标准是什么？在具体案件中，有关执法、司法人员要具体情况具体分析，确认某种较疑难的行政行为的性质要考虑相应法律的立法目的，以既有利于保护行政相对人合法权益，又不损害国家社会利益的原则加以适当处理。

二、羁束行政行为与自由裁量行政行为

行政行为以受法律规范拘束的程度为标准，可分为羁束行政行为与自由裁量行政行为。

羁束行政行为，是指法律规范对其范围、条件、标准、形式、程序等作了较详细、具体、明确规定的行政行为。行政主体实施羁束行政行为，必须严格依法定范围、条件、标准、形式、程序等进行，没有自行斟酌、选择和裁量的余地。例如，税务机关只能根据法律、法规规定的征税范围、征税对象、税种以及税率征税。在这些方面，税务机关没有选择、裁量的余地，行政主体如违反羁束规定，就构成违法行为，须承担违法的后果。

自由裁量行政行为，是指法律规范仅对行为目的、行为范围等作原则性规定，而将行为的具体条件、标准、幅度、方式等留给行政主体自行选择、决定的行政行为。在法定的范围和幅度内，行政机关根据具体情况，采取相应措施的权力就是自由裁量权。行政机关在行使自由裁量权时判断有误，偏轻偏重，只是不当行为，不构成违法。例如，我国《治安管理处罚法》第 23 条规定："有下列行为之一的，处警告或者二百元以下罚款；情节较重的，处五日以上十日以下拘留，可以并处五百元以下罚款：（一）扰乱机关、团体、企业、事业单位秩序，致使工作、生产、营业、医疗、教学、科研不能正常进行，尚未造成严重损失的；（二）扰乱车站、港口、码头、机场、商场、公园、展览馆或者其他公共场所秩序的；……"处罚机关可以根据实际情况综合考量，作出最合适的处罚决定。

国家行政机关自由裁量权的存在是不可避免的。这是因为：第一，由于立法的原因，法律不可能把复杂多变的行政管理事项包揽无遗，详细而具体地规定，只能授权行政机关根据具体情况，审时度势，相机灵活地行事。第二，这是提高行政效率的需要。由于行政事项经纬万端，变动不居，为了不至于使行政机关在纷纭复杂的问题面前束手无策，坐失良机，也必须授予行政机关灵活处理的权力，以提高行政效能。但是，行政自由裁量权并不是行政机关的一种恣意横行、任意妄为的权力。法律对它的本质要求是：行政机关应该根据具体情况、具体对象，作出不逾越法律的合理而正确的选择与判断。具体来说，它的动因必须是符合立法目的和精神的；它应建立在正当考虑的基础上；它应合乎情理、客观、适度而不带有任何恶意的偏见。

对行政行为作羁束行政行为与自由裁量行政行为的划分并不是绝对的。羁束行为通常也存在一定的自由裁量成分，法律、法规不可能对行政行为在所有情况下的所有处置方法都作出详细、具体、明确的规定。行政机关实施自由裁量并不是无限制地自由裁量，自由裁量权也存在一定的羁束因素。法律授权行政主体实施某种行为，即使未为之规定任何一种具体方式、程序、限度，法律授权时也有着明确的

授权目的,并通常为之规定了自由裁量的范围,行政主体在实施自由裁量行为时,不能违反授权法的目的和超越法律规定的自由裁量范围。

将行政行为划分为羁束行政行为和自由裁量行政行为的法律意义是:首先,羁束行政行为只发生违法与否的问题,不发生适当与否的问题;而自由裁量行政行为一般只发生是否合理的问题(在裁量权限范围内),而不发生是否合法的问题。其次,羁束行政行为只受行政合法性原则的约束,而自由裁量行政行为主要受行政合理性原则的约束。最后,在法律救济上,羁束行政行为接受行政复议和司法审查,在范围上基本不受限制;而自由裁量行政行为接受行政复议和司法审查,在范围上有很大的限制。

三、内部行政行为与外部行政行为

行政行为以其适用的对象和效力的范围为标准,可分为内部行政行为与外部行政行为。

内部行政行为,是指行政主体在内部行政组织管理过程中所作的只对行政组织内部产生法律效力的行政行为。例如,上级行政机关对下级行政机关所下达的行政命令以及行政机关对其所属公务员的违法、违纪行为给予的行政处分等。

外部行政行为,是指行政主体在对社会实施行政管理活动过程中针对公民、法人或其他组织所作的行政行为。例如,行政机关对行政相对人所实施的行政处罚行为、行政许可行为、行政强制行为等。

划分内部行政行为与外部行政行为的法律意义在于:第一,虽然某些内部行政行为与外部行政行为在外部形式上是重合的,如内外均有许可与审批问题,但也有不少是截然分离的,如行政处罚只能作为外部行政行为,行政处分则只能作为内部行政行为。外部行政主体不能实施内部行政行为,内部行政主体同样不能实施外部行政行为。第二,外部行政行为不能直接对内部行政相对人发生法律效果,内部行政行为也不能直接对外部行政相对人发生法律效果。第三,行政相对人不服内部行政行为不构成行政复议和行政诉讼的理由。纵观世界各国,内部行政行为原则上不受司法审查,若发生违法或失当,主要依赖行政机关自身的救济手段。我国的行政复议制度和行政诉讼法律制度同样体现了这一精神。

内部行政行为与外部行政行为之间并非互不关联、相互隔绝的。首先,内部与外部的区别本身就是相对的。例如,市公安局向市规划局申请在某区域盖房,虽然两者都是行政机关,似乎是内部行政行为,但此时的公安局是作为被管理一方的组织向行政机关提出申请,属于外部行政行为。其次,内部行政行为与外部行政行为是互相影响的,有些外部行政行为的完成依赖于内部行政行为。根据我国有关立法的规定,行政机关所实施的某些行政处罚行为,有时需要由上级机关审批。在内部审批程序完成以前,外部行为无法生效。在这种情况下,内部行为对外部行为具有制约作用。内部行为由于涉及行政机关对机构、编制、人员的管理,管理水平的好坏常常影响外部行为水平的好坏。内部行政行为也就是整个国家行政机关对其自身的管理,没有好的自身管理,就没有好的外部管理。

区分内部行政行为与外部行政行为,一般应从以下三个方面去把握:

第一,从主体角度去把握。内部行政行为的主体只能是行政机关或行政机构,行为对象人只能是公务员或另一行政机关、行政机构及其他行政主体;而外部行政行为的主体可以是所有具有行政主体资格的组织,行为对象人是作为行政相对人的公民、法人或其他组织。

第二,从行政行为所针对的事项性质和法律依据的角度去把握。内部行政行为所针对的是单纯的内部事项,法律依据为内部组织法;而外部行政行为所针对的是社会事项,属于一般社会职能,法律依据为调整社会管理某一方面的法律、法规。

第三,从行政行为内容与法律效果的性质角度去把握。内部行政行为的内容都是关于内部组织关系、隶属关系、人事关系等方面的,其法律效果一般都是影响行为对象人的职务、职责、职权;而外部行政行为的内容都是有关社会管理方面的关系,其法律效果一般都是影响行为对象人作为公民、法人或社会组织享有的法律权利和义务。

四、依职权的行政行为与依申请的行政行为

以行政主体是否可以主动作出行政行为为标准,行政行为可分为依职权的行政行为与依申请的行政行为。

依职权的行政行为,是指行政主体依据法律、法规赋予的职权,无须行政相对人的请求而主动实施的行政行为。例如,公安机关依法维持社会秩序,海关依法检查出入境人员的行李物品,产品质量监督机关依法检查出入市场流通的各种商品的质量,税务机关依法收税等,都是依职权主动实施的,无须行政相对人事先申请。

依申请的行政行为,是指行政主体必须有行政相对人的申请才能实施的行政行为。此时,行政相对人的申请是行政行为开始的先行程序和必要条件,非经行政相对人的请求,行政主体不能主动作出行政行为。例如,工商行政机关颁发营业执照的行为,公安机关发放特种行业许可证的行为,民政部门发放抚恤金的行为等都是以行政相对人先行申请为前提条件的。当然,这只是依申请的行政行为的前提条件,而不是其唯一条件。如果行政相对人的申请不符合法定要求,行政主体完全可能依法不予受理。受理申请以后,行政主体通过审查,如果确认申请人不具备实现其请求事项的法定条件,也完全可以作出拒绝其请求的答复。

某种行政行为是依职权直接实施还是依行政相对人申请实施,通常都是由法律、法规预先规定的。一般来说,行政主体保护国家社会公益,维护社会经济秩序,要求行政相对人履行一定的义务,法律、法规确定为依职权的行政行为;而行政主

体授予特定行政相对人某种权益,批准、许可其实施一定行为或免除其某种义务,法律、法规多确定为依申请的行政行为。

五、作为行政行为与不作为行政行为

以是否改变现有法律状态(权利义务关系)为标准,行政行为可以分为作为行政行为与不作为行政行为。作为行政行为,是指行政主体积极改变现有法律状态的行政行为。其特点是具有积极动作,如颁发许可证、作出行政处罚、实施行政检查等。不作为行政行为,是指行政主体消极地维持原有的法律状态。例如,不履行法定义务,对行政相对人的请求予以拒绝等。所谓消极地维持,不仅指行为,也应包括态度,如对行政相对人的请示不予答复。应当明确,作为方式的行政行为是行政行为,不作为方式的行政行为也是行政行为,两者同样接受行政法规范的约束,都要接受行政监督和司法审查。

六、要式行政行为与不要式行政行为

这是以行政行为是否必须具备一定形式为标准划分的。要式行政行为,是指行政行为必须具备一定形式才能成立或生效的行为。例如,行政处罚裁决必须采用书面形式,行政许可行为必须具备许可证形式。不要式行政行为,是指没有法定的形式或程序要求的行政行为。例如,召开行政会议,行政主体可采取书面和口头形式通知。此种划分不仅立足于提高行政执法严肃性、明确行政责任,更重要的是可以此判别某一行政行为是否合法。如果某一行政行为未按行政法规范有关书面文字、格式、特定意义符号的要求去作,单凭这一点即可判定其不合法,即不符合法定的要式条件。

七、强制行政行为与非强制行政行为

按行政行为本身是否具有强制性,可将行政行为划分为强制行政行为与非强制行政行为。强制行政行为,是指具有指挥、命令性质,强迫一定的行政相对人服从,即便不服亦须先从的行政行为,如行政处罚。非强制行政行为,是指不以强制行政相对人接受、服从为特征的行政行为,如行政指导、行政合同、行政调解等。[①]

相对于强制行政行为,非强制行政行为具有如下特点:

第一,行政法律关系产生、变更和消灭的基础是合意。在非强制行政行为中,行政行为的实施主体与行政相对人之间的特定行政法律关系的产生、变更和消灭,不再基于行政命令,而是基于双方之间的合意。[②] 非强制行政行为的作出与实施,

---

[①] 参见崔卓兰、蔡立东:《非强制行政行为》,载罗豪才主编:《行政法论丛》(第4卷),法律出版社2001年版,第127页。

[②] 参见于安编著:《德国行政法》,清华大学出版社1999年版,第133页。

并不以行政特权的存在为前提。如行政指导,行政相对人可以接受,也可以不接受,无论接受与否,均不必然引起法律后果,也不必然承担法律责任。

第二,双方各自承担的行政法上的权利义务,通常也不依照预先存在的法定的权利义务规范,而主要按照在遵从法律的一般精神原则的基础上,双方通过进一步协商达成的契约和协议。通常,行政行为具有的单方、单向性特征,在非强制性行政行为中为双方、双向性所替代。例如,行政指导须相对方"买账"才有"结果",行政合同要双方"合意"始得订立,为当事人不接受的行政调解属无效。

第三,行政主体与行政相对人权利义务的非对应性。行政相对人享有的行政法上的权利,在非强制行政行为中仍可推定为行政主体的义务。例如,当事人要求行政调解的权利可以推定为行政机关实施行政调解的义务。但是,行政主体在行政法上的某些权利,却不再与行政相对人的义务,尤其是"必须服从"的义务相对应。例如,行政合同的动议权、行政调解权等。

第四,非强制行政行为具有弱权力性。非强制行政行为主要依靠行政相对人自觉、自愿产生作用。也就是说,非强制行政行为在实施中,即便遭到当事人的拒绝,行政主体也无权强制执行,更不能采取制裁手段。这一点与强制行政行为明显不同。

除上述分类外,对行政行为还可作其他方式的分类,包括:行政立法行为、行政执法行为、行政司法行为;行政监督检查行为、行政处理行为、行政强制执行行为;单方行政行为、双方(多方)行政行为;实体性行政行为、程序性行政行为;独立行政行为、需补充行政行为;授益行政行为、损益行政行为;平时行政行为、紧急行政行为;自为的行政行为、授权的行政行为、委托的行政行为等。

第三节　行政行为的内容与形式

一、行政行为的内容

行政行为的内容广泛、复杂,这是由行政管理活动的特点决定的,大致可作如下归纳:

第一,设定权利、剥夺权利或限制权利。设定权利包括为或不为某种行为的权利。前者如行政许可,后者如行政性收费减负。设定方式主要有两种:一是依行政职权设立;二是经相对人申请,通过行政审批授予,如专利权、商标权的授予。剥夺权利包括撤销专利权、商标权等。限制权利如在短期内限制人身自由、财产权等。

第二,赋予能力资格和剥夺能力资格。前者如批准并颁发资格证书,后者如取消作为申请人或参与人的资格。

第三,确认法律事实和确认法律关系。前者如对于道路交通事故的受害者确认伤残等级,后者如确认行政隶属或管辖关系。确认法律事实和确认法律关系之间关系紧密,但不能等同。确认法律事实往往是确认法律关系的前提,但不意味着同时确定当事人之间是否存在某种法律关系。

第四,设定义务和免除义务。设定义务包括要求相对人为和不为某种行为。前者如要求依法纳税,后者如要求不进入禁区等。免除义务也包括免除作为义务和不作为义务。前者如依法免缴全部或部分税款,后者如允许新闻记者进入禁区采访。

第五,证明合法、有效。例如,证明公民的婚姻状况、学历情况、受过何种奖罚、是否有前科劣迹,证明公司的注册等。

二、行政行为的形式

行政行为必须通过一定的形式表现出来。不同的行政行为会有不同的表现形式。归纳起来,行政行为的形式主要有以下四种:

1. 口头形式

口头形式是行政主体借助于语言来实现其行为意思的方式。例如,口头宣布命令、电话发布通知等。这种形式的优点是简便、易行、直接、迅速;缺点是缺乏文字依据,发生争议时不易处理。所以,它仅适用于比较简单的行政行为,内容复杂、后果重大的行政行为则不宜采用。

2. 书面形式

书面形式是行政主体借助于文字来实现其行为意思的一种方式。例如,各种书面文件。这是行政行为最大量、最普通、最常见的形式。按照法律要求,一般比较重大的行政行为都应采取书面形式。行政行为未采取书面形式的,在许多情况下应被视为无效行为。从实践来看,书面形式各种各样,没有统一的法律规定。

3. 动作形式

动作形式是行政主体借助于行政工作人员的动作来进行意思表示的方式。最常见的动作形式是交通警察指挥交通的各种手势。

4. 默示形式

默示形式是相对于上述三种明示形式而言的一种方式,它是一种不作为的形式。例如,行政相对人申请许可证,行政主体在一定期限内不予答复,即可推定其拒绝颁发。作为意思表示的一种形式,默示的采用须受到严格的限制,只有在法律、法规或规章规定的范围内,或者在习惯上已为人们所公认的情况下才能采用。

第四节 行政行为的效力

一、行政行为的有效成立要件

行政行为的有效成立要件,是指行政行为要有效成立所必须具备的条件。行政行为的有效成立要件因行政行为的类别不同而有所不同。这里所针对的是各类行政行为都必须遵守的、共同的有效成立要件,具体包括:

1. 行政行为的主体必须合法

这是行政行为有效成立的主体要件。所谓主体合法,是指实施行政行为的组织必须具有行政主体资格,能以自己的名义独立承担法律责任。只有具备行政主体资格的组织所作的行政行为才是有效的行为。从行为的主体方面来看,一般而言,行政行为是由行政机关实施的,但并非所有的行政机关都具有行政主体资格。同时,行政机关都是由具体的公务员组成的,行政行为都是由公务员代表行政机关行使职权具体实施的。有时,行政机关还会委托一定的机关或组织行使职权。行政行为实施主体的这种复杂状况必然在主体上产生许多要求。因此,行政行为的主体合法具体应包括以下要求:

(1) 行政机关合法。即实施行政行为的行政机关必须依法成立,并具有行政主体资格。如果行政机关不是依法成立,或虽合法成立,但并不具备行政主体资格,其所为的行为无效。也就是说,行政行为的实施因失去合法的行为主体资格而不能合法有效成立。

(2) 人员合法。即实施行政行为的人员必须是在行政机关具有法定职务、法定的资格,并能代表行政机关对外行使职权的工作人员,即必须具备合法的公职身份。

(3) 委托合法。即作为行政主体的行政机关基于实施行政活动的需要,依法委托社会团体或群众组织、公民个人代表行政机关实施某种行政行为。行政行为一般应由行政机关实施。但是,在某种情况下,行政机关可以委托他人实施。主体合法要求行政机关的委托必须合法,所为的行政行为才能有效。

2. 行政行为的权限必须合法

所谓权限合法,是指行政主体必须在法定的职权范围内实施行政行为,必须符合一定的权限规则。这是行政行为合法有效在权限方面的要件。法律针对不同的行政主体及其不同的职能确定了相应的职责、权限。行政主体只能依据法定职权实施行政行为,否则无效。同时,任何行政职权都有一定的限度。法律在确定行政主体的职权时,在地域、时间等方面设定了各种限度,这些限度是行政主体所不能超越的。

3. 行政行为的内容必须合法

这是行政行为的内容要件。行政行为的内容合法,是指行政行为所涉及的权利、义务,以及对这些权利、义务的影响或处理,均应符合法律、法规的规定和社会公共利益。如果行政行为的内容违反法律的规定和要求,或者行政行为明显违背法律的目的或公共利益,均属于无效行政行为。行政行为内容合法的具体要求是:

(1) 行政行为应具有合法的依据。行政行为所确定的内容,必须有合法的法律依据。其中,具体行政行为必须有直接的法律依据,抽象行政行为至少应有法定权限依据,并且行政主体必须正确地适用法律依据。只有内容具有合法依据的行政行为,才是内容合法的行政行为,也才是有效成立的行政行为,否则只能是无效行为。

(2) 行政行为应符合法律和公共利益的要求。也就是说,行政行为的内容应符合所依据的法律规范的规定,它不仅应符合该法律规范的字面含义,而且还应合乎立法的本意。同时,行政行为的内容还应合乎公共利益,而不能损害公共利益。只有行政行为的内容既符合法律又符合公共利益时,行政行为才能有效成立。

(3) 行政行为应符合客观情况或事实。只有建立在客观情况基础上的抽象行政行为和具体行政行为,才能正确地规定或确定行政相对方的权利义务,该内容才能真正得到实现。这就要求行政行为必须完整和真实。因此,只有内容符合客观情况和事实,意思表示完整和真实的行政行为,才是内容合法的行政行为,才能有效成立。

(4) 行政行为应充分确定。内容不确定的行政行为,实际上只能是无法执行的行为,因而也就不能有效成立。

4. 行政行为的程序必须合法

所谓程序,是指行政行为的实施所要经过的步骤。程序是行政的基本要素。任何行政行为的实施都要经过一定的程序表现出来,没有脱离行政程序而存在的行政行为。行政主体实施行政行为,必须按照法定的程序进行。不得违反法定程序,任意作出某种行为。

5. 行政行为的形式必须合法

行政行为有要式行政行为和非要式行政行为之分。对非要式行政行为,行政主体无论采用何种方式,如书面或口头、明示或默示等方式,都能有效成立。对要式行政行为,行政主体应按相应的法定形式实施。由于行政行为通常具有公定力、确定力、拘束力和执行力,涉及国家、集体利益和行政相对人的合法权益,因此绝大多数行政行为都是要式行政行为。同时,有关法律、法规和规章对行政行为的形式通常有明确规定,只有符合法定形式的行政行为才能有效成立。

总之,行政行为只有同时具备以上五个一般有效成立要件,并具备相应的特殊要件,才能依法有效成立。

二、行政行为的生效规则

不具备上述有效要件的行政行为不具有法律效力。但是，符合上述有效要件的行政行为并非全部立即生效。行政行为在效力时间上的差异便涉及行政行为的生效规则。所谓生效规则，是指行政行为何时开始生效的规则。行政行为的生效时间因种类而异，主要有下列四种规则：

1. 即时生效

即时生效，是指行政行为一经作出即具有效力，对行政相对人立即生效。通常，这种情况下，作出行政行为和行政行为开始生效的时间是一致的。行政命令大多遵循这种生效规则。

2. 受领生效

受领生效，是指行政行为须为行政相对人受领，才开始生效。所谓受领，是指行政主体将行政行为告知行政相对人，并为行政相对人所接受。受领即接受、领会，它是使行政相对人对行政行为的内容了解、知悉的方式。但是，受领并不意味着必须得到行政相对人同意。行政相对人同意与否并不影响行政行为的生效，只要行政主体告知行政相对人即开始生效。

3. 告知生效

告知生效，是指行政机关将行政行为的内容采取公告或宣告等有效形式，使行政相对人知悉、明了行政行为的内容，该行政行为对行政相对人才能开始生效。在公告中附以生效时间的，属于附条件生效。告知生效的关键问题是采取有效的告知形式，足以使行政相对人对行政行为的内容知晓、明了。有效的告知形式主要有公告、布告、通告、无线广播、电视等。与受领生效不同的是，告知生效所适用的对象不仅是具体确定的行政相对人，还包括不特定的多数人。但是，由于有些适用对象的住所地不明确，有可能使行政行为的内容无法告知或难以具体直接送达。

4. 附条件生效

附条件生效，是指行政行为的生效附有一定的期限或其他条件，在所附期限来到或条件成就时，该行政行为开始生效。例如，行政法规、规章的生效往往都附有一定的期限。

三、行政行为效力的内容

行政行为效力的内容，是指行政行为有效成立并生效后对行政相对人所产生的法律约束力。每项行政行为对行政相对人产生的法律效力，视其所依据的法律规范、所针对的行政事项及行为的内容不同而不尽相同。但是，一般而言，所有的行政行为都具有下列效力：

1. 行政行为的确定力

行政行为的确定力,又称"不可变更力",是指行政行为有效成立、生效后,其内容具有不可否认的公定力和不可随意变更的确定力,非依法不得随意变更或撤销。行政行为的确定力所约束的不仅包括行政机关,还包括行政相对人以及整个社会。对于行为主体的行政机关,确定力意味着非依法定理由和程序,不得随意改变其行为内容,或就同一事项重新作出行为。对于行政相对人来说,确定力意味着不能否认或随意理解行政行为的内容,非依法也不得请求改变行政行为。如行政许可行为,行政机关在颁发营业执照或许可证后,就不得随意更改许可事项和范围,而对于取得营业执照或许可证的公民来说,也不得随意改变许可范围,或从事许可范围以外的活动。即使是对于行政机关和行政相对人双方以外的其他国家机关、社会团体和公民个人,也都不得否认或拒绝行政行为所确认的事实和法律关系。

行政行为具有不可变更力并不意味着行政行为绝对不可以变更,而是说行政行为作出后不得随意撤销或变更。基于法定事由,经过法定程序,行政行为可以依法改变。例如,通过行政复议程序、行政诉讼程序等改变。

2. 行政行为的拘束力

行政行为的拘束力,是指行政行为有效成立、生效后,其内容对有关人员和组织所产生的法律上的约束效力,有关人员和组织必须遵守、服从。行政行为的拘束力具体表现在两个方面:

(1) 对行政相对人的拘束力。行政行为所针对的,首先是行政相对人,包括公民、法人或者其他组织。对于有效成立、生效的行政行为,必须严格遵守、服从和执行,完全地履行行政行为所设定的义务,不得违反和拒绝;否则,要承担相应的法律后果。

(2) 对行政机关的拘束力。行政行为有效成立、生效后,行政机关同样要受其约束。首先,作出该行政行为的行政机关必须承担自己所应履行的义务,以维护行政行为。其次,对下级行政机关而言,对有效成立、生效的行政行为必须遵守,非经法定程序不得拒绝应承担的义务。最后,对上一级行政机关而言,也同样要受其约束,并不能因为是上级领导机关,而对其下级行政机关所为的行政行为拒绝或任意改变,除非经法定程序依法改变,否则上级的行为将构成越权行政或行政侵权。

3. 行政行为具有执行力

行政行为的执行力,是指行政行为有效成立、生效后,行政主体依法有权采取一定的强制手段,使行政行为的内容得到实现的效力。需要说明的是:

(1) 行政行为具有执行效力,并不等于行政行为必须强制执行。例如,行政许可就不涉及强制执行问题。

(2) 行政行为具有执行效力,并不意味着行政行为必须强制执行。一般来说,必须是在行政相对人拒不履行义务的情况下,行政行为才需要予以强制执行。

（3）行政行为具有执行力，并不是说行政行为成立、生效后必须立即予以执行。一般来说，多数行政行为成立、生效后，应立即执行。但是，有些行政行为本身就是执行，如收容审查；有些行政行为先由当事人自己执行，如纳税行为；还有些行政行为成立后，暂时不予执行，如当事人对土地确权裁决不服，在进行复议或诉讼期间，暂缓执行。有些行政主体不具有强制手段，其行政行为需申请人民法院强制执行。

在行政法上，对于有效成立、生效的行政行为，一般采取不停止执行的原则，即无论行政相对人对行政行为是否存在异议，或者是在行政相对人申请复议、起诉期间，都不能停止对行政行为的执行。只有在例外情况下，才可以暂停行政行为的执行。采取不停止执行的原则，其意义在于：一是维护国家意志的尊严，保证行政活动连续、稳定的需要。二是避免对公共利益造成巨大的损害，因为行政机关的许多活动所针对的是具有社会危害性的活动。例如，食品管理机关禁止继续销售不符合卫生标准的食品，或决定销毁腐烂变质的食品。如果行政相对人不服，继续销售该种食品，将会对公共利益构成极大的危害，甚至造成难以挽回的损失。因此，在行政法上，行政行为的执行力具有积极的、现实的意义。

思考题

1. 行政行为的特征有哪些？
2. 简述行政行为的内容与效力。
3. 简述行政行为的分类。

拓展阅读书目

1. 叶必丰：《行政行为原理》，商务印书馆2014年版。
2. 马生安：《行政行为研究》，山东人民出版社2008年版。
3. 杨伟东：《行政行为司法审查强度研究》，中国人民大学出版社2003年版。
4. 薛丽傅：《行政行为司法审查基本制度》，西南交通大学出版社2011年版。

第九章 抽象行政行为

本章要点

1. 了解抽象行政行为的概念和特征。
2. 了解抽象行政行为与具体行政行为的区别。
3. 了解行政法规制定程序。
4. 了解行政规章制定程序。

导语

所谓抽象行政行为,是指行政主体针对不特定的行政相对人单方作出的具有普遍约束力的行政行为。它是以行政行为的适用范围为标准,对行政行为进行分类所形成的一个基本概念,是与具体行政行为相对的一个行政法学理论范畴。

第一节 抽象行政行为概述

一、抽象行政行为的概念和特征

抽象行政行为与具体行政行为是行政行为分类中最重要的一种。对抽象行政行为可以从动态和静态两个方面进行考察。从动态方面看,它是指国家行政机关针对不特定的人和事制定具有普遍约束力的行为规则的行为。从静态方面看,它是指国家行政机关针对不特定的人和事制定的具有普遍约束力的行为规则,包括行政法规、行政规章和其他具有普遍约束力的决定、命令等。抽象行政行为因为可反复适用,且对象具有普遍性,故又被称为"普遍行政行为"。

抽象行政行为具有以下特征:

第一,适用对象的广泛性。抽象行政行为的适用对象是不特定的人或事。也就是说,它针对的是某一类人或事,而不是某个人或某件事。例如,某市政府发布一规定,凡是排气量在一升以下的小汽车,均分单、双号进入市区。该规定所针对的对象是不特定的,既非张三,也非李四,而是所有排气量在一升以下的汽车车主或使用者。因此,该规定是一个抽象行政行为。当然,"特定性"与"不特定性"是两个具有相对意义的概念。称某一对象是特定的对象,必须是限定在某一范围内的。例如,某市规划局要求某小区居民一律拆除违章建筑的通告,对小区居民而言,是不特定的,非特指的行为;而对全市而言,又是特定的,效力仅限于该小区居民的行为。由此可见,判断某一行政行为是否为抽象行政行为,对象的数量并没有什么意义,如果适用的范围界限很窄,尽管对象不是个别的,也应视为具体行政行为。

第二,内容的可重复适用性。即该行政行为对同一对象或同类对象可多次适用并产生效力。例如,关于高速公路收费的规定,凡是使用高速公路的人,每次均需按规定缴纳费用。

第三,效力的持续性。即该行政行为不仅适用于当时的行为或事件,同时适用于今后将要发生的同类行为或事件。

第四,准立法性。这是指抽象行政行为的作出,须经过起草、征求意见、审查、审议、通过、签署、发布等一系列类似制定法律的程序。此可谓判断抽象行政行为的程序标准。如果一个行政行为未经过这些程序,即使该行为的结果是以一种抽象的规范形式出现的,也不能将其称为"抽象行政行为"。

第五,不可诉性。就目前我国的行政诉讼制度而言,行政相对人对抽象行政行为有异议、不服的,是不能提起行政诉讼的,因其不属于行政诉讼的受案范围。但是,行政相对人可以针对规章以下的规范性文件提起附带审查。

第六,可作为具体行政行为的依据。就与具体行政行为的关系而言,抽象行政行为是一种依据性行为。也就是说,抽象行政行为设置行政法律关系的模式,具体行政行为实现这一行政法律关系模式。抽象行政行为为一定的行政法律关系的产生、变更和消灭提供法律前提和可能性,具体行政行为则使行政法律关系的产生、变更和消灭成为现实。

二、抽象行政行为的形式和分类

1. 行政立法

行政立法,是指国家行政机关制定、发布行政法规和行政规章的活动。这包括:国务院制定、发布的行政法规;国务院各部委制定、发布的部委(门)行政规章;省、自治区、直辖市人民政府以及设区的市、自治州的人民政府制定的地方政府规章。

根据2015年修改后的《立法法》,目前享有行政规章制定权的最低一级国家行政机关是设区的市及自治州的人民政府,设区的市及自治州以下级别的其他行政机关无权实施这类抽象行政行为。行政立法即行政机关立法与权力机关立法的主要区别表现为以下几方面:

第一,立法权的来源不同。权力机关的立法权直接来源于宪法的规定;行政立法权一部分来源于宪法和组织法的规定,一部分来自权力机关或上级行政机关的授权。

第二,效力等级不同。相较行政立法,权力机关所立之法的效力高于其执行机关所立之法。例如,国务院所立之法的效力低于全国人大所立之法,地方政府所立之法的效力低于地方人大所立之法。

第三,立法形式不同。权力机关所立之法通常采用"法"的形式,如行政复议法、行政处罚法;或者以"法典"的形式颁布,如刑法典、民法典。行政立法通常以"条例""规定""办法"等形式发布。

第四,立法的效果不同。权力机关立法的时间效力较长,具有稳定性特征;行政立法的内容需随客观情势的变化而修改,故其效力在时间上不及前者。

行政立法可分为以下几类:

第一,按照立法权来源的不同,可分为职权立法和授权立法。职权立法,是指行政主体根据宪法和组织法所规定的职权进行的立法。其主要特点是:主体均为享有行政职权的行政机关;立法的内容与其固有职权有关,或在立法主体的职权范围内;其性质多属自主性立法,即可在不违背、变通宪法、法律的前提下,直接将宪法和法律规定的权利和义务加以具体化。授权立法,是指行政主体根据单行法律、法规或被授予的立法权进行的立法。授权立法又分为普通授权立法和特别授权立法。普通授权立法,是指根据法律、法规授权进行的立法。其特点是:授权方式为法律、法规附带授权的方式,其立法的性质多属于执行或补充性立法。特别授权立法,是指根据最高权力机关专门的授权决议进行的立法。它属于最高权力机关以"决定"等形式将本应由其自身制定或修改某一方面法律的权力授予最高行政机关行使。例如,1984年全国人大常委会通过的《关于授权国务院改革工商税制和发布有关税收条例草案试行的决定》。其特点是:被授权主体只能是国务院;其立法依据甚至不是宪法或组织法,而是最高国家权力机关的专门决定;其效力往往高于一般行政法规而与法律等同;对该项立法仅限一次性并就特定事项使用,其性质是制定法律条件成熟之前的试验性立法。[①] 无论是普通授权立法还是特别授权立法,被授权的主体均既可以是职权立法的主体,也可以是其他行政主体,如国务院直属机关和部委管理的国家局。若干情形下,通过授权立法制定的行政法规可以修改法律,通过授权立法(普通授权立法)制定的规章可以修改行政法规,但仅限于个别规定。

第二,按照目的与内容的不同,可分为执行性立法和创制性立法。执行性立法名称多为"实施条例""实施细则"等。其特点是:只能将法律、法规所规定的内容具

---

① 参见周佑勇:《行政法原论》,中国方正出版社2000年版,第176、177页。

体化、操作化,不能任意增减所要执行的法律、法规的内容,也不能独立存在。创制性立法又称"补充性立法",通常名为"补充规定""补充办法",是指为了填补法律、法规的空白,或者变通法律、法规而进行的立法。其特征是:必须得到法律、法规的专门、特别授权;只能在授权的有效期间内立法,否则无效;所立之法并不因授权法律、法规的失效而当然失效,只要不与新的法律、法规相抵触,仍继续有效。

第三,按照立法主体级别的不同,可分为中央行政立法和地方行政立法。中央行政立法,是指国务院、国务院部委以及国务院直属机关和部委管理的国家局所立之法。其形式包括行政法规和中央行政规章,效力范围及于全国。地方行政立法,是指省、自治区、直辖市人民政府,省、自治区人民政府所在地的市和设区的市及自治州的人民政府。其形式仅限于行政规章,效力范围及于本行政区域内。

第四,按照形式的不同,可分为法规性立法和规章性立法。法规性立法,是指国务院依法制定和发布之法。规章性立法,指法定的国务院主管部门和地方政府制定之法。(关于两者的特征和区别等,以下专节论述。)

2. 行政机关除行政立法行为以外的其他抽象行政行为

这主要是指行政机关针对广泛的、不特定的对象规定行政措施,发布决定和命令的行为。这类行政行为没有对某个具体对象的特殊针对性,而是在一定范围内和管理领域内对一切人具有普遍的约束力,并能反复适用。因此,它虽不属于行政立法行为,但属于抽象行政行为的一种。除行政立法行为以外的其他抽象行政行为的有效成立要件大体与行政立法相同,但不及行政立法严格。两者的区别主要有:

第一,其他抽象行政行为的成立不以相应行政机关经正式会议讨论决定为必要要件。根据实践中的做法,行政机关的有些抽象行政行为是经相应行政机关的正式会议(如政府常务会议)讨论决定的;有些抽象行政行为是经相应行政机关的非正式会议(如办公会议)讨论决定的。还有一些抽象行政行为,则未经相应行政机关的任何会议讨论决定,直接由行政首长签署发布。究竟何种抽象行政行为要经正式会议讨论决定,何种抽象行政行为经有关行政首长签署即可,法律、法规未作统一规定。因此,会议讨论决定不是所有抽象行政行为的成立要件,只有法律、法规对之有明确规定者才构成其成立要件。

第二,行政首长签署是所有抽象行政行为成立的必备要件,但其他抽象行政行为不像行政立法一样,必须由相应行政机关的正职行政首长签署。例如,某市或某县发布一个有关文化教育的规范性文件,可由该市或该县主管文教事务的副市长、副县长签署。

第三,公开发布也是所有抽象行政行为成立的必备要件,但行政立法必须以行政首长令发布,并在法定刊物上登载;而其他抽象行政行为则可以一般行政公文的形式发布,既可在正式出版物上登载,也可以布告、公告、通告等形式在一定的公共场所或行政办公场所张贴,或者通过当地电台播放。对其他抽象行政行为公开发布的要求,是让所有受相应抽象行政行为约束的人知晓该抽象行政行为。至于行政主体采取什么形式让行政相对人知晓其他抽象行政行为,法律可不对之作统一要求。

第二节 行政法规

一、行政法规的概念和特征

"行政法规"一词,在国外行政法上找不到含义完全相同的名词。英文"administrative regulations"可译成"行政规则""行政条例",也可译成"行政法规"。即使采用最后一种翻译方法,也不能表明我们所指的"行政法规"与其含义相同。例如,在英国,行政法规是指女王或政府大臣根据议会的授权而制定、批准或通过的命令、原则、条例等法律文件。美国的行政法学上不使用"行政法规"一词,与其较接近的名词是"administrative rule",中文译成"行政规章"。它是指联邦行政机构的一种抽象行政行为,与"adjudication"(行政裁决)相对应。

我国1982年以前的几部宪法都没有使用"行政法规"一词。第一次在法律上使用"行政法规"一词的是1982年《宪法》。1987年4月21日国务院批准的《行政法规制定程序暂行条例》第2条对"行政法规"下了一个明确的定义:"行政法规是国务院为领导和管理国家各项行政工作,根据宪法和法律,并且按照本条例的规定制定的政治、经济、教育、科技、文化、外事等各类法规的总称"。2002年11月16日颁布的《行政法规制定程序条例》的条文中没有对"行政法规"重新定义,实际上沿用了这一概念。

二、行政法规的制定程序

行政法规的制定程序,是指国务院制定行政法规的步骤、方式、顺序和时限等规则的总和。根据最新颁布实施的《行政法规制定程序条例》,我国行政法规的制定程序包括:

1. 立项

每年年初由国务院编制本年度的立法工作计划。国务院有关部门认为需要制定行政法规的,应当于每年年初编制国务院年度立法工作计划前,向国务院报请立项。经国务院法制机构根据国家总体工作部署对部门报送的行政法规立项申请进行汇总研究、综合协调后,拟订国务院年度立法工作计划,并上报国务院审批。当然,由于实际情况的变动,国务院对年度立法工作计划也可进行适当的调整。

2. 起草

行政法规由国务院有关部门或者国务院法制机构具体负责起草。重要的行政管理的法律、行政法规草案由国务院法制机构组织起草。行政法规在起草过程中，应当广泛听取有关机关、组织、人大代表和社会公众的意见。听取意见可以采取座谈会、论证会、听证会等多种形式。

起草的行政法规，其内容涉及其他部门的主要职责或者与其他部门有密切联系的，负责起草的部门应当与有关部门进行协商；经充分协商仍不能取得一致意见的，应当在上报行政法规草案送审稿时说明情况和理由。行政法规的送审稿由起草部门草拟并报送国务院审查。同时，还应当一并报送行政法规送审稿的说明和有关材料。说明应当包括立法的必要性、确立的主要制度、各方面的主要意见等。有关材料主要包括国内外的立法资料、调研报告、考察报告等。

3. 审查

行政法规草案送审稿由国务院法制机构负责审查。审查的内容包括：是否符合宪法、法律的规定和国家的方针政策；是否符合立法原则；是否与有关行政法规协调、衔接；是否正确处理有关机关、组织和公民对送审稿主要问题的意见等。审查的形式包括：调研，召开座谈会、论证会、听证会、协调会等。

国务院法制机构应就行政法规草案送审稿或行政法规草案送审稿所涉及的主要问题向国务院有关部门、各级人民政府、有关组织和专家广泛征求意见。行政法规草案应当向社会公布，征求意见，但是经国务院决定不公布的除外。国务院法制机构应当在认真研究各方面意见的基础上，与起草部门协商后，对行政法规草案送审稿进行修改，形成行政法草案和对草案的说明。行政法规草案由国务院法制机构主要负责人提出提请国务院常务会议审议的建议；对调整范围单一、各方面意见一致或者依据法律制定的配套行政法规草案，可以采取传批方式，由国务院法制机构直接提请国务院审批。

4. 决定与公布

行政法规草案的最后决定形式有两种：一是由国务院常务会议审议，二是由国务院审批。国务院法制机构应当根据国务院对行政法规草案的审议意见，对行政法规草案进行修改，形成草案修改稿，报请国务院总理签署国务院令公布施行。行政法规签署公布后，通常在国务院公报、全国范围内发行的报纸以及中国政府法制信息网上全文刊载，并由国务院办公厅在行政法规公布后30日内报全国人大常委会备案。行政法规自公布之日起30日后施行；但是，涉及国家安全、外汇汇率、货币政策的确定以及公布后不立即施行将有碍行政法规施行的，可以自公布之日起施行。

三、行政法规的形式和制定技术

1. 行政法规的名称

按照《行政法规制定程序条例》的规定,行政法规的名称一般称"条例""规定""办法"等。国务院根据全国人大及其常委会的授权决定制定的行政法规,称"暂行条例"或者"暂行规定"。用于对某一方面的行政工作作出全面系统规定的,称"条例";对某一方面的行政工作作出部分规定的,称"规定";对某一项行政工作作出比较具体规定的,称"办法"。该条例还规定,国务院各部门和地方人民政府制定的规章不得称"条例"。

2. 行政法规的结构

行政法规的外部结构一般采用章、节、条的形式,条文又可分为款、项、目。款不冠数字,项和目冠数字。行政法规的内部结构,是指法律规范各个组成部分之间具有一定逻辑的排列和配置。和法律一样,行政法规的规范性内容是关于主体行为的法定模式以及主体行为的法律后果的规定。行政法规由三部分组成,即假定部分(法规适用的条件和范围)、处理部分(法规要求的作为和不作为)、后果部分(违反或遵守法规导致的后果或责任)。

3. 行政法规的必要条款

这主要包括:制定法规的目的和根据;行政法规的适用范围,即行政法规的地域效力、时间效力以及对人的效力范围;行政法规适用主体的具体规范,即法规适用主体享有的权利和承担的义务;奖励办法或法律责任;施行日期;授权规定,即法规授权有关机关制定实施细则和解释法规的条款;废止有关行政法规的规定。

4. 行政法规的用语

从立法技术角度看,行政法规的用语应当遵守以下要求:明确易懂、简明扼要、严谨一致、逻辑严密、术语科学、翻译准确。

第三节 行政规章

一、行政规章的概念和特征

行政规章,是指国家行政机关制定的规范性文件的总称。根据我国《宪法》《立法法》《地方各级人大和地方各级人民政府组织法》等的规定,行政规章具体指:国务院部、委制定的规章;省、自治区、直辖市人民政府制定的规章;设区的市及自治州的市人民政府制定的规章以及其他授权规章。

行政规章就其内容可从如下三个方面进行分类:

第一,内部规章和外部规章。内部规章主要指行政机关自身的工作规则。外部规章一般指行政管理规章,其中内容大都涉及行政主体的职权职责、行政相对人的权利和义务,且包括一定的罚则条款。

第二,中央规章和地方规章。中央规章又称"部委规章"或"部门规章",主要指国务院各部、委制定的规章,其授权源自宪法、法律、法规,在本系统范围内适用于全国。地方规章亦称"地方政府规章",主要指设区的市及自治州的市以上政府制定的规章,其授权源自地方组织法,适用于本行政区域。

第三,实施性规章和自主性规章。实施性规章主要指以实施某些法律、法规为目的而制定的规章。它的制定一般须经过具体的法律、法规的明确授权,内容为进一步解析上述规范性文件的基本精神、原则,规定其实施的具体细则。自主性规章主要指依据制定机关固有的行政职责权限而制定的规章,无须单个的法律、法规再行授权。规定行政机关规则的内部规章大致属于此类。

比较分析我国现行的两种行政立法形式,有下列区别:

第一,行政法规调整的对象一般是行政管理领域带有普遍性、全局性、原则性以及意义重大的问题。行政规章的调整对象则限定在行政管理领域某些特殊的、局部的、具体的问题。

第二,行政法规的制定主体是国家的中央政府,而行政规章的制定主体是中央政府的组成部分或地方政府。行政法规的效力高于行政规章。

第三,行政法规可以直接依据宪法、全国人大及其常委会制定的法律(尤其是其中的行政法律),对一般公民、法人或其他组织在行政管理领域的权利义务作出具体规定;也可以在符合宪法、法律的前提下,对各种行政违法行为作出带有创制性的规定,并且可以在不违背宪法和法律的情况下,对某些尚未受到法律调整的社会生活作出行政法调整。行政规章中,对一般公民、法人或其他组织在行政管理领域的权利义务作出的具体规定,则不仅要符合宪法、法律的精神原则,同时还必须以某个具体的行政法规、地方性法规为直接依据,或者在其中通过条文明确授权。对于有关处罚条款的规定,则只能严格围于法律、行政法规、地方性法规所规定的种类、方式,不可以作出创设性的规定。

第四,依照全国人大六届三次会议所作出的《关于授权国务院在经济体制改革和对外开放方面可以制定暂行的规定或者条例的决定》等,行政法规在关于经济体制改革和对外开放等问题上,可以体现某些立法上的"超前性""试验性",行政规章则不可以具有"超前性""试验性"。

第五,依照我国《行政诉讼法》的规定,行政法规是人民法院进行行政审判的依据。这肯定了行政法规对行政审判活动的绝对约束力。行政规章对行政审判活动则不具有绝对的约束力,它只是人民法院在审判活动中的一种参照。

二、行政法规与行政规章的权限划分

1. 行政法规与部委行政规章的权限划分

（1）涉及全国性的或几个部门之间关系的，应制定行政法规；只涉及一个部门内部关系的，应制定规章。

（2）法律未作规定，国务院也未发布规定、命令的，不宜制定规章。

（3）调整内容明确属于部委职权范围内的，制定规章；调整内容是否属于部门职权范围尚不明确的，制定行政法规。

（4）需要在全国范围内统一推行的政令，不论是否在部门职权范围内，都宜制定行政法规。

（5）部门亟待解决而制定行政法规又来不及的，可制定规章。

2. 地方性法规与地方政府规章的权限划分

（1）法律需要进一步明确、具体化的，制定地方性法规；行政法规需要进一步明确的，制定行政规章。

（2）法律和行政法规未作规定，需要创设新的实体权利义务的，制定地方性法规；不需要创设新的实体权利义务的，制定规章。

（3）本行政区域内的政治、经济、文化等方面的重大事项，制定地方性法规，其他事项制定规章。

三、行政规章的制定程序

根据我国《立法法》《规章制定程序条例》的相关规定，行政规章的制定程序如下：

1. 立项

部门规章的立项由国务院部门内设机构或其他机构提出，向该部门报请立项；地方政府规章由省、自治区、直辖市和设区的市或自治州的人民政府所属工作部门或下级人民政府提出，向省、自治区、直辖市和设区的市或自治州的人民政府报请立项。立项申请应当就所要解决的主要问题、拟确立的主要制度等作出说明。国务院部门法制机构和地方政府法制机构应当对上报的立项申请进行汇总研究，并在此基础上拟订本部门、本级人民政府年度规章制定工作计划，报本部门、本级人民政府审批后执行。规章制定计划可以根据实际情况的变化进行调整。

2. 起草

部门规章由国务院部门组织起草，地方政府规章由省、自治区、直辖市和设区的市或自治州的人民政府组织起草。起草单位应深入调查研究、总结经验，可采取座谈会、论证会、听证会等多种形式广泛听取意见，并就职责分工问题与有关部门进行协商；经充分协商仍不能取得一致意见的，应当在报送规章送审稿时说明情况和理由。同时，起草单位还应在报送规章送审稿时附送规章送审稿的说明、对主要问题的不同意见和其他有关材料。说明应当包括制定规章的必要性、规定的主要措施、有关方面的意见等;有关材料主要包括汇总的意见、听证会笔录、调研报告、国内外有关立法资料等。

3. 审查

规章送审稿由国务院部门法制机构和地方政府法制机构负责审查。审查的内容包括:是否符合宪法、法律、行政法规和其他上位法的规定;是否符合立法原则;是否体现改革精神,科学规范行政行为,促进政府职能向经济调节、社会管理和公共服务转变;是否与有关规章协调、衔接;是否正确处理有关机关、组织和公民对规章送审稿主要问题的意见;是否符合立法技术的要求等。审查的形式包括座谈会、论证会等。

法制机构在认真研究各方面意见的基础上,对规章进行修改,并形成规章草案和对草案的说明。规章草案和说明由法制机构主要负责人提出提请本部门或者本级人民政府有关会议审议的建议。

4. 决定和公布

部门规章由部务会议或者委员会会议决定,地方政府规章由政府常务会议或者全体会议决定。法制机构在根据有关会议审议意见对规章进行修改后,形成规章草案修改稿,并报请本部门首长或者省长、自治区主席、市长签署命令予以公布。部门规章公布后,通常在部门公报或者国务院公报、全国范围内发行的有关报纸以及中国政府法制信息网上全文刊载;地方政府规章公布后,通常在本级人民政府公报、本行政区域内发行的报纸及中国政府法制信息网上全文刊载。规章自公布之日起30日后施行;但是,涉及国家安全、外汇汇率、货币政策的确定以及公布后不立即施行将有碍规章施行的,可以自公布之日起施行。同时,自规章公布之日起30日内,由法制机构依照立法和《法规规章备案条例》的规定向有关机关备案。

四、行政规章的作用和对其的监督

在我国,行政规章在日常的行政管理活动中承担着十分突出、重要的角色。这主要体现在:

第一,行政规章是具体行政行为的直接依据。我国幅员广阔,各地区有不同的情况,不能笼统论之。同时,行政管理活动又贯穿人们"从摇篮到坟墓"的全过程。即便有宪法、法律,以及行政法规、地方性法规,亦难以规定得面面俱到、巨细兼容。它们尽管能为一般行政活动确立方向、原则,但仍需要行政规章为具体行政行为提供最直接详尽的操作指示。

第二,行政规章能给行政相对人遵守行政法规范提供一个清楚明确的行为准则。行政规章规定的内容既包括行政相对人的义务,也包括权利,还能明示规定义务的理由、不服行政处理的申诉程序以及对行政侵权的补救措施等,故较一般的具体行政行为,如行政命令等,它更具有外在形式上的优势。行政相对人也容易对之产生服从的愿望和自觉性。

第三,行政规章产生以后,对其制定者本身亦产生影响和制约。例如,一些内部规章的实施,可以最大限度地为行政机关缩减层次、简化途径,实现低耗高能的行政目标。一些外部规章则由于是一种行政机关自己预先确认并公之于众,接受监督的自律性规范,故对行政自由裁量权的滥用亦形成一定的限制和制约。

第四,行政规章由于是行政机关根据现行的宪法、法律、法规,依照一定的行政程序,针对本部门或本地区的实际情况和具体的管理工作需要制定的,因而较之其他的规范性文件,更具有灵活、适用性强等特点。

但是,在近些年的实践中,由于行政规章的制定主体众多,制定方式相对简易,加之一些行政机关在制定行政规章过程中对于行政规章的性能和地位、调整对象的范围和方式等认识不清,难免制定出一些违法规章。这些违法规章主要表现为:

第一,越权规章。这包括四种情况:一是有些行政规章在没有任何法律授权的情况下,对法律作了变通和补充。二是对不应由其调整的领域作出了某些规定。例如,制定了涉及公民基本权利和义务的规章。三是过度引申"超前立法""实验立法",认为既然全国人大授权国务院在制定法律的条件不成熟的情况下可以制定行政法规,那么由此类推,在制定法律、法规不成熟的情况下也可以制定规章。四是超越法定幅度。例如,某市制定保护公用设施的规章,规定盗窃一个下水井盖,罚款一千元,大大超过了《治安管理处罚法》中规定的行政处罚标准。越权制定规章就实质而言是对国家立法权的一种侵犯。

第二,侵权规章。这主要反映为:一是违法限制权利。有些规章直接或间接地通过实体或程序的规定,限制甚至取消行政相对人的法定权利(益),致使行政相对人的某些法定权利(益)实际上没有条件和机会行使或实现。二是违法创设义务。例如,有些规章规定同工不同酬、乱摊派;某些经济生活条件相对优越的省、市政府的规章规定,凡由异地迁入本地的,需缴纳数千元的"迁入费"。三是违法追究法律责任。例如,有的规章规定对卖淫嫖娼者,只需经公安分局批准,即可处以三个月至一年的收容管教。

第三,部门或地方保护主义规章。有些部门规章或地方规章不从国家统一法制和全局利益出发,千方百计为本部门、本地区争权夺利,而限制或剥夺其他部门、其他地区的权力和利益,甚至侵扰中央权力和利益。这类规章涉及经济、文化生活的方方面面,甚至辐射到政治生活领域,造成我国社会主义法制体系内部的冲突,弄不好还会导致社会主义法制的结构性削弱或瓦解。

目前,对行政规章的监督主要体现在:

1. 行政机关的内部监督

行政机关内部对规章的监督是通过上下级领导关系实现的,上级行政机关对下级行政机关享有当然的监督权。根据我国《宪法》第 89 条的规定,上级机关有权改变、撤销下级行政机关违法、不当的行政规章。这里的"不适当"包括违法、不合理、不切实际的情形。

行政机关对规章的监督方式是备案审查制度。备案审查是我国内部监督的主要方式之一,是指将已经公布生效的法规、规章上报法定机关,使其知晓并在必要时备查的程序。备案审查的目的是对已经生效、实施的法规、规章,通过对其合法与否等方面的审查,以发现并解决其存在的问题。根据《法规规章备案条例》《立法法》的要求,国务院各部门,各省、自治区、直辖市以及省、自治区人民政府所在地的市,设区的市及自治州人民政府,应将它们制定的行政规章报国务院备案。规章制定机关应自规章公布之日起 30 日内,将规章文本、备案报告和说明一式十份,报送国务院备案。

行政规章的备案审查机关是国务院法制机构。国务院法制机构对行政规章的备案审查主要从以下几方面进行:

(1) 是否超越权限;
(2) 下位法是否违反上位法的规定;
(3) 地方性法规与部门规章之间或者不同规章之间对同一事项的规定不一致,是否应当改变或撤销一方的或者双方的规定;
(4) 规章的规定是否适当;
(5) 是否违背法定程序。

对规章的审查处理实际上是采取"发现问题则过问,未发现问题就不过问"的办法。对规章同法律、行政法规的规定相违背的或有不一致的,备案机关有权作出撤销、改变、责令改正三种处理。对规章之间的矛盾,原则上采取协调的办法;经协调未能取得一致意见的,一般由国务院法制机构提出处理意见,报国务院决定。

2. 权力机关的监督

权力机关的监督又分为事前监督和事后监督。前者指权力机关制定法律授权行政机关制定规章时的监督。权力机关通过授权时严格限定规章的权限范围、目的、性质及时限等,以达到监督的目的。后者指权力机关对已经颁布生效的规章进行审查的监督。《地方各级人大和地方各级人民政府组织法》第 8 条和第 39 条规定,县级以上的地方各级人大和人大常委会有权撤销本级人民政府的不适当的决定和命令;县级以上地方各级人大常委会有权监督本级人民政府,包括对政府制定规章的监督。

3. 审判机关的监督

审判机关对行政规章的监督是必要的。但是,长期以来,我国司法监督在行政规章面前止步不前。我国《行政诉讼法》第 13 条将行政规章明确排除于行政诉讼的受案范围之外。① 归纳众多的相关文章、论著，行政规章获得司法豁免权的主要理由如下：

第一，认为行政规章属于"法"的范畴，系具有法律效力的规范性文件，故不存在可诉性；否则，将会影响其效力的发挥。

关于行政规章是法还是行政行为种类之一的争论，旷日持久或可能永不休止。我们不妨暂且避开这一点，从这样一个角度提问：即使行政规章属于"法"，又可不可以对其进行司法审查？回答是肯定的，因为我们并没有理由认为凡是作为"法"的东西，均不能被质疑甚至接受司法审查及裁判，除非能保证所有存在的法律、法规、规章等均无例外地都是公正合理的同义语，而且各个不同阶位、部门之间的"法"，相互之间从精神原则到具体内容都不存在哪怕些许轻微的矛盾与冲突，这显然是任何社会都做不到的。世界上的一些国家，包括行政规章的制定过程已足够体现民主且程序要求甚严的议会立法国家，都设立了司法审查制度。例如，美国最高法院自成立到1972年，已宣布经司法审查的102个联邦法律违宪，州法律被判定违宪的则多达数百个。由行政机关制定的，在法律体系中处最低层次且在制定程序的民主化、严格程度上明显逊于议会（权力）机关立法的行政规章，经司法审查宣布撤销、无效的更多。那些担心设立对行政规章的司法审查制度会影响其效力发挥的观念，实际上陷入了凡对权力行使之行为，均不应设置司法监督屏障，只能以完全彻底的放任保证其通畅无阻的误区。

第二，将对行政规章实施司法审查的基础，仅归结为资本主义国家"三权分立"的政治制度，进而论证不实行三权分立的我国没有依据将行政规章作为行政诉讼之标的。

西方国家的司法审查制度固然能够在其实行的三权分立中寻到根基、原委，但是负责执掌不同性质的国家权力的各类国家机关之间，在工作中相互分工、相互监督制约，同样是现代社会中所有实行民主政治制度的国家所普遍坚持奉行的一贯原则。在建立了人民代表大会制度的我国，赋权法院审查行政规章，可以保证通过司法职能的发挥，监督并矫正行政机关在其一切活动中，是否服从并贯彻代表民意的立法（权力）机关的意志，是否遵守和执行宪法、法律。司法审查本系民主政治制度的主题与内涵，而非仅仅是三权分立所特有的"专利品"。

第三，有人提出，行政诉讼的主要目的在于，防止和补救行政权力行使过程中对行政相对人合法权利（益）造成的损害；而行政规章只是一种规范性文件，如果不付诸实施，是不会自动对行政相对人产生损害后果的。既然作为行政规章实际实施方式的各种具体行政行为已被允许起诉，那么它作为一种抽象规定，有理由不被列入司法审查范围。

---

① 《行政诉讼法》第13条规定："人民法院不受理公民、法人或者其他组织对下列事项提起的诉讼：……（二）行政法规、规章或者行政机关制定、发布的具有普遍约束力的决定、命令；……"

这种观点似乎有理,但经不起具体分析。如果仅就行政规章中规定的某些强制性、处罚性条款而言或许如此,但是对于行政规章中涉及的一些限制权利、增加义务方面的内容来说却未必如此。例如,在行政相对人向行政机关提出某种权利(利益)、帮助救济等方面的申请、请求过程中,如果相应的行政规章对有关申请、请求的条件、资格、范围等作了违法性的限制或取消规定,则毋庸实施便意味着使行政相对人某些合法的申请、请求权利被限制、剥夺或自动丧失。还有某些行政规章超出法定的范围、种类、幅度等,为行政相对人规定诸如征收税费、集资赞助之类的义务性条款,则也明显具有对合法权利(益)的主动侵夺性质。可见,行政规章一经制定颁布,便同具体的行政行为一样,对行政相对人的权利(益)产生直接的影响。在这一点上,两者并不存在实质区别。

综上,我们认为,必须在我国设立行政规章的司法审查制度,除以上所论外,可进一步补充如下两条根据:

(1)行政规章由其自身的性质、特点以及发展趋势等决定,必须接受司法审查监督。行政规章属于行政机关所立之"法",而不是为行政机关所立之"法",故在其制定过程中:其一,它在很大程度上凭靠行政机关对专门的立法(权力)机关所授此项权力的主观理解及逻辑推断,行政权力本身所固有的扩张性、侵犯性的基因潜质,不可避免地要通过其执掌者顽强地发挥表现出来。这就导致委托或授予立法权者与实际行政立法权者之间,在制定行政规章的权限、范围、幅度等方面产生诸多的不统一,甚至完全背离。其二,制定、颁布行政规章的主体,一般为统管某一地方各类行政管理事务的地方政府,或是担负某个专门领域行政管理职能的行政机关,如国务院下属的各部委。上述机关由其职责内容及所处地位所决定,在制定行政规章之际,往往立足于适应一方、一域之管理需要,保证其自身令行禁止的思维角度。这决定了行政规章一般不易摆脱某些局限性、片面性的弊端。

正因前述两因素所致,尽管我国宪法、法律对行政规章的制定已有一些明确、严格的准则与规范,但一些违法、越权、侵权、滥立的地方或部门保护主义的行政规章依然层出不穷。我国最高国家行政机关国务院为其自身制定的《行政法规制定程序暂行条例》已颁布十余年之久。然而,在卷帙浩繁的部委(门)规章和地方政府规章中,迄今几乎不见为行政机关制定规章设立的程序性规范文件。这不单单是忽视,主要原因在于制定行政规章的主体具有借制定规章之机不法延伸、扩张其行政职权,乃至与宪法、法律争权的意图。此种具体事例不胜枚举。

不容忽视的是,随着我国市场经济体制的建立与发展,以往计划经济时代通行的个案调整、逐事行令的行政行为方式已渐遭放弃。具有法的形式、负责进行一般性调整且可反复适用的行政规章日益为行政管理所倚重。行政规章的发展趋势是,将来可能除了个别情形,绝大部分的行政管理事宜均为一般行政规章所调整及规范。行政规章的这一发展趋势,仅就其负面效应而论,无疑体现在:它可能成为今后行政违法、越权或侵权的主要方式、来源;因具备法的形式,本来是违法、越权或侵权的行政规章很容易以莠充良、鱼目混珠;由于规章有集制定与实施主体于行政机关一身之特点,故落实在具体执法中,存在事实上变更、废止、取代凌驾于法律乃至宪法之上的危险。现已被行政诉讼法列为受案范围的行政行为可能会愈发多地因有规章以及其他抽象行政为做"后盾",得以规避司法审查。

综上所列,设立对行政规章切实有效的监督制约机制已实属必然。

(2)法院对行政规章的司法审查,不能因行政规章已接受了其他方式的监督而被替代。在国家职权的范围内,对行政规章的监督包括行政机关的自我监督、立法(权力)机关的立法监督、法院的司法监督三种。

行政机关系统内部的监督,主要体现在行政上级机关对下级机关制定发布的违法、越权、侵权等种类的行政规章的撤销,这无疑是必要的。但是,行政机关通常情况下最感兴趣、最关心的是如何稳固行政秩序,对一般行政规章在这一功能方面的重视往往超过对其是否"合法"等问题的注意。由于行政上下级同属一个组织系统,有的尚存在直接的隶属关系,故在认识、决定问题的立场、观点、方法上难免陷入雷同的误区。显而易见,对这种"自身反省"式监督不宜期望过高。

立法(权力)机关对行政规章的监督,其性质属于授权人、委托人实施的监督,其特点以及局限性在于:其一,这种监督的理性主义色彩较浓。也就是说,它主要借助于理性的、逻辑的推论,预见行政机关在立法中可能出现的偏颇。但是,纷纭多变的实际情形显然并非想象所能预料的。其二,这种监督具有宏观性质。立法(权力)机关一般居于国家机关之首,主要精力放在对整个社会进行宏观指导和调整,着重解决把法律原则和法律发展联系在一起等问题,对诸种矛盾与冲突不断交织、重叠出现的极其复杂的现实社会关系无暇细顾,而它们恰是行政规章所涉及之领域。其三,我国负责立法的各级人大的组成人员极少是职业的立法者。立法成员的非职业化问题,使得我国当前的立法监督有明显的局限。

通过人民法院对行政规章进行司法监督,可弥补上述两种监督之不足。司法监督的主要优越性体现在:其一,就性质而言,它属于紧密结合具体的社会关系、矛盾和利益冲突以及行政规章之实际操作等而进行的监督,能够把社会实践经验和法律的发展走向,通过纠偏矫正联系在一起,是根本解决行政规章的合宪合法问题的出路。其二,论业务技术,法院是专门负责操作和适用法律的机关,最易及时觉察位阶、领域不同的各层次、各种类法律、法规、规章等文件之间,是否以及何处有矛盾与冲突。裁判是一般司法活动最主要的功能,将判定某一行政规章是否合法交由熟谙法律的法院负责可谓正得其所。其三,行政机关制定行政规章,必然要在行政相对人身上"投放使用"。当行政相对人的切身权利(益)受到实际侵害时,一般会将行使诉讼权利列为首选。从监督的角度及效果分析,将司法监督设置于事后,因为遵从公正严格的司法程序,直接针对个案,司法审判最可能获得信任并及时给予受害者损失赔偿。其四,也是最重要的一点,法院的司法活动作为当代社会中"权力的监测器"和"权利的卫士",没有理由在对普通公民的权利(益)最直接、最经常产生威胁的行政权力面前有所保留或遗缺。

基于上述原因,当今许多国家已不再满足于立法机关对行政机关所制定规章的立法性审查,而将规章进一步纳入行政诉讼的受案范围。例如,法国的行政法院对于行政机关制定的统称为"条例"的规范性文件,除一部分紧急条例外,均有权管辖。所谓管辖,是指受理、审查、确认和撤销。美国法院根据《联邦行政程序法》的规定,对行政机关制定的规章进行了大量的司法审查。例如,美国联邦电信委员会曾制定过一个禁止电台举办有奖竞赛节目的规章。联邦最高法院在司法复审中认为把这种节目作为联邦法律所禁止的"抽奖发彩、冒险之类"的事是独断专横的,最终撤销了该规章。

第四节 其他规范性文件

一、其他规范性文件的概念和范围

其他规范性文件,是指除法规、规章以外的由行政机关制定的具有普遍约束力的规范性文件。对于这类文件,我国立法上和行政法学界虽然用者众多,但是称谓各异,如"行政规定""行政规范""行政规范性文件""一般行政规范性文件""其他规范性文件"等。①

行政机关制定其他规范性文件的行为属于抽象行政行为,包括:

1. 行政措施

行政措施既可被看作具体行政行为,即"对具体事件作单方处理",也可成为抽象行政行为的一种"外壳"。当我们说"采取行政措施"时,所涉及的行为属于具体行政行为;而当我们说"制定行政措施"时,所涉及的行为则成了抽象行政行为。

作为抽象行政行为结果的行政措施,是指县级以上各级人民政府为执行本级人大及其常委会的决议或者上级行政机关的决议或命令而规定的各种行政办法和手段。规定行政措施的主体是县级以上各级人民政府,具体包括:国务院,省、自治区、直辖市人民政府,市、区、县(市)人民政府。

2. 决定和命令

单从"决定""命令"的形式上说,它们既可以是抽象行政行为的形式,也可以是

---

① 参见朱芒:《论行政规定的性质——从行政规范体系角度的定位》,载《中国法学》2003年第1期,第33—47页;姜明安主编:《行政法与行政诉讼法》,北京大学出版社、高等教育出版社1999年版,第171页;王保成:《一般行政规范性文件质量监控制度研究》,载《现代法学》2003年第5期,第78—81页;罗豪才主编:《行政法学》,北京大学出版社2001年版,第111页;《行政复议法》第7条;《行政处罚法》第14条。

具体行政行为的形式。作为一种抽象行政行为,更确切的提法应该是"发布具有普遍约束力的决定和命令"。在所有实施抽象行政行为的行政主体中,有权发布具有普遍约束力的决定和命令的行政主体最为广泛。根据我国《宪法》第 89 条和《地方各级人大和地方各级人民政府组织法》第 36 条的规定,从中央人民政府到地方各级人民政府均有权发布具有普遍约束力的决定和命令,包括国务院,省、自治区、直辖市人民政府,市、区、县(市)人民政府,乡、民族乡、镇的人民政府。

一般而言,在我国的规范性文件体系中,除国务院制定的其他规范性文件的效力高于部门规章外,其他各级各类行政主体制定的其他规范性文件的效力都低于法律、法规、单行条例、自治条例和规章,处于最低的效力位阶,不得与任何上位阶的规范性文件相抵触。但是,在实际的行政管理活动中,其他规范性文件因其内容的具体性与可操作性,往往成为具体行政行为作出的直接依据。即对于具体的行政执法部门与执法人员来说,其他规范性文件反而具有最高的效力。另外,由于长期以来人们一直将制定与发布其他规范性文件视作一种准立法行为,对其权威性盲目迷信,"以为这种行为即使对相对人有损害也是合法损害或合理损害"[1],加之到目前为止,国家还未对其他规范性文件的制定主体、制定权限以及制定程序作出统一规范,因此可以说,其他规范性文件已经成为规范性文件管理中最为混乱的领域甚至"死角"。这造成的严重后果是,一些违法的其他规范性文件往往成为地方政府推行地方保护主义的强有力工具,对行政相对人的合法权益造成极大的损害,对社会主义法制的统一与完整也构成严重破坏。

二、其他规范性文件的特征和形式

制定其他规范性文件的行为在性质上属于抽象行政行为,却又区别于制定行政法规、行政规章的抽象行政行为,它的特殊之处在于:第一,就性质而言,它不属于行政法律规范的范畴。这也决定了它在行政诉讼中没有直接依据上的意义。它既不能作为行政相对人提起行政诉讼的法律依据,也不能成为人民法院裁判案件的标准。第二,制定程序较行政法规、行政规章简单,不要求采取统一的条文表达方式。第三,依照我国《行政处罚法》第 14 条的规定,其他规范性文件不得设定行政处罚,而行政法规、行政规章具有有限的行政处罚设定权。

对其他规范性文件的名称,法律未作统一要求。根据国务院 2000 年 8 月 24 日颁布的《国家行政机关公文处理办法》的规定,行政机关宣布施行重大强制性行政措施应用"命令"。此外,"决定""决议""指示""布告""公告""通告""通知"等也可以作为其他规范性文件的名称。

其他规范性文件在行政管理中的作用是不可否认的。它属于行政法规、规章

---

[1] 江群华、张运萍:《论违法规范性文件的行政赔偿责任》,载《华中理工大学学报(社会科学版)》2000 年第 4 期,第 63 页。

与具体行政行为的"中介",既是行政规章的具体化,同时也是具体行政行为比规章更直接的操作依据。同时,此类行为属于任何一级政府都必不可少并被广泛运用的一种手段。当然,其他规范性文件在具体实践中亦存在许多问题,为数众多的行政违法侵权行为借其名而行事,企图规避司法审查。这具体反映在:第一,某些规范性文件设定了行政处罚权或收费权,且规定相应的法律责任条款,这是违法的;第二,有的规范性文件在制定时根本无所谓程序性,单凭某位领导一个指示、一句话或一次发言便草率发文;第三,公开程度不够,目前只是采取内部传达或通知的方式进行。以上这些现象有待以法规范。

思考题

1. 试述抽象行政行为的特征。
2. 试述抽象行政行为的分类。
3. 试述行政法规的制定程序。
4. 试述行政规章的制定程序。
5. 试述其他规范性文件的特征与形式。

拓展阅读书目

1. 刘莘:《行政立法研究》,法律出版社2003年版。
2. 周旺生主编:《立法学》(第二版),法律出版社2000年版。
3. 马怀德主编:《中国立法体制、程序与监督》,中国法制出版社1999年版。
4. 刘莘主编:《行政立法原理与实务》,中国法制出版社2014年版。
5. 〔日〕平冈久:《行政立法与行政基准》,宇芳译,中国政法大学出版社2014年版。
6. 曾祥华:《行政立法的正当性研究》,中国人民公安大学出版社2007年版。

第十章 具体行政行为

本章要点

1. 了解行政行为的概念和特征。
2. 了解具体行政行为与抽象行政行为的区别。
3. 了解具体行政行为的种类。

导语

行政主体在行使国家行政管理权时,除了制定普遍性的行为规范,即抽象行政行为之外,更重要的是将普遍性的行为规范,如行政机关和权力机关制定的有关行政管理的法律、法规,具体适用于现实生活,对具体的人或事产生影响。这种行政行为不同于抽象行政行为,行政法学理论上称之为"具体行政行为"。

第一节 具体行政行为概述

一、具体行政行为的概念和特征

在我国,首次使用"具体行政行为"这一名称的法律是1989年制定的《行政诉讼法》[①]。首次正式解释"具体行政行为"的司法文件是《最高人民法院关于贯彻执行〈中华人民共和国行政诉讼法〉若干问题的意见(试行)》,其第1条将具体行政行为解释为:"国家行政机关和行政机关工作人员、法律法规授权的组织、行政机关委托的组织或者个人在行政管理活动中行使行政职权,针对特定的公民、法人或者其他组织,就特定的具体事项,作出的有关该公民、法人或者其他组织权利义务的单

---

① 1989年《行政诉讼法》第2条规定:"公民、法人或者其他组织认为行政机关和行政机关工作人员的具体行政行为侵犯其合法权益,有权依照本法向人民法院提起诉讼。"现行《行政诉讼法》第2条将其修改为:"公民、法人或者其他组织认为行政机关和行政机关工作人员的行政行为侵犯其合法权益,有权依照本法向人民法院提起诉讼。"

方行为。"这种解释作为司法实践中的一种对诉讼标的的识别和标准掌握,是可以遵循并运用的。但是,它作为学理上的定义尚有缺陷:第一,它将内部具体行政行为排除在外,仅仅是外部具体行政行为,而不是全部具体行政行为的定义。第二,它单将具体行政行为限定为"行使行政职权……行为"并不妥,忽略了行政主体履行职责所作的行为和未履行职责的不作为行为。当然,行政职权与行政职责具有一致性,存在"有职权即是职责"的提法。但是,这只是对行政机关自身而言,落实到对象上是不同的。例如,税务机关征税,对国家而言是职责,对具体纳税人而言是职权,可以分别形成两个不同的特定的行政法律关系,不能混淆。行政主体应请求去保护行政相对人的权利,明显应被视为履行职责。如果发生法律责任,亦当属于"不履行职责",而不应为"未行使职权"。因此,行政法学上的具体行政行为应当定义为:行政主体在行政活动中,基于行政职权或行政职责所实施的,直接影响相对人权利或义务的作为或不作为。

具体行政行为有如下几个主要特征:

第一,它是针对特定的事项、特定的行政相对人所作出的行为。它仅对业已发生的而不对之后发生的同类事件有效力。这一点与针对不特定的人或事所作出的具有往后效力的抽象行政行为相区别。

第二,它是能直接影响行政相对人的权利、利益,能强制性地直接导致行政法律关系产生、变更和消灭的行为。作为行政主体用以执行行政法规范的活动,它被称为"行政执法行为",而与行政立法、行政司法行为相对应。这一点与行政机关作出的调查、收集资料等不产生法律效果的事实行为不同。

第三,它的实施主体广泛,包括国家行政机关,法律、法规授权的组织,行政机关委托的组织。这一点与制定法规、规章的抽象行政行为不同。

第四,它的作为行为的客观要件是行政主体客观上实施了运用行政职权或职责的行为。这里的"职权或职责"指广泛而抽象的行政权,而不限于行政主体的法定职权。如果行政主体有超越其法定职权而作出具体行政行为的情况,具体行政行为也告成立。

第五,它经常发生组合现象。

第六,它也包括行政主体的不作为行为。不作为行为表面上看是没有行为,实际上也是一种行为,即"拒绝"行为、"不予答复"行为。它反映的内容是"不做"。例如,不发放经营许可证和营业执照,都应当被划入具体行政行为的范畴。

二、具体行政行为组合

如上所述,具体行政行为经常发生组合现象。我国有行政法学者提出并论述

了此问题,①认为具体行政行为在以下三种情况下可发生组合:

1. 单一具体行政行为的组合

一个最简单的具体行政行为也要有作出行政决定和执行行政决定两个主要过程的组合,有的则更多。例如,行政处罚行为包括立案、传唤、取证、评议、作出决定和送达决定等若干过程。这些过程相对于该行政处罚而言是不完整的,可被视为行政处罚行为的组成部分。但是,其中有对一定的行政相对人的权利义务产生直接影响的过程,在某种条件下,有必要被视为完整的行政行为。例如,公安机关对有违法嫌疑的某公民予以传唤,后不能证实违法情况而未对该公民予以行政处罚。"传唤"影响到特定公民的权利义务,其本身就应被视为一个新的具体行政行为。人民法院可以按我国《行政诉讼法》第12条予以受案。但是,如果行政处罚成立,则传唤应被视为完整行政行为的组合部分。

2. 多种具体行政行为的组合

这种组合又分为三种情况:

(1) 两个以上具体行政行为在过程上的组合。即在过程上,两个以上具体行政行为同时或先后发生而形成组合。导致组合的关联因素是同一过程。例如,公安机关为寻找一辆违章造成交通事故的汽车,在公路上设岗盘查。盘查中,因对一辆出租车有怀疑而扣了两天。调查后,排除了该车是肇事汽车,但查出该车司机用的是未经年审的执照,故对该车司机处以50元罚款。这就属于强制措施与处罚两个具体行政行为的组合。两种行为的方式、目的和法律后果都是不一样的。前者是调查违章造成交通事故的某汽车,其法律后果是限制了出租车司机对车的使用权,所产生的是与该司机之间的强制与被强制关系。后者的目的在于惩罚司机使用未经年审的执照,其法律后果是对司机科以给付50元的处罚,所产生的是与司机之间处罚与被处罚的法律关系。如果将两个行政行为仅看成一个行为进行行政处罚,则难以对扣押行为的合法性实施监督。

(2) 两个以上具体行政行为在法律程序上的组合。即两个以上具体行政行为按照法律规定的程序依次发生而形成组合。导致组合的关联因素是法律程序的规定。例如,行政主体依照法律规定的程序,就有关收费向某公民下达催缴费用通知,在该公民超过规定时间仍未缴费时,便作出了对其罚款的决定。这包括法律规定在一套程序中的两个具体行政行为,即对公民法定义务的确认和对公民拒缴行为的处罚。前者产生的是确认与被确认的法律关系,后者产生的是处罚与被处罚的法律关系。

(3) 两个以上具体行政行为在因果关系上的组合。即两个以上具体行政行为有因果联系,作为原因的具体行政行为发生后,自然使作为结果的具体行政行为发

---

① 参见方世荣:《具体行政行为的组合现象简析》,载《法商研究》1996年第1期。

生,因而形成前后连接的组合。例如,公民或单位从事某特种行业的经营,依法应具有两个行政机关先后颁发的证照,一个是公安机关颁发的特种行业许可证,另一个是工商机关颁发的营业执照。其中,公安机关颁发的特种行业许可证是工商机关颁发营业执照的前提条件;一旦公安机关认为公民或单位违法而作出吊销特种行业许可证的处罚行为,该公民或单位拥有工商营业执照的前提条件就不再具备了,工商机关必然要紧跟着吊销其工商营业执照。在此,吊销特种行业许可证的处罚行为是引起吊销工商营业执照的处罚行为的原因。两种具体行政行为是由因果关系组合在一起的。

3. 具体行政行为与其他法律行为的组合

这种组合有两种情况:

(1) 行政主体自身具体行政行为与其他法律行为的组合。即行政主体对一个对象因某事前后或同时作出了具体行政行为和其他法律行为。例如,某行政机关与一单位原有租借关系,当因返还租借物品而发生纠纷时,该机关单方采取行政强制措施,扣押了对方一批财产。这个案件以民事行为(租借行为)开始,以具体行政行为(强制扣押)结束,两种行为先后组合在一起。这种组合行为往往被看作行政机关的一种民事行为,即认为行政机关扣押对方财产作抵押是违法民事行为。其实,在这里,行政机关已经动用了手中的国家行政强制权,因而产生了民事行为与行政行为的组合。

(2) 行政主体的具体行政行为与另一法律主体的其他法律行为的组合。即行政主体与另一法律主体对一个对象因某事共同作出了合并为一个形式的两类行为。由于两类行为在同一形式中,针对同一个对象,又因同一件事,因而形成组合。例如,作为行政机关的乡政府与作为基层群众组织的村民委员会,对一村民殴打他人的行为作出行政处罚的决定书共同署名,罚款 1000 元。后村民委员会提留 200 元,800 元交归乡政府。这一罚款行为无疑是违法的,应被视为乡政府违法的具体行政行为和村民委员会的民事侵权行为的组合。两者应分别承担法律责任,共同承担赔偿损失的份额。但是,在行政诉讼中,村民委员会并非适格被告,只能作为第三人参加。

第二节 行政许可原理与实务

一、行政许可概述

我国《行政许可法》于 2003 年 8 月 27 日经十届全国人大常委会第四次会议通过,自 2004 年 7 月 1 日起施行。这是我国的第一部行政许可法,也是世界上以单行法形式颁布的第一部行政许可法。它对我国行政许可的设定和实施作出了严格的规范,是一部具有重大进步意义的法律。

依据行政法理论,行政许可是指行政机关根据个人或组织的申请,作出决定,允许其从事某种活动,行使某种特权,获得某种资格能力的行政行为。行政许可从实质上讲,是以法律禁止为前提条件的。即国家为了自身利益或社会安全,将个人、组织的某些行为或活动权利规定为普遍禁止,同时又规定,对于符合法定条件的,行政机关可以通过其许可行为解除禁止。例如,对一般禁止的活动,允许特定的人从事;对一般人不赋予的权利或确认的资格,允许特定的人行使或取得。行政许可属于具体的行政行为,通常是以颁布许可证件的形式实现的。许可证件必须直接规定许可的事项、范围及时间等。

行政许可行为具有以下法律特征:

首先,行政许可是以行政相对人的申请为前提的,不属于行政机关根据职权主动作出的行政行为。

其次,行政许可是一种赋予被许可的相对人权利的行政处理行为,不同于行政机关作出的实质在于增加当事人义务的行政处罚、强制执行、征税等义务性行为。

再次,行政许可在性质上是一种特许,即个人或组织所申请许可的事项,对一般人是禁止的,但是并非对任何人都禁止。

最后,行政许可是一种要式的行政行为。即必须有正式的法律文件,如许可证、执照等,才能成立。

二、行政许可的原则

《行政许可法》确立了行政许可必须遵循的原则,归纳起来主要有:

1. 合法原则

设定和实施行政许可,以及纠纷的解决,都必须严格依照法定的权限、范围、条件和程序进行,不得违背法律。同时,行政相对人必须遵守行政法律规范,服从行政机关的管理。即无论是行政许可机关还是行政相对人,只要存在违法行为,都要受到法律制裁。

2. 正当程序原则

正当程序原则,又称"公开、公平、公正原则"。根据我国《行政许可法》第5条的规定,有关行政许可的规定应当公布;未经公布的,不得作为实施行政许可的依据。行政许可的实施和结果,除涉及国家秘密、商业秘密或者个人隐私的外,应当公开。对符合法定条件、标准的申请人,要一视同仁,不得歧视。公开、公平、公正原则是行政许可制度走向现代化、科学化的基础和保障。

3. 便民原则

行政机关在实施行政许可过程中,应当减少环节,降低成本,提高办事效率,提供优质服务。行政的现代化转型就是要建设服务型政府,创新"一个窗口对外""一站式服务""行政超市"等高效便民的行政方式,提供优质服务,将申请处理程序化。

4. 救济原则

公民、法人或者其他组织对行政机关实施行政许可,享有陈述权、申辩权;有权依法申请行政复议或者提起行政诉讼;其合法权益因行政机关违法实施行政许可受到损害的,有权依法要求赔偿。

5. 信赖保护原则

公民、法人或者其他组织依法取得的行政许可受法律保护,行政机关不得擅自改变已经生效的行政许可,除非行政许可所依据的法律、法规、规章修改或者废止,或者准予行政许可所依据的客观情况发生重大变化,为了公共利益的需要,确需依法变更或者撤回已经生效的行政许可。但是,由此给公民、法人或者其他组织造成财产损失的,行政机关应当依法给予补偿。

6. 监督原则

县级以上人民政府应当建立健全对行政机关实施行政许可的监督制度,上级行政机关应当加强对下级行政机关实施行政许可的监督检查,及时纠正行政许可实施中的违法行为。同时,行政机关也要对公民、法人或者其他组织从事行政许可事项的活动实施有效监督,依法查处违法行为。

7. 无偿原则

无偿原则也称"收费法定原则",即行政许可以不收费为原则,以法定收费为例外。行政机关实施行政许可和对行政许可事项进行监督检查,不得收取任何费用。但是,法律、行政法规另有规定的,依照其规定。行政机关提供行政许可申请书格式文本,不得收费。行政机关实施行政许可所需经费应当列入本行政机关的预算,由本级财政予以保障,按照批准的预算予以核拨。

三、行政许可的作用

行政许可制度是现代社会各国普遍使用的对社会和经济进行管理的重要制度。现代社会中,随着经济与科技的发展,生产高度社会化,许多生产经营性活动或事业性活动涉及公共安全和社会整体的经济利益或其他社会利益。为预防、禁止个人或某一团体的活动对社会造成危害,国家必须采取某些控制手段,凡是需要控制的地方就需要许可,无许可就谈不上控制。当前,许可证制度被世界各国广泛应用于政治、经济、文教等各个领域。在我国当下建立和发展的市场经济条件下,行政许可制度由其所具备的与经济因素密切关联的性质所决定,必将成为行政管理的主要手段之一。它的主要作用在于:

第一,行政许可制度有利于国家对社会经济以及其他事务的宏观调控。首先,国家可以通过实行许可证制度,协调生产和需求的关系,协调国内市场与国际市场的关系,间接地引导企业和其他经济实体转轨及定向,有效地控制社会的生产与经营规模,促进整个社会主义市场经济的良性运行。其次,国家可以通过实行许可证制度,在不侵犯企业自主权、不干扰企业生产的前提下,监督企业按国家计划进行生产或经营,监督企业的具体生产与经营过程以及产品的质量等,及时预防、发现、制止、纠正企业的不法行为,排除企业之间的不正当竞争,维护正常的经济秩序。

第二,行政许可制度有利于保障公共利益和社会安全,体现对自然资源和社会资源的合理分配。首先,在社会经济发展和日常生活中,有些活动是必需的,是不能加以禁止或绝对禁止的。但是,如果政府不加以有效的管理控制,必将造成弊大于利,对社会环境、公众利益与社会安全等造成极大影响及损害。行政许可证制度的作用在于除弊兴利。例如,行政机关只有通过对自然资源的开采利用、药品食品的生产销售、危险物品的生产运输保管等方面的许可,才得以保护自然与生态环境,维护人民群众的生命与财产安全。其次,在现代条件下,无论是自然资源还是权利利益等社会资源都是有限的,有时还表现得十分"短缺"。对"短缺"的东西,更需要进行公平合理的分配和使用。在解决自然资源的有限性与人类需求的无限性的矛盾中,行政许可制度的意义是显而易见的。

第三,行政许可制度有利于保护个人或组织的合法权益。行政许可是具有法律效力的行为。个人、组织取得了许可证,就意味着得到了国家法律上的承认,取得了法律保障,任何人不得侵犯许可证持有者的合法权益。比如,某人若取得了商标许可,享有了该项商标的使用权,法律将保护其由此而获得的利益,任何人不得侵犯。

但是,除了上述积极作用,行政许可制度也有消极的一面,如果不对这一制度加以严密的规范和控制,可能会导致各种腐败现象。首先,随着行政权的扩展,行政官员利用行政管理权,特别是行政许可权,贪污受贿的现象日益增多。其次,被许可人一旦取得从事某项活动的资格和能力,有了法律的特殊保护,也可能失去积极的竞争或者说进取精神,停滞不前,没有危机感。没有获得行政许可的那部分人即使之后不断进取,达到了许可的标准条件,也会因为数额的客观限制等,无法再获得许可,与被许可人竞争。这种消极作用在商业竞争和职业资格竞争方面尤为突出。最后,如果行政许可制度使用过滥、范围过宽,还会使社会成员的活动受限,使社会发展缺少动力,丧失活力。如果行政许可范围设置过宽,必然会出现许可制度在各部门之间相互矛盾、重复的现象,导致申请人无所适从,降低行政效率,为腐败行为提供可乘之机。① 因此,对于行政许可制度,我们要认真审视、切实分析,健全行政许可制度,减少甚至废止不必要的行政许可,明确相关机关的权责分配,使行政许可制度更好地发挥它的积极作用,消除负面效应。

---

① 参见姜明安:《行政法与行政诉讼法》(第五版),北京大学出版社、高等教育出版社2011年版,第232—233页。

四、行政许可的设定权制度

行政许可的设定权,是指哪一级国家机关有权设定行政许可、以何种形式设定行政许可、设定行政许可有哪些限制以及设定行政许可需要遵循哪些规则。它属于立法行为的范畴。这是行政许可法需要解决的又一个重要问题。经过反复研究论证,我国《行政许可法》对此从几个方面作了规定:

(1) 行政许可的设定主体,就是有权设定行政许可的国家机关。《行政许可法》规定,全国人大及其常委会,国务院,省、自治区、直辖市人大及其常委会,省、自治区、直辖市人民政府,依照《行政许可法》规定的权限,可以设定行政许可。其他国家机关,包括国务院部门,一律无权设定行政许可。

(2) 行政许可的设定形式,就是什么样的规范性文件才能设定行政许可。《行政许可法》规定,法律,行政法规,国务院的决定,地方性法规,省、自治区、直辖市人民政府规章,在《行政许可法》规定的权限范围内,可以设定行政许可。其他规范性文件,包括国务院部门规章,一律不得设定行政许可。

(3) 行政许可设定权限。《行政许可法》对设定行政许可的权限作了三个方面的规定:

第一,凡《行政许可法》规定可以设定行政许可的事项,法律都可以设定行政许可。

第二,对可以设定行政许可的事项,尚未制定法律的,行政法规可以设定行政许可。必要时,国务院可以通过发布决定的方式设定行政许可。实施后,除临时性行政许可事项外,国务院应当及时提请全国人大及其常委会制定法律,或者自行制定行政法规。

第三,对于可以设定行政许可的事项,尚未制定法律、行政法规的,地方性法规可以设定行政许可;尚未制定法律、行政法规和地方性法规的,因行政管理的需要,确需立即实施行政许可的,省、自治区、直辖市人民政府可以设定临时性的行政许可。临时性的行政许可实施满一年需要继续实施的,应当提请本级人大及其常委会制定地方性法规。但是,地方性法规、地方人民政府规章不得设定应当由国家统一确定的公民、法人或者其他组织的资格、资质的行政许可;不得设定企业或者其他组织的设立登记及其前置性行政许可。其设定的行政许可,不得限制其他地区的个人或者企业到本地区从事生产经营和提供服务,不得限制其他地区的商品进入本地区市场。

为了提高设定行政许可的合理性、可行性,《行政许可法》规定,设定行政许可必须遵循下列规则:

(1) 设定行政许可,应当明确规定行政许可的实施机关、条件、程序、期限。

(2) 起草法律草案、法规草案和省级人民政府规章草案,拟设定行政许可的,起草单位应当采取听证会、论证会等形式听取意见,并向制定机关说明设定该行政许可的必要性、对经济和社会可能产生的影响以及听取和采纳意见的情况。

(3) 行政许可的设定机关应当定期对其设定的行政许可进行评价;对于随着形势的发展不再需要实施行政许可的,应当对设定该行政许可的规定及时予以修改或者废止。

五、行政许可的设定范围

明确行政许可的设定范围,是行政许可法需要解决的重要问题之一。所谓行政许可的设定范围,要以设定行政许可应当遵循的价值取向为基础,妥善处理政府管理与公民、法人或者其他组织自主决定的关系,政府管理与市场竞争机制的关系,政府管理与社会自律的关系,行政许可方式与其他行政管理方式的关系等。因此,行政许可法按照设定行政许可应当遵循经济和社会发展规律,有利于发挥公民、法人或者其他组织的积极性、主动性,维护公共利益和社会秩序,促进经济、社会和生态环境协调发展的基本要求,对设定行政许可的范围作了以下两个方面的规定,确定在立法上什么事项可以设定行政许可、什么事项不能设定行政许可,尽可能将自由留给社会,缩小行政权可以作用的范围。

1. 可以设定行政许可的事项范围

根据行政许可事项的性质、功能和适用程序,我国《行政许可法》规定以下六类事项可以设定行政许可:

(1) 直接涉及国家安全、公共安全、经济宏观调控、生态环境保护以及直接关系人身健康、生命财产安全等特定活动,需要按照法定条件予以批准的事项。比如,有关集会游行示威、爆炸物品生产运输经营等直接关系国家安全、公共安全的活动;银行、保险、证券等基于高度社会信用的行业的市场准入和法定经营活动等。

(2) 有限自然资源开发利用、公共资源配置以及直接关系公共利益的特定行业的市场准入等,需要赋予特定权利的事项。比如,国有土地使用权的出让、无线电频谱的分配等。

(3) 提供公众服务并且直接关系公共利益的职业、行业,需要确定具有特殊信誉、特殊条件或者特殊技能等资格、资质的事项。比如,律师、会计师、医师、建筑施工企业、医院等职业、行业的资质、资格。

(4) 直接关系公共安全、人身健康、生命财产安全的重要设备、设施、产品、物品,需要按照技术标准、技术规范,通过检验、检测、检疫等方式进行审定的事项。比如,电梯安装的检测、消防验收、出入境卫生检疫、防洪工程设施验收等。

(5) 企业或者其他组织的设立等,需要确定主体资格的事项。这类许可事项的特征是:未经登记,没有从事某种活动的主体资格;一般没有数量限制;不能转让。

(6) 法律、行政法规规定可以设定行政许可的其他事项。也就是说，法律、行政法规可以对上述五类事项以外的其他事项设定行政许可。这种"兜底条款"的立法技术，可以随着经济与社会的发展，在不修改法律的前提下，满足新的需求，维护法律的稳定性。

2. 可以不设定行政许可的事项范围

我国《行政许可法》规定，在可以设定许可的事项中，通过下列方式能够予以规范的，可以不设行政许可：

(1) 公民、法人或者其他组织能够自主决定的。只要是作为社会成员的公民、法人或者其他组织能够自主决定的事情，都应该让他们自己做主，不仅政府不要去干预，自律组织也不要去干预。这应当成为现代政治文明的一个标准。诸如家庭雇请保姆、企业负责人聘用秘书之类的事项，都是完全能够自主处理好的事情，没有必要由政府去管理。

(2) 市场竞争机制能够有效调节的。在社会主义市场经济体制下，应当充分发挥市场在资源配置中的基础性作用，凡是市场竞争机制能够解决的问题，政府就不要用行政许可的方式去管理。

(3) 行业组织或者中介机构能够自律管理的。一般而言，自律管理的成本比较低，效率比较高。随着社会主义市场经济体制的完善，现行的许多资质资格的许可、产品质量的许可等，将退出行政许可的范围，由行业组织或者中介机构的自律管理予以替代。

(4) 行政机关采用事后监督等其他行政管理方式能够解决的。行政管理的方式多种多样。行政许可作为一种事前监督管理的方式，其主观性强，运作的成本高，风险也大。因此，即使是需要政府管理的事项，也应当优先考虑采取事后监督的方式。

六、行政许可的种类

行政许可有很多表现形式，包括许可、核准、批准、准许、同意、登记、特许、注册、备案、审核、审查、检验等。每一种表现形式并不代表行政许可的一种分类，不同的名称指代的可能是同一类行政许可，而不同的行政许可也可能共享同一个名称。[①]

1. 学理上对于行政许可类型的划分

第一，按照许可的范围，可分为一般许可和特殊许可。一般许可指行政机关对申请人无特殊限制、特定要求，符合法定条件即可发放许可证的许可形式。特殊许可指除了符合一般的法定条件外，对申请人还有特别限制的许可，又称"特许"。例

---

① 参见章剑生主编：《行政法与行政诉讼法》，北京大学出版社2014年版，第206页。

如,营业许可是一般许可,而持枪许可则是特殊许可。

第二,按照许可的享有程度,可分为排他性许可和非排他性许可。排他性许可指某个人或组织获得许可后,其他任何人或组织不得再申请或获得。例如,专利许可、商标许可。非排他性许可指行政机关对凡是符合一定法定条件的申请人,均可给予的许可。例如,营业许可、驾驶执照。也有些许可虽不明显具有排他性,但在一定条件下仍以一定数额为限。例如,电台许可、出境许可。

第三,按照许可的内容,可分为行为许可和资格许可。行为许可指允许符合条件的人或组织从事某种活动。例如,开业、生产、经营许可。这类许可一般仅限于某种行为活动,不含有资格权能的特别证明,申请者无须经过严格考试。资格许可则是行政机关应申请,经过考核程序核发一定证明文书,允许持证人享有某种资格,从事某一职业或活动。例如,律师证、建筑师证、会计师执照、教师上岗证等。

第四,按照许可文件的形式,可分为独立的许可和附文件的许可。独立的许可指单独的许可证便已规定了所有许可内容,无须其他文件补充说明。例如,持枪证已经规定了枪支的种类、型号、时间等,要求持证人遵守的全部事项均已写在持枪证上。附文件的许可指需要附加文件予以说明的许可证或书面文件。例如,营业执照需要附经营章程作为执照的附件,说明经营范围、方式等;专利及商标证书需要附专利、商标的详细设计图纸;生产许可证需要附产品质量检验证书等。

第五,按照许可是否附加必须履行的义务,可分为可放弃的许可和不可放弃的许可。可放弃的许可指许可证的持证人可以无条件放弃因许可证而取得的权利,不承担任何责任。例如,持枪许可证、药品生产许可证、食品生产许可证、音像制品出版许可证等,当事人可以放弃权利,即不持枪、不生产、不出版。行政机关不会因此要求当事人承担其他的义务。不可放弃的许可指行政机关赋予某个人或组织某项权利后,取得许可证后在一定时间内没有从事被许可的活动,则要承担一定的义务和责任。例如,国家计划的进出口货物,在未完成国家计划时,进出口货物的许可不能随便放弃。

第六,按照许可的目的,可分为如下几类:(1)保障公共安全的许可,如公共娱乐场所营业许可;(2)维护人们健康的许可,如食品卫生许可;(3)维护社会良好风俗的许可,如录音、录像许可;(4)保证交通安全的许可,如驾驶许可;(5)保护重要资源和生态平衡的许可,如采矿、狩猎许可;(6)调控物资进出口贸易的许可,如中药材出口许可;(7)加强城市管理的许可,如特种行业、特种器械佩带的许可;(8)发展国民经济的许可,如工业产品生产许可。

2. 目前我国实践中行政许可证的种类

第一,特种行业、特种器械佩带,以及特种物品的生产、储运、使用许可证。

第二,工业产品生产许可证。根据我国《工业产品生产许可证试行条例》的规定,凡实施工业产品生产许可证的产品,企业必须取得生产许可证才具有生产该产品的资格。

第三,药品的生产、经营许可证。根据我国《药品管理法》和《麻醉药品管理办法》的规定,开办药品经营企业,必须取得县级以上卫生行政部门审发的药品经营许可证,工商行政管理部门才发给营业执照。销售药品要持有药品经营企业许可证。医疗单位配制制剂也要取得制剂许可证才能销售和配制药品。因医疗、教学和科研工作需要进口麻醉药品的,经卫生部审查发给麻醉药品进口准许证;需要出口麻醉药品的经卫生部审查发给麻醉药品出口准许证。

第四,民用航空许可证。从事或经营省、自治区、直辖市境内的通用航空飞行或业务的,由地区民用航空管理机构审查、批准、发给通用航空许可证,才能办理登记手续,领取营业执照,方可经营业务。《民用机场管理暂行规定》明确指出:"民用机场必须持有机场使用许可证方可开放使用。"《民用航空器适航管理条例》规定:"民用航空器必须具有民航局颁发的适航证,方可飞行。"

第五,进口货物许可证。根据我国《进口货物许可制度暂行条例》的规定,我国进口货物实行许可证制度。凡属法律规定的凭证进口的货物,除国家另有规定外,都必须事先申请领取进口货物许可证。海关凭进口货物许可证和其他有关单证查验放行。

以上是常见的几种许可证形式,随着我国经济、文化等各项事业的发展,更多的事业都要使用许可证。例如,电视剧制作许可证、特种书籍出版许可证等。

七、行政许可的程序

1. 行政许可的一般程序

(1) 申请与受理程序

许可证的申请,一般是指由法律规定的,必须使用许可证的生产或经营单位,向有许可证审批权的归口管理部门或上级主管部门提出领取许可证的要求。申请人提出申请是行政许可的前提条件。

① 申请条件

第一,接受申请的机关必须是法律规定有权颁发许可证的机关。根据法律规定,我国许可证的发放实行分级管理,有中央和地方两级。中央级是国务院及其各部门,地方级是县级以上人民政府的主管部门。

第二,申请人必须在法定许可范围内申请许可。例如,根据我国《私营企业暂行条例》的规定,私营企业不得从事军工、金融业的生产经营,不得生产经营国家禁止生产经营的产品。因此,一般私人企业不能申请上述许可。

第三,申请人必须具有从事所申请许可的活动的行为能力。例如,申请某项专利强制许可的企业,一定要具备生产这种专利产品的能力;申请广告营业许可的企业,一定要具备从事经营广告的能力;申请机动车辆驾驶执照的公民,必须具备驾驶某一类型车辆的能力及相关的道路交通规则知识。

第四,申请人要有明确的申请许可证的意思表示。行政许可是行政机关基于申请人的申请作出的。只有申请人有明确的意思表示,行政机关才能决定是否颁发许可证。

② 申请的提出

具备申请条件的申请人应当以书面的方式提出申请,并说明申请许可证的理由。申请有些许可证,当事人还必须向行政机关提供必要的材料。例如,申请公司登记要提交下列文件:公司筹建负责人签署的登记申请书;政府、政府授权部门或主管部门的批准文件;公司章程、公司主要负责人的名单和身份证明;财政部门、银行或主管部门出具的资格证明等。

③ 对行政许可申请的处理

根据我国《行政许可法》第32条的规定,行政机关对行政许可的申请应当作出受理与不予受理的决定。

行政许可申请符合以下条件的,行政机关应当予以受理:一是申请事项属于本行政机关职权范围;二是申请材料齐全、符合法定形式。另外,申请人按照本行政机关的要求提交全部补正申请材料的,行政机关也应当受理行政许可申请。行政机关经审查,认为申请材料符合要求的,应当及时予以受理;申请材料不符合法定要求,需要补正的,行政机关应当当场或自收到申请材料之日起五日内一次告知申请人需要补正的全部内容,逾期不告知的,自收到申请材料之日起即为受理。

不予受理行政许可申请的情形包括:

一是申请事项依法不需要取得行政许可的。例如,由于法律、法规的修改,有些以前需要行政许可才能进行的活动,现在不再需要许可,但相对人并不了解这种情况。对此,行政机关应当即时告知申请人不受理。

二是申请事项依法不属于被申请行政机关职权范围的。申请人向无许可权的行政机关提出申请的,被申请机关应当作出不予受理的书面决定,并告知申请人向有关行政机关申请。

三是申请材料不齐全或者不符合法定形式的。对于申请材料不齐全、不完备或者不符合法定的格式和要求的,行政机关不能径行驳回,而应当向申请人发出补正告知。我国《行政许可法》对告知程序作了较为严格的要求,即申请人的申请材料有多处不符合法定形式的,行政机关应当将需要补正的全部内容一次性告知申请人,而不能反复要求申请人补正,以免浪费申请人的时间与精力。

(2) 审查程序

颁发许可证的行政机关接到申请人的许可申请后,需要对申请人以及申请内容、条件进行审查,审查申请人是否具备领取许可证的条件。对许可证的审查包括程序性审查和实质性审查。

① 程序性审查

程序性审查,是指审查申请事项是否符合法定程序和法定形式、申请手续是否完备等,对于申请材料的真实性、有效性不作审查。因为这类申请的目的一般仅是确认某种资格,有关的审批机关已对其进行过实质性审查,所以只要申请人提交的申请材料齐全、符合法定形式,行政机关能够当场作出决定的,就应当当场作出书面的行政许可决定。

② 实质性审查

实质性审查,是指行政机关不仅要对申请材料的形式要件是否具备进行审查,还要对申请材料的实质内容是否符合法定条件进行审查。例如,我国工业产品生产许可证的取得必须具备如下条件:企业必须持有工商行政管理部门核发的营业执照;产品必须达到现行国家标准或专业标准;产品必须具有按规定程序批准的正确、完整的图纸或技术文件;企业必须具备保证该产品质量的生产设备、工艺装备、计量检验与测试手段;企业必须有一支足以保证产品质量和进行生产的专业技术人员、熟练技术工人及计量、检验人员队伍,并能严格按照图纸、生产工艺和技术标准进行生产、试验和检测;产品生产过程必须建立有效的质量控制。符合以上条件的单位,产品的归口管理部门才能核发工业产品生产许可证。对其他种类的许可证的取得,法律也有明确的规定。

(3) 决定程序

行政主管部门通过对申请许可的审查,认为申请人的申请符合法定条件、标准的,应当作出准予行政许可的书面决定。行政主管部门经审查作出不予行政许可的书面决定的,应当说明原因、理由;同时,告知申请人对不予行政许可享有提出行政复议或者行政诉讼的权利。

行政机关作出准予行政许可的决定,需要颁发行政许可证件的,应当向申请人颁发加盖本行政机关印章的下列行政许可证件:

① 许可证、执照或者其他许可证书;
② 资格证、资质证或者其他合格证书;
③ 行政机关的批准文件或者证明文件;
④ 法律、法规规定的其他行政许可证件。

行政机关实施检验、检测、检疫的,可以在检验、检测、检疫合格的设备、设施、产品、物品上加贴标签或者加盖检验、检测、检疫印章。

颁发行政许可证件的程序中,颁证机关应当做到:

① 许可证件要以书面形式,加盖发证机关印章、附有编号。附加材料应书写与许可证件相同的编号,并加盖同一行政机关的印章。
② 许可证件须对被许可的内容作出具体、明确的规定,要标明许可期限,确定许可证件的有效期限。例如,进口货物许可证的有效期为一年,货物在有效期内没

有进口,领证单位可以向发证机关申请延期,发证机关可以根据合同规定相应延长许可证的有效期。工业产品生产的许可证由归口管理部门根据产品的特点确定有效期。其他种类的许可证件也要根据法律规定和实际情况规定有效期,到期重新审查发证。

③ 颁发许可证件要有时限。时限既是对效率的追求,也是便民原则的体现。对于符合条件的许可申请,行政主管部门要及时予以审查批准。除可以当场作出行政许可决定的外,行政机关应当自受理行政许可申请之日起20日内作出行政许可决定。20日内不能作出决定的,经本行政机关负责人批准,可以延长10日,并应当将延长期限的理由告知申请人。但是,法律、法规另有规定的,依照其规定。行政许可采取统一办理或者联合办理、集中办理的,办理的时间不得超过45日;45日内不能办结的,经本级人民政府负责人批准,可以延长15日,并应当将延长期限的理由告知申请人。

2. 行政许可的听证程序

行政许可的听政程序,是指行政机关在作出是否准予许可的行政决定前,通过公开举行由各方利害关系人参加的听证会,广泛听取意见的一种方式、方法和制度。根据我国《行政许可法》的规定,听证程序可分为行政机关依职权进行听证和依申请进行听证两种。

(1) 行政机关依职权进行听证

根据《行政许可法》第46条的规定,行政许可机关作出行政许可决定,在下列情况下,应当主动举行听证:法律、法规、规章规定实施行政许可应当听证的事项。目前,在我国的法律、法规和规章中,对此作出规定的为数较少,只有个别的作出了规定。例如,《公共文化体育设施条例》第27条规定:"因城乡建设确需拆除公共文化体育设施或者改变其功能、用途的,有关地方人民政府在作出决定前,应当组织专家论证,并征得上一级人民政府文化行政主管部门、体育行政主管部门的同意,报上一级人民政府批准。"行政机关认为需要听证的其他涉及公共利益的重大行政许可事项,需由行政机关依其自由裁量权进行判断。在法律、法规和规章都没有明文规定的情况下,行政机关如果认为行政许可事项对公共利益可能产生较大的影响,就应当将有关的行政许可事项予以公告,听取社会各界,包括有关专家对此的意见。行政机关通过听证程序对申请人的利益和公共利益进行权衡后,认为准予许可不会对公共利益造成损害的,应当作出准予许可的决定;反之,则应拒绝颁发行政许可证件。

(2) 行政机关依申请进行听证

行政许可直接涉及申请人与他人之间重大利益关系的,行政机关在作出行政许可决定前,应当告知申请人、利害关系人享有要求听证的权利。申请人、利害关系人有要求听证的权利,也有放弃听证的权利。一般而言,申请人和利害关系人之间必然存在一定的利益冲突,行政许可的批准与否都会对其中一方构成不利益。因此,对于申请人和利害关系人一方要求听证而另一方放弃听证的,行政机关应当举行听证。

行政机关一般应当以书面的形式告知申请人、利害关系人有听证的权利。申请人、利害关系人在被告知听证权利之日起五日内提出听证申请的,行政机关应当在二十日内组织听证。除非遇有不可抗力或有正当理由的,申请人、利害关系人在被告知权利后五日内未提出书面申请的,视为放弃听证。

组织听证的费用是指必要的办公经费等,不包括当事人聘请律师、调查取证等个人应支付的费用。组织听证的费用由行政机关承担,申请人、利害关系人不承担听证的费用。

(3) 听证的程序

根据《行政许可法》第48条的规定,听证应当按照下列程序进行:

① 行政机关应当于举行听证的七日前将举行听证的时间、地点通知申请人、利害关系人,必要时予以公告;

② 听证应当公开举行;

③ 行政机关应当指定审查该行政许可申请的工作人员以外的人员为听证主持人,申请人、利害关系人认为主持人与该行政许可事项有直接利害关系的,有权申请回避;

④ 举行听证时,审查该行政许可申请的工作人员应当提供审查意见的证据、理由,申请人、利害关系人可以提出证据,并进行申辩和质证;

⑤ 听证应当制作笔录,听证笔录应当交听证参加人确认无误后签字或者盖章。

行政机关应当根据听证笔录,作出行政许可决定。

3. 行政许可的变更与延续程序

(1) 行政许可的变更

行政许可的变更,是指根据被许可人的请求,行政机关对已经准予许可的事项在具体内容上加以变更的行为。行政许可具有确定力,行政许可决定一经作出,非经法定程序不得随意变更。但是,如果由于社会客观现实的发展变化,使得原先的许可内容已不再适应被许可人的需要,则应当允许被许可人向许可机关申请变更许可内容。被许可人要求变更行政许可事项的,应当向作出行政许可决定的行政机关提出申请。符合法定条件、标准的,行政机关应当依法办理变更手续。行政许可的变更实质上是对原行政许可的修改,一般需由许可机关审查后重新发放许可证件。

(2) 行政许可的延续

一般而言,行政许可证件是有期限的,被许可人只能在行政许可的有效期内从事许可活动,超过行政许可的期限仍从事有关的活动便构成违法。被许可人需要在有效期届满后继续从事有关活动的,应当在有效期届满前依照法定程序向行政机关提出申请。根据《行政许可法》第50条的规定,被许可人应当在该行政许可有效期届满30日前向作出行政许可决定的行政机关提出申请。但是,法律、法规、规章另有规定的,依照其规定。行政机关应当根据被许可人的申请,在该行政许可有效期届满前作出是否准予延续的决定;逾期未作决定的,视为准予延续。

对于一些重大的行政许可事项,会对公共利益构成一定威胁的,可以考虑在设定行政许可时不规定行政许可的延续,而代之以重新申请的办法。即被许可人在行政许可有效期届满后,如需继续从事有关活动的,应当向行政机关重新申请。例如,我国《枪支管理法》第15条第4款规定:"民用枪支制造许可证件、配售许可证件的有效期为3年;有效期届满,需要继续制造、配售民用枪支的,应当重新申请领取许可证件。"

八、行政许可的效力

行政许可作为行政机关的一种具体行政行为,其本身具有法律效力。这主要表现在三个方面:

1. 证明力

行政许可证具有法律文件的作用,许可证持有人可用许可证证明自己的权利是依法取得的,所进行的活动是法律所允许的,而无须再通过其他方式证明。许可证不仅是对持有人的权利和权能的证明,而且是对其行为能力的证明,不具备从事某种活动的行为能力的申请人不得被授予许可证。一旦行政机关发现许可证持有人没有行为能力或已丧失行为能力,应撤销该许可证。

2. 确定力

许可证颁发以后,对许可证规定的内容,任何个人和机关都要遵守,不能任意变更。许可证持有人对许可证确定的事项,未经有关行政机关通过法定程序规定不得更改。行政机关如果要撤销、变更许可证或宣布无效,应按照法律、法规所规定的程序才得以为之。

3. 拘束力

许可证规定的许可范围、活动方式、许可项目等内容,对持有人和行政机关都有约束效力。持有人必须按许可证规定的内容进行活动,否则就要承担法律责任。例如,营业执照使行政相对人获得营业权,同时也对营业范围、年限、规模、方式等作了规定,若违反,便可进行法律制裁。专利机关在授予某公民专利证书后,必须保障其专利权不被侵犯,不得再授予他人同样的专利权。

行政许可证一经颁发,便具有法律效力,非经法定事由和程序不得对其许可权加以剥夺。但是,由于某些情况的出现,也会影响到许可证的效力,引起许可证的无效、失效、中止和撤销。

（1）许可证的无效。即许可证自始至终不存在效力。原因主要有：其一，无权机关颁发许可证，或有权机关的主管人员滥用职权颁发许可证；其二，申请人不具备取得许可的条件，却被赋予许可；其三，申请人以欺诈手段取得许可证。

（2）许可证的失效。即许可证自失效之日起丧失法律效力。主要情况有两种：其一，许可证法定期限届满，自行失效。例如，发明专利权的期限为20年，实用新型和外观设计专利权的期限为10年，期满则专利权失效。其二，行政许可的活动完成而使许可证失效。例如，筹建许可证，只限于筹建期间使用。一旦筹建完毕，应正式投产或开业，这时筹建许可证失效。

（3）许可证的中止。即许可证暂时失去法律效力。它是行政机关为制止许可证持有人的违法行为，命令暂时停止从事其被许可的活动，以观后效的措施。例如，从事生产食品的企业生产了不符合卫生标准的食品，卫生主管机关可以命令该企业暂停营业。

（4）许可证的撤销。即许可证持有人不履行有关的法定义务，而由许可机关决定撤销该项行政许可，也称"吊销"。行政许可证的撤销不同于无效和失效，它实际上是对违法者的一种惩罚，所以必须依法行使，包括依照这方面的实体性和程序性法律规定行使。

九、行政许可的监督与责任制度

针对行政许可实践中存在的行政许可实施机关重许可、轻监管或者只许可、不监管，不该准予许可的乱许可或者该许可的又不许可等问题，我国《行政许可法》确立了行政许可的监督与责任制度。

1. 监督检查制度

我国《行政许可法》规定，上级行政机关应当加强对下级行政机关实施行政许可的监督检查，及时纠正行政许可实施中的违法行为。同时，针对一些行政机关重事前审批、轻事后监督的现象，《行政许可法》着重对实施行政许可之后的监督检查作了四个方面的规定：

（1）书面监督检查制度

行政机关对被许可人的监督，原则上应当采取书面监督的方式，即通过核查反映被许可人从事行政许可事项活动情况的有关材料，履行监督责任。这样既可以保证监督的效果，又可以防止监督扰民、增加企业负担。《行政许可法》还规定，行政机关应当将监督检查情况和处理结果的记录签字后归档，供公众查阅。这对增强行政机关工作人员的责任心，促进被许可人诚实守信具有重要作用。

（2）实地监督检查制度

行政机关对于通过书面监督方式难以达到监督效果的，可以进行实地检查、核验、检测。比如，《行政许可法》规定，行政机关可以对被许可人生产经营的产品依法进行抽样检查、检验、检测,对其生产经营场所依法进行实地检查。

(3) 属地管辖制度

一般来说,作出行政许可决定的行政机关负有对被许可人从事行政许可事项的活动进行监督检查的责任,也就是通常所说的"谁审批、谁负责、谁监管"。但是,如果被许可人在作出许可决定的行政机关管辖区域外从事行政许可事项活动,作出许可决定的行政机关就不便对其直接进行监督。《行政许可法》针对这种情况明确规定,被许可人在作出行政许可决定的行政机关管辖区域外违法从事行政许可事项活动的,违法行为发生地的有关行政机关应当依法查处,并将被许可人的违法事实、处理结果抄告作出行政许可决定的行政机关。

(4) 举报制度

个人和组织发现违法从事行政许可事项的活动,有权向行政机关举报,行政机关应当及时核实、处理。

2. 法律责任制度

我国《行政许可法》按照权责一致的原则,对行政机关违法设定、实施行政许可的行为规定了严格的法律责任,主要有三个方面:

(1) 违法设定行政许可的法律责任

行政机关违法设定行政许可的,有关机关应当责令设定该行政许可的机关改正,或者依法予以撤销。

(2) 违法实施行政许可的法律责任

对于行政机关违反法定程序实施行政许可;办理行政许可、实施监督检查时,索取、收受他人财物或者谋取其他利益;违反法定条件实施行政许可,该许可的不许可,不该许可的乱许可;违反规定乱收费等违法行为,由其上级行政机关或者监察机关责令改正,对直接负责的主管人员和其他直接责任人员依法给予行政处分;构成犯罪的,依法追究刑事责任。同时,《行政许可法》还规定,行政机关违法实施行政许可,给当事人的合法权益造成损害的,应当依法承担赔偿责任。

(3) 实施许可后不履行监督职责的法律责任

行政机关不依法履行监督职责或者监督不力,造成严重后果的,由其上级行政机关或者监察机关责令改正,对直接负责的主管人员和其他直接责任人员依法给予行政处分;构成犯罪的,依法追究刑事责任。

案例

复议申请人:沈××、张××等

被申请人:×区卫生局

法定代表人:陶×,×区卫生局局长

沈××,男,66岁;张××,男,67岁。沈××、张××以前同为×医院医生,二人均具有高级职称。1994年10月,沈××、张××相继退休以后,二人协商组织一批退休老医师办一个个体医院。沈××、张××二人共同组织具有高级职称的老医师6名,并照顾到各个科目。1994年12月1日,沈××、张××二人向×区卫生局提交了下列申请材料:(1)设立医院的申请书;(2)设置医院的可行性报告;(3)医院的选址报告和有关建筑状况的报告。所提供的材料是完整的,符合《医疗机构管理条例》第10条、第16条的有关规定。×区卫生局对这些材料进行了认真审查,发现主治医生的年龄都是超过65周岁的退休人员,认为以这样的年龄从事行医治病活动实属不妥,遂于1994年12月20日对沈××、张××等作出不予批准的书面答复。

沈××、张××等对×区卫生局的答复不满,向×市卫生局提起了行政复议,称其即将开办的医院是一个高水平医院。理由是,该医院绝大多数医师都身怀绝技。沈××、张××还称,他们申请办医院,(1)符合医疗机构的基本标准;(2)有适合的名称、组织机构和场所;(3)有与开展业务有关的经费、设施、设备和其他从业人员;(4)有相应的规章制度。这些情况都反映在他们向×区卫生局提供的论证报告中,并称依《×省医疗机构管理规定》,不得申请开业行医的情形只有三种:全民所有制和集体所有制医疗机构的在职人员;因道德品质败坏或严重医疗过错,被开除公职或撤销从事医疗工作资格者;精神病患者及患有其他不适宜开业行医的疾病者。沈××、张××指出,他们申请开医院不属于上述禁止的情况,×区卫生局以其年老而不发给开业许可证的行为是没有法律根据的,×市卫生局应责成×区卫生局为其办开业许可证。×市卫生局经过复议认为,沈××、张××的复议请求有法律和事实根据,×区卫生局以其年老不颁发许可证的行为违反了《医疗机构管理条例》第10条、第16条和《×省医疗机构管理办法》第8条、第9条的规定,作出撤销×区卫生局的行政决定,并责成×区卫生局向复议申请人沈××、张××发放行医许可证。

评议

本案是一个行政机关向公民、法人和其他社会组织作出行政许可行为的案件。行政许可是行政机关对社会事务进行管理的基本手段之一。行政许可的前提是法律规定了某种禁止状态,一般社会成员如果具备法律规定的条件,就不能从事法律所禁止的事务。本案中的开业行医在一般情况下是法律禁止的。也就是说,一般社会成员不能从事这样的活动,只有符合法律条件时,才能从事此类活动。行政许可行为的作出以当事人具备一定的条件为前提,只要具备法律规定的条件就应当取得相应的资格。所以,条件的审查就成为行政许可行为的关键。本案中,×区卫生局全面审查了沈××、张××的开业行医资格,以年龄过大为由予以拒绝是不合法的。法律上规定的条件具有法定性和不可更改性,任何行政机关不得随意改变法律、法规规定的条件。本案中，×区卫生局就是在法律规定的条件之外，对当事人强加了新的条件，这是违法的。本案发生之时我国还没有制定行政许可法，导致行政许可行为在行政法制实践中较为混乱。尤其是行政许可是在当事人申请下作出的行政行为，一些行政机关对待此类行为常常不够主动，该颁发许可证的不予颁发。有的行政机关甚至对公民、法人的许可请求置之不理。这些都是违反行政法原则的，是行政法上的不作为行为。行政机关如何积极履行颁发许可证的职责是行政法治实践面临的重要课题之一。①

第三节　行政征集原理与实务

一、行政征集概述

"行政征集"是"行政征收"与"行政征用"的上位概念，但是在我国行政法学中至今没有确立"行政征集"的概念。这样的结果致使学者们在研究时只能将这两个概念并列，称为"行政征收与行政征用"。这种并列使用一方面不能穷尽与此相关的法律制度，如征集兵员；另一方面容易使初学者将"行政征收"与"行政征用"这两个概念当作一个概念使用。

"行政征集"这一概念，是作为行政法学上有关行政主体向行政相对人征收人力、物力、财力的集合性概念。"征集"一词在《现代汉语词典》中有两个基本含义：一是指用公告或口头询问的方式收集；二是指征募。② 结合这两个基本含义与法律制度的具体规定，行政征集是指行政主体依据法律或职权从行政相对人处获取人力、物力、财力的行政行为。该定义包括如下含义：第一，行政征集的主体是行政主体，非行政主体在没有得到行政主体委托的情况下不得实施行政征集活动，否则就属于违法征集，必须依法查处。第二，行政征集必须有法律依据，没有法律依据的征集活动即使是行政主体实施的，也属于非法要求履行义务的行为。在紧急情况下，为应对突发事件而实施征集活动也必须遵守《突发事件应对法》的相关规定。在没有法律依据的情况下进行的征集，属于滥摊派。第三，行政征集的实质是行政主体获得行政相对人的人力、物力、财力。第四，行政征集是一类具体行政行为，包括对人力的征集、对物力的征集和对财力的征集。③

二、行政征集的范围

根据我国现行立法和行政管理实际的需要，行政征集包括如下几类：人力征

---

① 参见关保英：《行政法案例教程》，中国政法大学出版社2013年版，第279页。
② 参见《现代汉语词典》，商务印书馆2012年版，第1658页。
③ 参见杨临宏：《行政法：原理与制度》，云南大学出版社2010年版，第448页。

集、物力征集和财力征集。其中,人力征集包括征兵、征集民兵、征集民工和社会动员时征集相关的工作人员;物力征集主要是行政征用;财力征集包括税收征收和行政收费。

三、行政人力征集

行政人力征集,是指行政主体为了获得人力资源而直接募集符合法定条件的行政相对人从事某种活动的行政行为。行政人力征集有以下几种:

1. 征兵

根据《兵役法》的规定,我国实行义务兵与志愿兵相结合、民兵与预备役相结合的兵役制度。全国每年征集服现役的人数、要求和时间,由国务院和中央军事委员会的命令规定。

2. 征集民兵

根据《兵役法》的规定,民兵是不脱产的群众武装组织,是中国人民解放军的助手和后备力量。民兵的任务是:(1) 参加社会主义现代化建设;(2) 执行战备勤务,参加防卫作战,抵抗侵略,保卫祖国;(3) 为现役部队补充人员;(4) 协助维护社会秩序,参加抢险救灾。乡、民族乡、镇、街道和企业事业单位建立民兵组织。

3. 征集民工

在实践中,根据国家战争或应对突发事件的需要,国家在必要时也会征集一部分民工参与战争或突发事件的应对工作,但是一般应当给予相应的补偿。

4. 征集志愿者

通常意义上,志愿者是指"自愿为社会公益活动、赛事、会议等服务的人"[①]。志愿服务,是指任何人自愿贡献个人时间和精力,在不为物质报酬的前提下,为推动人类发展、社会进步和社会福利事业而提供服务的活动。尽管早在1995年的全国政协八届三次会议上就提交了《关于制定〈志愿服务法〉的提案》,但我国的志愿者服务至今缺少全国性立法。在地方立法中,最早是1999年8月5日在广东省九届人大常委会第十一次全体会议上通过的《广东省青年志愿服务条例》,之后其他一些省市也对志愿者服务进行了立法。但是,总体而言,关于志愿者的征集问题在我国至今还很不规范,需要进一步加强研究和立法。

5. 社会动员

"动员"一词对于人们来说并不陌生。从字面上理解,它就是发动人们参加某项活动的意思。我国《宪法》第80条规定:"中华人民共和国主席根据全国人民代表大会的决定和全国人民代表大会常务委员会的决定,公布法律,任免国务院总理、副总理、国务委员、各部部长、各委员会主任、审计长、秘书长,授予国家的勋章

---

① 《现代汉语词典》,商务印书馆2012年版,第1678页。

和荣誉称号,发布特赦令,宣布进入紧急状态,宣布战争状态,发布动员令。"《兵役法》第九章专门规定了战时兵员动员问题。《突发事件应对法》第6条规定:"国家建立有效的社会动员机制,增强全民的公共安全和防范风险的意识,提高全社会的避险救助能力。"《国防动员法》规定,国家加强国防动员建设,建立健全与国防安全需要相适应、与经济社会发展相协调、与突发事件应急机制相衔接的国防动员体系,增强国防动员能力。国防动员坚持平战结合、军民结合、寓军于民的方针,遵循统一领导、全民参与、长期准备、重点建设、统筹兼顾、有序高效的原则。公民和组织在和平时期应当依法完成国防动员准备工作;国家决定实施国防动员后,应当完成规定的国防动员任务。国家保障国防动员所需经费。国防动员经费按照事权划分的原则,分别列入中央和地方财政预算。可见,社会动员应当是一项重要的行政法律制度。

所谓社会动员,是指有目的地引导社会成员积极参与重大社会活动的过程。社会动员有着明确的目的,即它是为了实现特定的目标而形成的一种社会群体性的行为。没有目的的群体行为,不是社会动员。目的不完整的群体行为,最多只能形成不完整的社会动员。与没有秩序、没有组织的集群行为不同,社会动员是有秩序的群体行为。社会动员需要多个社会阶层的成员、众多的社会成员的参与,某个镇、乡甚至是村庄范围内的社会参与,不可能成为社会动员。①

四、行政征用

在我国,土地征用是指国家根据建设需要,征收集体所有的土地作为国家建设用地,并对被征地单位及群众给予适当补偿、补助和安置的制度。我国实行土地的社会主义公有制,即全民所有制和劳动群众集体所有制。国家为了公共利益的需要,可以依法对集体所有的土地进行征用。在我国,行政征用主要是指土地征用,即对劳动群众集体所有的土地进行的征用。国家征用土地既关系到国家建设,又关系到广大农民的切身利益,涉及国家、集体和个人三者之间的矛盾与协调,必须全面兼顾,妥善行事。我国有关土地征用的现行法律、法规既规定了被征集单位及居民应服从国家需要,不得妨碍和阻挠征地工作,又具体规定了对被征地单位及居民的补偿、补助和安置的措施。

根据我国《土地管理法》《土地管理法实施条例》的规定,国家建设征用土地按以下程序进行:

(1)申请用地。申请用地的先决条件是:按规定批准的建设项目,已列入本年度固定资产投资计划或批准列入预备项目的,建设单位方可申请用地。建设单位持批准的建设项目设计任务书或初步计划、年度基本建设计划等有关文件,向被征

---

① 参见杨临宏:《行政法:原理与制度》,云南大学出版社2010年版,第449—453页。

用土地所在地的县级以上地方人民政府土地管理部门申请建设用地。

（2）划定用地范围，拟订征地方案。县级以上地方人民政府土地管理部门对建设用地申请进行审核，划定用地范围，并组织建设单位与被征地单位以及有关单位依法商定征用土地的补偿、安置方案，报县级以上人民政府批准。

（3）审批用地。在用地单位向被征地土地管理部门提出正式用地申请后，土地管理部门对建设项目的用地界限、用地类别、用地数量进行最后的核实，签署审批意见。接着，按照《土地管理法》规定的权限，及时提交县（市）人民政府审批，或转报上一级人民政府审批。征地申请经过批准以后，在土地管理部门主持下，用地单位和被征地单位依据批准的各项内容，正式签订征用土地协议。与此同时，填写国家建设征用土地呈报表，在县（市）人民政府权限之内审批的，必须将所有附件复制一份或数份上报。

（4）划拨土地。建设单位的用地申请经县级以上人民政府依法批准后，由项目所在地土地管理部门根据批准用地文件，核发建设用地批准书，并通过建设单位依照国家规定和批准的征地协议，缴纳、支付各项税费，并会同有关部门落实安置措施。土地管理部门根据建设进度一次或分期划拨建设用地，督促被征地单位按时移交土地。

（5）颁发土地使用证。建设项目竣工后，建设项目主管部门组织有关部门验收，申请土地登记，县级以上人民政府土地管理部门核查实际用地，经认可后办理土地登记手续，核发国有土地使用证。

五、行政征收

行政征收，是指国家行政机关依据一定的法定标准和条件，向公民、法人等强制无偿地征收货币或实物的行政行为。其实质是国家凭借自身的政治权力，参与国民收入分配和再分配的一种有效方式。行政征收是国家活动的物质基础，是国家财政收入的最基本来源。没有征收，国家就无法有效地筹集财政资金，执行社会职能，国家的存在将难以想象。

行政征收具有以下特征：

1. 强制性

行政征收是法律赋予征收机关的权力。行政相对人履行缴纳征收款或实物的行为也是法律所确立的义务。因此，行政征收可以在不必征得行政相对人同意，甚至违背行政相对人意志的情况下进行。行政相对人必须予以服从，否则要承担相应的法律责任。

2. 无偿性

国家为了维持统治，完成职能，提供公益福利等社会服务，需要一定的资财物质。但是，国家机关本身并不直接从事生产、创造财富，故只能凭借国家行政权力，通过征收方式取得所需的物质资财。这决定了征收行为必须是无偿的,即无须向被征收主体偿付任何报酬。

3. 固定性

由于行政征收直接指向行政相对人的经济利益,因而征收的金额必须能够依法定标准加以计算,任何人都不能对法定标准加以改变。行政征收是国家及时、足额地取得财政收入和其他收入的重要手段,能够把应缴纳的各种应征款征收过来,成为国家的财政收入或其他国家事业费收入,由国家统一支配使用,以保证自身运转,满足国家建设事业及其他社会经济发展的需要。

行政征收的主要形式是税收,它具有调节生产、调节分配的经济杠杆作用。在调节生产方面,行政征收按照反映价值规律的法律的要求,对一些生产不足、市场短缺的产品,可以规定低税率和减免措施,以增加行政征收后的利润,刺激生产者的积极性,促进产品的生产。对一些应该限制生产的产品,可以规定较高的税率,以减少税后利润,压抑生产者的积极性,减少其产量。行政征收在调节收入方面的作用也是必不可少的。目前,在地区、行业、企业、产品之间,由于价格、自然资源、技术装备、交通条件等方面的原因,比较普遍地存在着利润水平悬殊的现象。国家通过行政征收反映出对其不同的态度,即规定不同的税种、税率以及各种减免办法,在一定程度上可以合理解决企业间的级差收入,把企业因外部条件好而多得的利润收入国库,使主观努力基本相同的企业能够取得大体上相等的利润。

案例

×学校于2004年12月由游某出资,经A县教育委员会批准,登记注册为民办非学历教育培训机构,从事非学历的、具有收益的教育劳务。但是,×学校未到工商行政管理机关登记注册,也未到税务机关进行纳税申报。2006年10月25日,S税务所向×学校送达了《关于纳税申报有关问题的通知》和《关于加强教育劳务和养育服务税收征收管理政策的通知》。×学校未按照接到的通知要求申报纳税。同年11月17日,S税务所向×学校作出了×地税限改[2006]13号《责令限期改正通知书》。×学校未按该通知要求办理税务登记事宜。同年12月12日,S税务所向×学校作出了×地税限改[2006]23号《责令限期改正通知书》。同年12月28日,S税务所向×学校作出了×地税欠告字[2006]49号《追缴欠税(滞纳金)事项告知书》。2007年1月19日,×学校交清了应纳税费和滞纳金计1332元。但是,×学校不服,以S税务所没有按照《民办教育促进法》的规定,使×学校与其他民办教育机构享有同等优惠政策待遇为由,诉至A县人民法院,请求确认S税务所的税收征收行为违法。

评议

本案涉及的是行政征收中的税收征收问题。所谓税收征收,是指国家税务行政主体依照税法规定的标准,强制、无偿地向纳税义务人收取税款的行政行为。这是国家无偿参与国民收入的分配,取得公共财政收入的一种方式。本案的争议焦点是:S税务所于2007年1月19日对×学校的税收征收行为是否合法?判断税收征收行为是否合法主要从以下几方面进行审查:

首先,实施税收征收行为的主体是否为法定的主体。税收征收的主体,是指在税收征收法律关系中依法代表国家行使税收征收权力,向纳税主体征收税款的税务行政主体。①《税收征收管理法》第14条规定:"本法所称税务机关是指各级税务局、税务分局、税务所和按照国务院规定设立的并向社会公告的税务机构。"S税务所是以法定程序设置的税务机关。因此,S税务所是法律授权的本辖区的税务机关,是实施税收征收行为的适格主体,有权依法征收税款。

其次,税收征收行为是否有法律依据。税收征收的法律依据包括实体法依据和程序法依据。从实体法律规定来看,S税务所要求×学校缴纳税款的行为是合法的,×学校主张其属于免税范围没有法律依据。虽然依《营业税暂行条例》第8条第1款第4项的规定,学校和其他教育机构提供的教育劳务属于免征营业税的范围,但是此处"学校和其他教育机构"并非指全部学校。依《营业税暂行条例实施细则》第22条第1款第2项的规定,《营业税暂行条例》第8条第1款第4项所称"学校和其他教育机构",是指普通学校以及经地、市级以上人民政府或者同级政府的教育行政部门批准成立,国家承认其学员学历的各类学校。本案中,×学校属于民办非学历教育培训机构,从事非学历的、具有收益的教育劳务。因此,×学校并不属于免征营业税的教育机构,即S税务所对×学校征收营业税符合实体法律规定。从程序法律规定来看,S税务所履行了法律所要求的征税程序。第一,S税务所向×学校送达了《关于纳税申报有关问题的通知》和《关于加强教育劳务和养育服务税收征收管理政策的通知》,但是×学校未按照接到的通知要求申报纳税。第二,S税务所对×学校两次作出《责令限期改正通知书》,但是×学校未提供任何正当理由的情况下,拒不进行纳税申报。第三,S税务所向×学校作出了《追缴欠税(滞纳金)事项告知书》。由上可见,S税务所要求×学校缴纳税款的行为符合行政法律规范关于程序的规定。

综上所诉,S税务所对×学校的征收税款行为认定事实清楚,证据充分,具有法律依据,依法应当予以维持。②

---

① 参见应松年主编:《行政法与行政诉讼法学》(第二版),法律出版社2009年版,第247页。
② 参见应松年、董皞:《行政法与行政诉讼法学案例教程》,法律出版社2011年版,第120—122页。

第四节　行政强制原理与实务

一、行政强制概述

行政强制,是指在行政过程中出现违反义务或者不履行义务的情况下,为了确保行政的实效性,维护和实现公共利益,由行政主体或者行政主体申请人民法院,对公民、法人或者其他组织的财产以及人身自由等予以强制而采取的措施。[1]

基于这个定义,可以从以下几方面把握行政强制的概念:

第一,行政强制的执行主体一般为行政主体,也有在一些特殊情况下由人民法院承担的。例如,人民法院有时依据行政机关的申请,对经其审查认为合法适当的行政决定予以强制执行。无论是行政主体还是人民法院,均必须依据法定权限行使行政强制权。

第二,行政强制是针对行政过程中有违反义务或者不履行义务的情况的行政相对人实施的强制。行政强制注重对违法行为的制止,在证据可能被损毁、危害可能发生或者危险可能扩大的情况下,采取临时的措施予以限制或者控制;在不履行法定义务的情况下,采取相应的强制措施,以实现义务的履行。

第三,行政强制的目的在于确保行政的实效性,维护和实现公共利益。行政强制权是国家行政权的重要组成部分,是实现公共利益的保障手段。以实现公共利益为目的,是包括行政强制在内的一切行政活动正当性的判断基准。所以,一旦实现了相关目的,行政强制应当立即终结。

第四,行政强制是典型的侵权性行政行为之一,是对公民、法人或者其他组织的财产以及人身自由等实施的强制,因而尤其强调"依法律行政"原则,一般要求有明确而具体的法律授权。行政强制是为执行法律,实现公共利益等行政目的,保护私人合法权益而存在、实施的。因此,行政强制的实施也要求有较为严格的法律依据,需要有法律、法规的具体规定。

第五,"行政强制"是一个复合性概念,作为确保行政实效性的制度或者确保私人履行义务的制度,各项不同的行政强制既有共性,又有各自的独特性,所以不仅需要对其理论上的异同进行审慎的梳理和高度的概括,而且必须对其在实定法上的诸多形态予以缜密的分析,对每一种具体的制度进行深入的探究。[2]

---

[1] 参见〔日〕南博方:《行政法》(第六版),杨建顺译,中国人民大学出版社2009年版,第121页。
[2] 参见姜明安主编:《行政法与行政诉讼法》(第五版),北京大学出版社、高等教育出版社2011年版,第287—288页。

二、行政强制的种类

根据我国《行政强制法》第 2 条第 1 款的规定,行政强制可以分为行政强制措施和行政强制执行两类。

1. 行政强制措施

行政强制措施,是指行政机关在行政管理过程中,为制止违法行为、防止证据损毁、避免危害发生、控制危险扩大等情形,依法对公民人身自由实施暂时性限制,或者对公民、法人或者其他组织的财产实施暂时性控制的行为。基于这一定义,行政强制措施可分为对公民人身自由的行政强制措施和对公民、法人或者其他组织的财产的行政强制措施。但是,《行政强制法》并未进行这样的分类,其第 9 条规定了行政强制的四种类型:限制公民人身自由,查封场所、设施或者财物,扣押财物,冻结存款、汇款,并作了"其他行政强制措施"的兜底规定。①

行政强制措施有以下几个方面的特点:首先,行政强制措施的实施主体是依法享有行政强制措施权的行政机关或者法律、法规授权的组织;其次,行政强制措施的根本特性在于它是"暂时性"的措施;再次,行政强制措施针对的对象是人身或者财产;最后,行政强制措施的目的是制止违法行为、防止证据损毁、避免危害发生、控制危险扩大,以达到行政管理和行政执法效果。

按不同程序分类,并考虑到与行政强制的形式相对应,法学理论界通常将行政强制措施划分为:

(1) 执行性行政强制措施

执行性行政强制措施是行政机关为了保证法律、法规、规章和其他行政规范性文件以及行政机关本身作出的行政决定所确定的行政相对人的义务的实现,针对不履行具体行政行为所确定义务的行政相对人,采取一定的强制措施,迫使行政相对人履行相关义务或实现与履行义务相同状态所采取的行政强制措施,又可以称为"行政强制执行措施"。"行政强制执行是现代法治国家中行政强制措施的最基本的类型"②,并将行政强制执行与即时强制和行政调查并列置于行政强制措施之下,作为行政强制措施的下位概念而存在。执行性行政强制措施包括查封、扣押、冻结、扣缴、划拨、强制收购、限价出售等直接强制执行措施和执行罚、代执行等间接强制执行措施。目前,该理论观点只是非主流观点,为大多数学者所抛弃,也为立法所抛弃。执行性行政强制措施已经从行政强制措施中脱离出来,而变为与行政强制措施并列的一种行政行为。

---

① 参见姜明安主编:《行政法与行政诉讼法》(第五版),北京大学出版社、高等教育出版社 2011 年版,第 289 页。
② 胡锦光等:《行政法专题研究》,中国人民大学出版社 1998 年版,第 182 页。

(2) 即时性行政强制措施

即时性行政强制措施是行政机关在遇有严重影响国家、集体或者公民利益的紧急事态的情况下,为排除紧急妨碍、消除紧急危险、维护社会秩序的稳定,来不及先行作出具体行政行为,依照法定职权而直接对行政相对人的人身、财产或行为采取的强制限制的行政行为,这是法律赋予某些特定的行政机关的一种紧急处置权。行政即时强制的决定与实施往往同时作出、同时施行,两者之间通常没有时间的间隔,也没有作先后顺序之分。所以,在现实法律实践中,行政机关采取的是一个即时性行政决定行动,行政相对人感知的是限制或影响自身权益的手段或措施。这是人们通常对行政即时强制和行政即时强制措施不加区分的主要原因之一。另外,由于即时强制是在事态紧急和突发事件的情况下实施的,其过程相对短暂,其程序也比较简单,甚至没有强制性程序,故行政即时强制措施几乎可以等同于行政即时强制。但是,在理论上,我们一般将行政即时强制措施解释为行政即时强制过程中所实施的行政强制措施,简称"即时强制措施"。即时性行政强制措施的主要特征是,具有紧迫性,行政处理和措施执行无间歇性,行政相对人必须无条件服从,即先执行即时行政强制措施再争讼。

2. 行政强制执行

行政强制执行,是指在行政法律关系中,作为义务主体的行政相对人不履行其相应义务时,行政机关或者行政机关申请人民法院,依法强制其履行义务的行为。[①] 行政强制执行有如下特点:

第一,强制性质更突出。即此种行政行为的强制力不再是处于备而未发的"潜隐"状态,而是显现出来,直接施加于一定的客体,需要行政相对人实际地承担、忍受。

第二,主观决断性强。凡是行政行为的发出,均体现一定的行政意愿。但是,在诸如制定行政法规或规章、实施行政检查、作出行政处理决定的过程中,由于客观条件允许,行政主体有可能向外征询并接受意见,也允许行政相对人为自身权益而申辩、反驳等。行政主体予以接受考虑,改变最初意见乃至几易其衷的现象可能会发生。行政强制执行行为因一般应用于欲求立时达到行政目的之际,故多无暇旁骛。行政权力行使中主观决断排他性的一面在此突出地显现出来。

第三,执行特征更明显。执行性是一般行政行为的特有属性和功能。但是,行政法规、规章从制定、公布到正式生效可以间隔一定时间。某些行政处理决定为求得行政相对人的服从并自动履行,允许若干时日的等待。行政强制执行经常在需要即刻排障奏效的情况下采取,因而从行政主体命令、指示的发出到实施几乎同步进行,至多只有极短的时限。

---

① 参见姜明安主编:《行政法与行政诉讼法》(第五版),北京大学出版社、高等教育出版社2011年版,第290页。

第四,行政强制执行多针对确定的状况或结果发出。行政法规、规章的条款规定往往针对某种预测、假定的情形,行政检查通常针对某种尚待查明判断的不确定的情况进行。行政强制执行一般在行政相对人的法定义务或法律责任确实存在的前提下才能实施。

第五,行政强制执行的强度高于一般非强制性行为,它对于日常的行政管理具有奏效快的特点,但是相应的副作用也较大。这体现在,若发生偏误,对于行政相对人的损害程度也是严重的,甚至造成难以挽回的后果。同时,不管实施主体的主观意图如何,一般只能以"唱黑脸"的角色出现。这就极易在实施主体与客体之间形成某种抵触、对抗。事实证明,行政强制执行领域是行政违法与侵权问题的"多发地带"。

行政强制执行以强制执行的手段与目的之间的关系为标准,可分为以下两类:

(1) 间接强制

间接强制,是指执行机关不直接通过自己的强力措施促使行政相对人履行义务,而是通过其他间接的措施达到强制执行的目的。它又可分为代履行和执行罚两种。

代履行又称"代执行",是指当事人不履行义务时,该义务可以由他人代为,行政机关自行或请他人代为履行,再向义务人征收费用。例如,法定义务人负有拆除自家门前妨碍交通的建筑物的义务,经一再责成告诫后拒不拆除,行政机关可派人代为拆除,并责令其负担费用。

代履行的运用,须适合以下条件:一是义务人不履行的必须是作为义务。如果是不作为义务,就没有代履行的可能。二是代履行仅限于他人能够代为履行的义务,如清除垃圾、拆除房屋等,而有些则必须义务人自为,如服兵役、身体检查等。三是必须由行政机关自为或请第三人代为履行。例如,按我国《森林病虫害防治条例》的规定,被责令限期除治森林病虫害者不除治的,林业主管部门或者其授权的单位可以代为除治,由被责令限期除治者承担全部防治费用。四是必须由义务人负担一切费用。费用的征收以代履行实际支付的人力、物力为限。如果义务人拒不缴纳费用,行政机关可以采取直接强制的方法予以强制征收。代履行费用的征收分事先征收与事后征收两种,各国对这两种方式均有采用。但是,事先预缴纳的要多退少补。

执行罚,是指义务人不及时履行他人不能代为履行的义务,行政机关为达到使其履行义务的目的,科以新的金钱给付等义务的强制执行方法。这种执行方法带有责罚的意思,因此称为"执行罚"。例如,有某种传染病的嫌疑人,按照有关卫生行政法规的规定,负有到指定的医院进行健康检查的义务;若不去检查,有关机关就可以依法科以一定数量的罚款,促使其去检查。传统的执行罚方法局限于纯粹的金钱给付义务。现代执行罚的方法已超出金钱给付义务的范围,包括科以人身义务或行为义务等。例如,根据我国《治安管理处罚法》的规定,拒绝交纳罚款的,可以处15日以下拘留,罚款仍应执行。这里的行政拘留便不是行政处罚,而是执行罚。因它没有替代罚款义务的履行,只是通过更为不利的结果和更为严重的义务的威慑,促使当事人履行原义务。

执行罚的适用须符合两个条件:一是义务人不履行他人不能代为履行的义务。例如,纳税义务人不依法纳税。对于可替代的作为义务能否适用执行罚,各国法律有不同规定。德国强制执行法规定,对可替代的作为义务,也可以采取执行罚这种间接强制的执行方式。日本原先的行政执行法则作了排除规定。我国对这一问题尚无法律明示。二是执行罚的数额,依照我国有关法律、法规的规定,有如下三种情况:规定执行罚的确定数额,如交纳3%的滞纳金;规定执行罚数额的幅度,如按日加增罚款1至5元;没有规定执行罚的数额,如海关法中对滞纳金的规定。凡有法律规定的,应依法执行。法律没有规定或只规定了一定幅度的,由行政机关视被执行人的财产情况及反抗程度自由裁量,但是应以能够促使义务人自动履行义务为标准。

(2) 直接强制

直接强制,是指在用间接强制没有达到目的,或遇紧急情况不容延缓时,对义务人的人身、行为或财物直接施加实力强制,使之实现所设义务之状态。例如,税务机关对负有纳税义务的纳税人,在其不缴纳税款时,可使用收取滞纳金的方法促其履行;仍然无效时,税务机关可通知其开户银行扣缴入库。

直接强制的方式分为对人身的直接强制、对行为的直接强制、对财物的直接强制三种。对人身的直接强制如强制拘留、强制传唤、强制服兵役、强制遣回原地、驱逐出境;对行为的直接强制如强制许可、强制拆除、强制检定、强制搬迁、强制吊销许可证、强制停产停业、强制治污、强制销毁;对财物的直接强制如强制扣缴、强制划拨、强制抵缴、强制收税、强制退回土地、强制没收等。

三、行政强制执行的作用

行政强制执行是行政机关进行有效管理必不可少的手段,它的主要作用体现在:

第一,保障行政管理活动的正常顺利进行。国家行政管理的领域十分广泛,情况纷繁复杂,个别人不履行行政法为之设定的义务,违反行政管理规则的问题随时可能发生,如果没有相应的行政强制手段作为行政执法的辅助,以发挥必要的威慑力,行政管理的最佳效果就很难达到。行政强制执行权是行政权力的有机组成部分,缺少这一部分行政权力的行使,行政将变得软弱无力。

第二,维护社会公益。行政权力运作的最终目的在于,通过维持良好、稳定、安全的经济和社会秩序,以保护一般公民与法人的权益。如果行政主体对于不履行行政法规定的义务的行政相对人所为损害社会公众利益的行为束手无策,无力遏止,听凭害群之马随心所欲,广大人民群众的利益将得不到维护。行政强制执行行为将通过对少数不遵纪守法者的强制,保障整个社会群体和普遍的利益。

第三,敦促行政相对人及时履行义务。这是行政强制执行的最直接目的。一般说来,行政强制执行的内容,对于行政相对人而言,都是必须履行而不能通融的法定义务,即便作为管理主体也无权予以免除或减轻。行政机关在必要的情况下采取强制执行手段,只能敦促、帮助行政相对人尽早履行法定义务,以免其行为愈演愈烈,造成对其更加不利的法律后果。

案例

原告薛×承包六圈村土地3亩,种植柳树、国槐、香椿等树木、花卉,并建有房屋、温室、大棚。2002年12月,某科技园建设发展有限公司经国务院和×市人民政府批准,征用六圈村集体土地进行科技园产业基地建设。薛×承包的3亩土地在此次被征地范围内。在实施征地过程中,薛×认为没有得到合理的地上附着物补偿和青苗补偿,因而拒绝腾出承包的土地。2003年8月6日,被告×区建设委员会及×区政府征地拆迁办公室等联合向薛×发出通知,告知薛×于8月7日前协助有关人员对其承包土地范围内的地上物、青苗等进行丈量、登记,并要求其自行处理地上物,否则将于8月8日进行外围、外观登记作价,收回土地。8月8日,被告组织相关人员强制拆除、铲除薛×承包土地上的房屋、温室、大棚、树木、花卉,将土地收回。薛×不服,于2004年9月向被告提出国家赔偿申请,被告没有答复。薛×遂提起诉讼。

原告薛×诉称:2003年8月6日,被告、×区政府征地拆迁办公室等四单位联合向原告发出通知,称在2003年8月7日前,上述单位对原告承包土地范围内的地上物、青苗等进行丈量、清点、登记、认定、作价,并要求原告将地上物自行处理。但是,被告并没有给原告必要的准备时间,原告无法按照通知规定的时间处理。同年8月8日上午,被告既不与原告协商,也不将原告所种植的经济花木作合理的安排与处理,用推土机强行将价值46万余元的经济花木和建筑物全部毁坏,使原告苦心经营几年的经济花木毁于一旦。原告于2004年9月27日向被告递交了赔偿申请书,被告至今不予答复。原告请求法院确认被告对原告的强制征地拆迁行为违法,判令被告赔偿损失46万元。

被告辩称:2002年,某科技园建设发展有限公司经批准,征用六圈村部分集体土地进行科技园产业基地建设,原告承包的土地在被征用的范围之内。某科技园建设发展有限公司和六圈村村民委员会签订了征用土地补偿合同书之后,征地单位已向六圈村村民委员会实际支付了相应的土地补偿费。被征土地上的绝大多数承包人都积极配合征地工作,但是有个别的承包人,包括原告在内,一直不交出承包的土地,严重影响到征用土地的开发建设。2003年8月8日,被告组织相关单位,依照《土地管理法实施条例》中关于征地补偿安置争议不影响征用土地方案实施的有关规定,收回了原告薛×承包的土地。农村集体土地经有关部门批准被征为建设用地以后,村民与集体组织之间原来的承包关系应该终止,承包人应该服从公共利益的需要,主动向建设用地方交回土地,领取地上物和青苗补偿费。但是,原告却没有按期交回土地,阻碍了国家征用土地工作的实施。所以,被告依据法律规定,在履行完毕相关的手续之后对土地先行收回的做法并无不当。原告的土地被收回之后,建设单位仍然会按照政府公布的价格给付地上物和青苗补偿费,而且这部分费用已经提存到了银行的专用账户内,所以原告的合法权益并没有被剥夺,请求法院驳回原告的诉讼请求。

评议

本案首先要区分行政执行与行政强制执行。行政执行是行政法中不可或缺的内容,行政执行制度的构建不仅关系到行政诉讼判决裁定的有效实现,也关系到行政决定内容的最终实现。执行具有以下特征:第一,以国家强制力为后盾;第二,执行依据是生效的法律文书;第三,执行的对象是人身、财产或行为;第四,执行是依据法定程序与方式进行的,采取的措施也依据法律规定。行政执行与行政强制执行是不同的概念,前者是从诉讼法学角度按三大部门诉讼法界定的,后者则是从行政法学之行政行为角度界定的。行政执行不仅包括对法院生效法律文书的行政诉讼执行,还包括对行政机关所作的行政行为的非诉行政执行;行政强制执行则由行政机关申请法院强制执行和行政机关自行执行构成。

行政强制执行的主体有两种,一种是法院,另一种是行政机关。我国行政强制执行实行的是以申请人民法院执行为原则,以行政机关自行执行为例外的模式。当行政行为相对人不履行法定义务时,如果行政机关未被赋予强制执行权,行政机关只能申请人民法院强制执行;如果被赋予强制执行权,则行政机关既可以自行强制执行,也可以申请人民法院强制执行。在我国,享有强制执行权的行政机关并不多。即使享有强制执行权,行政机关也可以申请人民法院强制执行。因此,人民法院是行政强制执行权的主要享有者。

本案中,按照我国《土地管理法实施条例》第45条的规定,违反土地管理法律、法规规定,阻挠国家建设征用土地的,由县级以上人民政府土地行政主管部门责令交出土地,拒不交出土地的,申请人民法院强制执行。薛×对补偿标准有异议,且以没有得到合理补偿为由拒绝交出土地,影响了土地征用工作的进行。但是,被告×区建设委员会并非人民政府土地行政主管部门,对薛×不交出土地的行为,无权行使责令交出土地的权力,更无权行使法律赋予人民法院的强制执行权。因此,被告超越其法定职责范围责令原告交出土地并进行强制征地拆迁的行为违法。[①]

第五节 行政处罚原理与实务

行政处罚,是指特定的行政机关或者法定授权组织、行政委托组织,依法惩戒违反行政管理秩序,尚未构成犯罪的行政相对人的一种制裁性的行政行为。行政处罚法,是指由国家机关依法制定的规范行政处罚行为的各种法律规范的总称。基于行政处罚行为"乱"和"软"的双重不良现象,行政处罚法一方面要保护行政相对人的合法权益,使其免受不法行政处罚侵害后果;另一方面又要维护行政权,保证国家行政管理目标的实现。因此,行政处罚立法是对公共权力、社会权利、私人权利予以平衡的法律机制。世界上第一部行政处罚法是奥地利的《行政处罚法》(1926年),之后有日本的《轻犯罪法》(1948年)、德国的《违反秩序法》(1968年)、意大利的《行政处罚法》(1981年)等。我国的行政处罚法分为散在型立法和独立型立法两种,前者主要分布在各种行政法律规范之中,涉及各个行政管理领域;后者主要有:《行政处罚法》《治安管理处罚法》,以及各种单一的行政处罚法实施细则、程序法等。

一、行政处罚概述

行政处罚的法律特征有如下几点:第一,行政处罚由特定的行政主体适用。行政处罚权专属于行政主体一方,只有经法律、法规、规章明文规定拥有行政处罚权的特定行政机关或授权、委托的组织,才能作出行政处罚行为。个人不是行政处罚权的拥有者,执法的自然人不能以自己的名义处罚。有的国家赋予法院部分行政处罚权。例如,日本对单纯的违反行政法义务的行为,根据非诉事件程序法,由法院科处。第二,行政处罚的对象是特定的行政相对人。即违反行政管理秩序的公民、法人和其他组织,其行为是特定的,不能是民事违法行为和犯罪行为。第三,行政处罚既是一种具体行政行为,又是一种法律责任和法律制裁形式。从法理上看,作为具体行政行为的行政处罚,是由专门行政主体认定和归责于行政相对人所应承担的带有强制性、义务性的法律义务,是剥夺或者限制违法行为人一定权利或利

---

① 参见北京市高级人民法院行政审判庭编:《行政诉讼案例研究》,中国法制出版社2008年版,第34—36页。

益的不利性处分行为。行政处罚具备具体行政行为的全部特征,适用行政复议、行政诉讼等救济制度。

二、行政处罚的基本原则

1. 行政处罚法定原则

合法行政(法治行政)在行政处罚领域的具体体现,就是行政处罚法定原则。其要义是:(1) 实施行政处罚主体及其职权法定;(2) 行政处罚的种类法定;(3) 行政处罚所依据的法律、法规、规章法定,法无明文规定不为过;(4) 行政处罚必须遵守法定程序,否则该行政处罚不具有法律效力;(5) 行政处罚、刑事责任和民事责任不能彼此替代。

2. 行政处罚公正公开原则

公正是行政法合理性原则的体现,要求行政处罚遵循"一事不再罚"原则,错罚相当。公开原则主要指:处罚行为的法律依据必须公开公布,否则无效;处罚决定作出之前,行政主体应向被处罚人公开处罚决定的事实、理由、依据以及当事人依法享有的权利,并进行必要的公开听证等。

3. 行政处罚与教育相结合原则

行政主体在实施行政处罚时,追究行政法律责任和惩戒不是唯一目的,而应当贯彻《行政处罚法》第 5 条规定的原则,即实施行政处罚,纠正违法行为,应当坚持处罚与教育相结合,教育公民、法人或者其他组织自觉守法。

4. 职能分离原则

该原则主要包括以下几个方面的内容:①(1) 行政处罚的设定机关和实施机关相分离。(2) 行政处罚的调查、检查人员和行政处罚的决定人员相分离。(3) 作出罚款决定的机关和收缴罚款的机关分离。除当场收缴的罚款外,作出行政处罚决定的行政机关及其执法人员不得自行收缴罚款。受到罚款处罚的人应当自收到处罚决定书之日起 15 日内,到指定的银行缴纳罚款。银行应当收受罚款,并将罚款直接上缴国库。(4) 由非本案人员担任听证主持人。

5. 行政相对人权利保障原则

行政相对人在行政处罚中通常处于弱者地位,因此法律必须规定其权利救济制度。主要内容是:行政相对人对行政处罚行为享有陈述权、申辩权,以及依法申请行政复议、行政诉讼或行政赔偿请求权。

---

① 参见张正钊、胡锦光主编:《行政法与行政诉讼法》,中国人民大学出版社 2009 年版。

三、行政处罚的种类和设定

1. 行政处罚的种类

分类角度和标准不同,行政处罚的种类和数量也就不同。在学理上,通常把行政处罚分成四类:

(1) 人身罚(自由罚)。即行政主体在一定期限内限制或剥夺违法行政相对人人身自由的一种行政处罚,主要是行政拘留。[①]

(2) 行为罚(能力罚)或权利罚。即限制、中止或剥夺行政违法者的特定权利的行政处罚。例如,取缔、吊销许可证、责令停产停业、限期整顿、限期出境。其中,取缔是针对未经过行政许可的行政相对人作出的行政处罚,而吊销许可证则是针对已取得行政许可的行政相对人作出的。

(3) 财产罚。即强迫违法者缴纳一定数量的金钱或财物的行政处罚。例如,罚款、没收。

(4) 申诫罚,又称"声誉罚"或"精神罚"。即对违法者的名誉、荣誉、信誉施加精神性压力和损害的行政处罚。例如,警告、通报批评、责令具结悔过、责令公开更正等。

我国《行政处罚法》从行政处罚的形式和手段角度,以列举的方式限定了六类行政处罚:警告,罚款,没收违法所得和非法所得,责令停产停业,暂扣或者吊销许可证,暂扣或者吊销执照,行政拘留。除上述行政处罚形式外,法律、法规还规定了其他行政处罚,如通报批评等。但是,地方性法规和行政规章等一概不得设定行政处罚的其他形式和种类。

2. 行政处罚的设定

我国《行政处罚法》使用了"设定"和"规定"两个法律术语,标示着行政主体处罚权限的差异。严格地说,行政处罚的设定,是指国家有权机关在其所制定的规范性文件中自行创制行政处罚的立法活动,即率先对所给予行政处罚的行为、种类、幅度作出规定。行政处罚的规定,是指在上位的规范性文件对行政处罚作出设定后,下位的规范性文件在限定范围内对处罚行为的种类、幅度的具体化、详细化活动。在我国,法律、行政法规、地方性法规和行政规章以外的规范性文件不得规定行政处罚;若已规定,则必须废除,不能作为处罚的依据。

行政处罚的设定权可分为如下几个层次:(1) 法律的设定权。法律可以设定各种行政处罚。限制人身自由的行政处罚,只能由法律设定。(《行政处罚法》第9条)(2) 行政法规的设定权。行政法规可以设定除限制人身自由以外的行政处罚。

---

① 参见胡建淼:《行政法学》,法律出版社1998年版,第327页。

(《行政处罚法》第10条第1款)(3)地方性法规设定权。地方性法规可以设定除限制人身自由、吊销企业营业执照以外的行政处罚。(《行政处罚法》第11条第1款)(4)国务院部门规章的设定权。对违反行政管理秩序的行为,尚未制定法律、行政法规的,国务院各部委制定的规章可以设定警告或者一定数量罚款的行政处罚。罚款的限额由国务院规定。(《行政处罚法》第12条第2款)国务院《关于贯彻实施〈行政处罚法〉的通知》规定:"国务院各部门制定的规章对非经营活动中的违法行为设定罚款不得超过1000元;对经营活动中的违法行为,有违法所得的,设定罚款不得超过违法所得的3倍,但是最高不得超过3000元,没有违法所得的,设定罚款不得超过10000元;超过上述限额的,应当报国务院批准。"经授权的国务院直属机构,其所制定的规范性文件的法律地位与部门规章相同。(5)地方政府规章的设定权。省、自治区、直辖市人民政府和设区的市及自治州的市人民政府制定的规章,即地方人民政府规章,可以设定警告或者一定数量罚款的行政处罚。罚款的限额由省、自治区、直辖市人大常委会规定。法律、行政法规、地方性法规和规章以外的规范性文件不得设定行政处罚。

四、行政处罚的实施主体、管辖和适用

1. 行政处罚权的实施主体

行政处罚权是公共性权力,关乎公共利益、个人合法权益,对其权能的行使主体必须严格界定,以期从根源上制止"乱"处罚现象。我国《行政处罚法》规定的行政处罚的实施主体共有三类:

(1)具有行政处罚权的行政机关

特定的行政处罚机关必须具备三要素:一是具有外部行政管理职能的行政主体资格;二是依法取得行政处罚权;三是在法定职权范围内实施行政处罚权。我国《行政处罚法》设置了"相对集中处罚权"制度或称"行政处罚权的调配制度"。即由"一个行政机关行使其他行政机关的处罚权",其要件是:① 只有国务院或者经国务院授权的省、自治区、直辖市人民政府可以决定一个行政机关行使有关行政机关的行政处罚权;② 限制人身自由的行政处罚权只能由公安机关行使。

(2)法律、法规授权的组织

行政处罚权向非国家行政机关转移的法定条件是:① 所授权的组织必须是具有管理公共事务职能的组织,可以是企事业单位或者社会团体,但不能是个人,且所授权的组织必须在法定授权范围内实施行政处罚。② 授权主体必须是全国人大及其常委会、国务院和具有立法权的地方人大及其常委会。③ 授权的依据必须是法律、行政法规或地方性法规。行政规章及其以下的规范性文件不得授权非行政机关组织实施行政处罚。经合法授权的组织实施行政处罚,以自己的名义进行,其行为效果归属于自己。在行政诉讼中,以该组织为被告。

(3) 行政机关委托的组织

行政机关依法可以将自己拥有的行政处罚权委托给非行政机关组织行使,委托的限制条件是:① 委托必须以法律、法规或规章的相关规定作为法律依据。② 作为委托方的主体必须是国家行政机关,且必须在其法定权限内进行行政处罚委托,经授权的非国家行政机关的组织不能成为委托方。③ 受委托组织必须符合以下条件:依法成立的管理公共事务的事业组织;具有熟悉有关法律、法规、规章和业务的工作人员;对违法行为需要进行技术检查或者技术鉴定的,应当有条件组织进行相应的技术检查或者技术鉴定。行政机关不得委托其他组织或者个人实施行政处罚。受委托组织在委托范围内,以委托行政机关名义实施行政处罚,且不得再委托其他任何组织或者个人实施行政处罚。委托行政机关对受委托的组织实施行政处罚的行为应当负责监督,并对该行为的后果承担法律责任。

2. 行政处罚的管辖

行政处罚的管辖,就是在不同的行政处罚权实施主体间进行权限划分。我国《行政处罚法》第20条规定:"行政处罚由违法行为发生地的县级以上地方人民政府具有处罚权的行政机关管辖,法律、行政法规另有规定的除外。"这一原则性规定确定了对某个行政违法案件实施行政处罚的地域管辖、级别管辖、职能管辖问题。《行政处罚法》同时规定:① 对行政处罚管辖权发生争议的,报请共同的上一级行政机关指定管辖;② 违法行为构成犯罪的,行政机关必须将案件移送司法机关,依法追究刑事责任。

3. 行政处罚的适用

行政处罚的构成要件包括:第一,行为人实施了违法行为。即违法行为是客观存在的,在必要的限度之内,且已查证属实,未超过法定时效,从未受过行政处罚。第二,违反法定的行政管理秩序。即违法行为侵犯了行政立法所保护的行政管理方面的社会关系和秩序。第三,应受处罚的主体是具有相应责任能力的行政相对人。行政相对人包括公民、法人和其他组织,必须是具有责任能力的行为人。其中,不满14周岁的人有违法行为的,不予行政处罚,责令监护人加以管教;精神病人在不能辨认或者不能控制自己行为时有违法行为的,不予行政处罚,但应当责令其监护人严加看管和治疗,间歇性精神病人在精神正常时有违法行为的,应当给予行政处罚。第四,违法主体实施违法行为时持故意或过失心理状态。关于主观过错是否应成为受处罚行为的构成要件,一直存在争论。多数人主张过错推定原则,即行为人无法证明自己主观上无过错的,就推定其有主观过错。

行政处罚的具体适用原则包括:

第一,一事不再罚原则。即行政相对人实施的一个违法行为受到行政处罚后,任何机关不得以同一事实和理由再次对其进行行政处罚。由于行政体制和立法上的原因,我国《行政处罚法》对"一事不再罚"原则作了限制,裁减为"一事不再罚款"原则,即对行政相对人的同一个违反行政管理秩序的行为,不论是否基于同一理由和依据,均不得给予两次以上的罚款,目的是控制重复罚款。但是,一事不再罚款后,可以依法给予其他种类的处罚。实践中,行政拘留、没收和吊证不具有重复处罚适用性。

第二,时效原则。行政处罚的时效,是指行政主体对违反行政管理秩序的行政相对人的违法行为,于一定期限后丧失行政处罚权的法律制度。《行政处罚法》规定,违法行为在两年内未被发现的,不再给予行政处罚。法律另有规定的除外。行政处罚时效从违法行为发生之日起计算;违法行为有连续或继续状态的,从行为终了之日起计算。

第三,行政处罚折抵刑罚原则。该原则的基本含义是:行政相对人的同一违法行为,出现刑事责任与行政处罚责任竞合时,法院以已经执行的行政处罚折抵新受的刑罚。但是,两个独立的违法行为构成的行为不存在行政处罚折抵刑罚的问题。《行政处罚法》限定:已经执行的行政拘留可以折抵已经判处的拘役或者有期徒刑;已经执行的罚款可以折抵已经判处的罚金。

第四,具体量罚的合理性原则。这主要是指行政处罚可以因违法行为的具体情节,合理地免予处罚、从轻处罚、减轻处罚或者从重处罚。从重处罚是相对于从轻处罚而言的,指在行政处罚的法定种类和幅度内,适用较重的种类或者设定处罚幅度的上限。《治安管理处罚法》规定违反治安管理有下列情形之一的,从重处罚:(1)有较严重后果的;(2)教唆、胁迫诱骗他人违反治安管理的;(3)对报案人、控告人、举报人、证人打击报复的;(4)六个月内曾受过治安管理处罚的。《行政处罚法》仅规定了免予行政处罚以及从轻、减轻行政处罚情节。

第五,行政处罚与责令纠正并行原则。该原则旨在解决惩罚与管教之间的关系,责令纠正是行政主体的权利和义务。行政主体在实施行政处罚时,追究行政法律责任和惩戒不是唯一目的,而应当贯彻《行政处罚法》第5条规定的原则,即实施行政处罚,纠正违法行为,应当坚持处罚与教育相结合,教育公民、法人或者其他组织自觉守法。

第六,罚缴分离原则。这是"职能分离原则"在执法层面的具体体现,是指作出罚款决定的机关应当与收缴罚款的机关相分离。这一做法旨在解决一些行政机关受本机关、本部门经济利益的驱动而滥罚款的问题。1997年11月17日,国务院颁布《罚款决定与罚款收款分离实施办法》,对收缴罚款的机关作了规定。经中国人民银行批准有代理收付款项业务的商业银行、信用合作社,可以开办代收罚款的业务。金融机构收缴罚款也应符合一定的条件,并非所有的罚没款都要由金融机构收缴。这些条件包括:(1) 被处罚人自动履行。金融机构收缴罚款的前提条件是被处罚人主动到金融机构缴纳罚没款。如果被处罚人拒不履行罚款决定,金融机构不能强迫其履行,应当由法律、法规规定的享有强制执行权的机关负责收缴。(2) 给付的内容为金钱。金融机构因其业务性质,只能就具有金钱给付内容的行政处罚决定予以执行,如罚款、没收违法所得等。如果被罚没的是实物,则应当由作出行政处罚决定的机关自行收缴后按法律的规定处理。(3) 不需要当场执行。有些行政处罚需要当场执行(如20元以下的罚款),这就需要作出行政处罚决定的行政机关当场收缴,而不属于金融机构收缴罚没款的范围。

五、行政处罚程序

行政处罚程序包括简易程序和一般程序,在一般程序中又有听证程序作为其特殊部分。规定行政处罚程序的目的在于,保持行政处罚行为的公正性和行政相对人的可接受性,在更高的层次上实现真正的行政效率。

1. 简易程序

简易程序,是针对事实清楚、情节简单、后果轻微的违反行政管理秩序的行为,当场给予处罚的程序。简易程序在处罚种类上限于警告和罚款;在处罚幅度上限于对个人处以50元以下,对法人或者其他组织处以1000元以下罚款。简易程序的具体操作内容包括:

(1) 执法人员向当事人表明执法身份;

(2) 确认违法事实,说明处罚理由;

(3) 告知当事人享有陈述和申辩的权利,并由当事人陈述和申辩;

(4) 制作行政处罚决定书并当场送达、交付;

(5) 将行政处罚决定书报所属行政机关备案;

(6) 告知当事人对行政处罚决定不服的救济途径;

(7) 执行行政处罚决定。当场处罚由于比较轻微,有的可由执法人员当场执行,有的则需根据罚缴分离原则限定被处罚人在规定期限内履行。

2. 一般程序

一般程序,也称"普通程序",适用于处罚较重、情节复杂、需要调查甚至检查才能作出客观公正行政处罚结论的行政违法案件。行政处罚的一般程序可以概括为:第一步:调查取证。行政机关依法可以采取调查或检查的方式收集证据,享有抽样取证和登记保存证据两项重要权力。在调查中,执法人员应向当事人公开身份,并依法主动回避或接受当事人回避申请。第二步:审查和作出行政处罚决定。调查终结后,正式作出行政处罚决定前,行政机关必须告知当事人处罚事实、理由、依据和有关权利,听取当事人的陈述、申辩或举行听证;否则,行政处罚不能成立。

在适用此前置程序后,行政机关负责人应当对调查结果进行审查,并作出书面决定。对情节复杂或者重大违法行为给予较重的行政处罚时,行政机关应当集体讨论决定。行政处罚决定书必须盖有作出处罚决定的行政机关的公章,并且应在宣告后当场交付当事人;当事人不在场的,行政机关应在 7 日内依照《民事诉讼法》的有关规定送达。

3. 听证程序

行政处罚的听证程序,是指在行政机关作出处罚决定前,由行政机关指派专人主持听取案件调查人员和利害关系人就案件事实、处罚理由以及适用法律依据进行陈述、质证和辩论的法定程序。

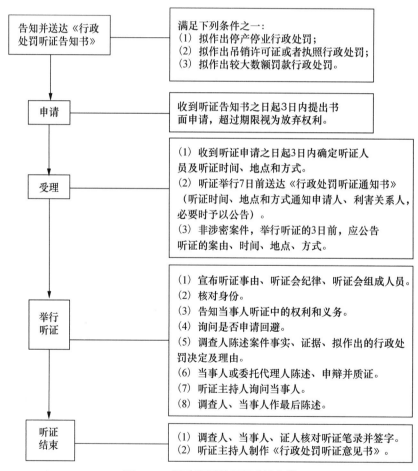

图 10-1　行政处罚听证程序流程①

---

① 参见郑艳、赵保胜主编:《行政法律与案例分析》,华中科技大学出版社 2011 年版,第 237 页。

（1）听证适用范围。我国行政处罚听证只适用于处罚较重的行政违法案件，即责令停产停业、吊销许可证或执照、较大数额罚款等。行政拘留和处罚较轻的案件不适用听证程序。当事人对限制人身自由的行政拘留有异议的，依照《治安管理处罚法》解决。但是，听证不是必经程序，主动权在当事人手中。接受具备法定条件的听证是行政机关的义务，而且当事人不承担行政机关组织听证的费用。

（2）听证主持人。为求公正，听证主持人应由行政机关内具有相对独立地位的人员担任，贯彻听审人回避原则。在我国，行政处罚听证是由行政机关内的非本案调查人员主持的，且不得与本案有利害关系。从国情上看，指派本机关的法制机构人员或者专职法制人员担任听证主持人较为妥当。听证参加人包括当事人及其代理人、案件调查人员、证人、鉴定人和翻译人。

（3）听证的组织程序。当事人要求听证的，应当在行政机关告知后3日内提出；行政机关应当在听证的7日前，通知当事人举行听证的时间、地点；举行听证时，调查人员提出当事人违法的事实、证据和行政处罚建议；当事人进行申辩和质证；听证应当制作笔录，笔录应当交当事人审核无误后签字或者盖章；听证结束后，依法作出行政处罚决定。

不论是简易程序还是一般程序，通常作出行政处罚决定的行政机关及其执法人员不得自行收缴罚款。当事人应当自收到行政机关处罚决定书之日起15日内，到指定的银行缴纳罚款，银行应当收取罚款，并直接上缴国库。当场罚款限于依法给予20元以下罚款的或者不当场收缴事后难以执行的情形。例如，在边远、水上、交通不便地区，当事人去指定银行缴纳罚款确有困难，要求当场罚款的，行政机关可以当场收缴。但是，必须向当事人出具省、自治区、直辖市财政部门统一制发的罚款收据，否则当事人有权拒绝缴纳罚款。执法人员当场收缴的罚款，应当自收缴之日起2日内交至行政机关；在水上当场收缴的罚款，应当自抵岸之日起2日内交至行政机关；行政机关应当在2日内将罚款缴付指定的银行。

当事人逾期不履行行政处罚决定，作出行政处罚决定的行政机关可以采取以下强制措施：（1）到期不缴纳罚款的，每日按罚款数额的3%加处罚款；（2）根据法律规定，将查封、扣押的财物拍卖或者将冻结的存款划拨抵缴罚款；（3）申请人民法院强制执行。

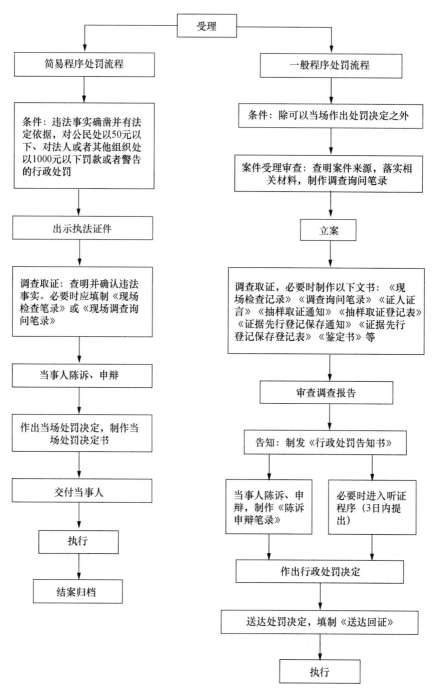

图 10-2　行政处罚流程①

---

① 参见郑艳、赵保胜主编：《行政法律与案例分析》，华中科技大学出版社 2011 年版，第 236 页。

案例

2004年9月18日、19日,吉林民警孙×在吉林省白山市通化矿务局实验小学考点参加了2004年国家司法考试。12月15日,司法部向吉林省司法厅下发《关于刘×等33名应试人员考试成绩被确认无效并给予进一步处理的函》,该函称:"在2004年国家司法考试评卷过程中,经评卷工作领导小组审核,你省刘×等33名应试人员的试卷为雷同试卷,被确认当年考试成绩无效。""根据《国家司法考试违纪行为处理办法(试行)》第10条之规定,请对上述应试人员作出相应处理,并将处理结果通知本人……"该函所附《2004年国家司法考试吉林省违纪人员名单》中包括孙×。

得知上述情况后,孙×于2005年1月22日径直向北京市第二中级人民法院提起行政诉讼。原告诉称:2004年,原告参加了国家司法考试并作答了四科试卷。当年12月9日,原告到吉林省白山市司法局咨询考试成绩时被告知,因试卷答案与他人95%雷同,其"当年考试成绩无效、两年内不得参加考试"。原告认为其在考试中没有任何违纪行为,司法部作出上述决定既无法律依据,又无事实根据,侵犯其合法权益,故诉请法院判决:第一,撤销司法部对其所作"当年考试成绩无效、两年内不得参加考试"的决定;第二,司法部公布并确认其2004年国家司法考试各科实际成绩;第三,司法部赔偿其因诉讼而实际发生的差旅费等费用。

被告司法部辩称:司法部审批确认孙×国家司法考试成绩无效的行为合法。司法部是作出审批确认国家司法考试考生考试成绩无效行为的合法主体。孙×试卷答案雷同,考试成绩无效事实清楚、证据确凿,因此司法部作出的该具体行政行为适用法律充分,标准明确,程序合法。根据《国家司法考试违纪行为处理办法(试行)》第10条关于"两卷以上(含两卷)答案文字表述、主要错点一致的","应试人员所在的省(区、市)司法行政机关应当给予其两年内不得参加国家司法考试的处理"之规定,司法部不是对国家司法考试考生作出两年内不得参加国家司法考试决定的行政主体,司法部亦未对孙×作出该种行政行为。司法部履行了公布孙×考试成绩的职责,不应公布和确认孙×被依法确认无效的所谓各科成绩。司法部所作行政行为合法,依法不承担赔偿责任。司法部请求法院判决驳回孙×的诉讼请求。法院认为,下级行政机关根据司法部作出的行政确认行为而取消应试人员两年参加司法考试资格的行政处罚,非司法部所为,不属于本案审理范围。但是,确认考生成绩无效,直接关系到考生的切身利益,确认机关应当对被处理者本人作出并送达处理决定、说明事实与理由、告知救济权利与途径。司法部没有履行相应的告知程序,行政程序存在不当之处,应予纠正并予规范。但是,这种不当没有造成孙×实体权益的侵害。因此,法院判决驳回孙×的诉讼请求。

评议

北京市第二中级人民法院经审理认为：最高人民法院、最高人民检察院、司法部联合发布的《国家司法考试实施办法(试行)》第5条、第18条规定："国家司法考试由司法部负责实施。""应试人员有作弊等违纪行为的,视情节、后果分别给予警告、确认考试成绩无效、2年内或终身不得报名参加国家司法考试的处理。具体处理办法由司法部规定。"参照此规定,司法部作为国家司法考试的主管部门,有权根据国家司法考试的实际情况,制定有关规范,以保障该项考试的顺利进行。司法部对国家司法考试过程中发现的违规行为,具有出相应行政行为的职权。本案中,司法部根据评卷机构认定孙×与他人试卷两卷以上答案主要错点一致,属于答案雷同,并依照《国家司法考试违纪行为处理办法(试行)》第10条的规定,作出确认孙×当年考试成绩无效的决定,事实清楚,适用法律正确。孙×认为司法部所作上述决定没有事实根据和法律依据,理由不能成立;孙×请求本院判令司法部公布并确认其2004年国家司法考试各科成绩,无法律依据,理由不能成立;孙×要求司法部给予行政赔偿,没有事实根据,本院不予支持。故本院作出驳回孙×诉讼请求的判决。

孙×不服一审判决,向北京市高院提起上诉。二审中,双方争论的焦点主要有两个:一是司法部以规章的形式针对违纪的考生作出取消考试成绩以及禁考两年的规定是否有法律依据？二是在考试中,没被发现当场有作弊等违纪行为,仅根据答卷雷同的结果,能否认定为有违纪行为？

法院终审认定:(1) 关于是否有法律依据问题,司法部作为国家司法考试的法定授权主管与实施机关,负有对国家司法考试的监管职责,并有权制定相关规范司法考试工作的行政规章,对其制定的规章,法院应予参照适用,故有法律依据。(2) 关于试卷答案雷同是否可以视为违纪的问题,鉴于目前国家司法考试中存在的有关违规违纪情况的相对复杂,以及司法考试有效监管手段的相对缺乏,司法部在有一定技术规范可循的情况下,根据评卷专家组意见,适用《国家司法考试违纪行为处理办法(试行)》的规定,证据充分,由此确认孙×考试成绩无效并无不当。(3) 司法部认定应试人员试卷答案雷同并据此作出成绩无效的行政行为,是行政确认,而非行政处罚。[①]

[①] 参见朱世宽:《首例国家司法考试试卷雷同行政案庭审纪实》,载《中国审判》2006年第8期。

第六节 行政检查原理与实务

一、行政检查概述

行政检查,是指行政主体依法对行政相对人是否遵守国家法律、法规、行政规章的情况,作单方强制了解的行政行为。行政检查是现代行政管理活动中必不可少的常用手段。在美国,行政检查与行政调查在行政法上不作区别,通常都称为"行政调查"。行政调查被解释为:政府为实现对社会的管理,而向行政相对人了解某方面情况,提取某方面证据的行为。行政机关从一般私人手中强制获取情况或证据的权力被称为"行政调查权"。美国行政法强调对行政调查权的控制,使之在行使过程中不侵犯行政相对人的权利,不违背宪法中确立的有关正当法律程序的原则。英国的行政调查则被作为广泛使用的行政技术手段。英国程序法明确规定,行政机关在制定或执行政策、作出或执行决定之前,要进行行政调查。其目的是保证行政机关在采取政策或作出决定之前,能够全面了解情况、掌握意见要求、平衡各方面利益,以更切合实际。同时,行政调查在英国也被认为具有保护公民的利益,使公民对政府计划采取的决定有陈述意见机会的意义。

行政检查具有如下特征:

第一,行政检查是行政主体的行为。在我国,人大代表和政协委员对政府的工作检查不属于行政检查。检察院对监督执法情况的检查也不属于行政检查。

第二,行政检查是行政主体单方面的、具有强制性的行为。即行政检查行为无须征得行政相对人同意,行政相对人只有对之服从的义务,否则须承担相应的法律责任。

第三,行政检查的另一方是行政相对人,包括公民、法人或其他组织等。根据国家行使行政职权的属地原则,行政检查也适用于在我国境内的外国人或组织,享有外交豁免权的除外。

第四,行政检查权的行使必须有具体的法律规定作为依据,检查的内容范围不得超出法律的规定,必须依照法定的程序进行。

二、行政检查的性质和作用

行政检查行为属于行政执法行为。在一般情况下,行政检查并不直接决定处置行政相对人的权利或义务。但是,它可能会直接或间接地妨碍行政相对人的合法权利的行使,限制行政相对人的自由等,因而也是产生法律效果的行为。某些法律所规定的强制性的行政检查措施,如海关监督中的"强制检查"、治安管理监督中对可能或正在危害社会的人的"强制管束"等,更明显地表现出其作为法律行为的性质。尽管行政检查行为会影响行政相对人的权利与义务,但只要其合法、正当,行政主体可以对此不承担责任。由此引起的损失由行政相对人自己承受,这是行政相对人行政协助规则的体现。但是,行政检查行为又不同于作出行政决定行为,行为主体不能以行政检查手段剥夺行政相对人的权利。因此,凡涉及导致行政相对人权利产生或消灭的行为,都不适用行政检查程序。行政检查的作用体现在以下几方面:

第一,行政检查是政府管理社会的一种手段。行政机关要完成其对社会进行行政组织、管理的任务,首先要对行政相对人守法或违法的情况作具体、全面、清楚的了解;否则,行政机关的执法活动将无的放矢。正如美国行政法学家伯纳德·施瓦茨所言,情报是燃料,没有它,行政机器就无法发动。

第二,行政相对人是否真正遵守法律、法规和规章,需要通过行政检查查证。进一步而言,还需要通过行政检查加以督促。否则,有关行政管理的法律、法规和规章将会成为一纸空文,整个社会的法律秩序也无法建立。随着在市场经济体制下,政府行为方式从微观管理向宏观控制转化,对行政相对人遵守法律、法规和规章情况的行政检查手段的运用将愈发普遍。

第三,行政检查是作出和执行行政处理决定的前提。行政机关在对行政相对人遵守或违反法律、法规和规章的情况进行行政检查,了解真实情况的基础上,才有可能对守法者予以表扬、鼓励,对违法者进行处罚。

第四,行政检查可以为行政立法活动提供信息、资料和依据。如果通过行政检查,发现某些行政法律、法规和规章在内容上超前、滞后或欠缺完善,则行政检查机关可将这些情况及时反馈给行政立法机关,由其进行进一步的修改,使之更加切合行政实践。了解到哪些方面、领域需要以法律规范调整,也可及时报告给国务院或制定规章的机关,进行行政立法。

三、行政检查的种类和名称

在我国,行政检查从不同角度可分为以几下种:

第一,依据行政检查对象是否确定、具体,行政检查可分为一般行政检查和特定行政检查。一般行政检查,是指行政主体对不确定的行政相对人守法情况进行的检查。例如,工商行政管理机关工作人员对农贸市场各种摊贩是否合法经营进行的行政检查。特定行政检查,是指行政主体对具体的行政相对人守法情况进行的检查。例如,环境保护部门在某一建设项目投入生产或使用之际,对其水污染防治设施是否达到《水污染防治法》所规定的标准进行的行政检查。

第二,依据行政检查的内容是否单一,行政检查可分为全面行政检查和专门行政检查。全面行政检查,是指内容较为广泛,足以反映行政相对人全部守法情况的检查。例如,行政机关对企业的经济效益、社会效益进行的检查,不仅涉及企业的利润等情况,还要检查企业在环境保护等方面遵守国家法律、法规的情况。专门行政检查,是指内容比较单一,通常只涉及行政相对人单一方面守法情况的检查。例如,林业行政机关对某一林场执行、遵守《森林法》情况进行的检查。

第三,依据行政主体是否亲临现场,行政检查可分为主动行政检查和被动行政检查。主动行政检查如卫生行政机关派员到肉联、食品加工厂对其执行《食品卫生法》情况所作的行政检查。被动行政检查,是指行政相对人按法律、法规或规章的要求,主动向行政主体报告自身及相关的情况,行政主体听取报告或审查书面材料等。

第四,依据行政检查权的来源,行政检查可分为职权行政检查、授权行政检查和委托行政检查。职权行政检查,是指行政机关依据法律、法规的规定所享有的行政检查权进行的检查。例如,根据《地方各级人大和地方各级人民政府组织法》的规定,省、自治区、直辖市、自治州、县、市、市辖区的人民政府应当协助设立在本行政区域内不属于自己管理的国家机关、企业、事业单位进行工作,并且监督它们遵守和执行法律和政策。据此,地方国家行政机关对其管辖区域内,在业务上不属自己管理的企业,如中央各部委分散于各地方的企业实施的行政检查,可称为"职权行政检查"。授权行政检查,是指某一行政机关或其他社会组织依据法律、法规的规定所享有的某一方面的行政检查权所进行的行政检查。前者如《海洋环境保护法》规定,国家港务监督机构负责船舶排污的监督和调查处理,以及港区水域的监视,并主管防止船舶污染损害的环境保护。国家渔政渔港监督管理机构负责渔港船舶排污的监督和渔业港区水域的监视。港务监督和渔政渔港监督管理机构对船舶排污的调查就是授权行政检查。因为环境保护的行政检查权本是环境保护行政机关的职权,而依据该法的授权,港务监督和渔政渔港监督管理机构获得了这一行政检查权。后者如《食品卫生法》规定,卫生行政部门所属县以上卫生防疫站或食品卫生监督检验所为食品卫生监督机构,负责管辖范围内的食品卫生监督工作。卫生防疫站和食品卫生监督检验所本是事业组织,依据该法的规定,它们又享有了本属于卫生行政部门的食品卫生检查权。委托行政检查,是指有行政检查权的行政主体将自己的行政检查权依法委托给其他社会组织或公民行使。例如,公安机关根据工作需要,将一部分行政检查权委托给治安保卫委员会行使,治安保卫委员会依此进行的行政检查即为委托行政检查。

第五,依据行政检查实施的时间不同,行政检查可分为事先行政检查、事中行政检查和事后行政检查。事先行政检查,是指在行政相对人某一行为开始之前实施的行政检查。例如,工商行政管理机关在某一饭店开业前,对该饭店经营资格、条件进行的检查。事中行政检查,是指在行政相对人行为开始之后、完成之前实施的行政检查。例如,捐资办学的人在办学过程中受到教育行政部门的行政检查。事后行政检查,是指行政相对人的行为已经完成,行政主体对这一行为或这一行为的后果进行的行政检查。例如,市政机关对某一市政工程进行的验收。

四、行政检查的原则和方式

归纳总结各国行政法的规定,有关行政检查的基本原则有以下几条:

1. 实体合法原则

这主要指行政检查的范围、内容不得超过法定的权限。具体要求如下:行政主体从理论上讲尽管都享有行政检查权,但是在范围、内容、程度上并非没有区别。例如,强制检查、强制传唤等强制行政检查权,除公安机关、海关等,其他行政主体并不享有。因缺乏强制检查权而使行政检查难于实现时,行政主体应申请法院协助实施强制检查。不同行政主体的行政检查的施行只限定于其各自管辖的事务领域。例如,对居民身份证的查验就是公安机关的权限,工商机关无权检验。哪些行政主体享有行政检查权,一般须经法律特别列举,不经法律授权而作检查属于违法行政,不具有法律拘束力,行政相对人有权拒绝接受。超越权限或未经法律授权的行政检查是无效的行政检查,可能被复议机关撤销或宣告无效。

2. 正当程序原则

这主要指行政主体在施行行政检查的过程中,必须严格遵守法律规定的方式、步骤等。例如,在向行政相对人强制取得有关情况、证据之际,行政主体有义务向行政相对人表明身份、说明理由;证据的取得必须通过合法的手段;进入公民住宅实施行政检查时必须持有专门的许可证书;对人身的检查不得变成变相拘禁;对物品的检查不得任意损毁或变相扣押;对企业的检查禁止泄露其有价值的经济或商业秘密;行政检查过程中直至结论产生之前,不得以官方名义或随意发布对被检查人及其产品的名誉不利的新闻报道、消息;行政检查必须遵守时限,不允许以无休无止的行政检查妨碍影响行政相对人权利的行使或利益的获得。

3. 民主与效率相结合原则

行政检查既要保证公平行政,又要符合效率原则。如果行政检查因一定行政目的或公务需要,在特殊情况下,可以省去某些程序。这既可以由行政主体自己决定,也可以征得行政相对人的同意后而省略。

4. 紧密配合原则

这是指行政主体在施行行政检查的过程中,要互相支持、配合。例如,物价检查机构在实施物价检查时,应获得工商、审计、财政、税务、公安、技术监督以及银行等部门的积极配合。

行政检查一般通过以下几种方法实施:

(1) 书面检查,指行政主体对行政相对人的有关文件、决议、日常工作记录、原始登记账册、单据报表等进行的核实查证。

(2) 实地检查,指行政主体对检查对象进行的现场实地了解。实地检查包括:

专题检查,如卫生检查;综合检查,如对某企业生产、卫生、安全情况的全面检查;抽样检查;法律明确规定的机关实施的人身检查。

(3) 调查,指行政主体单独或会同其他行政主体,就专案、专门事项或普遍情况进行的调查。调查的特点在于:一是手段比较正式,如组成调查组、拟订计划、形成调查报告;二是多发生于事后;三是调查范围不限于被调查的对象,还可以向了解情况的第三人进行调查。

(4) 听取汇报,指行政主体通过行政相对人自己的说明报告以了解其守法情况。

(5) 登记,指行政主体对检查对象及其某方面的活动作无遗漏的记载。

(6) 统计,指行政主体通过对某些数据的掌握、汇总以了解法律的执行情况。

(7) 清查,指行政主体对其管理的物质资源检查清点并进一步建立档案。例如,地质矿产部门通过对矿藏的清查,建立矿产资源档案。

(8) 考核,多指行政部门对企业的技术力量、生产成本、利润指标、生产规模等进行考核等。

五、行政检查程序

行政检查程序,是指行政检查的步骤和方式。它主要包括以下内容:

1. 表明身份

行政主体在进入工作场所、公民住宅等处施行行政检查之际,必须向行政相对人表明自己是依法享有行政检查职权的主体。表明身份的方式包括向行政相对人出示证件、口头告知身份、佩戴公务标志等,否则行政相对人有拒绝行政主体进入现场以及实施检查的权利。

2. 说明理由

设置说明理由程序的目的在于,让行政相对人了解实施行政检查的原因和根据,取得行政相对人的理解、同意或者经说明教育之后的诚服。同时,说明理由程序也促使行政主体谨慎地运用此权力,若理由不充分,则可能放弃此方法。但是,如果说明理由将泄露国家机密或影响公共安全,则可以免除。说明理由一般要以书面形式,尤其是对行政相对人的权利义务产生较大影响时更应如此。

3. 实施检查

这是指在检查项目的范围内,遵循法定的原则程序,提取证据的过程。它具体包括:

(1) 询问当事人和证人。询问当事人应当依法制作笔录。笔录应交当事人核对,由当事人在笔录上签名或盖章。在做文字记录的同时,还可以通过录音弥补记录的不足。当事人请求书面陈述的,应当允许。当事人拒绝签名的,应将这一情况记录在案。询问亦应当依法制作笔录,由证人签名或盖章。对重要的证言,可以录音。询问证人应当个别进行。

(2) 现场勘验。现场勘验必须持有勘验证明,可邀请两名与案件无利害关系的公民做见证人,也可邀请有关专业人员参加,必要时还可商请其他行政执法机关派员参加。现场勘验一般必须制作笔录和绘图拍照,有条件的可以录像,并要求参加勘验人员、专业技术人员和见证人等在记录上签名或盖章。

(3) 物证检验。物证检验应制作检验笔录,写明检验过程、物证特征,如物品的形状、材料、重量、体积、颜色、商标等。参加检验的人员和见证人应在笔录上签名或盖章。

(4) 人身检查。这必须持有权机关签发的专门检查证进行。检查时,不得侮辱人格和有伤风化,不能任意扩大检查范围。被检查人如果拒绝检查,一般应通过说服教育使其服从。如果被检查人坚持不服从,有强制行政检查权的人员认为必要,可以强制检查。检查女性的人身,应当由女性工作人员进行。对人身的检查不能超过正常时间,一般为24小时,以防变相拘禁。

(5) 对公民住宅的检查。这必须由法律明确规定具有强制行政检查权的主体持有权机关签发的专门检查证进行。检查人员不得少于两人。检查时,应当有被检查人或者其家属、邻居、单位负责人或者其他见证人在场。住宅检查笔录应当记录检查的整个过程,并由检查人员、被检查人员及其家属、邻居、单位负责人及其他见证人签名或盖章。如果被检查人及其家属不在现场或者拒绝签名或盖章,应当在笔录上注明。

(6) 对行政相对人财产及文件的扣押。行政主体如果在检查中发现有需要扣押的财物或文件,可依据检查许可证予以扣押,无须另用其他证明文件。扣押行为必须由两名以上行政检查人员进行。扣押的财物或文件必须与行政检查的内容相关,严禁随意扩大范围。对决定扣押的财物或文件,应查点清楚,当场开列清单,写明财物或文件的名称、牌号、规格、数量、重量、特征等,一式两份,分别存卷和交当事人。清单必须由扣押人员、见证人和当事人签字或盖章。如果行政相对人没有正当理由而拒绝交出行政主体决定扣押的财物或文件,或有抗拒行为的,可以强制扣押。

4. 告知权利

这是指行政主体告知行政相对人有利于行政相对人自身的途径和手段。它包括:对该检查行为发表见解、提出意见的权利;针对行政主体获取的于己不利的证据为自己辩解的权利;如果对行政检查不服,如认为属于行政主体违法、越权、偏私或使其蒙受不公正的待遇等,如何申诉、控告以寻求法律救济。

5. 公布结果

行政检查结束后,应将结果定期或不定期地对外公布,涉及国家机密、企业秘密或个人隐私的除外。对外公布结果有利于扩大教育面,提高普遍的守法意识,鼓励先进、督促后进,也有利于社会各界对行政检查活动的监督制约。

案例

某市烟草专卖局根据消费者的投诉,对王某涉嫌经营非法卷烟的商店进行监控,发现王某经常从家中提取大量卷烟,送往其商店隔壁的缝纫铺进行秘密销售。该局遂予以立案。经过数日外围的查证,2003年1月9日,该局执法人员持烟草管理行政执法证及检查证,对王某的住宅、商店及其相邻的缝纫铺进行检查。在王某母亲在场的情况下,执法人员从王某住宅检查出6个品种的卷烟计37条,在隔壁的缝纫铺也查获12条卷烟。经现场勘验,执法人员发现所有卷烟既无防伪标志,又无当地烟草公司印章,遂予以暂扣。

王某不服,向人民法院提起行政诉讼,请求确认被告侵宅行为违法,并判令被告返还所扣卷烟。原告王某认为,即使自己的住宅是存储卷烟的场所,被告在没有公安机关配合并出示搜查证的情况下,不得进入住宅搜查。由于被告非法侵宅,故其所扣卷烟应予返还。被告烟草专卖局认为,原告在其住宅藏匿非法卷烟证据充分,原告住宅已不仅是居住之地,同时也变成了非法卷烟的存储场所。被告依据《烟草专卖法》的相关规定,有权对住宅进行独立检查。

人民法院经审理认为,被告在证据确凿的前提下,根据《烟草专卖法》等相关规定,在原告成年家人在场的情况下,持行政执法证及烟草检查证,对原告存储大量涉嫌非法卷烟的住宅进行检查,并未构成对住宅的非法侵害。原告关于被告必须持公安机关的搜查证,并有公安人员配合,方能入宅检查的观点,缺少相应法律依据。由于被告对所暂扣的涉假卷烟旨在进行技术鉴定,故对原告要求返还卷烟的诉请不予支持。综上,人民法院依法判决驳回原告的诉讼请求。原告不服并上诉,二审维持原判。

评议

行政机关能否独立行使住宅检查权,在理论上及实务中均存有一定争议。该问题较为普遍和突出,给执法部门的查证工作带来一定困惑。本案的审理无疑具有积极的探讨作用和指导意义,被告在掌握原告住宅存储大量涉假卷烟的证据较为充分的前提下,基于原告成年亲属在场的情况,持执法证件,对原告住宅进行检查。纵观全案,被告的检查行为并非盲目与激从。公民住宅作为一种特殊的场所,行政机关在无确凿证据的情况下,不能草率行使检查权,否则极易陷入尴尬两难的处境。在无可争议的事实面前,原告的行为可能有碍正常有序的烟草专卖品的生产和经营。我国《烟草专卖法实施条例》第49条规定,烟草专卖行政主管部门可以检查违法案件当事人的经营场所。本案发生地所在省的《烟草专卖管理办法》第7

条更加明确地规定,烟草专卖行政主管部门可以检查违法案件当事人"生产、销售、存储烟草专卖品的场所"。从上述规定不难看出,烟草专卖行政主管部门基于授权,已取得对违法案件当事人"存储"卷烟场所的检查权。《宪法》第39条规定:"中华人民共和国公民的住宅不受侵犯。禁止非法搜查或者非法侵入公民的住宅。"上述立法的原意在于禁止并打击对公民住宅的非法侵入或搜查,但是实际上并未排除特定条件下对公民住宅的合法搜查或者检查。

纵观全案,被告在已掌握确凿证据,且有原告家人在场的情况下,持执法证件对原告住宅进行检查,该强制措施的实施显无主观恶意,且未构成对原告住宅的不法侵害。这与宪法或刑法所确立的非法侵入公民住宅应有根本区分。考虑到烟草、工商以及技术监督等行政部门执法的特殊性,为防止相对人利用住宅进行违法活动的可能性,有必要赋予或认可行政机关在特定条件下对相对人住宅的检查权。那么,是否一定要公安机关的参与,并出示公安机关的搜查证,方能入宅检查呢?《刑事诉讼法》第134条规定:"为了收集犯罪证据、查获犯罪人,侦查人员可以对犯罪嫌疑人以及可能隐藏罪犯或者犯罪证据的人的身体、物品、住处和其他有关的地方进行搜查。"《民事诉讼法》第248条规定,被执行人不履行法律文书确定的义务,并隐匿财产的,人民法院有权发出搜查令,对被执行人及其住所或者财产隐匿地进行搜查。综上,搜查强制措施的行使,仅存在于刑事案件的办理程序以及人民法院的强制执行程序之中。一味强调公安机关扩大利用其刑事侦查强制措施,随意参与其他部门的行政检查,这显然与法相悖。理论或实务上的这种误区,既有违公安机关职权行使的法定范围,也使行政机关正常的执法难以现实操作。①

第七节 行政规划原理与实务

一、行政规划的概念

行政规划,也称"行政计划",是指行政主体在实施公共事业及其他活动之前,首先综合地提出有关行政目标,事前制定出规划蓝图,以作为具体的行政目标,并进一步制定为实现该综合性目标所需的各项政策性大纲的活动。

二、行政规划的种类

行政规划的领域非常广泛,其内容和形式也多种多样。按照不同的标准,大致可以将行政规划归纳为以下几个种类:

---

① 参见郑杰、屈洋:《两个案例引发的思考——关于住宅检查问题的探讨和研究》,载《河南省烟草学会2006年论文集(上)》,第209—213页。

第一,按行政层级,可以分为国家规划、省(自治区、直辖市)级规划、市(设区的市、自治区)级规划、县(县级市、自治县)级规划和乡(镇)级规划。

第二,根据行政规划对象的范围,可以分为综合规划(或称"总体规划")和特定规划(或称"专项规划""详细规划""行业规划")。

第三,根据行政规划的区域范围,可以分为全国规划、地方规划和区域规划。

第四,根据行政规划的时间长短,可以分为长期规划(或称"长远规划""远景规划")、中期规划、短期规划(包括年度规划)。

第五,根据行政规划的内容的具体性,可以分为目标规划(如基本规划、规划纲要)和实施规划(如事业规划、管理规划、处分规划等)。

第六,根据行政规划有无法律上的根据,可以分为法制上的规划和事实上的规划。

第七,根据行政规划是否具有法律上的拘束力,可以分为非拘束性规划(或者指导性规划)和拘束性规划(或者政府组织落实的规划)。前者仅为行政机关指示判断准则,后者对行政机关的判断及行政具有拘束力,有的甚至对行政组织外部的利害关系人也具有拘束力。

第八,根据对象事项,可以分为城乡规划、城市规划、乡镇规划、乡村规划、发展规划(科技发展规划、教育发展规划、农业发展规划等)、经济规划、产业规划、社会规划、开发规划、土地规划、资源保护规划、城市体系规划、国防工业规划、生态建设规划、防灾规划、扶贫规划、事业规划、财政规划、人事规划等。

三、行政规划的功能

1. 科学合理地实施行政

行政规划可以在确立综合、科学的行政目标后,在准确把握社会现状和行政需要的动向的基础上,合理地分配可以利用的一切人力、物力资源,科学地选择并设定在一定时间内能够实现的、最接近理想的状态,以此作为行政为之努力的具体目标。

2. 调整和综合

国家行政跨越各个领域,若任行政分散、独立和割据,则行政政策会呈现出各种各样的姿态,相互之间不协调的现象便在所难免。行政规划的目的正在于,使各个相关行政机关职能相通,调整和综合各种行政政策,以达到协调一致。

四、《城乡规划法》及相关问题

我国《城乡规划法》作为一部关于城乡规划建设和管理的基本法律,与已废止的《城市规划法》相比,强调了城乡统筹,强化了监督职能,对提高城乡规划的科学性与严肃性提出了更高要求。

《城乡规划法》第2条第3款规定："本法所称规划区,是指城市、镇和村庄的建成区以及因城乡建设和发展需要,必须实行规划控制的区域。规划区的具体范围由有关人民政府在组织编制的城市总体规划、镇总体规划、乡规划和村庄规划中,根据城乡经济社会发展水平和统筹城乡发展的需要划定。"

根据《城乡规划法》第3条第2款的规定,县级以上地方人民政府可以根据本地实际,确定应当制定乡规划、村庄规划的区域。根据该法第2条第3款以及第18条、第22条的规定,"乡、村庄规划区"是由乡规划和村庄规划划定的,乡规划和村庄规划由乡镇政府组织编制。因此,在城市规划区内是否另划乡、村庄规划区,直接决定着乡村公共设施和公益事业建设,以及农民建房执行不同的许可制度。

《城乡规划法》第26条规定："城乡规划报送审批前,组织编制机关应当依法将城乡规划草案予以公告,并采取论证会、听证会或者其他方式征求专家和公众的意见。公告的时间不得少于三十日。组织编制机关应当充分考虑专家和公众的意见,并在报送审批的材料中附具意见采纳情况及理由。"也就是说,在规划编制阶段,公众就充分了解了详细规划确定的用地性质、用地界限以及各类规划指标等内容,并就其了解的内容在30日内充分反映了意见与建议。实践中,建设项目选址和建设用地许可的听证中,周边利害关系人的意见主要集中在这里是否要实施规划确定的用地及其性质。比如,公众对加油站或垃圾中转站是否要建有异议,对项目选址或建设用地规划许可提出了听证申请,假设居民已就此问题在规划报审前充分反映了意见,甚或召开过协调会或听证会,则在后续选址与用地环节无须再行召开听证会,理由为:一是居民反映的是同样的意见和建议,而规划部门对这些意见和建议在规划编制和报审阶段已充分考虑,并在报送审批的材料中附具了意见采纳情况及理由。也就是说,居民已经向同一部门反映了意见。二是《行政许可法》第6条明确规定"实施行政许可,应当遵循便民的原则,提高办事效率,提供优质服务",如果在规划制定和实施环节就同样的意见重复听取,就无从体现提高办事效率原则。

城乡规划是有期限的,如一个城市总体规划的期限为20年,到期后得重新修编,而下层次的规划将都应依此进行重新编制。应该说,这样的修编是城市前进发展的表现,是规划自然的发展过程。当然,从字面理解上,修编属于广义城乡规划修改的范畴。《城乡规划法》第50条第1款规定："在选址意见书、建设用地规划许可证、建设工程规划许可证或者乡村建设规划许可证发放后,因依法修改城乡规划给被许可人合法权益造成损失的,应当依法给予补偿。"其立法本意是控制规划部门擅自变更规划与擅自变更已生效的规划许可。如果将规划到期后的修编也纳入第50条确定的修改规划范畴,则不仅不利于城市的更新与发展,同时政府也无法承担因此产生的大量补偿。因此,有必要在地方性法规立法中将规划到期后的修编作为《城乡规划法》第50条的除外情形予以规定。

根据《城乡规划法》第64条的规定,未取得建设工程规划许可证的,由县级以上地方人民政府城乡规划主管部门责令停止建设;尚可采取改正措施消除对规划实施的影响的,限期改正,处建设工程造价5%以上10%以下的罚款;无法采取改正措施消除影响的,限期拆除,不能拆除的,没收实物或者违法收入,可以并处建设工程造价10%以下的罚款。根据该法第66条的规定,未经批准进行临时建设的,由所在地城市、县人民政府城乡规划主管部门责令限期拆除,可以并处临时建设工程造价一倍以下的罚款。

对比以上两个法条的规定,可以发现,无证的违法建设会因为适用不同的法条,将产生不同的处罚结果。如果是认定为未经批准的临时建设,则法律责任相对严厉,不仅不存在补办的可能性,而且责令限期拆除的同时,并处的是临时建设工程造价一倍以下的罚款。这就涉及法条如何适用的问题。无证违法建设在怎样的情形下可以认定为未经批准的临时建设?由于《城乡规划法》授权省级行政部门制定临时建设的管理办法,所以要作出合理的认定,必须先看看省政府对临时建设的定义。

《城乡规划法》第9条第1款规定:"任何单位和个人都应当遵守经依法批准并公布的城乡规划,服从规划管理,并有权就涉及其利害关系的建设活动是否符合规划的要求向城乡规划主管部门查询。"换句话说,如果建设活动与单位或个人无利害关系,则其无权查询。自2008年5月1日起施行的《政府信息公开条例》第13条规定,除行政机关主动公开的政府信息外,公民、法人或者其他组织还可以根据自身生产、生活、科研等特殊需要,向国务院部门、地方各级人民政府及县级以上地方人民政府部门申请获取相关政府信息。如何界定"自身生产、生活、科研等特殊需要"?对于行政规划信息,公民、法人或者其他组织可以申请公开,但涉及国家秘密、商业秘密和个人隐私的除外。

从规划角度而言,除了规划局主动公开已批准的规划、已核发的规划许可内容以及规划相关政策法规等外,其他的按照《城乡规划法》第9条的规定,需提供利害关系的证明方可申请公开,如提供居住在该地块或相邻地块的证明等。

案例

第三人河南××房地产开发有限公司在驻马店市×区×路拟建商住楼,原告黎×等56户居住在拟建商住楼相邻北侧的住宅楼内。2007年10月25日,第三人向被告驻马店市城乡规划局申请办理建设工程规划许可证,并提交了第三人的驻市国用(2007)第7992号国有土地使用证、拟建住宅楼日照分析平面图。被告驻马店市城乡规划局对拟建商住楼进行了规划批前公示,期限从2008年1月28日至1月30日,2008年4月30日举行听证审核后,根据《城市规划法》第32条的规定,于2008年6月11日为第三人核发了驻规建字(2008)第010号《建设工程规划许可证》。该证附图及附件名称注明:(1) 规划平面图;(2) 建设工程规划审批单。

被告驻马店市城乡规划局认识到,2008年6月11日为第三人核发的驻规建字(2008)第010号《建设工程规划许可证》使用的是原制式文本,未将"根据《中华人民共和国城市规划法》第三十二条规定"更正为"根据《中华人民共和国城乡规划法》第四十条规定",于2010年3月12日根据《城乡规划法》第40条规定,为第三人另核发了驻规建字(2008)第010号《建设工程规划许可证》。

评议

根据《城乡规划法》第40条第1款的规定,驻马店市城乡规划局负有核发建设工程规划许可证的法定职权。该条第2款规定:"申请办理建设工程规划许可证,应当提交使用土地的有关证明文件、建设工程设计方案等材料。需要建设单位编制修建性详细规划的建设项目,还应当提交修建性详细规划。对符合控制性详细规划和规划条件的,由城市、县人民政府城乡规划主管部门或者省、自治区、直辖市人民政府确定的镇人民政府核发建设工程规划许可证。"本案从被告驻马店市城乡规划局提供的事实依据看,第三人河南××房地产开发有限公司申请办理建设工程规划许可证时,提交了其驻市国用(2007)第7992号《国有土地使用证》和拟建住宅楼日照分析平面图。从颁发的建设工程规划许可证注明的附图及附件名称看,也提交了规划平面图。但是,被告驻马店市城乡规划局庭审中提供的日照平面分析图既没有审核人和分析人的签名,也没有加盖驻马店市城乡勘测设计院的印章,颁证要件不符合上述法律规定。因此,法院确认被告驻马店市城乡规划局2008年6月11日为第三人核发的驻规建字(2008)第010号《建设工程规划许可证》违法。

法院经审理查明,原告黎×等56户居住在第三人拟建商住楼相邻北侧的住宅楼内,针对被告驻马店市城乡规划局2008年6月11日为第三人颁发的驻规建字(2008)第010号《建设工程规划许可证》,具备原告诉讼主体资格。对于第三人拟建商住楼是否影响原告黎×等居住的日照采光、通风、消防、防灾、视觉卫生、居住环境等权利,原告未提供相关证据证实。原告黎×等认为第三人的土地来源不合法,侵占了相邻权利人的土地使用权问题,不属于本案审理范畴。原告黎×等针对被告驻马店市城乡规划局2010年3月12日为第三人颁发的驻规建字(2008)第010号《建设工程规划许可证》,表示不撤诉,不变更诉讼请求。综上,鉴于被告驻马店市城乡规划局2010年3月12日已改变原具体行政行为,根据《最高人民法院关于执行〈中华人民共和国行政诉讼法〉若干问题的解释》第50条第1、3款之规定,法院判决结果如下:确认被告驻马店市城乡规划局2008年6月11日为第三人河南××房地产开发有限公司颁发的驻规建字(2008)第010号《建设工程规划许可证》违法。[1]

---

[1] 资料来源:http://www.110.com/panli/panli_7654628.html,2016年1月11日访问。

第八节 行政奖励原理与实务

一、行政奖励概述

行政奖励是运用于国家行政管理领域的一种激励措施,指行政机关或者法律授权的组织对于自觉遵纪守法、工作成绩显著、为国家和社会做出重大贡献的行政相对人,给予的某种精神或物质鼓励。就性质而言,行政奖励与具有否定性的行政制裁等行为恰好相反,是对行政相对人行为的肯定。行政奖励行为本身也是行政管理过程中,用以调动行政相对人积极性的方式和手段。其目的在于,鼓励先进,推动后进,向所有的社会成员昭示哪些行为是国家和社会所需要、提倡并予以弘扬的,以及如果行政相对人实践了将获得怎样的荣誉体现等。

在我国,行政奖励行为具有以下特征:

第一,行政奖励的主体一般是国家行政机关。具体而言,指各级人民政府、各级行政主管部门,由法律、法规明确授权的组织或单位,或经行政机关委托实施行政奖励的组织或单位,也可以在授权或委托的范围内实施行政奖励。例如,我国《合理化建议和技术改进奖励条例》中授权企业所实施的奖励即为行政奖励。一般企事业单位或社会组织依其内部管理规则对所属成员给予的奖励则不是行政奖励。

第二,行政奖励的对象主要为行政相对人,包括个人、组织、单位或团体等,同时也包括行政机关对其内部公务员的奖励。但是,由于前者更直接关系到行政相对人权利和利益的实现,体现行政职能的发挥,故一向是行政奖励问题研究的重点。

第三,行政奖励属于赋予受奖人权利或利益的行政行为。但是,它不同于行政机关进行扶贫助残等福利救济。前者以行政相对人作出一定的为国家和社会所倡导的行为为前提,后者则主要以行政相对人的生存需要等为出发点。行政奖励也不同于酬劳,酬劳要求量的数额等同,奖励在数额上则可以或多或少。酬劳一般以金钱等物质形态体现,行政奖励则可以有精神和物质两种形式。

第四,行政奖励行为既可以由行政机关基于行政职权实施,也可以由符合法定条件的行政相对人向有关行政机关提出申请,要求行政机关履行这一法定职责。行政机关如对符合法定奖励条件的申请无理拒绝或久拖不办,则属于行政违法。

第五,行政奖励意味着对行政相对人权利的设定,产生一定的法律后果。这体现为,获奖者以外的其他人不得侵夺、妨碍获奖者行使这项权利,授权机关也不得随意变更或撤销对行政相对人的奖励,除非获奖者本人拒绝接受或放弃这种权利。

二、行政奖励的种类

行政奖励根据不同的标准,可以划分为以下几个种类:

1. 依行政奖励的性质、特征划分

(1) 赋予权利的奖励和赋予能力的奖励。前者指为受奖人设定其本不享有的法律上的权利,如授予某种荣誉称号;后者指为受奖人设定其原来没有的法律上的能力,如实施某种行为的资格。

(2) 荣誉性奖励、财物性奖励、职位性奖励。荣誉性奖励如通令嘉奖以及授予"先进生产者""劳动模范""战斗英雄"称号等。财物性奖励指发给受奖人一定奖金、奖品等实物的奖励。职位性奖励指晋升级别或职位的奖励。

(3) 执法守法奖、工作模范奖、重大贡献和科技进步奖。执法守法奖,如按《文物保护法》的规定,社会上的任何公民、组织、团体,也包括从事文物工作的人,凡对保护文物有功,能认真执行、遵守《文物保护法》的,均可受到国家的奖励。工作模范奖,如按《全民所有制工业企业厂长工作条例》的规定,厂长在工作中若做出成绩,如具有主要经济技术指标达到国际先进水平,或在全国同行业、同类企业中达到先进水平;产品进入国际市场,有竞争能力,为国家创汇做出较大贡献;产品销售额、实现利润、上交税利连续三年以上有较大幅度增长,职工收入有所增加;创优质名牌产品,社会经济效益显著;推行技术改造和技术进步成绩显著,有重大技术突破,或为企业创造了自身发展的条件;推行现代化管理取得显著效果六种情形之一者,给予荣誉奖励、一次性物质奖励或晋级奖励。重大贡献和科技进步奖,如《发明奖励条例》《自然科学奖励条例》《合理化建议和技术改进奖励条例》《科学技术进步奖励条例》等行政性法律、法规中规定的专利奖,自然科学奖,发明、实用新型、外观设计奖,合理化建议和技术改进奖,科学技术进步奖等。

2. 依行政奖励的形式、方法划分

(1) 物质奖励和精神奖励。物质奖励指行政主体对行政相对人作出的给予物质方面的奖励的决定。例如,发给奖金或其他物品。精神奖励指行政主体对行政相对人作出的给予某种精神方面的鼓励的决定。例如,授予"三八红旗手""服务标兵""特殊贡献的专家学者""拔尖人才""见义勇为标兵"等荣誉称号。

(2) 通报表扬。即对受奖的行政相对人在一定的范围内以一定的形式公开赞扬。它包括:通令嘉奖,指人民政府通过在所辖范围内的报刊上予以登载的方式,对行政相对人在较大的范围内进行公开表彰;记功,包括记功和记大功,还可分为记特等功、一等功、二等功、三等功等几个等级;晋级,指提高工资级别,一般提高一至两级,特别突出的可达三级;晋职,指提高行政相对人职务,一般升一至两级。

3. 依行政奖励的不同范围划分

(1) 外部行政奖励。即对模范守法、业绩突出、贡献重大的行政相对方的奖励。

(2) 内部行政奖励。即对行政机关内部工作人员,在履行行政职责中成绩显著、建功立业者所给予的奖励。

行政奖励的不同种类可以单独运用,更经常的是同时并用。例如,既授予荣誉称号,又颁发奖金或奖品。

三、行政奖励的原则和作用

1. 行政奖励的原则

(1) 物质奖励与精神奖励相结合,并以精神奖励为主的原则

这一原则是我国《企业职工奖惩条例》所确立的。该条例规定,在奖励上,要坚持精神鼓励和物质鼓励相结合,以精神鼓励为主的原则。这一原则的确立根据在于:首先,强调两者的结合,是因为人的需要包括物质需要和精神需要两个方面,所以应将两者结合起来运用去调动人的积极性。同时,对给国家和社会做出重大贡献和牺牲的行为给予奖励,也是社会主义社会按劳分配原则的要求与体现。其次,提出以精神奖励为主,目的在于体现以追求精神文明、高尚思想道德情操为主要价值取向,注意发挥现阶段政治工作的效能,考虑满足人们高层次的精神追求。

(2) 公正原则

这一原则要求行政奖励真正面对所有社会成员,保证对行政相对人在行政奖励中适用相同的标准尺度,使其拥有同等的受奖权利和机会。这具体体现在:

第一,机会均等。即每个人在同等的条件下,都享有同等的受奖机会和权利,没有任何例外和特殊,不搞唯亲、唯派或以金钱、权势作为获奖的交易。

第二,标准同一。我国的《自然科学奖励条例》《科学技术进步奖励条例》《企业职工奖惩条例》等,明确规定了行政奖励的法定条件、标准。这些条件、标准适用于所有的社会成员。相同的行为、贡献应得到相同的奖励,不同的行为、贡献则不应得到相同的奖励。

第三,论功行赏。即实事求是地按功绩、贡献大小授予不同程度的奖励。有功获奖,无功不受奖,不搞"大锅饭"、绝对平均主义、轮流坐庄等。对于成绩突出、功劳卓著者,则应实施重奖,适度拉开奖励的档次。

第四,公平对待。负责颁奖的行政主体应以公正平等的态度对待接受行政奖励的行政相对人,而不分身份、地位、级别、职业等。对由行政主体主动颁奖的行政相对人和申请要求获奖的行政相对人,以相同态度对待,不带偏见,不凭主观好恶。

(3) 法治原则

行政奖励行为属于具体行政行为的一种,因而也必须遵循依法实施的原则。

具体而言,要以法律规范将行政奖励关系中的权利和义务加以规定;对行政奖励的适用范围、条件标准、实施原则、方式程序等以法确立;设定行政主体在实施行政奖励过程中发生违法侵权应承担的法律责任;为行政相对人维护自己在行政奖励过程中享有的权利和利益提供法律武器。

(4) 公开原则

即行政奖励的主持机构和人员,奖励的目的、原则、内容、范围,奖励的标准和条件、类别等级,奖励的过程、方法、步骤等一律对外公开,允许行政奖励的行政相对人以及外界了解情况、发表意见、参与评议、进行监督。评奖的整个过程中,都应发扬民主,把公开作为民主化评奖的先决条件。

2. 行政奖励的作用

(1) 行政奖励通过对人们某种行为的肯定、表扬、鼓励,促使该行为得以继续发扬,增加该行为的重复出现频率,强化人们对于有望获得行政奖励的行为作出努力。

(2) 行政奖励具有示范和激励功能。行政奖励通过榜样的树立,给人提供效仿学习的先例,指示出正确的努力方向。通过物质利益和精神利益的刺激,使人产生希望和期待,从而促进社会上受到行政奖励行为的出现。

(3) 行政奖励能产生积极的社会效益,如树立正气、弘扬美德、扬善抑恶、净化社会环境、提高人们的精神境界和文明水准,同时能直接促进社会生产力、科学技术、文化教育等各项事业的发展。由于行政奖励是一种积极的、鼓励性的、赋予权利和利益的行政行为,因而其消极作用明显少于某些带有制裁性质的行政行为。

四、行政奖励的程序

1. 奖励的提出

从我国现有的法律、法规看,奖励的提出主要有四个途径:

(1) 受奖者自己申请或申报。例如,按《发明奖励条例》的规定,发明者要申请发明奖励,可向所在单位提出申报,按隶属关系逐级上报,同时抄报省、市、自治区科委和国务院主管部门。

(2) 有关单位或个人的建议或推荐。例如,按我国《企业职工奖惩条例》的规定,给企业职工记功、记大功、发给奖金、授予先进生产者荣誉称号,可以由工会提出建议,企业或企业上级主管部门决定。此外,个人、多人集合体或依法成立的组织,如果发现符合受奖条件的单位或个人,也可以向授奖机关提出奖励的建议。

(3) 群众讨论或评选。即在众多的对象中,由群众集体讨论、比较、评估,以少数服从多数的民主形式决定受奖对象。这一般适用于技术性不强的奖励。

(4) 授权或审查机关自行发现。例如,某公民或单位协助公安机关侦破案件、缉拿罪犯、维持治安秩序等成绩显著,公安机关将其作为积极分子予以奖励。

以上几种提出方式中,第一种即受奖者自己提出申请或申报,更容易具有详细清楚的事实依据,避免漏错,有利于培养行政相对人的权利意识和法律素养。在通过程序制度防止假造、虚报的前提下,宜更多地采用和提倡,逐渐成为行政奖励提出的主要途径。

2. 审查批准

这一程序对于是否给予奖励以及奖励是否合法具有决定性作用。审查的内容一般包括:

(1) 所报情况是否属实,有无夸大或缩小。审查机关一般应进行实地调查,征询受奖对象所在单位的领导或群众意见,或进行专门的技术鉴定。

(2) 奖励对象是否恰当。即审查奖励是否确属该受奖励人,有无欺诈、剽窃他人成果的情况,有无多报或少报受奖人的情况,有无将个人奖报成集体奖或将集体奖确定为个人奖的情况。

(3) 奖励的条件是否符合。不同的奖励有不同的奖励条件、标准。在审查过程中,审查机关须按照不同的内容、条件、标准进行审查。

(4) 确定奖励的形式和等级。对符合上述情况的奖励,审查机关负责根据不同的内容、条件、标准,确定不同的奖励形式和等级。

审查后,应决定是否批准奖励。行政奖励一般由原审查单位负责批准,但特别的、重大的奖励应报请上级行政机关或国务院批准。不予批准的,需要向申报人、推荐人等说明理由。

3. 公布评议结果

为了扩大奖励的效果、社会影响,体现公开民主原则,减少奖励事后的争议纠纷,行政奖励审查批准之后、颁奖之前,需向外界公布,接受公众评议。公布的范围和期限可根据奖励的重要程度、内容特点而定,但涉及国家机密的除外。

4. 授予奖励

行政奖励一般由批准该奖励项目的机关或单位授予。奖励应在适当的会议或报刊上发布。对于个人的奖励,一般须书面通知本人,并载入个人档案。有的奖励还须报上级机关备案。

> **案例**

杨某等三人为甲公司干部。1998年8月6日和8月9日,三人以公开身份,先后两次书面向某国家税务局(以下简称"国税局")举报甲公司在经营活动中偷税。8月27日,三人通过电话向国税局询问查处结果,国税局当时称:"已查出289.63万元,有约23万元为所得税,滞纳金337万元。"之后,杨某等三人多次要求国税局对偷税行为已发定性,移交司法机关处理,并且要求国税局依规定给予奖励,但是未得到答复。杨某等三人为举报税务违法行为,付出了巨大的代价并受到了相当损失,国税局却一直不履行其法定职责,兑现奖励。为此,杨某等三人提起行政诉讼,请求法院:(1) 判决被告履行稽查义务;(2) 判决被告对查出的偷税款依法定性,将偷税人移交司法机关处理;(3) 判决被告对三原告依法履行奖励义务,给付三原告应得奖金;(4) 判决被告承担本案诉讼费用。

被告辩称,1998年8月,被告接到原告的举报材料,即按照举报信的内容正式立案进行检查。但是,三原告举报甲公司11项违反税法的事实和线索,其中仅有1项属实,被告对该公司作出补缴增值税395151.22元,并处1倍的处罚。被告已经将上述事实告知原告。被告根据《×市国家税务局对公民检举税务违章案件奖励暂行办法》第1条的规定,经查实入库后,可酌情给予奖励。因甲公司至今未能将税款入库,因而不能确定对原告的奖励数额。同时,该项奖励需要向上级机关报批才能颁发。因此,被告尚不能给予三原告奖励。三原告之一杨某曾于甲公司偷缴税款期间担任财务主管和主管会计,依《×市国家税务局对公民检举税务违章案件奖励暂行办法》规定,不能给予杨某举报奖励。

评议

本案属行政奖励之诉,即行政相对人不满行政主体不依规定予以奖励而提起行政诉讼。本案主要涉及两个问题:一是原告是否有权要求奖励;二是行政奖励的具体条件是什么。

原告有权要求奖励。行政奖励主要是行政主体为了实现行政目标,通过赋予物质、精神及其他权益,肯定、引导、激励和支持行政相对人实施一定的符合政府施政意图行为的非强制行政行为。杨某等三人以实名方式向国税局举报甲公司的偷税行为以及相关事实与线索,并经查实,避免了国家的损失,理应给予相应奖励。被告主张,依《×市国家税务局对公民检举税务违章案件奖励暂行办法》规定,已查实的应补缴的税款及滞纳金尚未追缴入库,是致使杨某等三人不能取得有关奖励的根本原因。但是,被告作为税务行政管理机关,理应采取有关措施积极追缴甲公司所欠税款及相关罚款,原告有权要求被告履行追缴职责。另外,被告主张,因为原告之一杨某在甲公司欠缴税款期间担任该公司会计,依照上述奖励暂行办法,不能给予奖励的说法亦不成立。依照《税收征收管理法实施细则》第81条第2款以及《税务违法案件举报奖励办法》(已废止)第2条的规定,这种情况不在禁止领取举报奖励之列。上述奖励暂行办法属于规章以下的其他规范性文件,效力位阶低于规范性文件,因而本案不能适用该奖励暂行办法解决。因此,法院判决被告限期继续追缴并于追缴入库后限期给予原告相应的举报奖励。

行政奖励作为一种非强制行政行为,虽然对于行政相对人而言,有较大的选择自由和余地,但是对于行使行政权力的行政主体而言,实施行政奖励行为与实施其他行政行为的要求并无二致,即都必须依法而为。行政奖励的主体、对象、范围、条件、程序等都必须有法律依据。对于行政相对人而言,行政奖励是否公平公正,奖励条件的设定很重要。《税收征收管理法》第13条规定:"任何单位和个人都有权检举违反税收法律、行政法规的行为。收到检举的机关和负责查处的机关应为检举人保密。税务机关应当按照规定对检举人给予奖励。"这为税收行政奖励提供了直接的法律依据。根据《税务违法案件举报奖励办法》(已废止)第5条的规定,税务违法举报案件经查实并依法处理后,根据举报人的贡献大小,按照实际追缴税款数额的5%以内掌握计发奖金;没有应纳税款的,按照实际追缴罚款数额的10%以内掌握计发奖金,每案奖金最高数额不超过10万元。对有重大贡献的举报人,经省级税务机关批准,奖金限额可以适当提高。此外,该办法第2条规定:"税务机关对举报偷税、逃避追缴欠税、骗税和虚开、伪造、非法提供、非法取得发票,以及其他税务违法行为的有功单位和个人(以下简称举报人),给予物质奖励和精神奖励,并严格为其保密。前款的物质奖励,不适用于税务、财政、审计、海关、工商行政管理、公安、检察等国家机关的工作人员。"第3条规定:"举报奖励对象原则上限于实名举报人;但对匿名举报案件查实后,税务机关认为可以确定举报人真实身份的,酌情给予奖励。"由此可见,关于税务奖励的条件包括:

(1) 享有物质奖励请求权的举报人必须是除税务、财政、审计、海关、工商行政管理、公安、检察等国家机关的工作人员以外的人员;享有精神奖励请求权的举报人没有限制,可以是任何人。

(2) 举报人必须实行实名举报。但是,在匿名举报的情况下,案件查实后,税务机关认为可以确定举报人真实身份的,也可以给予税收奖励。

(3) 举报人举报的行为必须是违反税法的行为,包括偷税、逃避追缴欠款、骗税和虚开、伪造、非法提供、非法取得发票,以及其他违反税法规定的行为。[①]

第九节　行政合同原理与实务

通常认为,行政合同是指行政主体间或行政主体与行政相对人间,为实现国家行政管理的某些目标、目的而依法签订的协议。行政合同具有以下特征:第一,行政合同在本质上必然符合契约的根本属性即双方合意。合意是行政性与合同性的混合,是公益与私利的混合,是双方当事人互为相同意思表示而达成的一致。行政命令是行政机关居于优益地位所作的单方意思表示,这种意思表示无须相对人同意即发生法律效力。实践中,某些行政主体签发的协议表面上是双方的,但是缺乏合意基础,仍是行政命令。第二,行政合同在形式上要求当事人中必须有一方为行政主体。第三,行政合同在标的内容上具有行政性,即为实施行政管理的行政合同

[①] 参见应松年、董皞主编:《行政法与行政诉讼法学案例教程》,法律出版社2011年版,第95—97页。

是以形成行政法上的权利义务关系为主要内容的。在行政合同中,对行政主体和行政相对人的权利义务配置取决于特定行政目的达成的需要。通常,权利义务配置向行政主体倾斜,行政主体居于优益地位。民事合同中的平等原则在行政合同中受到极大的限制。在行政合同中,行政主体的权力(利)和义务是复合规范,权利义务不能随意放弃或免除。

一、行政合同的种类

我国虽然没有行政合同立法,但是从行政合同的含义、特征、性质和特殊的合同法律规则中,可在学理上概括出以下几类行政合同:

1. 国有土地出让合同

根据《城市房地产管理法》和国务院《城镇国有土地使用权出让和转让暂行条例》的规定,土地使用权出让合同,是指国家将国有土地使用权在一定年限内出让给土地使用者,由土地使用者向国家交付土地使用权出让金的合同行为。该合同为保障合理开发利用土地资源的行政目标,规定政府为合同一方当事人,它有权监督对方当事人依合同使用土地,并在同意对方当事人变更土地使用用途后,有权调整土地出让金。政府也可对违约行政相对方征收土地闲置费,无偿收回土地使用权;监督检查已出让土地的转让、出租、抵押活动等。

2. 全民所有制工业企业承包、租赁合同

《全民所有制工业企业承包经营责任制暂行条例》第 14 条规定:"实行承包经营责任制,必须由企业经营者代表承包方同发包方订立承包经营合同。发包方为人民政府指定的有关部门,承包方为实行承包经营的企业。"《全民所有制小型工业企业租赁经营暂行条例》第 6 条规定:"国家授权企业所在地方人民政府委托的部门为出租方,代表国家行使企业的出租权。"与经济合同不同,上述承包合同、租赁合同一方当事人是行政机关,而不是一般的法人。代表国家财产所有者的行政机关为满足公共利益,对合同的履行拥有监督权。在我国经济体制改革中,这两种合同尚有模糊性,但是国有独资公司已成为公司法上特殊的经济组织,不排除某些国有企业被改组为政府公司。

3. 农村土地承包合同和粮食定购合同

农村土地承包合同,是集体土地的代表——乡政府或代表乡政府的村民委员会与农户,以合同的方式确定的双方权利义务关系。它是我国最早出现的、数量最大的行政合同,保留了政府基于稳定粮食生产和充分利用土地资源的公共目的,以及特殊的行政自由裁量权。粮食定购合同,是指各级人民政府及其主管部门为满足国民经济对粮食的需求,与农民之间就粮食的种植、定购达成的合意。

4. 国家订货合同

这是行政主体为了国家利益需要,与企业签订的购货合同。它不同于行政主体为满足自身需要而签订的民事订货合同。只有行政主体享有行政优益权,才能保障国家所需物资的供应。国家订货合同改变了传统计划经济体制下,以行政命令、指令性计划调拨财物的方式。

5. 公共工程承包合同

这是行政主体为了公共利益而与建筑企业签订的建造某项公共设施的合同,主要是大型的国道、飞机场、供水、供电、供气、通信设施等工程合同。这种大型公共工程的公用性和规模经济性借助传统合同责任理论难以实现,因此常赋予行政主体优益权。

6. 公共设施使用合同

这是行政主体基于公共利益需要,把全部或部分公共设施使用权转让或出租给私人的合同。我国有大量的公共设施缺乏经济效益和社会效益,如国有图书馆、博物馆、公园、铁路等。显然,这种合同的复杂性和风险性必然要保留行政权的特殊地位,如监督权、检查权、单方面变更和解除合同权、制裁权等。

7. 公务员聘任合同

从英国法院的判例看,部分公务员的任命行为是一个公法上的契约行为,当局和公务员之间的关系是一种公法契约关系。日本也视公务员劳动合同为行政合同。我国《公务员法》规定了聘任制选择公务员的方式,公务员聘任合同不是一般的劳动合同,它包含了特定国家利益和行政主体单方面的权力,如解除权等。

二、行政合同的原则

行政合同的原则不同于传统行政行为的原则。行政合同具有合意性成分,所以必然可援用民法原则;行政合同又有行政性,因此要遵守依法行政原则。

依法行政原则,要求行政合同必须出于行政需要,不得超越行政权限、内容和范围,以及为法律所允许保留行政主体在行政合同履行过程中的某些权力。为防止政府"出卖"公共权力,应加强行政合同立法,尽量将行政合同的实践纳入依法行政理念的支配和控制之下,将行政合同纠纷纳入司法审查范围,以保证行政合同符合法治主义的要求。为约束行政权的随意性,我国亟须完备行政合同的程序规范和合同审判制度。

契约自由原则,在行政合同中受到行政主体公共利益目的、行政优益权的限制。因此,民法原则在行政合同的签订、履行、合同责任方面,只限于一定的范围和程度。即行政合同法律关系与民事合同法律关系有相似性和共同的法理基础时,可以援用民法原则,如协商原则、经济平衡原则。行政合同是新型的行政权力行使方式,它是行政能动性和机动性的体现。利用行政合同规制行政也给依法行政原则带来了巨大挑战。为防止利用公权力欺压行政相对人,学者们主张在合同内容和立法上尽量为双方当事人留下较大的合意空间,从而贯彻契约的传统角色,给当事人留有自由的余地。对依法行政原则的解释,也抛弃了机械主义做法,行政机关在不与法律相抵触且符合行政性质的前提下,即使没有具体的行为规范依据,也可运用行政合同手段。但是,要求行政相对人接受限制其权益的条款必须征得行政相对人的同意,且若违反上述规定,不得对行政相对人进行行政强制和行政处罚。

三、行政合同的功能

行政合同的功能、行政合同存在的理由和必要性,受到民法学者和部分执法人员的非议。他们认为行政合同缺乏理论基础且在实践中效果不良。归纳起来,否定论的理由主要有两个:一是私法上的契约源于平等主体间的合意,而在行政法领域,政府和行政相对人之间的关系属于权力支配关系,没有对等自由合意的可能;二是作为私法基本原则的"契约自由"和行政法上的"依法行政"原则在本质上不易调和。① 实质上,现代行政法的发展已为行政法领域提供了合意的基础,并通过行政程序和行政救济制度的设置,保证了自由合意的实现。即行政合同的合意是在不对等地位基础上,通过有效的行政程序和救济,保障处于劣势的相对一方当事人自由表达意思而形成的。随着政府由消极行政转向积极行政,传统的单纯强调约束行政权随意性的依法行政理念,也相应地向实现既约束行政权的随意性又维护行政权的机动性之间的平衡方向转化。这样,行政机关享有较大的自由裁量权,可以根据时势需要以及考虑行政目的而选择适当的行政手段,包括行政合同、行政指导等非强制行政行为。

与此相反,在现代民法上,作为近代民法基础的两个判断即所谓平等性和互换性已经丧失,出现了严重的分化和对立。私法自治或契约自由虽仍是民法基本原则,但已不再是从前的状况,受到多方面的限制,包括公法上对交易的规制,即所谓"私法的公法化"。② 德国行政法学奠基人奥托·迈耶在1888年所著的《关于公法上契约之理》中,明确反对在公法领域存在契约关系。但是,一百多年后,很多国家都建立了行政合同法律制度。

在我国,一部分人不赞成行政合同的另一个重要原因是,他们对计划体制下的行政干预合同存有恐惧心态。的确,在社会主义经济体制下,契约成为履行国家经济计划并使其具体化的一种工具。订立什么样的契约,决定于计划行为,而不是计划本身。计划行为是一种行政行为,相关当局通过这种手段形成具体企业与指令

---

① 参见余凌云:《行政契约论》,载罗豪才主编:《行政法论丛》(第1卷),法律出版社1998年版,第189页。
② 参见梁慧星:《从近代民法到现代民法——二十世纪民法回顾》,载《中外法学》1997年第2期。

当局之间的行政法律关系,同时也产生了不同的接受指令企业间的私法义务。① 所以,计划经济下的契约,实质上仍是行政命令,并不是市场经济和民主政体下的行政合同。行政合同是行政行为属性的变异,是行政权行使方式的自为扬弃。

概括各国行政合同的实践,结合我国国情,行政合同大致有如下功能:

第一,有助于有效地实现行政目标,提高行政管理活动的效率。行政合同作为一种最能避免或减少行政摩擦和行政创伤的手段,易于被行政相对人接受,它在调动行政相对人主观自觉性、积极性的基础上,融入国家意志,将个人与组织的利益追求与行政管理目标的实现有效地统一于一体。

第二,扩大行政参与,实现行政民主化。行政合同充分体现了对行政相对人合法、合理权利的尊重,通过行政相对人内含的制约权、参与权,防止了行政权力的滥用,符合现代行政精神之要求。

第三,弥补立法不足,替代立法规制。政府通过缔结行政合同,能够在法律没有规定或者规定不具体的领域与行政相对人通过合意形成它们所预期的行政法上的权利义务关系,以达到行政规制的目的,并能灵活地根据时势需要不断地调整政策导向,进行政策选择,从而弥补立法不足,达到替代立法规制的效果。②

四、行政合同责任

行政合同责任,是指合同当事人因违反合同行政之债所应承担的法律责任,是国家强制债务人履行合同行政之债的法律措施。即一旦行政合同债务人不履行行政之债,该债务在性质上就转化为一种强制履行的责任。强制履行已不仅仅是对债权人的责任,也是对国家应承担的责任。责任与债务相比,包含了一种国家强制性。

在我国法律中,合同责任作为法律责任,一般包括民事责任、行政责任和刑事责任诸多成分。通常,民事合同责任只限于研究合同上的民事责任。行政合同责任有其自身的特点:

第一,行政责任和民事责任(经济责任)是行政合同责任的两项重要内容。一方面,行政合同责任反映着行政主体与行政相对人的关系,即国家强制违约方履行或承担其他负担的关系。按传统的行政法学,它属于行政责任的范畴。另一方面,行政合同责任也表现着违约方与受害方之间的关系,主要是违约方补偿受害方的损失关系,实属平等主体间的财产关系。在行政合同责任中,行政机关有权依经济平衡原则,向行政相对人请求给付违约金和损害赔偿金。但是,此类民事责任(经

---

① 参见〔德〕K. 茨威格特、H. 克茨:《比较法总论》,潘汉典等译,贵州人民出版社1992年版,第595、596页。
② 参见余凌云:《行政契约论》,载罗豪才主编:《行政法论丛》(第1卷),法律出版社1998年版,第209页。

济责任)主要是针对行政相对人的。

第二,行政合同责任主要是财产责任,也有少量的名誉责任和人身责任。在民事合同的发展史上,合同责任经历了从名誉责任、人身责任到财产责任的发展过程。违约金责任、赔偿损失责任等财产责任在现代合同法上已成为主要的合同责任方式,各国民事合同都已取消了名誉责任和人身责任。行政合同的财产责任,是指经济赔偿、经济补偿、罚款、没收等责任方式。行政合同责任是否有必要保留名誉责任和人身责任值得研究。在全民所有制承包经营合同中,对承包方违约,要视情节轻重追究企业经营者的行政责任。① 这里面包含了名誉罚和人身罚。但是,在行政处罚法定主义即依法行政原则支配下,它们显然不是行政合同约定的责任。严格地讲,名誉责任和人身责任只能是广义上的行政合同责任,只有法律直接授权行政机关时才能实施。

第三,行政合同责任的程序化控制。行政程序法通过协商制度、听证制度、公开制度、说明理由制度等,在行政合同履行的事前、事中,能尽量避免或控制行政合同责任的产生。一旦产生行政合同责任后,也能通过正当行政程序权利和义务的设置,有效地平衡当事人间的利益关系。很多国家在行政合同立法模式上,是在行政程序法中设置专章规范行政合同,如德国、葡萄牙等国。

五、行政合同救济

从西方国家经验来看,行政合同救济制度的建构主要有两个方向:一是通过协商、仲裁或行政机关内部裁决,消除合同缔约或履行中产生的争议,效果较好;二是重视通过司法审查,保证行政合同权的行使符合法律要求。例如,法国的行政合同适用行政法院的完全管辖之诉;日本根据《行政案件诉讼法》第4条"关于公法上的法律关系的诉讼"的规定,对行政合同进行审查。

在我国,在司法外救济制度构建上,应将行政合同纠纷纳入行政复议救济范围,形成以行政复议为主要救济方式,以行政仲裁解决特定种类行政合同纠纷的模式。在司法救济上,应把行政合同纠纷纳入行政诉讼受案范围。根据《最高人民法院关于贯彻执行〈中华人民共和国行政诉讼法〉若干问题的意见》第1条的规定,具体行政行为是单方行为,行政合同行为显然是双方行为,所以不能提起行政诉讼。因此,有必要借鉴西方国家成熟的司法经验,重构行政诉讼结构,吸纳双向性的行政合同纠纷案件,并在起诉资格、调解原则、举证责任以及责任方式和措施上作必要的修正。

---

① 参见余凌云:《行政契约论》,载罗豪才主编:《行政法论丛》(第1卷),法律出版社1998年版,第236页。

案例

原告郑××诉被告×市×区人民政府×街道办事处城建行政合同一案,原告于2014年9月17日向法院提起行政诉讼。法院于同日受理后,于2014年9月24日向被告送达了起诉状副本及应诉通知书。法院依法组成合议庭,于2014年10月24日公开开庭进行了审理。原告郑××及委托代理人张×,被告×市×区人民政府×街道办事处法定代表人金××及委托代理人方×到庭参加诉讼。本案现已审理终结。原告郑××诉称:被告未经×区人民政府作出对原告房屋实施征收的决定,擅自与原告签订《房屋置换与补偿临时协议书》,以104国道及双南线建设需要为由,要求原告腾空房屋交给被告拆除。原告认为公民的财产受法律保护,没有经过法定程序,任何组织、任何人不得以任何理由剥夺公民的财产。原告通过向×区人民政府申请信息公开得知,被告是在×区人民政府尚未作出征收决定的情况下实施征收活动的,故起诉要求:(1)确认被告与原告签订临时协议书的具体行政行为违法;(2)撤销被告与原告签订的临时协议书。原告在法定期限内向法院提供的证据有:(1)原告的身份证复印件,证明原告主体资格;(2)《房屋置换与补偿临时协议书》,证明原被告签订协议的事实。被告×街道办事处辩称:(1)原告认为诉称的临时协议书系被告作出的具体行政行为,严重错误并缺乏依据。该临时协议书是原被告经协商共同签署的,是一种民事行为而非行政行为,不属于行政审判的范畴。(2)临时协议书不具有强制力,事实上被告也未采取强制力。临时协议书约定的腾空或拆除,是原告自愿的。在履行过程中,原告不同意腾空或拆除,被告也未强制其腾空或拆除。(3)被告未侵害原告合法权益。临时协议书约定在签订正式的房屋置换与补偿协议时,原告可自愿选择置换或补偿方式,具体的置换或补偿内容在签订正式协议时方能确定。因此,临时协议书并未侵害原告合法权益。综上,被诉的临时协议书不具有强制力,未侵害原告合法权益,也不是具体行政行为,不属于行政案件的受案范围,应依法驳回起诉。被告在法定期限内向法院提供的证据有:2013年7月23日原被告签订的临时协议书,证明该协议书是双方民事行为,原告可自愿选择置换或补偿方式。经庭审质证,原被告提供的临时协议书内容一致,双方对对方提供的证据的真实性均无异议,法院对原被告提供的证据的真实性予以认定。

经审理查明,2013年7月30日,原告郑××与被告×市×区人民政府×办事处签订《房屋置换与补偿临时协议书》,内容为:(1)被告因×区×街道新双南线、104国道拓宽改造工程项目建设需要,根据《×区×街道新双南线、104国道拓宽工程改造实施细则》,对×区×街道新双南线、104国道改造工程范围实施房屋置换,原告所有的房屋位于该置换范围内。(2)原告同意将坐落在××路79号的房屋先行腾空,交给被告拆除,再与被告签订正式的房屋置换与补偿协议书。(3)原告同意在 2013 年 7 月 30 日前搬迁腾空房屋,经被告验收确认后,由被告予以拆除等。协议书签订后,原告认为被告在未经×区人民政府作出征收决定的情况下,与原告签订协议违反法律规定,故起诉要求确认原被告签订的协议书违法,并要求撤销原被告签订的上述协议书。

评议

被告×市×区人民政府×办事处与原告郑××签订临时协议书系被告履行行政职权所作出的行政行为,该临时协议书属于行政合同,原告与诉争的临时协议书具有法律上的利害关系,依法可以提起行政诉讼。被告认为被诉的临时协议书是原被告间的民事行为,不属于行政诉讼受案范围,理由不足,不予采纳。被告×办事处和原告郑××在房屋征收前就拟被征收房屋的现状、自愿腾房搬迁时间以及安置补偿方式等事项经协商达成被诉协议书,并未违反法律、法规的强制性规定。该协议书并非法律规定的房屋征收补偿协议,不得作为强制腾空和拆除房屋的依据。涉案房屋征收决定作出后,仍需按照法定程序进行补偿安置。原告以被告无权签订协议征收原告房屋等为由要求确认被诉协议书违法并撤销该协议书,理由不能成立,法院不予支持。据此,依照《最高人民法院关于执行〈中华人民共和国行政诉讼法〉若干问题的解释》第 56 条第 4 项的规定,判决如下:驳回原告郑××要求确认被告与原告签订《房屋置换与补偿临时协议书》的具体行政行为违法,并撤销上述临时协议书的诉讼请求。

第十节　行政指导原理与实务

一、行政指导概述

行政指导,又称"行政诱导""非正式行政行为""简便式行政活动",是指行政主体在其职责或管辖的事务范围内,依据国家法律及其精神、原则或特定的方针政策,采用非强制性手段,在行政相对人的同意或协助下,实现行政目的事实行为。

行政指导的主要特征如下:

第一,行政指导是一种行政事实行为。行政指导一般不具有法律效力,不直接导致行政主体与行政相对人之间行政法律关系的产生、变更和消灭。行政相对人若不服从行政指导,通常不适用行政处罚或行政强制执行等处理手段。

第二,行政指导是一种非强制行政行为。根据行政行为是否决定行政相对人的意志,可以把行政行为分成强制行政行为和非强制行政行为两类。前者,行政相对人必须接受,并切实履行,如课征税赋、许可、禁止等。后者,行政相对人可以接受,不存在强制履行义务的问题。行政指导便属后者,它对行政相对人不构成法的拘束力或强制力,行政相对人有权自主决定是否服从指导。

第三,行政指导是行政主体主动实施的"积极行政"行为。根据行政主体实施行政活动时的主观意志,可以将行政活动分成"积极行政"和"消极行政"。行政指导属"积极行政"范畴。它一般适用于灵活性大、协调性强的经济管理部门、科技管理部门和某些社会管理部门等领域。通过非强制手段实施管理,减少了行政相对人消极抵触情绪,有利于实现行政管理目的,弥补了法律强制手段之不足。

第四,行政指导是行政主体单方面实施的符合现代法治原则的一种外部行政行为。行政主体的权威性地位和职能,决定了其在资讯、知识、物力等方面优越于行政相对人,以自己单方面的意思表示便可作出指导行为。但是,该行为的实现是以行政相对人对行政目标的认同为前提的。同时,行政指导是具有法定资格的行政主体在其权限、职责范围内,在不违反法律的前提下,对行政相对人实施的行为,不同于行政组织系统内部上下级行政机关之间基于行政隶属关系、监督关系而产生的指导、监督等内部行为。

二、行政指导的方式和种类

行政指导是适用范围相当广泛、方法和种类灵活多样的行为。行政主体在法定职责、任务和管辖事务范围内可以采取多种方式,主要有:指导、引导、辅导;劝告、劝导、规劝;告诫、劝诫、提醒;建议、意见、主张;商讨、协商、沟通;赞成、反对、表彰、提倡;示范、推广、宣传;鼓励、勉励、奖励;调解、协调、斡旋;指导性计划、规划;导向性政策;发布官方信息等。①

行政指导依据不同标准,可分为不同种类:

(1) 以有无具体法律依据为标准,行政指导可分为法律明文规定可以进行的行政指导和没有法律明文规定而进行的行政指导。② 前者指法律、法规、规章明文规定可对行政相对人作出劝告、希望、建议等行政指导。例如,儿童福利指导,促进企业合理化、限制不正当交易的指导等。后者又分为两类:一类是就想要进行行政指导的有关业务事项,依法赋予许可、命令、取消、停止等处分权。例如,以强行拆除违章建筑等命令权限为背景的警告等。另一类是在遇有紧急情况下,行政主体可基于组织法授权,按照法律精神或原则、政策,采取适当的行政指导予以处理。例如,发布某种重要信息情报等。该分类有助于确定行政指导应遵循的原则。

(2) 以作用不同为标准,行政指导可分为促进性行政指导和限制性行政指导。前者指行政主体通过采取鼓励性措施等方式,促进行政相对人积极作为而进行的指导。后者指行政主体以限制行政相对人行为为目的而进行的指导。例如,《指导外商投资方向暂行决定》明确了外商投资项目种类,具体规定了鼓励类、限制类和

---

① 参见王连昌:《行政法学》,中国政法大学出版社1997年版,第331—334页。
② 参见〔日〕冈村悦一等编:《行政法》,有斐阁双书,昭和五十一年,第219页。

禁止类范围。该分类有助于引导行政相对人的行为,以配合行政主体实现行政管理目标。

（3）以功能差异为标准,行政指导可分为管制性行政指导、调解性行政指导和授益性行政指导。管制性行政指导又称"规制性行政指导""抑制性行政指导""限制性行政指导",是指对于妨害公共秩序或公益行为加以预防或抑制。它又分为预防指导、纠正指导和管理指导。[①] 例如,抑制物价暴涨等。调解性行政指导又称"调停性行政指导""调整性行政指导",[②]是指行政相对人相互之间发生争执,而又协商不成时,由行政主体出面调停以达成妥协的行政指导。例如,城市公共汽车公司之间发生利害冲突,协调不成以致影响公共交通时所采取的行政指导。授益性行政指导又称"促进性行政指导""辅助性行政指导""助成性行政指导""建议性行政指导",是指行政主体为保护和增进行政相对人利益,促使行政相对人的行为合法化而进行的行政指导。例如,农业经营指导、职业指导、提供市场信息、提供科技服务等。该分类有助于重视行政管理手段的变化,以便设计及时有效的行政指导程序,明确不同的行政指导各自应承担的责任。

（4）以适用范围为标准,行政指导可分为宏观行政指导和个别行政指导。前者指行政主体针对不特定的行业、地区和行政相对人进行的行政指导。它带有全局性、长期性的特点,多以指导性计划为表现形式。后者指行政主体针对特定的行业、地区和行政相对人进行的行政指导。它带有局部性、具体性、临时性的特点,多以具体措施形式表现出来,是宏观行政指导的具体化。一般来说,对宏观指导不能申请行政复议或提起行政诉讼,对个别指导可以申请行政复议或提起行政诉讼。

此外,以行业或部门管理领域为标准,行政指导可分为教育、科技、商业、对外贸易等若干类别。

三、行政指导的原则

行政指导的原则主要有：

第一,行政法治原则,是行政法的基本原则,一切行政活动都应受其制约。体现在行政指导上,就是指实施指导时,应依据行政职权,不得同宪法、法律相抵触。这具体表现在：

（1）行政指导的权力来源必须合法。行政指导的实施必须有宪法、组织法的授权,并且不得超越行政主体的职权或所管辖的公务范围。

（2）行政指导的内容必须合法。行政指导非但不能违反法律的规定、法律精神以及法律的一般原则,而且必须以行政相对人自愿为前提。

（3）行政指导的程序必须合法化、公开化。

[①] 参见〔日〕冈村悦一等编：《行政法》,有斐阁双书,昭和五十一年,第220页。
[②] 参见林纪东：《行政法》,台湾三民书局1988年版,第438页。

（4）行政主体实施的行政指导违法时，应承担相应的法律责任；给行政相对人或其他利害关系人造成损害的，应予补偿或赔偿。

（5）行政指导不仅应当合法，而且应当合理、公正、公开。行政主体在不违背立法目的、公共利益的前提下，依照行政管理目标作出适当而又合理的处理。行政指导必须基于合理的目的、动机，行政主体不得基于个人或小团体的私利或其他不正当目的，利用自己的优越地位，迫使行政相对人接受该行政指导。

但是，考虑到经济与社会不断发展，当新出现某种特殊的公共管理需求，而对此恰好还没有任何适当的法律规范进行调整时，或者在一些开拓性领域还不适宜立法时，则应以党和国家机关的政策为依据进行指导并予以及时调整。

第二，自愿、平等、民主原则，要求行政主体实施行政指导时，不能以管理者身份采取强制性手段，不考虑行政相对人的意愿，而必须以平等的身份，充分尊重行政相对人的自主权利，采取辅导、说理、对话、沟通、建议等民主方式，向行政相对人充分说理，耐心宣传，晓之以理，充分听取行政相对人意见，提供必要的信息、知识、技术等服务和帮助，进行必要的示范，取得行政相对人的同意或协力去达到行政管理目的。

第三，及时灵活原则，要求行政主体实施行政指导时，必须根据行政管理目的的需要和客观情势及时进行，对行政管理的紧急特殊要求作出有效反应，而不能消极无为、坐视不管或按部就班、坐失良机。同时，行政指导的操作形式应灵活多样，可不拘一格地采用，必要时也可采取口头形式进行指导。当然，实施行政指导时，不得采取违法、违反政策的方式、方法。

第四，禁止反言原则，指当行政主体对他人进行某种意思表示，使行政相对人有理由信赖该意思表示而产生损害结果时，禁止行政主体否定以前意思表示的真实性，采取与其意思表示相矛盾的立场取得利益。禁止反言法理是基于平衡理念的一般原则，在行政法关系上得到原则性确认。该法理适用的一般要件是：

（1）该行政指导是指导机关权限范围内的行为；
（2）该行政指导的意思表示内容具有特定性、具体性；
（3）行政相对人不知道该行政指导的违法性和错误；
（4）行政相对人有信赖该行政指导而行动的理由；
（5）有损害事实发生。

此外，考虑到行政的法律适当性原则、侵害公益等，适用该原则时，应该基于平衡理念加以衡量判断。

四、行政指导的意义

行政指导作为一种行政手段，广泛运用于社会管理特别是经济管理领域。随着科学技术日益发展，经济体制改革不断深化，"市民社会"形成，必然要求政府职能和行政模式进行相应的调整和变革,进一步增强政府对社会生活的指导和引导功能,更多采用行政指导等权力色彩较淡的行政手段,以配合法律强制手段的运用。为此,在行政指导领域必须做到:树立现代行政法意识;加强行政指导理论研究,使其规范化、法治化;建立、健全政府发布信息、告示等情报公开制度;建立审议制度;健全、完善行政奖励、行政计划制度;建立行政指导的责任、救济制度,以发挥行政指导的应有功效。行政指导的重要意义体现在以下几方面:

第一,行政指导可以防止行政主体和行政相对人之间的关系失衡。根据现代行政法的理论,行政法应是平衡法。为了加强行政管理的职能,发挥行政管理的积极作用,在一些行政领域仍然要采用命令—服从、管理—受管理的行政行为模式。在这种情况下,可通过综合配置行政主体和行政相对人的权利义务,设定相应的运作机制,使双方的权利义务总体上趋于平衡,以体现双方的法律地位平等;而在另外一些行政领域,则应鼓励行政主体在依法行政的前提下,改变传统的管理模式,淡化权力色彩,使行政权和公民权处于比较协调的平衡状态,以平衡两者的关系。

第二,行政指导可以促进社会主义民主的发展。行政指导以形式上的柔软、温和为突出特征,把民主、平等等行政法原则具体化为行政管理的操作程序,把行政管理双方当事人从以往单纯的命令与服从关系中解脱出来,使命令者的主动地位与服从者的被动地位均由绝对化转为相对化,设立了行政管理双方当事人之间商讨、通融、妥协之余地,有利于化解抵触、对立情绪而增强信赖关系,减少摩擦冲突,增进双方当事人的统一与合作,从而以"领导就是服务"的模式,实现行政目标。[①] 行政指导的发展与制度化、规范化,必将促进国家政治生活的民主化、经济管理的民主化以及整个社会生活的民主化,促进现代化建设事业的顺利发展。

第三,行政指导可以推动社会主义法制的发展。市场经济体制要求管理多样化、法制化,传统的管理手段已不能完全适应现实社会和经济发展的需要。中共十六大提出,要按照社会主义市场经济的要求,转变政府职能,实行政企分开,把企业的经营管理权力切实交给企业,进行机构改革,把综合经济部门改组为宏观调控部门,调整和减少专业经济部门,加强执法监督部门,培育和发展社会中介组织。这就为行政指导等非强制手段的运用提供了政策依据。对行政指导等非强制手段的运用与研究,能够为行政法制的发展提供理论依据,推进行政法制建设,实现依法治国。

第四,行政指导体现了我国回避纠纷法文化的要求。法文化是法律生活中群体性观念模式和行为模式的总称。[②] 行政指导这种"非公式的行政活动",作为当今世界大多数国家出现的一种普遍现象,与它们某种共同的法文化背景不无关系。也就是说,行政指导是以不使人们之间产生纠纷或在不使纠纷扩大方面负有不断

---

① 参见崔卓兰:《论行政指导及其法制化》,载《中国法学》1997年第1期。
② 参见马新福:《法理学》,吉林大学出版社1995年版,第453页。

努力义务为前提的法文化,即以回避纠纷法文化为背景的。因此,只要运用得合理,便可回避可能产生的执行上的纠纷。双方就某事协商,回避了司法机关的介入,还可以节约时间、费用,缓和行政组织间的对立。在日本,作为对行政指导的救济手段,行政裁判所特有的司法审查方法也能以日本历史与文化的应有方式进行考察。[①] 审查行政指导的合法性之际,以行政机关在多大程度上努力回避纠纷作为合法性审查的评价标准,即一旦产生纠纷,不是以保护自己的利益,而是以回避相互间纠纷为解决纠纷的评价标准。这一点值得我们重视。

五、行政指导的作用

第一,行政指导对法律的补充和替代作用。经济、科技迅猛发展,新的法现象不断出现,特别是进入社会主义市场经济发展阶段后,对层出不穷、急剧变化的新情况、新问题,难免会出现立法跟不上,存在"法律空域"的现象。因此,及时、灵活地采取行政指导措施予以调整,在组织法授权的范围内进行必要的探索尝试、检讨改进乃至灵活处理,以补充单纯法律手段之不足,为现代法治原则的固有之义。况且,在某些领域采用法律强制手段尚不必要或收效甚微的情况下,可先采取行政指导措施代替法律强制手段予以调整,以期更为及时有效地实现行政目标。

第二,行政指导对行政相对人的辅导、辅助、服务和促进作用。因行政主体在掌握知识、信息、政策上的优越性和宏观性,故其实施的指导能有效地指导、促进经济、科技和社会健康发展,具有一种特殊的启发、导向和促进作用。当前,政府若本着"效率优先,利益兼顾"的原则,对行政相对人进行全局性、宏观性、预见性的指导,可以起到引导、影响行政相对人的行为选择,促进社会主义市场经济健康发展的作用。

第三,行政指导对行政相对人之间发生的利害冲突的协调和疏通作用。市场经济是依靠竞争取得高效发展的,市场经济社会中多元主体之间的利益矛盾和冲突是难免的,这就需要通过各种渠道和手段予以调整、协调。例如,当企业相互间或企业与居民间发生利害冲突,有可能影响经济和社会秩序或公共利益时,以行政指导手段便可缓和与平衡各利益主体之间的矛盾和冲突。尤其是在社会经济组织间进行协调和斡旋,疏通和调解存在隔阂和障碍的社会关系方面,行政指导具有其他手段不可替代的作用。

第四,行政指导对行政相对人不正当行为的预防和抑制作用。理论和实践已证明,在强烈的利益驱动之下,社会组织和个人之间往往存在一种为增加自身利益而不惜损害社会利益的倾向,对此需要予以适当抑制。在损害社会利益的行为尚处于酝酿和萌芽状态或初现弊端时,最宜采用行政指导方式予以调整。行政指导

---

① 参见〔日〕兼子仁、宫崎良夫:《行政法学的现状分析》,劲革书房1991年版,第180页。

对于可能发生的妨害经济秩序和社会公益的行为,可以起到防患于未然的预防作用;对于刚萌芽的妨害行为,则可以起到防微杜渐的抑制作用。

六、行政指导的救济问题

行政指导作为一种非强制手段,固然有其优越性,但是由于它是通过行政机关的公务员实施的,受各种因素的干扰和制约,出现错误的指导在所难免。按照现代法治原则的要求,"有损害,必有救济",行政指导也不例外。如果行政指导合法,却给行政相对人造成损害时,只能通过申诉等途径请求行政补偿;如果行政主体违背行政组织法,未履行法定职责或者采取变相强迫措施,违背了行政指导的自愿原则,给行政相对人造成损害时,已形成了法律上的因果关系,可通过行政复议、行政诉讼途径寻求救济。值得注意的是,应根据当时的主客观情况,按照双方过错的大小分担责任。如果因实施的行政指导给第三人造成损害,应由双方依公平原则分担责任。

案例

1994年11月下旬,某镇政府主要领导人安排镇农技站副站长周甲、周乙、周丙购买杂交稻种。之前,镇政府为了购种筹款,召开了某镇干部会议。周甲在镇广播站广播,以镇政府的名义发出通知,要求各村向农民收集购买种子预交款。当年11月30日,周甲等三人从某市购回无"三证"(质量合格证、检疫证、准运证)的早稻杂交种V48共计6720公斤,即向镇政府领导汇报"该批种子证件手续齐备"。镇政府主要领导看过种子后亦未查清核实种子的"三证",便指示:在调进价的基础上每公斤加价1元卖给各村,村里再每公斤加价0.4元卖给农户,最后以每公斤13.4元销售,同时广播通知各村到镇政府购种和作晚稻购种计划。12月4日,镇政府通过各村向农户收取晚稻购种预交款9000元。1995年1月4日,镇政府再次安排购种。周甲等三人从某市以每公斤8.6元价格购回无"三证"的晚稻种V64共计6580公斤,镇政府决定以每斤15.4元卖给农户。1770家农户购买早稻V48种共计6439.45公斤,购买晚稻V64种621.85公斤。当年5月,某市种子管理站和某市农业局到某镇检查工作,发现该镇秧苗情况异常,即将种子样品送到某省农作物种子质量监督检验机构进行检验。经检验,所检种子均非V48或V64。1995年,原告插播早稻2861.95亩,每亩减产88公斤,共减产251854.24公斤,损失453337.63元;插播晚稻414.5亩,每亩减产88公斤,共减产36482.16公斤,损失65667.89元,直接经济损失共519005.52元。农户多次要求被告某镇政府赔偿,但被告在期限内未予答复。农户依法提起行政赔偿诉讼。

原告诉称:被告作为基层人民政府,强迫下属村民统一购买其非法采购回来的假种子,是超越法定职权的具体行政行为。原告因此所造成的经济损失,与被告的行政行为有直接因果关系,被告依法应予以行政赔偿。

被告辩称:购买稻种,是买卖关系,属于民法调整范畴。原告提起行政赔偿诉讼,于法无据,请求驳回原告的诉讼请求。①

评议

本案涉及的一个主要问题是行政指导行为与具体行政行为的区分问题。根据《行政诉讼法》的规定,行政指导作为非权力行为,是不在行政诉讼的受案范围之内的。因此,实践中要区分的就是以行政指导的名义进行的权力行政。

行政指导的基本属性为非权力性、非强制性,其行为方式是通过采取指导、劝告、建议等不具有强制力的方法谋求行政相对人的同意或协力,以有效实现一定的行政目的。因此,它与其他具体行政行为的区别就在于是否涉及强制性权力的运用。

《种子管理条例》(已废止)第22条规定:"经营种子的单位和个人,必须经所在地县级以上地方人民政府农业、林业主管部门依照本条例规定的经营条件,核发《种子经营许可证》,凭证到当地工商行政管理部门申请登记,经核准登记并领取《营业执照》后方可经营……"本案中,被告及其委托购种的镇农技站均没有取得种子经营许可证和营业执照,其经营属于非法经营。被告为了经营种子,召开了全镇干部会议,指令各村统一到镇政府购种,并通知各村向农户收缴购买种子预交款;委托购进种子后,又指示加价卖给各村农户。这些行为都是权力行为,当地农民必须服从,而非在科学分析种子质量后给农户提供的购买哪种种子的指导和建议,因此该行为不属于行政指导,而是滥用行政权力的违法行政行为。根据《行政诉讼法》的规定,本案纳入行政诉讼的范畴,并根据《国家赔偿法》的相关规定进行行政赔偿。

第十一节 行政给付原理与实务

一、行政给付的概念

行政给付,是指行政主体为一定个人或组织提供支持或补助,从而保障和改善行政相对人的生活条件。

二、行政给付的特征

第一,行政给付是一种授益性行政行为。行政主体依法向行政相对人给付金

---

① 参见应松年、董皞主编:《行政法与行政诉讼法学案例教程》,法律出版社2011年版,第191—192页。

钱或实物,是无偿地用之于民。

第二,行政给付的对象是特定的行政相对人。特定的行政相对人主要指个人,如因战、因公伤残的人员等;某些情况下也可以是特定的企业或其他组织,如敬老院等社会福利机构;特定情况下还可以是普遍的公众,如发生自然灾害时对灾民发放的救济费和救济物资等。

第三,行政给付一般是依申请实施的行政行为。除了在自然灾害的救济、少数公共设施的利用等行政机关主动实施的少数情况下,绝大多数的行政给付都必须以相对人的申请为前提。

三、行政给付的形式

综合我国现行的法律、法规和政策的规定,可以将行政给付的形式概括为以下几种:

第一,行政物质帮助。即行政主体为保障行政相对人最基本的生活条件,而为其提供金钱、物质利益或与物质有关的权益的行政行为。例如,向伤残军人发放抚恤金,向残疾人发放社会福利金等。目前,我国法律明确规定的行政物质帮助主要有抚恤、安置、补助、优待、救灾扶贫、提供社会保险和社会最低保障等。

第二,行政供给。即通过公用物、公共设施、公共企业的设置和经营,为公众提供日常生活必不可少的公共服务的行政行为。

第三,行政补贴。即国家或者其他行政主体为了实现特定的公共利益,而向经营者或企业发放财产性资助的行为。我国《中小企业促进法》第34条规定:"政府采购应当优先向中小企业购买商品或者服务。"行政补贴的目的在于实现公共利益,而非为了受补贴人的个人利益。

案例

2002年4月郭某办理退休手续时,Z市建筑陶瓷厂欠缴郭某个人养老保险费6134.02元,欠费时间66个月,此情况经郭某签字认可。市社保局按照×劳险[1998]12号文规定对此进行了相应核减,并按照相关规定计算郭某基本养老金为472.88元/月。2007年,郭某发现其退休前下岗的期限应计入缴费年限而未计入。经市社保局审查,郭某下岗29个月应计入而未计入缴费年限,下岗期间政府为其缴纳的养老保险费1101.32元应计入而未计入其个人养老保险费账户。基于该变化,2007年5月21日,市社保局改变了郭某的基本养老金待遇:在退休时基本养老金472.88元/月的基础上,增加21.03元;2005年调整企业退休人员基本养老金时,郭某应增加70元/月,实际增加65元/月,故又增加5元/月,共计增加基本养老金26.03元/月。该调整经Z市劳动和社会保障局批准,已从2007年6月开始执行。郭某对被告改变后的基本养老待遇不服,即提起诉讼。因市社保局未在法定举证期限内提供作出被诉具体行政行为的证据、依据,2008年5月20日Z市××区人民法院依法撤销了被诉具体行政行为,并责令市社保局重新计算郭某的基本养老金待遇。经重新计算,2008年6月16日,市社保局作出了与原计算结果相同的具体行政行为,并阐明了改变的政策依据、事实和理由。郭某仍不服,依法向Z市社保局提起行政复议。复议机关维持原具体行政行为后,郭某又向××区人民法院提起诉讼。Z市××区人民法院法院作出一审判决后,原告不服,提起上诉。

评议

本案属于行政相对人不服社保局作出的行政给付决定而提起的行政诉讼,故在分析本案时,需要分以下几个层次梳理线索:

第一个层次,Z市社保局是否有权对本案所涉的退休职工郭某的基本养老金待遇予以认定?

所谓养老保险金,是指职工因在一个企业工作到一定年限,不愿继续任职或因年老体衰、工残事故导致永久丧失劳动能力时,企业为保证其老有所养而付给的年金或一次付清所得金。养老保险金是由职工所在企业以及职工在职时按一定比例共同交纳的,并由劳动行政主管部门所属的社会保险专门机构管理。根据Z市社保局提供的×编[2005]6号文件规定,结合《劳动法》,劳动部《企业职工养老保险基金管理规定》第3条、第4条,以及其他相关养老保险法律、法规、政策的规定,能够确认Z市社保局作为社会养老保险经办机构,具有对本案所涉的退休职工郭某的基本养老金待遇予以认定的主体资格和法定职权。但是,养老金待遇所依据的工作年限应由劳动保障部门予以认定,社保局无权认定。

第二个层次,Z市社保局对退休职工郭某缴费年限的认定是否准确?

在基本养老金待遇的确定过程中,退休职工的缴费年限、工作年限和个人养老保险账户金额等是基础性的影响因素。劳动部《企业职工养老保险基金管理规定》第7条第3款规定:"企业和职工必须同时缴纳基本养老保险费,才能计算职工缴费年限。"本案中,原被告双方争议的焦点在于社保局是否应将郭某退休时核减的欠费时间37个月计入缴费年限。原告郭某办理退休手续时,其所在单位Z市建筑陶瓷厂欠缴郭某个人养老保险费累计时间为66个月,此情况郭某表示认可。在这66个月中,郭某下岗时间累计为29个月,下岗期间政府为其缴纳了养老保险费。因此,在计算郭某的养老保险待遇时,不应计入缴费年限的时间为37(66-29)个月。原告称退休前已通过企业补缴了7000元,并不欠缴养老保险费,但不能提供企业为其补缴欠费的证据,依法不予采纳。原告同时称,从事有害作业29年,一年应折算一年半工龄,鉴于对养老保险待遇所依据的工作年限社保局无权认定,对其主张不予认可。所以,Z市社保局对退休职工郭某缴费年限的认定是准确的,养老待遇数额的确定同样是准确的。

第三个层次,针对原告的诉讼请求,法院如何认定并作出判决?

依据上文的分析,被告市社保局作出的具体行政行为事实清楚,适用法律正确,计算结果准确,法院予以认可。原《行政诉讼法》第54条规定:"人民法院经过审理,根据不同情况,分别作出以下判决:(一)具体行政行为证据确凿,适用法律、法规正确,符合法定程序的,判决维持。……"原《行政诉讼法》第61条(现《行政诉讼法》第89条)规定:"人民法院审理上诉案件,按照下列情形,分别处理:(一)原判决、裁定认定事实清楚,适用法律、法规正确的,判决或者裁定驳回上诉,维持原判;……"因此,××区人民法院一审判决维持被告Z市社保局作出的行政给付决定。Z市中级人民法院终审认定:原判决认定事实清楚,适用法律正确,应予维持。

第十二节　行政确认原理与实务

一、行政确认的概念

行政确认,是指行政主体按照法律、法规的规定或授权,依职权或申请对行政相对人的法律地位、法律关系或有关法律事实进行甄别、认定、证明,并予以公开宣告的具体行政行为。

二、行政确认的特征

第一,行政确认的主体是行政主体。只有行政机关以及经过法律、法规授权的组织才能成为行政确认的主体,其他的主体如人民法院、民间私人组织等都不能成为行政确认的主体。

第二,行政确认的对象是行政相对人的法律地位、法律关系或有关法律事实。行政主体通过对这些对象的审核、甄别,确定行政相对人是否享有某种权利、承担某种义务或者将某些在法律上尚不明朗的事实予以明确。

第三,行政确认行为本身具有中立性。行政确认旨在解决当事人之间的权属争议,或确定某些尚未定性的、存在争议的事实。对于当事人来说,行政确认既未授予权利,也未设置义务,而只是对相关的法律地位、法律关系和法律事实作出客观的评价。这也是行政确认区别于其他行政行为最明显的特征。

第四,行政确认是要式行政行为。行政主体在进行行政确认时必须采用书面形式,否则该行为不能发生预期的法律效力。

第五,行政确认是羁束行政行为。行政确认的对象是客观存在的,行政主体只能严格按照法律规定和各种技术规范进行,几乎没有自由裁量的余地。

三、行政确认的内容

行政确认的内容十分丰富,主要包括以下三个方面:

第一,法律地位。即对行政相对人的身份、能力等资格的确认,如对学位的授予、教授资格的认定等。

第二,法律关系。即对行政相对人之间是否具有权利义务关系或者具有何种权利义务关系进行确认,如行政机关对收养关系的确认等。

第三,法律事实。即对特定法律事实是否存在所进行的确认,如对现役军人的死亡性质、伤残性质的确认等。

案例

王××原系某厂职工,于1984年3月在原工作单位办理退休手续,并领取退休金。王××退休证载明其参加工作年月为1965年6月,连续工作年限为19年+8个月。1993年以后,王××原工作单位向市社保中心提交的《企业离休、退休、退职人员名册》载明王××的工作年限为18年8个月。2004—2008年度,×市社保中心根据王××的实际工作年限19年为其增加养老金。至2008年1月,×市社保中心核定王××月养老金为1382.40元。2008年2月18日、4月18日,王××两次致函×市社保中心,要求按照工作年限27年为其核定2004—2008年度增加的养老金。×市社保中心分别于同年4月7日、5月22日函复,认为按照实际工作年限19年为王××核定增加养老金的金额正确。王××不服,申请行政复议。×市劳动和社会保障局于2008年10月10日作出×劳保复决字[2008]第95号行政复议决定,维持×市社保中心增加王××养老金的具体行政行为。王××仍不服,向一审法院提起行政诉讼,要求判令撤销×市社保中心于2008年1月核定其月养老金为1382.40元的具体行政行为。法院作出一审判决,驳回王××的诉讼请求。判决后,王××不服,提起上诉。×市中级人民法院终审判决:驳回上诉,维持原判。

评议

本案属于退休职工不服社保中心作出的基本养老金标准的确定而提起的行政诉讼。在分析本案时,需要分以下几个层次梳理线索:

第一个层次,×市社保中心是否有权对本案中所涉的基本养老金的月发放标准增加额予以核查?

国务院《社会保险费征缴暂行条例》第6条规定:"社会保险费实行三项社会保险费集中、统一征收。社会保险费的征收机构由省、自治区、直辖市人民政府规定,可以由税务机关征收,也可以由劳动保障行政部门按照国务院规定设立的社会保险经办机构(以下简称社会保险经办机构)征收。"本案中,王××原系某厂职工,×市社保中心作为本行政区域内负责社会保险各项费用的征收与管理的主管部门,有权对涉案养老金的月发放标准增加额予以核查。即×市社保中心依法具有作出本案被诉具体行政行为的法定职权。

第二个层次,×市基本养老金工作年限的确认中是否需要考虑折算工作年限?

在我国现行的法律、法规中,并没有对基本养老金工作年限的确认中是否需要考虑折算工作年限作出明确规定。2000年,劳动和社会保障部(今为"人力资源和社会保障部")回复山西省劳动和社会保障厅(今为"人力资源和社会保障厅")《关于职工从事特殊工种的工作年限折算工龄问题的请示》中指出,在进行社会统筹与个人账户相结合的基本养老保险制度改革、建立个人账户之前,职工从事国家确定的特殊工种的工作年限是否折算工龄和视同缴费年限,可根据本省养老保险制度改革的实际情况自行确定。具体到本案,自1993年×市养老保险制度改革以来,采用了建立职工个人养老保险账户,根据缴费计发养老保险待遇的办法。×市以发放一次性补充养老金的方式作为对特殊工种人员的照顾,在计发养老保险待遇时不再折算工作年限。2004年以来,×市各年度关于调整城镇企事业单位退休人员基本养老金的文件均未规定在增加养老金时,退休人员的折算工作年限可一并计入本人工作年限。

第三个层次,×市社保中心作出的具体行政行为是否合法有效?

由上述分析可知,×市在增加退休人员养老金时均按照实际工作年限计算,折算工作年限不计入实际工作年限中,×市社保中心根据《关于2008年调整本市城镇企事业单位退休人员基本养老金的通知》中关于按照退休人员工作年限、每满1年增加1元/月的规定,以×市社保中心实际工作年限19年为依据调整其月养老金并无不当。即×市社保中心作出的具体行政行为合法有效。

第四个层次,针对王××的诉讼请求,法院如何认定并作出判决?

×市社保中心以王××的实际工作年限19年为依据调整其月养老金并没有什么不当之处,两审法院均予以认可。《行政诉讼法》第89条规定:"人民法院审理上诉案件,按照下列情形,分别处理:(一)原判决裁定认定事实清楚,适用法律、法规正确的,判决或者裁定驳回上诉,维持原判……"因此,×市中级人民法院终审判决:驳回上诉,维持原判。

第十三节　行政裁决原理与实务

一、行政裁决的概念和特征

1. 行政裁决的概念

行政裁决，是指行政机关依照法律的明确授权，裁决与行政管理有关的非合同民事纠纷的活动。由行政机关负责对一定的民事纠纷进行裁决，是当代各国行政活动中普遍存在的现象，适应于现代社会中解决经济生活以及其他领域经常发生的民事纷争的需要，体现国家行政职能新的发展与扩大趋势。

在我国，行政裁决作为一种行政司法活动，其规定散见于一些单行的法律、法规中。同时，用词也不甚统一，"处理""调处"等都以裁决的意义使用。例如，《土地管理法》规定，土地所有权和使用权争议，由当事人协商解决；协商不成的，由人民政府处理。这里的"处理"即为行政裁决。

2. 行政裁决的特征

第一，行政裁决的主体是行政机关，而且多是对某类违反行政法律规范的行为拥有处理权或处罚权的行政机关。如果一个民事侵权行为同时违反了行政法律规范，那么负责执行该行政法律或法规的行政主管机关可能就拥有了对该民事纠纷的行政裁决权。例如，对环境污染引起的损害赔偿纠纷的裁决，就由环保部门主持。但是，某一具体的行政机关是否享有行政裁决权，还需要有法律的明确授权。

我国现行法律对于行政裁决的授权在方式和程度上是各有区别的，大致分为三种情况：

（1）只规定该行政机关对民事纠纷可以调处。至于调处是否包括裁决，未作具体明确规定。在实际执行中，往往是调解不成即作裁决。

（2）明确规定该行政机关对民事纠纷可以进行裁决。

（3）不仅明确规定该行政机关的裁决权，而且规定当事人不履行裁决的，该行政机关可以径自强制执行。即使当事人不服，起诉到法院，也不停止执行。

我国目前并不存在只行使行政裁决职能的机关。行政裁决机构主要有两类：一类是依法律授权兼管部分民事纠纷裁决的各级人民政府及其主管部门。例如，我国《土地管理法》规定，县级以上地方人民政府土地管理部门主管本行政区域内土地的统一管理工作。侵犯土地的所有权或者使用权的，由县级以上地方人民政府土地管理部门责令停止侵犯，赔偿损失。另一类是在某些行政机关内设置受理和裁决特定争议和纠纷的专门机构。这类机构很少见，可列出的主要有在国家知识产权局中设立的专利复审委员会、在国家商标局中设立的商标评审委员会。这两个机构并不仅仅负责行政裁决，同时也负有行政复议的职能。

第二,行政裁决的对象主要是与合同无关的民事纠纷。也就是说,行政裁决所处理的民事纠纷一般不是因合同的履行而引起的。根据目前我国法律、法规的具体规定,行政裁决的主要对象是民事权属争议和损害赔偿争议。

第三,行政裁决的内容尽管一般与裁决机关主管的事项有关联,但是,在行政裁决中,行政裁决机关主要是以居间裁决的公断人的身份出现的。这要求行政机关公正客观地审查证据、确认事实,然后依法作出裁决。不过,作为法律授权的行政机关行使行政权的一种方式,它也体现了行政机关单方的意志。这是因为:其一,行政裁决着眼于维持正常的社会秩序和环境,一旦作出便具有执行力。有的法律、法规,如《治安管理处罚法》《专利法》,便赋予行政裁决机关强制执行权力。其二,行政裁决实质是一种较特殊的具体行政行为,它与其他的具体行政行为同样具有可诉性。如果当事人对行政裁决不服,同样可以向人民法院提起行政诉讼。

第四,行政裁决的效力一般低于行政仲裁。因此,有的行政仲裁裁决生效后,当事人一方可向人民法院申请强制执行。但是,行政裁决原则上只能由行政机关强制执行。同时,行政裁决程序也较行政仲裁简便易行、灵活。

二、行政裁决的种类

根据目前我国法律、法规的规定,行政裁决的种类大致如下:

第一,因自然资源的所有权、使用权引起的民事纠纷的裁决。自然资源包括土地、森林、草原、矿产、水和能源等。依照我国《森林法》《土地管理法》《渔业法》等的规定,上述自然资源属国家所有或集体所有,行政机关依法行使管理权,任何单位或个人非经有关行政机关及其主管部门批准,都无权占有和使用。一旦获得批准和许可,单位或个人对自然资源拥有排他性的所有权或使用权。该权利受到民法的调整和保护,目前也被列为行政裁决的受案范围。这部分纠纷又可分为两种:一是因自然资源权属发生争议的民事纠纷;二是因违法侵权而使自然资源毁损所引起的民事纠纷。

第二,因专利权、商标权引起的民事纠纷的裁决,可分为两种情况:

(1)专利权、商标权是工业生产领域的一种具有财产性质的权利,所有人对其拥有独占性。任何公民、法人未经专利权、商标权的所有人许可而擅自使用该权利,即构成专利、商标的侵权行为。这类侵权行为引起的纠纷,可由工商行政管理机关、专利管理机关进行裁决。

(2)因专利权、商标权的申请和取得引起的争议纠纷。专利权、商标权是后天取得的一种财产权利。所有人须经过申请,经国家知识产权局、商标局审核批准方才拥有。在审核过程中,任何公民、法人均可以对专利权、商标权的申请提出异议,要求行政裁决。

第三,有关损害赔偿纠纷的裁决。损害赔偿纠纷,是指一方当事人的权益受到侵害后,要求侵害者给予赔偿所引起的纠纷。这类纠纷存在的范围广,在医疗卫生、产品质量、食品卫生、环境保护、版权纠纷、物价争议、运输争议等各个领域发生赔偿纠纷时,权益受到侵害者均可以依法要求有关行政机关作出裁决,确定损害赔偿数额。目前,我国有关法律、法规规定的范围仍比较有限,有必要进一步扩大。

第四,有关费用给付纠纷的裁决。例如,因专利权的使用费而发生的纠纷。根据我国《专利法》的规定,取得实施强制许可的单位或者个人应当付给权利人合理的使用费,其数额由双方协商;双方不能达成协议的,由国务院专利行政部门裁决。根据我国《专利法实施细则》的规定,专利权有溯及既往的效力。也就是说,对于在发明专利申请公布后、专利授予前使用发明而未支付适当费用的单位或者个人,在专利权授予后,专利人有权请求使用单位或者个人支付适当的费用。对使用单位或者个人因拒绝而引起的纠纷,专利管理机关可依专利权人的请求进行调处。

三、行政裁决的作用

行政裁决作为一种事实,可以说从新中国成立之初行政机关设立后即存在。以往几十年里,医疗卫生部门对医疗纠纷的处理、交通管理部门对交通运输引起的纠纷的处理,都是以行政机关的身份裁决双方当事人之间发生的纠纷。改革开放以后,我国将行政裁决作为一项法律制度规定下来。例如,《食品卫生法》《专利法》《商标法》《海洋环境保护法》等法律、法规中都对此作了明确的规定。

行政裁决制度对于现代行政管理而言是必不可少的手段,它的作用体现在:

第一,现代社会中,人们的经济生活关系、日常往来联系十分密切,各种民事矛盾纷争的出现是不可避免的。这些纠纷通常又发生在行政管理部门负责的领域和范围内。行政机关对此进行及时的裁判,使之尽快化解、平息,是其理所当然的职责。行政裁决活动有利于及时解决管理行政相对人之间的纠纷,保护当事人合法的民事权益,因此也能够推进各领域事业的顺利开展。

第二,行政裁决体现了行政机关与法院在工作方面的互相配合和有机衔接。一方面,行政裁决是在法院之外解决民事纠纷的一条有效途径。民事纠纷经过行政机关的裁决,大多可以得到解决,当事人不必再起诉到法院。如此,大大减轻了法院受理案件的负担。另一方面,行政机关的行政裁决又不排斥法院的司法审判。如果当事人认为这种保护和补救并未达到目的,仍可以不服行政裁决为由,向法院提起诉讼,寻求司法的最终保护。

第三,属于行政裁决受案范围的民事纠纷,诸如专利、商标、卫生、医疗等方面的纠纷,一般都具有较强的专业性、技术性,行政裁决机关比较全面系统地了解、掌握其各自管辖领域的专门知识、专业技术,能够做到及时、准确地裁决。同时,行政裁决较之法院的裁判程序,具有收费低廉、程序简便等特点,可以相对减轻当事人的经济负担和精力投入。

第四，行政机关通过对各个领域发生的纠纷进行裁决，可以及时发现行政管理过程中出现的某些新问题、新矛盾，从而及时通过行政立法或采取某些具体的措施，予以克服纠正或事前预防，保证行政管理活动的顺利进行，实现国家对社会有效的微观管理和宏观调控。

四、行政裁决程序

关于行政裁决程序，依据我国法律、法规的规定，大致分为以下步骤：

1. 申请

行政裁决的申请是当事人请求行政机关保护自身合法民事权益的一种意思表示，它必须符合以下条件：

（1）必须是属于法律、法规规定可以提起行政裁决范围之内的民事纠纷。

（2）申请人必须是因民事权益发生争议的当事人或其法定代理人，也可以是当事人或其法定代理人的委托代理人。

（3）申请必须向有管辖权的行政机关提出，即该纠纷属于相应的裁决机构主管。

（4）申请书必须写明纠纷双方当事人的姓名、住址等自然情况，以及请求裁决的事项、事实依据、理由及要求等。例如，因船舶造成污染损害而请求赔偿时，当事人要向港务监督机构提交污染损害索赔报告书，报告书的内容包括：污染损害发生的时间、地点，损失清单，损害情况的签证，损害的原始单据，以及有关证明文件、材料等。

（5）申请必须在法定的期限内提出。我国现行法律、法规规定的申请行政裁决的期限不尽相同。例如，《商标法》规定的申请期限为15天，《专利法》规定的申请期限为3个月。当事人必须依照各自领域纠纷裁决所要求的具体的法定期限提出申请。如果超过法定期限，申请裁决权将自动丧失。

2. 受理

行政裁决机关接到当事人的申请书后，对申请书进行审查。如果申请符合条件，属于自己管辖的，应当在一定期限内立案，予以受理；不符合条件的，应当及时通知当事人并说明理由。

3. 裁决准备

（1）受理行政裁决案件的机关，将申请书副本送交对方当事人，并要求其提供答辩书以及必要的材料。答辩不得超过法定的期限。例如，根据我国《专利法》的规定，他人对专利申请提出异议的，专利管理机关应当将异议的副本送交申请人，申请人应当在接到异议副本之日起三个月内提出书面答复。无正当理由逾期不提出书面答复的，该申请即被视为撤回。

(2) 行政裁决人员如果与案件有利害关系,应自行回避或应当事人的要求回避。

(3) 裁决机关对申请书、答辩书以及当事人提供的材料进行审查,根据需要要求当事人提供或补充证据,并有权责令当事人举证。必要时,也可以自行调查或向有关组织调查取证。对专门性、技术性问题,如产品质量、交通事故、医疗事故等,裁判机关应组织专门调查和鉴定,给出鉴定结论。

4. 调解

在查清事实、分清是非的基础上,可于正式裁决之前,由裁决机关进行调解。调解的方式与行政仲裁的先行调解方式相同。

5. 裁决

行政机关对于调解不成的当事人之间的民事纠纷应及时裁决。裁决的形式主要有以下两种:

(1) 书面裁决。行政机关的行政裁决一般以书面裁决为原则。裁决人员认为事实清楚、是非明确的,可以根据有关的法律、法规直接作出裁决,制作裁决书并发给当事人。

(2) 公开裁决。法律规定应公开裁决,或者案情重大复杂、影响面广,当事人要求公开辩论对质,裁决机构也认为必要的,应公开审理,公开宣布裁决结果。

行政裁决书应包括下列内容:双方当事人或代理人的姓名(名称)、住址、身份、工作单位;纠纷争议的内容;裁决认定的事实;适用的法律、法规;裁决结果;当事人若不服该行政裁决能否提起诉讼,以及提起诉讼的法定期限等。

6. 执行

行政裁决一经依法作出,即具有付诸实施的执行力。行政裁决的执行,大多数是由当事人自觉服从、自动履行义务。对于法律规定的当事人不能再向人民法院提起诉讼的终局性裁决,或者虽可以向人民法院起诉,但当事人在法定期限内既不起诉也没有履行义务的,根据我国《行政诉讼法》的规定,可以实施强制执行。强制执行可以分为以下几种情况:

(1) 民事纠纷的当事人对生效的行政裁决在法定期限内既不提起诉讼又不履行,法律、法规规定应当由行政机关申请人民法院强制执行的,行政机关只能申请强制执行,不得自行强制执行。例如,《专利法》《商标法》中规定的有关内容。

(2) 民事纠纷的当事人对生效的行政裁决在法定期限内既不提起诉讼又不履行,法律、法规规定行政机关可以依法强制执行,也可以申请人民法院强制执行的,由行政机关自行决定。

(3) 民事纠纷的当事人对生效的行政争议裁决在法定期限内既不提起诉讼又不履行,法律、法规没有规定行政机关强制执行权的,行政机关有权依照我国《行政诉讼法》第 97 条的规定,申请人民法院强制执行。人民法院应予执行。

案例

1998 年 7 月 27 日,×市 R 实业有限公司申请注册"WBAOJIE 及图"商标,指定使用在第 25 类服装等商品上。商评委经审查后初步审定并公告。在被异议商标公告期间,W 公司提出异议申请。经审查,商评委裁定被异议商标予以核准注册。W 公司不服,于 2001 年 7 月 5 日向商评委提出复审申请。当年 8 月 22 日,商评委依据 W 公司提出的异议复审申请,作出异议复审裁定,认定:被异议商标的注册未侵犯 W 公司在先的商号权,裁定被异议商标予以核准注册。

W 公司不服,遂将商评委起诉至法院,认为:"W"商标在中国长期使用并广泛知名,早在 1994 年 11 月 28 日就已在中国获得注册。公司旗下拥有三百多个品牌,其中多个品牌曾经被中国商标局认定为驰名商标。R 公司所注册的商标是恶意抄袭和复制,其注册和使用必然会引起消费者的混淆,侵犯消费者和原告的合法权益。据此,W 公司请求法院判决撤销被诉裁定。

评议

本案属于商标所有人不服商评委作出的有关商标异议的复审裁定而提起的行政诉讼,在分析时可以分以下四个层次梳理线索:

第一个层次,"W"商标是否应当认定为驰名商标?

《商标法》第 14 条规定:"……认定驰名商标应当考虑下列因素:(一)相关公众对该商标的知晓程度;(二)该商标使用的持续时间;(三)该商标的任何宣传工作的持续时间、程度和地理范围;(四)该商标作为驰名商标受保护的记录;(五)该商标驰名的其他因素。"本案中,原告 W 公司在被异议商标的异议复审程序中向被告商评委提交的证据不能证明原告使用"W"商标的状况,原告仅提交"W"商标注册证,只能证明 W 商标是注册商标,并不足以证明该商标符合《商标法》第 14 条规定的认定驰名商标的条件,即不足以证明"W"商标是驰名商标。虽然原告提出旗下多个品牌曾经被中国商标局认定为驰名商标,但是并不意味着"W"商标是驰名商标。综合分析,"W"商标不是驰名商标。

第二个层次,"W"商标是否存在跨类保护问题?

《商标法》第 13 条第 3 款规定:"就不相同或者不相类似的商品申请注册的商标是复制、摹仿或者翻译他人已在中国注册的驰名商标,误导公众,致使该驰名商标注册人的利益可能受到损害的,不予注册并禁止使用。"此条被称为驰名商标的跨类保护问题。本案中,由于原告所主张的"W"商标未被认定为驰名商标,"W"商标不存在跨类保护问题,故 W 公司以上述法律规定为由,主张其所有的"W"商标应受到跨类保护,并对被异议商标的注册提出异议,缺乏相关的事实及法律依据。

第三个层次,×市 R 公司在服装商品上注册并使用"WBAOJIE 及图"商标是否必然会引起消费者的混淆?

W 公司是国际上知名的日化企业,其商号"W"在中国的日化行业具有一定的知名度。本案中,R 公司注册的"WBAOJIE 及图"商标,指定使用在第 25 类服装等商品上。W 公司未能提供证据证明,R 公司在与其相同或类似商品中使用并已产生一定影响,亦未举证证明其在洗涤用品、化妆用品、护肤护发用品、食品、药品等商品上使用"W"商标的知名度已经达到被异议商标指定使用的商品范围内,并造成相关公众的混淆、误认。实际上,服装领域和日化领域是两个有着显著差别的领域,一般消费者施加一般注意力即可区分,因而造成相关公众混淆的可能性并不大。故 W 公司主张,被异议商标使用会引起消费者产生与其商号的联系缺乏证据支持,被异议商标的注册不违反上述法律规定。

第四个层次,行政机关作出的具体行政行为的效力问题。

《行政诉讼法》第 2 条第 1 款规定:"公民、法人或者其他组织认为行政机关和行政机关工作人员的行政行为侵犯其合法权益,有权依照本法向人民法院提起诉讼。"W 公司不服商评委作出的行政复审裁定,认为这一裁定侵犯了自己的合法权益,遂提起行政诉讼。原《行政诉讼法》第 54 条规定:"人民法院经过审理,根据不同情况,分别作出以下判决:(一)具体行政行为证据确凿,适用法律、法规正确,符合法定程序的,判决维持。……"由上面三个层次的分析可知,商评委作出的复审裁定证据确凿,适用法律、法规正确,符合法定程序,因而法院一审判决:维持商评委作出的关于"WBAOJIE 及图"商标的异议复审裁定书,这是符合法律规定的。

第十四节 行政调解原理与实务

一、行政调解概述

调解是一种非正式的解纷息诉方式,在我国有源远流长的历史。从行政调解的发展过程来看,行政调解脱胎于民间调解,并随着民间调解的发展而发展。行政调解在各个历史时期的内涵和外延虽不完全一样,但有一点是共同的,即它是指行政机关以调解手段解决纠纷。

在当代,行政调解一般指由国家行政机关出面主持的,以国家法律和政策为依据,以自愿为原则,通过说服教育等方法,促使双方当事人友好协商、互让互谅、达成协议、消除纠纷的诉讼外活动。行政调解具有以下特点:

第一,行政调解是行政机关所主持的解决争议、消除纷争的调解活动。它既不同于法院所主持的司法调解,也不同于群众调解组织所主持的人民调解。在我国,尽管行政调解的主持者是行政机关,但是在行政机关中未设正式的调解组织,也没有设专职的行政调解员,而且调解往往是其他争议解决办法的先行程序。

第二,行政调解属于诉讼外的活动。除个别情形外,行政调解一般不具有法律上的强制力,主要靠双方当事人的承诺、信用和社会舆论等道德力量予以维护。此外,不能因经过了行政调解而限制当事人再申请仲裁。这显然不同于人民法院所主持实施的,一经达成就与判决具有同等法律效力,要求双方当事人必须履行的司法调解。

第三,行政调解须以自愿为原则。这包括是否申请调解、调解是否达成协议以及达成什么样的协议、调解协议的效力三个方面。当事人应是完全自愿的,行政机关不能强迫。这一点不同于行政机关依照法律规定处理纠纷的活动,后者一般由行政机关以命令方式决定,是行政执法的一种。

第四,行政调解的对象或由法律、法规规定何种纠纷可以行政调解的方式解决,或由行政相对人事先在合同或协议中约定若发生纠纷向行政机关申请调解。其具体范围,可以是行政相对人之间发生的纠纷,也可以是行政主体与行政相对人之间发生的纠纷。

二、行政调解的内容

根据我国目前的立法和实践,行政调解的内容主要包括专利纠纷、劳动争议等的行政调解。

根据我国《专利管理机关处理专利纠纷办法》的规定,适用于行政调解的专利纠纷包括:

(1) 专利侵权纠纷;

(2) 有关在发明专利申请公布后或实用新型、外观设计专利申请公告后,在专利权授予前实施发明创造的费用纠纷;

(3) 专利申请权纠纷和专利权属纠纷;

(4) 其他可以由专利管理机关调解或处理的专利纠纷。

劳动争议的行政调解因是劳动争议行政仲裁的先行程序,故在"行政仲裁"一节中介绍。

此外,根据我国一些法律、法规的专门规定,在某些管理领域,也可运用行政调解。例如,根据我国《防止船舶污染海洋环境管理条例》的规定,港务监督机构对船舶污染纠纷,可以进行调解,也可以根据调查结果作出处理。

三、行政调解的种类

1. 依行政调解的主持机关划分

（1）基层人民政府主持的行政调解。即设在乡政府、城镇街道办事处的司法助理员领导或主持的调解。司法助理员不是调解纠纷的专职人员，一般只负责指导人民调解委员会的工作，或参与调解疑难民事纠纷。民政助理员主要参与与政府有关的民间纠纷的调解工作。

（2）主管行政机关主持的行政调解。即主管行政机关在其行政职责的范围内，对有关的民事纠纷或行政纠纷进行的调解。例如，公安机关对治安违法行为造成他人损害案件的调解；交通管理部门对交通肇事造成他人损害案件的调解；民政部门自身或者会同其他部门，对行政区域边界争议的调解等。

（3）行政仲裁机关主持的行政调解。例如，根据我国《仲裁法》和《劳动法》等法律规定，劳动争议仲裁委员会受理的案件，应先行调解，调解不成的再行仲裁。

（4）行政机关的内部调解。即行政机关对其所属成员之间，以及行政机关所属成员与其他单位成员之间的民事纠纷。

2. 依行政调解的对象划分

（1）对民事争议的调解。例如，根据《全民所有制工业企业法》第56条第3项的规定，地方人民政府负责协调企业和当地其他单位之间的关系，依法处理它们之间的纠纷。这里的"协调"和"处理"即指行政机关对民事争议进行的行政调解。

（2）对行政争议的调解。例如，根据国务院颁布的《行政区域边界争议处理条例》的规定，边界争议由民政部门会同有关部门进行调解。

（3）对行政纠纷的调解。这主要指行政赔偿或补偿纠纷的调解，而不指因行政机关执行职权引起的行政纠纷。

3. 依行政调解的效力划分

（1）要式调解。即调解一经成立，便具有强制执行力。这属于行政调解中的特殊情况，需要有法律、法规作出专门规定。目前，在我国，依据法律、法规的规定，只有对于劳动争议，由专门的行政仲裁机关作为行政仲裁的先置程序进行调解，并达成调解协议书，具有强制执行力。即一方若不履行，另一方可以申请强制执行。

（2）非要式调解。即成立后不具有强制执行力，只靠当事人自觉执行的调解。这类调解在我国普遍存在。例如，根据《治安管理处罚法》的规定，对于因民间纠纷引起的打架斗殴或者损毁他人财物等违反治安管理行为，情节较轻的，公安机关可以调解处理。

4. 依行政调解的内容划分

依行政调解的内容,行政调解又可分为:专利纠纷行政调解、劳动争议行政调解等。

四、行政调解的原则及作用

1. 行政调解的原则

行政调解一般应遵循以下原则:

(1) 自愿原则

即当事人双方是否接受调解,完全取决于其自身的意愿,由其自己决定,不得强迫当事人接受调解行为;调解过程中,能否达成协议,以及达成什么样的协议,必须建立在双方自愿和同意的基础之上,不得违背其中的一方或双方当事人的意志;调解协议必须由当事人自愿履行。对于达成协议后又反悔的,要耐心说服履行。行政调解机关无权强迫任何一方当事人履行义务,更无权对当事人的人身或财产实行行政强制。

(2) 平等原则

即在行政调解过程中,双方当事人地位完全平等,不存在高低贵贱之分,都有自愿、充分、真实地表达自己的理由和意见的权利。行政机关必须以平等的态度对待双方当事人,"一碗水端平",不偏听偏信,不厚此薄彼,不能先入为主,抱有偏见或成见等。尤其当出现一方坚持己见而不妥协让步,或者达成协议后又后悔的情况时,不能因此失去公平对待的态度。

(3) 分清是非原则

即行政调解必须首先查明事实。这包括:纠纷的事实和争执的焦点,发生的原因、发展过程和其他关联情况等;调解活动必须在分清责任、明辨是非的基础上依法进行,不同内容的调解分别适用各自领域的法律规范,达成的调解协议不得违反国家的法律、政策,不得损害国家利益、社会利益和他人的合法权益,不得有悖于社会的伦理道德、优良习俗等;调解要坚持以理喻人、以法服人,不是无原则的"和稀泥"。

(4) 尊重当事人选择权的原则

即发生纠纷后,若当事人不愿进行调解而要求行政机关直接裁决,或径行提起仲裁、诉讼的,有关机关应当尊重当事人的选择权。但是,对于劳动争议调解不成的,当事人不能直接起诉而只能仲裁;行政区域争议的双方当事人达成调解协议后又反悔的,只能要求民政机关处理,不可向法院起诉。

2. 行政调解的作用

行政调解制度在当前的经济和社会生活中被越来越广泛、经常地运用,成为行政机关解决民事纠纷和部分行政争议的重要手段,其作用及意义是不可低估的。行政调解是一种在第三者介入的情况下,人们采取协商和交涉的方法去化解纠纷的途径。在调解过程中,当事人双方能在不像正式的诉讼程序那样容易产生对抗、敌视意识的场合,通过反复的交流和互让,使不同的主张向合意收拢。行政机关的劝导、说服实际上是通过非强制的手段,以容易被接受的方式,促使当事人明辨是非、服从正义、保持理智、弃过从善,更加自觉地遵守国家的各项法律。进一步而言,行政调解方式在及时定分止争、维护社会秩序、消除不安定因素等方面,能够发挥与命令式的行政行为相同的作用;同时,又利于还原行政机关对社会生活协调服务的形象,融洽、密切政府同人民群众的关系。行政机关还可以通过行政调解活动,及时地了解民情、社情,掌握一定时期内带有倾向性的社会问题或矛盾,有的放矢地进行行政立法以及实施行政管理。

五、行政调解程序

1. 申请

受理纠纷的行政调解通常需有一方或双方当事人的申请,即由行政相对人主动要求行政机关出面调解以解决纠纷。申请一般要求采用书面形式,在法律、法规没有明文规定的情况下,也可以口头申请。口头提出申请的,行政机关须做笔录,并备案备查。

2. 审查

行政机关在接到调解申请后,应就是否符合受理条件对案件进行审查。遇有如下情况之一的,将不予受理:(1)当事人一方已向行政仲裁机关申请仲裁的;(2)当事人一方已向人民法院提起诉讼的;(3)其他行政机关正在主持调解的;(4)已经调解处理,又没有提出新的事实和理由的。若无上述情况,经审查符合法定受理条件的,行政机关应予以受理,在法定期限内立案。立案后,应在法定期限内通知或将申请书副本发送被申请人,被申请人在法定期限内应答复是否同意调解。被申请人逾期不作答复的,视为不同意调解,行政机关可以据此不作调解。

行政调解在一般情况下应申请而发生,但是在有些场合也可依行政职权而发生,即行政机关主动对纠纷进行调解。例如,公安机关在进行治安管理处罚时,可以依法调解处理与治安管理处罚对象有关的人身侵害或财产损害案件。

3. 设立调解小组或安排调解人员

参加调解的人员如有下列情形之一,应主动回避,当事人也可以申请他们回避:(1)是本案当事人的近亲属;(2)与本案有利害关系;(3)与本案有其他关系,可能影响案件公正处理的。

4. 调查取证

案件事实清楚、情节简单的,在调解前可以不作调查。但是,案件事实不清、情节较复杂的,应进行调查核实以及必要的取证,具体包括:

(1) 认真审阅当事人提交的申请调解书、答辩书,仔细听取双方的陈述,了解纠纷或争议的发展始末、矛盾分歧焦点以及双方各自的真实思想和要求。

(2) 要求当事人提供相应的证据材料。需要时,可以向有关单位或个人要求查阅与案件有关的档案、资料和原始凭证,并对应予保密的证据材料负责保密。

(3) 必要时,可请求或委托其他行政机关予以协助,进行情况调查。

5. 拟订调解方案

在查明真相、掌握实情、认定性质的基础上,行政机关可通过对各方面因素的综合分析研究,拟订调解方案,进一步统一思想认识,明确调解的方向与重点,确定采取哪些具体的方法、步骤等。此外,根据实际需要还可邀请有关单位和个人参加调解。被邀请的单位和个人应当协助做好工作。

6. 实施调解

此为行政调解活动的关键步骤。整个过程应贯穿选择适当的调解方法和技巧,适应当事人的文化程度、性格特点、心理素质等,有针对性、耐心细致地进行说服、教育、劝导工作。具体的调解方式有:

(1) 当面调解。即以行政机关为居中调解人,把双方当事人召集在一起,面对面互相协商,当即达成调解协议。这种方式适用于情节比较简单、矛盾仅限于当事人双方之间、涉及当事人隐私以及其他不宜扩散的纠纷。

(2) 背对背调解。即行政机关分别对当事人做调解工作,从中协调斡旋、疏通说和,必要时可几经反复,最后使双方当事人形成协议。这种方式适用于某些情节复杂、积怨深、纠纷双方无条件或不便到同一场合、当事人一方或双方依赖幕后人出主意的纠纷。

(3) 召开调解会。即在一定的时间、地点、场合,由行政机关负责主持,要求双方当事人出席,同时允许与纠纷相关的人或受之影响的人参加的、公开的调解会。其具体程序是:首先,由调解人宣布开会,并讲明调解的内容与目的。其次,由双方当事人分别陈述事实与要求。顺序上,可先是申请人,后是被申请人。例如,双方都申请调解,可按申请先后顺序安排。再次,经主持人许可,双方当事人或其他与会者自由发言。自由发言可包括补充事实、发表见解、评论是非、提出解决建议等多项内容。必要时,也允许双方当事人进行辩论。最后,一旦双方当事人在原则、基本问题上统一认识,初具互相谅解、妥协的思想基础,主持人便可抓住时机,因势利导,提出调解方案,促成双方和解。当事人对主持人所提出的调解方案,可以全部接受,可以部分接受,也可以自己提出一个双方均能接受的新的处理方案。召开调解会的调解方式适用于涉及面广,影响面大,当事人文化理论素养较高,具有专业技术性如商业、专利、边界纠纷或争议等,受到普遍关注乃至形成社会舆论的纠纷或争议。

7. 达成调解协议

经过行政调解,双方自愿协商,调解成立的,可达成调解协议。达成协议后,需要制作调解书。调解书以行政机关的名义制作,应包括下列内容:(1) 当事人双方的名称、性别、地址、法定代表人或代理人的姓名、职务;(2) 纠纷的主要事实和应承担的责任;(3) 协议的内容;(4) 调解费用的承担。

调解书须由当事人签名或盖章、调解人员署名并加盖行政机关的公章,注明年、月、日等。调解书要由行政机关存留一份归档,同时分别发送纠纷或争议双方当事人各一份。

8. 对调解不成的处理

如果行政调解未达成协议,或者达成调解协议后又反悔,根据我国有关法律、法规的规定:(1) 劳动争议调解不成或反悔,当事人只能向行政仲裁机关申请仲裁;(2) 行政区域争议的双方达成调解协议后当事人反悔的,只能由民政机关裁决;(3) 其他民事纠纷,如专利纠纷、商标纠纷等,当事人可以申请行政仲裁或裁决,也可以向人民法院提起诉讼。

案例

2013年2月初,消费者高女士向×工商局消费者权益保护科(以下简称"×工商局消保科")投诉称:在×市某小区购置了商品房一套。今年1月1日,在×市某电器大卖场购买某品牌燃气热水器一台,价格为2700元。1月3日,安装工人上门安装。当时因天气寒冷,安装完毕后,安装工人并未对热水器进行调试,高女士也未签字验收。其后,高女士未入住新房子,也没有使用过热水器。2月7日下午,高女士发现热水器的上、下水管接口处喷水,导致整个室内以及三个房间都进了水,家具、木地板、墙纸以及门套都出现不同程度的受损。高女士多次联系热水器经销商,想尽快解决问题,经销商不予回应。于是,高女士向×工商局消保科投诉。

根据《工商行政管理机关受理消费者申诉暂行办法》及《×工商行政管理局行政调解工作规范(试行)》的规定,×工商局消保科受理了该起消费投诉纠纷。经现场勘查发现,消费者反映情况属实,消保科工作人员考虑到该纠纷属于民事争议,启动行政调解程序,并及时联系电器大卖场以及热水器×市经销商,进行约谈调处。起初,调解工作遇到了较大的阻力,该品牌热水器×市经销商以天冷消费者自己未及时关紧进水阀,致使热水器水管喷水,存在过错,未尽到合理的注意义务,未采取有效措施防止损失扩大为由,拒绝接受调解。调解工作人员向经销商宣传了

《产品质量法》及"三包"规定的"谁销售谁负责"的原则和《消费者权益保护法》第11条"消费者因购买、使用商品或接受服务受到人身、财产损害的,享有依法获得赔偿的权利"的规定,并且向经销商解释,在热水器安装过程中,安装工人未对热水器进行调试,也未就安装调试请消费者签字,说明风险还未转移。安装工人工作存在过错,热水器又属于特殊商品,而专业的安装人员也未向消费者告知不使用时的注意事项,致使消费者遭受巨大经济损失。根据《侵权责任法》中"谁过错谁责任"以及"工作人员职务行为的侵权由用人单位承担侵权责任"的归责原则,安装工人在工作中存在过错造成的损失也理应由经销商来承担。经过多次的约谈沟通,最后经销商认识到安装工人的工作失误是引发此次消费纠纷的主要原因,同意接受工商部门的行政调解。

最终,双方在×工商局消保科二楼行政调解办公室签订调解协议,达成一致意见:由热水器×市经销商及电器大卖场一次性补偿消费者高女士63000元,行政调解终结。消费者非常满意,并于事后送来了锦旗,表示感谢。

评议

工商部门行政调解,是指在工商行政管理机关主持下,以当事人自愿为前提,以国家法律、法规、规章及相关规范性文件为依据,通过对争议双方的说服与劝导,促使双方当事人互让互谅、平等协商、达成协议,从而有效化解与工商行政管理职能相关的行政争议和民事争议的活动。随着政府职能的转变,行政手段日益完善,社会各界力量广泛参与,形成多层次、全方位、点面结合的"大调解"格局,全力化解社会矛盾,实现"案结事了人和",越来越成为一种趋势。行政调解作为工商部门行政职能的一个重要组成部分,对于促进市场秩序稳定、增进行政机关与行政相对人的感情、树立亲民的执法形象具有重要意义。

行政调解的目的是化解矛盾、定分止争,为了着力保护消费者这一弱势群体的利益,大量的沟通是必要的,而且是一个反复迂回的过程。行政调解工作往往是复杂而艰巨的,起初双方的矛盾是比较尖锐的,工商行政管理机关在主持行政调解时,应当站在公正的立场上,不偏不倚,认真听取双方的意见,并经过多次的协商,使一方或双方甚至多方逐步求同存异,最终使各方行政相对人达成一致的处理意见。

一起成功的行政调解,不仅可以促成各方相对人变剑拔弩张为互相体谅,减少社会矛盾,而且可以更好地体现行政机关在依法、依理实施管理过程中的权威性、公正性,让相对人从怀疑到信任,再到接受。[1]

---

[1] 参见胡蓉:《亭湖工商分局行政调解案例》,资料来源:百度文库。

第十五节　行政仲裁原理与实务

一、行政仲裁的概念和特征

行政仲裁,是指享有仲裁权的国家行政机关以第三者的身份,对当事人之间的民事纠纷,按照法定的程序,依法作出公判的法律制度。

仲裁制度早在古罗马时期就被采用。作为解决纠纷的一种做法,随着现代社会的到来,商品经济不断发展,仲裁制度日益完备。许多国家相继制定了仲裁法规,建立了仲裁机构。仲裁活动从解决国内经济贸易纠纷,发展为解决国际贸易和海事争议。新中国成立后,尤其是改革开放以来,行政仲裁制度有了迅速的发展,行政仲裁的领域不断呈现扩大趋势,成为行政机关对社会生活进行调控和干预的重要手段。

行政仲裁作为我国行政司法制度的有机组成部分,具有以下特征:

第一,行政仲裁是国家行政机关主持的公断活动。如果仲裁者是司法部门或民间群众组织,其仲裁活动均不属于行政仲裁。进一步而言,行政仲裁机构不是一般意义上行使行政管理职权的行政执法机关,而是依照法律或法规规定设立的,专门从事行政司法活动的行政仲裁机构。它相对独立于行政机关,可以依法独立行使仲裁权。例如,在我国,目前的行政仲裁机构主要有:劳动争议仲裁委员会、产品质量纠纷仲裁委员会、人才流动争议仲裁委员会等。

行政仲裁机构均采取委员会的组织形式。各专门行政仲裁委员会通常由主任、副主任和若干委员组成。仲裁委员会的成员未必都是行政机关的工作人员。例如,劳动争议仲裁委员会就是由同级劳动机关的代表、同级工会的代表、与争议有关的企业主管部门的代表或者企业主管部门委托的有关部门的代表组成的。

第二,行政仲裁是法定仲裁。具体而言:

(1)行政仲裁的范围由法律规定。我国法律规定,行政仲裁主要处理劳动争议、产品质量纠纷等。

(2)不同内容的行政仲裁的主持机关是法定的。当事人只能到法定的仲裁机关去申请仲裁,而没有自由选择的余地。

(3)行政仲裁机构的设置、组织形式、活动原则、工作程序等,均由法律、法规专门规定。

第三,行政仲裁活动体现的是第三者居间,对作为行政仲裁对象的平等民事主体之间的民事纠纷予以调停裁断。行政仲裁的主持者与任何一方当事人均不存在行政隶属关系。这一点与行政复议不同,行政复议的内容是行政主体与行政相对人之间的行政纠纷,复议机关往往与被申请人存在行政隶属关系。

二、行政仲裁的种类

目前,在我国,根据现有法律、法规规定的内容以及实际情形,行政仲裁按不同领域,大致可分为:

1. 劳动争议的仲裁

这包括因履行劳动合同发生争议的仲裁;因开除、除名、辞退违纪职工发生的劳动争议的仲裁;中外合资经营企业中发生的经协商不能解决的劳动争议的仲裁。

2. 人才流动争议的仲裁

根据有关法律、法规及规章的规定,"人才"主要指在企业、事业单位、社会团体、机关中工作的科技人员、管理人员以及其他职员。人才流动争议,是指上述职员与企业等劳动组织在招聘和商调职员以及申请调动工作、辞职、停薪留职、带薪留职、兼职、离退休服务、调整留学归国人员工作中发生的权利、义务纠纷;同时,也包括企业等劳动组织(机关、团体、事业单位)之间在商调职员中发生的纠纷。

此外,还有著作权合同的仲裁、产品质量纠纷的仲裁、房产纠纷的仲裁、计量纠纷的仲裁、海事仲裁等。

三、行政仲裁的原则及作用

1. 行政仲裁的原则

行政仲裁是一种准司法性质的活动,它应当遵循以下原则:

(1) 以事实为根据,以法律为准绳的原则

以事实为根据,要求坚持实事求是,重调查研究,重证据,全面客观地了解情况,弄清争议的内容情节、双方当事人所享有的权利和需要承担的义务等。以法律为准绳,要求仲裁机关在查清事实的基础上,准确地适用法律,以法律为尺度去确定当事人双方的权益关系。目前,我国有关行政仲裁的法律主要是《仲裁法》,缺乏具体的法律规定作为依据时,仲裁机关需要依照相关政策的规定作出裁决。

(2) 公正原则

贯彻这一原则的具体要求为:

① 仲裁机关在主持仲裁的过程中,真正处于居间、超脱的地位,不与任何一方发生特殊的利害关系,对双方当事人不偏不倚,唯理仲裁。

② 充分、切实地保障双方当事人法律地位的平等,为双方当事人提供平等行使权利的机会。尤其在劳动争议、人才流动争议的仲裁中,更应注意体现这一点。

③ 仲裁人员要具有公正观念和高度的道德素养,自觉拒绝拉拢收买,排除外界的干预影响,秉公判断。

④ 以必要的程序制度,如回避制度、辩论制度、合议制度、庭审制度、证据制度、仲裁监督制度、反诉制度等,保证行政仲裁的公正性。

(3) 先行调解原则

我国的仲裁法律制度以及各国的仲裁经验都采纳了先行调解原则,将调解作为行政仲裁的先行步骤。这是因为,在这些纠纷或争议中,先行调解既不违背原则,又比直接仲裁更符合情理,即当事人双方自愿互谅互让,消除隔阂。当然,先行调解原则更适用于双方当事人身份地位没有差异的纠纷或争议。

(4) 双方自愿原则

根据我国原有的法规如《经济合同仲裁条例》的规定,以及某些行政仲裁机关的做法,行政仲裁最初并没有彻底贯彻双方自愿原则,即只要一方提起,行政仲裁机关便予以仲裁。但是,我国在著作权合同仲裁等的立法中,确立了双方当事人自愿仲裁的原则。双方自愿原则应成为所有领域中行政仲裁的一致原则,因为如此才符合仲裁活动的基本属性及特征。若坚持单方自愿原则,将使之无法区别于一般的诉讼行为。同时,这会导致某些行政仲裁因非申请一方拒绝履行其义务而难以执行,造成仲裁后当事人不服,再起诉到法院的重复劳动。若当事人一方申请仲裁,另一方申请法院审判,将容易引起行政仲裁机关与法院在管辖权上的冲突。可见,行政仲裁中适用双方自愿原则势在必然。仅在劳动争议和人才流动争议的仲裁方面,这一原则可以暂时不适用,作为一般原则的例外处理。我国1995年实施的《仲裁法》确立了这一原则。

(5) 及时原则

现实生活中,人们发生纠纷之后,之所以预先选择申请行政仲裁,理由之一在于行政仲裁较司法诉讼途径省时、便利,不至于因程序的烦琐、冗累而延误时机或影响效益。在行政仲裁过程中,仲裁机关在调查清楚纠纷或争议的基本事实以及来龙去脉的基础上,经短暂适度的调解促和,若当事人不情愿或难以达成协议,就应当迅速及时地适用有关法律、法规,作出相应的行政仲裁决定,而不要在非必要的环节作过多的停留。

2. 行政仲裁的作用

行政仲裁在现代社会中愈发成为解决一般民事纠纷的主要形式。在许多情况下,行政仲裁机构被认为比法院更能有效地工作。在我国市场经济体制下,行政仲裁行为的作用是极其重要的:

第一,对于高手如林、竞争激烈,因而纷争难以避免的市场经济活动的"竞赛场",行政仲裁是及时判明是非、解决矛盾、排除阻碍、安定秩序、维系正常良好的"竞赛环境"所不可缺少的。

第二,行政仲裁能使大量的民事纠纷或行政争议通过司法审判之外的渠道,得到及时、合法、合理的解决,以减轻法院司法审判任务繁重的压力。

第三,行政仲裁是由专门的行政仲裁机构作出的,与一般司法机关相比较,具有更熟悉该领域的业务技术,知晓有关的法律、法规等规定的优势,有利于及时、准确地判明纠纷或争议的是非。

四、行政仲裁程序

1. 申请

行政仲裁实行"不告不理"原则。无论是法律规定的必须先行提起行政仲裁后才能提起诉讼的纠纷,还是可以由当事人在行政仲裁或诉讼中自由选择的纠纷,当事人一旦决定提出行政仲裁,都应先向仲裁机构提交申请书。当事人申请是行政仲裁机构受理的前提。

仲裁申请书一般包括以下内容:

(1) 申请人姓名、地址,或申请单位名称、地址,以及法定代表人的姓名、职务;

(2) 被申请人姓名、地址,或被诉单位名称、地址,以及法定代表人的姓名、职务;

(3) 申请的理由和要求;

(4) 证据、证人姓名和住址;

(5) 如果当事人有代理人,必须有授权委托书,并且明确代理事项和代理权限。

仲裁申请人在提交仲裁申请书之际,须按被诉的人数提交副本。

申请仲裁有一定的期限。例如,劳动争议申请仲裁的时效期间为一年。仲裁时效期间从当事人知道或者应当知道其权利被侵害之日起计算。

2. 受理

行政仲裁机关在收到当事人的仲裁申请后,应作初步审查,在法律规定的一定期限内,对申请人作出受理或不予受理的答复。审查的具体内容包括:

(1) 申请事项是否属于行政仲裁的范围。法律应对行政仲裁机关的管辖范围作出明确规定。如果当事人提出的申请不在该仲裁机关的管辖范围之内,应告知当事人向有管辖权的仲裁机关提出申请。

(2) 申请人是否为纠纷的当事人。只有纠纷的当事人才有资格提起仲裁申请,纠纷局外人不具备提起仲裁申请的法定条件。

(3) 申请是否在法定的期限内提出。有些法律规定了当事人提请仲裁的期限,超过了法定期限,仲裁机关便不再受理。

(4) 是否符合某专门行政仲裁有关受理条件的特别规定。例如,在劳动争议仲裁中,如果是一方当事人提起了司法诉讼,并经人民法院受理的案件,则行政仲裁机构不予受理。

(5) 对法律规定要求写明的内容,在申请书中是否完备。如果不完备,行政仲裁机关可要求申请人在一定期限内补充。如果申请人拒绝补充,行政仲裁机关可以因申请书内容不完备而不予受理。

行政仲裁机关对申请进行审查后,认为符合法定条件的,一般应在7日内决定是否受理;决定立案的,应正式立案,通知申请人。应在法定期限(一般是5日)内将申请书副本发送被诉人,并告知其在一定期限(一般是15日)内提交答辩书和有关证据;对不符合受理条件的,也须在7日内通知申请人不予受理,同时说明理由。

3. 调查取证

在调查取证阶段,要求仲裁员认真审阅申请书、答辩书,尽量了解、掌握充分、真实的证据,找出其关键性问题和疑难点。为确保调查取证的准确性、公正性,一般情况下,应由两名或两名以上的仲裁员共同实行调查。在调查过程中,行政仲裁机关可以向有关单位查阅与案件有关的档案、资料和原始凭证,也可以到现场进行勘察或对物证进行技术鉴定。仲裁机关在进行现场勘察或技术鉴定时,应当通知当事人及有关人员到场,必要时可邀请有关单位派人协助。勘察笔录和技术鉴定书应当写明时间、地点、勘察鉴定结论,由参加勘察、鉴定的人员签字或者盖章。仲裁机关如果需要,可以委托有关单位进行技术鉴定。仲裁机关对委托作出的技术鉴定结论,应慎重判定是否采纳,不予采纳的应说明理由。若纠纷事实涉及异地,仲裁机关还可以委托外地仲裁机关进行调查。

4. 保全措施

行政仲裁机关在受理当事人提交的仲裁申请后,需要经过一定的调查取证、调解等,才能作出仲裁。在这段时间内,可能因当事人一方的行为,如出卖、拆毁房屋、挥霍、转移财产等,或者其他客观原因,如不宜长期保存的物品发生变质、腐烂等,造成较严重的财产损失。为避免这种情况的发生,行政仲裁机关依法可以根据当事人的申请,对另一方当事人的财产或纠纷标的物采取保全措施。保全措施一般限于产品质量纠纷仲裁、农村联产承包合同仲裁等与财产关系密切的合同纠纷仲裁。

当事人申请仲裁机关采取保全措施,应具备以下条件:

第一,申请要有正当的理由、充分的根据。

第二,与案件有关的财产确实出现了损失的可能。例如,被申请人被发现有出卖、挥霍、转移和隐匿财产等行为,或者将要发生某种会使财产遭到较大损失的事件。

行政仲裁机关在决定采取保全措施时,可以令申请人提供担保。一般来说,担保的方式有三种:

(1) 保证。即由申请人或申请人找的担保人承担采取保全措施后可能产生的财产责任。例如,申请人申请仲裁机关扣押另一方当事人的货物,给另一方当事人造成财产损失,而仲裁裁决结果是申请人败诉,作为申请人的担保人或申请人必须承担扣押造成的财产损失的连带责任。

(2) 留置权。即申请人将一定的财物交由仲裁机关留置。仲裁裁决结果如是申请人胜诉,则该部分财物返还申请人。仲裁裁决结果如是申请人败诉,则由仲裁机关依法变卖留置的财物,以赔偿被申请人因采取保全措施而受到的损害,并清偿仲裁机关留置该财物的保管费。

(3) 抵押。即对申请人的一部分财产设定抵押,抵押权由被申请人享有。保全申请依照《民事诉讼法》的有关规定提交人民法院。仲裁裁决结果如是申请人胜诉,则解除该抵押权。仲裁裁决结果如是被申请人胜诉,则由人民法院变卖抵押的财产,以优先赔偿被申请人因采取保全措施而受到的损害。采取抵押担保方式时应注意,抵押物必须是合法的财产。法律禁止流通和禁止强制执行的财产都不得作为抵押物。另外,保全措施应严格限于与案件确实有关的财物。

保全措施主要有以下几种:

(1) 中止合同的履行。对合同纠纷的仲裁,如果当事人正在履行合同,往往采取这种办法。中止合同的履行不是消灭当事人之间的权利义务关系,而是要求当事人暂时停止履行合同的行为,待仲裁裁决生效后,按照仲裁决定履行合同。

(2) 查封。即行政仲裁机关提请人民法院对被申请人的动产或不动产粘贴封条,予以登记造册,就地封存。

(3) 扣押。即行政仲裁机关提请人民法院对可能被隐匿或转移的货物,予以扣留保存。

(4) 变卖不易保存的货物并保存价款。如果当事人争议的标的涉及易腐烂、变质的货物,如系水产品、鲜货,等到仲裁裁决之后再处理可能造成货物的损失,经当事人申请,行政仲裁机关经人民法院裁定,可采取变卖不易保存的货物并保存价款的保全措施。

(5) 责令被申请人提供担保。当事人申请行政仲裁机关采取保全措施,行政仲裁机关可以责令被申请人提供担保,以担保仲裁裁决能够得到执行。

(6) 法律规定允许采取的其他保全措施,行政仲裁机关在仲裁过程中受当事人的申请,也可以采取。

5. 调解

行政仲裁一般要经过先行调解程序,尤其是法律、法规专门规定的更是如此。

行政仲裁的先行调解若能达成行政调解协议,应当制作调解书。调解书应由双方当事人签字,仲裁人员署名,加盖行政仲裁机关的印章。调解书自送达当事人之日起发生法律效力,要求双方必须自动履行。在行政仲裁程序中达成调解协议书,依据我国法律、法规的规定,一旦生效:(1) 一方或双方当事人不得反悔。但是,调解未达成协议,或者调解书送达前一方或双方当事人反悔的,可以转入仲裁程序。(2) 当事人不得就同一事实和理由,再向行政仲裁机关申请仲裁,也不得向人民法院起诉。(3) 一方当事人如逾期不按调解书所规定的内容去履行义务,另一方当事人可以向有管辖权的人民法院或者法律、法规规定的行政机关申请强制执行。(4) 有的行政规章,如《辽宁省人才流动争议仲裁暂行规定》规定,对不履行仲裁调解书的单位和个人,行政仲裁机关有权根据其情节轻重,建议有关部门予以批评教育或者行政处分。

6. 开庭仲裁

行政仲裁机关在行政仲裁过程中若经先行调解无效,便应即时进行仲裁。行政仲裁机关进行行政仲裁,大多数通过开庭方式,只有个别的采取不开庭的方式。

行政仲裁的开庭仲裁步骤为:

(1) 通知。行政仲裁机关在开庭仲裁前,应将开庭时间、地点以书面方式通知当事人。在行政仲裁机关依法发出通知后,当事人无正当理由拒不到场的,仲裁机关才可作缺席仲裁。

(2) 开庭。仲裁庭开庭时,首先由首席仲裁员核对当事人或代理人及其代理权限,并宣布案由,然后宣布仲裁员、书记员名单,告诉当事人享有的权利和应承担的义务。权利包括:申请回避权、申诉权、答辩权、委托代理权、使用本民族语言文字权等。有的种类行政仲裁还规定当事人享有反诉权、变更仲裁请求权等。义务包括:遵守仲裁程序、实陈案情、提供证据等。仲裁人员如与案件有利害关系,则应自行回避或应当事人要求回避。

在庭审调查和庭审辩论中,申请人和被申请人可以陈述意见、相互辩论、出示有关证据。行政仲裁机关应当认真听取当事人的陈述和辩论,以全面把握案情,弄清事实真相;然后,依照申请人和被申请人的顺序,征询他们的最后意见;再由仲裁庭进行评议,并按照少数服从多数的原则作出裁决。有的种类的行政仲裁中,行政仲裁机关还规定在征询当事人的最后意见后,可以再次进行调解,调解不成时再仲裁裁决。对仲裁评议中的不同意见,应当如实记录。

7. 制作行政仲裁裁决书

行政仲裁裁决书由仲裁机关制作,应写明下列事项:(1) 申请人、被申请人或者代理人的基本情况;(2) 申请仲裁的时间、理由、纠纷内容和具体请求;(3) 据以仲裁的事实、理由和适用的法律;(4) 仲裁裁决的结果;(5) 仲裁费用的负担;

（6）不服裁决的起诉期限，如果法律规定为终局仲裁，当事人不得向法院起诉的，则可不写此项。最后，注明裁决日期，由仲裁人员署名，加盖仲裁机关的印章。

8. 行政仲裁裁决书的法律效力

行政仲裁裁决书发生法律效力的情况分为三种：

（1）行政仲裁裁决书送达当事人后，即发生完全的法律效力。当事人必须执行，不得申请再仲裁，也不得向法院起诉。

（2）行政仲裁裁决书送达当事人后，须经复议程序或超过申请复议期限方发生完全的法律效力。例如，依照我国原《技术合同法实施条例》的规定，当事人一方或双方对仲裁裁决不服的，可以请求上级或原仲裁机关复议一次，复议的仲裁决定是终局的。当事人一方在规定的期限内不履行仲裁裁决的，另一方可以申请法院强制执行。

（3）行政仲裁裁决书送达当事人后，超过向法院提起诉讼的期限，才发生完全的法律效力。在各国的实践中，行政仲裁裁决一般具有终局法律效力，即不得重新仲裁或向法院起诉。

9. 重新仲裁

仲裁实行一裁终局制度的，裁决作出后，当事人就同一纠纷再申请仲裁或者向法院起诉的，仲裁委员会或者法院不予受理。裁决被法院依法裁定撤销或者不予执行的，当事人就该纠纷可以根据双方重新达成的仲裁协议申请仲裁，也可以向法院起诉。法院受理撤销裁决的申请后，认为可以由仲裁庭重新仲裁的，通知仲裁庭在一定期限内重新仲裁，并裁定中止撤销程序。仲裁庭拒绝重新仲裁的，法院应当裁定恢复撤销程序。

案例

某市劳动争议仲裁委员会在审理申诉方凯亚实业有限公司与被诉方周××赔偿经济损失等劳动争议一案中，针对被诉方委托代理人的资格问题作出了仲裁决定书：认定被诉方周××的委托代理人肖××不符合代理人资格，并根据《民事诉讼法》第58条之规定撤销其代理资格；由被诉方周××本人或委托具有代理资格的其他人参加本案仲裁活动。周××、肖××不服该仲裁决定，以某市劳动局和某市劳动争议仲裁委员会为共同被告，向法院提起行政诉讼。

一审法院认为，某市劳动局不是适格被告，对于原告的起诉应予驳回。被告某市劳动争议仲裁委员会不是行政机关，其所作出的行为不是行政行为，不属于行政审判权限范围。据此，一审法院裁定驳回原告的起诉。原告不服一审裁定，上诉至二审法院。

二审法院经审理认为，被告某市劳动争议仲裁委员会作为专门处理劳动争议案件的组织,应当依法行使职权,但是在本案中却以法律、法规规定的处理劳动争议的授权,处理了民事代理人的资格问题,对原告作出了仲裁决定,侵犯了原告作为公民依据有关法律所享有的委托他人代为民事行为和接受他人委托代为民事行为的权利。该仲裁决定属于行政诉讼的受案范围,应由法院经过司法审查确定。原审裁定驳回原告起诉,属于适用法律错误,并在审判程序上存在错误。二审法院遂裁定:撤销一审裁定,发回重审。

评议

本案中值得关注和探讨的问题是:劳动争议仲裁委员会的非仲裁行为是否具有行政可诉性,即是否属于法院行政诉讼的受案范围?

劳动争议仲裁委员会所作出的非仲裁行为,是指劳动争议仲裁委员会在处理劳动仲裁案件的仲裁程序中,针对当事人劳动争议以外的事项所作出的行为。关于当事人对于这类非仲裁行为不服,是否可以向法院提起行政诉讼,存在争议。理论界有肯定和否定两种观点。持否定观点的人认为,这类非仲裁行为不具有行政可诉性,其中也有两种意见:一种意见认为,从法律、法规及司法解释的规定来看,劳动争议仲裁委员会所作出的这类行为属于《行政诉讼法》第13条规定的"法律规定由行政机关最终裁决的行政行为"和《最高人民法院关于执行〈中华人民共和国行政诉讼法〉若干问题的解释》(下称《解释》)第1条第2款第3项规定的"法律规定的仲裁行为"。当事人不服劳动争议仲裁委员会作出的这类行为,无权向法院提起行政诉讼。仲裁裁决若在仲裁程序上存在错误,法院可以在当事人申请强制执行时进行审查。最高人民法院也曾就仲裁是否受司法审查的请示作过答复,明确了当事人对仲裁行为不服,不得提起行政诉讼。持这种意见的人笼统地认为,凡是劳动争议仲裁委员会所作出的行为都是法律意义上的仲裁行为,而没有注意或区分劳动争议仲裁委员会所作出的行为的法律依据、针对对象以及行为性质的不同等。另一种意见认为,从行为主体的性质来看,依据《仲裁法》第14条、第15条的规定,劳动争议仲裁委员会的性质和仲裁委员会的性质相同,是社会团体法人,不是行政机关,其所作出的行为不是行政行为,不具有行政可诉性。持这种意见的人简单地照搬《仲裁法》对仲裁委员会性质的规定去认定劳动争议仲裁委员会的性质,而没有注意劳动争议仲裁的特殊性与现行有关法律、法规和司法解释的具体规定。

从行为性质来看,劳动争议仲裁委员会作为一个法律、法规授权的组织,其所作出的行为具有法律上的拘束力。在处理劳动争议案件的过程中,劳动争议仲裁委员会超越授权,或者无权却行使了有关的国家行政职权,处理了不属于其管辖事项范围内的事项,作出了不是针对劳动争议本身的非仲裁行为,该行为必然具有法律上的效力,也必然可能侵犯当事人的合法权益。也就是说,这类非仲裁行为已经具备了具体行政行为的效力,这类行为应该被纳入法院司法审查的范围。

从现行法律、法规及司法解释的规定来看,根据《解释》第1条第2款第3项的规定,"法律规定的仲裁行为"不属于法院行政诉讼的受案范围。这里的"法律规定的仲裁行为"是指行政机关或法律授权的组织,根据全国人大及其常委会制定的法律以及法律性文件的授权,依照法定的程序,对平等主体之间的民事争议进行处理的行为。在我国,属于"法律规定的仲裁行为"应指《仲裁法》和《劳动法》所规定的仲裁行为。《仲裁法》第77条规定,对劳动争议的仲裁不适用《仲裁法》,而应适用《劳动法》。根据《劳动法》第83条的规定,劳动争议当事人对仲裁裁决不服的,可以向法院提起民事诉讼。另外,《最高人民法院关于劳动仲裁委员会逾期不作出仲裁裁决或者作出不予受理通知的劳动争议案件人民法院应否受理的批复》规定:根据《劳动法》第79条规定的精神,劳动争议案件经过劳动争议仲裁委员会仲裁是提起诉讼的必经程序。劳动争议仲裁委员会逾期不作出仲裁裁决或者作出不予受理的决定,当事人不服向法院提起行政诉讼,法院不予受理。据此,对于劳动争议仲裁委员会针对劳动争议所作出的仲裁裁决行为以及逾期不作出仲裁裁决和作出不予受理的决定的情形,当事人不服向法院提起行政诉讼,不属于法院行政诉讼的受案范围,法院不予受理。对于劳动争议仲裁委员会在处理劳动争议案件过程中作出的不属于前述法律和司法解释规定的行为,即非仲裁行为,当事人不服如何寻求救济以及是否可以提起行政诉讼,法律和司法解释没有明确规定。也就是说,劳动争议仲裁委员会在仲裁程序中所作出的非仲裁行为不属于法律、法规和司法解释明确规定的法院行政诉讼受案范围所排除或者禁止的几种情况。若这类非仲裁行为产生了法律约束力,影响了当事人的合法权益,就应当属于行政诉讼的受案范围。

思考题

1. 试述行政许可与行政处罚的区别。
2. 试述行政处罚的程序。
3. 试述行政给付的特征。
4. 试述行政指导在现代行政管理中的作用。
5. 试述行政合同的特征。

拓展阅读书目

1. 应松年主编:《行政行为法》,人民出版社1992年版。

2. 叶必丰:《行政行为的效力研究》,中国人民大学出版社2002年版。
3. 周佑勇:《行政许可法理论与实务》,武汉大学出版社2004年版。
4. 胡锦光:《行政处罚研究》,法律出版社1998年版。
5. 傅士成:《行政强制研究》,法律出版社2001年版。
6. 莫于川主编:《行政法学原理与案例教程》,中国人民大学出版社2007年版。
7. 莫于川:《行政指导要论》,人民法院出版社2002年版。

第十一章 行政程序理论

本章要点

1. 了解行政程序的概念。
2. 了解行政程序的特点。
3. 了解行政程序法的历史演进。
4. 了解行政程序法的原则。

导语

所谓程序,是指为了达到一定的目的而设计的行为方式和步骤,以及实现这些方式和步骤的时间和顺序的总和,实际操作时表现为按照人的事先设计而运作的过程。行政程序是一种动态的、连续的整体过程,包括步骤、方式、顺序、时限等。所谓步骤,是指完成某一程序必须经过的若干环节或阶段。所谓方式,是指行政行为内容的外部表现。所谓顺序,是指行政行为程序的先后次序。所谓时限,是指行政行为所经历的一定的时间限度。行政行为在空间和时间上必须符合法定程序,一旦违背了空间和时间的要求,就构成了行政违法。

第一节 行政程序概述

一、行政程序的概念

"行政程序"一词,英语为"administrative procedure",日文为"行政手续"等。对行政程序含义的解释,不下十余种。其中,具有代表性且得到较多认同的有两种:

一是认为行政程序指行政主体的行政活动程序,包括制定行政法规、行政许可、行政处罚、行政执行、行政裁决等行政活动的方式与步骤。例如,日本学者我妻荣在《新法律学辞典》中便把行政程序解释为:行政机关在进行制定规则、裁决争讼及其他行政行为时必须遵循的程序。① 德国、奥地利、西班牙、瑞士、日本、意大利等国的行政程序立法便反映了这种观念。

二是认为行政程序既包括行政活动程序,也包括行政诉讼程序。其理由在于:行政程序应包括有关行政权的一切程序,因而应包括行政权的设定、运行及对其的监督。对行政权的监督主要有行政监督与司法监督两种,后者便为行政诉讼或司法审查。美国与法国的行政程序立法受这一观念支配。

我国行政法学界对于行政程序概念的表述不甚一致。多数人认为,行政程序是指行政主体实施行政行为的步骤、方式、顺序、时限等的总称。② 对此定义,可以从以下几方面理解:

第一,行政程序是相对于行政行为而言的。凡不属于行政行为本身所包含或必须经过的程序,都不在行政程序的范畴之内。例如,司法机关审查行政行为所遵循的程序,就不是行政行为所包含的程序,也不是行政行为所必须经过的程序。行政相对人的行为往往在行政行为作出过程中具有重要的意义,而当其所经历的过程不是行政行为所必须遵守或应当具备的步骤或环节时,也不是行政程序。

第二,行政程序对行政主体行使职权的过程产生作用。行政机关具有行政主体、民事主体、宪法主体、诉讼主体等多种身份,行政程序只约束行政机关行使行政职权即以行政主体身份所作出的行为。行政机关作出的民事行为,与一般公民、法人或者其他组织的民事行为无异,不存在行政程序问题。行政主体以宪法身份所为行为的程序,如各级人民政府向同级人大作政府工作报告以及接受其监督的程序,属于宪法的直接调整范围,不是行政程序。行政机关作为当事人参加诉讼的程序由行政诉讼法调整,亦不是行政程序。

第三,行政程序包括步骤、方式、顺序、时限等。所谓步骤,是指按照行政管理的客观规律把行政程序划分为一个个相对独立的阶段,一个阶段即是一个步骤。一个具体行政行为程序通常包括立案、调查、拟定处理意见、听取利害关系人意见、报请主管行政领导批准、送达、执行、结案等各个必经的阶段。所谓方式,是指实施行政行为的方法和形式。例如,口头形式、书面形式、动作形式等。所谓顺序,是指行政行为各个步骤的先后关系。例如,调查被要求必须在作出行政决定之前作出,即先取证、后裁决。所谓时限,是指行政行为每一步骤所经历的时间限制。

二、行政程序的种类

1. 行政立法程序、行政执法程序和行政司法程序

这是以不同的行政职能为标准所作的分类。行政立法因其利害关系人广泛、涉及面宽、作用持久,故程序比较复杂、严格。听证制度、会议制度、专家论证制度

---

① 参见〔日〕我妻荣编:《新法律学辞典》,董璠舆译校,中国政法大学出版社1991年版,第181页。
② 参见罗豪才主编:《行政法学》,中国政法大学出版社1996年版,第281页。

等均是其中必不可少的。美国规章制定程序中有成本—效益分析程序,每一个规章正式出台之前,必须由有关的经济专家、技术专家论证,主要是论证规章执行的可行性以及对环境资源的影响。这一点值得我国借鉴。行政执法具有对象的特定性、内容繁杂、有效率要求等特点,决定了其程序应简便经济、重效率、有适应性。由于行政司法的裁判对象是当事人双方的争议或者纠纷,故其程序具有准司法的特点和司法化的趋势。例如,在程序设置上,应当充分移植审判程序的原理、原则,以体现公平和公正。

2. 自由行政程序和法定行政程序

自由行政程序,或称"意定行政程序",是指法律没有明确规定和要求,由行政主体自由裁量决定或有选择性采取的行政程序。法定行政程序,是指法律有明确规定和要求,行政主体必须遵循的行政程序,又称"强制性行政程序"。我国《行政处罚法》所设置的听证程序就是一例。区别自由行政程序和法定行政程序,具有以下两方面的意义:其一,对于涉及行政相对人重要权益的事项,应以法定行政程序处理。其二,法定行政程序主要涉及合法性问题,自由行政程序主要涉及合理性问题。在我国,根据《行政诉讼法》《行政复议法》的规定,必须依法撤销的仅限于违反"法定程序",而不包括自由程序。

3. 有利行政程序和不利行政程序

这是以行政行为给行政相对人造成的影响为标准所作的分类。行政行为的作出对行政相对人有利的为有利行政程序,反之为不利行政程序。在有利行政程序中,行政相对人享有较大的程序自由裁量权,行政程序法往往作比较宽松的规定。在不利行政程序中,情况则相反。各国的行政程序法都对有利行政程序和不利行政程序作不同规定。其中,日本行政法以这种区分作为立法的主要线索加以贯彻,很有特色。

4. 主要行政程序和次要行政程序

这是以行政行为所须遵循的各种步骤的主次所作的分类。主要行政程序,是指构成基本程序规则的主要程序的步骤和方式等基本环节,不经过这种步骤或不采用这种方式,会直接影响程序当事人的权利。例如,作为行政处罚依据的行政法规的制定程序,按 2001 年国务院发布的《行政法规制定程序条例》,大体包括:规划、起草、审定、发布程序。其中,发布是主要程序环节。因为行政法规不经发布就作为对行政相对人实施处罚的依据,将会严重侵害行政相对人的基本权利。所以,《行政处罚法》第 4 条第 3 款规定,对违法行为给予处罚的规定必须公布;未经公布的,不得作为行政处罚的依据。次要行政程序,是指行政程序的非基本步骤和方式,不遵守这些步骤和方式一般也不会直接影响行政相对人的权利。这种分类的意义在于,对于程序违法的效力认定问题,可通过区别主要程序违法和次要程序违法加以辨别。主要程序违法,实体行为无效。次要程序违法,只要经过瑕疵补正,不影响实体行为效力。

5. 具体行政程序和抽象行政程序

这是根据行政行为的对象是否明确肯定所作的分类。所谓明确肯定,是指根据程序材料所显示的特征能够确定行政相对人,与人数多少并没有直接联系。人数虽多,但范围明确肯定的,仍是具体行政程序。与此相反,根据程序材料所显示的特征不能确定行政相对人的是抽象程序。这种分类也是行政程序法典的立法线索之一。美国《联邦行政程序法》便重点规定了这两种程序,即行政规章制定程序和行政裁决程序。

6. 内部行政程序和外部行政程序

这是根据行政程序的适用范围所作的分类。内部行政程序是行政主体内部行政事务的运行程序。例如,公文办理程序、行政内部会议程序等。外部行政程序是行政主体在对外实施行政管理时所使用的程序。例如,调查程序、听证程序、听取意见程序、决定程序以及送达程序等。划分内部行政程序和外部行政程序的意义主要在于,强调外部行政程序的民主化和法律化。外部行政程序均应允许作为当事人或利害关系人的行政相对人参与,否则可能构成违法。事实上,内部行政程序和外部行政程序经常交织在一起,许多行政事务的处理往往是通过内部程序和外部程序的混合实现的。因此,内部行政程序也必须有明确的法律规定并被严格遵守。

7. 简易程序、一般程序、正式程序和特别程序

这是以行政程序的繁简为标准所作的分类。简易程序又称为"当场处理程序",适用于情节简单、需要迅速作出处理的行政事务。一般程序又称为"普通程序",适用于一切行政事务。正式程序又称为"听证程序",是指行政机关借用审判程序的模式,对特定的事项进行公开质辩的程序,适用于对行政相对人权利义务有影响的较重大事项。特别程序是指因行业和技术的需要而设置的特殊程序。

根据不同标准,行政程序还可以作其他分类。例如,以对行政主体和行政相对人约束程度的严格与否为标准,可以分为强制性行政程序和任意性行政程序;以时间为标准,可以分为事前程序、事中程序和事后程序;以行政行为的种类为标准,可以分为行政许可程序、行政检查程序、行政处罚程序、行政指导程序和行政合同程序。

第二节　行政程序法概述

一、行政程序法的概念

行政程序法,是指规定行政程序的法律规范,有广义和狭义两种含义。广义的

行政程序法是指一切有关行政程序的法律、法规,狭义的行政程序法是指专门的行政程序法典。我们可以从以下四个方面进一步理解行政程序法:

第一,行政程序法所规范的主要对象是行政行为。立法机关的立法行为,由议会(权力)机关的议事规则所规范。司法机关的审判活动,须适用诉讼法所规定的程序。对于和此二者同属权力性质的行政行为实施过程中的规范,则是行政程序法规定的内容。尽管行政程序法有时也规定行政相对人对一定行政行为的申请、申辩乃至告诉程序等,但是这些程序相对居于次要地位。

第二,行使行政职权或履行行政职责过程中,涉及并影响行政相对人权利和义务的行为是行政程序法的主要指向。按照美国行政法学家伯纳德·施瓦茨的观点,行政程序法所指向的对象是对人身权益、私有财产能够进行限制的行政机关,而非外交、军事等不对私人权利义务直接产生影响的行政机关。行政程序法所关注的主要是行政机关规定行政相对人怎样做或不怎样做,裁定处罚违法,进行社会福利救济的利益分配之类的行政行为,而不是行使国防与外交权力,处理机关内部行政事务,乃至管理公共财产、经营公用事业的行为。

第三,行政行为的步骤、方式、顺序、时限等,是行政程序法所要规范、解决的主要问题。行政实体法一般负责规定行政机关有哪些职权、职责,能或不能为某种行为;行政程序法则主要规定如何行使这些职权、职责,以及如何为某种行为。

第四,行政程序法是有关行政程序的法律规范的总称。行政程序法既指作为法典的《行政程序法》《行政手续法》,也指规定于一般法律、法规、规章中有关行政程序的部分。

二、行政程序法的目标模式和结构模式

1. 目标模式

行政程序法的目标模式,是指行政程序法根据所要达到的目标而形成的总体特征。行政程序法可发挥多方面作用,立法者可按照自己所追求的目标进行选择,强化或突出某方面的作用。这种选择使一国的行政程序法形成一定的目标模式。归纳各国的情况,目标模式主要分三种:

(1) 控制模式,以控制下级行政机构,防止其偏离统治意志为目的。其特点是,设置多层级的审批制度、自上而下的监察制度、复杂的控告和抗告制度、秘密的内部侦控制度等。

(2) 效率模式,以提高行政效率为目的。其特点是,行政官员的自由裁量度大;过程紧凑、简化易行;注意明确行政官员的职权和职责;重视程序的科学性、合理性等。

(3) 权利模式,以保障行政相对人的权益不受不法行政侵害为主要目的。其特点是,行政程序的设置以公平为目的,突出保护公民权利;注意划清行政职权与

公民权利的界限;主要行政程序都有行政相对人参与等。

但是,从各国现行的行政程序法看,纯粹选择一种模式的比较少见。大多数国家都以一种模式为主,兼容其他模式。尤其是二战后,多数国家倾向于选择权利与效率兼顾的模式。其特点是,既尊重公民权利,反对违法及不当行政,又赋予行政官员更大的自由裁量权;在程序足以体现公平的前提下,尽可能使行政行为过程紧凑、简便易行,注意程序的科学性;在划清行政职权与公民权利界限的前提下,注意明确行政官员的职权和职责等。

2. 结构模式

行政程序的结构模式,是指一国行政程序法律制度的构成样式。从基本模式来说,行政程序法的结构模式主要有两种:

(1) 统一式。即一国制定一部统一的,适用于所有行政领域的,规范各部门、各类行政行为基本程序的行政程序法典。在统一法典模式下,并不排除同时制定某些个别单行程序法律、法规,规定某一特定领域或特定事项较具体的行政程序,也不排除个别行政管理法律、法规在规定行政实体问题的同时,规定相应的更具体的行政程序。

(2) 分散式。即一国行政程序法规范分散规定于各单行法律、法规之中,立法机关分别就特定领域或特定事项制定单行的行政程序法律、法规。

目前,世界上越来越多的国家已制定或准备制定统一的行政程序法典。因为统一的行政程序法典有利于各行政领域遵循共同的、最基本的程序规则和制度,有利于各行政领域行政程序法规范内容的整体协调和一致,避免分散式模式下可能导致各程序法规范之间相互矛盾或重复。

三、行政程序法的地位与作用

1. 行政程序法的地位

行政程序法的地位,一是体现在其与程序法的关系中,二是体现在其与行政实体法的关系中。

行政程序法是程序法体系的一个独立分支。我国的程序法体系包括《刑事诉讼法》《民事诉讼法》《仲裁法》《行政诉讼法》和行政程序法。与上述各种诉讼法不同,行政程序法的实施者是行政主体而不是人民法院,其适用的范围、对象也远比诉讼法广泛。行政程序法与行政诉讼法相比,前者可谓行政实体法实施的第一道程序,后者可谓第二道程序。当然,作为程序法的分支,行政程序法的基本原理与诉讼法是相通的。

行政程序法是行政法体系中一个必不可少的组成部分。行政法"作为动态的宪法",可以分为行政实体法、行政程序法和行政诉讼法。行政实体法所要解决的问题是行政机关有什么权力,即行政机关能干什么。行政程序法所要解决的问题是行政机关如何行使权力,即行政机关怎么干。行政诉讼法所要解决的问题是行政相对人不服行政权力时的法律救济,即行政机关做错了怎么办。没有行政诉讼法,行政实体法照样实施;而没有行政程序法,行政实体法就不可能实施。因此,行政实体法与行政程序法的关系才是"生命与形式"的关系。行政法的内在逻辑结构应当是:

图 11-1

2. 行政程序法的作用

(1) 避免行政权的滥用

行政法最主要的作用应在于防止行政权的滥用,否则其价值等于零。在行政法的组成部分中,行政程序法对防止行政权的滥用起着至关重要的作用。行政实体法是以确定行政主体的行政法律地位,设定行政职权乃至于某些必要的行政特权为主要目的与内容的法律。因此,它一般偏重于肯定行政权力行使者优越的身份地位,确认其发出的行政命令等具有不可抗拒的法律效力,着眼于保证行政权力畅通无阻地运作。对于行政权力的行使本身,则不产生直接的、根本性的规范约束作用。行政诉讼法虽然也以监督、制约行政权力的滥用为基本宗旨,但是它一般须以侵害结果的产生为代价,仅限于对滥用行政权力既成的违法行为或错误进行追究或订正,而在及时预防、制止其形成方面往往是鞭长莫及的。

行政程序法,顾名思义,是为行政权的行使者合法行权所规定的法定"程序"。这意味着行政权的行使者必须、只能或不得为某种行为,否则须承担某种否定性的法律后果。据此分析,对于行政权的行使者而言,法定行政程序能够将行政权力的行使真正置于法律规范的约束之下。其原因在于:

首先,它是具体化了并具有实际内容和操作形式的义务。否则,一般行政实体法中所规定的、对于权力制约有意义的、要求行政权的行使者认真负责的不违法滥用职权等义务性条款,将只能停留于精神原则、指导思想的表层。

其次,它使行政权的行使者的法律责任确实能够被认定、归结、追究。如缺乏上述内容,所谓的"权力行使者承担相应的法律责任"一说,不过是毫无意义的空洞用语,而不负法律责任的行权主体势必会对受体进行无所顾忌的处置和侵害。

总之,行政行为本身是由大量的、一系列的过程性要素构成的,具有明显的程序性质。滥用行政权的主要危险、突出表现,被事实证明多存在于程序方面。同时,行政程序因其具有一次性特征,其所留痕迹即造成的侵害后果不易被即刻觉察或"显象",尤其还可能以某种合法理由存在,诸如以行使法定职权作掩饰,极易出现放任情形。因此,若不针对行政行为本身程序立法,以此予以规范、限制,所谓的预防或及时遏制行政权的滥用是不可能的。

(2) 保障行政相对人的权益免遭不法行政的侵害

不可否认,在行政管理关系中,行政机关与行政相对人之间在权势、实力等方面具有显著差异,相互之间的不平等具有绝对性。也正因为如此,在民主制度下,一般注重通过行政法的调整,将以不平等为特征的行政管理关系转化为基于受治者同意的、理性化与稳定的、当事人双方权利与义务相互均衡以及在法律面前一律平等的行政法律关系。通过行政程序,行政相对人可维护其实体性权利不被行政行为侵夺,同时也能防止其实体性义务被非法增加;而行政主体则通常由权利方面的享有者转化为程序方面的义务主体。例如,行政主体在行使行政处罚这一实体性权力的过程中,必须同时履行法定的传唤、讯问、取证、裁决等程序性义务。这些程序性义务若不被履行,行政相对人可通过行使其程序方面的权利,敦促行政主体履行。例如,提起行政复议或行政诉讼,使之不得逃脱违反程序的法律责任。另外,行政程序法为行政相对人在合法的范围内取得权利和利益,提供十分明确、具体、可行性强的行为导向。在一般情况下,行政相对人只要逐项依照行政程序法所设定的步骤、方式、指示去做,其行为自然会被国家、社会认可、允许,同时给予便利,直至提供支持保护的措施。例如,行政相对人申请获尽速批准、纠纷被公正裁决处理、损失或损害得到合理补偿或赔偿、安全地避错远罚、不遭无故干预或侵扰等。

(3) 提高行政效率

行政的非程序化常常引起且加剧行政效率低下。例如,重复审批、反复研究、循环盖章等,就是造成时过境迁、事倍功半的直接原因。高耗低效是与现代行政管理背道而驰的。行政程序法一般按简约与效率的精神设计步骤、排定次序,展开过程与选择方式,删除不必要的繁文缛节,减少多余的人力、物力及时间耗费,排除行政行为的障碍和阻力,从而提高行政效率,保持良好、正常的"行政生态"。

第三节 行政程序法的产生与发展

一、行政程序法的产生

行政程序法的产生在行政法发展史上占有重要且瞩目的位置。在前资本主义时代,国家的行政活动亦有与之如影随形的程序。例如,在古希腊罗马的民主、共和制度下,议会对执政官行为方式的约束和要求。在我国古代,君王对官吏的告示、训示、诏令,相当一部分都包括行政程序方面的规定。[①] 但是,上述行政程序与

---

① 参见江必新、周卫平编著:《行政程序法概论》,北京师范学院出版社1991年版,第4—6页。

现代意义上的行政程序具有完全不同的性质。其中,最重要的一点是,面对当时具有支配社会力量的行政权力,所谓的行政程序,丝毫起不到规范和约束的作用。相反,不受控制的行政权专横、武断、无序化等特征,倒基本如数显现于行政程序中。具体而言,它着眼于对臣民的控制,立足于为管理对象设定义务和责任,鲜见管理者义务和责任的规定,随意性和不确定性明显,连其外在形式也表现为国王、君主的敕令、诏令等。① 在推翻封建专制统治的资产阶级革命中,首当其冲的是旧的国家权力,其中包括无所不能的行政权。这具体体现为:将行政权由君王手中至高无上的私物、驱动全部社会活动的轴心,转而变成与一般立法、司法权力相对应的公共权力的一种。再进一步,将这种公共权力确定为多以执行立法机关制定的法律为目的的权力,并令其由经一定的政治程序而产生的行政机关,在立法或司法机关的监督、制约下行使。同时,行政权力也不再与义务、责任完全疏离,而转化其性质为蕴含义务、责任要素的行政职权。② 以上均是前资本主义时期所未有的。

  历史上,代理制度的建立,确立了作为政府的行政机关,必须服从并执行议会立法的原则,自此开行政机关须依法行政之先河。其后的过程如世人所晓,社会事务日益纷繁复杂,科学技术不断发达进步,专业化管理需求愈加迫切,混乱无序的经济秩序亟待规范。面对这种情况,议会的立法机器显得运转迟缓,法律产品的制造远远供不应求,只好广泛地授权给行政机关,其中既有立法性质的制定法规、规章权,也包括司法类型的裁定纠纷、实施制裁、判决赔偿权。不止于此,执法活动中灵活余地颇大的行政自由裁量权也在行政机关手中被广泛使用,以适应推动经济、服务社会的需要。与这种"广泛地和日益不受限制的权力不断授予给行政机关以解决复杂的经济问题"③相伴而生的,是行政机关规模的急剧扩张、职能的迅速膨胀。如美国,便出现了集法律的执行权、部分纠纷裁决权于一身的独立管制机构,身为巨型政府且又实施了对社会生活的"积极干预","固然使得一些人为强有力的行政效率而面开颜笑,却也使得另一些人为民主的前途而额添愁纹"④。后者所担忧的显然是如此必然出现的行政权滥用、行政侵权增多、行政相对人的权利(益)受到种种不利影响等。以往主要借助于法院的司法审查监督、制约行政的"司法追随行政"的做法,随着消极国家被积极国家的逐步替代,其力不从心之弱点日益显见。因此,一些具有法治传统的国家开始在委任给行政机关制定管理法规和规章等权力的同时,再有议会制定直接对行政机关实施管理和监督的法律。也就是说,将行政机关的日常行为,尤其是涉及对行政机关与普通公民相互关系的部分,尽可能地通过议会设定的步骤、方式、方法等予以规范和制约。藉此,一是防范行政机关所

---

① 参见江必新、周卫平编著:《行政程序法概论》,北京师范学院出版社1991年版,第5页。
② 参见崔卓兰:《行政程序法要论》,吉林人民出版社1996年版,第2页。
③ 〔美〕奥内斯特·盖尔霍恩:《转变中的行政法》,载《法学译丛》1986年第3期。
④ 谢晖:《行政权探索》,云南人民出版社1995年版,第29页。

制定的法规、规章与宪法的精神原则背道而驰;二是防止行政机关在实施日常管理、进行行政裁决、制裁违法活动之际,尤其是运用行政自由裁量权的情形下,对私人的权利(益)产生不利影响。总之,为了保证行政机关不与议会所代表的民意南辕北辙,20世纪以来,由德国(各邦)率先,奥地利、西班牙、美国、意大利、日本等随后,相继开始制定行政程序法。在英国、法国及我国台湾地区,各类单行的行政程序法已开始陆续问世。自此,行政程序法开始了自身的历史。

二、行政程序法的三次制定高潮及总结

回眸世界范围内行政程序法的发展史,曾出现过三次制定高潮:

第一次高潮,从20世纪20年代至30年代。事实上,从1883年起,德国的普鲁士邦、巴登邦等便开始制定行政程序法。如最早问世的《普鲁士邦行政法通则》,后于1925年正式制定了《普通行政程序法》。该法共6编80条,后人对之有内容完整、体系严密的评价。该法颁布后,即为各国诸如捷克斯洛伐克、波兰、南斯拉夫、保加利亚、希腊等国纷纷效仿。德国吞并奥地利后,即以奥地利行政程序法为蓝本,草拟了《帝国普通行政程序法(草案)》,但因二战爆发,没有来得及公布。

第二次高潮,从二战结束到20世纪90年代,主要兴起国为美国和德国。美国曾严格地实行三权分立的政治制度。但是,进入20世纪30年代以来,该制度屡屡遭到来自行政权膨胀,尤其是独立管制机构的冲击,事实上已很难如从前一般发挥作用。作为更强有力的应对方案,罗斯福总统于1937年下令,成立专门的机构起草行政程序法。该工作于1946年完成。经杜鲁门总统签署,《联邦行政程序法》于当年6月11日公布并施行。由于该法质量上乘,又因美国在二战后举足轻重的国际地位,该法一出台便在世界范围内产生重大影响,并随之掀起奥地利、西班牙、德国、加拿大等国先后修改或制定本国行政程序法的第二次高潮。

第三次高潮,20世纪90年代以来,行政程序法的高潮又被掀起,从前两次的欧美转入亚洲。在葡萄牙,80年代即开始起草行政程序法,于1991年正式颁布《行政程序法》,并于1992年5月16日生效。日本在二战前偏重通过行政诉愿和诉讼行为监督行政活动,行政程序观念淡薄,几乎没有相关的法律规定。二战后,受美国法的影响,有的单行法规中规定了听证等行政程序。1948年,日本着手起草以行政内部操作为主要内容的《行政运营法》。至60年代,该法终因不符合公民权利保护的现代行政法精神而胎死腹中。随后,日本设定临时调查会,以美国《联邦行政程序法》为蓝本,制定行政程序法。自此以后三十余年里,又经过再三讨论,多轮反复,日本于于1993年11月12日颁布了《行政程序法》。韩国法律体系,包括行政程序法的建构,深受日本影响,在形式与内容上均效仿日本,也于1996年颁布了《行政程序法》。1994年,荷兰《行政程序法》也开始实施。加入这一行列的还有我国的台湾和澳门地区。

三、我国行政程序立法的过程

新中国行政程序法的发展史大致可以分为三个阶段：

1. 新中国成立到《行政诉讼法》的颁布

新中国成立初期，在《关于劳动争议解决程序的规定》《政务院关于处理人民来信和接见人民工作的决定》等法律文件中，有关于行政程序的零星规定，但绝大多数行政行为处于无法定程序规范的状态。行政程序法不仅不为普通公众所了解，法学界对之也颇为陌生。除了法院的诉讼程序，似乎不可能再有什么程序法。1982年《宪法》中的相关规定率先为我国包括行政程序在内的整个行政法治建设确立了基本方针和原则。例如，"人民依法律规定，通过各种途径和形式，管理国家事务，管理经济和文化事业，管理社会事务"的规定，系为公民参加国家行政活动提供了宪法依据。又如，"一切国家机关和国家机关工作人员必须依靠人民的支持，经常保持与人民的密切联系，倾听人民的意见和建议、接受人民的监督，努力为人民服务"的规定，为建立作为行政程序核心的行政听证制度确立了宪法依据。在根本大法的指导下，我国最高国家权力机关和最高行政机关开始在一些法律、法规中辟专章规定行政程序。例如，1986年的《治安管理处罚条例》第四章规定了治安处罚的程序；1987年国务院制定的《行政法规制定程序暂行条例》《法规规章备案规定》规定了行政立法程序。这期间，我国还陆续制定了诸如《专利法》《自然科学研究机构建立、调整的审批试行办法》《交通管理处罚程序规定》等法律、法规，里面都规定了若干行政程序的条款。但是，以上法律、法规的共同特点是，视行政程序为一般的管理手续，单纯规定行政职权与相对人义务。总之，1989年《行政诉讼法》颁布之前，我国行政程序法尚处于理论模糊、认识偏差、立法零散而不成体系的初始阶段，或者说不存在真正意义上的行政程序法。

2. 1989年到《行政处罚法》的颁布

1989年《行政诉讼法》的颁布，作为我国行政法治建设中的里程碑，极大地推进了行政程序方面的立法。按该法第70条的规定，对违反法定程序的具体行政行为，法院可以判决撤销，并可以判决被告行政机关重新作出具体行政行为，明确将行政程序问题列为司法审查的内容，把是否符合法定程序作为裁判具体行政行为合法与否的标准之一，把违反法定程序作为撤销判决的理由之一。《行政诉讼法》对于行政程序的直接规定，在我国将行政程序问题的法律地位提升到前所未有的高度，引领了我国行政立法的一轮高潮。例如，随后不久制定的《集会游行示威法》，规定了主管机关对于集会、游行、示威的申请，应在申请举行日期的两日前作出书面答复，否则视为许可。1990年颁布的《行政复议条例》，第一次运用行政程序全面、系统地维护行政相对人的合法权益。1994年颁布的《国家赔偿法》，对行政赔偿的程序作出了具体规定。一些由部委制定的程序性行政法规、地方性法规、规章也相继出台。

　　这一时期的特点是,在行政立法中出现了大量的专门性的行政程序规范,改变了从前在同一法律文件中既规定实体规范又规定程序规范的状况。就内容而言,文件公开、表明身份、说明理由、回避、记录备案等现行行政程序制度始见雏形。行政机关程序性义务明显增多。但是,有关行政程序立法还在较低层次上运行,缺乏最高权力机关在此方面的立法。

　　3. 1996 年至今

　　1996 年,《行政处罚法》正式颁布,这标志着我国行政程序法制建设步入了方向正确、自觉发展的阶段。首先,《行政处罚法》是由我国最高权力机关第一次制定的,专门针对某一类行政行为的运行过程,进行全面、系统规范的法律。自此,我国的行政程序立法由以往的个别、分散、重复走向完整和统一。其次,该法首次规定了行政听证程序。这一对行政公正和民主、相对人权利维护和保障起至关重要作用的制度的确立,意味着行政观念从官本位向民本位的回归,实现了行政程序法从行政手续的地位彻底超脱。再次,该法明确规定了处罚决定机关与收缴罚款的机关相分离的制度。该法严禁财政返还罚款的制度,同时规定对违反法定程序的,法院可以判决撤销等,从执行程序上有效加大了法律监督的力度。2003 年颁布的《行政许可法》更把规范许可程序作为立法的重要目标,全面、彻底地以程序的公平、公正促进实质的公平、公正,以防止因程序的不公导致的偏私、歧视和政府的失信等。该法详细规定了保障公平、公正、诚信、信赖以及便民、时效等方面的一系列规则和制度,将有效地消除和遏制行政许可权行使可能出现的腐败、滥用、不公平公正、推诿扯皮和效率低下等现象。我国 2005 年颁布的《治安管理处罚法》替代了《治安管理处罚条例》,成为行政管理法律体系中的重要法律。该法既是公安机关维护社会治安秩序、保障公共安全、保护公民合法权益的重要法律武器,也是规范公安机关及公安民警依法履行治安管理职责的重要法律,更是公民约束自身行为、保护自己合法权益的重要法律规范。《治安管理处罚法》的颁布实施,对于维护社会治安,维护社会稳定,促进社会和谐具有十分重要的作用。这也再次体现了法律对于公权力行使的约束,治安处罚必须严格遵守法律规定,履行法定程序。时至今日,我国行政程序法制的发展已迈上了高速轨道。

　　我国行政立法研究组于 2000 年开始《行政程序法》的起草工作,全国人大法工委对该法的起草给予了高度重视。研究组在制定的"行政程序立法项目计划书"中,将行政程序立法实证研究确定为立法准备阶段的一项重要工作。2001 年 9 月到 2002 年 5 月,研究组首先对中央行政机关的主要行政程序进行了调查,选取了公安部、外经贸部、国家税务总局、海关总署、国家计委、卫生部等部委;然后对地方行政执法程序的相关领域进行了调研,选取了上海、重庆、武汉、湖南、山东、辽宁等省市。研究组经过上述前期工作,拟订了《行政程序法试拟稿》。其第六稿的结构是这样的:第一章为总则性规定,第二章规定了行政程序主体,第三章规定了行政决定程序的一般情况,第四章到第八章规定了特定种类行政行为。2015年10月11日,北京大学宪法与行政法研究中心发布《行政程序法(专家建议稿)》,在社会上引起了广泛讨论。可以预见,随着行政法治的不断发展与进取,行政程序法可能会在不久的将来出台。

第四节 行政程序法的基本原则

一、行政程序法的基本原则概述

1. 行政程序法的基本原则的表现方式

行政程序法的基本原则,是指贯穿行政程序法律规范始终的、统帅和支配行政法律规范的"精神内核"。行政程序法的基本原则的表现方式有两类:

(1) 成文方式

即通过行政程序法直接规定或间接体现确立行政程序法的基本原则。在成文方式中,又分为两种情况:一种是规定式,即在行政程序法典的条文中直接规定行政程序法的基本原则。例如,西班牙1958年公布的《行政程序法》中直接规定了"经济、迅速以及效率"原则。另一种是体现式,即行政程序法典并没有直接规定其基本原则,而是通过各种制度体现出原则。例如,美国的《联邦行政程序法》虽没有表明其基本原则是什么,但它规定的行政立法制度、行政调查制度、情报自由制度、会议公开制度、行政听证制度、司法审查制度等,均体现了"正当法律程序"原则。

(2) 非成文方式

即通过判例或法理确立行政程序法的基本原则。例如,英国虽有成文的《行政法规法》和《行政裁判所与调查法》,但总体而言,其行政程序立法采用了普通法方式。"自然公正"既是英国普通法的原则,也是其行政程序法的核心原则。法国尽管是行政法的"母国",但是其行政程序法相对落后,行政程序法的基本原则亦欠清晰。然而,不可否认,法国的行政法院与权限争议法庭在长期的审判活动中,已确立了一些用以约束行政机关行政活动的程序规则。

2. 各国行政程序法的基本原则

由于各国行政程序制度不同,据以确定这些制度的基本原则自然也不尽相同,参照他国经验,结合我国实际,我国行政程序法的基本原则应该是:

(1) 公正原则。法律的正义只有通过公正的程序才能得到真正实现。程序公正原则要求行政主体在日常行为中,保持平等、公正的立场、态度、方式、方法,不唯我独尊、以势压人;一视同仁地对待行政相对人,公正地分配机会、信息、福利、荣誉、许可证等权利和利益资源,合理地分派纳税、征集、征调等义务负担;避免有条件接近并能影响行政机关的组织和个人超额地获得权利和利益,而无法接近并影响的行政相对人则被迫承担分外义务;以同一标准、尺度处理或处罚行政相对人,不视权势大小、关系亲疏、"油水"多少而宽严有别、苛纵不一;公道地裁决行政相对人之间的矛盾纠纷,不带偏见,不徇私情,不利用职权压制一方或袒护一方;在主持审理以行政主体为一方当事人的争端中,不上下通融、官官相护。此外,行政机关在行权办事中,还应对行政相对人表现出尊重、善意、宽容、体谅等。

(2) 公开原则。程序公开实质是现代民主政治向行政权提出的公开行使的要求。坚持这一原则的意义在于,将行政权运作的基本过程公开于社会,接受社会的监督,防止行政权的滥用等。公开原则反映在行政程序上,体现在行政管理活动中,要求行政主体能主动增加其行政活动的透明度,公开行政资讯,使外界了解、知晓有关行政管理方面的情况,包括与其自身相关的情况;同时,为被管理者参与管理活动提供制度化的程序,保证社会主义民主要义所包含的、一般公民行使国家权力的主要方式在公共事务的管理领域得以实现。在进行行政决策、制定行政规范性文件、具体实施行政执法与司法活动中,行政主体应能听取行政相对人尤其是利害关系人的意见,允许反驳辩论、直接抗议等。

(3) 保障基本人权原则。即出于对基本人权的尊重和保障,在行政行为中应尽量减少乃至于消除对一般公民基本权利或利益的不利影响或损害。

(4) 效率原则。行政效率是现代行政管理所追求的目标之一。效率低下的行政最终将会对公众产生不利影响,行政程序法有关效率原则的基本精神,是追求使民主与效率这并行有悖的两者处于均衡状态。即不以牺牲公众利益为代价追求效率,也不因担心侵犯公共利益而束缚行政机关的手脚。同时,应保持行政机关进行有效活动所需要的灵活性。

二、行政程序法的基本制度

为了保证行政程序法公正公开、保障基本人权、贯彻效率原则,行政程序法设立了一些相关制度。

1. 与公正原则相关的制度

(1) 听证制度。即行政主体作出行政行为时,就有关问题听取当事人评论意见,同时予以说明、解释的制度。听证制度被公认为现代行政程序法的核心制度,对行政公正起着根本性的保证作用。重要的行政活动或行为,如制定行政法规、规章,进行行政复议等,都必须经过听证程序,否则决定将不能生效。听证制度包括三种形式:其一,行政机关制定规范性文件或订立行政计划时,所涉及的行政相对人众多且不确定,召开公众参加的听证会,以听取代表各方面、各阶层的公众意见。这种听证通常称为"公听"。其二,行政机关的具体行政行为若涉及单个或相互无争议的多个当事人,则可进行个别听证,给予当事人陈述自己观点及理由的机会。

这种听证一般称为"陈述"。其三,当行政行为涉及相互有争议的双方或多方当事人,行政机关须同时或反复听取各方对立的观点和理由,并允许双方或各方提出证据与反证,互相诘问、辩论,由行政机关基于笔录作出决定。这种听证又被称为"听讯",主要用于行政裁决、行政复议等行为。听证方式又分为口头与书面两种。

(2) 回避制度。即公务员在代表国家实施某一具体行政行为时,如与当事人具有亲属、爱憎、金钱等方面的利害关系,不能参与实施该行政行为的制度。其基本内涵是:任何人不得裁决与自己有关的案件。公务员在已知自己与所处理案件存在利害关系时,应主动回避。行政相对人亦可提出请求,由行政首长命其回避。

(3) 合议制度。即行政机关(通常指实行委员会集体领导制度的机关)对涉及公民权利和义务的事项,采取少数服从多数的原则作出决定或裁决的制度。其基本内容为:合议制机关具有独立的、不受干涉的行政决定与裁决权;合议机关必须由三名以上成员组成,举行合议之时也应有三人以上出席;决定或裁决须取得合议机关半数以上同意方得生效;参加合议的成员对于自己的投票有陈述或不陈述理由的权利,有将其理由制成笔录,并对之作必要更正的权利。

(4) 说明理由制度。即行政机关在作出对行政相对人不利的决定时,必须说明作出该决定的事实原因和法律依据的制度。说明理由制度是行政程序法中较重要的组成部分,其作用是:有利于鉴别针对自己的行政决定、决策是否正当合法,理由是否充分,以便在需要时通过行使诉权等维护自己的合法权益。

(5) 职能分离制度。即行政机关对行政相对人的权利和利益问题作出决定,特别是对行政相对人实施行政处罚时,其调查控告职能应与裁决职能分离的制度。负责调查违法事实和提起指控的公务员不能参与行政处理决定或行政处罚裁决,负责作出行政处理决定或行政处罚裁决的公务员不能与负责调查指控的公务员事先相互协商和交换意见。

(6) 不单方接触的制度。即行政机关在处理两个以上行政相对人的、具有互相排斥利益的事项时,不允许单方接触的制度。例如,两个行政相对人申请只能由其中一人取得的许可证,行政机关在作出批准许可证的决定之前,不能在一方当事人不在场的情况下,与另一方当事人单独接触,听取其陈述,接受其证据材料等。

(7) 记录备案制度。即行政机关实施行政听证、作出行政处理或处罚、行政裁判等,均须制作记录,建立案卷,以备查阅的制度。其具体要求为:案卷应包括各当事人的意见陈述、案件的基本事实、表决的结果、最后结论以及决定或裁定依据等所有相关的文件、证据、记录和材料,且除法律另有规定的以外,应允许公众查核。

(8) 复审制度。即行政机关作出决定或裁决后,应给予行政相对人一方当事人提出复议、诉讼或申诉的机会,当相对一方当事人提出申诉或诉讼请求时,有关决定或裁决应受到法院、上级行政机关或同级行政机关中专门机构重新审查的制度。复审制度应包括复议制度和司法审查制度两种。行政复议是由上级行政机关或专门的行政裁判机关裁决行政纠纷的行为。行政复议要为行政相对人提供陈述意见、提供证据以及进行辩论和对质的机会。行政机关的复议裁决依准司法程序进行。司法审查是指行政相对人若不服行政机关作出的行政决定或行政复议裁决,可依法向法院起诉,请求法院审查和作出判决。

2. 与公开原则相关的制度

(1) 信息公开制度。即行政机关应主动或依当事人的请求,公开或使其知晓一般的行政管理活动情况,尤其是与之相关的行政行为的有关材料的制度。其内容主要有:每个行政机关均应使公众知晓其办公地点、机构设置、职权范围、活动程序等;给公众提供机会、条件,使之了解行政机关制定的行政法规、规章、基本政策说明,及普遍适用的解释等。行政机关不得以任何理由及方式,强迫任何人服从应当公布而未公布的行政法规、规章,也不得使任何人因尚未公布的政府文件而受到不利影响。行政相对人享有知晓掌握在行政机关手中与己有关的情况(法律另有规定的除外),直至以其作为提出诉讼之时举证材料的权利。行政机关当应任何公民之正当理由的申请,迅速向其提供有关档案材料,除非这种档案材料属于法律规定的保密范围或涉及他人隐私。

(2) 告示制度。即行政机关将在行政行为实施中应当让行政相对人了解的事项,通过一定方式对外通知、告示的制度。它具体包括表明身份、事先通知等。

(3) 咨询制度。即行政相对人就有关自己的合法权益等问题,请求行政机关予以说明,行政机关有义务给予答复的制度。

3. 与保障基本人权原则相关的制度

(1) 有限调查制度。即行政机关执行调查职能时,不能超出法定限度的制度。它通常包括如下内容:没有法律的授权,行政机关不得签发传票,不得要求提交报告,不得强制进行检查、查问或从事其他调查活动;行政机关只有在说明或证明其传票与所要收集的证据之间有关联,以及说明收集证据的合理范围之后,才能签发传票;行政机关在进行调查和检查时,不得超过法律规定的界限范围,不得侵犯行政相对人的正当权利和人格尊严等。

(2) 有限强制制度。即行政机关在依法采取强制措施时,须不违反人道主义的原则,尊重当事人的基本人权的制度。它具体包括:行政机关在决定是否实行强制措施之际,应经过某种利弊权衡,非系必须或确有其他方法,则不轻易对行政相对人的人身、财产权利作出强制(尤其是即时强制)处置;一般情况下,不对同一行政相对人同时兼施并处两种或两种以上的行政强制手段,遇有特殊情况时,也只能在一种手段确不能奏效的情形下,再考虑实施另一种手段;行政机关强制执行公民的财产时,应留给公民及由其抚养的人基本生活费或基本的谋生工具;行政机关采用强制手段时,对于行政相对人的权利和利益处置应贯彻"就轻不就重,就宽不就严,达到目的便适可而止"的原则,不能因行政相对人略发微词便对之"升级"处理。

（3）保护私人秘密或隐私制度。即为防止行政机关侵犯个人隐私权而设立的制度。行政机关出于公务、管理需要，需要了解行政相对人的一些私人情况，包括属秘密或隐私的情况，应当为其保密。

（4）"充分考虑"制度。即关于行政机关作出决定时，在法律允许的范围限度内，充分考虑当事人利益的制度。这具体指：行政机关在行权办事中，应当对行政相对人尊重、宽容、善意理解和体谅；对当事人依法申请的事项，行政机关应在合理的时间之内，在充分考虑一切有利害关系的当事人与受到不利影响的权利和利益后，才能进行裁决；行政机关依法行使职权或传唤当事人，也应当尽可能地考虑当事人的便利。

（5）推迟生效制度。即为防止行政行为侵害公民权利（益），或造成难于挽回的后果，而推迟行政行为生效时间的制度。这一制度的基本内容是：如果行政机关认为出于司法的需要，应当推迟该行政行为的生效日期，以待司法复审，便可以推迟生效日期；在必要的情况下，为了避免发生不可弥补的损害，复审法院，包括受理上诉请求的法院、向复审法院下达调卷令和其他命令的法院，可以采取一切必要和适当的措施。

4. 与效率原则相关的制度

（1）顺序制度。即行政行为的过程要按照法定步骤依次进行的制度。其具体内容包括：表明身份应当在调查、传唤、听证之前；调查、听证、回避应当在行政决定作出之前；不得先处理后告知、先处罚后补手续、先拘留后报批等。

（2）时效制度。即行政行为的全过程或其各个阶段要受到法定时间限制的程序制度。依照时效制度，行政机关不得对行政相对人的申请请求无故或借词拖延；不得无休止地实施行政调查或检查；行政机关在法定期限内若不履行职责，可能引起行政责任或者对行政相对人不利的法律后果；行政机关在法定期限内不行使职权的逾期不得再度行使，如行政机关在一定期限内不处罚行政违法者，逾期不得再施处罚。

（3）替代制度。即为实现行政管理目的，使行政法律关系迅速趋于稳定，而采取代为、顶替等方法的制度。通常，有下列情况：上级或下级行政机关不为某种行为，由上级或下级行政机关代替为之；行政相对人在法定期限内，如果不执行行政机关作出的决定，行政机关可以指令或委派他人代为履行，并由行政相对人负担费用。

（4）申诉不停止执行制度。即行政相对人如不服行政机关针对其而作出的行政处理决定，向上级行政机关或法院提出行政复议或行政诉讼，原则上该行政决定不停止执行的制度。但是，这并不排除申诉不停止执行制度有例外情形。有时，为防止给行政相对人或国家利益造成无可挽回的损失，避免国家赔偿的发生等，经一定的利弊权衡，可以暂时停止某些种类的行政处理决定的执行。一般情况下，这种

"例外"须由法律明确规定。

（5）紧急处置制度。即行政机关在某些法定的特殊情况下，可以省略某些程序，而采取紧急措施的制度。这属于一种为行政机关应付突然事变或紧急情况而设置的特殊程序。省略程序的条件或状况应当由法律具体地加以规定。该制度一般用于下列情形：权限争议未裁定之前，如有招致难以恢复之重大损害之虞时，作为该权限争议当事人之行政机关为临时紧急之处置，应立即将其主旨通知对方机关；在紧急情形下，行政机关得省略通知和传唤程序；于情势紧迫之际，应当回避的公务员可以继续执行职务。

（6）代行职务制度。即负有某种行政职责的人因故不能执行职务时，依法由他人代行的制度。其具体内容是：主管人缺席或因故不能执行职务时，由依法应递补该职务之人代理；法律无规定，上级机关亦无特别程序设置时，主管人之职务由该机关内同等职位者代理。

（7）排除障碍制度。即当有人妨碍行政机关执行职务，或行政相对人拒绝执行行政决定时，行政机关可以依法采取强制措施，排除障碍以继续执行职务的制度。按行政程序法的要求，行政机关强制措施的运用必须尊重行政相对人的合法权利和利益；强制措施的种类和适用条件、范围及程度都应由法律加以设定；允许行政相对人对行政机关的强制措施提出申诉；行政机关错误或非法地使用强制措施给公民权利和利益造成损害的，应当负赔偿之责。

思考题

1. 试述行政程序的种类。
2. 试述行政程序法的产生与发展。
3. 试述行政程序法的基本原则与基本制度。

拓展阅读书目

1. 应松年主编：《行政程序法》，法律出版社2009年版。
2. 〔日〕室井力等主编：《日本行政程序法逐条注释》，朱芒译，上海三联书店2014年版。
3. 冯凯、高志新：《中国行政程序法：起草资料汇编（上、下）》，中信出版社2004年版。
4. 黄学贤主编：《中国行政程序法的理论与实践》，中国政法大学出版社2007年版。
5. 王万华：《行政程序法研究》，中国法制出版社2000年版。
6. 马怀德主编：《行政程序立法研究——〈行政程序法〉草案建议稿及理由说明书》，法律出版社2005年版。

第十二章 行政违法与不当

本章要点

1. 了解行政违法的概念与特征。
2. 了解行政违法的构成要件。
3. 了解行政违法的分类。
4. 了解行政违法的形态。

导语

行政违法有广义与狭义之分,狭义的行政违法仅指行政主体违法,广义的行政违法还包括行政相对人违法。我们采用狭义说。据此,行政违法,是指行政主体违反行政法律规范但尚未构成犯罪而依法须承担行政责任的行为。行政不当,是指行政主体及其工作人员作出的虽然合法但不合理的行政行为。

第一节 行政违法概述

一、行政违法的概念

行政违法并不是世界各国行政法和行政法学中一个普遍使用的概念。即使有的国家使用,但在内涵和外延上也不一致。例如,在英国,一般提"越权"而不是"违法","越权"一词所包含的事实就是行政违法的基本内容。作为行政违法的越权又包括实质越权和程序越权两大类。实质越权指超越管辖权、不履行法定义务、权力滥用等,程序越权又可分为违反自然公正原则和违反法定程序。美国法律规定中也有"行政违法"的字样。在法国,行政违法则只作为法院撤销行政行为的理由。在苏联,不仅存在行政违法概念,而且出现了行政违法学,[①]立法上还有专门的行政

[①] 参见〔苏联〕E.B.多金:《法学体系中的行政违法学》,李亚南译,载《外国法学译丛》1992年第5期。

违法的法典。不过,苏联所谓的"行政违法(行为)",是指"法律对其规定有行政责任的,侵犯国家秩序或社会秩序、社会主义所有制、公民的权利和自由、规定的管理秩序的故意或过失违法行为或不作为"①。还有的苏联教科书将"行政违法"表述为"有过失的、反社会的、违反保护一定社会关系的具体法律规范并应适用相应处罚措施的行为"②。

从以上几个国家给行政违法界定的概念看,行政违法的主体不同,英、美、法等西方国家普遍认为行政违法是指政府违法,而苏联则相反,把行政违法仅限于公民、法人等违反行政法律规范的行为。

在我国行政法学理论中,对于行政违法的概念和范围的确定是不同的,分歧主要反映在违法的主体方面,可归结为三种:

第一,认为行政违法是指行政法律主体(即行政法律关系当事人)违反行政法律规范,侵害受法律保护的行政关系而尚未构成犯罪的有错行为。此观点认为行政违法包括行政主体的行政违法和行政相对人的行政违法。③

第二,提出行政违法是指行政相对人故意或过失实施的违反行政法规范,侵犯国家、社会公益或个人、组织的合法权益,但尚不构成犯罪的行为。因此,行政违法的主体是一般公民、法人或者其他组织。行政主体实施的违法行为不是"行政违法行为",而是"违法行政行为"。④

第三,主张行政违法仅指行政主体及其公务员(包括受行政委托的组织、个人等)违反行政法律规范的行为。⑤

第三种观点似乎更合适,理由在于:

(1) 行政违法的前提意味着存在一定的行政行为,是行政行为的违法,而只有行政主体可作出一定的行政行为。

(2) 行政违法是与行政合法相对而言的。既然在行政法中,行政合法性原则是就行政主体提出的要求,与此相对应的行政违法也应针对行政主体及其行为更为妥当。

(3) 从与国际接轨角度而言,将行政违法界定为行政主体违法的行政行为,更能与国外的这一概念相一致,故容易被接受。

二、行政违法与相关概念的区别

为了进一步弄清行政违法的概念,有必要进一步分析行政违法与相关、相似概

---

① 参见《苏联和各加盟共和国行政违法行为立法纲要》第7条的规定。
② 转引自张焕光、胡建淼编著:《行政法学原理》,劳动人事出版社1989年版,第349页。
③ 同上书,第350页。
④ 参见姜明安:《行政违法行为与行政处罚》,载《中国法学》1992年第6期。
⑤ 参见罗豪才主编:《行政法学》,中国政法大学出版社1996年版,第256页。

念的不同或联系。

1. 行政违法与行政犯罪

行政违法与行政犯罪具有若干共同之处,这些共同之处表现为:都发生在行政职权的行使过程中,都与违反行政权的法定运作规则有关等。两者的区别在于:

其一,性质和危害程度不同。行政犯罪属犯罪性质的行为,是一种严重的违法行为。行政违法行为只属于一般违法,在性质上虽已构成违法,但不具备行政犯罪的构成要件。行政违法之所以尚未构成行政犯罪,是因为这种行为所造成的危害未达到犯罪的严重程度;而行政犯罪之所以称为"行政犯罪",是因为其危害程度严重,已经符合刑法对犯罪行为的社会危害性的质和量的规定。

其二,违反的法律规范有异。行政违法通常指行政行为违反了行政法律规范,具有单重性。行政犯罪是指行政行为不仅违反了有关行政行为的行政法律规范,而且还同时违反了刑法规范即行政刑法规范,具有双重性。

其三,违法的主体构成不同。在行政犯罪中,根据我国现行法律的规定,犯罪主体只能由行政公务人员个体构成,如玩忽职守罪、受贿罪、滥用职权罪等。行政机关作为行政主体不构成行使职权中的行政犯罪主体。现行《刑法》中也有关于单位包括行政机关在行政领域中的犯罪,如第346条对单位犯破坏环境资源保护罪及其刑罚作了规定,第347条对单位犯走私、贩卖、运输、制造毒品罪及其刑罚作了规定,这些规定表明行政机关也可构成行政领域中的犯罪主体。但是,此时行政机关是作为行政相对人即被管理者实施的犯罪,而不是行使行政职权的犯罪,不是作为行政主体实施的犯罪。

其四,惩罚方法不同。行政违法的法律后果是承担行政法律责任。行政犯罪由于其违法具有双重性(既是一种触犯刑律的行为,也是一种严重的违反行政法律规范的行为),故行政犯罪人所承担的法律责任也具有双重性,既应承担刑事责任,又要承担行政法律责任。

另外,还需注意两者在构成的主观要件上略有不同。行政犯罪只能由故意或过失构成。由故意构成的行政犯罪如徇私舞弊罪、刑讯逼供罪等,由过失构成的行政犯罪如玩忽职守罪、泄露国家秘密罪。无论是故意还是过失,都要有主观过错。对于行政违法,虽然法律也要求行为人的行为受其主观意志支配,但并不像刑法那样要对行为人的主观过错作严格的界定和区分。也就是说,通常情况下,行政违法要求有主观上的过错,但这不是绝对的,在有的情况下,只要实施了违反行政法律规范的行为,就可能构成行政违法。用德国行政法上的话说,即是过错的客观化。

2. 行政违法与违宪

由于宪法是行政法的渊源,有些宪法规范本身即是行政法规范,故有部分行政违法具有双重性,既是行政违法又违宪。例如,不合宪法规定的行政立法行为。违宪的情况就相对多一些。例如,行政机关不合宪法规定的行政立法是违宪,立法机关不合宪法规定的立法也可以被宣布为违宪。1803年美国联邦法院对"马伯里诉麦迪逊"一案的审理,就开创了联邦最高法院审查国会立法是否符合联邦宪法的司法审查惯例。另外,执政党的行为、其他社会组织的行为(如宗教活动、涉及民族关系的活动)、国家重要领导人的公务行为(如意大利宪法法院审理根据宪法规范对共和国总统和各总部部长所提出的控告案件)以及中央政权与地方政权之间的关系,均可以构成违宪,但未必属于行政违法,可能违反的是政治法。

3. 行政违法与行政职务违法

行政职务违法多指行政公务员利用职务上的便利谋取私利的行为,如利用职务之便吃拿卡要、索贿受贿、公报私仇、法外施恩等。其特点是与一定的行政职务有关,但不是职务范围内的行为。行政违法则是职务上的违法。例如,某一税务所的工作人员一日三餐到他负责收税的饭店不给钱白吃饭就是行政职务违法,而当他不按税法中收税的标准收税则是行政违法。

4. 行政违法与行政不存在

在我国行政法学理论上,行政违法与行政不存在曾一度被认为没有区别,其实两者是不同的。其一,在成立要件上,行政违法往往是具备成立要件的,是属于法定的行政主体在其职权范围内作出的行为;而行政行为的不存在通常是不具备成立要件的,如假冒公务人员以行政机关的名义所为的行为,连主体要件也不具备。其二,在效力上,违法行政行为需要被依法宣告或撤销才意味着不具备行政行为的法定要件,意味着从来没有发生过效力。当然,某些需要向外公布或告知后才生效的行政行为,在公布或告知之前,也属于尚未成立状态,故也属于行政行为的不存在。在法国,法律规定对于不存在的行政行为,当事人可以不提起诉讼而不遵守,也可以在任何时候向任何法院主张其无效,不受起诉时间的限制。①

5. 行政违法与无效行政行为

违法的行政行为终要因违法而被撤销或宣告无效,不应具备法律效力。从这个意义上讲,凡是违法的行政行为,都是无效的行政行为。无效的行政行为有些是属于违法的(如越权),有些并不一定违法。例如,当事人通过欺骗而获得行政机关的行政许可,行政许可行为应是无效的,但不能因此说这个行政许可行为就是违法的。因为它不是颁发许可的机关违法,而是因其他事由引起的无效。一言以概之,一个行政行为违法是对其合法性的否定,而一个行政行为无效仅是对其效力的否定。

三、行政违法的特征

1. 行政违法的主体包括行政机关及其公务员,法律、法规授权的组织(包括该组织中实施行政行为的个人),以及接受行政委托的组织或个人

---

① 参见王名扬:《法国行政法》,中国政法大学出版社1988年版,第166页。

其一,行政违法的主体不包括行政相对人。行政相对人的违法可称为"违反行政管理法规定的行为",或按《行政处罚法》的提法称为"违反行政管理秩序的行为",有的还叫作"可处罚行为"。其二,行政违法的主体比行政主体范围广泛。因为在我国,只有行政机关和法律、法规授权的组织才有行政主体资格。

2. 行政违法以行政行为的存在为前提条件

行政机关及其公务员的民事行为、个人行为不能构成行政违法。例如,行政机关依法规定作为普通的机关法人参与一定的民事经济活动时发生违法只能是民事、经济违法,其公务员实施的与职务身份无关的个人行为发生违法可能是民事违法或刑事违法,但都不属于行政违法。

3. 行政违法是指违反行政法律规范,侵害受法律保护的行政关系的行为

其一,行政违法表现为对行政法律规范的违反,而不是对宪法、刑事法律、民事法律的违反。当然,不排除行政行为既违反行政法律规范又违反其他性质的法律规范的情形,这时该行政行为是行政犯罪行为、违宪行为等的重合。其二,行政违法违反的是行政法律规范中针对行政主体及其公务员的行为规范,不包括针对行政相对人的法律规范。其三,行政违法违反的行政法律规范不仅包括义务性规范,也包括权利性规范、权利和义务复合规范。由于行政法律规范在为行政主体等设定权利义务的行为模式时,往往是法定权利、义务和责任的统一,故弃权或任意处置行政权的行为也属行政违法。

4. 行政违法是尚未构成犯罪的违法行为

行政违法在性质上属于一般违法,其危害程度较犯罪小。但是,两者也有量上的联系,即行政违法如果后果严重,就可上升为犯罪。例如,行政机关中公务员的失职行为一般属于行政违法,但如果该失职行为后果严重,就构成渎职罪,便不再是行政法学研究的对象了。

5. 行政违法的法律后果是承担行政责任

违法必究,即违反法律必须承担法律责任,是行政法治化的体现。不过,由行政违法引起的法律责任既不是民事责任,也不是刑事责任,而是行政责任。行政责任与民事责任、刑事责任具有性质的不同。

四、行政违法的构成要件

要确定某种行政行为是否构成行政违法,主要看其是否同时具备以下三个要件:

1. 行为人具有相关的法定义务(职责)

违法行为,就其本质而言,是指不履行、不承担法定义务的行为。因此,要确定某一行为是否构成行政违法,首先要看行为人是否具有行政职责。没有一定的职责,就无法构成失职、滥用职权(职权与职责具有不可分性)、越权等。当然,承担不

同性质工作任务的行政主体及执行公务的人员,其行政职责的内容不同。例如,一位民政干部未履行《警察法》所规定的警察职责并不属于违法,因为人民警察的职责与民政干部的工作内容并无相关性。

2. 行为人有不履行法定义务(职责)的行为

仅有法定义务(职责),行政违法还只是一种可能性。只有当行为人不依法承担义务、履行职责或行使职权时,行政违法才会发生。单纯的思想意识活动不能构成违法。

3. 行为人主观上有过错

这里所指的"过错",同民法上的"过错"概念相一致,专指故意或过失。任何人既不出于故意也不出于过失的行为,均不构成行政违法。但是,由于行政违法一般都是比较轻微的违法行为,加上行政法注重行政效率原则,根据我国行政管理状况,一般只要行政主体实施了违法行为,就视其主观上有过错,不必再深究其主观因素了,法律另有规定的除外。当然,行政主体对其公务员的违法行为则要考虑该公务员是否有主观过错,因为这涉及是否要追偿的问题。[①]

五、行政违法的分类

1. 以行为的方式和状态为标准,行政违法可分为行政作为违法和行政不作为违法

行政作为违法,是指行政主体及其公务员不履行行政法律规范所规定的不作为义务,由行政违法者主动实施的违法行为。例如,对不具备营业条件和能力的营业执照申请人颁发营业执照,公务员违反不得泄露国家机密的规定而泄露了国家机密。行政不作为违法,是指行政主体及其公务员不履行行政法律规范所规定的作为义务。例如,工商行政管理机关对符合申请条件的人的申请不予答复。行政不作为违法所造成的社会危害并不亚于行政作为违法,但人们往往轻视前者。

区分行政作为违法和行政不作为违法的具体法律意义在于:行政作为违法引起的法律后果是该违法行为的无效或可撤销,行为者承担受罚性责任、赔偿责任;而对行政不作为违法,行为者一方面应承担受罚性责任、赔偿责任,另一方面还必须恢复其应作出的作为。例如,《行政诉讼法》第 72 条规定:"人民法院经过审理,查明被告不履行法定职责的,判决被告在一定期限内履行。"

2. 以行政行为的范围及与行政相对人的关系为标准,行政违法可分为内部行政违法和外部行政违法

内部行政违法,是指行政主体及其公务员实施的内部行政行为违反行政法律

---

① 参见罗豪才主编:《行政法学》,北京大学出版社 1996 年版,315 页。

规范。例如,行政文书的保管、处理违反法定程序,行政机构的设置违法,行政机关违法对公务员作出行政处分等。外部行政违法,是指行政主体及其公务员对社会上各种管理对象实施的行政行为违法。例如,公安机关违法实施治安处罚,工商行政管理机关不依法颁发许可证和执照等。

区分内部行政违法和外部行政违法的法律意义在于:

首先,在效力上,内部行政违法并不必然发生"不具效力"的结果,有时对内部行政违法采取一定的补救措施而不主张该行为无效。相反,对外部行政违法在法律效力上一般都作出无效或撤销的评价而使其自始至终不发生法律效力。

其次,法律救济的途径不同。内部行政违法主要通过行政途径解决,一般不通过司法途径解决。

3. 以行政行为所违反的法律规范是实体性法律规范还是程序性法律规范,行政违法可分为行政实体违法和行政程序违法

所谓行政实体违法,也称"实体上的行政违法",是指行政权力的行使、行政行为的内容等不合有关实体方面的权利义务规定。例如,行政越权、行政失职、滥用职权,违法设定或变更行政相对人的权利义务(行政行为内容违法)等。所谓行政程序违法,即行政程序上的违法,是指行政行为违反的是程序上的法律规范。这里所说的程序上的法律规范,是作出行政行为的有关步骤、阶段、顺序、方式、时限等方面的规范,也是行政主体在行政程序上的权利义务规范。当然,如此划分只是学理上的划分,其实一个行政行为往往是实体和程序的综合与统一体。或者说,实体和程序是行政行为的两个构成方面。因此,行政行为的违法,既可分别表现为行政实体违法与行政程序违法两种形式,又可表现为行政实体与行政程序的重合违法。

区分行政实体违法和行政程序违法的法律意义在于:

首先,不仅行政实体违法属行政违法,而且即使行政实体合法但行政程序违法,也同样属行政违法。

其次,分清两种违法的危害后果有所不同。行政实体违法往往直接影响到行政相对人的人身权、财产权等。行政程序违法则有两种可能:一种是直接影响到行政相对人的人身权、财产权等;另一种可能是只对行政机关的工作质量、效率等产生不利影响,而对行政相对人的权利无直接影响。

最后,补救的方式有别。无论是行政实体违法还是行政程序违法,人民法院和行政机关都可以此为由对该行政行为予以撤销。但是,行政程序违法被人民法院撤销的,行政机关可以同一事实和理由重新作出与原行政行为基本相同的行为;而行政实体违法行为一经撤销,行政机关就不得以同一事实和理由作出相同或基本相同的行政行为。

4. 抽象行政行为违法和具体行政行为违法

抽象行政行为违法,是指行政机关制定的行政法规、规章和其他行政规范性文件违法。例如,超越行政立法权限或授权的范围立法,违反法定的程序立法,行政法规、规章和其他行政规范性文件的内容与法律或上位阶的法律规范相抵触。具体行政行为违法,是指具体行政行为不符合法定的原则、要件、内容与形式等。

抽象行政行为违法和具体行政行为违法的不同在于:

首先,前者既是行政违法也属违宪范畴,后者则仅为行政违法行为。

其次,抽象行政行为违法的,在我国不直接受司法审查。但是,在行政复议中,当事人对具体行政行为申请复议时,可以一并对行政主体所依据的"规定"提出审查申请。

最后,在我国,抽象行政行为违法的,有权的行政机关(上级行政机关和作出行为的行政机关)和权力机关可以予以撤销或宣布其无效,违法者应承担违宪责任。但是,从现有的法律规定看,我国尚未确立违宪审查及违宪责任制度,也没有对抽象行政行为的行政违法责任及其他法律责任作出规定。具体行政行为违法的,有关行政机关(上级行政机关和作出行为的行政机关)和人民法院都有权予以撤销而使其不具有法律效力,而且违法者还须承担相应的法律责任等。

5. 形式意义的行政违法和实质意义的行政违法①

形式意义的行政违法,是指具有明确法定表现形式的行政违法行为,如行政处罚决定违法。由于这类行政违法在形式上有明确的外部表现和法律的规定,故易于从外表上识别。实质意义的行政违法,是指表面上看并不具有行政违法行为的外形,但实质上仍是行政违法行为。这种违法主要指某些"法无明文规定"的行政违法行为。从法理的角度讲,行政主体所为的是法无明文规定的行为,而且是除授益、帮助、提供无偿服务以外的行为,客观上虽无法律依据判断其行为是否合法,但实质上仍属违法行为。理由在于,依据行政法治的原则,行使行政权必须直接依据法律、法规的明文规定,否则便是对行政法治的破坏。

对违法行为作此种分类的意义在于:要注意识别、判断那些尽管不具有形式意义,但从实质意义而言是违法的行政行为,以防止行政违法行为被放纵。

6. 以违法的主体为标准,行政违法可分为行政主体违法和公务员违法

在通常情况下,当某公务员依一定行政主体的意志进行行为时,若构成违法,该行为属于行政主体违法;当其违背行政主体的意志进行行为时,若构成违法,则属于个人违法。

---

① 参见杨解君:《行政违法论纲》,东南大学出版社1999年版,第37页。

第二节　行政违法的形态

一、行政违法形态概述

行政违法形态,是指行政违法的具体表现形式,它是行政违法行为分类的具体化。① 由于行政违法的形态复杂,各国的立法对之有不同的概括。例如,美国法律规定的行政违法表现主要有:(1) 非法拒绝履行或不合理迟延的行政行为;(2) 独断专横、反复无常、滥用自由裁量权或其他不合法的行为;(3) 同宪法规定的权力、权利、特权与特免相抵触;(4) 超越法律规定的管辖范围、权力和限度,缺少法律规定的权利;(5) 没有遵守法律规定的程序;(6) 没有可定案证据作依据;(7) 没有事实根据。② 在英国,法院判例产生的行政违法(越权行为)表现主要有:(1) 违反自然公平原则;(2) 程序上的越权;(3) 实质上的越权,包括超越管辖权的范围,不履行法定义务、权力以及记录中所表现的法律错误。③ 在日本,将各种违法性或不当性的行政行为称为"瑕疵行政行为",瑕疵行政行为分为可撤销的行政行为与无效的行政行为。④《联邦德国行政程序法》中将有瑕疵的行政行为分为三种,即无效的行政行为、错误的行政行为、违法的行政行为。

在我国,理论上对行政违法形态的认识也不尽相同,有人将行政违法形态概括为五种,即行政失职、行政越权、滥用职权、手续瑕疵、形式瑕疵(前三种属实体违法,后两种属程序违法)。我国迄今规定了行政违法形态的法律有两部:一部为《行政诉讼法》,一部为《行政复议法》。这两部法律所列举的行政违法形态是略有差异的。《行政诉讼法》规定的违法形态包括:主要证据不足,适用法律(法规)错误,违反法定程序,超越职权,滥用职权,不履行法定职责等;而《行政复议法》规定的行政违法形态包括:主要事实不清或证据不足,违反法定程序,不履行法定职责(法律、法规和规章规定的职责),适用依据(包括法律、法规、规章和其他规范性文件)错误,超越职权或滥用职权,具体行政行为明显不当等。

以法律的列举根据判断行政违法的形态是一种方法。但是,这种规定基于方便操作考虑,可能欠缺理论上的严肃性。例如,我国《行政诉讼法》中规定了程序上的违法而没有实体上的违法字样,对于抽象行政行为的违法也未提及。所以,我们不应局限于法律的规定,而应从更多的形态上研究分析行政违法的形态。这里主要分析杨解君所著的《行政违法论纲》中提及的几种行政违法形态。

---

① 参见杨解君:《行政违法论纲》,东南大学出版社 1999 年版,第 124 页。
② 参见《美国联邦行政程序法》第 706 条。
③ 参见王名扬:《英国行政法》,中国政法大学出版社 1987 年版,第 151—172 页。
④ 参见〔日〕室井力主编:《日本现代行政法》,吴微译,中国政法大学出版社 1995 年版,第 99—100 页。

二、行政错误

关于"行政错误"的提法,是借鉴我国台湾地区学者洪家殷先生的表述。① 凡行政行为在事实认定上的错误、法律适用上的错误、文书记录上的错误、意思表示方面的错误、意思形成方面的错误,皆属行政错误。行政错误又可分下列具体情形:

1. 事实错误

事实错误的具体情形包括:

(1) 无中生有的事实或只是一种假想后果;

(2) 未经调查取证或未获取充足证据的;

(3) 事实认定错误。

认定事实的常见错误有对象认定错误、事实性质认定错误、事实真伪判断错误、事实的情节(如确定公民违法事实的程度)认定错误等。

2. 适用法律、法规错误

(1) 应适用甲法却适用了乙法,如应适用《商标法》却适用了《药品管理法》;

(2) 应适用效力层级高的法律规范却适用了效力层级低的法律规范;

(3) 应适用此条款却适用了彼条款;

(4) 应同时适用几部法律或法规的规定或者应同时适用几项法律条款,却只适用了其中一部法律或法规的规定或者某一项条款;或者应适用一项条款,却适用了几项不应适用的条款;

(5) 适用了尚未生效的法律规范;

(6) 适用了无权适用的法律规范;

(7) 适用了已经被废止、撤销的法律、法规及其条文;

(8) 应适用特别法却适用了一般法;

(9) 规避应适用的法律条文;

(10) 错误解释或理解法律规定;

(11) 法律的依据与事实不相符合,如对不具备法定条件的行为人准许其从事一定的活动。

3. 文书记录方面的错误

文书记录方面的错误,往往是指一种明显的错误,它是指行政主体主观上所欲表达的意思与文书记录实际表达的内容相冲突,而且容易被明显地辨识,如误写、误算等。因此,这类错误是意思表达方面的错误。对于这类错误行为,一般不将其作为行政违法看待,但它存在瑕疵,行政主体必须及时予以更正。如《联邦德国行政程序法》第 42 条规定:"行政机关可随时对行政行为中的书写错误、计算错误以

---

① 参见洪家殷:《论违法行政处分——以其概念、原因与法律效果为中心》,载《东吴法律学报》1995 年第 2 期。

及类似的明显错误进行更正。错误涉及当事人的合法权益的,得更正之;行政机关有权要求递呈需更正之文书。"

4. 意思形成错误

意思形成错误,是指行政主体及其公务员在主观意思(及其能力)方面不符合法律的规定或者存在欠缺而影响其真实意思,从而致使行政行为违法。洪家殷认为,有关意思形成的瑕疵主要有两种情形:一是合议制机关之组织及构成因未合乎法律上的规定,而影响其意思之决定并致使所作成行政处分违法;二是作出行政处分的公务员在意思形成上有瑕疵。借鉴此种分法,我们将意思形成错误分为两类:

(1) 行政机关的意思形成错误。即行政机关的意思形成不符合法定的要求,如应回避的人员仍参与作出行政决定,应由合议决定的行为却只由首长一人决定。例如,《行政处罚法》第38条关于作出行政处罚决定的规定:对于一般行政处罚决定的作出,具体由行政机关负责人决定;而"对情节复杂或者重大违法行为给予较重的行政处罚,行政机关负责人应当集体讨论决定。"如果对情节复杂或者重大违法行为给予较重的行政处罚,非经行政机关负责人集体讨论决定的,则属于意思形成不符合法定条件而违法,这种处罚决定应无效或者撤销。

(2) 行政公务人员的意思形成错误。即行政公务人员作出行政行为时欠缺正常的意思能力,或者因受到诈欺、胁迫或收受贿赂而影响行政行为的作出,或者行政行为的作出是基于错误的意思(如重大疏忽)判断。

三、行政不作为

行政不作为,是指行政主体及其公务人员不履行法定的作为义务而构成的行政违法。

1. 行政不作为违法的特征

(1) 必须有作为义务的存在。这种作为义务首先应当是法定的。没有法定的义务,不会导致行政主体及其公务人员违法。例如,对于公共场所的打架斗殴,警察不制止就构成不作为的行政违法,税务人员未阻拦就不构成行政违法。其次,作为义务是具体的,即属法律、法规、规章等规范性文件针对具体情形所设定的义务,而非诸如为人民服务、执行代表机关的意志等一般性义务。最后,有些作为义务尽管不是法律、法规、规章直接规定的,但是由一定的行政作为所引起的,如行政主体先实施了某种行为,使行政相对人的合法权益受到威胁、损害,行政主体就存在积极采取措施,防止损害或补救损害的义务。例如,警察要求某人对某案件作证,就应对证人承担人身保护的义务,这是合法、无过错行政行为引起的义务。违法的行政行为也可引起作为义务,这种义务就是纠正、撤销、赔偿义务。

(2) 作为具有可能性而未作为。构成违法的行政不作为必须是行政主体能够作为而未作为的。如果遇到不可抗力,使一定的行政主体丧失了作为的能力,就不能构成行政不作为。例如,行政机关本有法定义务及时发给公民抚恤金,但因突发的洪水迫使交通中断,使其无法履行这一义务(这属自然灾害)。又如,一位正在值勤的民警由于心脏病突发而无法履行职责(这属意外事件)。只有在行政主体主观意志范围内的原因(故意或过失)导致没有作为的,才能构成行政不作为。

(3) 行政不作为不同于行政主体作出的否定性决定。例如,公民申请建房,行政审批机关作出的"同意决定"为"肯定性行政决定","不同意决定"则为"否定性行政决定"。行政主体只要作出了决定,无论是"肯定性行政决定"还是"否定性行政决定",都不属行政不作为。行政不作为应指不作任何行政行为的消极状态。

(4) 行政不作为从种类上可作进一步划分。一是职权行政主体的不作为(如各级各类行政机关的不作为)和授权主体(如法律、法规授权的组织)的不作为;二是侵犯公共利益的不作为(如税务机关不依法征税、公安机关不侦查破案)和侵犯个人利益的不作为(如不依法保护行政相对人的人身权和财产权、不按时足额发放抚恤金);三是未依职权的不作为(如发生了治安违法,公安机关未依职权去处理)和未应申请的不作为(如对申请人的申请不答复或拖延不决)等。

2. 行政不作为的具体情形

根据我国《行政诉讼法》等法律的规定,行政不作为的具体情形包括:

(1) 有明确意思和行为表示的不作为。例如,某职责法定应由某行政主体履行,而该行政主体明确表示不予履行,或者在法定的期限内不予履行。

(2) 拖延作为。拖延作为,是指在法律没有明确规定行为期限的情况下,当事人多次申请,一定的行政主体及其公务员不予答复,或虽表示愿意履行却拖延履行。关于拖延履行,尽管法律、法规没有明确的时限可以判断,但私人可以根据如下标准推定:一是实际时限,即行政主体习惯上处理同类事项实际所需的时间。二是内容时限,即当行政相对人依法提出申请,行政主体约定在一定期限内予以答复的,该约定时限可视为合理时限。三是紧急时限,即对某些紧急事项的处理,行政主体应当及时采取处理措施,如果有拖延,就构成行政不作为。例如,消防队接到火警后,应立即组织扑救,如拖延扑救,即构成不作为。

四、行政越权

"行政越权"这个概念,在外国行政法中使用较为普遍,其使用频率多于"行政违法"。如在英、美、法、德等国家,"越权无效"被作为行政法的一个重要原则,"越权之诉"则为其司法审查制度中的一项主要制度。法院在司法审查中,对于"破坏自然公正原则""超越权限""违反程序""权力滥用""不履行义务"等,均可以"越权"为理由加以撤销。然而,这些国家的"行政越权"与我国行政法上的"越权",不是同一个概念,范围上差别很大。根据我国《行政诉讼法》等有关法律的规定,"行政越权"只是"行政违法"的一个种类,而英、美、法、德等国家的"越权"接近于我国的"行政违法"这一概念。

在我国,行政越权,是指行政主体及其公务员超越职务权限而实施的行政行为。行政法上,"越权"与"无权"不同。无权,是指法律根本没有规定,即完全没有法律根据的行为;越权,是指法律有规定,但没有赋权由该行政主体及其公务员负责实施,而是规定由该行政主体的上级或其他平行行政主体实施的行政行为。就内容而言,无权是违法的,越权如果行为的主体转换,可能转换为合法。

1. 行政越权的特征

(1) 行政越权以行政主体的行政权限为衡量标准。行政越权主要指超越行政权限的行政行为。特定行政行为实施主体之行政权限的大小,直接关系到其行政越权行为的构成与否。行政权限理论乃是行政越权理论的基础。

(2) 行政越权是一种作为形式的行政违法。行政越权与行政不作为刚好相反,前者是一种作为形式的违法,违反的是不作为的法定职责。

(3) 对行政越权主要以客观标准而不是以主观标准认定。这种行政违法的特点在于:不论行为人的行政行为动机、目的是否正当、合法,只要行为客观上超越了权限,都构成行政越权。

2. 行政越权的表现

(1) 层级越权。层级越权又称"纵向越权",是指上下级行政机关之间的越权。其情形又分为两种:一是下级行政机关行使了上级行政机关的职权,即"小权行使了大权"。二是上级行政机关行使了下级行政机关的职权,即"大权行使了小权"。这种情形比较复杂,理论上否定说与肯定说并存。肯定说认为,既然是行政上下级,那么下级的职权应当被推定为是上级必然拥有的。否定说认为,这种越权原则上也应是违法的。这是因为,上级对下级的权力主要是依法享有监督权、领导权,而享有监督权、领导权并不意味着就是直接代替下级作出决定。况且,下级的职权也是直接来源于法律、法规的规定,有些甚至规定得非常明确、具体,在这种情况下,上级再"越权且代疱"显然是违法的。当然,由于行政管理情况复杂,法律、法规有时规定得比较笼统抽象,对这种情形也不宜绝对地排除,即在某些特殊情况下,也可以承认它的合法性。例如,在德国,依据下列理由,上级行政机关便可以行使下级行政机关的职权:由于事实上或法律上之原因,下级行政机关难以行使职权;下级行政机关的指令无从到达时;因情况急迫,有由上级行政机关介入的必要。①

(2) 事务越权。事务越权又称"横向越权",是指无行政隶属关系、管理职责范围不同的行政机关之间的越权。例如,吊销食品卫生许可证属于卫生部门的职权范围,工商行政管理机关作出此种行为即属越权。

(3) 地域越权。行政主体行使行政职权往往有一定的地域限制,如果超越了

---

① 参见洪家殷:《论违法行政处分——以其概念、原因与法律效果为中心》,载《东吴法律学报》1995年第2期,第29页。

地域管辖范围,就构成了地域越权。例如,长春市公安局实施了吉林市公安局的职权。

(4) 时间越权。时间越权,是指行政主体在一段时间内享有某项行政职权,而其在这段时间以外行使。例如,有关机关在戒严期间享有特别处置权,在戒严期结束后继续行使。

(5) 内容越权。内容越权,是指行政主体行使职权超越了法定的期限、范围、程度。例如,延长法定的扣留(拘留)期;增多罚款数量;扩大收费对象等。内容越权还包括被授权或受委托的组织超出授权或委托范围行使职权的行为。

行政越权尽管主要从客观而不是从主观上判定,但在主观上的确有恶意和善意之分。恶意越权肯定是无效的,而有的善意越权则可能得到事后追认。例如,一位交通警察因心脏病发作而无法指挥交通,一位税务工作人员主动取而代之。有的国家业已确立了善意越权的事后追认有效制度,我国尚待建立。

五、行政滥用职权

行政滥用职权,是指行政主体及其公务员在法定的职权范围内出于不合法的动机而作出的违背法定目的的行政行为。《布莱克法律词典》对其所下的定义为:以违反法律为目的而行使自己拥有的权力。现实中,人们常常把行政违法行为视为滥用职权,其实后者的范围比前者狭小。

行政滥用职权具有如下特征:

(1) 行政滥用职权并没有超越法定权限,它发生在自由裁量权范围之内。美国行政法甚至把行政滥用职权直接定义为滥用自由裁量权。

(2) 行政主体主观上出于不合法的动机。所谓不合法的动机,包括不正当的动机(如挟嫌报复)和非法定的动机(即动机正当但不合法,如考虑了不相关因素)。

(3) 行政主体的行为客观上背离了法定目的、原则和要求。如果某一行为虽然出自不合法的动机,但客观上并未造成背离法定目的的结果,同样不构成滥用职权。

行政滥用职权与行政超越职权既有联系又有区别,两者都与行政职权有关。两者存在以下区别:其一,外部表现形式不同。滥用职权在形式上是合法的,即行为在法定职权范围内;而超越职权的行为在客观上超出了法律规定的范围。其二,主观方面不同。滥用职权必须出于故意,过失行为不构成滥用职权;而超越职权可能是出于故意,也可能是出于过失。

有学者将行政滥用职权的具体表现概括为以下七种:

(1) 因受不正当动机和目的支配,致使行为背离法定目的和利益。这种行为有两个构成条件:其一,主观上,存有不正当动机和目的。例如,出于个人恶意、偏见、歧视、报复、为个人或小集团谋私利等。其二,客观上,其行为造成了背离法定目的的结果。如果行为人只存在不正当动机和目的,但行为的结果恰好符合法定目的,便不构成行政滥用职权。

（2）因不合法考虑致使行为结果失去准确性。这种表现须具备以下两项条件:其一,行为人有不合法考虑。这既表现为没有考虑法律规定应考虑的因素,如情节和态度,也表现为考虑了法律不要求考虑的因素,如处罚时考虑出身及地位等。其二,行为的结果失去准确性。例如,处罚结果畸重或畸轻。

（3）独断专行和任意无常。例如,行政主体及其公务员在作出决定时,主观武断、想当然、蛮横无理、滥耍特权。在事实及其他情况没有变化的情况下,朝令夕改、反复无常,同等情况时不同对待,不同情况时又相同对待等,使行政相对人无法捉摸、无从预见。

（4）强人所难,违背客观规律。例如,行政主体要求行政相对人履行事实上根本无法履行的义务。

（5）故意迟延。即行政主体及其公务员对于行政相对人的申请或法定的义务,为达到某种不正当目的,故意搪塞、拖延,或干脆置之不理,甚至使行政相对人要求办理的事项超过时效不能再办理,或时过境迁再办理已失去意义。此种表现属裁量权范围内的延迟,尚不构成不作为。

（6）不正当的步骤和方式。即在行政行为的步骤和方式属于可选择的条件下,行政主体及其公务员出于某种不正当的动机,采取了不适当的步骤和方式,致使行政相对人的合法权益遭受不应有的损害。

（7）不当授权。这又包括两种情况:其一,本应由法定主体行使的职权,该法定主体能够行使,而且没有必要授予其他主体行使,该法定主体因为某些局部利益而擅自将该项职权授予依法无权行使该项职权的组织或个人;其二,行政主体的某项行政职权在特殊情况下依法可以授予某些依法能够被授予该项职权的组织或个人行使,而该行政主体却把该项职权授予依法不能被授予该项职权的组织或个人。①

行政滥用职权具有违法性质,属于应当撤销之列。1946 年公布的美国《联邦行政程序法》第 706 条规定,独断专行、反复无常、滥用自由裁量权或其他不合法的行为,应宣布其为非法,予以撤销。在我国,由于行政主体滥用职权给行政相对人造成损失的,应根据《国家赔偿法》进行赔偿。

六、程序违法

1. 程序违法的概念和特征

程序违法,是指行政主体及其公务员违反行政程序规则的行政行为。程序违

---

① 参见张正钊主编:《行政法与行政诉讼法》,中国人民大学出版社 1999 年版,第 229、230 页。

法主要有两个特征：

（1）程序违法既可以是作为违法，也可以是不作为违法。前者如附加了不法程序的环节，后者如省略掉应当经过的法定程序。

（2）程序违法违反的是行政程序法，而不是行政实体法。这一点与行政越权、行政滥用职权并不相同。

2. 程序违法的具体表现

（1）方式违法

其一，没有采取法定方式。例如，法律要求进行调查与作出处罚的机构相分离，而调查和处罚决定却由一个机构作出；规定某行政决定应当合议作出而未经合议；规定应登记备案而未登记备案；要求某种行政行为采取书面方式而采取了口头方式；要求采用公开文件的形式而采取了内部文件的形式。

其二，采取了法律禁止的方式。例如，采用非法手段调查取证。又如，违反了不单方接触制度，即行政主体在处理两个相对人具有互相排斥利益的事项时，不单方接触；如两人申请一个许可证，不能在一方不在场的情况下，与另一方单方接触，听其陈述，接受其证据。

其三，尽管采取了法定方式，却与法定方式的具体要求相违背。例如，尽管按书面形式作出了某种行政行为，但未经签署（规章）、不盖印章、没有序号、不注日期以及其他应当注明的内容。

（2）步骤违法

其一，步骤欠缺。例如，省略了事先说明理由、通知与送达、事先审批或申请等步骤。

其二，步骤颠倒。例如，先实施行政强制，再发出决定通知；先作出处罚决定，再举行听证等。

其三，步骤增加。例如，某婚姻登记机关要求申请结婚登记人申报财产。

（3）期限违法

期限违法，是指行政主体及其公务员未在法定期限内完成行政行为。例如，根据我国《行政复议法》第31条，行政复议机关应当自受理申请之日起60日内作出行政复议决定（但法律规定的行政复议期限少于60日的除外），否则即为期限违法（当然，这种违反法定期限的行为，从实体角度而言又表现为不作为，即不履行法定职责行为）。

第三节 行政侵权

行政侵权，是指行政主体及其公务员因作为或不作为侵害行政相对人合法权益的行为。

一、行政侵权的特征

（1）行政侵权以行政相对人的合法权益受到损害为条件。所谓合法权益受到损害,是指:其一,行政相对人确实受到了损害,即这种损害属于事实而非想象。其二,受到损害的须是行政相对人的合法权益。若损害本身不合法的权益,构不成行政侵权。例如,公安机关没收当事人的走私工具,虽然行政相对人受到了损害,但当事人的走私工具不受法律保护,故公安机关的行为不构成行政侵权。

（2）行政侵权就性质而言属于违法行为,合法的行为有时也会给行政相对人造成法定权益的损害,但不能认定为行政侵权。例如,根据国家建设或其他需要,可按国家有关法律的规定,对农村集体所有的土地进行征用,土地所有者因此所受损失只能依法得到合理的补偿。

（3）行政侵权是一种违法的行政行为,但它并不包括所有的行政违法行为。并非所有的行政违法都构成行政侵权,也并非所有的行政违法行为都能直接造成对一定行政相对人合法权益的实际损害,都需要承担行政赔偿责任,而行政侵权则是如此。

二、行政侵权的种类

（1）侵犯人身权与侵犯财产权。对人身权的侵犯包括以下几种行为:第一,违法拘留或者违法采取限制人身自由的行政强制措施的;第二,非法拘禁或者以其他方法非法剥夺公民人身自由的;第三,以殴打等暴力行为或者唆使他人以殴打等暴力行为构成公民身体伤害或者死亡的;第四,违法使用武器、警械造成公民身体伤害或者死亡的;第五,造成公民身体伤害或者死亡的其他违法行为。对财产权的侵犯包括以下几种行为:第一,违法实施罚款、吊销许可证和执照、责令停产停业、没收财物等行政处罚的;第二,违法对财产采取查封、扣押、冻结等行政强制措施的;第三,违反国家规定征收财物、摊派费用的;第四,造成财产损害的其他违法行为。

（2）行为本身侵权与行为过程侵权。行为本身侵权,是指行政主体及其公务员作出了违法行为,造成一定行政相对人人身或财产的损害。例如,工商行政管理机关在缺乏主要证据的情况下,吊销了某个体户的营业执照,直接造成了该个体户营业额的损失。行为过程侵权,是指行政主体及其公务员在执法过程中违法行使职权,造成行政相对人合法权益的损失。例如,公安机关对违反治安管理的人作出罚款200元的决定,这一决定本身并没有错误,但公安机关在讯问被处罚人时进行刑讯逼供,造成了被处罚人的人身伤害。

根据我国《国家赔偿法》的规定,对于行政侵权给行政相对人造成人身或财产损失的,侵权主体必须给予行政赔偿。

第四节 行政不当

行政不当又称"行政失当",是指虽然合法,即没有违反一定法律、法规规定的条件、种类和幅度,但是不合理,如不符合客观规律、利弊权衡失当的行政行为。

一、行政不当的特征

(1) 行政不当以行政合法为前提,所违背、侵害的是行政合理性原则。行政不当与行政违法并非互相包容而是互相并列的有瑕疵行政行为。

(2) 行政不当只发生在行政自由裁量权领域,羁束行政行为中只存在违法问题,而不发生不当问题。

(3) 行政违法必然导致行政责任,而行政不当未必引起行政责任。对于行政不当,只有在法律有规定的情况下,行政主体才承担相应的行政责任,而且通常仅限于补救性行政责任。

二、行政不当的主要表现

(1) 权利赋予不当。这包括两种情况:一是权利赋予对象不当。当行政主体有权把权利赋予甲、乙或丙时,它必须作出合理的决定。如果救济金发给甲、乙、丙都属合法,但丙的状况比甲、乙糟,行政主体就应当把救济金发给丙。如果不这样做,虽不违法,但属不当。二是权利赋予量分配不当。仍以上例说明,发给丙的救济金在100—500元内均合法,如果丙的经济条件在有资格享受救济的人之中不算最糟,但行政主体发给丙最高的救济金,也属行政不当。

(2) 义务课以不当。这也有相应的两种情况:一是课以的对象不当。例如,某单位需抽调一人去烧锅炉,领导指定身体虚弱的妇女去,而不指定健壮的男子去。二是课以义务的量不当。即在合法幅度内"轻罪重罚"或"重罪轻罚"。

(3) 时间或地点选择不当。

在我国,对行政不当的法律补救主要来自权力机关和行政机关。至于司法救济,根据我国《行政诉讼法》的有关规定,人民法院审理行政案件,只对行政行为是否合法进行审查。因此,司法救济是暂不适用的。

思考题

1. 试述行政违法与相关概念之区别。
2. 试述行政违法的形态。
3. 试述行政侵权的种类。

4. 试述行政不当的特征。

拓展阅读书目

1. 王世涛:《行政侵权研究》,中国人民公安大学出版社2005年版。
2. 李克、宋才发主编:《行政侵权案例》,人民法院出版社2004年版。

第十三章 行政责任

本章要点

1. 了解行政责任的概念和特征。
2. 了解行政责任的分类。
3. 了解行政责任的追究原则。

导语

行政责任作为人类社会制度在一定发展阶段的产物,有其生成和发展的必然性和条件。在现代社会中,行政责任愈来愈成为国家政治生活的一个重要方面,从而使确立和确保行政责任产生了不同于以往的重要意义。对政府及其官员来说,承担行政责任的过程,其实就是承担为国民服务的义务的过程。在这个意义上,行政责任就是一种义务。

第一节 行政责任概述

一、行政责任的概念和特征

责任,通常指在一定条件下行为主体所应尽的义务或者因违反义务而应承担一定的否定性后果。法律责任,是指由于主体没有履行或者没有适当履行法律规定或者合同约定所必须承担的第一性义务时,由法律强制其加以履行的以补救为目的的第二性义务。行政责任就属于一种法律责任。在行政法上,行政责任主要是指行政主体责任,即行政主体及其公务员因违反行政法律规范而依法必须承担的法律责任。

行政责任具有如下特征:

(1) 行政责任是行政违法或行政不当所引起的法律后果,它与一定的行政行为联系、衔接在一起。这一特征使行政责任与民事责任、刑事责任相区别,后两者一般属于个人或组织违法所承担的法律责任,而行政责任只是行政主体及其公务员的责任,不是行政相对人的责任。行政相对人的责任表现为接受行政处罚。

(2) 行政责任是一种法律责任。它区别于行政机关同时还承担的政治责任和道义责任。政治责任,是指行政机关对选举其产生的代议(权力)机关及选民负责;道义责任,是指行政机关基于道义或约定而产生的责任。从性质上说,政治责任和道义责任均非法律责任。

(3) 行政责任是违法责任。广义的行政责任通常还包括法律为行政主体及其公务员所设定的职责义务。例如,税务机关的征税、公安机关的侦查破案等。这里指的是狭义的行政责任,即行政主体及其公务员不履行或没有依法履行按其职责义务所应承担的违法责任。

(4) 行政责任是一种独立的责任。即行政责任与其他种类的责任,诸如政治责任、道义责任等,不能相互取代。行政责任作为一种法律责任,也不能与其他种类的法律责任,诸如违宪责任、民事责任、刑事责任等相互替代。

行政责任之中,有相当一部分是行政侵权责任。行政责任与行政侵权责任两者既有联系又有区别,后者指行政主体及其公务员因违法而侵害了行政相对人的合法权益所应承担的法律责任。只要行政违法,便应承担行政责任,而违法加侵权才承担行政侵权责任。

二、行政责任的构成

行政责任的构成与行政违法的构成联系紧密,前者是果,后者是因。研究行政违法的构成旨在确认行政违法,而研究行政责任的构成旨在确认行政违法的后果。行政责任的构成一般包括以下要件:

(1) 存在行政违法的行为。如果缺乏这一事实要件,行政责任便无从成立。

(2) 具有承担责任的法律依据。行政责任的内容须为行政法律、法规等规定、确认;否则,对所谓行政责任的追究本身亦是违法的。

(3) 主观有过错。从法理学上讲,责任构成需有主观过错。但是,实践中,行政领域的违法行为只要认定下来,就不再过问行为人的主观因素,即可视为主观有过错。法律另有规定的除外。

行政侵权责任与一般行政责任的构成略有差异。行政侵权责任的构成,除以上三点之外,还需附加两点:

(1) 存在使行政相对人的合法权益受到损害的事实。这种损害包括财产损害、人身损害、精神损害等。

(2) 侵权行为与损害事实存在因果关系。所谓因果关系,是指前后发生的两件事存在必然的、内在的联系。前者决定后者的发生,后者是前者发生的必然结果。

第二节　行政责任的分类

根据不同的分类标准,我们可以将行政责任分为以下几种:

(1) 根据承担行政责任主体的不同,行政责任可以分为行政主体的责任和国家公务员的责任。

(2) 根据行政责任所涉及范围的不同,行政责任可以分为内部行政责任和外部行政责任。内部行政责任,是指行政主体作为内部行政法律关系主体时,因行政违法而必须承担的行政责任。外部行政责任,是指行政主体作为外部行政法律关系主体时,因行政违法而必须承担的行政责任。

(3) 根据行政责任承担方式的不同,行政责任可以分为补救性行政责任和惩罚性行政责任。补救性行政责任,是指行政违法主体对因其行政违法而受到损害的行政相对人实施补救的责任方式。惩罚性行政责任,是指行政违法主体因其行政违法而必须接受惩罚的责任方式。

(4) 根据行政责任具体内容的不同,行政责任可以分为精神罚、财产罚、身份罚。精神罚是对行政违法主体精神上的惩戒,它不直接涉及被惩罚主体的实体权利义务,但对于引起行政违法主体的警觉,并防止下次重犯起着较大的作用,如警告。财产罚是强迫造成损害后果的行政主体交纳一定金额的罚款,或者剥夺其某些财产权利的责任,如行政赔偿。身份罚是对实施行政违法行为的行政主体及其公务员特定方面的权力予以限制或者剥夺,进而改变其身份的一种责任,如撤职、开除。

第三节　行政责任的承担方式

行政责任既可由行政主体承担,也可由一定的公务员承担。两者承担行政责任的具体方式不同。

一、行政主体承担行政责任的方式

1. 撤销违法行为

行政行为如果属于违法的,如主要证据不足,或适用法律、法规错误,或违反法定程序,或超越职权,或滥用职权,行政主体就要承担撤销违法行为的行政责任。撤销违法行为包括撤销已完成的行为和撤销正在进行的行为(如取消禁令)。人民法院也有权撤销违法的行政行为。

2. 纠正不当的行政行为

纠正不当是对行政主体自由裁量权进行控制的行政责任方式。行政不当尽管构不成撤销的理由,但行为人有义务纠正。纠正不当的行政行为的具体方法主要是改变、变更。例如,改变行政处理决定的内容等。

3. 停止侵害

停止侵害,是指行政主体停止正在实施的侵害行政相对人合法权益的行为。这种责任形式适用于行政行为持续性地侵害行政相对人人身权、财产权的情形。

4. 履行职务

这种责任是由行政失职引起的。行政主体不履行或者拖延履行职责的不作为行为一旦被确定为违法,则应承担在一定期限内履行的责任。例如,民政部门没有依法发放抚恤金,抚恤对象有权要求其给予。

5. 返还权益

如果行政主体剥夺一定行政相对人的权益属于违法或不当的行政行为,那么在撤销或者变更该行政行为的同时,行政主体应返还行政相对人的权益。这里的"权益",不单指财产权益,还包括政治权益,恢复职务便是一例。返还权益并不适用于所有的行政违法与不当,必须是行政违法或不当已给行政相对人的合法权益造成了实际损害。没有实际权益的损害,不构成返还权益责任。如撤销警告处分,就不发生返还权益责任。

6. 恢复原状

恢复原状,是指行政主体的违法或不当行为如果致使一定行政相对人的财产的位置、形态或者数量发生改变,行政主体承担的使之恢复原状的补救性行政责任。

7. 行政赔偿

这是行政主体承担行政责任的主要形式。这种责任是由行政主体的行政侵权责任引起的。它是行政主体的违法行为侵犯了行政相对人的合法权益,并且造成了财产、人身和精神上的实际损害时,以金钱赔偿的一种责任形式。

8. 恢复名誉、消除影响

当行政主体的违法或不当行为造成行政相对人名誉上的损害,产生不良影响时,一般采取这种精神上的补救性行政责任。履行这种责任可采用在大会上宣布正确决定,在报刊上更正原处理决定,或向有关单位寄送更正书面材料等方法。方法的选择取决于名誉的损害程度和影响范围。

9. 承认错误、赔礼道歉

当行政主体的违法或不当行为不利地影响或损害了行政相对人的合法权益时,行政主体理应向一定的行政相对人承认错误、赔礼道歉。虽然这对受损害者的物质损害没有补益,但使其精神得到安慰,能平息、消除其不满情绪。承担这种责任一般应由行政机关领导人和直接责任人亲自出面,可以采取口头形式,也可以采取书面形式。这是行政主体所承担的补救性行政责任中最轻的一种。

以上这些责任方式相互联系,也有区别,可以单独适用,也可以合并适用。

二、公务员承担行政责任的方式

1. 通报批评

通报批评,是指有权机关在会议上或文件上公布对某公务员的批评。其目的在于教育有责任的公务员本人,也对其他公务员起到警戒作用。

2. 赔偿损失

赔偿损失,是指因公务员违法而对一定的行政相对人造成损害后,先由行政机关向行政相对人承担赔偿责任,再由行政机关向有故意或重大过失的公务员追偿已赔偿的款项的部分或全部。

3. 行政处分

行政处分,是公务员承担违法行政责任的主要形式,是国家行政机关依照行政隶属关系对违法失职的公务员给予的惩戒措施。它是国家行政法律规范规定的责任形式,由公务员所在的行政机关或监察机关作出决定。行政处分与一般所说的纪律处分不同,后者是组织内部依照组织的章程、决议作出的。

根据我国《公务员法》第 56 条的规定,行政处分共有六种形式,即警告、记过、记大过、降级、撤职和开除。

第四节　行政责任的追究

一、行政责任的追究原则

1. 责任法定

责任法定,是指只有法律上有明文规定,才能成为确认和追究违法责任的依据,并严格限制类推适用。

2. 责任与违法程度相一致

即要求适用于违法责任者的法律责任的种类和形式,必须与违法行为所造成的损害后果以及违法行为的情节和责任能力等相一致,根据违法的程度适用适当的形式,选择适当的强度和方式。如果确认违法责任畸轻,则遭受损害的权益将得不到有效的补救,对违法责任者也起不到警戒作用;反之,如果确认违法责任畸重,就主要的补救性违法责任而言,则国家将受到损失。

3. 补救、惩罚和教育相结合

违法责任的追究,往往表现为对违法责任者的惩罚,其最终目的或者说最重要的目的在于对受损害者权益的补救,以恢复法治社会的正常秩序。但是,仅靠惩罚或科处补救义务,并不一定能有效地控制和防止行政违法行为的发生。一定程度的惩罚是必要的,而惩罚的目的是教育并使违法责任者更好地履行职责或义务,最终建立良好的社会法治秩序。所以,在确认和追究违法行政责任时,对责任种类、方式和强度等的选择,都应体现补救、惩罚和教育相结合的原则。

二、行政责任的追究

行政责任的追究,是指有权机关根据法律规定和行政责任的构成要件,按法定程序和方式对行政主体的行政责任进行认定和追究的过程。

对行政责任的追究,首先要确认行政行为是否构成行政违法或行政不当。现代行政活动的积极服务职能所具有的因事制宜等特点,决定了行政自由裁量在现代行政管理活动中的重要性,这使得某些不当或不合理的行政行为成为法律不予追究责任的行为。所以,作为确认行政责任根据的行政不当,一般应是较为明显的不合理、不公正。对于已经确认为违法的行政行为,即可追究行政责任,不必过分强调是否有损害后果。但是,对行政赔偿责任的追究,则应强调实际损害后果。

行政责任的正确划分,也关系到行政责任的追究。行政责任,一是可以划分为行政主体的责任和公务员的责任。具体有两种情况:在公务员本人有故意或重大过失的情况下,行政责任最终由公务员承担或由行政主体与公务员分担;在公务员本人无过错或仅有一般过失的情况下,行政责任最终由行政主体承担。二是可以划分为行政授权人与被授权人之间的责任。在这种关系中,无论被授权人的行为是否超越授权范围,其行为所引起的行政责任一律由被授权人自己承担。三是可以划分为行政委托人与被委托人之间的责任。在这种关系中,被委托人在被委托的权限范围内的行为所引起的行政责任,由委托人承担。如果被委托人的行为超越了被委托的权限范围,则其行政责任由被委托人自己承担。

按追究行政责任主体的不同,行政责任的追究方式可以分为自我发现追究、外部监督追究和救济性追究三种。自我发现追究实际上就是行政机关的内部追究,一般由行政机关内部的相关部门承担行政责任追究的工作,具体涉及监察、人事和法制三个部门。此时的责任机制主要包括相关行政法规规章、工作规则、职业道德建设以及自律机制,且对行政主体及其工作人员均有行政责任的追究权。外部监督追究的范围更广泛一些,主要来自权力机关对政府行政责任的监督追究。权力机关本身即具有监督行政机关的权力,对行政机关行政责任的追究主要是通过依法撤销其不适当的行政决定和命令实现,不能罢免公务员的职务,不能直接追究公务员的行政责任。救济性追究来自人民法院,作为审判机关,其地位和任务决定了它也享有监督行政机关依法行政的职责,在一定条件下有权直接追究有关行政机关的行政责任,具有补救性的特点。同样,人民法院不能直接追究公务员的责任,而只能以行政机关作为被告,追究行政机关的责任。与前两种行政责任追究方式不同的是,人民法院不能主动追究有关行政机关的行政责任,只能在行政诉讼当事人起诉的情况下行使追究行政责任的职责。

关于追究行政责任的形式,行政法律规定并不统一,由各个单行的法律、法规分别作具体规定。这与民事责任、刑事责任的追究由专门的诉讼法作出统一规定不同。

第五节 行政责任的免除、转继和消灭

一、行政责任的免除

行政责任的免除,是指虽然行为人的行为符合行政违法的构成要件,并且在事实上对一定的社会关系造成侵害,但根据某些法定条件或理由,免除对行政责任的追究。具体有以下几种:

1. 外交豁免

外交豁免,是指行政机关因执行外交事务而造成他人损害时,可免除责任。例如,德国1910年《帝国责任法》规定,外交官执行职务所引起的损害,应排除国家责任。美国1946年《联邦侵权赔偿法》中也规定了外交上的责任豁免。

2. 军事豁免

军事豁免,是指军事行为造成公民损害的,原则上免除国家责任。例如,英国的《王权诉讼法》、美国的《联邦侵权赔偿法》中均有相应规定。但是,此类豁免是有条件和范围的,通常只有战斗活动适用豁免,非战斗活动如演习、军人平时的职务活动不属豁免范围。

3. 自由裁量行为的豁免

英美国家把自由裁量权分为决策裁量与执行裁量。有些人主张前者引起的责任可以免除,后者引起的责任则不能免除。

4. 正当防卫

正当防卫,是指为保护公共利益、本人或他人的人身及其他权利免受正在进行的不法侵害,而对侵害人实施侵害,以迫使其放弃侵害的行为。正当防卫必须是针对正在进行的违法侵害行为,同时必须是针对违法侵害行为的实施人作出的未超出必要限度的侵害行为。如果超出了必要限度,就是防卫过度,有失公正。这样,防卫人的行为同样构成行政违法,防卫人应承担行政责任。

5. 紧急避险

紧急避险,是指行为人为保护公共利益、本人或他人的人身及其财产等权利免受正在发生的危险,不得已而采取的侵害法律保护的其他公共利益或他人权益的行为。紧急避险的成立,须具备以下条件:为了使合法权益免受正在发生的危险;情况紧急且没有其他途径可供选择;损害的合法权益不得超过法律保护的合法范围。

二、行政责任的转继

行政责任的转继,是指行政责任从一个主体转移给另一个主体并为后一主体所继受。

行政责任一经确定,一般不得转移,这是原则。只有在特殊需要的情况下,行政责任才可以发生转移,并且受到法定条件的限制。这些条件是:

(1) 行政责任已经确定,但尚未履行或未履行完毕。即有权机关已经确定了对某种行为应当追究行政责任,已确定了责任主体和责任形式,并且有待于履行,而不是已经履行完毕。

(2) 出现了导致责任转继的法律事实。这些事实包括:行政主体被合并,此时行政责任自然转移给合并后的行政主体;行政主体被分解,此时行政责任转移给分解后相应的行政主体;行政主体被解散,此时行政责任由解散它的上级行政主体或有权机关指定的行政主体所继受。

三、行政责任的消灭

行政责任的消灭,是指行政责任所确定的义务的终止。即行政责任确定以后,因某些法律事实的发生而不再存在。行政责任的消灭与行政责任的免除不同,后者一般发生于责任的确定过程中,而前者发生于行政责任确定之后。

行政责任的消灭也是由一定的法律事实引起的。这些事实包括:

(1) 行政责任已经履行完毕。例如,负有赔偿责任的行政机关已经赔偿。

(2) 权利人放弃权利。例如,行政机关已准备履行行政赔偿的义务,但权利人表示放弃索赔权利。

(3) 履行责任已失去意义。例如,公安机关因违法损害了某甲的电视机,人民法院判令公安机关修复。但是,在公安机关修复之前,某甲自己修复了电视机。这时再要求公安机关修复已失去意义,但可视具体情况要求公安机关给予适当赔偿。

(4) 履行义务已成为不可能。例如,某司法行政部门被责令向某相对人颁发律师执照,但该相对人在办理手续的过程中意外死亡。

思考题

1. 试述行政责任的特征。
2. 试述行政主体承担行政责任的方式。
3. 试述行政责任的免除事由。

拓展阅读书目

1. 〔美〕特里·L.库珀:《行政伦理学:实现行政责任的途径》(第五版),张秀琴译,音正权校,中国人民大学出版社2010年版。
2. 杨解君主编:《行政责任问题研究》,北京大学出版社2005年版。
3. 胡肖华:《走向责任政府——行政责任问题研究》,法律出版社2006年版。
4. 翟月玲:《行政责任法律规制研究》,中国社会科学出版社2014年版。

第四编　行政救济论

第十四章　行政救济概述

本章要点

1. 了解行政救济的概念。
2. 了解行政救济的分类。
3. 了解行政救济的目标。

导语

行政救济,是指行政相对人因受某一国家行政机关的违法或不当处分,而使其合法权益遭受损害时,依据法律的规定向有关国家行政机关提出申诉的程序。各国对行政救济的规定不尽一致,有的在宪法中规定,有的则用专门法律规定。它一般是因受损害的行政相对人的申请而发生的。

第一节　行政救济的概念

行政救济是行政法上对当事人的法律救济制度,大致相当于英文中的"legal remedy"或者德文上的"der Rechtsbehelfe"。根据现行立法,我国行政法上的法律救济,是为合法权益受到行政主体侵害的公民、法人和其他组织提供法律补救的制度。行政法上的救济制度的基本构成因素,是受侵害公民获得法律救济的权利、国家对行政侵权行为违法性的审查义务和承担行政侵权行为违法后果的责任。

行政法上的救济制度的保护对象是公民、法人和其他组织的合法权益。我国公民在法律上享有的和可能遭受行政机关侵犯的合法权益是广泛的,包括民法、行政法和社会法等部门法上的各种权利。但是,公民的这些合法权益在现实生活中受保护的范围和法律上的救济渠道,是需要根据具体的权利救济性立法确定的,具有发展完善的阶段性。例如,现行《行政诉讼法》的保护内容主要是公民、法人和其他组织的人身权和财产权。其他权利能否在行政诉讼中得到救济,要由其他单行法律、法规专门规定。如果没有单行法律、法规的专门规定,其他权利就无法被纳入法院的受案范围,也就不能得到行政诉讼法上的救济。行政复议法的情形与行政诉讼法不同。根据1999年发布的《行政复议法》,受到具体行政行为侵犯的合法权益都可以通过行政复议得到救济。

行政法上的救济制度具有明显的公法性质,不同于民事法律上的侵权责任。首先,有关权利救济的行政争议,以行政职务侵权行为的存在为前提。行政职务活动及其有效的行政决定,一般来说具有法律上的公定力,非经过法定程序不得改变和撤销。因此,为了保证行政管理的统一性和秩序性,防止行政任意和专断,由行政侵权引起的争议一定要经过法定程序,根据法律的规定加以解决。其次,行政法上对权利的救济需要通过审查行政行为是否具备合法性,改变或者撤销行政决定才能实现。所以,提供行政法上有效法律救济的国家机关需要有直接或者间接审查行政行为是否具备合法性和改变、撤销行政决定的法律权能。

对于行政侵权引起的法律后果,除了行政法上向受害人提供的救济以外,还有民法对侵权人规定的民事责任和刑法对犯罪人规定的刑事责任。我国《民法通则》第121条规定:"国家机关或者国家机关工作人员在执行职务中,侵犯公民、法人的合法权益造成损害的,应当承担民事责任。"我国《刑法》对包括行政机关工作人员在内的国家工作人员利用职权侵犯公民、法人和其他组织合法权益的犯罪规定了刑事责任。刑事责任虽然不是对受侵害人权益的直接补救,但却是对行政法上救济制度的重要保障。

第二节 行政救济的分类

按法律救济的程序性程度,可以将行政救济分为严格程式化的法律救济和灵活程式化的法律救济。前者如行政诉讼,有严格的程序限制;后者如行政信访,基本没有程序限制。

按法律救济的处理方式和了结方式,可以将行政救济分为审理机构的裁决方式和当事人之间的协议方式。前者如行政复议裁决,后者如双方当事人在国家机关调解下达成的终结争议协议。

按当事人的法律救济体系,可以将行政救济分为基于公民申诉控告权的救济,基于行政复议申请权、行政诉讼起诉权的救济,以及基于国家赔偿请求权的救济。

一、申诉和控告

行政法意义上的申诉,是指遭受国家行政机关或者公共机构违法或者不当处理的当事人,向国家机关陈述事实和理由并要求给予法律补救的活动。申诉权属于公民维护自身合法权益的意愿表达权,除非法律作出限制性或者禁止性规定,申诉人表达意愿的对象可以是任何国家机关,申诉的表达方式可以是书面或口头,申诉的提起没有时间限制。根据我国现行立法,行政法意义上的申诉主要有以下几种:

1. 向地方人大常委会申诉

这种申诉是指认为受到国家行政机关侵权的人民群众向地方县级以上人大常委会提出申诉,由地方县级以上人大常委会受理的活动。《地方各级人民代表大会和地方各级人民组织法》第44条规定,县级以上的地方各级人大常委会有权"监督本级人民政府、人民法院和人民检察院的工作,联系本级人民代表大会代表,受理人民群众对上述机关和国家工作人员的申诉和意见"。

2. 向行政监察机关提出控告

根据我国《行政监察法》的规定,公民对于任何国家行政机关及其公务员和国家行政机关任命的其他人员的违法失职行为,有权向监察机关提出控告。监察机关处理公民控告的重要方式,是向有关行政机关提出监察建议。

3. 向行政主管部门申诉

关于公共事业单位公职人员与所在单位有关人事权益的争议和救济办法,目前国家规定的救济渠道之一是向行政主管部门申诉,一般不进入司法程序。例如,1993年全国人大常委会公布的《教师法》第39条第1款规定,教师对学校或者其他教育机构侵犯其合法权益的,或者对学校或者其他教育机构作出的处理不服的,可以向教育行政部门提出申诉,教育行政部门应当在接到申诉的30日内作出处理。

4. 信访

信访是公民、法人和其他组织向有关国家机关反映情况,提出意见、建议和要求,依法应当由有关国家机关处理的活动。信访可以向有关国家机关提出,包括各级人民政府、县级以上各级人民政府所属部门,各级人大、县级以上各级人大常委会,以及人民法院和检察院。提出的事项应当属于上述国家机关的职权范围。提出的形式可以是书信、电话和走访等。如果法律、行政法规对信访程序另有规定,信访人应当按照有关法律、行政法规的规定提出。现在上述国家机关都设有专门的信访机构,接待来自公民、法人和其他组织的信访申诉。

二、行政复议和行政诉讼

相比申诉和控告的救济方式,行政复议和行政诉讼属于程式化的救济途径,法律对于提起、审理、审判和执行的期限和方式等事项作出了具体规定。

行政复议，是指行政机关依照行政程序受理和处理行政争议案件的制度。行政复议机关根据层级监督关系或法律的规定，主要通过审查具体行政行为的合法性和适当性，为受到行政侵权的公民、法人和其他组织提供法律救济。1999年全国人大常委会通过的《行政复议法》是目前我国进行行政复议的基本法律根据。

行政诉讼，是指人民法院依照司法程序受理和处理行政争议案件的制度。人民法院通过对行政行为的合法性审查，为受到行政侵权的公民、法人和其他组织提供法律救济。法院可以通过撤销、变更或者确认违法等司法手段，使违法的行政侵权行为丧失或者不能取得法律上的约束力，从而使当事人的权利得到恢复和补救。1989年第五届全国人大通过并于2014年第十二届全国人大常委会第十一次会议修改的《行政诉讼法》是目前我国进行行政诉讼的基本法律根据。

作为行政救济的方式，行政复议和行政诉讼有着密切的关系。行政复议的突出优点在于行政复议机关有着管理经验和专门知识，它所利用的行政程序及时、有效，行政机关首长负责制和层级制的决策体制可以使争议迅速得到处理，公民、法人和其他组织受到侵害的合法权益能迅速得到救济。行政复议的不足之处是，行政复议机关是行政机关，其独立性不如司法机关，其复议程序作为行政程序也不能像司法程序那样提供复杂而充分的保障。在这两种救济方式的选择上，我国《行政诉讼法》第44条规定，对属于人民法院受案范围的行政案件，公民、法人或其他组织可以先向上一级行政机关或者法律、法规规定的行政机关申请复议，对复议决定不服的，再向人民法院提起诉讼；也可以直接向人民法院提起诉讼。法律、法规规定应当先向行政机关申请复议，对复议决定不服再向人民法院提起诉讼的情况除外。

三、行政赔偿

公民、法人和其他组织在其合法权益受到行政机关及其工作人员行使行政职权行为的侵犯，造成损害时，有权依照法律要求国家承担赔偿责任以获得救济。行政机关具体行政行为对公民权益的侵害有两种情形：一是已经造成了实际的损害后果，如人身权和财产权遭到了现实的损害；二是如果不请求救济就必然受到损害，但是当时损害尚未发生，如提起行政诉讼时具体行政行为已经作出，但是没有发生法律效力。对于第一种情形，如果只是予以撤销、变更或者确认违法，对受到实际损害的当事人的救济是不完整的。行政赔偿是行政法上的法律救济体系中不可缺少的组成部分。

1994年5月12日，第八届全国人大常委会第七次会议通过了《国家赔偿法》。为实施该法，最高人民法院于1997年制定了《关于审理行政赔偿案件若干问题的规定》。2010年4月29日，第十一届全国人大常委会第十四次会议通过了《关于修改〈中华人民共和国国家赔偿法〉的决定》,自 2010 年 12 月 1 日起施行。

第三节 回归公正价值下的行政救济制度

法治建设发展到一定程度之后,国家的法治文明形态就会从形式法治阶段迈向更高层次的实质法治阶段。随着"依法治国""人权保障"和"政治文明"等内容入宪,以及中共十七大提出"建设公正高效权威的社会主义司法制度"的目标,我国近年来的法治建设已经逐步从形式法治阶段迈向实质法治的历史新阶段。[①] 回归公正价值的行政救济制度正体现了实质法治,而 2014 年 11 月《行政诉讼法》的修改是我国行政救济制度接近公正价值理念的重要举措,也是法治建设从形式法治阶段迈向实质法治阶段的标志。

一、司法体制公正价值的目标设定

国家与公民的关系,从应然层面上看,是国家权力来源于公民权利并从属于、服务于公民权利,因而公权的理想形态应是以保障人权、维持社会秩序为使命的存在,其行使底线是对人权的保障。[②] 就带有明显公权属性的司法权而言,司法权运行机制的设立目标与价值理念应当是解决公民纠纷、保障合法权益、维持社会秩序,整个制度的落脚点在于对公民权益的救济与保护,具体表现为个案中实现的公正裁判与司法制度对公正价值的追求。

公正作为法律的核心道德属性具有不同的伦理层次。从自然法层面具有神圣伦理内核的、超验的、纯粹的自然公正(natural justice),到人类文明共同体法层面具有先验普适性的社会公正(social justice),再到实定法层面即个案裁判中的司法公正(judicial justice),显示出了公正作为法律的核心道德伦理内核的内部结构。因此,完整意义上的公正应当是个案经验实证的司法公正、历史普遍先验的社会公正与神圣超验的自然公正的有机统一。这种意义上的公正乃是国家法律制度的灵魂。仅仅具备法律规范的表现形式或者具备法律制度的系统化外壳,尚不足以成为法律或者法律制度,至少尚不足以被具有正常理性的人确凿无疑地认为是法律或者法律制度。[③]

中共十八届三中全会提出:"深化司法体制改革,加快建设公正高效权威的社

[①] 参见高家伟:《公正高效权威视野下的行政司法制度研究》,中国人民公安大学出版社 2013 年版,第 1、2 页。
[②] 参见姜昕、王景斌:《公权法治:从尊重私权开始》,载《行政与法》2005 年第 5 期,第 84 页。
[③] 参见高家伟:《公正高效权威视野下的行政司法制度研究》,中国人民公安大学出版社 2013 年版,第 1、2 页。

会主义司法制度,维护人民权益,让人民群众在每一个司法案件中都感受到公平正义。"①这一司法改革的目标有三个层次的内容:第一层次是"建设公正高效权威的社会主义司法制度",其中公正是司法改革追求的核心价值。没有公正,高效将毫无意义;没有公正,不可能有权威。② 公正是司法改革追求的首要价值,当然也是我国行政救济制度的核心价值。司法改革目标的第二和第三层次分别是"维护人民权益"和"让人民群众在每一个司法案件中都感受到公平正义"。第二、三层次的改革目标均是以第一层次"建设公正高效权威的社会主义司法制度"为前提的,司法公正、高效、权威才能真正地司法为民,切实维护人民权益,才有可能让人民群众在个案中感受到司法公正价值传达的公平与正义。只有在公正价值的引导下,司法工作才会更加注重保障人权、维护人民的合法权益,最终在个案裁判中产生维护人民权益的实际的社会效果,并追求让人民群众通过个案裁判感受到司法制度包括行政救济制度所极力追求的公平与正义。

二、行政救济制度中公正价值的具体体现

当具体原则确立之后,如何使其在具体个案中得以体现,通用的方法一是创立法律条文,二是构建法律制度。行政救济制度正是支撑公正价值的具体程序制度。行政救济,是指行政相对人的合法权益受到行政机关的行政行为损害后,有权通过法定程序获得救济的一种法律制度。它是对不公正的行政行为的一种法律补救制度,是行政程序上的公正原则与司法公正价值的逻辑产物。

大凡制定行政程序法典的国家,都建立了行政救济制度。这些制度主要有行政申诉、行政信访、行政复议、行政诉讼与行政赔偿。行政复议制度是行政机关内部的一种自我纠错机制,具有较高的效率,作为事后救济制度显现了一定程度的公正性。但是,行政机关内部的特质决定了行政复议制度的公正性容易受到公民的质疑,与其他行政救济制度相比,其公正性较弱。行政诉讼制度是通过司法权实施对行政权监督的一种制度。如果法院具有相对的独立性,则行政诉讼具有相当的监督力度,可以满足行政相对人进行行政救济的要求,可以较好地体现公正价值理念。行政赔偿制度是国家为行政机关违法行使行政权对行政相对人造成合法权益的损害进行赔偿的一种法律制度。它以财产赔偿为主要方式,其他方式为补充,旨在弥补行政相对人的实际损害,是针对不公正行政行为提供的制度上的救济措施,体现了对公正价值的事后补救。③

行政救济制度作为国家救济制度一个特殊的组成部分,不仅要结合自身特殊

---

① 《三中全会决定:让人民群众在每一个司法案件中都感受到公平正义》,http://news.12371.cn/2013/11/15/ARTI1384516088017584.shtml,2015年2月1日访问。
② 参见姜明安:《深化司法体制改革,推进法治中国建设》,载《中国焦点》2013年第6期,第7页。
③ 参见章剑生:《现代行政法基本理论》,法律出版社2008年版,第332、335页。

性设定更为具体、切实的理想预期目标,即行政救济制度的目的,更要立足于国家救济制度的整体性,秉承公正之基本目的和价值追求。行政救济制度应当在保护公民合法权益的基础上,力求实现保护公民合法权益与维护社会公平正义的平衡兼顾与有效统一,通过在个案中维护公民权益所体现的公正价值汇聚成整个社会的普遍公正,实现社会的普遍公平与正义。

三、公正的行政救济体系与国家治理体系现代化的相互作用

行政救济体系的构建与完善是实现国家治理现代化的重要内容。行政救济体系涉及的行政权与司法权是至关重要的执政权,是治国理政的重要方式,在国家治理体系和治理能力现代化建设过程中日益发挥着重要作用。从一定程度上看,正是作为解决行政争议主要通道的行政救济制度,尤其是作为最终途径的司法审查制度的失灵,致使以行政管理为代表的国家治理陷入困境。例如,行政诉讼在既有的理论资源不能为司法审查制度的完善提供充分且有力的支撑的情况下,《行政诉讼法》只能按照1989年的模式继续运行,直至2014年《行政诉讼法》的修改为行政诉讼的实践带来契机与曙光。与此同时,国家治理体系现代化的提出,也在一定程度上为司法审查制度乃至整个司法制度的改革与完善提供了政治正当性。

公正的行政救济体系为国家治理现代化提供了制度保障。国家治理体系现代化主要体现为体制机制的现代化和人的现代化,特别是制度更具有根本性。[1] 恰如邓小平所强调的:"制度问题更带有根本性、全局性、稳定性和长期性","制度好可以使坏人无法任意横行,制度不好可以使好人无法充分做好事,甚至会走向反面。"[2] 公正的行政救济体系就是矫治国家治理过程中的不当行为,并在公正价值的指导下为国家治理行为、模式提供价值观念上的引导。我国行政救济体系已经形成了一套完整的制度结构,能够为国家治理现代化提供稳定的、长期的制度保障。同时,国家治理体系现代化也反作用于行政救济体系的发展与完善,尤其是进一步强化救济制度中的公正价值。国家治理体系及其现代化既为法治中国建设提供了广阔舞台,也为法治中国提供了新的理论支撑。建设法治中国成为国家治理体系现代化的一个重要向度,而司法制度改革则是法治中国建设的题中应有之义。

思考题

1. 试述我国行政救济制度的概念、性质、特征。
2. 试述我国行政救济的一般原则与程序。
3. 试述我国行政救济的现状、困境及改造方法。

---

[1] 参见俞可平:《推进国家治理体系和治理能力现代化》,载《前线》2014年第1期。
[2] 《邓小平文选》第2卷,人民出版社1994年版,第333页。

拓展阅读书目

1. 沈福俊:《中国行政救济程序论》,北京大学出版社2008年版。
2. 林莉红:《中国行政救济理论与实务》,武汉大学出版社2001年版。
3. 〔日〕盐野宏:《行政救济法》,杨建顺译,北京大学出版社2008年版。

第十五章 行政复议救济

本章要点

1. 了解行政复议的特征和种类。
2. 了解行政复议法的基本原则。
3. 了解行政复议法律关系。
4. 了解行政复议的管辖范围。
5. 了解行政复议机关与行政复议机构。
6. 了解行政复议的程序。
7. 了解行政复议的证据制度。

导语

行政复议,是指公民、法人或者其他组织认为行政机关的具体行政行为侵害其合法权益,依法向有复议权的行政机关申请复议,受理申请的行政机关依照法定程序对引起争议的具体行政行为进行审查并作出决定的活动。它不仅是行政机关内部上级对下级进行监督的重要方式,而且是一种对管理相对人合法权益提供保障的行政救济方法。

第一节 行政复议概述

一、行政复议的概念和性质

按照我国《行政复议法》的规定,行政复议,是指公民、法人或者其他组织认为具体行政行为侵犯其合法权益,依照法定的条件和程序,向法定的机关提出重新审议的申请,受理申请的行政机关依法对该具体行政行为是否合法、适当进行审查并作出决定的活动。

行政复议的性质是指行政复议的本质属性。关于对行政复议性质的认识,在我国《行政复议法》的制定过程中,主要有两种观点:一种是"居中裁决行为说",另一种是"单向监督行为说"。前者认为行政复议尽管是由行政机关依其法定职责作出的行为,但又不同于一般的行政行为,而是居中裁决行为;后者认为行政复议就其本质而言属于行政系统内部的监督行为。我国目前应主要采"单向监督行为说"。1999年5月6日国务院发出的《关于贯彻实施〈中华人民共和国行政复议法〉的通知》中,也提出"行政复议是行政机关自我纠正错误的一种重要监督制度"。

二、行政复议的特征和种类

1. 行政复议的特征

行政复议具有如下特征:

(1) 行政复议以具体行政行为的存在和行政争议的存在为前提。

(2) 行政复议以作为行政相对人的公民、法人或者其他组织为申请人,以一定的行政主体为被申请人。

(3) 行政复议是特定的行政机关主持的活动。所谓特定的行政机关,是指对引起行政争议的具体行政行为依法享有审查并作出决定的复议权的行政机关,即行政复议机关。

(4) 行政复议的审查对象是具体行政行为。行政规范性文件不能被单独提起复议,但是公民、法人或者其他组织认为行政机关的具体行政行为所依据的行政规范性文件不合法,在对具体行政行为申请行政复议时,可以一并向行政复议机关提出对该规范性文件进行审查。一并进入行政复议审查范围的仅限于部分而不是全部行政规范性文件。

(5) 行政复议以被复议具体行政行为的合法性、适当性为审查和决定的内容。

(6) 行政复议的结果以行政机关决定的形式表现出来。

(7) 行政复议是按照法定程序进行的活动。

2. 行政复议的种类

对于行政复议,可以按以下不同的标准进行分类:

(1) 以复议对象为标准,行政复议可以划分为劳动人事行政复议、公安行政复议、交通行政复议、工商行政复议等。

(2) 以复议次数为标准,行政复议可以划分为一轮复议和二轮复议。

(3) 以行政复议的效力为标准,行政复议可以划分为终局复议和非终局复议。

(4) 以复议机关为标准,行政复议可以划分为原机关复议、上级机关复议、专门机构复议。

(5) 以是否具有涉外因素为标准,行政复议可以划分为国内行政复议和涉外行政复议。

三、行政复议法的概念和表现形式

行政复议法是调整行政复议关系的法律规范的总称,是有关行政复议机关和复议参加人在解决行政争议过程中进行复议活动的一系列制度和程序的法律规范的总和,是复议活动必须遵循的实体和程序规范。

行政复议法有形式意义和实质意义之分。形式意义的行政复议法,是集中规定行政复议过程中一系列规范的专门法律规则,一般以法典的形式呈现,如我国《行政复议法》。实质意义的行政复议法不以法典为表现形式,而以法律、法规的内容界定,只要内容上规定了行政复议,不论其形式如何,都属于行政复议法的范畴。

在我国,目前行政复议法规范的主要形式包括:

(1)《行政复议法》,该法是我国行政复议制度的系统的行政复议法规范,是行政复议机关和复议申请人、被申请人必须遵循的基本法律。

(2) 全国人大及其常委会制定的法律中有关行政复议的规定。

(3) 国务院制定的行政法规中有关行政复议的规定。目前,已有多部行政法规对行政复议作了规定,这些规定只要不与《行政复议法》相矛盾便是有效的。

四、行政复议法的主要内容和调整对象

行政复议法的主要内容可以概括为以下几个方面:

(1) 行政复议法的立法宗旨、依据和原则。
(2) 行政复议的范围。
(3) 行政复议的申请与受理。
(4) 行政复议决定作出的方式、种类、程序与执行。
(5) 行政复议中的法律责任。
(6) 行政复议的费用、期间和送达。
(7) 行政复议中的申请行政复议选择制度、行政复议申请的推定制度、确权终局制度等。

行政复议法的调整对象是行政复议法律关系。整个行政复议的过程,就是行政复议法律关系发生、变更和消灭的过程。行政复议法律关系的发生、变更和消灭,其直接原因是出现了相关的法律事实,其主要根据是相应的行政复议法律规范。

五、行政复议法的存在依据和效力

行政复议法的立法依据是宪法。我国《宪法》规定,公民"对于任何国家机关和国家工作人员,有提出批评和建议的权利;对于任何国家机关和国家工作人员的违法失职行为,有向有关国家机关提出申诉、控告或者检举的权利","对于公民的申

诉、控告或者检举,有关国家机关必须查清事实,负责处理"。这些均是制定行政复议法的宪法依据。

此外,根据宪法制定的《国务院组织法》《地方各级人民代表大会和地方各级人民政府组织法》等有关法律,也都明确规定了上级行政机关必须对下级行政机关依法进行监督的内容。从广义上讲,它们作为宪法精神的具体化,共同构成行政复议法的立法依据。

行政复议法的效力,是指行政复议法对什么人、在什么空间和什么时间发生效力。凡在中华人民共和国领域内进行行政复议的人,都要遵守行政复议法的规定,不仅包括中国公民、法人和其他组织,也包括外国人、无国籍人和外国组织。空间效力指行政复议法适用的空间范围。凡在中华人民共和国领域内进行行政复议的,必须遵守行政复议法。时间效力指行政复议法适用的时间范围。我国《行政复议法》自1999年10月1日起施行,不溯及既往。

第二节 行政复议法的基本原则

行政复议的原则,是指在行政复议活动中应当遵守的基本行为准则。它贯穿于行政复议的全过程,对行政复议具有普遍的指导意义。它集中体现了行政复议法的基本精神和实质,突出表达了行政复议法律制度质的特征。我国行政复议法主要有如下基本原则:

一、行政复议机关依法独立复议原则

(1) 行政争议的复议审查职责只能由行政复议机关统一行使,其他任何行政机关、司法机关、权力机关、军事机关、法律监督机关、社会团体、企事业单位和个人不能行使这一行政司法权。

(2) 行政复议机关依法履行行政复议审查职责,不受法院、其他行政机关、社会团体和个人干预。

(3) 属申请复议范围的复议申请人依法提起行政复议,复议机关不得拒绝接受。

(4) 行政复议机关是独立的复议主体。

(5) 复议机关必须依法行使职权,进行复议活动,必须严格按照法定的权限和程序进行,以事实为依据,以法律为准绳。

二、合法原则

(1) 履行复议职责的主体应当合法。复议机关应当是依法成立并享有法律、法规赋予的行政复议权的行政复议机关,而且其受理并审理的复议案件必须在其

管辖范围内,否则即构成越权。

(2) 审理复议案件的依据应当合法。复议机关审理复议案件,应依照宪法、法律、行政法规、地方性法规和规章以及上级行政机关具有普遍约束力的决定和命令。复议机关进行复议时,不应以以下法律、法规为依据:其一,被申请复议的具体行政行为作出时,依据的法律、法规尚未公布,且该法律、法规不具有溯及既往的效力;其二,被申请复议的具体行政行为作出时,所依据的法律、法规已丧失效力,包括自然失效和被明令宣布废止或因违法被撤销等情况;其三,依据的法律、法规因与上位阶的法律、法规相抵触而被撤销。

(3) 审理复议案件的程序应当合法。没有程序的合法、合理,就不会实现实质的合法、合理。因此,行政复议从受理申请开始,各步骤、环节均应严格按照法定的程序。

(4) 行政复议决定的内容应当合法。即行政复议机关所赋予或确认的权利、所设定的义务以及适用的幅度,必须符合法律、法规的规定。

三、公正原则

(1) 行政复议机关在对申请人的行政复议申请进行审查之后,对符合行政复议法关于复议的范围规定的,应当立案受理,不得无理拒绝或无故推诿。

(2) 在复议过程中,要以公正、平等的态度对待当事人,把申请人和被申请人置于平等的地位上。这包括给予双方相同的陈述理由的机会,不能偏听偏信,不能袒护一方而压制另一方。

(3) 行政复议决定要在证据确凿、事实清楚,经过双方当事人辩论、质证的基础上依法作出。

(4) 对于基本相同的事实、情节和行为性质,行政复议的结果应当保持基本相同,不允许相差悬殊。

四、公开原则

(1) 行政复议机关对申请人的复议申请审查后,决定不予受理时,应当书面告知申请人并说明理由,以便当事人及时知晓原因,以寻求救济途径。

(2) 在复议过程中,申请人有权要求知晓被申请人提出的书面材料、具体行政行为的证据和依据以及其他有关材料。对于前述材料,除涉及国家秘密、商业秘密或个人隐私外,复议机关都应当允许申请人、第三人查阅,而不应以任何理由拒绝或搪塞。

(3) 复议过程公开。复议机关需向申请人公开行政复议活动的过程,让申请人依法参与复议活动,并陈述案件事实,提供证据材料,进行辩解。

(4) 进行行政复议的法律依据和复议行为规则公开。复议机关应向各方当事人公开行政复议所依据的法律规范和所适用的条款,以便于申请人与利害关系人对所适用的法律规范及其条款的效力提出申辩意见。

(5) 复议结果公开。行政机关作出行政复议决定,要制作行政复议决定书,并送达行政复议参加人。

五、及时原则

(1) 及时审查行政复议申请。对经审查符合受理条件的,要及时立案受理。符合受理条件但不属于本机关受案范围的,当场告知;不符合受理条件的,要尽快作出不予受理决定并说明理由。

(2) 及时进行复议。受案后,复议机关应尽快调查取证并进行汇总分析,尽早决定审查方式。

(3) 及时作出复议决定。在掌握了争议的事实、矛盾的焦点等情况后,复议机关应及时进行审查,提出处理意见,制作行政复议决定书,尽快送达双方当事人。

(4) 及时处理复议决定执行中的问题。维持具体行政行为的复议决定,由作出具体行政行为的行政机关依法强制执行,或者申请人民法院强制执行;变更具体行政行为的复议决定,由复议机关依法强制执行,或者申请人民法院强制执行。对申请人不履行或无正当理由拖延履行复议决定的,复议机关或者有关上级机关应当责令其限期履行。

六、便民原则

(1) 尽可能地为复议申请人提供便利。例如,申请人提起复议的,既可以书面申请,也允许口头申请;对县级以上地方各级人民政府工作部门的具体行政行为不服的,申请人可以根据自己的经济等情况,自愿决定是向该部门的本级人民政府申请复议,还是向上一级主管部门申请复议。

(2) 为申请人申请复议提供良好的条件。这包括:接待复议申请人时要热情周到,做好行政复议笔录;对找错了复议机关的申请人,应当告知其有权管辖的机关。法律规定负有转送义务的行政机关,应先接受申请人的行政复议申请,再按规定转送有关的行政复议机关,不得推诿。

(3) 在能够通过书面审理解决问题的情况下,尽量不采用其他方式审理复议案件。书面审理比开庭审理方式更为简便,可以使申请人免于奔波之苦,减少不必要的负担。

(4) 在法律规定申请人应承担的义务之外,不得增加申请人的负担。例如,不论是受理行政复议申请,还是调查取证、听取意见,都不得向申请人提出类似提供交通工具等额外要求。

(5) 不得向申请人收取费用。行政复议所需经费在本机关正常的行政经费中列支,靠政府财政来保障,不得向申请人收取。

（6）对于被申请人的具体违法行政行为给申请人的合法权益造成损害的,复议机关可不经申请人申请而直接作出行政赔偿决定,这样可以避免申请人因为请求行政赔偿而牵扯更多的精力。

第三节　行政复议法律关系

一、行政复议法律关系的概念和特征

行政复议法律关系,是指由行政复议法律规范调整的,在行政复议机关与行政复议参加人及其他参与人之间,在行政复议过程中形成的复议的权利、义务关系。

行政复议法律关系既区别于行政实体法律关系,又有别于同是解决行政争议的行政诉讼法律关系,具有如下特征：

第一,行政复议法律关系是多种法律关系的集合体。行政复议法律关系既是行政法律关系,又是行政监督法律关系,集多种法律关系于一体。

第二,行政复议法律关系以行政法律关系为前提。只有当行政相对人与行政机关因行政管理事项发生行政争议时,行政相对人才可能向行政复议机关申请复议,才可能形成行政复议法律关系。所以,行政法律关系是行政复议法律关系形成的必要前提。

第三,行政复议法律关系是一种程序性法律关系。行政复议法律关系是在行政实体法律关系的基础上形成的,目的是解决行政争议。其作用在于,监督行政机关合法、适当地行使行政职权,保障行政相对人的合法权益。因此,程序性的特征比较明显。

第四,行政复议机关始终是行政复议法律关系的主体,并居于主导地位。虽然行政复议程序是因行政相对人的申请而启动的,但只有在行政复议机关受理了行政相对人的申请后,行政复议法律关系才正式形成。在行政复议中,行政复议机关组织审理复议案件,控制着复议过程的发展,决定着行政复议法律关系的发展和变化。

第五,申请人和被申请人在行政复议法律关系中具有恒定性。按照我国《行政复议法》的规定,行政复议申请人只能是行政争议中的公民、法人或者其他组织;被申请人只能是行政争议中的行政机关。申请人和被申请人的法律地位是恒定的。

第六,申请人和被申请人的复议权利、义务是不对等的。与行政法律关系相比较,在行政复议法律关系中,作为申请人的公民、法人和其他组织享有更多的权利,而作为被申请人的行政机关则承担了更多的义务。这是因为,在行政法律关系中,行政机关享有较多的权利,公民、法人和其他组织承担了较多的义务。为了追求总

体上的平衡,行政复议法律关系中,公民、法人和其他组织享有更多的权利,而行政机关则承担了更多的义务。

二、行政复议法律关系的要素

行政复议法律关系由主体、客体、内容三要素构成。

1. 行政复议法律关系的主体

行政复议法律关系的主体,是指在行政复议过程中,享有复议权利和履行复议义务的组织和个人,具体包括行政复议机关、行政复议参加人(包括申请人、被申请人、共同复议人、第三人和复议代理人)、行政复议参与人(包括证人、鉴定人、勘验人和翻译人员)。

2. 行政复议法律关系的客体

行政复议法律关系的客体主要分为两种情况:一是被申请复议的具体行政行为,二是行政争议案件的事实和证据。

3. 行政复议法律关系的内容

行政复议法律关系的内容,是指行政复议法律关系主体在行政复议中享有的复议权利和承担的复议义务。

(1) 行政复议机关的权利和义务

行政复议机关依法享有受理权、收集证据权、审理权、裁决权等,其义务是严格按照行政复议法规定的原则和程序,必须受理符合行政复议申请条件的申请,将有关复议申请转送给有权机关,在法定期限内作出复议决定等。

(2) 行政复议申请人的权利和义务

申请人依法享有复议申请权、委托代理权、辩论权、申请赔偿权、撤回复议申请权和提起行政诉讼权等,其义务是遵守复议秩序,听从复议机关和复议人员的指挥,自觉履行发生法律效力的复议决定等。

(3) 行政复议被申请人的权利和义务

被申请人依法享有辩论权、申请强制执行权等,其义务有提交书面答复、提供作出具体行政行为的证据与依据以及其他必须遵守的义务。

此外,第三人的法律地位相当于申请人,享有与申请人同样的权利,履行同样的义务;共同复议人的权利和义务与申请人和被申请人相同;行政复议代理人分为法定代理人和委托代理人,法定代理人与被代理人享有同样的复议权利,承担同样的复议义务,而委托代理人只能在被代理人授权的范围内代理申请人行使复议权利,承担复议义务。

三、行政复议法律事实

所谓法律事实,是指能够引起法律关系产生、变更和消灭的情况。凡能够引起行政复议法律关系产生、变更和消灭的情况,都是行政复议法上的法律事实。它分为法律事件和法律行为。

法律事件,是指不以人的意志为转移,引起行政复议法律关系产生、变更和消灭的客观情况。例如,复议申请人死亡,如果没有近亲属继承这一复议申请的权利,就会导致行政复议法律关系的消灭。

法律行为,是指能够产生一定法律后果的行政复议法律主体的行为,包括作为和不作为。如申请人撤回复议申请的行为,会导致行政复议法律关系的消灭。

第四节 行政复议管辖与范围

一、行政复议管辖

行政复议管辖,是指在行政系统内部,不同职能、不同层级的行政机关之间,在受理行政复议案件方面的权限及分工。我国《行政复议法》确定了由申请人自行选择管辖为原则,以上一级主管部门管辖为例外的原则。它可分为一般管辖和特殊管辖。

1. 一般管辖

行政复议的一般管辖,是指在大多数情况下,不服行政机关具体行政行为的复议管辖。根据《行政复议法》的规定,一般管辖主要包括以下几种:

第一,对县级以上地方各级人民政府工作部门的具体行政行为不服的行政复议,该部门的本级人民政府和上一级主管部门均有管辖权,总的原则是由申请人选择管辖。这里要注意两个问题:

(1) 复议申请人不能就同一具体行政行为,同时向两个有管辖权的行政机关提出复议申请。

(2) 如果复议申请人同时向两个有管辖权的行政机关提出复议申请,则由最先收到复议申请的行政机关管辖。

第二,对海关、金融、国税、外汇管理等实行垂直领导的行政机关和国家安全机关的具体行政行为不服的,应向上一级主管部门申请行政复议。

第三,对省级人民政府和国务院各部门的具体行政行为不服的,向作出原具体行政行为的行政机关申请复议。对复议决定不服的,可以向国务院申请裁决,也可以向人民法院提起诉讼。国务院依法作出的裁决是最终裁决。

第四,申请人对省级以下地方各级人民政府作出的具体行政行为不服的,应上一级的人民政府申请复议。对此,应注意两点:

(1) 对省级以下地方各级人民政府作出的具体行政行为不服的,只能向上一级地方人民政府申请复议,而不能向上一级人民政府的工作部门申请复议。

(2) 设区的市人民政府,有的管辖县级人民政府,不服县(区)级人民政府的具体行政行为的,应向市人民政府申请复议。

第五,对省、自治区人民政府依法设立的派出机关(即行政公署)所辖的县级人民政府的具体行政行为不服的,向该派出机关申请复议。对该派出机关所属的县级人民政府的工作部门的具体行政行为不服的,除了该县人民政府有管辖权外,该派出机关也有管辖权。

2. 特殊管辖

行政复议的特殊管辖,是指行政复议管辖上的特殊情况,即不能按照一般管辖的原则确定的特殊管辖。特殊管辖主要有以下几种:

(1) 对县级以上地方人民政府依法设立的派出机关的具体行政行为的复议管辖

我国现有的派出机关主要有三种:省、自治区人民政府依法设立的派出机关,即行政公署;县、自治县人民政府经省级人民政府批准设立的区公所;市辖区、不设区的市人民政府经上一级人民政府批准设立的街道办事处。根据《行政复议法》的规定,对于上述派出机关作出的具体行政行为不服的,应向设立该派出机关的人民政府申请复议。

应当明确,派出机关只能由县级以上地方人民政府依法设立,而不是由县级以上地方人民政府的工作部门依法设立的。实践中,有人把公安派出所、工商所、税务所等称为"派出机关"是不准确的,或者把街道办事处称为"派出机构"也是不准确的。

(2) 对政府工作部门依法设立的派出机构的具体行政行为的复议管辖

所谓派出机构,是指人民政府的工作部门根据法律、法规或者规章的规定,为实施行政管理活动的需要而设立的机构,如公安派出所、工商所、税务所等。

根据《行政复议法》,对根据法律、法规的规定,以自己的名义作出具体行政行为的派出机构,当事人如不服其作出的具体行政行为,应当向设立该派出机构的部门或者该部门的本级人民政府申请复议。对不能以自己的名义作出具体行政行为的派出机构,如不服其作出的具体行政行为,应向设立该机构的部门的上一级主管部门申请复议,也可以选择向该部门的本级人民政府申请复议。

(3) 对法律、法规授权的组织的具体行政行为的复议管辖

法律、法规授权的组织本身并不是行政机关,可能是事业单位甚至企业单位,但是经过法律、法规的授权,取得了行使某些行政管理职权的资格。根据《行政复议法》,这类组织的行政复议机关是直接管理该组织的地方人民政府、地方人民政府的工作部门或者国务院的工作部门。

(4) 对接受行政委托的组织或个人的具体行政行为的复议管辖

所谓行政委托,是指行政机关把一定的行政事务委托给一定的组织、个人或其

他行政机关去完成,其行为效果归属于委托人的法律制度。对受委托的组织或个人等作出的具体行政行为不服的复议,应由委托机关的上一级行政机关管辖,而不应由委托机关直接管辖。

(5) 对法律、法规规定需要逐级批准的具体行政行为的复议管辖

所谓逐级批准的具体行政行为,是指需要一级一级报经有关机关批准,才能发生法律效力的具体行政行为。对于此种复议,由最终批准的行政机关管辖。

(6) 对共同行政行为的复议管辖

所谓共同行政行为,是指两个或两个以上行政机关以共同的名义作出的具体行政行为。根据《行政复议法》,两个或两个以上行政机关以共同的名义作出的具体行政行为,其共同的上一级行政机关为复议机关。

(7) 对被撤销的行政机关在撤销前所作出的具体行政行为的复议管辖

行政机关的撤销,主要是指该机关的行政主体资格的丧失或转移。行政机关被撤销的,继续行使其职权的行政机关为被申请人,其上一级行政机关为复议机关;没有继续行使其职权的行政机关的,撤销该机关的行政机关为被申请人,其上一级行政机关为复议机关。

二、行政复议范围

1. 概念

行政复议范围亦称"行政复议受案范围"。从行政相对人的角度看,行政复议范围是指一般公民、法人和其他组织在不服行政主体针对其作出的具体行政行为时,对哪些行为可以申请行政复议机关进行审查和救济的界限。从行政复议机关的角度看,行政复议范围是指复议机关受理行政复议案件的主管权限。

2. 我国行政复议的受案范围

根据我国《行政复议法》第6条的规定,行政相对人对下列具体行政行为不服的,可以申请行政复议:

(1) 行政处罚案件,包括警告、罚款、没收违法所得、没收非法财物、责令停产停业、暂扣或吊销许可证、暂扣或吊销执照、行政拘留等。

(2) 行政强制措施案件,包括限制人身自由的行政强制措施和限制财产流通的行政强制措施。限制人身自由的行政强制措施包括强制戒毒、扣留、强制隔离等;限制财产流通的行政强制措施包括查封、扣押、冻结等。

(3) 变更、中止、撤销有关许可证、执照、资质证、资格证等证书的案件。发放资质证、资格证作为一种行政管理手段被广泛运用,但一段时期以来,存在行政机关违法变更、中止或撤销资质证、资格证,侵犯行政相对人合法权益的现象。因此,《行政复议法》赋予公民、法人或者其他组织就行政机关对许可证等证书的监督管理行为不服,可提起行政复议的权利,是十分必要的。

(4) 行政机关确认自然资源所有权或使用权的案件。在我国,行政机关对自然资源的行政确认权主要包括:对林木、林地权属争议的处理和权属确认;对土地权属争议的处理和权属确认;对水事争议的处理和确认;对草原权属争议的处理和权属确认;对水面、滩涂权属争议的处理和权属确认;对矿藏资源争议的处理。

(5) 侵犯合法的经营自主权的案件。长期以来,由于受政企不分的思维方式以及行政管理体制改革不到位等因素的影响,行政机关干预甚至侵犯市场经营自主权的现象比较严重,突出表现在:采取行政手段违法限制或剥夺企业的生产决策权;随意或无偿调拨企业的设备、物资、劳力;干预企业内部管理;否决企业依法制定的分配方案等。行政相对人对这些情况均可以提出复议。

(6) 变更或废止农业承包合同的案件。农业承包合同涉及农民的切身利益,故合同的订立、变更、终止要严格依法进行。基于公共利益的考虑,行政机关在国家政策发生改变或当事人的情况有所变化时,可以对农业承包合同的主要条款进行修改以适应新的变化。

(7) 行政机关违法集资、征收财物、摊派费用或者违法要求履行其他义务的案件。按照法治原则的要求,行政主体代表国家要求公民、法人或者其他组织承担义务时,应当由法律、法规、规章予以明确规定。如果行政主体在没有法律、法规、规章规定的情况下,要求公民、法人或者其他组织承担某项义务,就是对公民、法人或者其他组织合法权益的侵犯。

(8) 申请行政许可及审批、登记有关事项的案件。我国《行政复议法》第6条规定,行政相对人认为符合法定条件,申请行政机关颁发许可证、执照、资质证、资格证等证书,或者申请行政机关审批、登记有关事项,行政机关没有依法办理的,可以申请行政复议。

(9) 未履行保护人身权利、财产权利、受教育权利的法定职责的案件。保护行政相对人的人身权利、财产权利、受教育权利是行政主体的法定职责。行政主体如果放弃或不履行该职责,将构成不作为的行政违法。这种不作为使行政相对人本应受到来自国家力量保护的权利受到不利影响,甚至因此而难以实现。

(10) 发放抚恤金、社会保险金、最低生活保障费的案件。根据我国《行政复议法》,公民、法人或者其他组织对行政机关没有依法履行发放抚恤金、社会保险金或者最低生活保障费的行为,可以提起行政复议。

(11) 侵犯行政相对人合法权益的其他具体行政行为引起的行政案件。这实际上是一个概括性规定,旨在弥补前十项列举式规定可能产生的遗漏。采用"合法权益"一词,把行政相对人的人身权、财产权、政治自由权利、选举权等均囊括在内。这样既体现了依照宪法规定,全面保护宪法所规定的各项公民基本权利,也符合当代人权保护广泛化的发展趋势,还为今后进一步扩大行政复议的受案范围留下了余地。

3. 我国行政复议有关抽象行政行为的审查

我国《行政复议法》第 7 条规定,公民、法人或者其他组织认为行政机关的具体行政行为所依据的下列规定不合法,在对具体行政行为申请行政复议时,可以一并向行政复议机关提出对该规定的审查申请:(1) 国务院部门的规定;(2) 县级以上地方各级人民政府及其工作部门的规定;(3) 乡、镇人民政府的规定。对国务院部、委员会规章和地方人民政府规章的审查,依照法律、行政法规办理。

行政相对人对上述抽象行政行为提出审查申请应具备下列条件:

(1) 必须以对具体行政行为申请复议为前提。即只有具备了行政复议申请人的身份,才有权利向行政复议机关提出审查抽象行政行为的要求。

(2) 被要求审查的抽象行政行为是发生行政争议并引起行政复议程序的具体行政行为的依据。即当事人不能要求审查与申请行政复议的具体行政行为不相关的抽象行政行为。

(3) 复议申请人应当在对具体行政行为提出复议审查申请的同时,一并提起对抽象行政行为的审查申请,不能一先一后或单独提出。

(4) 对抽象行政行为的审查制度适用于行政主体的"作为"和"不作为"。即当事人对行政主体的"作为"行为,可以与其依据的"规定"一并提起行政复议;对行政主体的"不作为"行为,也可以与其依据的"规定"一并提起行政复议

4. 我国《行政复议法》不予受理的案件

依据我国《行政复议法》的规定,复议机关不予受理的案件有以下几类:

(1) 部分抽象行政行为。根据《行政复议法》的规定,不能审查的抽象行政行为包括行政法规,国务院部、委员会规章,以及地方人民政府规章等。对此类抽象行政行为有不同意见的,要依照立法监督程序处理。

(2) 内部行政管理行为。所谓内部行政管理行为,是指行政机关在内部行政组织管理过程中,针对内部相对人(国家公务员或相当于国家公务员地位的人)所作的行政行为,主要是对内部相对人的奖惩、任免等方面的行政行为。《行政复议法》规定,不服行政机关作出的行政处分或者其他人事处理决定的,依照有关法律、行政法规的规定提出申诉。

(3) 对民事纠纷的调解和处理行为。行政机关裁决民事纠纷的行为主要包括:行政调解,行政仲裁,以及其他法律、法规规定的行政机关对民事纠纷的处理。《行政复议法》规定,不服行政机关对民事纠纷作出的调解或者其他处理,依法申请仲裁或者向人民法院提起诉讼。

第五节　行政复议机关与机构

一、行政复议机关概述

所谓行政复议机关,是指依照行政复议法的规定,履行行政复议职责的行政机关。在我国,行政复议机关具有如下特征:

(1) 行政复议机关隶属于行政系统,本质上是行政机关,而不是权力机关、司法机关。

(2) 行政复议机关与行政机关是两位一体的国家机关。作为复议机关的行政机关,它在以第三者的身份出面,对行政复议双方当事人的行政争议进行审查、裁判的同时,还要承担不同领域的行政管理工作。

(3) 行政复议机关是有权行使行政复议权的行政机关。行政复议权实质上是一种领导权,即行政复议机关对被申请行政复议的行政主体作出的具体行政行为进行监督,发现其违法或不当,依法予以撤销或变更的权力。行政复议机关以外的其他行政机关不享有也不能行使行政复议权。

(4) 行政复议机关是能以自己的名义行使行政复议权,并对行为的后果独立承担法律责任的行政机关。

(5) 行政复议机关依法行使行政复议职权,不受非法干预。一般而言,只有当复议活动中出现违法情况时,上级行政机关才能依法纠正。其他有权监督的国家机关如权力机关也应依法监督,但不得非法干预复议机关正常、合法的复议活动。

二、行政复议机构概述

所谓行政复议机构,是指行政复议机关内设的、负责有关复议工作的职能机构。行政复议机构具有如下特征:

(1) 行政复议机构不具有独立的行政法人地位。它是设置在行政机关内部的、专门办理行政复议事项的工作机构,在行政复议机关的领导下,负责办理有关行政复议的日常事宜。它不能以自己的名义作出行政复议决定。

(2) 行政复议机构是主要负责行政复议的机构,其主要职责是进行行政复议。

(3) 行政复议机构之间并无业务上的领导关系。上级行政机关的行政复议机构不能对下级行政机关的行政复议机构行使领导权和监督权。当然,这并不排除复议机构之间或复议机构上下级之间的业务指导和交流。

行政复议机构与行政复议机关是一体化的,关系非常密切。行政复议机关履行行政复议职责,离不开行政复议机构;而行政复议机构只能在行政复议机关的权限范围内按照行政复议机关行政首长的授权,办理有关行政复议的事项。尽管如

此,也不能将两者等同起来。两者的不同之处主要表现在:

(1) 法律地位不同。行政复议机关是一个独立的行政主体,对外实施行政管理的职能,有作出具体行政行为的权力。行政复议机构不是行政主体,一般不能行使对外管理职能,也不能独立作出具体行政行为,除非有法律的特别授权。

(2) 职责分工不同。行政复议过程中,凡属影响案件实体问题的决定,如不予受理决定、行政复议决定等,都须由行政复议机关作出。行政复议机构只能根据其承办具体事项的职责,提出初步意见,以供行政复议机关的行政首长审查决定。

(3) 在行政诉讼中的身份不同。公民、法人或者其他组织如不服行政复议决定,向人民法院提起行政诉讼的,应由行政复议机关作为被告。行政复议机构则不是适格的被告,它只能作为行政复议机关的代理人出庭应诉。

三、行政复议机关和行政复议机构的种类

1. 行政复议机关的种类

根据我国有关法律的规定,行政复议机关包括人民政府、人民政府的工作部门、实行垂直领导的行政机关、行政公署。

行政复议机关原则上都由行政机关担任,但不是所有的行政机关都可以成为行政复议机关。有些行政机关不承担行政复议职责,因而不可能成为行政复议机关。这些机关包括县级以上人民政府办公机构和内部工作机构、乡(镇)人民政府、不设立派出工作机构的县级人民政府所属工作部门。

2. 行政复议机构的种类

在我国,行政复议机构包括以下三类:

(1) 在人民政府作为行政复议机关的情况下,人民政府的法制工作机构即为行政复议机构。

(2) 在人民政府的工作部门作为行政复议机关的情况下,该部门设立的法制工作机构即为行政复议机构。

(3) 法律、法规直接规定设立的行政复议机构。例如,国家工商行政管理总局的商标评审委员会、国家知识产权局的专利复审委员会。法律、法规在设立这类机构的同时,也赋予其以自己的名义作出行政复议决定的职权,但就其在行政系统内的地位而言,仍属于其所属的行政机关下设的行政机构。

四、行政复议机关的复议体制

根据《行政复议法》的规定,我国实行的是一级复议制。这意味着行政复议案件只能经过一个行政复议机关审理。同时,《行政复议法》还规定,对国务院部门或者省、自治区、直辖市人民政府的具体行政行为不服的,向作出该具体行政行为的国务院部门或者省、自治区、直辖市人民政府申请复议。对行政复议决定不服的,

可以向国务院申请裁决。这里所讲的裁决,实际上是二次复议。这是法律所规定的例外。

五、行政复议机关和行政复议机构的职责

在实施行政复议的过程中,行政复议机关和行政复议机构是一体化的。也就是说,两者均履行法定的行政复议职责。但是,两者又有不同的职责分工。

1. 行政复议机关的职责

(1) 对案件的实体问题作出决定。

(2) 审查并批准行政复议机构作出的影响复议当事人权利和义务等产生外部法律后果的行政决定。

(3) 对申请人与具体行政行为一起提起复议的抽象行政行为进行审查。行政复议机关有权直接进行处理的,可以直接进行处理,对抽象行政行为进行撤销或变更;行政复议机关无权处理的,转送有关机关进行处理。

(4) 检查、监督行政复议机构的日常具体工作。

(5) 以自己的名义作出、宣布行政复议决定。

(6) 作为不服行政复议决定的行政诉讼被告,到人民法院出庭应诉。

2. 行政复议机构的职责

(1) 受理行政复议申请。

(2) 向有关组织和人员调查取证,查阅文件和资料。

(3) 审查行政复议的具体行政行为是否合法与适当,拟订行政复议决定。

(4) 处理或者转送《行政复议法》规定的对规范性文件的审查申请。

(5) 对行政机关违反《行政复议法》规定的行为,依照规定的权限和程序提出处理建议。

(6) 办理因不服行政复议决定提起行政诉讼的应诉事项。

(7) 法律、法规规定的其他职责。例如,转送有关行政复议申请,办理行政赔偿事项等。

第六节　行政复议参加人

一、行政复议参加人概述

所谓行政复议参加人,是指参加行政复议的当事人和与行政复议当事人地位相类似的人。根据我国《行政复议法》的规定,行政复议参加人包括行政复议申请人、被申请人、第三人以及行政复议代理人。

行政复议当事人,是指因具体的行政法律关系中的权利义务发生争议,以自己的名义参加复议,并受行政复议机关复议决定约束的人。行政复议当事人有广义和狭义之分,狭义的当事人仅指行政复议申请人和被申请人,广义的当事人还包括第三人。行政复议的当事人是最主要的行政复议参加人,也是整个复议活动的核心主体。行政复议当事人具有如下特征：

(1) 是发生争议的行政法律关系的主体;
(2) 以自己的名义参加行政复议;
(3) 与案件有直接的利害关系;
(4) 受复议决定拘束。

二、行政复议申请人

1. 概念和特征

行政复议申请人,是指认为行政机关的具体行政行为侵犯其合法权益,依法向行政复议机关申请复议,要求撤销或变更原具体行政行为的公民、法人或者其他组织。行政复议申请人具有如下特征:

(1) 申请人必须是公民、法人或者其他组织。行政主体不具有行政复议申请人的资格。

(2) 申请人必须是作为行政相对人的公民、法人或者其他组织。

(3) 申请人必须与被申请复议的具体行政行为有直接的利害关系。即该具体行政行为与申请人的权利、利益发生直接的、实质性的关系。

(4) 申请人必须是认为具体行政行为侵犯了其合法权益,且已向行政复议机关提出了复议申请的公民、法人或者其他组织。

(5) 申请人必须是以自己的名义提起复议,而不能以他人的名义申请复议。

2. 权利和义务

在我国,行政复议申请人通常包括公民、法人和法人以外的其他组织三种。根据《行政复议法》的规定,行政复议申请人在行政复议中依法享有复议申请权、申请停止执行具体行政行为的权利、撤回复议申请的权利、委托代理权、请求行政赔偿权、提起行政诉讼权等;行政复议申请人的义务包括按法定的程序和方式提出复议申请的义务、继续执行具体行政行为的义务、履行生效的复议决定的义务。

三、行政复议被申请人

1. 概念和特征

行政复议被申请人,是行政复议申请人的对称,是指由申请人指控其具体行政行为违法侵犯申请人的合法权益,并经由行政复议机关通知参加复议的行政机关以及法律、法规授权的组织。行政复议被申请人具有如下特征:

(1) 被申请人必须是行政机关或者法律、法规授权的组织。

（2）被申请人必须是作出一定具体行政行为的行政机关或法律、法规授权的组织。

（3）被申请人必须是被公民、法人或者其他组织申请行政复议的行政主体。

（4）被申请人必须是由行政复议机关通知其参加复议活动。

2. 种类

根据《行政复议法》的规定，行政复议被申请人在不同情况下分为以下几种：

（1）公民、法人或者其他组织对行政机关的具体行政行为不服申请复议，作出具体行政行为的行政机关是被申请人。

（2）两个或两个以上行政机关以共同的名义作出具体行政行为的，共同作出具体行政行为的行政机关是共同被申请人。

（3）法律、法规授权的组织以自己的名义作出具体行政行为的，该组织为被申请人。

（4）行政机关委托的组织作出具体行政行为的，以委托的机关为被申请人。

（5）作出具体行政行为的行政机关被撤销的，继续行使被撤销的行政机关职权的行政机关为被申请人。

（6）县级以上地方人民政府依法设立的派出机关作出具体行政行为的，该派出机关为被申请人。

（7）政府工作部门依法设立的派出机构作出具体行政行为的，以谁作为被申请人要看是否有法律、法规授权。

（8）经上级机关批准后作出具体行政行为的，被申请人是在行政文书上盖章的机关。

3. 权利和义务

根据《行政复议法》的规定，行政复议被申请人在行政复议中依法享有答辩权、强制执行权和继续执行其作出的具体行政行为的权利；同时，依法负有答辩和举证的义务、履行行政复议决定的义务。

四、共同行政复议参加人

申请人一方或被申请人一方或双方均为两人或两人以上，他们对同一或同样的具体行政行为有共同的利害关系，在这种情况下，行政复议机关将会合并审理，这就是共同行政复议。在共同行政复议中，申请人一方为两人或两人以上的，称为"共同申请人"；被申请人一方为两人或两人以上的，称为"共同被申请人"。

根据行政复议成立的条件，可以将共同行政复议分为必要的共同复议和普通的共同复议。所谓必要的共同复议，是指当事人一方或双方为两人或两人以上，对发生争议的同一个具体行政行为有共同的利害关系，行政复议机关必须合并审理，而无法分开审理的行政复议。具体情况有以下四种：

（1）两个或两个以上当事人因共同违法而被一个行政机关在一个行政处罚决定书中分别予以处罚。

（2）法人或其他组织因违法而被处罚,该法人或组织的负责人和直接行为人同时被一个行政处罚决定处罚。

（3）两个或两个以上共同受害人对行政机关的同一行政行为均表示不服而共同申请复议。

（4）两个或两个以上行政机关以一个共同行政决定的形式,处理或处罚了一个或若干个当事人。

普通的共同行政复议,是指当事人一方或双方为两人或两人以上,其复议标的是同样的具体行政行为,并由行政复议机关进行合并审理的行政复议。普通的共同行政复议是可以分开复议的,因为共同申请人或被申请人在事实上或法律上没有共同的利害关系,也不存在不可分割的联系。

五、行政复议第三人

行政复议第三人,是指同正在行政复议的具体行政行为有利害关系,为了保护自己的合法权益,依申请或由行政复议机关通知,参加到复议活动中来的公民、法人或者其他组织。行政复议第三人具有如下特征:

（1）第三人须同正被进行行政复议的具体行政行为有利害关系。

（2）第三人在法律上有独立的复议地位。

（3）第三人参加行政复议,须在行政复议开始之后,行政复议机关对行政复议案审结之前。

（4）第三人参加行政复议,须主动申请,也可由行政复议机关依职权提出。但是,第三人拒不参加复议的,行政复议机关不能强求,须尊重第三人的权利与选择。

从行政复议的理论与实践看,行政复议中的第三人有如下几种:

（1）行政处罚案件中的共同被处罚人。

（2）行政处罚案件中的受害人。

（3）行政确权案件中的被确权人。

（4）在食品卫生、药品管理、新闻出版等行政争议案件中,与申请人所受的具体行政行为的处理有利害关系的另一公民、法人或者其他组织。

六、行政复议代理人

行政复议代理人,是指根据法律规定,或经行政复议机关指定,或接受当事人、法定代理人的委托,享有代理权,以当事人的名义在代理权限范围内进行复议活动的人。行政复议代理人具有如下特征:

（1）行政复议代理人是以被代理人而不是自己的名义从事行政复议活动的

人。行政复议代理人参与复议的目的是维护被代理人而不是自己的合法权益,由此决定了行政复议代理人只能代理一方当事人,而不能同时为多方代理。

(2) 行政复议代理人必须在代理权限范围内活动,由此产生的后果由被代理人承担。超越代理权限所为的行为是无效的,后果由行政复议代理人自己承担。

依据行政复议代理权产生的依据不同,行政复议代理人可以分为法定代理人、指定代理人和委托代理人。

第七节　行政复议程序

行政复议程序,是指行政复议申请人、被申请人、第三人以及行政复议机关在行政复议的申请、受理、审理、决定等各个环节所应遵循的制度。我国《行政复议法》对行政复议程序作了明确的规定。

一、行政复议申请

1. 行政复议申请的概念与意义

行政复议申请,是指行政复议申请人认为行政主体的具体行政行为违法或不当,在法定期限内要求行政复议机关撤销或变更该具体行政行为,以保护自己的合法权益的行为。

我国的行政复议采取"不告不理"形式,即没有相对人的主动申请,行政复议机关不会主动处理。所以,行政复议申请是行政机关进行行政复议的必要前提,是启动行政复议程序的必要步骤。但是,行政相对人的申请行为不一定必然引起行政复议机关开始行政复议程序的法律后果,提起行政复议须具备以下几个条件:

(1) 行政复议申请人必须是认为具体行政行为直接侵犯其合法权益的公民、法人或者其他组织;

(2) 必须有明确的被申请人;

(3) 有具体的复议请求和事实依据;

(4) 属于申请复议范围;

(5) 属于受理行政复议机关管辖;

(6) 必须在法定期限内申请复议。

2. 行政复议申请的方式与内容

在我国提起行政复议除应符合一定的法定条件外,还须符合一定的申请方式。《行政复议法》规定,行政复议可以口头或书面的形式提出,无论采取哪种形式,都应包含以下内容:

(1) 行政复议申请人的基本情况;

(2) 行政复议被申请人的名称、地址以及法定代表人的姓名和职务等;

(3) 申请复议的主要事实和理由;
(4) 申请复议的时间;
(5) 其他材料。

二、行政复议受理

1. 行政复议受理的概念

行政复议受理,是指行政复议申请人在法定期限内提出复议申请后,行政复议机关通过对复议申请进行审查,对符合法定条件的复议申请予以立案审理的活动。申请人的申请行为与行政复议机关的受理行为的结合标志着行政复议程序的开始。

2. 对行政复议申请的审查和处理

对行政复议申请的审查和处理,目的是明确行政复议机关是否接受申请,决定是否立案。对行政复议申请应审查下列内容:
(1) 复议申请是否符合法定条件;
(2) 复议申请是否超过法定期限,如超过法定期限,有无正当延期理由;
(3) 复议提出前是否已向人民法院起诉,如已起诉,则不予受理;
(4) 是否属于本机关管辖。

关于行政复议机关审查的期限,《行政复议法》规定,行政复议机关应在收到复议申请后 5 日内进行审查,并作出处理。

行政机关在对行政复议申请进行审查之后,应根据情况分别作出不予受理、予以受理、告知转送的处理决定。

三、行政复议审理

1. 行政复议审理的概念

行政复议审理,是指行政复议机关对被申请人作出的具体行政行为,依照法定程序进行审查的行为。它是行政复议的中心环节和核心阶段,是行政复议机关正确行使复议权的关键步骤。

2. 行政复议审理前的准备

行政复议机关审理行政复议案件之前,首先要做好准备工作。《行政复议法》第 23 条第 1 款规定:"行政复议机关负责法制工作的机构应当自行政复议申请受理之日起七日内,将行政复议申请书副本或者行政复议申请笔录复印件发送被申请人。被申请人应当自收到行政复议申请书副本或者申请笔录复印件之日起十日内,提出书面答复,并提交当初作出具体行政行为的证据、依据和其他有关材料。"

3. 行政复议的审理范围

行政复议应确定全面审理的原则。所谓全面审理,就是对被申请人作出的具体行政行为所依据的事实和适用的法律进行全面审查,不受行政复议申请人复议请求范围的限制,也不受被申请人所作出的具体行政行为的限制。这具体体现在以下几个方面:

(1) 行政复议要全面审查,不受复议申请请求的限制。

(2) 行政复议要审查具体行政行为的合法性,包括事实是否清楚、主要证据是否充分、程序是否合法以及适用依据是否正确等。

(3) 行政复议要审查具体行政行为的适当性。

(4) 行政复议要审查具体行政行为的法律依据的合法性。

4. 行政复议审理的方式

按照《行政复议法》的规定,行政复议审理的基本方式有书面审理和其他方式审理。所谓其他方式审理,是指由行政复议机关办案人向申请人、被申请人等当事人收集材料,允许双方采取座谈、辩论等审理方式。

5. 行政复议申请的撤回

行政复议申请的撤回,是指行政复议申请人提出复议申请后,在复议决定作出之前,向行政复议机关提出申请不再要求审查原具体行政行为,要求行政复议机关不再作出裁决的一种意思表示。行政复议申请的撤回应符合以下几方面的条件:

(1) 撤回复议申请必须在行政复议决定作出以前提出。

(2) 申请人主动、自愿提出撤回复议申请。

(3) 行政复议机关要查明撤回复议申请的理由是否违法或有损公共利益、国家利益,如果没有违法或不合理的因素,应同意撤回。

(4) 撤回复议申请一经批准,复议即告终止。同时,申请人以后不得就同一事实和理由对同一具体行政行为再行申请复议。

6. 行政复议的审理期限

行政复议的审理期限,是指行政复议机关负责法制工作的机构接到复议申请之日到作出复议决定所需要的时限。按照《行政复议法》的规定,行政复议的审理期限为60日。对于单行法律规定的少于60日的期限,从其规定;单行法律规定复议期限超过60日的,按《行政复议法》的规定办理。

四、行政复议决定

1. 行政复议决定的概念和种类

行政复议决定,是指行政复议机关在查清复议案件事实的基础上,根据事实和法律,对有争议的具体行政行为的合法性和适当性所作出的具有法律效力的裁判。根据《行政复议法》的规定,行政复议决定分为维持决定、撤销决定、变更决定、确认决定和限期履行决定。

2. 行政复议决定的形式

行政复议决定必须以书面形式作出。行政复议决定书应包括以下内容：

（1）行政复议申请人的姓名、性别、年龄、职业、住址，法人的名称，法定代表人的姓名与职务。

（2）行政复议被申请人的名称、地址，法定代表人的姓名与职务。

（3）申请复议的主要请求和理由。

（4）行政复议机关认定的事实、理由，适用的法律、法规、规章以及其他规范性文件。

（5）行政复议结论。

（6）不服行政复议决定向人民法院起诉的期限，或终局的行政复议决定，当事人履行的期限。

（7）行政复议决定的年、月、日，行政复议决定书必须加盖行政复议机关印章。

3. 行政复议决定的执行

被申请人应当履行行政复议决定。被申请人不履行或者无正当理由拖延履行行政复议决定的，行政复议机关或者有关上级行政机关应当责令其限期履行。

申请人逾期不起诉又不履行行政复议决定的，或者不履行最终裁决的行政复议决定的，按照下列规定分别处理：

（1）维持具体行政行为的行政复议决定，由作出具体行政行为的行政机关依法强制执行，或者申请人民法院强制执行。

（2）变更具体行政行为的行政复议决定，由行政复议机关依法强制执行，或者申请人民法院强制执行。

第八节　行政复议证据

一、行政复议证据概述

所谓行政复议证据，是指法律所规定的能够证明案件真实情况的一切材料。行政复议证据具有客观性、同案件事实的相关性、合法性的特点。《行政复议法》虽然没有明确规定行政复议证据的种类，但按照我国有关法律规定和行政复议实践，可将行政复议证据分为书证、物证、视听资料、证人证言、当事人陈述、鉴定结论、勘验笔录和现场笔录等。

二、行政复议中的举证责任

1. 行政复议中举证责任的概念

行政复议中的举证责任，是指在行政复议中，行证复议当事人对自己提出的主张,有提供证据加以证明的责任,否则将承担主张不能成立的法律后果。

2. 行政复议中举证责任的分配

《行政复议法》第 23 条规定:"……被申请人应当自收到申请书副本或者申请笔录复印件之日起十日内,提出书面答复,并提交当初作出具体行政行为的证据、依据和其他有关材料。……"第 28 条第 1 款第 4 项规定:"被申请人不按照本法第二十三条的规定提出书面答复、提交当初作出具体行政行为的证据、依据和其他有关材料的,视为该具体行政行为没有证据、依据,决定撤销该具体行政行为。"以上两条结合起来,确定了行政复议中被申请人负举证责任的制度。

3. 行政复议中举证责任的内容和时限

依据《行政复议法》的规定,在行政复议过程中,负举证责任的被申请人主要应承担事实内容、法律依据内容和程序内容三方面的举证责任。

关于行政复议的举证责任的时限,《行政复议法》第 24 条规定:"在行政复议过程中,被申请人不得自行向申请人和其他有关组织或者个人收集证据。"此条内容对被申请人的举证时限作了严格的限制。即在行政复议过程中,被申请人不得擅自自行取证。因为行政行为的实施,应该是先取证、后裁决。行政机关只有在有了充分的证据时,才能作出具体行政行为。如果先裁决、后取证,就违背了法律规定的程序,作出的具体行政行为就应该被撤销。

三、行政复议机关的证明责任

1. 行政复议机关证明责任的概念

行政复议机关的证明责任,是指行政复议机关在行政复议审理过程中,为证明案件真实情况,提供和运用证据时所应承担的法律责任。

2. 行政复议证据的收集和调查

收集和调查证据,是指行政复议机关依照法定程序,运用必要的手段和方法,发现和取得有关证据的活动。收集和调查证据的方法有:

(1) 要求复议参加人提供或者补充证据;

(2) 询问申请人、被申请人、第三人、证人和鉴定人;

(3) 向有关机关和有关人员调取书证、物证、视听资料;

(4) 对需要鉴定的专门性问题,交由法定鉴定部门鉴定或由行政复议机关指定鉴定部门鉴定。

3. 证据材料的保全

证据材料的保全,是指在证据材料可能灭失或者以后难以取得的情况下,行政复议机关根据行政复议参加人的请求或依职权加以确定和保护的一种措施。需要采取证据保全的情形有两种:一种是证据有灭失的可能,另一种是证据以后难以取得。

证据保全的方式,一种是行政复议参加人在复议过程中,依法向行政复议机关提出证据保全的申请,行政复议机关依申请采取保全措施;还有一种是行政复议机关依职权采取保全措施。

第九节 行政复议法律责任

一、行政复议法律责任概述

行政复议法律责任,是指行政复议机关及其工作人员以及被申请人在行政复议过程中,实施的违法的、不当的作为或不作为所应承担的不利的法律后果。《行政复议法》规定的责任包括两大类,即行政责任和刑事责任。它们是基于不同程度的违法行为发生的,前者是基于一般违法,而后者则是基于犯罪。

行政复议法律责任除了具有一般的法律责任的特点以外,还有自己的特点,主要表现在:

(1) 行政复议法律责任产生于行政复议过程中。

(2) 行政复议法律责任的主体是违反了行政复议法律规范或与复议相关的法律规范的行为人。

(3) 承担行政复议法律责任的前提是实施了违法行为。

(4) 行政复议法律责任具有惩罚性。

(5) 从承担行政复议法律责任的种类上看,违反《行政复议法》规定的法律责任主要有行政责任和刑事责任两种。

二、行政复议法律责任的构成要件

行政复议法律责任的构成要件包括:

(1) 承担法律责任的主体必须是《行政复议法》规定的行政复议法律责任的主体。

(2) 承担行政复议法律责任的主体要有违法或不当的行为。

(3) 违法或不当的行为具有主观过错。

(4) 违法或不当的行为确实造成了危害后果。

三、行政复议机关的法律责任

《行政复议法》第34条规定:"行政复议机关违反本法规定,无正当理由不予受理依法提出的行政复议申请或者不按照规定转送行政复议申请的,或者在法定期限内不作出行政复议决定的,对直接负责的主管人员和其他直接责任人员依法给予警告、记过、记大过的行政处分;经责令受理仍不受理或者不按照规定转送行政复议申请,造成严重后果的,依法给予降级、撤职、开除的行政处分。"

据此,行政复议机关的违法行为主要表现为:

(1) 行政复议机关无正当理由不予受理依法提出的行政复议申请;
(2) 行政复议机关不按照规定转送行政复议申请;
(3) 行政复议机关在法定期限内不作出行政复议决定。

四、行政复议机关工作人员的法律责任

《行政复议法》第35条规定:"行政复议机关工作人员在行政复议活动中,徇私舞弊或者有其他渎职、失职行为的,依法给予警告、记过、记大过的行政处分;情节严重的,依法给予降级、撤职、开除的行政处分;构成犯罪的,依法追究刑事责任。"

据此,行政复议机关工作人员的违法行为主要表现为:

(1) 行政复议机关工作人员徇私舞弊;
(2) 行政复议机关工作人员有其他渎职、失职行为。

五、被申请人的法律责任

《行政复议法》第36条规定:"被申请人违反本法规定,不提出书面答复或者不提交作出具体行政行为的证据、依据和其他有关材料,或者阻挠、变相阻挠公民、法人或者其他组织依法申请行政复议的,对直接负责的主管人员和其他直接责任人员依法给予警告、记过、记大过的行政处分;进行报复陷害的,依法给予降级、撤职、开除的行政处分;构成犯罪的,依法追究刑事责任。"第37条规定:"被申请人不履行或者无正当理由拖延履行行政复议决定的,对直接负责的主管人员和其他直接责任人员依法给予警告、记过、记大过的行政处分;经责令履行仍拒不履行的,依法给予降级、撤职、开除的行政处分。"

据此,被申请人的违法行为主要包括:

(1) 不提出书面答复;
(2) 不提交作出具体行政行为的证据、依据和其他有关材料;
(3) 阻挠、变相阻挠公民、法人或者其他组织依法申请行政复议;
(4) 不履行或者无正当理由拖延履行行政复议决定。

思考题

1. 试述行政复议与行政诉讼之间的关系。
2. 试述行政复议的受案范围。
3. 试述行政复议的程序。
4. 试述行政复议的证据制度。
5. 试述行政复议的法律责任。

拓展阅读书目

1. 石佑启、杨勇萍编著:《行政复议法新论》,北京大学出版社 2007 年版。
2. 张越:《行政复议法学》,中国法制出版社 2007 年版。
3. 郜风涛主编:《中华人民共和国行政复议法实施条例释解与应用》,人民出版社 2007 年版。
4. 崔卓兰、杨平编著:《行政复议法学》,北京大学出版社 2005 年版。
5. 方世荣主编:《行政复议法学》,中国法制出版社 2000 年版。

第十六章　行政诉讼救济

本章要点

1. 了解行政诉讼的概念。
2. 了解行政诉讼的原则。
3. 了解行政诉讼的受案范围。
4. 了解行政诉讼的管辖制度。
5. 了解行政诉讼的参加人。
6. 了解行政诉讼的证据规则。
7. 了解行政诉讼的程序。

导语

行政诉讼是解决行政争议的一项重要法律制度，是指公民、法人或者其他组织认为国家行政机关及其工作人员的行政行为侵犯其合法权益时，依法向人民法院提起诉讼，由人民法院对行政行为是否合法进行审查并作出裁判的活动和制度。作为我国目前主流的和最重要的行政救济方式，行政诉讼在我国的法治建设过程中起到了无可替代的重要作用。

第一节　行政诉讼概述

一、行政诉讼的概念

行政诉讼可谓近现代国家中一项重要的法律制度。但是，关于行政诉讼的概念，各国的表述却存在差异。这是因为各国在行政诉讼的主管机构、具体程序乃至法律体系和结构上都不尽相同。在法国，行政诉讼称为"行政审判"（la juridic tion administrative），是指公民等行政相对人对行政机关的违法侵害行为，请求专门的行政法院给予救济的手段。在英美国家，行政诉讼主要指司法审查（judicial review），是指法院应行政相对人的申请,审查行政机关行为的合法性,并作出相应裁判的活动。

在《行政诉讼法》制定之前,我国学者对行政诉讼概念的认识有两种:一种认为行政诉讼是指人民法院审理行政纠纷案件的活动,谓之狭义说;另一种则认为行政诉讼除前者所指外,还应当包括行政机关对行政争议的处理即行政复议在内,谓之广义说。就我国现行的《行政诉讼法》来看,显然是采用了狭义说。

关于行政诉讼的一般定义,基于我国现存的行政诉讼制度,可界定为:国家的审判机关在当事人及其他诉讼参与人的参加下,依照法定的程序,审理行政纠纷案件的活动。这其中又包含三层意思:

(1) 行政诉讼是依照一定的程序法即行政诉讼法进行的活动;
(2) 行政诉讼所要解决或者处理的是行政纠纷案件;
(3) 行政诉讼只能由特定的机关即人民法院主持审理。

二、行政诉讼的特征

行政诉讼与刑事诉讼、民事诉讼以及行政复议制度相比较,具有以下四方面特征:

1. 行政诉讼的审查对象恒定——行政纠纷

审查对象不同是三大诉讼制度的根本差别。就行政诉讼而言,其审查对象是行政纠纷。行政纠纷是行政主体与行政相对人之间,在行政管理活动过程中发生的纠纷,也可称之为"行政争议"。非此过程中发生的纠纷,不属于行政纠纷,亦不在行政诉讼的受案范围之内。例如,某国家行政机关因建筑楼房、购置设备与建筑公司或者贸易公司之间发生的纠纷属于民事纠纷,对该纠纷只能提起民事诉讼,通过民事诉讼程序解决。

2. 行政诉讼当事人的地位恒定——行政相对人为原告,行政主体为被告

行政诉讼采取"不告不理"的原则,即行政诉讼须以当事人主动提起诉讼为前提,人民法院不能主动启动诉讼程序。同时,提起行政诉讼的只能是作为行政相对人的公民、法人或者其他组织,即始终处于原告地位,而行政主体始终处于被告地位,既无起诉权,又无反诉权。行政诉讼的这一特征是由行政主体行政职权的属性决定的。行政职权是一种具有强制执行力的国家权力,当行政主体与行政相对人发生纠纷时,行政主体完全可以凭此强制行政相对人服从,而无须作为原告向司法机关提出诉讼。作为行政相对人的公民、法人或者其他组织则缺乏直接对抗行政主体的权力,当其对行政主体作出的行政行为不服时,应有相应的制度为其提供救济。这也是通常称行政诉讼为"民告官""私诉公"的原因。

此外,还应明确的一点是,行政机关并不完全等同于行政主体。具体来说,行政机关只有在行使行政职权、履行行政职责时才成为行政主体,而当其以普通法人

身份参与民事活动时则为民事主体。因此,作为民事主体的行政机关受到另一行政主体的行政行为约束时,可以法人和组织的身份作为原告提起行政诉讼。例如,某环保局因建筑楼房而与建筑公司发生的关系为民事法律关系,而非行政法律关系。若此时规划局针对环保局的建房行为作出行政处罚,则与其形成的是行政法律关系,其中规划局为行政主体,环保局为行政相对人。若后者对前者的行政处罚决定不服,可以行政相对人的身份提起行政诉讼。

3. 行政诉讼裁决机关恒定——司法审判机关

各国主持处理与解决行政争议的机关并不单一,有司法机关,也有行政机关。在我国,当行政相对人对行政主体作出的行政行为不服时,也有多种救济途径。其中,行政复议与行政诉讼最为常见。前者由相应的行政机关担当处理行政纠纷的角色,后者则由人民法院作为行政纠纷的裁决机关。

4. 行政诉讼的诉讼标的恒定——行政行为

《行政诉讼法》第2条第1款明确规定:"公民、法人或者其他组织认为行政机关和行政机关工作人员的行政行为侵犯其合法权益,有权依照本法向人民法院提起行政诉讼。"第6条又再次申明:"人民法院审理行政案件,对行政行为是否合法进行审查。"可见,行政诉讼是以行政主体作出的行政行为为诉讼对象和裁决对象的。行政诉讼的这一特点有别于行政复议制度。《行政复议法》第7条规定,公民、法人或者其他组织认为行政机关的具体行政行为所依据的除国务院部、委员会规章和地方人民政府规章之外的国务院部门的规定、县级以上地方各级人民政府及其工作部门的规定、乡和镇人民政府的规定(规章以下的规范性文件)不合法的,在对具体行政行为申请行政复议时,可以一并向行政复议机关提出对该规定的审查申请。这意味着,目前只有具体行政行为被纳入行政诉讼的范围之中。

三、行政复议与行政诉讼的关系

行政复议与行政诉讼作为最重要的两种权利救济途径,既有相同点,又有不同点。

1. 行政诉讼与行政复议的相同点

(1) 产生的根源相同。两者都是因行政主体和行政相对人在行政管理过程中所发生的纠纷引起的。

(2) 目的和作用相同。两者都是为了解决行政争议,保护公民、法人和其他组织的合法权益,监督和促使行政机关依法行使职权。

(3) 形成的条件相同。两者都是依申请作出的行为,即只能基于行政相对人的请求引起,适用"不告不理"的原则。

(4) 法律关系都表现为三方性。即发生争议的行政主体和行政相对人各为一方,作为裁仲者的行政复议机关或者人民法院为第三方。

(5) 适用的原则、程序有诸多相似之处。例如,具体行政行为不停止执行原则、不适用调解原则、行政机关负主要举证责任原则。此外,作出裁决的种类和执行的手段也存在相同之处。

2. 行政诉讼与行政复议的不同点

(1) 性质不同。行政复议属于行政救济,行政诉讼属于司法救济。

(2) 主持机关不同。行政复议由行政机关主持,体现为行政系统内部处理行政争议的活动;行政诉讼因属于行政系统之外的司法机关解决行政争议的行为,故由人民法院主管。

(3) 受案范围有别。行政诉讼的受案范围宽于行政复议。行政复议的受案范围主要限于侵害行政相对人人身权和财产权的具体行政行为;而行政诉讼的受案范围除了侵害行政相对人人身权和财产权的具体行政行为外,还包括侵犯其受教育权和其他权利的具体行政行为。

(4) 审查内容不完全一致。行政复议是对具体行政行为的合法性和适当性进行全面审查;而人民法院原则上只审查行政行为的合法性,行政行为的适当性一般不属于行政诉讼的审查内容。

(5) 权限不同。这主要体现在对行政行为的变更权上。行政复议中,复议机关有权对被申请复议并被裁定为违法或者不当的任何具体行为进行变更,不受种类、程度等方面的限制。行政诉讼中,人民法院对行政行为的变更权则是受限制的。即人民法院只能对被判决为显失公正的行政处罚行为或者其他行政行为涉及对款额的确定或认定确有错误的,才可以予以变更。同时,行政复议中的"变更"既可以从"重"变"轻",也可以从"轻"变"重";而行政诉讼中的"变更"则只从"重"变"轻"。

(6) 程序相异。行政复议程序是行政程序,实行一级复议制,在方式上以实行书面审理为主,程序比较简便,讲求效率;行政诉讼程序属于司法程序,在方式上一般不实行书面审理,在审级上实行两审终审制,其程序比行政复议复杂且要求严格。

(7) 法律效力不同。行政复议决定,除法律规定为终局复议决定的以外,没有最终的法律效力,相对人不服的,可以在法定期间内向人民法院提起行政诉讼;而行政诉讼的终审判决则具有最终的法律效力,当事人必须履行。

(8) 受理费用来源不同。《行政复议法》明确规定,行政复议机关受理行政复议申请,不得向申请人收取任何费用,而应从本机关的行政经费中支出;行政诉讼的受理费则需由当事人支付,一般由原告先行支付,败诉方最终承担,双方都有责任的由双方承担。

3. 行政复议与行政诉讼的协调与衔接

行政复议与行政诉讼关系密切,但不能针对同一个行政行为同时适用。也就是说,在公民、法人或者其他组织申请行政复议后,一旦行政复议机关受理了行政复议申请,在行政复议过程中,行政诉讼程序便不能启动。

行政复议与行政诉讼的前后顺序不能颠倒。即只能是行政复议在前,行政诉讼在后。除法律规定的终局复议决定以外,行政相对人对行政复议决定不服的,可以提起行政诉讼。但是,行政相对人对行政判决不服的,不可以再提起行政复议。因此,研究行政诉讼与行政复议的关系,最重要的是研究两者如何协调与衔接。

行政复议与行政诉讼的具体衔接关系有以下三种不同情形:

(1) 复议前置。复议前置又称"复议必经",即法律、法规明确规定,对某些行政行为不服时,须先向行政机关申请复议,对复议决定不服时,再向人民法院提起行政诉讼。如果没有经过复议程序就直接向人民法院起诉,则人民法院不予受理。

(2) 选择其一。即在申请行政复议或者提起行政诉讼之间,由当事人自由选择。具体的选择可以有三种:其一是先复议后诉讼。即公民、法人或者其他组织对具体行政行为不服的,可以先向行政复议机关申请复议,对复议决定不服的,再向人民法院提起诉讼。其二是直接起诉。即当事人对具体行政行为不服的,不选择申请复议而直接向人民法院起诉。其三是只选择复议而不选择诉讼。即当事人对复议决定即使不服,也不再提起诉讼。

(3) 只复议不能诉讼。即当事人选择了复议,这种复议又属于法律规定的终局裁决,或者行政复议机关为法律规定的终局裁决机关的,当事人不能再向人民法院起诉。

四、新中国行政诉讼制度的发展

新中国成立以来,关于行政纠纷解决的发展沿革,大体可分为三个阶段:

第一阶段,从1949年到1979年。这一阶段主要是通过政府机关的信访等途径解决行政纠纷,可以称之为"内部解决"阶段。信访工作是对革命战争年代传统的继承。新中国成立后,群众来信来访日益增多。1951年和1957年,党和政府专门为此发出指示,作出规定。国务院各部门及各省、市、自治区人民政府都设立了专门的信访机构。在30年中,信访机构承纳了大部分的行政纠纷,成为处理行政纠纷的主要途径和方式。信访途径是与30年的高度集中体制相适应的。信访机构虽然接受并且督促、帮助处理了大量的行政纠纷,但由于其本身并无裁决权,一般只是提出处理意见,很大一部分信访案件都要转发回原单位处理,实际上只是中转收发。这种做法往往容易滋生打击报复等弊端,不仅纠纷不易合理解决,往往又形成新的纠纷。

第二阶段,从1979年到1987年。经历了十年"文革"之后,我国开始重视民主与法制的建设。1979年后,我国对于行政纠纷的处理有了新的发展。除信访仍然存在外,通过党的纪检机关(主要限于国家行政机关中具有党员身份的人违反党章、党纪的案件)、人民代表机关、行政监察部门等解决行政纠纷的方式相继出现,使上访人有了选择。这一阶段尤其值得一提的是,1982年《民事诉讼法(试行)》第3条第2款规定:"法律规定由人民法院审理的行政案件,适用本法规定。"根据这一规定,人民法院开始成为受理行政案件的专门机构之一。从1986年开始,各地方人民法院陆续建立行政审判庭,受理了不少行政案件,为制定作为法典的《行政诉讼法》积累了宝贵的经验。

第三阶段,从1989年第七届全国人大第二次会议通过《行政诉讼法》至今。这是我国行政诉讼法律制度大规模发展的时期。我国现行《行政诉讼法》的起草从1986年开始。当时,在全国人大法律委员会的指导下,成立了行政立法研究小组,重点研究起草行政诉讼法的一系列问题,并于1987年8月完成了《行政诉讼法》试拟稿。这个试拟稿在广泛征求意见的基础上,经过三次修改以后,于1988年初转至全国人大法工委,形成了正式的《行政诉讼法》草案。其后,草案广泛征求各方面意见,在五易其稿的基础上,又发布给全民讨论。最后,草案正式提交第七届全国人大第二次会议审议,并于1989年4月4日通过。从此,行政诉讼作为一种独立的法律制度正式在我国确立,成为与民事诉讼、刑事诉讼并列的三大诉讼制度之一。

《行政诉讼法》自实施以来,虽然遇到一些问题,诸如行政诉讼案件少、撤诉多、阻力大,有关的法律、法规多,可操作性小等,但它对于促进我国的社会主义民主与法制建设,维护公民和其他组织的合法权益,促进政府机关依法行政,监督和支持行政权的行使,缓解各类社会矛盾起到了积极的作用。二十多年来,行政诉讼制度在我国已经确立并不断完善,具体表现在:行政诉讼的审判已步入规范化轨道;行政审判队伍日益壮大;行政执法环境有了一定程度的改善等。

为适应审判实践要求和社会实际,2014年11月1日,第十二届全国人大常委会第十一次会议高票表决通过了修改《行政诉讼法》的决定。这是中共十八届四中全会后国家立法机关修改的第一部法律,也是《行政诉讼法》实施24年来作出的首次修改,标志着我国的"民告官"制度正式进入新阶段。

实践证明,行政诉讼制度是符合社会客观发展需要的,是与建立和完善社会主义市场经济相适应的。

五、行政诉讼的原则

作为人民法院主持下的三大诉讼之一,行政诉讼与民事诉讼、刑事诉讼有一些共同原则,主要有:

1. 人民法院依法独立行使审判权的原则

《行政诉讼法》第4条第1款规定:"人民法院依法对行政案件独立行使审判权,不受行政机关、社会团体和个人的干涉。"

人民法院依法独立行使审判权的原则包括以下内容:

（1）审判权由人民法院行使。我国的审判权是统一的，行使审判权的审判机关也是统一的。行政案件的审判权只能由最高人民法院、地方各级人民法院按照各自的分工统一行使。

（2）人民法院依法独立审理行政案件。人民法院独立行使审判权是刑事诉讼、民事诉讼的基本原则，也理应是行政诉讼的基本原则，并且这一原则在行政诉讼中有着特别重要的意义。在行政诉讼中，被告一方总是行政机关，由于行政诉讼所要解决的是行政机关与行政相对人之间的纠纷，一旦发生诉讼案件，被告往往动员各种力量，从各个方面对主持审判的人民法院施加压力。人民法院在主持审理行政案件中，应独立行使审判权，不受行政机关的干预，同时亦不受社会团体和个人的干预。任何行政机关、团体和个人都应尊重与维护人民法院的合法裁判，而不能对审判人员或主管法院施加任何压力，更不能凭借手中的权力对法院施加不良影响。

2. 以事实为根据，以法律为准绳的原则

《行政诉讼法》第 5 条规定："人民法院审理行政案件，以事实为根据，以法律为准绳。"这项基本原则体现了实事求是和依法办案的指导思想，是我国司法实践活动的一般原则，是人民法院审理各类案件时必须遵循的重要原则。

3. 当事人在诉讼中法律地位平等原则

《行政诉讼法》第 8 条规定："当事人在行政诉讼中的法律地位平等。"这是《宪法》关于公民在法律面前人人平等原则以及《人民法院组织法》中对公民在适用法律上一律平等原则在《行政诉讼法》中的贯彻落实。只有当事人双方法律地位平等，享有平等的诉讼地位，受到平等的诉讼保护，平等地行使诉讼权利、承担诉讼义务，才会有公平、公正的诉讼。

4. 实行合议、回避、公开审判、两审终审原则

《行政诉讼法》第 7 条规定："人民法院审理行政案件，依法实行合议、回避、公开审判和两审终审制度。"

（1）合议原则

合议原则是社会主义民主集中制在行政诉讼中的体现，具体指人民法院审理行政案件必须依照法律规定的人数和组织形式，组成合议庭，对案件进行审理。

行政案件审理难度较大，人民法院审理行政案件，必须由审判员组成合议庭，或者由审判员、陪审员组成合议庭，而不能由审判员一人独任审判。实行合议制，有利于发挥审判人员的集体智慧，防止和克服个人片面性，保证办案质量，发挥集体审判的优越性。

（2）回避原则

回避原则，是指人民法院承办案件的审判人员，或其他协助案件审理的人员，遇有法律规定的回避情形时，应退出对该案的审理。

(3) 公开审判原则

公开审判原则,是指人民法院审理的案件的内容除国家机密、个人隐私之外,要向诉讼参与人和社会公开。

(4) 两审终审制

当事人对地方各级人民法院审理的第一审案件所作出的判决和裁定不服,可以依法向上一级人民法院提起上诉,要求上一级人民法院对案件进行第二次审判。经第二审人民法院对案件进行审理,所作出的判决和裁定是终审判决和裁定,当事人不服不得再提起上诉,人民法院也不得按照上诉审程序进行审理。

5. 使用本民族或当地民族通用的语言、文字进行诉讼原则

《行政诉讼法》第9条第1款、第2款规定:"各民族公民都有用本民族语言、文字进行行政诉讼的权利。""在少数民族聚居或者多民族共同居住的地区,人民法院应当用当地民族通用的语言、文字进行审理和发布法律文书。"

6. 辩论原则

《行政诉讼法》第10条规定:"当事人在行政诉讼中有权进行辩论。"

辩论原则,是指当事人在行政诉讼中,通过举证、答辩、陈述意见和理由等诉讼手段,以维护自己的主张,保护自己合法权益的制度。只有让当事人充分发表自己的意见,才能弄清事实真相,分清是非曲直。只有充分尊重参诉各方表达意见的权利,并给予应有的重视,裁判才有可靠的基础,才能增加当事人对裁判的信赖。确立辩论原则,有利于查清事实、分清是非,及时、有效地解决行政争议。

7. 人民检察院行使法律监督原则

《行政诉讼法》第11条规定:"人民检察院有权对行政诉讼实行法律监督。"根据《行政诉讼法》第93条的规定,人民检察院对人民法院已发生法律效力的判决、裁定,发现违反法律、法规规定的,有权按照审判监督程序提出抗诉。

除了上述共同原则外,行政诉讼还有一些特殊原则,它们是由行政诉讼的特点及其固有属性决定的,是行政诉讼所特有、不适用于其他诉讼的基本原则。这些特殊原则有:

1. 诉讼不停止执行原则

诉讼不停止执行原则,是指当行政相对人因不服行政机关的行政行为,向人民法院提起诉讼,人民法院立案受理后,在诉讼期间,不停止该行政行为执行的原则。

诉讼不停止执行原则不是绝对的,它允许在一定条件下存在例外。因为行政诉讼从起诉到裁判往往需要一段时间,有的行政行为若不停止执行将给行政相对人造成不可弥补的损失。根据《行政诉讼法》第56条的规定,行政机关的行政行为可以暂缓执行的,有以下四种情况:

(1) 被告认为需要停止执行的;

(2) 原告或者利害关系人申请停止执行,人民法院认为该行政行为的执行会

造成难以弥补的损失,并且停止执行不损害国家利益、社会公共利益的;

(3) 人民法院认为该行政行为的执行会给国家利益、社会公共利益造成重大损害的;

(4) 法律、法规规定停止执行的。

2. 被告负主要举证责任的原则

在行政诉讼中,确定被告负主要举证责任。其主要根据和理由有:

(1) 更符合行政诉讼保障公民、法人和其他组织的合法权益,免受行政机关不法行为侵害的主要目的。行政案件的双方当事人中,被告行政机关在行政管理活动中始终处于主动地位,而行政相对人则处于服从命令和接受管理的地位,如果行政机关的违法行为侵害其合法权益,行政相对人没有能力强迫行政机关改正,而只能通过申诉和诉讼途径请求行政机关的上级机关或者人民法院审查纠正。同时,相较于行政机关,行政相对人对有关情况、材料也不尽知晓,或者知识水平、技术手段、检测工具亦有欠缺。在此种情况下,要求行政相对人承担举证责任,而行政相对人又没有条件和能力举证,实际上限制了行政相对人的诉讼权利,也就谈不上真正地保护公民、法人和其他组织的合法权益。因此,《行政诉讼法》规定举证责任由行政机关承担是完全必要的。

(2) 更符合"依法行政"这一行政活动的基本原则。行政诉讼的目的是判断行政机关作出的行政行为是否合法。法制原则要求行政机关在作出某一行政行为时,必须有事实和法律根据,即要求行政机关占有全部的证据,足以证明其所作出的行政行为是合法的。因此,行政机关在行政诉讼中理应负主要举证责任。同时,这样规定也有利于促使行政机关依法办事,不滥用职权,改进工作,加强责任心。

3. 不调解原则

在行政诉讼中,原则上不能以调解为结案方式(行政赔偿、补偿以及行政机关行使法律、法规规定的自由裁量权的案件除外)。审理行政案件不适用调解的原因如下:

(1) 行政相对人一方享有处分其实体权利和诉讼自由的权利,但行政机关一方在多数情况下并不享有这类权力,即行政机关无权处分其法定职权。由于行政处理决定是行政机关代表国家,依据其行政职权作出的,本质上是一种执法行为,故行政机关无权自由处分和随意放弃,即不能通过放弃行政职权以求得与行政相对人的和解。

(2) 对行政诉讼进行调解,对行政相对人是不公平的。行政相对人提出行政诉讼的主要目的,是推翻对自己的不公平处理,恢复自己受到侵害的合法权益。如果实行调解,等于让双方各退半步,从而使原告没有真正地、完全地达到诉讼目的。

然而,在审理行政案件中,尤其是在审理经济行政案件中,人民法院会先做案外调解,或通知行政机关让其立即改正或重新处理,同时动员行政相对人在此基础上撤诉。这种做法经实践证明是有效果的,也是不违反不调解原则的。因为这种做法没有将调解列为诉讼的必经阶段,也没有以调解的方式结案。

另外,行政赔偿诉讼可以适用调解。因为审理行政赔偿诉讼案件的目的主要是确定损害事实和赔偿数额,不涉及行政机关法定职权,所以法律允许行政机关就赔偿问题享有一定的自由裁量权,与行政相对人就赔偿范围、赔偿方式和赔偿数额进行自愿、平等的协商。

4. 合法性审查原则

《行政诉讼法》第6条规定:"人民法院审理行政案件,对行政行为是否合法进行审查。"

合法性审查原则具体包括下述内容:

(1) 行政诉讼中,人民法院只审查行政行为。即人民法院只审查行政主体在行政管理活动中行使职权,针对特定的公民、法人或者其他组织就特定的事项作出的,有关公民、法人或者其他组织权利义务的单方面行为。人民法院不审查抽象行政行为,即行政机关制定行政法规或规章的行为。

(2) 行政诉讼中,人民法院只审查行政行为的合法性,而不审查行政行为的合理性。即人民法院只对行政行为是否合法进行审查监督,而对于行政行为的不合理,如利弊权衡失当、稍轻稍重等,无权予以审查。

5. 有限变更原则

有限变更原则在我国具体指人民法院对行政机关的处理决定应予尊重,一般不得变更,只是对于显失公正的行政处罚决定,可以判决变更。

《行政诉讼法》确立有限变更原则的原因在于:

(1) 司法审查只能监督行政机关行使权力,而不能代替行政机关行使权力。如果肯定了无限司法变更权,那么随着行政诉讼范围的扩大,越来越多的行政决定最终将不是由行政机关而是由司法机关作出。无限的司法变更权必然会导致司法对行政的全面干涉、司法权侵犯行政权,破坏现代国家所认同的职权分工原则。

(2) 赋予人民法院有限的司法变更权,可以使人民法院在某些特殊领域展其所长,实现对行政机关更为全面的监督。如果说人民法院必须尊重行政的职能及其专门知识和经验,不能妨碍行政机关在法定范围内自行作出行政处理决定,那么在强调法律性胜过强调管理性、强调法律素质胜过强调管理技能和专业知识的领域,如行政处罚领域,则应赋予司法机关在此领域的司法变更权。这样既不违反人民法院在宪法规定的司法权限范围内活动的原则,又在更准确的意义上对司法权与行政权加以明确分工,同时也使人民法院更有效、更全面地保护当事人的合法权益。

有限变更原则包含如下内容:

(1) 人民法院对行政机关的处理决定应予尊重,原则上不得变更。

(2) 人民法院判决变更显失公正的行政处罚决定,应根据法律明文规定,在法定幅度内进行。

（3）人民法院的变更不得加重对起诉人的处罚，如不得将罚款由100元变更至200元。又如，当法律规定处罚者可在行政拘留与罚款之间进行选择时，人民法院可以将行政拘留改成罚款，但不得将罚款改成行政拘留。

第二节 行政诉讼的受案范围

一、行政诉讼受案范围的概念

所谓行政诉讼的受案范围，是指人民法院受理行政案件、裁判行政争议的范围，即人民法院对行政行为进行司法审查，对行政机关依法行使行政权力进行监督的范围。从行政相对人获得司法救济的可能性上看，行政诉讼的受案范围通常被理解为行政相对人可以提起行政诉讼的范围。从行政机关的角度看，行政诉讼的受案范围就是行政机关的行政行为接受司法审查监督的范围。这一范围决定着人民法院对行政行为的监督范围，决定着权益受到行政主体侵害的公民、法人和其他组织诉权的范围，也决定着人民法院能够调整的行政法律关系的范围。

二、行政诉讼受案范围的法律意义

行政诉讼的受案范围是行政诉讼法的重要内容，具有极为重要的法律意义。

首先，行政诉讼的受案范围标志着法院审查行政行为的可得性。行政诉讼的受案范围是法院主管一定范围内行政案件的根据，也是法院解决行政争议、办理行政诉讼案件的权限分工。

其次，行政诉讼的受案范围意味着行政相对人诉诸法院的可能性。向法院提起行政诉讼是法治国家的宪法和法律赋予行政相对人的一种权利，但这种权利通常要受到不同程度的限制。如果法律没有将某种争议纳入行政诉讼的受案范围，行政相对人就没有向法院提起诉讼的权利。

再次，行政诉讼的受案范围影响着当事人资格的确定。一个公民或一个组织能否成为行政诉讼的合格当事人，最根本的一点是其所涉及的争议能否通过行政诉讼途径解决。与该争议具有利害关系，是公民或组织能否成为适格当事人的必要条件。

最后，行政诉讼的受案范围制约着管辖、证据、程序以及判决等规定。受案范围是行政诉讼管辖、证据、程序以及判决等问题的前提和基础，受案范围的变化将使其他问题发生相应的变动。

三、行政诉讼受案范围的确定方式

从当前各国行政诉讼立法的情况看，行政诉讼受案范围的确定大体有三种模式：

1. 列举式

列举式是法律(包括成文法和判例法、行政诉讼法和行政程序法)对行政诉讼的受案范围逐项进行列举的规定模式。具体的列举方式有列举行政行为的样态、列举行政案件的类型、列举行政行为的载体等。列举式一般适合于行政诉讼制度处于初创、起始阶段的国家。其优点是比较明确，便于操作；缺点是分散、繁杂，在列举不全或有遗漏时不利于保护行政相对人的权利。

2. 概括式

概括式是法律(一般是成文法而非判例法，是行政诉讼法而非行政程序法)对行政诉讼的受案范围进行抽象概括的规定模式。德国、美国、我国台湾地区都采用这种模式。其优点是立法形式简单、全面；缺点则是笼统、不易把握。

3. 折中式

折中式又称"结合式""混合式"，是法律(包括成文法和判例法、行政诉讼法和行政程序法)对行政诉讼的受案范围采取并用概括式和列举式的规定模式。这种模式又分为两种形式：一是先作肯定性的概括规定，然后作否定性的具体排除；二是先否定排除，后肯定概括(或列举概括结合)。排除的方式亦是多种多样的，如可以限制"行政机关"的含义，可以从案件的性质和种类上加以限制，还可以从行政行为的定义上加以限制。这种模式克服了列举式的分散和繁杂，避免了概括式的笼统和不易把握，是一种比较理想的立法模式。

四、我国行政诉讼受案范围的确定方式

当前，我国行政诉讼立法对受案范围的规定采用的是折中式。1989年《行政诉讼法》采用概括式加列举补充，依据我国的具体情况，合理地确立了行政诉讼的受案范围，并为以后逐渐扩大受案范围提供了基础。2014年11月修改的《行政诉讼法》保留了这一确定方式，第2条首先以概括式确立了行政诉讼受案范围的基本界限，又在第12条第1款对目前难列举全面且今后将逐步纳入行政诉讼范围的行政案件，运用概括的方式作为补充，即概括规定的"其他行政案件"；同时，又以肯定列举式列举出属于行政诉讼受理的12种行政案件，并在第13条以否定列举式对4种不受理的事项予以规定。

我国这样确定行政诉讼受案范围的出发点在于：行政诉讼制度的主要目的是，保护公民、法人和其他组织的合法权益，免受不法行政的损害、侵犯。因此，凡是属于损害、侵犯行政相对人合法权益的行政行为，都应列入人民法院的受案范围之内。这也是符合民主政治建设的长远目标的。但是，应当看到，我国是一个经历长期封建制度的国家，目前"官贵民贱""民不告官"的封建思想影响还较深。《行政诉讼法》虽规定了"民可以告官"，但不等于"民敢于告官"，无论是老百姓还是行政机关、人民法院,都有个观念更新、逐步适应的过程,加之法制的配套完善、人民法院行政审判组织的建立和健全也需要有个过程。因此,对于人民法院的受案范围,不宜一步到位,欲速则不达。如出现法律有规定却实现不了的情况,则会产生不良影响,不利于维护法律的尊严和威信。

1. 对受案范围的总体划定

《行政诉讼法》第2条规定:"公民、法人或者其他组织认为行政机关和行政机关工作人员的行政行为侵犯其合法权益,有权依照本法向人民法院提起诉讼。前款所称行政行为,包括法律、法规、规章授权的组织作出的行政行为。"

2. 对受案范围的肯定式列举

肯定式列举,又可称为"正面列举"。《行政诉讼法》第12条是对行政诉讼受案范围的规定,分为两款,第1款列举常见的可诉行政案件,并对可诉行政案件作出兜底性表述;第2款规定,未纳入第1款的其他行政案件,法律、法规规定可以提起诉讼的,也属于行政诉讼的受案范围。这一条规定为行政诉讼受案范围的进一步扩大留下了余地。

(1) 认为行政处罚行为侵犯其合法权益的

行政处罚,是指行政机关或者法律、法规、规章授权的组织,依法定职权和程序对违反行政法规定尚未构成犯罪的行政相对人给予行政制裁的行政行为。

(2) 认为行政强制措施和行政强制执行行为侵犯其合法权益的

《行政强制法》第2条规定:"本法所称行政强制,包括行政强制措施和行政强制执行。行政强制措施,是指行政机关在行政管理过程中,为制止违法行为、防止证据损毁、避免危害发生、控制危险扩大等情形,依法对公民的人身自由实施暂时性限制,或者对公民、法人或者其他组织的财物实施暂时性控制的行为。行政强制执行,是指行政机关或者行政机关申请人民法院,对不履行行政决定的公民、法人或者其他组织,依法强制履行义务的行为。"《行政强制法》对行政强制措施和行政强制执行概念有明确的界定。

(3) 认为行政许可行为侵犯其合法权益的

行政许可属于依申请的行政行为。《行政许可法》第7条规定:"公民、法人或者其他组织对行政机关实施行政许可,……有权依法申请行政复议或者提起行政诉讼……"

(4) 认为行政机关作出的自然资源确权决定侵犯其合法权益的

《土地管理法》第16条规定:"土地所有权和使用权争议,由当事人协商解决;协商不成的,由人民政府处理。单位之间的争议,由县级以上人民政府处理;个人之间、个人与单位之间的争议,由乡级人民政府或者县级以上人民政府处理。……"《森林法》第17条规定:"单位之间发生的林木、林地所有权和使用权争议,由县级以上人民政府依法处理。个人之间、个人与单位之间发生的林木所有权和林地使用权争议,由当地县级或者乡级人民政府处理。……"也就是说,尽管自然资源确权决定属于《行政诉讼法》规定的可诉行政行为范畴,但是当事人提起行政诉讼前必须先行申请行政复议,对复议决定不服,才可以依法向人民法院提起行政诉讼。

(5) 认为征收、征用决定及其补偿决定侵犯其合法权益的

我国宪法、法律、行政法规对因公共利益需要征收、征用私人财产逐步作出了更为明确具体的规定。行政机关依法征收、征用私人财产,是行使行政职权的行政行为,征收、征用决定是对公民、法人或者其他组织合法财产权利的剥夺或者限制。如果公民、法人或者其他组织认为行政机关未依法征收、征用,或者征收、征用未予补偿、补偿不到位,属于行政诉讼的受案范围。

(6) 认为行政机关不履行保护人身权、财产权等合法权益的法定职责的

行政机关的法定职责主要来源于法律、法规、规章的授权,也可以来源于行政机关的事先承诺,还可以来源于行政机关的先前行为。行政机关不履行法定职责行为主要有以下几种表现形式:一是负有法定职责的行政机关及其工作人员,在应当依法履责的情形下不作为,无动于衷,没有任何作为;二是在应当依法履责的情形下,行政机关及其工作人员以各种非正当理由明确表示不履责,拒绝履责;三是在应当依法履责的情况下,行政机关及其工作人员无正当理由拖延履责、延迟履责,结果造成公民、法人或者其他组织不应有的人身、财产损失。三种不履责表现均属于可诉行政行为范围。

(7) 认为行政机关侵犯其经营自主权、农村土地承包权、农村土地经营权的

这是从行政诉讼权利保护范围上进行的列举。经营自主权,是指市场主体在不违反国家法律的基础上所拥有的调配使用自己的人力、物力、财力,自行组织生产经营的权利。

(8) 认为行政机关滥用行政权力侵犯公平竞争权的

公平竞争权,是指经营者在市场竞争过程中,依据竞争法所享有的要求其他经营者及相关主体进行公平竞争,以保障和实现经营者合法竞争利益的权利。公平竞争权保护的是经营者的竞争利益。

(9) 认为行政机关违法集资、摊派费用或者违法要求履行其他义务的

行政机关要限制或者剥夺公民、法人或者其他组织的合法权益,必须有明确的法律根据。没有法律根据而要求公民、法人或者其他组织出资、出费用、出劳役,就是对公民、法人或者其他组织合法权益的非法侵害。

(10) 认为行政机关没有依法支付抚恤金、最低生活保障待遇或者社会保险待遇的

在现代社会,行政机关不仅要保障公民、法人或者其他组织人身、财产权利不受非法侵犯,同时还要保障公民的基本生存权利。为此,世界各国普遍建立了社会

保障制度。在我国,军人、国家机关工作人员因公伤亡,依法享有获得抚恤金的权利;职工因工伤亡,依法享有认定工伤并获得工伤保险待遇的权利;职工失业,依法享有获得失业保险金的权利;贫困家庭,依法享有领取低保待遇的权利;符合租住廉租房、购买经济适用房条件的家庭,依法享有租住廉租房、购买经济适用房的权利;符合退休条件的职工,依法享有退休并领取退休金的权利等。这些权利不再是政府的恩赐,而是公民依法享有的法定权利。这些权利对行政机关而言,是法定的职责义务,相关行政机关未依法保障公民的这些权利的,构成行政违法。

(11) 认为行政机关未依法依约履行行政协议义务的

行政协议又称"行政合同""行政契约",是指行政机关为了履行行政职责,实现行政管理目标,与行政相对人协商一致所达成的协议。行政协议是现代行政管理的重要方式,是行政权力和契约关系的结合。在行政协议之中,行政机关是以行政管理者的身份与行政相对人订立协议,以合同的方式达到维护与增进公共利益的目的的。因此,在行政协议签订和履行期间,行政机关享有行政优益权。如果行政机关违法不履行行政协议中预定的义务,则相对人有权提起行政诉讼。

(12) 认为行政机关侵犯其他人身权、财产权等合法权益的

本条为兜底条款,与修改前的1989年《行政诉讼法》相比较,最大的亮点是将《行政诉讼法》的权利保护范围由"人身权、财产权"扩大至"人身权、财产权等合法权益"。应当注意的是,这里的"等"同样应当理解为"等外等",即除人身权、财产权之外,我国法律所保护的公民、法人或者其他组织所有的"合法权益"都属于《行政诉讼法》保护的范围。

(13) 法律、法规规定可以提起行政诉讼的其他行政案件

修改后的《行政诉讼法》第12条第2款关于法律、法规规定可以提起行政诉讼的其他行政案件的规定,与1989年《行政诉讼法》比较,文字上没有变化,但实质内容已经发生了变化。尤其是修改后的《行政诉讼法》将"人身权、财产权"扩大至"合法权益"范围,原先通过法律、法规规定才可以起诉的行政案件,新法实施后可以直接依据新法起诉,无须引用法律、法规的规定。例如,信息公开行政案件就是个典型。新法实施前,信息公开案件只能依据《政府信息公开条例》第33条的规定提起行政诉讼;修改后的《行政诉讼法》实施之后,当事人可以直接依据该法提起行政诉讼。关于学校侵犯学生受教育权的行为是否属于行政诉讼的受案范围,过去一直存有争议。修改后的《行政诉讼法》实施之后,认为学校实施的行政行为侵犯学生受教育权的,当然属于行政诉讼的受案范围。

3. 对受案范围的否定式列举

《行政诉讼法》除明确规定了属于行政诉讼受案范围的各种行政案件以外,还专门规定了人民法院不予受理的几类事项,即采用否定式列举的方法进一步明确我国行政诉讼的受案范围。《行政诉讼法》第13条规定:"人民法院不受理公民、法

人或者其他组织对下列事项提起的诉讼：(一) 国防、外交等国家行为；(二) 行政法规、规章或者行政机关制定、发布的具有普遍约束力的决定、命令；(三) 行政机关对行政机关工作人员的奖惩、任免等决定；(四) 法律规定由行政机关最终裁决的行政行为。"此外，根据《最高人民法院关于执行〈中华人民共和国行政诉讼法〉若干问题的解释》(以下简称《若干解释》)，以下行为也不属于法院的受案范围：刑事侦查行为、行政调解行为、法律规定的仲裁行为、行政指导行为、驳回行政申诉的重复处理行为以及对当事人权利义务不产生实际影响的行为。

第三节　行政诉讼管辖

一、行政诉讼管辖的概念

行政诉讼的管辖，是人民法院系统内受理第一审行政案件的权限分工，即明确当事人在哪一个人民法院起诉、由哪一个人民法院受理的法律制度。这种职权分工带来两方面的后果：其一，对行政相对人来说，是解决向哪一个人民法院起诉的问题；其二，对人民法院来说，是解决人民法院之间对第一审行政案件的管辖权问题，确定同级人民法院之间设立行政案件的具体分工，明确上下级人民法院之间受理第一审行政案件的权限。

二、行政诉讼管辖的种类

根据不同的标准，行政诉讼管辖可以分为不同的种类。以是否由法律直接规定为标准，行政诉讼管辖可以分为法定管辖和裁定管辖。法定管辖是法律明确规定第一审行政案件由哪一个法院行使管辖权。在法定管辖中，依据法院对行政案件纵横管辖关系的不同，又可以分为级别管辖和地域管辖，其中上下级人民法院之间受理第一审行政案件的权限分工，称为"级别管辖"；同一级人民法院之间受理第一审行政案件的权限分工，称为"地域管辖"。裁定管辖是由法院作出裁定或决定以确定具体管辖的法院。依据管辖的决定方式不同，裁定管辖又可以分为制定管辖、移送管辖和管辖权的转移。

三、行政诉讼管辖的原则

1. 便于公民、法人和其他组织参加诉讼

这是确定管辖所必须遵循的首要原则，即确定管辖时，既要优先考虑便于公民、法人和其他组织起诉，也要考虑便于行政机关应诉；既要考虑社会关系的事实因素，也要考虑法律关系的权利义务因素。我国《行政诉讼法》规定，绝大部分第一审案件由基层人民法院管辖，这显然有利于公民、法人和其他组织行使诉权和参加诉讼活动。

2. 便于人民法院正确、及时地审理案件

正确、及时地依法行使审判权,审理行政案件,保护公民、法人和其他组织的合法权益,维护和监督行政机关依法行政,是人民法院的一项基本职能,也是人民法院审理行政案件的基本目的和宗旨。因此,有关管理权限分工问题的确定也必须遵循这样一个基本原则。我国《行政诉讼法》根据各种行政案件的不同情况以及各级人民法院与不同类型诉讼的关系,合理地规定了不同的管辖,以保证人民法院有效地行使审判权。与此同时,在确定管辖时,该法还考虑到了判决顺利执行的问题,如因不动产引起的行政诉讼,由不动产所在地人民法院管辖。

3. 人民法院分工合理、负担适当

这一原则涉及管辖的职责权限划分这一核心问题,它要求各级、各地方人民法院之间职级、职责相称,既不能不同职级、职责相侵、相混,也不能使某一级、某一地区的人民法院负担畸重畸轻,否则就会不利于人民法院对行政案件正确、及时审理和判决。只有使各级、各地方人民法院的审判工作职级相称、职责分明,审判工作均衡负担,才能有利于所审理的案件做到审得了、审得好。

4. 便于人民法院公正审理行政案件

我国《行政诉讼法》在确定管辖时,为了减少和避免行政权干预审判权的现象,尽量排除某些行政干预的因素,适当地提高了某些行政案件的审级,以保证人民法院的公正审判。

5. 原则性和灵活性相结合

影响行政案件关系的因素很多,立法时难以完全进行规范,且便于当事人进行诉讼、便于法院行使审判权与法院负担均衡之间必然会存在一定冲突。例如,对公民、法人和其他组织而言,考虑诉讼便利,可能选择行政机关所在地法院管辖,其诉讼成本也较低;而若考虑裁判的公正性,则有可能宁愿选择距离较远但级别较高的上级人民法院管辖。在目前的法治环境下,不同于刑事、民事案件,行政案件级别管辖可以适当提高,适当加大上级人民法院管辖权,力争公正与效率的有机统一。我国《行政诉讼法》在确定管辖时,为了适应行政案件的各种复杂情况,赋予了上级人民法院处理管辖问题的机动权。法律在规定严格的法定管辖的同时,还规定了机动灵活的裁定管辖。

四、行政诉讼的级别管辖

1. 级别管辖的概念

级别管辖,是指上下级人民法院之间受理第一审行政案件的分工和权限。确定级别管辖是明确行政案件管辖权的前提条件。根据《宪法》和《人民法院组织法》的规定,我国人民法院的设置分为四级,即基层人民法院、中级人民法院、高级人民法院和最高人民法院。《行政诉讼法》关于级别管辖的规定,是划分各级人民法院审理第一审行政案件的分工,确定第一审行政案件具体由哪一级法院进行审理的依据。总之,级别管辖是在人民法院系统内从纵向上解决第一审行政案件应由哪一级法院审理的问题。

依据行政诉讼管辖的基本原则,根据行政案件的性质、复杂程度以及影响范围,我国《行政诉讼法》对基层人民法院、中级人民法院、高级人民法院和最高人民法院管辖的第一审行政案件的权限划分作了规定。

2. 基层人民法院管辖的第一审行政案件

《行政诉讼法》第14条规定:"基层人民法院管辖第一审行政案件。"这一规定说明,除法律特别规定应由中级人民法院、高级人民法院、最高人民法院管辖的案件外,行政案件一般都由基层人民法院管辖,即一般把大量的行政案件放在基层人民法院审理。基层人民法院是我国审判机关的最基层单位,它遍布全国各个地区,在多数情况下,既是原告和被告所在地,又是行政行为和行政争议的发生地。如此规定,便于人民群众和行政机关参加诉讼,节省开支,也便于调查取证、执行等,有利于人民法院及时公正地处理行政争议。

(1) 基层人民法院管辖的几种特殊形态

管辖问题是行政审判的一个核心问题,它从源头上影响着案件的审理、裁判和执行,是开启司法公正的第一把钥匙。虽然说法院上下并无大小、法官之间本无高低,但长期存在的"官本位"思想和干部管理体制等问题,决定了管辖法院的确定有可能直接影响最终裁判结果。近年来,为确保基层人民法院依法独立公正行使行政审判权,一些基层人民法院根据上级人民法院的指定,以行政案件管辖制度改革为突破口,通过提级管辖、异地交叉管辖和相对集中管辖等方式,在现行法律框架下实现了司法审判区域与行政管理区域的有限分离,使行政审判制度及时有效化解行政争议、妥善处理人民内部矛盾的功能得以有效发挥。

(2) 基层人民法院管辖的困境

基层人民法院是我国人民法院组织系统中最低一级的审判机关。根据《人民法院组织法》,基层人民法院的设置一般与县(区)级行政辖区相一致,接受同级地方党委和人大的领导,负责审理案件,专司解决纠纷。在四级法院体制中,基层人民法院数量最多,受理和审理的案件数量最多,也最接近人民群众。基层人民法院始终是实现司法公正的重点和难点。

第一,干扰公正司法审判的障碍性因素多。由于行政案件的特殊性,基层人民法院在审理本地政府机关为被告的案件时,经常受到种种干扰,公正司法存在一定的障碍。因此,与民事案件不同,在确立行政案件的级别管辖时,既不能简单地以争议标的或者涉案金额作为确定级别管辖的标准,也不宜强调将大部分一审案件"下沉"到基层法院管辖。

第二,办案人员少而行政案件庞杂。基层人民法院的管辖范围还必须考虑到司法实践。当前基层人民法院行政审判庭普遍存在着案多、人少、案件审理压力大等问题。基层人民法院行政审判庭的法官缺员现象严重,但其所审理的行政案件类型却十分复杂。我国大约80%的法律、90%的地方性法规和几乎所有的行政法规都是由行政机关执行,涉及50多个行政管理领域。要求平均仅有2.4名法官的行政庭审理如此类型庞杂的行政案件,希望基层人民法院的行政法官了解、掌握如此众多的法律、法规、规章,难度和压力可想而知。

3. 中级人民法院管辖的第一审行政案件

《行政诉讼法》第15条规定:"中级人民法院管辖下列第一审行政案件:(一)对国务院部门或者县级以上地方人民政府所作的行政行为提起诉讼的案件;(二)海关处理的案件;(三)本辖区内重大、复杂的案件;(四)其他法律规定由中级人民法院管辖的案件。"

(1)中级人民法院管辖的第一审行政案件的种类

第一,国务院部门作为被告的案件。由于国务院部门级别高,处理事项复杂,行政决定的影响面广,法律性和政策性都较强,由基层人民法院审理的难度大,因此全部由中级人民法院作为一审法院管辖。

第二,县级以上地方人民政府作为被告的案件。这里的县级以上地方人民政府包括省级、市级、县级人民政府。省级人民政府包括省、自治区、直辖市人民政府,市级人民政府包括地级市、地区、州、自治州人民政府,县级人民政府包括县、自治县、县级市、市辖区、旗、自治旗政府。对上述三个层级地方人民政府所作的行政行为提起诉讼的案件,都由中级人民法院管辖。

第三,海关处理的案件。根据《海关法》等法律规定,海关的主要职能是监管、征税、查私和编制海关统计等。海关在履行上述职能的过程中,会对公民、法人或者其他组织作出相应的行政许可、行政强制、征缴税款、行政处罚等行政行为。这些行政行为专业性、技术性较强,涉案标的较大,不少还具有涉外因素,对审理的要求高,由中级人民法院管辖,能够更准确地适用法律,确保案件质量。同时,海关总署、直属海关和隶属海关三级设置,大多分布在大中城市,由相应的中级人民法院审理,也不会增加司法成本。

第四,本辖区内重大、复杂的案件。根据《若干解释》第8条,下列情形可以认定为本辖区内重大、复杂案件:一是被告为县级以上人民政府,且基层人民法院不适宜审理的案件。如果被告是县级以上人民政府,因与基层人民法院存在过多的利害关系,且在"强行政,弱司法"格局仍未被打破的形势下,基层人民法院很难做到依法独立行使审判权,所以一律由中级人民法院进行管辖。需要特别说明的是,2014年修改的《行政诉讼法》第15条第1项规定,中级人民法院管辖"对国务院部门或者县级以上地方人民政府所作的行政行为提起诉讼的案件"。也就是说,新法实施后,所有以县级以上人民政府为被告的案件,基层人民法院均没有管辖权。二是社会影响重大的共同诉讼、集团诉讼案件。其中,共同诉讼是指当事人一方或者双方为二人(含二人)以上,其诉讼标的是共同的,或者诉讼标的是同一种类,人民法院认为可以合并审理,并且当事人同意的诉讼。三是重大涉外或者涉及香港特别行政区、澳门特别行政区、台湾地区的案件。随着我国国际地位的不断提升,我国行政法具有越来越多的涉外可能性。同时,港澳台地区虽同属中国领土,但却保留了原有的法律制度,情况较为复杂,所以将这类案件统一规定由中级人民法院受理。四是其他重大、复杂案件。

第五,其他法律规定由中级人民法院管辖的案件。这是新增加的中级人民法院级别管辖的范围,目的是为以后立法预留空间。一些新类型案件或者纳入行政诉讼受案范围的案件,也可能通过全国人大及其常委会制定的法律、法律性文件,直接规定由中级人民法院管辖。同样,本着新法优于旧法、特别法优于普通法等原则,法律或者法律性文件也可能规定部分行政案件不再由中级人民法院管辖。《全国人民代表大会常务委员会关于在北京、上海、广州设立知识产权法院的决定》就规定:"不服国务院行政部门裁定或者决定而提起的第一审知识产权授权确权行政案件,由北京知识产权法院管辖。"

(2)中级人民法院管辖第一审行政案件的特点

中级人民法院在法律体系中处于"承上启下"的重要地位。中级人民法院既是辖区内基层人民法院的上诉法院,管辖二审案件,又依法受理辖区内的一审案件。中级人民法院的判案质量,直接反映当地行政审判的司法能力和司法水平。刑事、民事诉讼中,中级人民法院更多的是履行终审职能,主要办理二审案件。但是,行政诉讼的特殊性使得"县法院审不了县政府"成为普遍现象,因此中级人民法院越来越多地承担了一审职能,所管辖的第一审行政案件种类也就不断扩大。与1989年《行政诉讼法》相比,2014年修改的《行政诉讼法》规定的中级人民法院管辖的第一审行政案件范围有逐步扩大的趋势。换言之,基层人民法院管辖的案件范围逐渐缩小,而这正是为了更好地实现司法公正,确保行政案件的依法处理,将县级人民政府、地级市人民政府作为被告的案件逐步交由中级人民法院管辖,以便防范可能的行政干预。

4. 高级人民法院管辖的第一审行政案件

《行政诉讼法》第16条规定:"高级人民法院管辖本辖区内重大、复杂的第一审行政案件。"由此可见,高级人民法院只直接管辖行政案件里的极少数,大多数行政案件应由基层和中级人民法院管辖。这样规定的目的是保证高级人民法院集中力量,对下级人民法院的工作进行监督,并有效完成对本省、自治区、直辖市范围内的重大、复杂行政案件的审理。

（1）《行政诉讼法》第 16 条是原则性和灵活性相结合的规定

原则性体现在必须是本辖区内重大、复杂的行政案件，对非重大、复杂的案件，高级人民法院不进行管辖。灵活性体现在本条没有明确界定何谓"重大、复杂"的案件，而是交由最高人民法院或高级人民法院根据具体情况判断决定。一般来说，在省、自治区、直辖市范围内有重大影响，或所涉当事人众多且有特殊身份，或涉及重大公共利益，或涉及的法律规定不明确，或涉及的地方性法规、地方性规章与上位法可能不一致，需要报请国务院或最高人民法院作出解释等案件，可以认为属于"本辖区内重大、复杂"的行政案件。目前，除了高级人民法院自己决定管辖的案件类型外，最高人民法院也通过司法解释的方式直接决定高级人民法院对部分特殊类型案件的管辖。例如，《最高人民法院关于审理反倾销行政案件应用法律若干问题的规定》第 5 条规定："第一审反倾销行政案件由下列人民法院管辖：（一）被告所在地高级人民法院指定的中级人民法院；（二）被告所在地高级人民法院。"《最高人民法院关于审理反补贴行政案件应用法律若干问题的规定》第 5 条规定："第一审反补贴行政案件由下列人民法院管辖：（一）被告所在地高级人民法院指定的中级人民法院；（二）被告所在地高级人民法院。"

（2）高级人民法院管辖第一审行政案件的优势

高级人民法院是地方各级人民法院中的最高一级，它主要承担对辖区内下级法院审判工作的监督和指导，对不服中级人民法院判决、裁定的上诉、抗诉案件的审理。按照完善中国特色社会主义审判权力运行体系的总体要求，基层人民法院、中级人民法院、高级人民法院和最高人民法院有着不同的职能定位。高级人民法院主要是要发挥审判监督、有错必纠的职能，不宜管辖过多的第一审行政案件。当然，对于那些辖区内重大、复杂的行政案件，由高级人民法院管辖，更有利于依法裁判，妥善化解纠纷，树立规则，确定标准。

5. 最高人民法院管辖的第一审行政案件

《行政诉讼法》第 17 条规定："最高人民法院管辖全国范围内重大、复杂的第一审行政案件。"最高人民法院管辖的第一审行政案件的范围，理所当然地要比地方各级人民法院管辖的第一审行政案件的范围小得多，它只审理在全国范围内有重大影响或者极为复杂的行政案件。《行政诉讼法》关于最高人民法院管辖的规定，有利于它完成自己的主要任务。

《行政诉讼法》第 17 条只规定了最高人民法院管辖"全国范围内重大、复杂的第一审行政案件"，至于如何认定"全国范围内重大、复杂"的行政案件，目前法律未作明确规定。由于最高人民法院管辖的第一审行政案件客观上存在着一审终审问题，必须十分谨慎。从理论上而言，最高人民法院管辖第一审行政案件的类型，应当由有关法律明确规定。在缺少法律明确规定的情况下，最高人民法院管辖的案件至少是在全国能产生重大影响的行政案件，或在国际上有重大影响的涉外行政案件,而且应当属于时间特别紧迫,需要尽快作出终审裁判,否则将给国家利益带来重大损失的案件。管辖对象除了事实极为复杂、涉及社会关系面广、涉及中央国家机关间职权划分、诉讼标的额特别巨大等因素外,还必须具备案件的审理方式、适用法律和审理技术具有开创性,能够直接指导地方各级人民法院的审判工作等因素。另外,《行政诉讼法》第24条第1款规定,上级人民法院有权审理下级人民法院管辖的第一审行政案件。这意味着,理论上,最高人民法院可以审理任何自己愿意审理的案件。不过,到目前为止,最高人民法院尚未受理过任何第一审行政案件。

五、行政诉讼的地域管辖

1. 地域管辖的概念

地域管辖,又称"区域管辖""属地管辖",是指在同级人民法院之间横向划分其各自辖区内受理第一审行政案件的权限。地域管辖和级别管辖既有区别又有联系。两者的区别表现在:级别管辖是从纵向上确定各级人民法院对案件的管辖权限,它所解决的是案件应当由哪一级法院管辖的问题;而地域管辖则是从横向上确定同级人民法院之间对案件的管辖权限划分,它所解决的是案件应由哪个地方法院管辖的问题。两者的联系表现在:地域管辖是在级别管辖的基础上划分的,只有确定了级别管辖之后,才能确定地域管辖;在确定了级别管辖之后,必须借助于地域管辖进一步落实具体的受诉法院,这样才能最终确定第一审行政案件的管辖问题。

行政诉讼法主要根据两个因素规定地域管辖:一是人民法院的辖区。我国地方各级人民法院的辖区按各级行政区划确定,与行政区划一致。行政区划制度决定了各地人民法院行政审判权的空间范围,一般只有本辖区的行政案件才能由该地人民法院管辖。二是当事人或诉讼标的与人民法院辖区的关系。即当事人或诉讼标的在本辖区。前者是一般地域管辖,后者也称为"特殊地域管辖"。其中,特殊地域管辖还包括专属管辖和共同管辖。

2. 行政诉讼的一般地域管辖

(1) 一般地域管辖的概念

一般地域管辖,是指以最初作出行政行为的行政机关所在地为标准确定行政案件的管辖法院。它是相对于特殊地域管辖而言的。《行政诉讼法》第18条规定:"行政案件由最初作出行政行为的行政机关所在地人民法院管辖。经复议的案件,也可以由复议机关所在地人民法院管辖。经最高人民法院批准,高级人民法院可以根据审判工作的实际情况,确定若干人民法院跨行政区域管辖行政案件。"

(2) "原告就被告"原则是民事诉讼一项基本原则

《行政诉讼法》第18条确立了行政诉讼的一般地域管辖制度,也就是"原告就被告"。《行政诉讼法》作这样的规定,主要是基于以下几个原因:一是当事人之间的行政争议基本发生在被告机关所在地,采取"原告就被告",便于人民法院调查取证,查清事实,分清是非,提高办案的效率和质量。二是多数情况下,行政案件的原告所在地与被告所在地高度重合,便于双方当事人参加诉讼活动。三是便于生效裁判的执行。行政案件大部分是因行政决定引起的,裁判也针对行政决定。由被告所在地法院管辖,有利于确保生效裁判的执行。同时,行政决定的强制执行申请一般也是由被告所在地人民法院受理并审查,将两者相统一,便于人民法院裁判标准的统一。当然,由被告行政机关所在地的人民法院管辖第一审行政案件,容易造成司法权的地方化,也容易让败诉原告有"官官相护"的误解。

所谓"经复议的案件,也可以由复议机关所在地人民法院管辖",实际上是赋予了原告对管辖法院的选择权。即原告既可以选择向作出行政行为的行政机关所在地人民法院起诉,也可以选择向复议机关所在地人民法院起诉。

需要说明的是,根据《行政诉讼法》第18条第2款的规定,除了第一审行政案件可以实行跨行政区域管辖外,第二审行政案件同样可以进行跨行政区域管辖。也就是说,经最高人民法院批准,高级人民法院可以确定某一基层人民法院跨区域管辖数个基层人民法院管辖的第一审行政案件,还可以确定某一中级人民法院跨区域管辖数个中级人民法院管辖的第二审行政案件。这是除了传统的管辖权转移规定外,创造性地规定了跨行政区域的管辖权转移问题。

3. 行政诉讼的特殊地域管辖

(1) 特殊地域管辖的概念

特殊地域管辖,是相对于一般地域管辖而言的,是指法律针对特别案件所列举规定的特别管辖。某些行政案件如果适用一般地域管辖,则不利于法院审理行政案件和当事人参加诉讼。因此,《行政诉讼法》第19、20、21条规定了特殊地域管辖。该管辖优先适用于所针对的行政案件。

(2) 特殊地域管辖的情形

第一,关于限制人身自由行政强制措施的特殊管辖规定。《行政诉讼法》第19条规定:"对限制人身自由的行政强制措施不服提起的诉讼,由被告所在地或者原告所在地人民法院管辖。"根据本条规定,被采取限制人身自由行政强制措施的公民既可以选择到被告所在地人民法院提起诉讼,也可以到自己所在地人民法院提起诉讼。关于"原告所在地",按照《若干解释》的规定,包括原告户籍所在地、经常居住地和被限制人身自由地。现实中往往有这样的情形,行政机关基于同一事实,既对人身又对财产实施行政处罚或者采取行政强制措施。针对这种情形,《若干解释》规定,被限制人身自由的公民,被扣押或者没收财产的公民、法人或者其他组织对上述行为不服的,既可以向被告所在地人民法院提起行政诉讼,也可以向原告所在地人民法院提起行政诉讼,受诉人民法院可一并管辖。

随着社会的发展,公民在户籍所在地或经常居住地之外进行经济、文化活动的情况越来越多。在行政管理实践中,相当一部分被采取限制人身自由强制措施的公民都是外出人员,其所在地与被告行政机关所在地并不一致。这部分公民对限制人身自由的强制措施不服提起诉讼的,如果仍然坚持由被告所在地人民法院管辖,则不利于保护原告的合法权益,甚至可能让原告因此而放弃起诉。因此,为了更好地保护公民的人身自由,让公民便于通过行政诉讼手段维护合法权益,《行政诉讼法》第19条专门作了特殊管辖规定。

第二,专属管辖。《行政诉讼法》第20条规定:"因不动产提起的行政诉讼,由不动产所在地人民法院管辖。"关于不动产案件的特殊管辖,一般称为"专属管辖",是指法律以诉讼标的所在地为标准,强制规定特定的诉讼只能由特定的法院进行管辖。专属管辖的显著特征是它在管辖上的排他性,即法律强制规定,特定的诉讼只能由特定的法院进行管辖。不动产一般是指不能移动其位置或者其位置移动后就会引起其性能、价值、形状等改变的财产,主要指土地(包括滩涂、草原、山岭、荒地等)及其地面附着物。所谓附着物,是指附在土地之上或之中的自然的或人工的物体,如建筑物、矿山、山林及其他定着物等。不动产所在地主要是指不动产作为实物所处的地方,而不是指不动产所有权人所在地。

所谓"因不动产提起的行政诉讼",是指公民、法人或者其他组织因不动产的所有权或使用权与行政机关或组织发生行政争议,而向人民法院提起诉讼的案件。在"因不动产提起的行政诉讼"中,不动产是案件的客体,或者是产生行政诉讼的原因。如果不动产仅仅是证据或与案件有关联,则不属于不动产案件。目前,这类案件主要有:① 因不动产所有权、使用权归属提起的行政诉讼;② 因建筑物的拆除、翻修、改建、扩建等提起的行政诉讼;③ 因土地征收、征用及与此有关的行政处罚或行政强制措施提起的行政诉讼;④ 因污染不动产提起的行政诉讼。对这类行政诉讼案件,若被告行政机关所在地法院与不动产所在地法院不一致,则不能由作出行政行为的行政机关所在地的人民法院管辖,而应由不动产所在地的人民法院管辖(如果不动产所在地涉及两个以上的人民法院所在地,则可由原告选择其中一个人民法院提起诉讼)。

法律之所以规定不动产的诉讼要由不动产所在地的人民法院管辖,其根本原因在于便于人民法院就地就近调查、勘验、测量,更便于人民法院就地执行。人民法院在审理因不动产提起的行政诉讼时,常常需要对不动产进行勘验,以确定不动产管理部门的行政行为的合法性及正确性。不动产所在地的人民法院通常对不动产的原始状态,所有权、使用权归属及其演变、发展过程中当地的具体做法,甚至是风俗习惯都比较清楚,由不动产所在地的人民法院管辖便于其对案件进行实地调查和现场勘查,从而准确、及时地了解案情,公正地作出判决,可以避免办案人员疲于奔波辛劳,致使人力、物力和财力的浪费,也有利于人民法院针对不动产问题所作的行政判决、裁定的执行。

第三,共同管辖与选择管辖。《行政诉讼法》第 21 条规定:"两个以上人民法院都有管辖权的案件,原告可以选择其中一个人民法院提起诉讼。原告向两个以上有管辖权的人民法院提起诉讼的,由最先立案的人民法院管辖。"

所谓共同管辖,是指依照法律规定,两个以上的人民法院对同一行政案件都有管辖权而由原告选择具体管辖法院的管辖。共同管辖只是表明各有关人民法院对同一行政案件都有管辖权,并不意味着几个有关的人民法院应共同审理同一行政案件,这一行政案件究竟应由哪一个具体的人民法院行使管辖权,还必须借助于选择管辖加以解决。

所谓选择管辖,是指对于两个以上的人民法院都有管辖权的诉讼,原告可以选择其中任何一个法院起诉,从而确定具体法院的管辖。共同管辖和选择管辖是一个问题的两个方面,即共同管辖是从法院行使管辖权的角度出发,选择管辖是从当事人行使起诉权的角度出发。共同管辖是选择管辖的基础和前提条件;选择管辖是共同管辖的落实和实现,是共同管辖的必要补充。《行政诉讼法》作出这样的规定,目的是避免和解决人民法院管辖权问题的争议。造成共同管辖的原因是多重的,比如法律规定的管辖标准各异,因而导致几个人民法院都有管辖权。有时法律规定的管辖标准是同一的,由于多个人民法院符合标准,也会导致共同管辖。例如,法律规定由作出原行政行为的行政机关所在地人民法院管辖,由于行政行为是由两个行政机关联合作出的,而这两个行政机关又不在同一区域,这也会产生共同管辖问题。在出现共同管辖局面时,各管辖人民法院在法律上都对本案有管辖权。

六、行政诉讼的裁定管辖

根据人民法院的裁定而不是法律的直接规定确定的管辖,称为"裁定管辖"。裁定管辖是法定管辖的必要补充,它可以帮助人民法院解决在具体案件的管辖上出现的一些特殊问题。我国《行政诉讼法》第 22、23、24 条分别规定了移送管辖、指定管辖和管辖权的转移三种类型。

1. 移送管辖

《行政诉讼法》第 22 条规定:"人民法院发现受理的案件不属于本院管辖的,应当移送有管辖权的人民法院,受移送的人民法院应当受理。受移送的人民法院认为受移送的案件按照规定不属于本院管辖的,应当报请上级人民法院指定管辖,不得再自行移送。"所谓移送管辖,是指人民法院对已经受理的案件经审查发现不属于本院管辖时,将案件移送给有管辖权的人民法院管辖的一种法律制度。它是无管辖权的人民法院受理了不属于其管辖的行政案件的补救措施,其实质在于仅仅是对案件的移送,而非管辖权的移送。受移送的人民法院并不一定必然具有管辖权。但是,为了防止法院之间相互推诿,受移送的人民法院即便没有管辖权也不得拒收、退回或自行再移送。

移送管辖裁定对受移送的人民法院具有约束力,受移送的人民法院不能再自行移送。也就是说,受移送的人民法院既不能退回移送的人民法院,也不能自行转送其他人民法院。如果受移送的人民法院确有移送错误或者审理有困难的,应说明理由,报请上级人民法院指定管辖。经上级人民法院作出指定管辖裁定后移送的案件不属"自行移送"。移送管辖一般发生在同级异地的人民法院之间,属于地域管辖的一种补充形式。但是,从法律上讲,它也可能发生在不同审级的人民法院之间,这主要有两种情况:一种情况是发生在不同区域的不同审级的人民法院之间;另一种情况是发生在级别管辖的领域内。

2. 指定管辖

《行政诉讼法》第 23 条规定:"有管辖权的人民法院由于特殊原因不能行使管辖权的,由上级人民法院指定管辖。人民法院对管辖权发生争议,由争议双方协商解决。协商不成的,报它们的共同上级人民法院指定管辖。"所谓指定管辖,是指上级人民法院以裁定的方式,将行政案件交由下级人民法院管辖的制度。《行政诉讼法》规定指定管辖,主要是为了避免在一些特殊情况下拖延案件的审理,减少诉讼当事人的诉累,及时稳定行政法律关系。

(1) 由于特殊原因,致使有管辖权的人民法院不能行使管辖权的

此种情况下,管辖权的归属并无争议,但管辖权却由于特殊原因不能有效行使。所谓"特殊原因"有两个:其一,事实原因。由于自然灾害、战争、意外事故等不可抗拒的客观事实,致使该人民法院实际不能行使职权。其二,法律原因。由于某些事实的出现符合法律规定,从而使有管辖权的人民法院在法律上不能审理或继续审理本案。例如,当事人申请回避,或属本法院工作人员为当事人的案件,本院不宜审理等。在审判实践中,由于基层人民法院与地方政府或行政机关之间在人、财、物等方面存在直接的利害关系,人民法院在受理、审判和执行行政案件中,往往难以抵御和排除来自当地政府和行政机关的干预,将会影响裁判的公正性。由于类似的特殊原因,上级人民法院可以指定其他人民法院管辖,被指定的人民法院从而取得对该案件的管辖权。

(2) 人民法院对管辖权发生争议,协商不成的

下级人民法院之间如果就特定行政案件的管辖权发生争议,应当依法协商。如果协商不成,可报它们共同的上级人民法院,由该上级人民法院以指定形式解决管辖权冲突或争议。在审判中引起管辖权争议的情况主要有:(1) 原告向两个有管辖权的人民法院提起诉讼,这两个人民法院收到起诉状后同时立案的;(2) 行政区域变动期间发生的案件,造成几个人民法院都有管辖权,或几个人民法院都不可以管辖。对这两种情况,若同属一个地区、市辖区的两个基层人民法院发生争议,应当先由发生管辖权争议的人民法院协商解决,协商不成的,由该地、市的中级人

民法院指定管辖;同属一个省、自治区、直辖市的两个人民法院发生争议的,双方协商不成的,由该省、自治区、直辖市高级人民法院指定管辖;跨省、自治区、直辖市的两个人民法院发生管辖权争议,双方协商不成的,应当上报各自的省、自治区、直辖市高级人民法院,由两个高级人民法院协商解决,协商不成的,应各自陈述意见,报请最高人民法院指定管辖。

应当强调指出,指定管辖是通过指定行为而确定的管辖。因此,指定须是具体、明确地指定,不可以含糊不清,或进行类别指定。指定行为在法律上有确定无疑的效力。一经指定,管辖人民法院即被确定,而被指定人民法院无权另行指定或转移案件。《行政诉讼法》规定指定管辖主要是为了避免在一些特殊情况下拖延对案件的审理,从而减少当事人的诉累,及时稳定行政诉讼法律关系,保证正确、及时审理行政诉讼案件。

3. 管辖权的转移

《行政诉讼法》第24条规定:"上级人民法院有权审理下级人民法院管辖的第一审行政案件。下级人民法院对其管辖的第一审行政案件,认为需要由上级人民法院审理或者指定管辖的,可以报请上级人民法院决定。"所谓管辖权的转移,是指经上级人民法院的同意与决定,将下级人民法院有管辖权的行政案件转交上级人民法院审理,或者上级人民法院将自己有管辖权的行政案件交由下级人民法院审理的管辖形式。由于下级人民法院审理的行政案件主要是当地行政机关作为被告的案件,相应地易受到当地行政机关干扰,而管辖权转移可以较好地解决这个问题。对于下级人民法院不适宜审理或者审理有困难的案件,上级人民法院可以通过管辖权转移的方式加以解决。这也体现了行政诉讼管辖制度原则性与灵活性的结合。

虽然管辖权转移与移送管辖都是将某一已受理的案件由一个人民法院移送到另一个人民法院审理,但两者在性质上有以下不同:第一,管辖权转移是人民法院将自己管辖的某一案件移交给原来没有管辖权的人民法院审理,移送管辖是人民法院将不属于自己管辖的案件移送到有管辖权的人民法院审理。第二,管辖权转移是在有审理监督关系的上下级人民法院之间移送;移送管辖一般情况下是在同级人民法院之间移送,只有在特殊情况下才会存在不同级别法院间的移送管辖。第三,管辖权转移必须报上级人民法院决定或者同意,移送管辖则无须上级人民法院决定或者同意。第四,管辖权转移主要调整级别管辖的问题,移送管辖主要解决有无管辖权的问题。

七、行政诉讼的管辖权异议

1. 管辖权异议的含义及意义

行政诉讼管辖权异议,又称"行政诉讼管辖异议",是指当事人认为受诉人民法院对该行政案件无管辖权,而向受诉人民法院提出的不服该人民法院管辖的意见或主张。我国《行政诉讼法》对此没有规定,人民法院在司法实践中遇到有关管辖权异议的问题,一般适用《民事诉讼法》第 127 条有关管辖权异议的规定。同时,《若干解释》第 10 条对此作了补充规定,确立了行政诉讼管辖权异议规则,即"当事人提出管辖异议,应当在接到人民法院应诉通知之日起 10 日内以书面形式提出。对当事人提出的管辖异议,人民法院应当进行审查。异议成立的,裁定将案件移送有管辖权的人民法院;异议不成立的,裁定驳回。"

行政诉讼管辖权异议的设立价值和意义是显而易见的:第一,设立管辖权异议规则有利于充分保护行政诉讼当事人的诉权。行政诉讼法的立法目的就在于保护行政相对人的合法权益。在共同管辖的情形下,同一案件可以由两个或两个以上的人民法院管辖,并且由于原告起诉时种种原因的制约,存在管辖权异议是较为普遍的现象。如果当事人对行政案件的管辖权持有异议,而在法律上又不赋予当事人管辖异议权,其实质就是对当事人诉讼权利的一种限制。第二,设立管辖权异议规则有利于克服地方保护主义。由于现行管辖制度的设计存在着一个较为明显的缺陷,即行政区划与司法管辖的区域对应设置,司法辖区与行政辖区重合,地方人民法院在人、财、物等方面均受制于地方政府。这样,人民法院在外部关系上难以独立,司法权地方化的现象较为普遍。尤其是在 1994 年财税体制改革之后,我国地方政府获得了相对独立的地方利益,地方保护主义不可避免地会影响到社会生活,在司法领域也不例外,基于地方利益的驱动,不同人民法院之间争案件管辖权的事件时有发生。因此,在行政诉讼制度中设立管辖权异议规则有利于防止和克服地方保护主义现象。第三,设立管辖权异议规则对人民法院和当事人均发生效力。当事人提出管辖权异议之后,受诉人民法院就应当中止对案件的实体审理,开始对案件的程序问题进行审理,诉讼程序就进入了程序审理阶段,在程序问题未解决之前不得进行实体审理。首先需要明确案件的管辖权,因为管辖权是案件审理的前提问题。如果管辖权异议成立,将裁定把案件移送至有管辖权的人民法院,这是裁定异议成立的直接效力,也是当事人提出管辖权异议的延续效力。

2. 提出管辖权异议的主体

《若干解释》中规定提出管辖权异议的主体是"当事人"。当事人一般包含行政诉讼的原告、被告和第三人。在行政审判实践中,被告作为提出管辖权异议的主体是没有争议的,但是原告和第三人成为管辖权异议的主体则存在着不同意见。

(1) 提出管辖权异议的主体是"当事人",其概念应当包括原告在内。在一般情况下,原告提出管辖权异议的理由不充分,其权利的行使应当受到严格的限制。但是,在特定情况下,应当赋予原告提出管辖权异议的权利。比如行政案件的受理法院不是原告确定的,如起诉后案件被移送或指定管辖。从程序公正的角度看,如果受理法院不是原告确定的,原告应该有提出管辖权异议的权利,否则无法从权利上保证原告的诉讼权利。如果受理法院是原告选择的,则原告提出管辖权异议缺乏足够的理由。从效率原则看,自己不应对自己作出的决定提出异议。原告在提起诉讼时已经对法院作出了选择,法院在受理时也对管辖进行了审查,这意味着双方在一定程度上形成了合意。如果原告可以对自己选择的法院提出管辖权异议,有可能导致原告滥用此项权利而规避诉讼期限、举证期限等问题。因此,在行政审判实践中,虽然承认原告的这项权利,但在适用时应当对其加以限制。

(2) 第三人提出管辖权异议。2014年修改的《行政诉讼法》第29条对第三人的诉讼地位重新作了规定:"公民、法人或者其他组织同被诉行政行为有利害关系但没有提起诉讼,或者同案件处理结果有利害关系的,可以作为第三人申请参加诉讼,或者由人民法院通知参加诉讼。人民法院判决第三人承担义务或者减损第三人权益的,第三人有权依法提起上诉。"与原法相比,新法修改了两处:一是增加了"同案件处理结果有利害关系的",可以作为第三人;二是增加了第2款,即规定人民法院判决第三人承担义务或者减损第三人权益的,第三人有权依法提出上诉。对于第三人能否提出管辖权异议的问题,应作具体分析。对于《行政诉讼法》没有明确规定的,可以考虑参照《民事诉讼法》的相关规定。

3. 对管辖权异议的处理

对当事人所提出的管辖权异议,根据《若干解释》等的规定,人民法院处理的主要程序依次是:

(1) 当事人提出管辖权异议,应当自接到人民法院应诉通知之日起10日内以书面形式提出。

(2) 对当事人提出的管辖权异议,人民法院应当进行审查。审查之后,对于是否有管辖权,要作出书面裁定,并送达各方当事人。

(3) 异议成立的,裁定将案件移送有管辖权的人民法院;异议不成立的,裁定驳回。

(4) 当事人在接到裁定后,如果对裁定不服,有权在裁定送达后10日内向上一级人民法院提出上诉。

(5) 接到上诉的人民法院应在法定期限以内,对当事人的上诉进行审查,并作出最终裁定。当事人在接到该最终裁定后,必须到上诉裁定书中所确定的有管辖权的人民法院参加诉讼;否则,即视为自动撤诉或不应诉。

(6) 一、二审人民法院驳回管辖权异议的裁定发生法律效力后,当事人提出申诉的,人民法院应当继续审理。人民法院对案件作出的判决发生法律效力后,当事人对驳回管辖权异议的裁定和判决一并申诉的,人民法院经过复查,发现管辖裁定错误,但判决正确的,应当根据《民事诉讼法》的有关规定,不再改变管辖裁定;如果经过复查,认为管辖裁定和判决均有错误的,应当按照审判监督程序提起再审。

第四节 行政诉讼参加人

一、行政诉讼参加人

所谓行政诉讼参加人,是指行政诉讼的当事人和与诉讼当事人地位相同的人。即依法参加行政活动,享有诉讼权利,承担诉讼义务,并且与诉讼争议或诉讼结果有利害关系的人。行政诉讼参加人具体包括原告、被告、第三人、诉讼代理人(委托代理人、法定代理人和指定代理人)。诉讼参加人与诉讼主体的概念不同。诉讼主体除了诉讼参加人外,还包括人民法院。人民法院是诉讼活动和诉讼法律关系的主持者和支配者,是当然的诉讼主体。诉讼参加人与诉讼参与人的含义也有区别。诉讼参与人除了包括诉讼参加人外,还包括参与诉讼活动的证人、鉴定人、翻译人员和勘验人员。审判人员、书记员是人民法院的工作人员,也不包括在行政诉讼参加人的范围之内。

行政诉讼当事人有广义和狭义之分。广义的当事人包括原告、被告、共同诉讼人和诉讼中的第三人;狭义的当事人仅指原告和被告。在行政诉讼的不同阶段,当事人有不同的称谓:在第一审程序中,称为"原告"和"被告";在第二审程序中,称为"上诉人"和"被上诉人";在审判监督程序中,称为"申诉人"和"被申诉人";在执行程序中,称为"申请执行人"和"被申请执行人"。在行政诉讼中,当事人的称谓不仅仅只是一个名称,它直接表明了当事人在行政诉讼中的诉讼地位及其所享有的诉讼权利和所承担的诉讼义务。

二、行政诉讼当事人的特征

所谓行政诉讼当事人,是指因行政法上的权利义务关系发生争议,以自身名义进行诉讼,并受人民法院裁判约束的利害关系人。在行政诉讼中,必有一方当事人是行政主体,而且行政主体只能做被告,没有起诉权和反诉权。行政诉讼当事人是行政诉讼最主要的参加人。在行政诉讼中,当事人具有以下几个特征:

1. 以自己的名义进行诉讼

凡是不能以自己的名义参加行政诉讼活动的,都不属于行政诉讼的当事人,如诉讼代理人。

2. 与行政案件有直接或间接的利害关系

在行政诉讼中,当事人是为了维护自己的合法权益而直接参与到行政诉讼活动之中的,案件的处理结果与当事人有直接或间接的利害关系。当事人以外的其他诉讼参与人并不是基于自身利益参与诉讼活动的,而是为了协助他人进行诉讼,使行政诉讼活动能够顺利进行,他们与案件的处理结果没有直接或间接的利害关系,如证人、鉴定人、翻译人员等。

3. 受人民法院裁判的拘束

由于人民法院的裁判是针对当事人之间的行政权利和义务的争执作出的,因而其裁判的效力只是针对当事人。对当事人以外的其他诉讼参与人,人民法院的裁判不发生拘束力。

三、行政诉讼的原告

1. 行政诉讼原告的含义及其资格条件

(1) 行政诉讼的原告

行政诉讼的原告,是指认为行政主体及其工作人员的行政行为侵犯自己的合法权益,而向人民法院提起诉讼的个人或者组织。行政诉讼的原告,既可以是个人,也可以是组织。个人主要指公民,也包括外国人和无国籍人。所谓公民,是指具有中华人民共和国国籍的自然人。外国人、无国籍人在我国进行行政诉讼,根据《行政诉讼法》第99条的规定,在对等的原则下,也适用该法关于原告的规定,同我国公民享有同等的诉讼权利和义务。组织包括法人和其他非法人组织。所谓法人,是指依法独立享有民事权利能力和承担民事义务的组织。所谓其他组织,是指法人之外的团体,主要是指那些设有代表人或管理人,但不具备法人资格条件,没有依法取得法人资格的社会集合体。不具备法人资格的其他组织向人民法院提起行政诉讼,由该组织的主要负责人作为诉讼代表人;没有主要负责人时,可以由实际上的负责人作为诉讼代表人。

(2) 行政诉讼原告的资格条件

行政诉讼中的原告资格,是指在行政诉讼中,公民、法人或者其他组织必须具备一些条件才可以以自己的名义向人民法院提起行政诉讼。原告资格是对起诉人可以成为原告的限制。如果行政诉讼对原告没有限制,也就没有所谓的原告资格问题。《行政诉讼法》第2条第1款规定:"公民、法人或者其他组织认为行政机关和行政机关工作人员的行政行为侵犯其合法权益,有权依照本法向人民法院提起诉讼。"第25条第1款规定:"行政行为的相对人以及其他与行政行为有利害关系的公民、法人或者其他组织,有权提起诉讼。"因此,享有原告主体资格的法定条件有:① 必须认为行政行为侵犯了自己的合法权益,即原告必须与行政行为有利害关系。行政行为侵犯了他人的合法权益,与自己没有利害关系,不能作为原告。② 必须是向人民法院提起诉讼。虽然认为行政行为侵犯了自己的合法权益,但没有向人民法院起诉,仍然不能称为原告。③ 必须是具有法律上独立人格的公民、法人或者其他组织,而不是作出行政行为的行政机关。

2. 行政诉讼原告资格的转移

根据《行政诉讼法》第25条第2款、第3款和《若干解释》的有关规定,行政诉讼原告资格的转移主要有以下几种情形：

（1）有权提起诉讼的公民死亡，其近亲属可以提起诉讼。在这种情况下，已经死亡的公民不能列为原告，提起诉讼的近亲属是以原告而不是诉讼代理人的身份提起诉讼。近亲属的范围具体包括：配偶、父母、子女、兄弟姐妹、祖父母、外祖父母、孙子女、外孙子女和其他具有扶养、赡养关系的亲属。公民因被限制人身自由而不能提起诉讼的，其近亲属可以依其口头或者书面委托以该公民的名义提起诉讼。

（2）有权提起诉讼的法人或者其他组织终止，承受其权利的法人或者其他组织可以提起诉讼。

3. 行政诉讼原告的权利

（1）起诉、撤诉、增加或变更诉讼请求的权利

原告有权提起行政诉讼，引起行政诉讼法律关系；原告在人民法院宣告判决和裁定前，有权主动申请撤诉，或者在被告改变行政行为后，同意其改变而撤诉；原告在人民法院宣告判决或裁定前，有权申请增加或变更诉讼请求。

（2）请求司法保护，委托他人代理的权利

原告有权在认为行政行为对其合法权益产生侵害时请求司法保护，有权委托律师、社会团体、近亲属、其单位推荐之人或人民法院许可的其他公民为诉讼代理人，代理其参加诉讼和实施有关诉讼行为。

（3）提供证据、申请保全证据、申请回避、进行辩论、查阅庭审材料的权利

原告在起诉和诉讼过程中，有权向人民法院提供证据以支持自己的诉讼请求，并在认为某证据有可能丧失或难以取得的情况下，有权申请保全措施以保全证据；在原告认为审判人员、书记员、翻译人员、鉴定人、勘验人与本案有利害关系可能影响公正审判时，有权申请相应人员回避；原告有为维护自己的合法权益、支持自己的诉讼请求而进行辩论的权利；原告在开庭审理后，有权申请查阅庭审笔录，并进行摘抄，但不得擅自复印。

（4）申请保全财产和申请先予执行权

原告在行政诉讼过程中，如认为可能因被告或其他原因使其后的判决不能或难以执行时，有权向人民法院申请财产保全；原告有权申请先予执行，如在行政机关没有依法发给其抚恤金的案件中，有权在人民法院判决尚未作出前，申请人民法院裁定行政机关先予给付。

（5）申请强制执行的权利

人民法院作出发生法律效力的判决、裁定后，如被告拒绝履行，胜诉的原告有权申请人民法院依法强制执行。

（6）上诉、申诉的权利

原告对人民法院作出的一审判决或裁定不服，有权依法向上一级人民法院提

起上诉,请求再次审理,依法作出二审判决。另外,原告有对已经发生法律效力的判决、裁定提出申诉的权利。

4. 行政诉讼原告的义务

(1) 依法正确行使诉讼权利,不得滥用诉权。

(2) 遵守诉讼程序,服从法庭指挥,尊重对方当事人和其他诉讼参加人的诉讼权利,不得妨碍诉讼的正常进行。

(3) 原告要自觉履行人民法院作出的发生法律效力的判决、裁定。

四、行政诉讼的被告

1. 行政诉讼被告的含义及其资格条件

(1) 行政诉讼的被告

行政诉讼的被告,是指实施的行政行为被作为原告的个人或者组织指控侵犯其合法权益,而由人民法院通知应诉的具有国家行政职权的机关或者组织。《行政诉讼法》第26条专门对行政诉讼的被告作了明确的规定。

(2) 行政诉讼被告的条件

一般来说,行政诉讼的被告应具备四个要件:第一,须是具有国家行政管理职权职责的机关或者组织。第二,须是原告认为作出的行政行为(作为或不作为、法律行为或事实行为等)侵犯其合法权益而被起诉的机关或者组织。没有实施某种行政行为或者实施的行政行为和原告认为被侵犯的合法权益没有因果关系的,不能作为被告。第三,须是能够独立承担法律责任的机关或者组织,法律另有规定的除外。第四,须是由人民法院通知其应诉的机关或者组织。被告地位的确定是因人民法院通知应诉,被告才享有在诉讼中的权利和承担诉讼中的义务。根据上述要件,在我国,确定行政诉讼被告时应当考虑以下三个要素:一是在程序上,受公民、法人或者其他组织起诉,且由人民法院通知应诉的机关或者组织;二是在实体上,行使国家行政管理职权职责并作出行政行为,且该行为被公民、法人或者其他组织认为侵犯其合法权益的机关或者组织;三是在组织上,属于能够独立承担法律责任的机关或者组织,即行政主体。

(3) 行政诉讼被告中的重要概念——行政主体

在最高人民法院颁布《若干解释》以前,"行政主体"基本上是一个学术概念,没有任何法律规范界定其内涵和外延。《若干解释》依据"行政主体与被告的对应原则",通过确定行政诉讼的适格被告,间接地确定了行政主体的基本特征。

《若干解释》第20条规定:"行政机关组建并赋予行政管理职能但不具有独立承担法律责任能力的机构,以自己的名义作出具体行政行为,当事人不服提起诉讼的,应当以组建该机构的行政机关为被告。行政机关的内设机构或者派出机构在没有法律、法规或者规章授权的情况下,以自己的名义作出具体行政行为,当事人不服提起诉讼的,应当以该行政机关为被告。法律、法规或者规章授权行使行政职权的行政机关内设机构、派出机构或者其他组织,超出法定授权范围实施行政行为,当事人不服提起诉讼的,应当以实施该行为的机构或者组织为被告。"根据这一规定,行政主体应当具备以下三方面特征:第一,行政主体必须是享有并行使行政职权的机关或者组织。区别于企业行政或私人行政,"享有并行使行政职权"是行政主体最根本的特征。第二,行政主体必须是能以自己的名义实施行政活动的组织。以他人名义,代他人实施行政活动的组织就不是行政主体,而是行政主体的内设或委托机构或组织等。《若干解释》第19条规定:"当事人不服经上级行政机关批准的具体行政行为,向人民法院提起诉讼的,应当以在对外发生法律效力的文书上署名的机关为被告。"第三,行政主体必须是能够独立承担行政责任的组织。这是行政主体在法律上具有独立人格的重要特征,不具有这个特征就无法承担法律责任,原则上就不能赋予其行政管理职权和职能,也不能独立参加行政诉讼。以上三个特征是相互联系、互为条件的。只有同时具备以上三个条件,才能称为行政法上的行政主体。

综上,行政主体是指依法拥有国家行政职权,代表国家,能以自己的名义独立实施行政活动以及参加相关行政争议活动,并独立承担由此产生的法律后果的机关或者组织。在我国,能够独立承担行政责任的行政主体包括行政机关和法律、法规授权的组织。

2. 行政诉讼被告的一般情形

《行政诉讼法》第26条根据不同的情形,分别规定了确定行政诉讼被告的六种不同情形。第1款规定:"公民、法人或者其他组织直接向人民法院提起诉讼的,作出行政行为的行政机关是被告。"第2款规定:"经复议的案件,复议机关决定维持原行政行为的,作出原行政行为的行政机关和复议机关是共同被告;复议机关改变原行政行为的,复议机关是被告。"第3款规定:"复议机关在法定期限内未作出复议决定,公民、法人或者其他组织起诉原行政行为的,作出原行政行为的行政机关是被告;起诉复议机关不作为的,复议机关是被告。"第4款规定:"两个以上行政机关作出同一行政行为的,共同作出行政行为的行政机关是共同被告。"第5款规定:"行政机关委托的组织所作的行政行为,委托的行政机关是被告。"第6款规定:"行政机关被撤销或者职权变更的,继续行使其职权的行政机关是被告。"

(1)公民、法人或者其他组织直接向人民法院提起诉讼的,作出行政行为的行政机关是被告。依法直接向人民法院提起诉讼的,指未经复议直接起诉的情况。在这种情况下,被告是作出经原告认为侵犯其合法权益的行政行为的机关。

(2)经复议的案件,复议机关决定维持原行政行为的,作出原行政行为的行政机关和复议机关是共同被告;复议机关改变原行政行为的,复议机关是被告。公民、法人或者其他组织在提起诉讼前先经复议的,根据复议机关的不同决定,一种情况是作出原行政行为的机关与复议机关作为共同被告,另一种情况是复议机关作为单独被告。

(3) 复议机关在法定期限内未作出复议决定,公民、法人或者其他组织起诉原行政行为的,作出原行政行为的行政机关是被告;起诉复议机关不作为的,复议机关是被告。《若干解释》第22条规定:"复议机关在法定期间内不作复议决定,当事人对原具体行政行为不服提起诉讼的,应当以作出原具体行政行为的行政机关为被告;当事人对复议机关不作为不服提起诉讼的,应当以复议机关为被告。"

(4) 两个以上行政机关作出同一行政行为的,共同作出行政行为的行政机关是共同被告。在一般情况下,行政行为是由某个行政机关作出的。有时,两个以上行政机关作出同一行政行为,当原告认为该行政行为侵犯其合法权益时,对该行政行为的审查就涉及共同作出这一行为的机关,与共同作出这一行为的机关都有利害关系。因此,共同作出行政行为的机关应当作为共同被告。

(5) 行政机关委托的组织所作的行政行为,委托的行政机关是被告。有时,非行政机关的组织也实施某种行政行为。当非行政机关的组织实施行政行为时,谁是被告的问题可区分为两种情况:一种情况是由法律、法规、规章授权的,根据法律、法规、规章的授权才有权作出行政行为,公民、法人或者其他组织对该组织的行政行为不服的,依照《行政诉讼法》第2条的规定,被告是被授权组织。另一种情况是由行政机关委托的,相对人如果对行政行为不服,依照《行政诉讼法》第26条的规定,被告不是具体实施行政行为的组织,而是委托的行政机关。《若干解释》第21条规定:"行政机关在没有法律、法规或者规章规定的情况下,授权其内设机构、派出机构或者其他组织行使行政职权的,应当视为委托。当事人不服提起诉讼的,应当以该行政机关为被告。"最高人民法院《关于诉商业银行行政处罚案件的适格被告问题的答复》针对北京市高级人民法院京高法[2003]191号《关于当事人不服商业银行行政处罚提起行政诉讼,应如何确定被告的请示》指出,根据《中国人民银行法》第12条和《支付结算办法》第239条的规定,商业银行受中国人民银行的委托行使行政处罚权,当事人不服商业银行行政处罚提起行政诉讼的,应当以委托商业银行行使行政处罚权的中国人民银行分支机构为被告。最高人民法院《关于公路路政管理机构行政主体资格及有关法律适用问题的答复》([1994]行复字第4号)指出:"《中华人民共和国公路管理条例实施细则》第九条规定的授权只能理解为是委托授权,公路养护管理总段(分段)不具备行政主体资格,且省政府也不具备该项行政管理权的授权主体资格。"

(6) 行政机关被撤销或者职权变更的,继续行使其职权的行政机关是被告。适用《行政诉讼法》第26条第6款发生在两种场合:一种是行政机关作出行政行为之后,在原告尚未提起诉讼时,该行政机关被撤销或者职权变更;另一种是在诉讼过程中,人民法院尚未作出裁判时,该行政机关被撤销或者职权变更。

3. 行政诉讼被告的权利

（1）辩论的权利。被告对原告的起诉有进行答辩的权利，以证明自己所作出的行政行为的合法性和正确性。但是，被告无反诉的权利。

（2）委托诉讼代理人进行诉讼的权利。

（3）申请回避的权利。

（4）在诉讼过程中变更原行政行为的权利。被告在人民法院宣告判决或裁定前（在第一审程序中），有权改变原行政行为。

（5）上诉和申诉的权利。被告对一审法院的判决或裁定，在法定期限内有上诉的权利；对已经发生法律效力的判决、裁定，如认为有错误，有提出申诉的权利。

（6）对已生效的判决、裁定，有向人民法院申请或依法自己强制执行的权利。被告对于原告拒绝履行人民法院已经发生法律效力的判决、裁定，不仅可以申请人民法院强制执行，而且自己有权依法强制执行。

4. 行政诉讼被告的义务

（1）遵守法庭秩序，服从法庭指挥。现实中，有的行政机关在行政诉讼中出现拒不出庭应诉、咆哮公堂等妨碍诉讼正常进行的情况。因此，必须对诉讼中被告行政机关遵守法庭秩序、服从人民法院指挥的义务加以特别强调。法律面前人人平等，没有什么官贵民贱，也没有任何人和任何组织能不受法律约束而任意行为。在这方面，行政机关和其他公民、法人和组织负有相同的义务。

（2）出庭应诉的义务。

（3）被告负主要举证责任。被告有提供作出的行政行为合法的事实依据和所依据的规范性文件的义务。

（4）对人民法院已经生效的判决、裁定，败诉的被告必须认真履行。

五、行政诉讼的共同诉讼人

《行政诉讼法》第27条规定："当事人一方或者双方为二人以上，因同一行政行为发生的行政案件，或者因同类行政行为发生的行政案件、人民法院认为可以合并审理并经当事人同意的，为共同诉讼。"

1. 共同诉讼人的概念

作为行政诉讼的当事人，在通常情况下，原被告双方都是单一的。但是，在某些行政案件中，原被告一方或者双方不是单一的，而是两个或两个以上的。所谓共同诉讼，是指当事人一方或者双方为两人以上的诉讼。原告为两人以上的，称为"共同原告"；被告为两人以上的，称为"共同被告"。共同原告与共同被告统称为"共同诉讼人"。

2. 行政诉讼共同诉讼的种类

根据《行政诉讼法》第27条的规定，共同诉讼可以分为必要的共同诉讼与普通的共同诉讼。

（1）必要的共同诉讼与普通的共同诉讼的概念

① 必要的共同诉讼。因同一行政行为发生的共同诉讼，即当事人一方或者双方为两人以上，因对同一个行政行为是否合法发生争议而提起的诉讼。例如，甲、乙两人共有一间私房，城建规划部门认定该私房为违章建筑，决定依法拆除，甲、乙两人不服而提起的诉讼。必要的共同诉讼因同一行政行为而发生，共同原告或者共同被告有着共同的权利和义务。因此，对于必要的共同诉讼，人民法院应当合并审理。

② 普通的共同诉讼。因同样的行政行为发生的共同诉讼，即当事人一方或者双方为两人以上，因对同样的行政行为是否合格发生争议而提起的诉讼。例如，甲、乙两人分别拥有相邻的两间个体商店，因违反门前"三包"的规定而被环卫部门处罚，甲、乙不服处罚而提起的诉讼。普通的共同诉讼并不必然导致人民法院的合并审理，必须是人民法院认为可以和有必要合并审理的，才能合并审理。

法律规定共同诉讼是为了避免对同一行政争议作出相互矛盾的判决，同时也是为了简化诉讼程序，提高办案效率。

（2）必要的共同诉讼与普通的共同诉讼的特点与区别

当事人一方或者双方为两人以上，其诉讼标的是共同的，为必要的共同诉讼。必要的共同诉讼的特点在于，共同诉讼的一方当事人对诉讼标的有不可分的共同的权利义务。当事人一方或双方为两人以上，其诉讼标的为同一种类，人民法院认为可以合并审理并经当事人同意的诉讼，为普通的共同诉讼。普通的共同诉讼的特点在于，共同诉讼的一方当事人对诉讼标的没有共同的权利义务，是一种可分之诉，只是因为他们的诉讼标的属于同一种类，人民法院为方便审理，才作为共同诉讼进行审理。普通的共同诉讼与必要的共同诉讼存在以下区别：

① 诉讼标的的性质不同。普通的共同诉讼的诉讼标的是同一种类，而必要的共同诉讼人对诉讼标的享有共同的权利或承担共同的义务。

② 共同诉讼人之间的相关性与独立性不同。在普通的共同诉讼中，每个共同诉讼人处于独立的地位，其诉讼行为对其他共同诉讼人不发生效力，而只对自己发生效力；在必要的共同诉讼中，采取承认的原则，视全体共同诉讼人为一个整体，其中一人的诉讼行为经其他共同诉讼人同意，对其他共同诉讼人发生效力。

③ 审判方式和审判结果不同。普通的共同诉讼是一种可分之诉，因此共同诉讼人既可以一同起诉或者一同应诉，也可以分别起诉或者应诉。人民法院既可以合并审理，也可以分开审理。合并审理时，应经共同诉讼人同意，并分别作出判决，确认每个共同诉讼人与对方当事人之间的权利义务关系。必要的共同诉讼是一种不可分之诉，因此共同诉讼人必须一同起诉或者一同应诉，人民法院必须合并审理并作出合一判决，且判决内容不得相左。

④ 在是否必须追加第三人上做法不同。必要的共同诉讼中,共同诉讼人对诉讼标的有共同的权利义务,其中一人不参加诉讼,争议的权利义务关系以及当事人之间的权利义务关系就难以确定。因此,如果人民法院发现必要的共同诉讼的当事人没有参加诉讼,应当追加其为当事人,通知其参加诉讼。普通的共同诉讼中,共同诉讼人仅在各自诉讼中存在是否追加第三人的问题,不存在追加同类行政行为的当事人进入自己诉讼的问题。

3. 共同诉讼的诉讼代表人

《行政诉讼法》第28条规定:"当事人一方人数众多的共同诉讼,可以由当事人推选代表人进行诉讼。代表人的诉讼行为对其所代表的当事人发生效力,但代表人变更、放弃诉讼请求或者承认对方当事人的诉讼请求,应当经被代表的当事人同意。"这是对诉讼代表人的规定。

如果共同诉讼人数众多,人民法院可以要求共同诉讼人推选代表人,也可以由当事人推选代表人进行诉讼。当事人必须推选他们之中的人作为代表人进行诉讼,而不能推选当事人之外的人。推选代表人是当事人的意思表示,因此代表人一旦产生,其诉讼行为对其所代表的当事人发生效力。但是,在这里,代表人的诉讼行为仅指提出管辖权异议、提供证据、进行法庭辩论、申请证据保存、申请顺延诉讼期间等不涉及当事人实体权利的行为。由于对实体权利的处分是法律赋予权利主体的重要权利,未经当事人授权,他人无权代为处分,因此代表人凡涉及当事人实体权利的诉讼行为,包括变更、放弃诉讼请求或者承认对方当事人的诉讼请求,必须经被代表的当事人同意,否则将构成对被代表的当事人的权利的侵犯。法律规定代表人放弃、变更诉讼请求,或者承认对方当事人的诉讼请求,必须经被代表的当事人同意,可以防止代表人和对方恶意串通,损害被代表的当事人的权益。

六、行政诉讼的第三人

1. 行政诉讼第三人的概念和特征

行政诉讼的第三人,是指同提起诉讼的行政行为有利害关系,或者同案件处理结果有利害关系,为了维护自己的合法权益而参加他人诉讼的公民、法人或者其他组织。《行政诉讼法》第29条第1款规定:"公民、法人或者其他组织同被诉行政行为有利害关系但没有提起诉讼,或者同案件处理结果有利害关系的,可以作为第三人申请参加诉讼,或者由人民法院通知参加诉讼。"第2款规定:"人民法院判决第三人承担义务或者减损第三人权益的,第三人有权依法提起上诉。"依据这一规定,行政诉讼中的第三人有以下几个特征:

(1) 行政诉讼的第三人是原、被告之外的行政相对人或行政主体

行政诉讼中的第三人必须是行政法律关系的主体,且第三人原则上是行政相对人,在法律规定的特殊情况下可以是行政机关。

关于行政诉讼的第三人和原告的关系，从 1989 年《行政诉讼法》第 27 条和《若干解释》的规定①可以看出，原告和第三人都是与"具体行政行为有利害关系"的公民、法人或者其他组织。2014 年《行政诉讼法》第 29 条规定，"同案件处理结果有利害关系"的公民、法人或者其他组织也可以成为第三人。但是，如果从日益扩大的原告资格的大趋势来看，行政诉讼的原告和第三人基本上还是一致的。同为与行政行为有利害关系的公民、法人或者其他组织，谁启动行政诉讼谁就是原告，共同启动行政诉讼的为共同原告，不启动行政诉讼的可以作为第三人参加行政诉讼。原告和第三人的区别主要有两点：一是原告是起诉者，而第三人是主动要求参加他人诉讼的或者法院通知参加他人诉讼的；二是原告是行政管理的对象，而第三人虽然原则上也是行政管理的对象，但在法律规定的特殊情况下可以是行使行政管理权的行政机关。前者如《若干解释》第 24 条规定："行政机关的同一具体行政行为涉及两个以上利害关系人，其中一部分利害关系人对具体行政行为不服提起诉讼，人民法院应当通知没有起诉的其他利害关系人作为第三人参加诉讼。第三人有权提出与本案有关的诉讼主张，对人民法院的一审判决不服，有权提起上诉。"《最高人民法院关于审理房屋登记案件若干问题的规定》第 6 条规定："人民法院受理房屋登记行政案件后，应当通知没有起诉的下列利害关系人作为第三人参加行政诉讼：（一）房屋登记簿上载明的权利人；（二）被诉异议登记、更正登记、预告登记的权利人；（三）人民法院能够确认的其他利害关系人。"后者如《若干解释》第 23 条第 2 款规定："应当追加被告而原告不同意追加的，人民法院应当通知其以第三人的身份参加诉讼。"《最高人民法院关于审理反补贴行政案件应用法律若干问题的规定》第 4 条规定："与被诉反补贴行政行为具有法律上利害关系的其他国务院主管部门，可以作为第三人参加诉讼。"《最高人民法院关于审理反倾销行政案件应用法律若干问题的规定》第 4 条规定："与被诉反倾销行政行为具有法律上利害关系的其他国务院主管部门，可以作为第三人参加诉讼。"

（2）行政诉讼的第三人同被诉的行政行为或案件处理结果有利害关系

同行政行为或案件处理结果"有利害关系"，是指有独立的利害关系。如果不是独立的利害关系，就不是第三人，而是必要的共同诉讼人。有独立的利害关系，也区别于参加到诉讼中来的证人、鉴定人和翻译人员。因为证人、鉴定人和翻译人员同诉讼争议中的行政行为没有利害关系，他们是为了协助人民法院和当事人查明案件事实才参加诉讼的。

同诉讼争议中的行政行为有独立的利害关系包括两种情况：一种是有直接的利害关系，另一种是有间接的利害关系。直接利害关系，是指被诉行政行为必须直

---

① 1989 年《行政诉讼法》第 27 条规定："同提起诉讼的具体行政行为有利害关系的其他公民、法人或者其他组织，可以作为第三人申请参加诉讼……"《若干解释》关于行政诉讼原告资格的规定使用的表述是"与具体行政行为有法律关系上利害关系"。

接影响到公民、法人或者其他组织的特定利益。所谓直接影响,是指被诉行政行为会直接导致公民、法人或者其他组织的利益得失。所谓间接影响,是指被诉行政行为间接涉及或影响了公民、法人或者其他组织的利益得失。例如,城建机关对违章建筑的停建拆除处理决定就会使建材销售单位的合同利益受到损害,但行政行为仅是造成这种损害的间接因素,直接因素是建材销售合同的变更或停止履行。

2014年修改的《行政诉讼法》将同被诉行政行为有利害关系和同案件处理结果有利害关系均纳入利害关系范畴,承认了间接利害关系是第三人的判断标准之一。因此,只要实际影响了公民、法人或者其他组织的合法权益,均应认定为有利害关系。所谓实际影响,是指行政主体的行政行为实际上处分了行政相对人的权利义务。处分行政相对人的权利义务分为直接处分和间接处分。前者是指行政行为直接处分相对人的权利义务,或者说增加相对人的义务、剥夺相对人的权利或变更相对人的权利义务。后者是指行政行为虽然并未直接增加相对人的义务、剥夺相对人的权利或变更相对人的权利义务,但其存在会给其他行为的作出提供具有法律意义的依据,或者置某一方当事人于不利的地位。间接处分除包括对相对人权利义务的确认外,还包括导致相对人权利义务的弱化。所谓弱化,并不在权利义务发生、变更、消灭或确认之中,它仅仅是对当事人现有的法律地位或权利义务的削弱而已。其中,间接利害关系包括2014年修改的《行政诉讼法》规定的"同案件处理结果有利害关系"这一情形。例如,被诉行政行为涉及原告与其他行政机关之间的特定行政法律关系。由于两个行政机关对同一原告作出的行政行为发生矛盾,当其中一个行为被诉,另一个行为必然会受到影响。法院要维持其中一个行为,就意味着否定另一个行为。这时,原告起诉的行政行为就与另一个行政机关形成了行政法意义上的权利义务关系。但是,这种利害关系仅限于无隶属关系的两个行政机关对原告作出的行为相矛盾,不包括复议机关改变原决定的情况。

(3) 行政诉讼的第三人参加诉讼,必须是在诉讼开始之后、审结之前

如果他人之间的诉讼尚未开始,不发生第三人参加诉讼;如果他人之间的诉讼已经审结,也不存在第三人参加诉讼。这与民事诉讼中第三人的特征相同。

(4) 行政诉讼的第三人既可以主动申请参加诉讼,也可以由人民法院依职权通知其参加诉讼

由人民法院依职权通知参加诉讼的第三人属于必须参加诉讼的第三人,人民法院有权利也有义务通知其参加诉讼,否则以遗漏诉讼主体违反法定程序论,裁判结果违法。根据审判实践,下述情况下,人民法院应当通知当事人作为第三人参加诉讼:

① 行政机关的同一行政行为涉及两个以上利害关系人,其中一部分利害关系人对行政行为不服提起诉讼,人民法院应当通知没有起诉的其他利害关系人作为第三人参加诉讼。

② 原告对复议机关改变原行政行为提起诉讼,人民法院应当通知最初作出行政行为的行政机关作为第三人参加诉讼。

③ 甲行政机关越权行使乙行政机关职权作出行政行为,原告提起诉讼,人民法院应通知乙行政机关作为第三人参加诉讼。

④ 应当追加被告而原告不同意追加的,人民法院应当通知其以第三人的身份参加诉讼。

2. 行政诉讼第三人的种类

在实践中,行政诉讼的第三人大致有以下几种情形:

(1) 行政处罚案件中的受害人或被处罚人

在行政处罚案件中,如有被处罚人和受害人,如果被处罚人不服处罚决定提起行政诉讼,受害人可以作为第三人参加诉讼;如果受害人对处罚决定不服提起行政诉讼,则被处罚人可以作为第三人参加诉讼。

(2) 行政机关与非行政机关共同署名作出处理决定中的非行政机关

行政相对人对行政机关与非行政机关共同署名作出的处理决定不服,向法院提起行政诉讼,应当以行政机关为被告,非行政机关作为第三人参加诉讼。

(3) 确权案件中主张权利的人

在专利、商标行政案件中,被行政机关驳回权利申请的一方当事人不服提起行政诉讼的,被确权一方当事人及其他被驳回的申请人应当作为第三人参加诉讼。

(4) 共同利害关系人

行政机关的同一行政行为涉及两个以上利害关系人,其中一部分利害关系人对行政行为不服提起行政诉讼,人民法院应当通知没有起诉的其他利害关系人作为第三人参加诉讼。

(5) 作出与其他行政主体的行政行为有关联或矛盾的行政行为的行政主体

两个或两个以上行政主体如果基于同一事实、针对同一对象作出了相互关联或相互矛盾的行政行为,其中一个行为被诉,其他行政主体应当作为第三人参加诉讼。

3. 行政诉讼第三人的权利与义务

行政诉讼的第三人在诉讼中享有陈述意见、参加辩论的权利和提出自己的主张和请求、委托代理人的权利。依据《若干解释》,行政诉讼中的第三人如果对人民法院的一审判决不服,有权提出上诉。但是,第三人无权处分原、被告的实体权利和诉讼权利,如变更诉讼理由或标的、承认或放弃诉讼、申请人民法院执行判决等,也不能以原告和被告为共同被告,以独立的实体权利人的资格,向人民法院提起一个新的诉讼。第三人具有与原、被告相似的义务。

七、行政诉讼的代理人

1. 行政诉讼代理人的概念

代理,是指在代理权限内,代理人以被代理人的名义从事活动,活动结果由被代理人承受的一种法律行为。诉讼代理是诉讼上维护当事人的合法权益,保证诉讼正常进行的一种诉讼制度。代理人代理的是诉讼法律行为,产生诉讼上的法律后果,其目的是协助当事人实现诉讼权利和履行诉讼义务。所谓诉讼代理人,是指依法律规定,或由法律指定,或受当事人委托,以当事人的名义,在代理权限范围内为当事人进行诉讼活动,但诉讼法律后果由当事人承受的人。

2. 行政诉讼代理人的种类

依据《行政诉讼法》的规定,按照代理权限产生根据的不同,可以将行政诉讼的代理人分为法定代理人和委托代理人。

（1）法定代理人

① 法律条文

《行政诉讼法》第 30 条规定:"没有诉讼行为能力的公民,由其法定代理人代为诉讼。法定代理人互相推诿代理责任的,由人民法院指定其中一人代为诉讼。"

② 法定代理人的含义

法定代理人,是指根据法律的规定,代替无诉讼能力的公民进行诉讼活动的人。法定代理,是指依照法律规定直接产生的代理。在诉讼代理中,法定代理是为无诉讼行为能力的人设定的。无诉讼行为能力的人如未成年人和精神病人,不能亲自进行诉讼活动,主张自己的诉讼权利,请求人民法院保护。法定代理人依照法律规定替无诉讼行为能力的人进行诉讼活动,以行使其诉讼权利,维护其合法权益。

③ 法定代理人的特征

一是代理权的产生和代理权限的范围必须是基于法律的明确规定,法定代理权是基于法律的直接规定而发生的。

二是法定代理人所代理的被代理人,是没有诉讼行为能力的自然人。

三是法定代理不仅是一种权利,而且是一种义务。因此,法定代理人不应推卸自己代理诉讼的责任。

法定代理制度是基于未成年人和精神病人不能正确分辨是非和表达自己的意志而设立的,因此法定代理人在诉讼中的行为应当视为当事人的行为,与当事人的行为具有同等的法律效力。人民法院和对方当事人对无诉讼行为能力的当事人所为的诉讼行为,应面向其法定代理人进行。但是,法定代理人毕竟不是当事人,而只是代为诉讼。

④ 指定法定代理人的情形

在现实中,有的当事人的法定代理人不止一人,而是两人或两人以上。当两个以上法定代理人互相推诿代理责任时,为了保障诉讼活动的正常进行,保护无民事行为能力人和限制民事行为能力人的利益以及社会公共利益,《行政诉讼法》第30条规定:"……法定代理人互相推诿代理责任的,由人民法院指定其中一人代为诉讼。"指定法定代理人的情形是基于法律确定的监护权,既不是基于当事人的意思表示,也不是基于他自己的意思表示。

⑤ 指定法定代理与指定代理的区别

当法定代理人互相推诿代理责任时,由人民法院指定其中一人代为诉讼,这不是指定代理,其本质仍然是法定代理的司法实践的一种情形。指定代理只在刑事诉讼中存在,民事诉讼和行政诉讼中均不存在指定代理。所谓指定代理,是指在无诉讼行为能力人没有法定代理人,或者虽然有法定代理人但不能行使代理权时,为了保护无诉讼行为能力的当事人的合法权益,保证诉讼顺利进行,而由人民法院依法指定代理人的一种代理制度。既不同于基于法律规定的亲权或监护关系而产生的法定代理,也不同于基于委托关系而产生的委托代理,指定代理的代理权的产生是基于特定情况下人民法院的指定,它是法定代理的必要补充。

(2) 委托代理人

① 法律条文

《行政诉讼法》第31条规定:"当事人、法定代理人,可以委托一至二人作为诉讼代理人。下列人员可以被委托为诉讼代理人:(一) 律师、基层法律服务工作者;(二) 当事人的近亲属或者工作人员;(三) 当事人所在社区、单位以及有关社会团体推荐的公民。"

② 委托代理人的含义

委托代理人,是指基于被代理人的委托授权而发生的诉讼代理活动中,受当事人或法定代理人的委托而代为进行诉讼行为的人。当事人、法定代理人可以委托的代理人包括:

其一,律师和基层法律服务工作者。律师是国家的法律工作者,其主要任务之一就是接受当事人、法定代理人的委托,担任代理人,参加诉讼。律师的职责之一就是在委托权限范围内,维护委托人的合法权益。基层法律服务工作者的工作与律师类似,但不具有律师执业资格,他们有一定的法律知识,可以协助维护委托人的合法权益。

其二,当事人的近亲属或者工作人员。这里的当事人包括公民、法人或者其他组织。公民为诉讼中的原告,公民的近亲属如配偶、子女、兄弟姐妹等,彼此熟悉,关系密切,对案情较为了解,相互之间较为信任。因此,公民委托其近亲属代为诉讼是常见现象。法人或者其他组织为原告的,其工作人员可以作为诉讼代理人。

其三，当事人所在社区、单位推荐的公民。社会是公民生活的主要场所，单位是公民工作的主要场所，公民和社区、单位之间往往有着不可分割的关系。当公民在诉讼中发生困难时，常常希望得到社区、单位的帮助。作为社区、单位来说，也有责任为本社区的居民、单位的职工提供各方面的服务，包括司法服务。

其四，有关社会团体推荐的公民。社会团体如工会、青年团、妇联等，有义务维护其成员的利益，代为诉讼是对其成员提供帮助的一种体现。同时，社会团体以其团体的名义推荐公民进行诉讼，也能消除有的当事人不敢告行政机关的顾虑，促使行政纠纷得到公正、及时的解决。社会团体，是指依法或者经有关部门批准成立的，有章程、名称、一定数量的成员、经费来源、办事机构、办公地点的非营利性组织。社会团体主要包括：人民群众团体，如工会、妇联、学联、青年团等；社会公益团体，如福利基金会、红十字会、消费者协会等举办社会公益事业的团体；文艺工作团体，如文学艺术界联合会、戏剧工作者协会、音乐工作者协会等从事文学、美术、戏剧、音乐等文艺工作的团体；学术研究团体，如自然科学工作者协会、社会科学工作者协会、医学会等从事某种专门学术研究的团体；宗教团体，如基督教、天主教、佛教等从事宗教活动的团体。社会团体不是以团体的名义代理诉讼，而是以团体推荐的人的名义作为诉讼代理人。

3. 行政诉讼的诉讼代理人的权利与义务

（1）法律条文

《行政诉讼法》第32条第1款规定："代理诉讼的律师，有权按照规定查阅、复制本案有关材料，有权向有关组织和公民调查，收集与本案有关的证据。对涉及国家秘密、商业秘密和个人隐私的材料，应当依照法律规定保密。"第2款规定："当事人和其他诉讼代理人有权按照规定查阅、复制本案庭审材料，但涉及国家秘密、商业秘密和个人隐私的内容除外。"

（2）条文释义

《行政诉讼法》第32条对律师和其他诉讼代理人的权利义务分别作了规定。其中，律师的权利有：

① 按照规定查阅、复制本案有关材料。"本案有关材料"一般指法庭审理过程中所有的证据材料、庭审笔录，以及起诉状、答辩状、代理意见书等在法庭审理中涉及的材料。有关材料的具体范围以及查阅的办法，由最高人民法院规定。《最高人民法院关于诉讼代理人查阅民事案件材料的规定》规定，诉讼代理人查阅案件材料不得影响案件的审理。诉讼代理人为了申请再审的需要，可以查阅已经审理终结的所代理案件有关材料。诉讼代理人查阅案件材料可以摘抄或者复议。涉及国家秘密的案件材料，依照国家有关规定办理。查阅案件材料中涉及国家秘密、商业秘密和个人隐私的，诉讼代理人应当保密。

② 向有关组织和公民调查、收集证据。

律师的义务是,在查阅、复制本案有关材料和调查、收集证据过程中,对涉及国家秘密、商业秘密和个人隐私的材料,应当依照法律规定予以保密。

当事人和其他诉讼代理人的权利是,可以查阅涉及国家秘密、商业秘密和个人隐私材料以外的本案庭审材料。本案庭审材料比本案有关材料的范围窄,只包括在庭审过程中的庭审记录及出示的证据等。诉讼代理人在诉讼过程中可以享有哪些权利、应当承担哪些义务,一般在授权委托书中规定。诉讼代理人在授权范围内的权利义务类似于当事人的权利义务。

(3) 两个注意点

第一,律师在诉讼活动中,有权按规定查阅有关材料,进行有关询问、调查,但对于那些涉及国家秘密、商业秘密和个人隐私的材料,应当按照《保密法》的规定予以保密。这里有必要指出的是,律师和其他诉讼代理人在行政诉讼中,对于查阅案件有关材料和调查取证所享有的权利不同。律师可以查阅与案件有关的材料,以及向有关组织和公民调查、收集与本案有关的证据。其他诉讼代理人则只能在人民法院许可的情况下,查阅非涉及国家秘密、商业秘密和个人隐私的材料,且不能进行调查和收集证据。

第二,应当明确,《行政诉讼法》尽管原则上规定了律师调查、收集证据的权利,但仅限于律师作为原告代理人的情形。这是因为,《行政诉讼法》第35条规定:"在诉讼过程中,被告及其诉讼代理人不得自行向原告、第三人和证人收集证据。"其理由在于,律师作为诉讼代理人,只能在当事人的授权范围内行使权利。当事人享有某项诉讼权利,才能授予律师某项权利。

另外,除了法定代理人、律师、原告的近亲属以及社会团体或原告所在单位推荐的人之外的其他公民,在经过受理该案的人民法院许可后,也可以接受当事人的委托,为其代理诉讼。

第五节 行政诉讼证据

一、行政诉讼证据概述

1. 行政诉讼证据的概念

证据以各种材料为载体,各种材料反映了特定的事实,为材料所反映的事实又可以证明案件事实的存在与否。鉴于证据本身的复杂性,可以从多方面对证据进行认识和把握:从内容看,证据是证明案件事实的事实,即证据本身也是案件事实;从形态看,证据是证明案件事实的有关事实材料;从结果看,证据是认定案件事实的根据。

依靠证据认定事实是诉讼活动的关键,是司法裁判的基础。由于证据本身的复杂性,在行政诉讼法学上,对行政诉讼证据的定义也有不同理解,归纳起来,大体有以下几种观点:(1)材料与手段说,认为行政诉讼证据是指能够用来证明行政案件真实情况的一切材料或者手段。(2)事实与材料说,认为行政诉讼证据是指能证明案件事实情况的材料,以及案件事实是否客观的事实材料,即人或物所反映的事实材料。(3)两义说,认为行政诉讼证据有两种不同的意义:从证据与证明活动的关系出发,行政诉讼证据就是法院和当事人为了证明案件的真实情况所使用的手段和方法,即"手段方法说";从证据与证明对象的关系出发,行政诉讼证据就是用以证明案件真实情况的事实材料,即"事实材料说"。(4)纯粹事实说,认为行政诉讼证据仅仅是一种事实,指被诉行政机关在行政程序中,以及其他当事人和法院审判人员在诉讼过程中,依法定程序收集、经法庭审查属实、能证明案件情况的一切事实。这包括三层含义:行政诉讼证据必须是一种事实;此种事实必须能够证明案件的真实情况;此种证据必须具有法定形式。(5)根据说,认为行政诉讼证据是指人民法院在行政诉讼过程中用来证实和确定有关案情的证据。

从实证法看,目前我国三大诉讼法中只有《刑事诉讼法》对证据予以界定,该法第48条第1款规定:"可以用于证明案件事实的材料,都是证据。"这一规定类似于材料与手段说关于证据的定义。《行政诉讼法》虽没有像《刑事诉讼法》那样明确使用定义对证据予以界定,但对其外延作了限定。根据诉讼证据原理的相通性,行政诉讼证据与刑事诉讼证据之间也具有相通性,《刑事诉讼法》关于证据的界定具有一定的借鉴意义。

2. 行政诉讼证据的种类

证据的种类是证据的外在表现形式,也称为"证据的形式"。在证据理论上,可以将证据作以下分类:一是原始证据与传来证据;二是言词证据与实物证据;三是本证与反证;四是直接证据与间接证据;五是定案证据与非定案证据;六是法定证据与非法定证据;七是主要证据与次要证据。

英美法系国家的诉讼立法或者证据立法上,一般并不对证据的概念进行专门的界定,也不对证据的形式进行明确的规定。英美法系国家认为,所有展示在法庭或者陪审团面前、具有相关性和可采性、能够证明争议事实存在或者不存在的事物均为证据。因此,它们对证据形式的立场是开放的,并不对证据种类作限制性规定,对于可能出现的各种信息资源持包容态度。大陆法系国家一般在诉讼法中对证据形式进行一定的分类,但这种分类对证据形式的限制并不严格,一般并不排除其他可以揭示案件事实的证据资料进入诉讼。它们侧重于从证据调查的角度对不同证据种类使用的证据规则进行规定,并且强调任何有助于查明案件事实的证据都可以依一定程序进入诉讼。我国三大诉讼均对证据种类作出明确规定。

根据《行政诉讼法》第33条的规定,我国行政诉讼证据包括以下八种:

(1) 书证

书证，即作为证据的文书，是指以内容、文字、符号、图案等形式表达一定的思想并用以证明案件事实的材料。书证的特征是通过其所表达或反映的思想内容，证明案件事实。书证是诉讼中的主要证据。凡是以文字的形式记载人的思想和行为，以及采用各种符号、图案等证明案件事实的文件或其他物品，都是物证。广义上的书证还包括现场笔录、鉴定意见，以及录音、录像、计算机存储资料等以其记载的内容证明案件事实的视听资料和电子证据。但是，我国三大诉讼法都将现场笔录、鉴定意见、视听资料和电子数据单独列出，因此书证的范围不包括上述证据形式。

书证以纸张等物质载体的形式体现，文字、图形、符号等所记载的内容是其本质属性。关于书证内涵的认识，一般认为包括以下几层含义：① 它首先是一种物件或物品；② 该物件或物品是一定的文字、符号、图表等的载体；③ 这些文字、符号、图表等记载或代表一定的内容、含义，而且能证明案件事实。

(2) 物证

物证是以其物质属性、外部特征、存在状况、空间方位等证明案件事实的物品和痕迹。其基本特征是，以物品的自然状态证明案件事实，不带任何主观内容。作为证据的物品都是有形物，既可以为人们所观察，又可以在一定条件下进行比较。在某种情况下，同一物品同时能够起到物证和书证的双重作用，如行政处罚决定书。

我国三大诉讼法就物证这种证据形式进行了单独规定，并且将物证与鉴定意见、勘验笔录等分列规定，这在各国证据制度中是比较少见的。在英美法系国家，物证也被称为"实物证据"，其范围相当宽泛，不仅包括一般意义上的物证，视听资料、书证也在实物证据的范围之内。总体而言，英美法上的实物证据是与言词证据相对应的，作为法院调查时勘验的对象。大陆法系国家普遍没有将物证作为一种单独的证据形式，一般将物证作为勘验的对象加以规定。诉讼中的物只有在其成为勘验（或鉴定）对象时才具有证据法上的意义，其本身不能成为一种独立的证据形式。我国将物证作为独立的证据形式在立法中作出规定，系参考苏联民事诉讼法的做法。苏联解体后，俄罗斯重新制定的民事诉讼法仍然将物证作为独立的证据形式。

(3) 视听资料

视听资料，是指以录音、录像等设备所存储的信息证明案件真实情况的资料。视听资料的出现是现代科学技术发展的产物，其特征是以声响、音响或其他信息等内容证明案件的事实，其内容的显示通常需要借助于一定的科学仪器，并且一般是以动态事物的内容发挥证明作用，因而既有别于书证，又有别于物证。将视听资料作为一种独立的证据类型，是我国在1982年《民事诉讼法（试行）》中创立的，其后的《民事诉讼法》延续了《民事诉讼法(试行)》的做法,并被《刑事诉讼法》和《行政诉讼法》吸收,成为我国独有的一种证据形式。在2012年《民事诉讼法》修正之前,电子计算机存储的数据一般也被归于视听资料的范畴。2012年修正的《民事诉讼法》将电子证据作为独立的证据形式,2014年修改《行政诉讼法》时借鉴了《民事诉讼法》的规定。因此,视听资料的范围限于录音资料和录像资料,不包括电子数据。

(4)电子数据

电子数据即电子证据,是2014年修改《行政诉讼法》时新增加的证据类型。联合国《电子商务示范法》第2条第1项规定:"'数据电文'系是指经由电子手段、光学手段或类似手段生成、储存或传递的信息,这些手段包括但不限于电子数据交换(EDI)、电子邮件、电报、电传或传真。"因此,作为证据类型的电子证据,可以归结为以电子、电磁、光学等形式或类似形式储存在计算机中的信息作为证明案件事实的证据资料,既包括计算机程序及其所处理的信息,也包括其他应用专门技术设备检测得到的信息资料。

由于电子证据是以电子形式储存在电子介质上的,与传统的证据形式相比,它在保存方式上需要借助一定的电子介质。电子证据在本质上是一种电子信息,可以实现精确复制,在虚拟空间里无限快速传播,在传播方式上与传统证据只能在物理空间传递存在明显的差异。电子证据是以电子计算机及其他电子设备为基础的证据,如果没有专门的电子设备主件,没有相应的播放、检索、显示设备,电子证据只能停留在电子存储介质之中,无法被人们感知。所以,电子证据在感知方式上必须借助电子设备,而且必须依赖于特定的系统软件环境,如果软件环境发生变化,存储在电子介质上的信息可能无法显示或者无法正确显示。此外,电子证据与传统证据形式相比更具有稳定性和安全性的特点,对于电子证据的修改、复制或者删除能够通过技术手段分析、认定和识别。与传统证据形式相比,电子证据的审查判断在两个方面具有较强的特殊性:一是对电子证据原件的识别,二是对电子证据完整性的认定。

(5)证人证言

证人证言,是指了解案件有关情况的非本案诉讼参加人,以口头或书面的形式向人民法院所作的与案件事实相关的陈述。向法院陈述自己知道的情况、证明案情的人,称为"证人"。此处的证人是指狭义上的证人,即通过其亲身感受而知悉案件事实的诉讼外第三人,不包括广义上的证人。广义上的证人盛行于英美法系国家,是指所有在法庭上作证的人,如鉴定人、专家证人、当事人等都是证人,其陈述都是证人证言。

证人所陈述的内容是证言,证人本身不是证据,证人提供的证言才是证据。证人证言一般是口头陈述,以证人证言笔录加以固定。凡了解案件情况的人,都可以作为证人,但是不能正确表达意思的人不能作为证人。证人证言是证人对案件有关情况感知的陈述,不是对事实的推断和分析判断意见。证人证言可能受证人主观因素的影响和客观条件的限制而存在证言内容不全面或不真实的情况。证人在诉讼法上享有一定的权利和承担一定的义务。证人有权要求宣读、查阅或修改询问笔录,有权使用本民族的语言、文字进行陈述。另外,证人还有权请求支付因作证所需的一切费用。同时,证人负有出庭作证和如实作证的义务。

(6) 当事人的陈述

当事人的陈述,是指原告、被告、第三人在行政诉讼中就自己所经历的案件事实,向人民法院所作的叙述。作为证据的当事人陈述只限于当事人对案件事实的陈述,包括承认、反驳和支持叙述三方面的内容。当事人的陈述是一种应用广泛并且有较强证明力的证据形式。但是,由于当事人与案件的结果有直接的利害关系,因此当事人的陈述可能存在一定片面性和虚假性。在司法实践中,当事人陈述的内容往往不仅是对案件事实的认识、对行政行为合法性的认识,还包括其程序上的申请以及表达证据采用和法律适用的意见等。例如,当事人要求法院判决撤销或者维持行政行为、申请撤诉等。对于案件事实以外内容的陈述属于适用法律层面的问题,不是单纯的事实层面的问题,因此不属于证据层面的当事人陈述。作为证据的当事人的陈述必须能够证明案件事实,并非当事人所有的陈述都属于当事人的陈述这种证据形式。

(7) 鉴定意见

鉴定意见,是指接受人民法院的指派或者当事人聘请的鉴定人运用自己的专业知识和技能,根据案件事实材料,对需要鉴定的专门性问题进行分析、鉴别和判断之后得出的专业意见。在行政诉讼中,常见的鉴定有文书鉴定、会计鉴定、医学鉴定、科学技术鉴定等。鉴定意见只解决与案件事实有关的专门性问题,不解决法律问题。

2012年《刑事诉讼法》修正之前,此种意见称为"鉴定结论",称鉴定人所提供的意见为"结论",意味着只要鉴定人具有相应资格,其意见就应当作为定案根据,法官没有选择的余地。在这种情况下,对于鉴定人所提供意见的采纳,在诉讼程序方面实际上没有什么争议,有争议的主要是鉴定人的资格问题。2012年修正后的《刑事诉讼法》吸收了2005年《全国人民代表大会常务委员会关于司法鉴定管理问题的决定》中的提法,将"鉴定结论"改为"鉴定意见"。这一修改虽然只有两字之差,却充分体现了立法对鉴定人所提供意见的基本态度的改变,不再将其作为理所当然应当采纳的证据,而是赋予法官选择权。这一修改恢复了鉴定人所提供意见的固有特征,符合诉讼规律和证据性质,被随后的《民事诉讼法》修改和《行政诉讼法》修改吸收。

(8) 勘验笔录、现场笔录

行政诉讼法将勘验笔录和现场笔录并列在一起规定。在三大诉讼法中,只有行政诉讼法对现场笔录的证据形式作了规定。

勘验笔录,是指行政机关或者人民法院对有关案件事实的现场或物品进行就地检验、测量、勘验和分析所作的书面记录。一般来说,它是对客观事实的反映,能够证明案件的真实情况,是诉讼中的一种独立证据。勘验笔录大量应用于交通管理、城市建设管理和环境管理等行政管理领域。例如,对需要登记的建筑和土地进行拍照,确定方位,并以文字、表格、图画等形式对所得结果进行记录。

现场笔录,是指行政机关工作人员在执行职务过程中对有关管理活动的现场情况所作的书面记录。例如,火车司机违章卸货,交通警察对违章情况进行现场执法所作的笔录就属于现场笔录。现场笔录真实记载了行政机关作出行政行为的情况,综合反映了当事人的陈述、证人证言等证据材料,也反映出行政机关作出行政决定的过程。现场笔录应当严格遵循法定程序,应当是在"现场"制作的,不能事后补作;应当由当事人签名或盖章,在可能的情况下还应当由在场证人签名或盖章,没有当事人或其他证人签名或盖章的现场笔录不能起到证据作用。

勘验笔录和现场笔录的区别在于:一是制作主题不同。勘验笔录是由行政机关或人民法院制作的,而现场笔录是由行政机关制作的。二是内容不同。勘验笔录是对一些专门的物品和场所进行勘测后所作的记录,不包括当事人和证人的询问情况,反映的多是静态的客观情况;现场笔录则是对现场当时的情况所作的记录,一般为动态的事实,而且反映的多是制作笔录当时的情况,包括对相关人员的询问笔录。

3. 行政诉讼定案证据的标准

根据证据在认定案件事实中所起的作用,证据可以区分为一般诉讼证据和可定案诉讼证据。一般诉讼证据,即通常诉讼所说的证据材料,是指符合行政诉讼法规定的,与案件事实有一定联系的各种材料和事实。可定案诉讼证据,即通常所说的定案证据,是指能够据以证明案件事实的证据材料。1989年《行政诉讼法》第33条第1款规定了证据材料的要求,即原则上证据材料应当符合前述八种证据形式;第2款规定了定案证据的标准,即必须经法庭审查属实,才能成为定案证据。2014年修改《行政诉讼法》时,对定案证据的表述作了微调,将"作为定案的根据"修改为"作为认定案件事实的根据"。这一调整属于文字修改,强调单个证据与具体案件事实的对应性,与之前的规定并无实质区别,只是在条文表述上更具体、更精准。

具体而言,定案证据应当具备客观真实性、关联性和合法性,即通常所说的"证据三性"。实际上,这是对定案证据的要求,不是对证据材料的要求。(1)证据必须具有客观真实性。证据所记载的情况和所反映的情况都必须是客观真实的。(2)证据必须与案件的事实具有一定的关联性,证据所证明的事实必须是案件的事实,证据与案件事实之间存在内在的联系。(3)证据必须具有合法性。证据的来源、内容、形式以及取得证据的方式和程序都必须合法。

二、行政诉讼的举证责任

1. 行政诉讼举证责任的构成及特点

行政诉讼的举证责任由证据提出责任或推进责任(程序责任)和说服责任(实体责任)两部分构成。证据提出责任或推进责任,是指当事人提供证据证明其诉讼主张构成法律争端,从而值得或者应当由法院予以审判的举证责任,是一种推进程序进展的责任。说服责任,是指当事人提供证据使法官确信其实体主张成立的义务,是一种决定败诉后果由谁承担的实体责任,即在不能证明特定事实或者特定事实真伪不明时,由负有说明责任的当事人承担举证不能的不利后果。推进责任和说服责任这两种责任相辅相成,其中说服责任是用于确定行政诉讼后果的程序规则,更具有实质意义;而推进责任则是用于确定行政诉讼审理方式和方法的程序规则。

从我国现行的立法规定来看,《民事诉讼法》《刑事诉讼法》规定的举证责任都是推进责任。这是由人民法院的调查职能决定的,人民法院的调查职能割断了当事人的举证责任与诉讼后果之间的必然联系。由我国行政诉讼的性质和特点所决定,行政诉讼中的举证责任不同于其他诉讼中的举证责任,具有其自身的特点,它存在着推进责任和说服责任的区分。根据《行政诉讼法》第 34 条的规定,被告对被诉行政行为的合法性承担说服责任。根据《行政诉讼法》第 49 条的规定,原告证明起诉符合法定起诉条件的举证责任属于推进责任。

在特点上,行政诉讼的举证责任表现在案件事实难以确定的情况下,由被告提供证据尽说服责任,若提供不出证明相应事实情况的证据,则承担败诉风险及不利后果。

2. 行政诉讼举证责任的分配

(1) 举证责任的分配原则

《行政诉讼法》第 34 条第 1 款规定:"被告对作出的行政行为负有举证责任,应当提供作出该行政行为的证据和所依据的规范性文件。"该款内容确定了行政诉讼举证责任分配的基本原则,即被告对被诉行政行为的合法性承担说服责任。一般而言,举证责任分配遵循"谁主张,谁举证"的基本原则,也就是原告承担对其诉讼请求的说服责任。但是,特殊情况下,存在举证责任倒置的例外情形,即被告承担说服责任。《行政诉讼法》根据行政诉讼的特点,确定由被告行政机关承担行政行为合法性的说服责任,但这并不属于举证责任的倒置。民事争议中,主张实体请求的一方若被对方拒绝,只能提起民事诉讼;在诉讼中,举证责任最初由实体请求的主张方即原告承担,被主张方即被告提出的是对原告实体请求的抗辩,不承担举证责任。行政诉讼中,起诉虽然由行政相对人提起,但法院要审查的不是行政相对人行为的合法性,而是行政行为的合法性。行政行为是由被告作出的,是被告主张的外在表现形式。原告实质上应首先为其实体请求举证。因此,行政诉讼改变了民诉诉讼中通常由原告承担说服责任,在个别例外情况下被告负说服责任的举证责任分配方式,由被告对行政行为的合法性承担说服责任,个别例外情况下由原告承担说服责任。因此,被告举证正是"谁主张,谁举证"原则的体现。

(2) 举证责任的分配规则

被告对行政行为的合法性承担说服责任是行政诉讼举证责任规则体系中的核心,但这并不意味着免除原告、被告根据各自的主张承担相应的举证责任,对行政行为的违法性承担推进责任。行政诉讼的举证责任分配规则,是对各方当事人举证责任的承担范围及程度的法定划分。

① 被告的举证责任。被告对被诉行政行为负有举证责任,应当就其所作的行政行为提供全部证据材料,包括:第一,有关被告职权依据的证据材料;第二,有关被诉行政行为程序方面的证据材料;第三,有关被诉行政行为所认定事实的证据材料。以上三个方面的内容主要是要求被告提供与被诉行政行为合法性有关的事实方面的证据。关于被诉行政行为适用法律方面的依据问题,严格而言不属于证据范畴,但仍属于被告举证时一并提交的内容。

② 原告的举证责任。对被诉行政行为合法性的举证责任由被告承担,但并不代表原告完全免于承担举证责任。2014年修改《行政诉讼法》时增加的第38条专门规定了原告在特定案件中的举证责任。根据该条的规定,在起诉被告不履行法定职责的案件中,原告应当提供其向被告提出申请的证据;在行政赔偿、补偿的案件中,原告应当对行政行为造成的损害提供证据。

③ 第三人的举证责任。《行政诉讼法》及相关司法解释没有对第三人的举证责任作出规定。行政诉讼的特殊性决定了原告原则上对其诉讼请求不承担举证责任中的说服责任,由被告对行政行为的合法性承担说服责任,但原告需要承担部分事项的推进责任。在特殊类型的案件中,原告需承担其诉讼请求的说服责任。因此,行政诉讼的举证责任,无论是推进责任还是说服责任,均由原告和被告分担。不论第三人支持原告的诉讼请求还是支持被告的行政行为,一般情况下都不直接承担举证责任。但是,有三种例外情况:第一,第三人在诉讼中提出被诉行政行为没有认定且与该行政行为的合法性有关联的事实。在这种情况下,第三人应当对其提出的事实承担举证责任。第二,《行政诉讼法》第34条第2款规定的情况。该款规定:"被告不提供或者无正当理由逾期提供证据,视为没有相应证据。但是,被诉行政行为涉及第三人合法权益,第三人提供证据的除外。"例如,原告认为行政机关违法向第三人颁发权利证书或者许可证的案件中,被告在法定举证期限内不举证,第三人就有责任向法庭举出其在办理权利证书或者许可证时向被告提供过有关证明材料的证据。第三,应当作为共同被告参加诉讼的行政主体,因原告不同意增加其为共同被告而成为第三人的,如果被告放弃举证,该第三人应承担被告的举

证责任。

(3) 行政诉讼举证责任分配的主要理论和实践依据

① 由被告方负举证责任,有利于保护原告一方的诉权。行政诉讼是作为原告的行政相对人认为行政主体的行政行为侵犯其合法权益而提起的。行政相对人通常难于了解行政管理的具体依据和有关的专业知识,如果要原告承担举证责任,让其证明行政行为的违法性,显然无法胜任,从而导致原告在行政诉讼中的诉权得不到实质性的保护。

② 由被告方负举证责任,有利于充分发挥行政主体的举证优势。在国家行政管理活动中,行政主体处于主导的地位,自行依据法律、法规和相应事实作出行政行为,无须行政相对人同意。因此,行政主体的举证能力比原告强,在诉讼中让其负主要举证责任,有利于当事人双方的诉讼地位在事实上的平等,同时也体现了负担公平原则,更重要的是能够在案件事实难以查清的情况下,迫使行政主体提供证据,否则就要承担败诉后果,从而有利于法院尽快查清案件事实,促使行政争议早日解决。

③ 由被告方负举证责任,有利于促进行政主体依法行政。依法行政是国家行政管理的一项基本原则,要求行政权力的运行必须正确、合法,行政主体在进入诉讼程序之前、作出行政行为之时,就应当具有事实根据和法律依据,否则就是非法的或者无效的。因此,在行政诉讼中,行政主体有义务提供其作出行政行为合法的证据。

(4) 行政诉讼举证责任的范围

① 行政诉讼中,被告举证责任的范围包括作出行政行为的证据和所依据的规范性文件,即举证范围不限于事实根据,而且还包括行政主体作出行政行为的法律及行政规范依据。在我国,《行政诉讼法》第33条没有把规范性文件列为法定的证据种类,但是在《行政诉讼法》第34条、《若干解释》第26条第2款、《最高人民法院关于行政诉讼证据若干问题的规定》(以下简称《行政诉讼证据规定》)第1条中都强调了被告应当提供作出行政行为所依据的规范性文件。由此可见,规范性文件虽然不属于行政诉讼的法定证据种类,但它是被告举证责任的必备内容,这表明在立法上回避了"规范性文件作为一种独立的证据类别"。目前理论界与实务界均肯定规范性文件属于举证范围,但对于规范性文件是不是一种独立的证据类别以及是否适用证据规则,则有分歧。行政诉讼法中强调将规范性文件作为被告举证的必备内容,是因为行政诉讼不同于民事诉讼和刑事诉讼,它是对行政行为的合法性进行审查的诉讼活动,而法律依据是行政行为能否成立、合法与否的一个重要方面。

② 被告对被诉的行政行为具有举证责任,并不意味着在行政诉讼中被告对一切事实都负举证责任,而只是在确定行政行为的合法性时,必须由其承担举证责

任。在行政诉讼的其他方面,如解决行政赔偿问题,则不一定都由被告承担举证责任。

③ 原告对其所主张的被诉行政行为违法不负举证责任,并不意味着原告不负任何举证责任。《若干解释》第 27 条、《行政诉讼证据规定》第 4 条至第 7 条、《行政诉讼法》第 32 条、《最高人民法院关于审理反补贴行政案件应用法律若干问题的决定》第 8 条、《最高人民法院关于审理反倾销行政案件应用法律若干问题的决定》第 8 条和《最高人民法院关于审理政府信息公开行政案件若干问题的规定》第 5 条都规定了原告的举证责任。具体来说,原告对下列事项承担举证责任:第一,公民、法人或者其他组织向人民法院起诉时,应当提供其符合起诉条件的相应证据材料,证明起诉符合法定条件,但被告认为原告起诉超过起诉期限的,由被告承担举证责任。第二,在起诉被告不作为的案件中,原告应当提供其在行政程序中曾经提出申请的证据材料。但有下列情况的除外:一是被告应当依职权主动履行法定职责的;二是原告因被告受理申请的登记制度不完备等正当事由不能提供相关证据材料并能够作出合理说明的。第三,在行政赔偿诉讼中,原告应当对被诉行政行为造成的损害的事实提供依据。原告可以提供证明被诉行政行为违法的证据。原告提供的证据不成立的,不免除被告对被诉行政行为合法性的举证责任。第四,在关于政府信息公开的行政案件中,被告以政府信息与申请人自身生产、生活、科研等特殊需要无关为由不予提供的,人民法院可以要求原告对特殊需要事由作出说明;原告起诉被告拒绝更正政府信息记录的,应当提供其向被告提出过更正申请以及政府信息与其自身相关记录不准确的事实根据。第五,其他应当由原告承担举证责任的事项。

④ 关于第三人的举证责任,理论观点与实务做法通常是根据第三人的诉讼法律地位确定不同的举证责任。例如,处于原告地位的第三人的举证责任等同于原告。

3. 行政诉讼中被告举证的相关规则

(1) 被告对作出的行政行为负有举证责任

《行政诉讼法》第 34 条第 1 款规定:"被告对作出的行政行为负有举证责任,应当提供作出该行政行为的证据和所依据的规范性文件。"可见,行政机关举证责任的内容不但包括事实根据,而且还包括行政机关作出行政行为所依据的规范性文件。

(2) 被告不举证的法律后果及例外

《行政诉讼法》第 34 条第 2 款规定:"被告不提供或者无正当理由逾期提供证据,视为没有相应证据。但是,被诉行政行为涉及第三人合法权益,第三人提供证据的除外。"《行政诉讼证据规定》再次强调了被告举证不能的后果。该规定第 1 条明确规定,被告应当在收到起诉状副本之日起 10 日内,提供据以作出被诉具体行政行为的全部证据和所依据的规范性文件。被告不提供或者无正当理由逾期提供证据的,视为被诉具体行政行为没有相应的证据。被告因不可抗力或者客观上不能控制的其他正当事由,不能在上述期限内提供证据的,应当在收到起诉状副本之日起10日内向人民法院提出延期提供证据的书面申请。人民法院准许延期提供的,被告应当在正当事由消除后10日内提供证据。逾期提供的,视为被诉行政行为没有相应的证据。

举证责任不是单纯的诉讼义务或者负担,而是决定当事人胜诉和败诉的制度。举证责任将当事人举证义务与人民法院的裁判结果直接关联。如果法律明确规定当事人对待证事实负有举证责任,该当事人就负有提供证据证明待证事实存在或不存在的义务。如果当事人不提供证据或者提供的证据达不到使法官形成内心确信的程度,就必须承担不利法律后果。如果被告在行政诉讼程序中不提供或者不按照法律规定或法院要求的期限提供行政行为的事实证据和法律依据,则必须承担败诉后果,即使其作出行政行为时证据确凿、依据充分,人民法院也不能认可被诉行政行为的合法性。被告因不提供证据而败诉,是被告忽视举证责任的必然后果;被告因无正当理由逾期提供证据而败诉,是违反证据规则的法律制裁。

当被诉行政行为涉及第三人的合法权益时,被告不举证或逾期举证,人民法院不能简单地判决被告败诉。行政审判实践中,一些法院机械地理解《若干解释》第26条第2款的规定,对被告不举证或无正当理由逾期举证的案件一律判决被告败诉,甚至涉及第三人的合法权益时也不例外,无视甚至拒绝第三人提供证据证明行政行为的合法性。为保护第三人在被告不举证情况下的合法权益,《行政诉讼法》第34条增加了第2款,即法院应当告知第三人享有提供证据证明被诉行政行为合法性的权利。如果第三人因正当理由无法举证且需要法院调取证据的,法院可以根据第三人的申请调取相关证据,在查明相关事实的基础上,进而判断被诉行政行为的合法性,不能简单地判决被告败诉。此类案件一般涉及原告和第三人之间的利益纠纷,法院应当保持中立立场。除非涉及公共利益,原则上法院不宜主动依职权调查证明被诉行政行为是否合法。

(3) 被告诉讼过程中收集证据的限制

《行政诉讼法》第35条规定:"在诉讼过程中,被告及其诉讼代理人不得自行向原告、第三人和证人收集证据。"本条主要有利于执法实践中依法形成行政案卷制度。所谓行政案卷制度,是指行政主体在作出行政行为前通过调查、鉴定、举行听证等形式取得的和相对人提供的用以证明待证事实的各种记录、陈述意见、鉴定意见、证人证言、物证等证据,以及程序中所依据或收到的各种法律文书,按照一定的顺序组成案卷,行政主体的行政行为只能以该案卷为依据作出,卷外证据不能作为行政行为根据。本条虽未规定行政案卷制度,但体现了案卷主义原则的基本精神,即没有在行政案卷里载明的证据和依据,原则上不能作为行政诉讼中证明行政行为合法的证据和依据。行政诉讼中,行政机关只能向人民法院提供行政程序中形成的行政卷宗材料作为证明被诉行政行为合法的依据,不得另行向原告和证人补充收集证明行政行为合法性的依据。这是因为,行政机关作出行政行为必须建立在相关证据支持的事实基础上,禁止先有行政决定后调查收集证据等不符合依法行政原则的"先裁决后取证"的情况。如果允许行政机关在诉讼中收集证据,会助长行政机关先决定后取证的违法行政行为,在目前我国法制不健全、法治意识弱的情况下,更会助长行政机关在重新取证时向原告和证人施加压力的不端行为。因此,1989年《行政诉讼法》第33条明确了被告在诉讼过程中不得自行向原告和证人收集证据。但是,在此后的行政审判实践中,经常出现被告的诉讼代理人在诉讼过程中向原告、第三人、证人收集证据的现象,被告也利用第33条未限制向第三人收集证据的漏洞,直接向第三人收集证据,违反"先取证后裁决"的正当程序的基本要求。被告诉讼代理人基于被告的委托,诉讼权利不大于委托人的诉讼权利,既然被告都不能未经人民法院允许向原告和证人收集证据,诉讼代理人更不能自行向原告和证人收集证据。为完善1989年《行政诉讼法》第33条的规定,2002年《行政诉讼证据规定》第3条规定:"根据行政诉讼法第三十三条的规定,在诉讼过程中,被告及其诉讼代理人不得自行向原告和证人收集证据",明确了被告的取证限制及于其诉讼代理人。2014年修改的《行政诉讼法》第35条在吸收上述司法解释第3条规定的基础上,进一步把第三人纳入限制被告收集证据的对象范围。

① 限制的主体、对象和时间

关于限制收集证据的主体,根据《行政诉讼法》第35条,已由被告扩大到被告委托的诉讼代理人。需要注意的是,根据《行政诉讼法》第26条第2款的规定,复议机关决定维持原行政行为的案件,作出原行政行为的行政机关和复议机关是共同被告。因此,在复议案件中,被告的范围不仅包括作出原行政行为的行政机关,还包括复议机关。

关于限制收集证据的对象,《行政诉讼法》第35条规定,将第三人纳入限制收集证据的对象范围。

关于限制收集证据的时间,主要限于行政诉讼程序中,包括一审、二审和再审程序。那么,被告及其诉讼代理人能否向原告、第三人和证人之外的其他案外人员收集证据?被告能否在行政行为作出后收集证据?根据《若干解释》第30条的规定,被告及其诉讼代理人在作出行政行为后自行收集的证据不能作为认定被诉行政行为合法的根据。该规定体现了严格的案卷主义原则,不仅限制被告收集证据的对象范围包括原告、证人和第三人之外所有与案件有关的人,而且限制被告收集证据的时间不限于行政诉讼程序中,包括行政行为作出后行政诉讼开始前的阶段。根据《若干解释》第31条第2款,"复议机关在复议过程中收集和补充的证据,不能作为人民法院维持原具体行政行为的根据",受限制的阶段还包括复议程序。需要注意的是,诉讼程序外限制被告收集的证据以及诉讼程序内限制被告向原告、证人和第三人之外的人收集的证据,应当属于可以用来证明被诉行政行为合法性的证据,其他证据不在此限。

② 禁止自行收集和允许补充证据

《行政诉讼法》第35条虽然禁止被告及其诉讼代理人在诉讼过程中"自行"收集证据,但并未禁止经法庭允许收集证据。该法第36条第2款规定:"原告或者第三人提出了其在行政处理程序中没有提出的理由或者证据的,经人民法院准许,被告可以补充证据。"因此,如果被告经过法庭允许,即可不受第35条规定限制。法庭因为被告需要补充证据而允许其在诉讼程序中向原告、第三人和证人收集证据,属于禁止被告收集证据原则的例外。即使允许被告收集证据,原则上也不能针对被诉行政行为的合法性问题,范围应限定在反驳原告、第三人提出的未在行政程序中提出的新的理由或证据,以及有关起诉条件的事项。至于人民法院在什么情况下可以允许被告补充和收集证据,下文详细阐述。

③ 自行取证的法律后果

未经人民法院允许,被告及其诉讼代理人在诉讼中或诉讼前收集的证据作为补充证据向人民法院提供的,法院一般不予接纳。即使人民法院允许被告补充相关证据,被告及其诉讼代理人超出人民法院准许收集证据的范围所收集的证据,也不能作为认定被诉行政行为合法的证据使用。

(4) 被告延期举证和补充证据的规定

《行政诉讼法》第36条第1款规定:"被告在作出行政行为时已经收集了证据,但因不可抗力等正当事由不能提供的,经人民法院准许,可以延期提供。"第2款规定:"原告或者第三人提出了其在行政处理程序中没有提出的理由或者证据的,经人民法院准许,被告可以补充证据。"

4. 行政诉讼中原告举证的相关规则

(1) 原告的举证权利

原告提供证据主要表现在举证责任和举证权利两个方面。关于举证责任,《行政诉讼法》第38条作了具体规定。所谓举证权利,是指当事人在诉讼过程中,享有依法提供证据证明相关事实和反驳对方当事人的主张的权利。《行政诉讼证据规定》第6条规定:"原告可以提供被诉具体行政行为违法的证据。原告提供的证据不成立的,不免除被告对被诉具体行政行为合法性的举证责任。"该条规定原告"可以"提供证明被诉行政行为不合法的证据,而不是原告"应当"或者"必须"提供证明被诉行政行为不合法的证据。该条明确了原告的举证权利,即行政诉讼中原告对相关事实有权提供证据加以证明,且无论原告的举证责任的履行效果如何,均不免除被告的举证责任。在总结规定和相关司法解释的基础上,《行政诉讼法》第37条规定:"原告可以提供证明行政行为违法的证据。原告提供的证据不成立的,不免除被告的举证责任。"

(2) 原告的举证权利和被告的举证责任的关系

原告的举证权利并不免除被告的举证责任。即使原告提供的证据证明被诉行政行为违法,亦不能免除被告对被诉行政行为合法性的举证责任,被告仍然应当承担举证不利的法律后果。《最高人民法院关于人民法院赔偿委员会审理国家赔偿案件程序的规定》(法释[2011]6号)第13条对这一问题作了重申:"赔偿义务机关对其职权行为的合法性负有举证责任。赔偿请求人可以提供证明职权行为违法的证据,但不因此免除赔偿义务机关对其职权行为合法性的举证责任。"

被告对行政行为的合法性承担举证责任是法律明确规定的,是行政机关的法定义务。对此,人民法院没有自由裁量的余地。在行政诉讼法上,被告对行政行为的合法性承担举证责任是一种义务性规定。对此,不仅行政机关应当遵守,人民法院也应当遵守。人民法院不能认为由被告承担举证责任属于司法裁量的范畴,也不能认为对于某些有关合法性的事项,也可以由原告承担举证责任。原告当然可以提出有关行政行为合法性的材料,这是原告提供证据的权利。进一步而言,提供证据证明行政行为违法是原告的权利,如果没有证明行政行为违法,人民法院不能因此认为行政行为合法。人民法院对于被告就行政行为的合法性承担举证责任,实际上与行政诉讼法的宗旨一脉相承。行政诉讼法是监督行政机关依法行政的法律,行政机关对其行政行为的合法性,也就是事实和所依据的规范性文件之间的涵摄关系必须予以证明,才能保证这一目标的实现。

被告对行政行为的合法性承担举证责任是一种法定义务,具有排他性,原告或者第三人不承担此义务。被告对于行政行为合法性承担举证责任是行政诉讼作为客观诉讼的必然要求。客观诉讼的目的在于维护一定的客观法律秩序,不能满足客观举证责任的一方将承担败诉的法律后果。既然是一种法定义务,既不可抛弃,也不能转让。

(3) 原告的举证责任及例外

作为行政诉讼当事人,原告承担举证责任在行政诉讼法制度和理论上不存在任何问题。然而,由于早期证据法学理论研究和实践均不成熟,在行政诉讼的举证责任问题上形成了错误的认识倾向,即行政诉讼的举证责任由被告承担,原告不负任何举证责任,既无推进责任,也无说服责任。随着我国证据法学的发展和行政诉讼实践的深入,无论是理论界还是实务界,均认识到被告的举证责任实际上主要集中在行政行为的合法性问题上,行政诉讼法也只是明确了被告对作出的行政行为的合法性承担举证责任,因为行政行为合法是其主张。对于其余的待证事实,仍然实行"谁主张,谁举证"。

原告虽然承担一部分举证责任,但因在行政管理法律关系中,作为行政相对人或相关人的原告始终处于劣势地位,法律、法规规定了以下原告不负举证责任的情形：

① 对被告应当依职权主动履行法定职责的不作为案件，原告无须举证证明其曾经向被诉行政机关提出过申请。这是针对被告应当依职权主动履行法定职责而规定的。这类行为又称为"积极行政行为""针对性行政行为"，是指依据行政机关所具有的法定行政权，不需要行政相对人的申请即可作为的行政行为，如行政征收行为、行政处罚行为、行政强制行为等。当然，行政相对人也没有义务提供证据证明其向行政机关提出申请的事实。

② 原告因被告受理申请的登记制度不完善等正当事由而无法提供证明其曾经向被诉行政机关提出申请的事实时，经向人民法院作出合理说明，人民法院应当推定原告提出申请的事实存在。这样，既保护了行政相对人的诉权，也有利于促使行政机关完善其受理申请的登记制度。

③ 在诉讼过程中，被告认为原告的起诉超过起诉期限的，被告承担举证责任。原告与被告对起诉是否超过起诉期限发生争议的情况，多数是由于被告未告知行政相对人诉权和起诉期限而引起的，少数是因为送达的时间发生争议而引起的。因此，立法上将证明原告起诉期限的举证责任分配给被告履行。

三、行政诉讼的证据规则

1. 行政诉讼中法院调取证据的相关规则

（1）法院依职权要求当事人提供或者补充证据

《行政诉讼法》第39条规定："人民法院有权要求当事人提供或者补充证据。"法院主动依职权要求当事人提供或者补充证据，在职权主义诉讼模式下，属于法院职权探知的内容；在当事人主义诉讼模式下，属于法院释明权的体现。诉讼模式基本上可以分为当事人主义和职权主义两种类型，划分的标准是当事人和法院谁享有诉讼主动权，当事人主导诉讼为当事人主义，法院主导诉讼则为职权主义。诉讼主导权的作用领域主要包括两个方面：一是诉讼程序的启动和推进，二是作为审理对象的主张和证明。传统当事人主义诉讼模式下，当事人在上述领域有绝对主导权。职权主义诉讼模式下，法院在对诉讼的推进和终结、诉讼对象的决定以及诉讼材料的收集等方面拥有主导权。我国的行政诉讼模式经历了职权主义向当事人主义的过渡，目前属于当事人主义和职权主义相结合的模式，在事实发现方面没有采取职权探知为主、当事人协助为辅的职权主义方式，而是更倾向于当事人举证为主、法院职权探知为辅的准当事人主义模式。根据《行政诉讼法》《若干解释》和《行政诉讼证据规定》，在探知事实关系和证据调查方面虽然没有实行严格的具有辩论主义特征的案卷主义，但是却吸收了案卷主义的合理内涵。对被诉行政行为事实的审查，主要限于被告在行政程序中收集到的证据和原告提供的证据，以法院依职权调查证据、探知事实为例外，具有很强的案卷主义色彩。这种做法虽然有助于纠正职权主义法院介入过深而忽略当事人诉讼地位和作用的不足,但却带来新的问题,如当事人能力缺陷导致实体不公、效率低下等,需要法院对当事人的举证活动进行指导和帮助。这就涉及法院释明后当事人补正和法院依职权调取证据的问题。1989年《行政诉讼法》第34条的主要意图是确定法院在证据获取方面的职权,便于法院在当事人提供的证据不足以证明案件真实情况时,要求当事人提供和补充相关证据,或者直接向当事人调取证据,进一步查明案情。2014年修改的《行政诉讼法》将1989年《行政诉讼法》第34条的两款分别规定为两条:一是第39条,即法院基于释明,对当事人举证进行司法指引,要求当事人提供和补充证据;二是第40条,即法院基于职权,直接向当事人调取证据。

① 要求提供和补充证据的前提

法院除在受理案件时应当告知当事人提供证据外,在下列情况下还可以要求当事人补充证据:第一,当事人提供的证据不足以充分证明其提出的主张,如主要证据不足;第二,当事人只是提供了对自己有利的证据,对自己不利的证据没有提供;第三,当事人手中掌握的证据尚未全部提交法庭;第四,当事人提供的证据存在瑕疵;第五,当事人提供的证据需要其他证据补强等。

② 要求提供和补充证据的期限

要求原告补充证据的期限,应当区分不同的阶段。大体来讲,原告补充证据的期限主要有以下几种情况:第一,提起诉讼时的补证行为;第二,反驳被告答辩时的补证行为;第三,反驳被告举证时的补证行为;第四,开庭审理时的补证行为。不同阶段的补证行为均应当在法院要求的期限内完成。要求被告补充证据的,应当考虑行政诉讼的特殊性,对被告的补证行为应当严格限制,原则上只有符合《行政诉讼法》第36条①规定的情形,或者因原告或者其他证人有恶意举证行为以及证据保存的必要时,法院才能允许被告补充证据。这种情况下的补证,可以不受被告举证期间的限制,但必须在法院规定的补证期限内完成。

③ 要求提供和补充证据的意义

法院要求当事人提供和补充证据,有利于矫正形式程序平等的内在局限,实现程序公正与实质公正的结合。形式程序平等中,对双方当事人按法律规定平等对待,参与诉讼的各方当事人被给予充分的机会提出诉讼材料,表达和证明自己的观点和要求,当事人对诉讼的最终结果承担责任。实际上,虽然行政诉讼证据规则在设计上已经向原告倾斜,但程序中双方当事人的诉讼实力并不平等,弱势的原告往往处于不利地位,造成实质上的不平等。法院通过释明要求原告提供和补充某项证据,可以为原告提供实质平等的程序保障。

---

① 《行政诉讼法》第36条规定:"被告在作出行政行为时已经收集了证据,但因不可抗力等正当事由不能提供的,经人民法院准许,可以延期提供。原告或者第三人提出了其在行政处理程序中没有提出的理由或者证据的,经人民法院准许,被告可以补充证据。"

通过释明要求当事人特别是原告提供和补充证据,可以辅助发现案件事实,有利于实现实体公正。通过适当的释明,可以使原告因能力有限或认识偏差等原因,没有适当提出自己的主张或提供证据而导致败诉的可能性降低,尽可能地使裁判所依据的诉讼材料符合当事人的真实材料,实现实体公正。

法院要求当事人提供和补充证据,有利于节约司法资源,提高诉讼效率。法院诉讼指挥权强化的主要目的之一就是解决诉讼程序迟延、程序泛滥和高成本的问题。事实发现方面的法院释明权作为实体性程序指挥权,虽不直接推进程序的进行,但并不是说法院释明对增进诉讼效益没有任何意义,相反,通过法官直接对当事人主张、陈述和举证的发问、提示、启发、提醒当事人及时补充诉讼材料,将当事人的声明、陈述和举证紧紧围绕案件争议事实展开,从而减少当事人不能充分说明自己的主张或提供证据时造成的诉讼迟延,避免当事人故意拖延诉讼,提高司法效率。

(2) 法院依职权要求调取证据及其限制

《行政诉讼法》第40条规定:"人民法院有权向有关行政机关以及其他组织、公民调取证据。但是,不得为证明行政行为的合法性调取被告作出行政行为时未收集的证据。"本条是关于法院依职权调取证据的规定,是法院为判断被诉行政行为是否合法,主动依职权采取的收集证据的司法活动,不一定与当事人的举证责任和诉讼主张有关,是职权主义的体现。1989年《行政诉讼法》第34条规定,法院有权向有关行政机关以及其他组织、公民调取证据。该规定的主要意图是确定法院在证据获取方面的强制权力,以便于查明案件事实。其后,《行政诉讼证据规定》对法院调取证据的权利进行了两个方面的限制:一是对法院主动调取证据的权力限制,主要体现于《行政诉讼证据规定》第22条;二是对当事人申请调取证据的权利予以明确,主要体现于《行政诉讼证据规定》第23条。2014年修改的《行政诉讼法》除将1989年《行政诉讼法》第34条的两款分拆为第39条和第40条外,还在第40条中对法院主动调取证据进行了限制,仍以维持诉讼平衡为主要目标,明确法院"不得为证明行政行为的合法性调取被告作出行政行为时未收集的证据";同时,吸收《行政诉讼证据规定》第23条的内容,单独规定为第41条。

① 依职权调取证据的依据

《行政诉讼法》第40条规定:"人民法院有权向有关行政机关以及其他组织、公民调取证据。但是,不得为证明行政行为的合法性调取被告作出行政行为时未收集的证据。"

《若干解释》第29条对调取证据的情形作了规定,即原告或者第三人及其诉讼代理人提供了证据线索,但无法自行收集而申请人民法院调取的;当事人应当提供而无法提供原件或者原物的,人民法院均有权主动调取证据。

《行政诉讼证据规定》将调取证据分为依职权调取和依申请调取,对各自的使用条件作出了规定,并对职权调取规定了两种情形:一是涉及国家利益、公共利益或者他人合法权益的事实认定的;二是涉及依职权追加当事人、中止诉讼、终结诉讼、回避等程序性事项的。这是对《若干解释》第29条的补充和完善。

《最高人民法院关于审理行政许可案件若干问题的规定》第8条规定,人民法院在当事人无争议,但涉及国家利益、公共利益或者他人合法权益的情况下,也可以依职权调取证据。

② 依职权调取证据的具体范围

其一,涉及国家利益、公共利益或者他人合法权益的事实认定。

对涉及国家利益、公共利益或者他人合法权益的事实认定的行政案件,原告、第三人和被告常常因为害怕给自己带来不利的后果或因与自己没有直接的利害关系,不愿意向人民法院主动提供相关证据。在这种情况下,为使国家利益、公共利益或者他人的合法权益不受损害,有必要赋予人民法院依职权主动调取证据的权力。

其二,涉及依职权追加当事人、中止诉讼、终结诉讼、回避等程序性事项。

有些程序性事项,当事人往往难以提供或不愿意提供证据,且程序性事项主要关系到诉讼进程,不涉及当事人实体利益的最终归属,赋予法院依职权调取证据的权力不会影响法院的中立地位。因此,当法院向有关行政机关以及其他组织、公民调取证据时,必须具有两个条件:一是限于依职权追加当事人、中止诉讼、终结诉讼、回避等程序性事项;二是与案件实体事实无关的程序性事项。

第一,依职权追加当事人的程序性事项。根据《行政诉讼法》及相关司法解释的规定,与行政行为有利害关系的公民、法人或者其他组织可以作为原告参加诉讼,未提起诉讼的可以作为第三人申请参加诉讼;应当列为共同被告而原告不同意追加的行政主体,法院应当通知其作为第三人参加诉讼。法院审查诉讼材料后,认为有必要追加当事人参加诉讼的,可以依职权调取证据材料。

第二,中止诉讼的程序性事项。《若干解释》第51条第1款规定:"在诉讼过程中,有下列情形之一的,中止诉讼:(一)原告死亡,须等待近亲属表明是否参加诉讼的;(二)原告丧失诉讼行为能力,尚未确定法定代理人的;(三)作为一方当事人的行政机关、法人或者其他组织终止,尚未确定权利义务承受人的;(四)一方当事人因不可抗力的事由不能参加诉讼的;(五)案件涉及法律适用问题,需要送请有权机关作出解释或者确认的;(六)案件的审判须以相关民事、刑事或者其他行政案件的审理结果为依据,而相关案件尚未审结的;(七)其他应当中止诉讼的情形。"中止诉讼和其后的恢复诉讼,人民法院均可以依职权调取证据。

第三,终结诉讼的程序性事项。《若干解释》第52条规定:"在诉讼过程中,有下列情形之一的,终结诉讼:(一)原告死亡,没有近亲属或者近亲属放弃诉讼权利的;(二)作为原告的法人或者其他组织终止后,其权利义务的承受人放弃诉讼权利的。因本解释第五十一条第一款第(一)、(二)、(三)项原因中止诉讼满 90 日仍无人继续诉讼的,裁定终结诉讼,但有特殊情况的除外。"对于上述终结诉讼的程序性事项,人民法院可以依职权调取证据。

第四,回避的程序性事项。根据《行政诉讼法》和《若干解释》的规定,当事人认为审判人员与本案有利害关系或者有其他关系可能影响公正审判的,有权申请回避。原则上,申请回避者应当提供证据证明其主张成立的事实。如果申请人提供的申请回避的证据存在疑点,法院可以依职权调取有关证据。

③ 依职权调取证据的限制

除上述法律、司法解释对法院主动调取证据范围的具体规定外,《行政诉讼法》第 40 条还规定了对法院调取证据范围的原则性限制,即法院"不得为证明行政行为的合法性调取被告作出行政行为时未收集的证据"。这一限制性规定主要是针对实体性事项而言的,但如果这些实体性事项涉及国家利益、社会利益或者他人合法权益,则可以不受本条的限制,法院可以依职权调取相关证据。不过,并非在所有的案件中法院都必须调取涉及国家利益、公共利益或者他人合法权益的事实的证据,而是要考虑依职权调取证据的必要性和公平性。

行政诉讼的目的在于通过审查被诉行政行为的合法性,解决行政机关和行政相对人之间的行政争议,这决定了其证据规则具有不同于民事诉讼和刑事诉讼的特殊性,必须对法院调取证据有所限制。法院不得为证明被诉行政行为的合法性,调取被告在作出行政行为时收集的证据。如果需要法院调取的证据是被告在作出行政行为时没有考虑、收集和采用的证据,被诉行政行为可能就是在没有证据或者证据不足的情况下作出的。如果法院在诉讼中收集证据以证明被诉行政行为的合法性,就违反了依法行政的原则和行政诉讼的功能。需要指出的是,证明行政行为违法的证据,只要不是行政相对人在行政程序中故意隐瞒的,则不论被告在行政程序中是否考虑、收集和采用,法院均可以调取。

(3) 法院依申请调取证据

《行政诉讼法》第 41 条规定:"与本案有关的下列证据,原告或者第三人不能自行收集的,可以申请人民法院调取:(一) 由国家机关保存而须由人民法院调取的证据;(二) 涉及国家秘密、商业秘密和个人隐私的证据;(三) 确因客观原因不能自行收集的其他证据。"这是关于法院依申请调取证据的规定。

行政争议发生在行政管理过程中,作为行政法律关系主体的行政机关与行政相对人的地位并不平等。行政机关处于优越地位,拥有行政权力和强大的财力、物力等有利条件,具有较强的收集证据的能力。行政相对人在行政程序中处于弱势地位,行政行为的证据资料一般由行政机关掌握,行政相对人查阅和获取存在一定困难,客观上存在不能自行收集甚至无法取得证据等情况。如果没有法院辅助,行政相对人在诉讼中正常举证会比较困难,这不利于事实认定和诉讼平等。因此,

《行政诉讼证据规定》对原告或者第三人在行政诉讼中自行收集证据遇到困难时，可以向法院申请调取证据的问题予以了明确，同时规定了原告或者第三人向法院申请调取证据有两个条件：一是因客观原因不能自行收集，二是能够提供证据的确切线索。

① 申请调取证据的条件

根据《行政诉讼法》第41条，申请调取证据应当具备以下三个条件：

其一，申请人应当是原告或者第三人。该条只规定原告和第三人可以申请调取证据，未规定被告可以申请法院调取证据，主要考虑到被告具有很强的证据收集能力，行政诉讼的特殊性需要限制被告在诉讼中收集证据，且目前审判实践中未发现被告申请调取证据的情况等因素。

其二，由于原告和第三人以外的原因导致举证不能。举证原则上应当由原告和第三人自行完成，特殊情况下需要申请法院调取证据，必须是由于原告和第三人无法控制的原因，且是原告和第三人不存在任何主观过错的客观原因，包括不可抗力和其他原因。

其三，原告和第三人原则上应当提供相关资料的线索。本条与《行政诉讼证据规定》第23条关于申请调取证据的条件的最大不同之处在于，本条没有规定申请调取证据应当提供相关证据线索。本条出于简化条文内容的考虑，没有规定应当提供相关证据线索，但并不等于申请调取证据时，申请人可以不提供相关证据线索。这主要是考虑到法院依当事人的申请调取证据，是当事人举证行为的延伸，主要是通过法院辅助弥补当事人举证的不足。原告和第三人虽然因为客观原因不能自行收集证据，但对所申请调取证据的内容、位置、由谁控制等情况比较了解，对于提供证据线索是完全有能力做到的。出于诉讼资源合理配置的考虑，没有证据线索而要求法院调取证据是不合适的，有悖于公正与效率原则。

② 申请调取证据的范围

其一，由国家机关保存而须由人民法院调取的证据材料。国家机关保存的证据材料如果属于《政府信息公开条例》规定的行政机关应主动公开或可以通过申请方式获取的政府信息，原告或第三人就没有必要向法院申请调取证据。如果属于《档案法》调整的档案材料，需要向法院申请调取。档案材料，一般指国家机关、社会组织和个人从事政治、经济或文化等活动直接形成的对国家和社会有保存价值的各种文字、图表和声像等不同形式的历史性记录材料。《档案法》第19条第1款规定："国家档案馆保管的档案，一般应当自形成之日起满三十年向社会开放。经济、科学、技术、文化等类档案向社会开放的期限，可以少于三十年，涉及国家安全或者重大利益以及其他到期不宜开放的档案向社会开放的期限，可以多于三十年，具体期限由国家档案行政管理部门制订，报国务院批准施行。"档案材料是不对外开放的，当事人只能申请法院调取。

其二,涉及国家秘密、商业秘密或者个人隐私的证据材料。这些证据材料不能通过公开渠道直接获取,需由法院调取。所谓国家秘密,是指关系国家的安全和利益,依照法定程序确定,在一定时间内只限在一定范围内的人员知悉的事项。国家秘密分为最重要的"绝密"、重要的"机密"和次重要的"秘密"三级。根据《保守国家秘密法》第9条的规定,国家秘密包括:国家事务重大决策中的秘密事项;国防建设和武装力量活动中的秘密事项;外交和外事活动中的秘密事项以及对外承担保密义务的秘密事项;国民经济和社会发展中的秘密事项;科学技术中的秘密事项;维护国家安全活动和追查刑事犯罪中的秘密事项;经国家保密行政管理部门确定的其他秘密事项。政府的秘密事项中符合以上规定的,属于国家秘密。

所谓商业秘密,是指不为公众所知悉,能为权利人带来经济利益,具有实用性并采取保密措施的技术信息和经营信息。商业秘密的构成要件之一就是秘密性,即这种技术信息和经营信息不为权利人以外的人所知悉,一旦为他人所知悉,会给当事人造成经济损失。

所谓个人隐私,是指私人生活安宁不受他人非法干扰,私人信息和秘密不受他人收集、刺探和公开。一般来说,个人隐私包括个人的生活情况、工作情况、家庭情况、交友情况、恋爱情况、财务情况、个人资讯、个人档案等信息。

其三,因客观原因不能自行收集的其他证据。这是兜底条款,是为了弥补实践中可能出现的当事人因客观原因不能自行收集前两种情况以外的需要申请人民法院调取的证据。

2. 行政诉讼中的证据保全

证据保全,是指行政诉讼过程中,对于可能灭失或者以后难以取得的对案件有证明意义的事实材料,法院根据诉讼参加人的申请或依职权采取的保全证据的措施,其目的是保证法院在证据充分的基础上作出公正裁判。证据保全是行政诉讼中的一项有效措施,既是诉讼参加人提供证据的辅助,又是法院取得证据的一种方式。设立证据保全制度、实施证据保全的目的是,固定和保存证据的原有状态,使其发挥证明案件事实、发现真实的作用,有助于法院查明案件事实,及时公正地作出裁判。我国三大诉讼法均规定了证据保全制度,其中《行政诉讼法》第42条规定:"在证据可能灭失或者以后难以取得的情况下,诉讼参加人可以向人民法院申请保全证据,人民法院也可以主动采取保全措施。"

(1) 证据保全的启动主体

根据《行政诉讼法》与《行政诉讼证据规定》关于证据保全制度的规定,证据保全分为依申请的证据保全和依职权的证据保全,对应的启动证据保全的主体也有不同:依申请的证据保全的启动主体是所有诉讼参加人,包括被告;依职权的证据保全的启动主体是法院。法院依职权进行的证据保全,也应当是在证据可能灭失或者以后难以取得的情况下才能采取。一般情况下,法院不应当主动采取证据保全措施。

(2) 证据保全的启动条件

证据保全之所以必要,主要是基于两个方面的考量:一是证据可能由于自身的原因发生自然变化,如不及时采取一定技术手段处理就无法保持其正常状态;二是证据持有人在利益的驱动下有可能故意毁损、转移、藏匿、篡改证据,从而改变证据的正常状态。无论是自然原因还是人为原因,证据受到的危害都是相同的,它们都改变了证据的原有状态,进而使证据丧失其证明案件事实的价值。因此,《行政诉讼法》第42条规定了启动证据保全的两个条件:一是证据可能灭失。关于证据可能灭失,实践中主要有知悉案情的人因年老、疾病而濒临死亡,作为物证载体的物品即将变质、腐烂或被毁灭等,若不采取固定和保全证据措施,证据物理消失后会导致相关案件事实无法认定。二是以后难以取得。例如,主要证人出境以后难以获得证人证言等,需要采取证据保全措施。

(3) 证据保全的程序要求

① 证据保全申请的提出时限。《行政诉讼法》仅对证据保全制度作了概括性的规定,未对提出证据保全的时限问题予以明确。《行政诉讼证据规定》对此作出了详细规定,明确证据保全申请的时间应当在举证期限届满之前。但是,特定情况下,当事人在举证期限届满后仍有权申请法院保全证据。例如,根据《行政诉讼证据规定》第1条的规定,行政诉讼被告的举证期限是收到起诉状副本之日起10日内。某一被告在举证期限内向法院提供了所有的证据,其中包括某项物证的照片。但是,在诉讼中,被告向法院提出保全证据原物的申请,理由是该物证正在遭受灭失的威胁。尽管这时被告已经超过了举证期限,法院还是应当接受申请,依法采取保全措施。原告超过举证期限,在特殊情况下同样可以申请法院保全证据。

② 证据保全申请的形式。根据《行政诉讼证据规定》的要求,申请证据保全,应当以书面形式向法院提出,不得以口头或是数据电文(如电子邮件)等形式向法院提出;否则,法院不受理当事人的申请。

③ 证据保全申请的主要内容。根据《行政诉讼证据规定》的要求,证据保全书面申请中必须包含的主要内容是:证据名称、证据所在地点、要求法院进行证据保全的内容和范围、申请证据保全的理由等。理由主要说明该证据容易灭失或者以后难以取得的原因。

3. 行政诉讼中质证、认证与非法证据排除

《行政诉讼法》第43条规定:"证据应当在法庭上出示,并由当事人互相质证。对涉及国家秘密、商业秘密和个人隐私的证据,不得在公开开庭时出示。人民法院应当按照法定程序,全面、客观地审查核实证据。对未采纳的证据应当在裁判文书中说明理由。以非法手段取得的证据,不得作为认定案件事实的根据。"

(1) 质证规则

行政诉讼的质证,是指在法庭审理过程中,由诉讼当事人借助各种证据方法,就法庭上所出示的证据材料采取询问、辨认、质疑、说明、辩驳等方式,以在证据的证明力等问题上对法官的内心确信产生影响的一种诉讼活动。《行政诉讼法》第43条有关质证的规定主要涉及证据的出示、质证的主体、质证的方式和质证的内容等方面。

① 关于证据的出示。法庭在质证过程中,有关证据的出示主要涉及以下问题:一是当事人出示证据的次序问题。根据举证责任的不同,次序有所不同,一般顺序为:举证责任承担者先出示证据,对方当事人后出示证据,第三人最后出示证据。二是法院调取证据的出示问题。法院依当事人申请调取的证据,由申请人出示;法院依职权调取的证据,由法庭出示。三是有关书证、物证和视听资料的出示问题。《行政诉讼证据规定》第40条第1款规定:"对书证、物证和视听资料进行质证时,当事人应当出示证据的原件或者原物。但有下列情况之一的除外:(一) 出示原件或者原物确有困难并经法庭准许可以出示复制件或者复制品;(二) 原件或者原物已不存在,可以出示证明复制件、复制品与原件、原物一致的其他证据。"

② 关于质证的主体。质证权是诉讼当事人一项重要的诉讼权利。原告、被告和第三人是行政诉讼法规定的诉讼主体,是行政诉讼质证的主体。在行政诉讼中,代理人进行诉讼活动,质证后果由被代理人承担。所以,代理人本身不是质证的主体。法院是居中裁判者,不应成为质证的主体。

③ 关于质证的方式。证据的质证方式主要分为公开质证和非公开质证。人民法院审理行政案件的方式可以分为公开审理和不公开审理两种。所谓公开审理,是指人民法院的审理活动除了合议庭的评议秘密进行外,必须公开进行。所谓不公开审理,是指人民法院审理行政案件,以公开审理为原则,以不公开审理为例外。涉及国家秘密、当事人申请不公开的商业秘密、个人隐私或者法律规定不得公开审理的行政案件,审理的方式为不公开审理。质证是法院开庭审理行政案件的重要组成部分。根据《行政诉讼法》第43条和《行政诉讼证据规定》第37条的规定,除涉及国家秘密、商业秘密、个人隐私或者法律规定的其他应当保密的证据不得在开庭时公开出示和质证外,其余证据均可公开出示和质证。

④ 关于质证的内容。质证的目的是确定证据能否作为认定案件事实的依据。因此,行政诉讼的质证内容应当体现证据是否具有说服力。证据的证明力是通过证据的关联性、合法性、真实性确定的,质证活动亦围绕着证据的关联性、合法性、真实性以及证明效力的大小等展开。《行政诉讼证据规定》第39条第1款明确规定:"当事人应当围绕证据的关联性、合法性和真实性,针对证据有无证明效力以及证明效力大小,进行质证。"

（2）认证规则

《行政诉讼法》第43条第2款是关于法院审核认定证据的规定。审核认定证据，简称"认证"，是指审理案件的法官依照法定程序，根据一定的原则或规则，对经过质证的证据材料的关联性、合法性和真实性即证据的"三性"进行审查判断，从而确定证据材料可否采信，以及可采信的证据的证明力大小的活动。

① 审核认定证据的主体是审理案件的法官，即一审普通程序的合议庭成员和简易程序的独任法官，不是人民法院，更不是其他诉讼参加人。人民法院的审判组织是合议庭和审判委员会，由组成合议庭的成员审理具体案件，合议庭对案件事实和适用法律等负责。审判委员会的主要职责是对重大、复杂、疑难案件中的法律适用问题进行研究，不直接参加庭审活动，因此不能也不应该对案件的证据事实负责。《行政诉讼证据规定》关于证据的审核认定主体，均采取"法庭"的表述形式。

② 认定证据的对象应当是经过质证的证据材料。只有经法庭审查属实的证据，才能作为定案根据。未在法庭上出示、质证的证据材料，不能作为定案的依据，因此无须进行认证。当事人在庭前证据交换过程中没有争议并记录在卷的证据，应当视为已经法庭质证，可以作为认定案件事实的依据，无须进行认证。

③ 审核后未采纳的证据应当在判决中说明理由。认定证据主要是对证据材料进行审查判断，确定哪些证据材料具有证明效力以及具有证明效力的证据的证明力大小，最后确定哪些证据可以作为定案的依据。所谓证明力，是指经法庭审查认定证据材料具有关联性、合法性和真实性。所谓证据的证明力大小，是指某一证据与待证案件事实所体现的证明价值大小与强弱的状态或程度。如果法院审核证据后，认为某项证据不具有证明效力或者证明力不足，不能采纳为认定案件的依据，应当在判决书中写明不采纳该项证据的理由。

（3）非法证据排除原则

非法证据排除规则，是指以违反法律禁止性规定和侵犯他人合法权益的方式获得的证据材料，不能作为认定案件事实的证据。非法证据排除实际上属于证据的合法性审查问题。根据《行政诉讼证据规定》，非法证据主要包括：严重违反法定程序收集的证据材料；以偷拍、偷录、窃听等手段获取侵害他人合法权益的证据材料；以利诱、欺诈、胁迫、暴力等不正当手段获取的证据材料。以非法手段获取的证据，虽然可能具有真实性和关联性，但侵犯了当事人的合法权益，其本身的价值不足以弥补非法手段损害的更为重要的法律利益，因此不应具有证据能力，不能作为认定案件事实的依据。

四、行政诉讼的证明标准

证明标准，是指为了实现法定证明任务，法律规定在每一个案件中诉讼证明必须达到的程度。证明标准是衡量证据的证明程度的标准，它既是衡量当事人举证到何种程度才能满足举证要求的标准,又是法官具有确信案件事实以及评判法官对事实的认定是否妥当的尺度。

我国《行政诉讼法》和《行政诉讼证据规定》均未规定证明标准问题。由于行政案件的特殊性和多样性,证明行政案件事实的方式也具有多样性,不可能适用单一的证明标准,而应当根据不同的案件类型,有针对性地分别适用不同的证明标准。具体来说:

1. 以明显优势证明标准为原则

除法律和《行政诉讼证据规定》另有规定外,法庭应当适用明显优势证明标准认定案件事实。这种证明标准充分体现了行政诉讼的特色。因为刑事诉讼通行的是排除合理怀疑标准,民事诉讼通行的是优势证明标准,而在一般行政案件中,行政行为对相对人权利的影响介于民事、刑事案件之间,其证明要求低于刑事诉讼而高于民事诉讼,因而应当使用介于两者之间的明显优势证明标准。

2. 以严格证明标准和优势证明标准为补充

对于严格影响相对人权利的行政案件,适用严格证明标准或排除合理怀疑标准。因为拘留、劳动教养、责令停产停业、吊销执照等行政案件,对行政相对人的人身权、财产权产生重大的影响,对行政机关应当有更高的证明要求,所以应当适用与刑事诉讼相同的证明标准。

对于下列行政案件,应当适用优势证明标准:第一类是涉及财产权或者人身权争议的行政裁决案件。因为这类案件在性质上属于经过行政机关处理的民事案件,所以应当适用通行的民事证明标准。第二类是非行政行为的案件。因为非行政行为诉讼类似于民事诉讼,诉讼标的主要是民事权益,适用民事诉讼的审理规则,所以也应适用民事诉讼的优势证明标准,如行政赔偿诉讼案件中涉及对原告或第三人财产权或人身权侵害事实的证明,以及行政处罚案件中涉及处罚显失公正的证明等。第三类是行政机关适用简易程序作出具体行政行为的案件,以及行政机关采取临时保全措施的案件。这类案件适用优势证明标准,主要是考虑到行政效率以及对行政相对人的权益影响不大。

第六节 行政诉讼的法律适用

一、行政诉讼的法律适用的特征

行政诉讼的法律适用,是指按照法定程序将法律、法规及法院决定参照的规章具体用于各种行政案件,对被诉行政行为的合法性(包括对行政处罚行为的合理性)进行审查的活动。这具体包括适用诉讼法、行政实体法和行政程序法。

1. 适用主体是人民法院

根据《行政诉讼法》的规定,行政诉讼是指人民法院应公民、法人或者其他组织的请求,通过审查行政行为合法性的方式,解决特定范围内的行政争议的活动。在行政诉讼中,只有人民法院才有权适用法律,行政机关作为诉讼当事人无权决定行政诉讼的法律适用。

2. 人民法院对行政案件的第二次法律适用

即人民法院对行政机关在行政程序中作出被诉行政行为时已经作出的法律适用的再适用,也称为"审查适用"。只要行政机关作出了行政行为,无论有无正式的书面决定,都是行政机关适用法律、法规或其他规范性文件于特定法律事实的活动。在行政诉讼之前,行政机关已经解决过法律适用问题,这是第一次法律适用。如果公民、法人或者其他组织不服,向人民法院起诉,人民法院依法审理和作出判决,对行政行为作出最终法律效力的法律适用,就是第二次法律适用。这是对第一次法律适用的审查适用,从而解决第一次法律适用是否合法的问题。

3. 行政诉讼法律适用具有最终的法律效力

行政诉讼中人民法院的法律适用,其效力高于行政机关作出行政行为时的法律适用。《立法法》第88条规定:"法律的效力高于行政法规、地方性法规、规章。行政法规的效力高于地方性法规、规章。"行政机关不得以同一事实和理由就同一问题作与司法判决不同的行政行为,否则应承担相应的法律责任。同时,《行政诉讼法》第71条规定:"人民法院判决被告重新作出行政行为的,被告不得以同一的事实和理由作出与原行政行为基本相同的行政行为。"

4. 行政诉讼法律适用原则上只解决合法性问题

合法性审查原则是行政诉讼的基本原则。人民法院原则上只解决行政行为的合法性问题,除针对行政处罚和要求行政赔偿的诉讼之外,在行政诉讼中不解决合理性问题。行政合理性问题由行政机关在行政程序中解决。这是行政诉讼法律适用区别于刑事、民事诉讼法律适用的特点之一。

二、行政诉讼的法律适用的规则

1. 法律和行政法规、地方性法规是行政审判的依据

《行政诉讼法》第63条规定:"人民法院审理行政案件,以法律和行政法规、地方性法规为依据。地方性法规适用于本行政区域内发生的行政案件。人民法院审理民族自治地方的行政案件,并以该民族自治地方的自治条例和单行条例为依据。人民法院审理行政案件,参照规章。"因此,在有法律和行政法规、地方性法规具体规定的情况下,法律和行政法规、地方性法规是行政审判的依据,人民法院无权拒绝适用。但是,此时被诉的行政行为的合法性必须从法律规范整体结构上的规定进行审查,而不能单从某一法律规范的规定简单判定行政行为是否合法。

2. 行政规章的参照适用

《行政诉讼法》第 63 条第 3 款规定:"人民法院审理行政案件,参照规章。"由此可见,在行政诉讼中,对行政规章的适用是有条件的,只是参照适用。

3. 其他规范性文件在行政诉讼中起辅助作用

其他规范性文件,是指部、委以下的行政机关和省、市、自治区人民政府、设区的市人民政府以下的地方各级行政机关制定的行政规范性文件。《行政诉讼法》中虽没有规定其他规范性文件在行政诉讼中的法律地位,但从其效力低于行政规章的角度来看,人民法院在进行行政审判时,既不能依据也不能参照其他规范性文件。《若干解释》第 62 条第 2 款规定:"人民法院审理行政案件,可以在裁判文书中引用合法有效的规章及其他规范性文件。"人民法院在适用其他规范性文件时,也同样享有对其他规范性文件的审查权。

4. 最高人民法院的司法解释

《若干解释》第 62 条第 1 款规定:"人民法院审理行政案件,适用最高人民法院司法解释的,应当在裁判文书中援引。"

三、行政诉讼的法律冲突

行政诉讼的法律冲突,是指人民法院在行政诉讼过程中,发现对同一法律事实或者法律关系,存在两个或者两个以上的法律规范,并且作出了不同的规定,适用不同的法律规定将导致不同的裁判结果的情形。在遇到这类情形时,法律的适用应当遵循以下几个规则:

1. 层级冲突适用规则

不同层级法律规范产生冲突一般属违法冲突,按照法律优先原则,高层级法律规范优于低层级法律规范。但是,高层级法律规范授权低层级法律规范作出与高层级法律规范不同的规定除外。

2. 平级冲突适用规则

部门规章之间、部门规章与地方规章之间效力等级相同,人民法院认为它们之间存在不一致时,应由最高人民法院送请国务院作出解释或者裁决。

3. 特别冲突适用规则

同一效力层级上,特别法优于普通法,如果普通法属高层级法律,特别法属低层级法律。如果特别法的规定未经过高层级法律的授权,人民法院仍应适用普通法。

4. 新法优于旧法规则

新法生效以后发生的事件适用新法,新法生效以前发生的事件适用旧法,新法明确规定有溯及力的除外。

5. 人际冲突适用规则

不同民族、种族或者具有特殊身份的个人适用就该民族、种族或者具有特殊身份的个体作出特别规定的法律规范。

6. 区际冲突适用规则

发生于我国港澳台地区的行政案件，适用在我国港澳台地区施行的法律规范。发生于我国内地的行政案件，则适用当地实行的法律规范。此外，还可以通过双方协商解决。

第七节 行政诉讼程序

一、行政诉讼的起诉与受理

行政诉讼程序的发生，人民法院依法行使行政审判权力，是从起诉人起诉、人民法院对案件的受理开始的。起诉是利害关系人的诉讼行为，受理是人民法院的诉讼行为，只有在这两种诉讼行为相结合的情况下才能启动行政诉讼程序。这两种行为是密不可分的统一体，因为正是利害关系人的起诉行为导致了人民法院的受理行为，正是人民法院的受理行为让利害关系人的起诉具有诉讼法上的意义。①

1. 起诉

（1）起诉的概念与条件

行政诉讼的起诉，是指公民、法人或者其他组织认为行政机关的行政行为侵犯其合法权益，向人民法院提起诉讼，请求人民法院行使国家审判权，审查行政行为的合法性并向起诉人提供法律救济，以保护其合法权益的诉讼行为。起诉是人民法院对相应案件行使审判权的前提。根据《行政诉讼法》第49条的规定，公民、法人或者其他组织向人民法院提起行政诉讼，必须符合以下条件：

① 原告必须是认为行政行为侵犯其合法权益的公民、法人或者其他组织。这一法定条件包括以下具体内容：第一，提出行政诉讼，必须以有权行使国家行政职权的国家行政机关的行政行为存在为前提。第二，原告可以是公民、法人，也可以是其他组织。公民是指中国公民，法人包括企业法人、机关法人、事业单位法人和社会团体法人。其他组织是指不具有法人资格的社会组织（非法人团体）和一定条件下的国家组织。外国人及无国籍人、外国组织（包括外国法人和外国非法人团体），根据《行政诉讼法》第99条，也可以在中国作为原告提起诉讼。第三，原告与案件有直接的利害关系，不仅有事实上的利害关系，而且有法律上的利害关系。这里的"认为"是指原告单方面的主观认识，并不一定是客观上确实受到该行政行为的侵害。

---

① 参见梁凤云：《新行政诉讼法讲义》，人民法院出版社2015年版，第261页。

② 必须有明确的被告。被告是起诉的重要构成条件,明确的被告是指原告在提起诉讼时应当指明侵权的行政机关。如果没有明确的被告,诉讼法律关系就不能形成,也无从开始,诉讼的后果也将无人承担。被告是行政案件不可缺少的诉讼当事人,如果没有明确、具体、合格的被告,原告的诉求将没有具体的指向,法律事实很难证实,诉讼后果无人承担,人民法院也无从进行裁判。

③ 必须有具体的诉讼请求和事实根据。诉讼请求和事实根据是起诉的基本内容。具体的诉讼请求,是指原告对被告提出的具体的权利主张和人民法院作出何种判决的要求。行政诉讼的诉讼请求可以是确认行政行为违法或撤销、变更行政行为,或者要求行政主体履行法定职责等。事实根据,是指原告向人民法院起诉时明确提出诉讼请求所依据的事实和根据,不仅包括案件事实,而且还应包括诉讼请求的法律、法规依据。事实根据也就是诉讼理由。其中,案情事实是指行政法律关系发生、变更、消灭的事实,原告合法权益受到侵害的事实;证据事实是指证明案情事实存在的必要根据。

④ 起诉的案件属于人民法院受案范围和受诉人民法院管辖。原告起诉的案件必须是根据《行政诉讼法》的规定,属于人民法院受理范围的行政案件。若属于《行政诉讼法》第13条规定的事项,则不属于人民法院受案范围,当事人不能提起诉讼。另外,原告起诉,还必须符合《行政诉讼法》关于级别管辖、一般地域管辖、特殊地域管辖、选择管辖等有关规定。①

(2) 起诉的形式

起诉除必须符合上述法定条件外,还必须符合法定形式。《行政诉讼法》第50条第1款规定:"起诉应当向人民法院递交起诉状,并按照被告人数提出副本。"第2款规定:"书写起诉状确有困难的,可以口头起诉,由人民法院记入笔录,出具注明日期的书面凭证,并告知对方当事人。"起诉状是原告向人民法院提出诉讼请求的书面依据,也是人民法院对案件进行初步审理的书面依据。参照《民事诉讼法》关于起诉状的要求,起诉状应当列明下列事项:原告和被告的基本情况、诉讼请求以及所依据的事实和理由、证据和证据来源、证人姓名和住所。

2. 法院对起诉的审查

人民法院应对原告的起诉依法进行审查,通过审查,确定是立案受理还是裁定不予受理。审查标准有:第一,是否属于法院行政诉讼的受案范围和受诉法院管辖;第二,是否遵循了法律关于行政复议与行政诉讼关系的规定;第三,是否符合法律对起诉期限的规定;第四,是不是重复诉讼。②

3. 人民法院的受理

行政诉讼的受理,是指人民法院对原告的起诉行为进行审查后,认为起诉符合

---

① 参见姜明安主编:《行政法与行政诉讼法》(第五版),北京大学出版社、高等教育出版社2011年版,第486—488页。

② 同上书,第488页。

法律规定的要件,在法定期限内予以立案;或者认为起诉不符合法律规定的要件,作出不予受理裁定的行为。《行政诉讼法》第51条规定:"人民法院在接到起诉状时对符合本法规定的起诉条件的,应当登记立案。对当场不能判定是否符合本法规定的起诉条件的,应当接收起诉状,出具注明收到日期的书面凭证,并在七日内决定是否立案。不符合起诉条件的,作出不予立案的裁定。裁定书应当载明不予立案的理由。原告对裁定不服的,可以提起上诉。起诉状内容欠缺或者有其他错误的,应当给予指导和释明,并一次性告知当事人需要补正的内容。不得未经指导和释明即以起诉不符合条件为由不接收起诉状。对于不接收起诉状、接收起诉状后不出具书面凭证,以及不一次性告知当事人需要补正的起诉状内容的,当事人可以向上级人民法院投诉,上级人民法院应当责令改正,并对直接负责的主管人员和其他直接责任人员依法给予处分。"

4. 起诉与受理的法律意义

起诉人的起诉行为和法院的受理行为两者结合使行政诉讼法律关系得以形成,人民法院决定立案,标志着行政诉讼程序的开始,由此产生一系列的法律效力和法律意义。

(1) 行政诉讼案件的成立

起诉和受理意味着法院具有对行政案件的审判权,同时意味着法院应履行解决行政纠纷的义务。起诉为法院所受理后,在法院与当事人之间即形成了诉讼上的法律关系,与之相应,即排斥其他法院对案件的管辖权。

(2) 原被告取得相应的诉讼地位

从法院决定立案开始,起诉人即取得了原告的诉讼地位,作出被诉行政行为的行政机关或组织成为诉讼的被告,双方开始享有法定的诉讼权利和承担法定的诉讼义务。同时,其他与案件相关的证人、勘验人、鉴定人等也取得或可能取得相应的诉讼参与人的诉讼地位。

(3) 起诉受理后,行政行为的效力处于争议状态,不能取得最终的法律效力

起诉为法院所受理后,相应的行政行为在行政诉讼中有被撤销或变更的可能性。但是,在被诉行政行为被撤销或变更以前,除因法定的特殊情况外,相应行为并不能因行政诉讼程序的开始而停止其执行。

(4) 人民法院与当事人建立诉讼法律关系

起诉受理后,非依法定条件和程序,不得随意中止或终结诉讼,原告也不得擅自撤回起诉。

(5) 诉讼时效中断

当事人起诉,诉讼时效中断,审理期限开始计算。[①]

[①] 参见姜明安主编:《行政法与行政诉讼法》(第五版),北京大学出版社、高等教育出版社2011年版,第492—493页。

二、行政诉讼一审程序

1. 审理前的准备

（1）起诉状副本的发送与答辩状的提交、发送

《行政诉讼法》第 67 条规定："人民法院应当在立案之日起五日内，将起诉状副本发送被告。被告应当在收到起诉状副本之日起十五日内向人民法院提交作出行政行为的证据和所依据的规范性文件，并提出答辩状。人民法院应当在收到答辩状之日起五日内，将答辩状副本发送原告。被告不提出答辩状的，不影响人民法院审理。"

（2）行政案件审判组织形式

审判组织，是指具体行使国家行政审判职能的组织。我国行政审判的组织包括行政审判庭、合议庭和审判委员会。合议庭是行政审判的基本组织，依少数服从多数原则对案件进行审理和裁判。《行政诉讼法》第 68 条规定："人民法院审理行政案件，由审判员组成合议庭，或者由审判员、陪审员组成合议庭。合议庭的成员，应当是三人以上的单数。"

（3）审查诉讼材料

审查诉讼材料时应作阅卷笔录，阅卷笔录中应载明案由，双方当事人及其他诉讼参与人的基本情况，作为行政机关行政行为表现形式的处罚决定、处理决定的文号、时间及主要内容，原告的诉讼请求、事实证据、理由及答辩人答辩的事实和理由，证据的来源，作出行政行为所适用的法律、行政法规、规章的名称及条款等。

（4）调查、收集证据

在审查诉讼材料的基础上，法院可根据需要决定是否进行调查和收集证据，对案件存疑的地方进一步调查；决定是否要求当事人补充证据，是否需要对专门性问题进行鉴定，是否采取证据保全措施等。

（5）确认、更换和追加当事人

法院在此阶段还需确认原告、被告、第三人的资格，如果发现不具备当事人资格者，应更换或追加新的当事人。另外，如果有共同诉讼人或第三人须参加诉讼，应通知其参加。

（6）确定开庭的地点、时间并通知当事人和其他诉讼参与人

法院在开庭审理三日前，应以传票或通知书通知当事人和其他诉讼参与人，对公开审理的案件，还应公告开庭的时间、地点和案由。

2. 开庭审理

开庭审理，是指所有诉讼参与人在法院合议庭主持下，依法定程序对当事人之间的行政争议案件进行审理，查明案件事实，适用相应的法律、法规，并最终作出裁判的活动。开庭审理一般需经过预备、法庭调查、法庭辩论、评议和宣判五个阶段。

就我国行政诉讼开庭审理的形式而言,《行政诉讼法》第54条规定:"人民法院公开审理行政案件,但涉及国家秘密、个人隐私和法律另有规定的除外。涉及商业秘密的案件,当事人申请不公开审理的,可以不公开审理。"

3. 回避制度、先予执行、撤诉与缺席判决

(1) 回避制度

《行政诉讼法》第55条规定:"当事人认为审判人员与本案有利害关系或者有其他关系可能影响公正审判,有权申请审判人员回避。审判人员认为自己与本案有利害关系或者有其他关系,应当申请回避。前两款规定,适用于书记员、翻译人员、鉴定人、勘验人。院长担任审判长时的回避,由审判委员会决定;审判人员的回避,由院长决定;其他人员的回避,由审判长决定。当事人对决定不服的,可以申请复议一次。"

(2) 先予执行

《行政诉讼法》第57条规定:"人民法院对起诉行政机关没有依法支付抚恤金、最低生活保障金和工伤、医疗社会保险金的案件,权利义务关系明确、不先予执行将严重影响原告生活的,可以根据原告的申请,裁定先予执行。当事人对先予执行裁定不服的,可以申请复议一次。复议期间不停止裁定的执行。"

(3) 撤诉与缺席判决

撤诉,是指当事人撤回已经成立之诉,不再要求法院对案件进行审理的一种诉讼行为。对行政诉讼原告而言,其向法院提起行政诉讼,引起行政诉讼程序,就有义务按时到庭。如果原告经过合法传唤依然不到庭,则反映其消极应对诉讼权利的心理状态,通过规定按撤诉处理,法院将其诉讼权利予以撤销,对原告而言也是一种警诫。缺席判决,是指法院开庭审理的过程中,一方或者双方当事人没有到庭或者中途离开,未有效参加诉讼的全部过程,法院在此情况下经过审理所作出的判决。对于被告来说,其作为行政主体有义务提出相应的证据证明其行政行为的合法性,经过传票传唤不来应诉,亦反映出其对该行政行为的合法性持无所谓甚至是否定的态度。由于被告自身还承担着证明自己行政行为合法性的证明责任,故法院通过缺席审判,对被告进行一定程度的警示。①

《行政诉讼法》第58条规定:"经人民法院传票传唤,原告无正当理由拒不到庭,或者未经法庭许可中途退庭的,可以按照撤诉处理;被告无正当理由拒不到庭,或者未经法庭许可中途退庭的,可以缺席判决。"

4. 判决类型

(1) 驳回原告诉讼请求判决

《行政诉讼法》第69条规定:"行政行为证据确凿,适用法律、法规正确,符合法

---

① 参见江必新主编:《中华人民共和国行政诉讼法理解适用与实务指南》,中国法制出版社2015年版,第270、271页。

定程序的,或者原告申请被告履行法定职责或者给付义务理由不成立的,人民法院判决驳回原告的诉讼请求。"

(2) 撤销判决

《行政诉讼法》第70条规定:"行政行为有下列情形之一的,人民法院判决撤销或者部分撤销,并可以判决被告重新作出行政行为:(一) 主要证据不足的;(二) 适用法律、法规错误的;(三) 违反法定程序的;(四) 超越职权的;(五) 滥用职权的;(六) 明显不当的。"

(3) 履行判决

履行判决,是指人民法院经过对行政案件的审理,认定被告具有不履行法定职责的情形,从而作出责令被告在一定期限内履行法定职责的判决形式。履行判决的内容是判决被告作出一定行为,包括三种情形:一是判决被告依法履行职责;二是判决被告依法履行职责,并且对履行职责的方式提出原则性要求;三是明确履行的具体要求。采取哪种形式,判到何种程度,需要根据司法权与行政权的分工、行政自由裁量权的范围并结合实际情况作出判断。[①]

(4) 给付判决

给付判决,是指具有公法上请求权的公民、法人或者其他组织对行政机关不履行给付义务的行为不服提起行政诉讼,人民法院判令行政机关依法承担给付义务的判决。给付判决除了具有其他判决所有共同具有的拘束力和既判力之外,还具有较强的执行力。人民法院判决被告履行给付义务,应明确指出其所应给付的内容和履行期限。[②]

(5) 确认违法判决

确认违法判决,是指人民法院经审查认为被诉行政行为违法但不适合作出撤销判决或履行判决,转而确认被诉行政行为违法的判决。确认违法判决是对被诉行政行为的一种否定性评价,是对撤销判决的修改和补充。[③]《行政诉讼法》第74条规定:"行政行为有下列情形之一的,人民法院判决确认违法,但不撤销行政行为:(一) 行政行为依法应当撤销,但撤销会给国家利益、社会公共利益造成重大损害的;(二) 行政行为程序轻微违法,但对原告权利不产生实际影响的。行政行为有下列情形之一,不需要撤销或者判决履行的,人民法院判决确认违法:(一) 行政行为违法,但不具有可撤销内容的;(二) 被告改变原违法行政行为,原告仍要求确认原行政行为违法的;(三) 被告不履行或者拖延履行法定职责,判决履行没有意义的。"

---

① 参见江必新主编:《中华人民共和国行政诉讼法理解适用与实务指南》,中国法制出版社2015年版,第334页。
② 同上书,第336—337页。
③ 同上书,第339页。

(6) 确认无效判决

确认无效判决,是指人民法院经审查认为被诉行政行为属于无效情形而确认其无效的判决。与确认违法判决不同的是,确认无效判决是对被诉行政行为从效力层面所作的一种否定性评价,而后者是从合法性角度对被诉行政行为所作的一种否定性评价。① 《行政诉讼法》第75条规定:"行政行为有实施主体不具有行政主体资格或者没有依据等重大且明显违法情形,原告申请确认行政行为无效的,人民法院判决确认无效。"经判决确认无效的行政行为,其效力是自始、永久、绝对无效。

(7) 补救措施判决与赔偿判决

《行政诉讼法》第76条规定:"人民法院判决确认违法或者无效的,可以同时判决责令被告采取补救措施;给原告造成损失的,依法判决被告承担赔偿责任。"

(8) 变更判决

《行政诉讼法》第77条规定:"行政处罚明显不当,或者其他行政行为涉及对款额的确定、认定确有错误的,人民法院可以判决变更。人民法院判决变更,不得加重原告的义务或者减损原告的权益。但利害关系人同为原告,且诉讼请求相反的除外。"

5. 公开宣判

《行政诉讼法》第80条规定:"人民法院对公开审理和不公开审理的案件,一律公开宣告判决。当庭宣判的,应当在十日内发送判决书;定期宣判的,宣判后立即发给判决书。宣告判决时,必须告知当事人上诉权利、上诉期限和上诉的人民法院。"

6. 审理期限

审理期限,是指人民法院审理案件从立案到审结的法定时间限制。所谓第一审案件的审理期限,是指人民法院审理第一审行政案件的法定时间限制。《行政诉讼法》第81条规定:"人民法院应当在立案之日起六个月内作出第一审判决。有特殊情况需要延长的,由高级人民法院批准,高级人民法院审理第一审案件需要延长的,由最高人民法院批准。"

7. 行政诉讼的简易程序

(1) 简易程序

简易程序追求的目标主要包括:平衡效率与公正、减少当事人诉累和优化司法资源配置。实现目标的具体制度包括:简易程序适用的案件范围、审级、审判组织、环节简化和程序转换等。《行政诉讼法》第82条规定:"人民法院审理下列第一审行政案件,认为事实清楚、权利义务关系明确、争议不大的,可以适用简易程序:(一) 被诉行政行为是依法当场作出的;(二) 案件涉及款额二千元以下的;(三) 属

---

① 参见江必新主编:《中华人民共和国行政诉讼法理解适用与实务指南》,中国法制出版社2015年版,第343页。

于政府信息公开案件的。除前款规定以外的第一审行政案件,当事人各方同意适用简易程序的,可以适用简易程序。发回重审、按照审判监督程序再审的案件不适用简易程序。"

(2) 审判组织及审理期限

《行政诉讼法》第 83 条规定:"适用简易程序审理的行政案件,由审判员一人独任审理,并应当在立案之日起四十五日内审结。"

(3) 程序转化

《行政诉讼法》第 84 条规定:"人民法院在审理过程中,发现案件不宜适用简易程序的,裁定转为普通程序。"

三、行政诉讼二审程序

1. 二审程序的概念

二审程序,是指上级人民法院对下级人民法院就第一审案件所作的判决、裁定,在发生法律效力以前,基于当事人的上诉,依据事实和法律,对案件进行审理的程序。

2. 上诉及条件

所谓上诉,是指当事人不服第一审人民法院的裁决,在法定期限内提出上诉状,请求上一级人民法院进行审判的诉讼行为。

提起上诉,必须具备六个条件:

(1) 必须是法定的上诉人。凡第一审程序中的原告、被告和第三人及其法定代理人、指定代理人、法人的法定代表人,都有权提起上诉。委托代理人必须经过被代理人的特别授权,才能以被代理人的名义提起上诉。

(2) 必须有法律允许提起上诉的对象。能够成为上诉对象的,只能是地方各级人民法院第一审尚未发生法律效力的判决或裁定,对最高人民法院的判决和裁定不准上诉。对于裁定,除对驳回起诉、不予受理以及管辖权有异议的裁定可以上诉外,对其他裁定都不准上诉。

(3) 上诉理由必须成立。这包括:第一审人民法院认定事实有错误;第一审人民法院在适用法律、法规上有错误;第一审人民法院在审理案件过程中违背法定程序;第一审人民法院的判决或裁定缺乏理由等。

(4) 必须在法定的期限内提起上诉。当事人不服人民法院第一审判决的,有权在判决书送达之日起 15 日内向上一级人民法院提起上诉。当事人不服人民法院第一审裁定的,有权在裁定书送达之日起 10 日内向上一级人民法院提起上诉。逾期不提起上诉的,人民法院的第一审判决或者裁定发生法律效力。

(5) 提起上诉的方式必须符合法律规定。如提起上诉,应当用上诉状,提供上诉状副本。上诉状副本应当按照对方当事人的人数提供。

（6）必须交纳上诉费。

上诉人在第二审人民法院宣判之前，有权申请撤回上诉。撤回上诉后，诉讼费由撤回上诉人负担。但是，下列几种情况不准撤回上诉：

（1）第二审人民法院经全面审查，认定第一审人民法院的判决或裁定确有错误，必须加以纠正，或者依法发回原审人民法院重新审理的案件，不能撤回上诉。

（2）第二审人民法院审理过程中，上诉人处于明显败诉的情况下，如果同意上诉人撤回上诉，将会侵害被上诉人的合法权益，因此第二审人民法院应裁定不准上诉人撤回上诉。

（3）遇有双方当事人先后或同时提出上诉的情况，为了维护另一方当事人的上诉权利，不能因一方当事人申请撤回上诉而终止诉讼。

（4）上诉人如因行政机关在第二审程序中改变其原行政行为而申请撤回上诉的，人民法院不予准许。因为根据法律规定，在第二审程序中，行政机关不得改变其原具体行政行为。

3. 上诉的受理及处理

上诉的受理，主要应遵循以下程序：

（1）当事人提出上诉，应当按照其他当事人或者诉讼代表人的人数提出上诉状副本。

（2）第一审人民法院收到上诉状后，应当进行审查。如果上诉人起诉超过法定期限，应由第一审人民法院及时作出裁定，驳回上诉。因为超过上诉期限，当事人的上诉权即告丧失。此时，当事人与上一级人民法院尚未发生诉讼法律关系。同时，人民法院对其他不符合要求的上诉状，应限期补充修改。

（3）上诉人在法定期限内将上诉状及其副本提交第一审人民法院，第一审人民法院应在5日内将上诉状副本送达被上诉人，被上诉人收到上诉状副本后，应当在10日内提交答辩状。第一审人民法院应当在收到答辩状之日起5日内将副本送达上诉人。

（4）第一审人民法院收到上诉状、答辩状后，应当对上诉的事实和理由提出看法和意见，附在卷内，供上一级人民法院审理时参考，并连同全部案卷和证据，包括已预收的诉讼费用，在5日内报送第二审人民法院。

（5）当事人直接向第二审人民法院提起上诉的，第二审人民法院应当在法定期限内将上诉状转交原审人民法院。

4. 上诉案件的审理

（1）审理方式

上诉案件事实清楚，争议焦点仅在于法律、法规适用问题的，人民法院可以书面审理。但是，《若干解释》第67条第2款规定："当事人对原审人民法院认定的事实有争议的，或者第二审人民法院认为原审人民法院认定事实不清楚的，第二审人民民法院应当开庭审理。"即直接传唤当事人、证人到庭,通过法庭审查、法庭辩论、合议庭合议后作出裁判。

（2）审理期限

人民法院审理上诉案件,应当自收到上诉状之日起两个月内作出终审判决,有特殊情况需要延长的,由高级人民法院批准。高级人民法院审理上诉案件需要延长的,由最高人民法院批准。

5. 上诉案件的裁判

（1）上诉案件裁判的种类

① 判决驳回上诉,维持原判。即第二审人民法院通过对上诉案件的审理,确认一审判决认定事实清楚,适用法律、法规正确,可以用判决的方式,驳回上诉人的上诉,维持一审判决。

② 依法改判。改判,是指第二审人民法院通过对上诉案件的审理,确认一审判决认定事实清楚,但适用法律、法规错误,而依据应正确适用的法律、法规,直接改变第一审人民法院的判决,以改变的判决作为终审判决。如果一审判决认定事实不清,第二审人民法院一般应将案件发回第一审人民法院重审,第一审人民法院查清事实后,重新作出判决。

③ 撤销原判、发回重审。即第二审人民法院经过对上诉案件的审理,确认一审判决认定事实不清,证据不足,或者由于违反程序可能影响案件的正确判决而作出的撤销原判,将案件发回第一审人民法院,要求第一审人民法院重新审理并作出判决的裁定。审理发回重审的案件,适用第一审程序,如果当事人对重审后的判决、裁定不服的,仍可以提起上诉。

④ 撤销第一审人民法院不予受理或者驳回起诉的裁定。

（2）上诉案件裁判的效力

根据两审终审制原则,第二审人民法院的裁决是最终确定当事人权利义务的终审裁决。一经宣告或送达,案件即告终结,当事人不得再行上诉。当事人必须履行应履行的义务,如不履行,人民法院可以强制执行。

（3）第二审对第一审判决中遗漏诉讼请求的处理

《若干解释》第71条是专门关于第二审人民法院如何处理一审判决中遗漏诉讼请求的规定,具体包括：

① 一审判决遗漏了必须参加诉讼的当事人或者诉讼请求的,第二审人民法院应当裁定撤销一审判决,发回重审。

② 一审判决遗漏行政赔偿请求,第二审人民法院经审查认为依法不应当予以赔偿的,应当判决驳回行政赔偿请求。

③ 一审判决遗漏行政赔偿请求,第二审人民法院经审理认为依法应当予以赔偿的,在确认被诉行政行为违法的同时,可以就行政赔偿问题进行调解;调解不成

的,应当就行政赔偿部分发回重审。

④ 当事人在二审期间提出行政赔偿请求的,第二审人民法院可以进行调解;调解不成的,应当告知当事人另行起诉。

四、行政诉讼审判监督程序

1. 审判监督程序的概念及其意义

审判监督程序,是指人民法院发现已经发生法律效力的判决、裁定违反法律、法规的规定,依法对案件再次进行审理的程序,故又称"再审程序"。设置审判监督程序的意义在于:一是有利于保证人民法院裁判的正确性、合法性;二是有利于保护当事人的合法权益。

2. 提起再审的条件

根据《行政诉讼法》第90、91条的规定,提起再审的条件是:

(1) 提起再审程序的对象是人民法院已经发生法律效力的判决、裁定。

(2) 再审事由包括:不予立案或者驳回起诉确有错误的;有新的证据,足以推翻原判决、裁定的;原判决、裁定认定事实的主要证据不足、未经质证或者系伪造的;原判决、裁定适用法律、法规确有错误的;违反法律规定的诉讼程序,可能影响公正审判的;原判决、裁定遗漏诉讼请求的;据以作出原判决、裁定的法律文书被撤销或者变更的;审判人员在审理该案件时有贪污受贿、徇私舞弊、枉法裁判行为的。

(3) 再审程序的提起主体必须是有审判监督权和法律监督权的机关。即再审的主体分别为:人民法院(依职权启动再审)、检察机关(提出抗诉及检察建议)。

3. 提起再审的程序

根据《行政诉讼法》第92、93条的规定,提起再审的程序因提出主体的不同而不同,具体为:

(1) 人民法院依职权启动再审

各级人民法院院长对本院已经发生法律效力的判决、裁定,发现具有再审事由的,或者发现调解违反自愿原则或者调解书内容违法,认为需要再审的,应当提交审判委员会讨论决定。

最高人民法院对地方各级人民法院已经发生法律效力的判决、裁定,上级人民法院对下级人民法院已经发生法律效力的判决、裁定,发现具有再审事由的,或者发现调解违反自愿原则或者调解书内容违法的,有权提审或者指令下级人民法院再审。

(2) 检察机关提出抗诉及检察建议

最高人民检察院对各级人民法院已经发生法律效力的判决、裁定,上级人民检察院对人民法院已经发生法律效力的判决、裁定,发现有《行政诉讼法》第91条规定情形之一,或者发现调解书损害国家利益、社会公共利益的,应当提出抗诉。

地方各级人民检察院对同级人民法院已经发生法律效力的判决、裁定,发现有《行政诉讼法》第91条规定情形之一,或者发现调解书损害国家利益、社会公共利益的,可以向同级人民法院提出检察建议,并报上级人民检察院备案;也可以提请上级人民检察院向同级人民法院提出抗诉。

各级人民检察院对审判监督程序以外的其他审判程序中审判人员的违法行为,有权向同级人民法院提出检察建议。

第八节　特殊行政诉讼

一、行政赔偿诉讼

行政赔偿诉讼,是行政诉讼的一种特殊形式,是指行政相对人向人民法院对具体行政行为的合法性提起异议的同时,请求人民法院判决行政主体赔偿具体行政行为违法或不当侵犯其合法权益对其造成的损失的诉讼。它包括双方因赔偿方式、赔偿额等协议不成,行政相对人一方向人民法院提起诉讼,请求人民法院作出赔偿判决的诉讼。

1. 行政侵权赔偿责任的内涵及特征

行政侵权赔偿责任,是指行政机关或者行政机关工作人员作出的具体行政行为侵犯公民、法人或者其他组织的合法权益造成损害,由行政机关承担以金钱赔偿为主要方式的法律责任。行政侵权赔偿责任是行政赔偿的前提,是人民法院审理行政赔偿诉讼案件的主要内容。行政侵权赔偿责任有以下特征:

(1) 侵权赔偿责任是一种法律制裁责任,是对行政机关或者行政机关工作人员行政违法行为的一种法律制裁。通过使行政机关对其或其工作人员的违法行为给受害人造成的损失进行赔偿的方式,消除行政违法行为所造成的后果,使公民、法人或者其他组织的人身权利和财产权利得到最充分的保护,并教育行政机关工作人员遵守法律,预防行政侵权行为的发生。

(2) 侵权赔偿责任是由行政机关或者行政机关工作人员在执行公务时的违法或不当的行政行为所引起的。如果行政机关或其工作人员不是在行使职权,作出行政处理决定,而是以民事主体的身份出现,造成损害所承担的赔偿责任是民事责任,属于民事赔偿。

(3) 侵权赔偿责任由行政机关承担,但行政机关对因故意或重大过失给公民和法人造成损害的行政机关工作人员有求偿权。《国家赔偿法》第16条规定:"赔偿义务机关赔偿损失后,应当责令有故意或者重大过失的工作人员或者受委托的组织或者个人承担部分或者全部赔偿费用。对有故意或者重大过失的责任人员,有关机关应当依法给予处分;构成犯罪的,应当依法追究刑事责任。"

(4) 侵权赔偿责任主要表现为一种财产责任，以金钱支付为原则。受害人可以同时或单独请求作出行政处理决定的行政机关承认错误、赔礼道歉、恢复名誉、消除影响、返还权益。

2. 行政侵权赔偿责任的构成要件

通常认为，行政侵权赔偿责任由以下要件构成：

(1) 行政机关或者行政机关工作人员所作的具体行政行为违法

行政侵权赔偿责任必须是由违法行为造成的。构成行政侵权赔偿责任的行为，必须是违反法律、法规的行为，包括作为的违法和不作为的违法。

(2) 存在行政相对人合法权益受到损害的事实

损害事实的客观存在是构成行政侵权赔偿责任的首要条件。存在行政相对人合法权益受到损害的事实，是行政侵权赔偿责任产生的根据。行政侵权赔偿责任只有在造成实际损害的条件下才能发生。损害包括人身损害、财产损害和知识产权的损害三种。人身损害主要包括：人身自由受到非法限制或剥夺，健康受到损害，名誉、荣誉、姓名、肖像权受到损害，精神受到损害，以及生命权被非法剥夺等。财产损害主要包括：被侵权人的一定财产全部或部分丧失；财产的变质、破损、变形、数量减少等导致其价值降低或失去价值等。知识产权的损害包括对专利权、著作权、商标专用权的损害等。

(3) 违法的具体行政行为与损害事实之间有因果关系

此处的因果关系，是指违法的具体行政行为与损害事实之间有内在的、必然的联系，即前者决定后者的发生，后者是前者发生的必然结果。也就是说，行政机关或行政机关工作人员的违法或不当行为与损害事实之间有客观的、必然的联系。

行政侵权赔偿责任的三个构成要件是互相联系、不可分割的，缺少其中任何一个要件，均不能构成行政侵权赔偿责任。

二、行政诉讼附带民事诉讼

1. 行政诉讼附带民事诉讼的概念和特征

行政诉讼附带民事诉讼，是指人民法院在审理行政案件，解决行政争议的过程中，附带解决与本案有关的民事争议的活动。所谓"与本案有关"，是指所要附带解决的民事争议与作为本案主体争议的行政争议相互联系，或者是行政争议因民事争议而发，或者是民事争议因行政争议而生，两者相互联结。

行政诉讼中规定行政诉讼附带民事诉讼，是因为现代社会中，由于科学技术的发展，社会经济关系日益复杂化，存在大量的具有很强专业性、技术性的民事争议（如商标、专利、环境、医疗事故、交通事故、社会福利争议等），需要由行政机关进行行政裁决。当事人如果对裁决不服，可以向人民法院提出诉讼，要求撤销该裁决。但是，不论人民法院是否撤销行政机关的裁决，当事人之间的民事争议仍然存在。

可见,这种行政争议和民事争议交叉、重叠存在,而两者的解决互相联系、不可分割的情况是大量存在的。这就是行政诉讼附带民事诉讼存在的理由和依据。

《若干解释》第61条明确肯定了行政诉讼附带民事诉讼的审理方式。该条规定:"被告对平等主体之间民事争议所作的裁决违法,民事争议当事人要求人民法院一并解决相关民事争议的,人民法院可以一并审理。"

行政诉讼附带民事诉讼最主要的特征是:

(1) 行政诉讼附带民事诉讼实际上是两种诉讼的合并,一种是行政诉讼,一种是民事诉讼。行政诉讼附带民事诉讼以行政诉讼为前提,以民事诉讼为附带。这具体表现为,其中的民事诉讼受限于行政诉讼。民事争议的解决,须以行政争议的先行解决为前提。或者说,行政争议的解决结果是解决民事争议的必要前提。

(2) 行政诉讼附带民事诉讼中的附带民事诉讼的原告、被告与提起行政诉讼的原告、被告可能不同。

(3) 行政诉讼附带民事诉讼中,行政争议与所附带的民事争议既可以同时审理、同时裁判,也可以在遇有争议案件比较复杂,难于在法定时限内同时解决行政和民事两个争议时,对行政争议进行先审先判,其后再审理和裁判所附带的民事争议。

(4) 在审理民事争议时,人民法院在查清事实、分清责任的前提下,可以依据民事诉讼法的有关规定,根据当事人的意愿,对双方当事人进行调解,也可以以调解结案;在举证责任方面,适用"谁主张,谁举证"的原则,而不是由被告负主要举证责任。这些都不同于单纯的行政诉讼。

(5) 存在具有一定的关联性但又分属于不同诉讼系列的若干个诉讼请求。即一部分诉讼请求属于民事关系的范围,另一部分诉讼请求属于行政关系的范围,而不是如同诉的合并那样,不同的诉讼请求属于同一诉讼系列。

2. 行政诉讼附带民事诉讼的起诉条件

提起行政诉讼附带民事诉讼,除必须具备法律规定的提起民事诉讼的一般条件外,还应同时具备下列条件:

(1) 行政诉讼案件自身能够成立。行政诉讼附带民事诉讼的提起必须以行政案件的成立为前提,否则民事诉讼或者不能成立,或者只能形成单独的民事诉讼。

(2) 同一行政行为引起了两种不同性质的争议。即行政机关行使职权的行为一方面引起了当事人对其行政决定的不服,另一方面引起了新的民事争议或者对业已存在的民事争议发生了影响,从而引起了两种不同性质的争议。

(3) 两个分属于不同诉讼关系的诉讼请求具有内在的关联性。这种关联性表现为:一方面,同一个行政行为引起了行政和民事两种不同的争议;另一方面,民事争议的解决有待于行政争议的解决。

(4) 有关联的民事诉讼请求须在行政案件的审理过程中提起。一般来说,行政诉讼中的附带民事诉讼的提起,只能在一方当事人提起行政诉讼之后,人民法院作出判决前提出,即在起诉到审理终结这一期间提出。显而易见,在行政诉讼提起前提起附带民事诉讼是不可能的,因为没有必需的前提;而在人民法院作了判决之后提起,则丧失了附带的意义。

(5) 行政诉讼案件和附带民事诉讼案件属于同一人民法院管辖。

三、涉外行政诉讼

1. 涉外行政诉讼的概念

就我国而言,涉外行政诉讼是指当事人一方为外国人、无国籍人、外国组织,在我国进行的行政诉讼。具体来说,就是外国人、无国籍人、外国组织因不服我国行政机关的具体行政行为,起诉于人民法院,人民法院依据我国《行政诉讼法》审判案件的活动。

2. 涉外行政诉讼的原则

涉外行政诉讼制度是我国行政诉讼制度的重要组成部分,因此《行政诉讼法》的一般原则理所当然地也适用于涉外行政诉讼。但是,由于涉外行政诉讼不同于其他一般的诉讼,因此涉外行政诉讼在适用《行政诉讼法》一般原则的同时,还必须适用《行政诉讼法》特别规定的涉外行政诉讼原则。这些特殊的原则主要有:

(1) 同等原则

同等原则,是指外国人、无国籍人、外国组织在我国进行行政诉讼时,与我国公民、组织享有同样内容、范围与性质的诉讼权利,承担同等的诉讼义务,不能因为当事人的外国人身份而随意增设诉讼权利,也不能因此而减少或限制其权利,随意增加其诉讼义务。这是国家平等原则在行政诉讼中的具体体现。诉讼中的同等原则,是国际上的一个通用原则。

(2) 对等原则

对等原则,是指国家之间在对待对方公民、组织的诉讼地位和诉讼权利、义务时相互对等。它包含两方面内容:一方面,外国公民、组织同本国公民、组织享有同等的诉讼权利,承担同等的诉讼义务,不加歧视和限制;另一方面,外国法院如果对本国公民、组织的诉讼权利加以限制,本国法院也采取相应措施对外国公民、组织的诉讼权利加以限制。由此可见,涉外行政诉讼对等原则是以同等原则为基础的,但又是同等原则在特定情况下的延伸和另一必然表现。

(3) 适用有关国际条约原则

"条约必须信守"是国际关系中公认的一项基本准则。我国一贯信守本国缔结或参加的国际条约,在信守实施国际条约时,采取了以国内立法确认国际条约的方式。人民法院在处理涉外行政案件时,应当严格遵守我国缔结或参加的国际条约的有关规定,如遇国际条约与《行政诉讼法》的规定不同时,应适用国际条约的规定。但是,对于在缔结或参加该国际条约时我国已声明保留的条款,人民法院不予适用。

(4) 委托中国律师代理诉讼原则

根据国家主权原则,一国司法制度只能在本国领域内适用,作为司法制度一部分的律师制度当然也遵循这一原则。因此,《行政诉讼法》第100条规定:"外国人、无国籍人、外国组织在中华人民共和国进行行政诉讼,委托律师代理诉讼的,应当委托中华人民共和国律师机构的律师。"《行政诉讼法》的这一规定,是我国涉外行政诉讼法中外籍当事人委托律师的特别规定,也是我国涉外行政诉讼中一项必然遵循的原则。

思考题

1. 试述行政诉讼与行政复议的衔接。
2. 试述行政诉讼的受案范围。
3. 试述行政诉讼的管辖制度。
4. 试述行政诉讼的证据制度。
5. 试述行政诉讼的程序。

拓展阅读书目

1. 马怀德主编:《行政诉讼原理》,法律出版社2003年版。
2. 应松年主编:《行政诉讼法学》,中国政法大学出版社2007年版。
3. 姜明安:《行政诉讼法学》,北京大学出版社2001年版。
4. 张正钊、胡锦光主编:《行政法与行政诉讼法》,中国人民大学出版社2015年版。
5. 江必新主编:《中华人民共和国行政诉讼法理解适用与实务指南》,中国法制出版社2015年版。

第十七章 行政赔偿救济

本章要点

1. 了解行政赔偿的概念和特征。
2. 了解行政赔偿与行政补偿的区别。
3. 了解行政赔偿的追偿制度。

导语

作为一种法律主体,国家可能承担的赔偿责任是多种多样的,包括民事赔偿责任、国际法上的赔偿责任、司法赔偿责任、立法赔偿责任、军事赔偿责任、公共设施设置和管理中的赔偿责任等。特定的赔偿责任是与特定的侵权行为相对应的,而行政赔偿仅仅是国家对行政管理过程中的侵权行为承担的赔偿责任。这一特性使行政赔偿与其他赔偿如司法赔偿、民事赔偿等区别开来。

第一节 行政赔偿的概念与特征

在我国,行政赔偿是指国家行政机关及其公务员在执行公务时,违法侵犯行政相对人的合法权益造成损害的,由国家依法所承担的损害赔偿。这一概念仅适用于我国,外国的情形则大相径庭,如法国不以违法为前提条件。

行政赔偿作为一种法律责任,具有下列特征:

第一,损害行为是由行政机关及其公务员的行为造成的。经国家法律、法规授权的组织或经行政机关委托的组织在执行公务中造成的损害,国家也须承担赔偿责任。非属国家行政机关及其公务员实施违法侵权行为造成的损害,国家不承担赔偿责任。不过,有些国家法律明确规定,军事机关及其人员,国有企事业单位,特别是公立学校、医院等事业单位的行为也能引起国家行政赔偿。

第二,损害必须是在行政机关及其公务员执行公务时造成的。例如,警察执勤、税务人员收税、工商管理人员进行市场管理等时发生的对于行政相对人的损害。行政机关及其公务员从事与公务无关的民事活动,因个人行为造成的损害,国家不承担赔偿责任。在我国,因国有企事业单位的生产经营行为造成损害的,以及因道路、桥梁等公共设施致害的,国家也不负赔偿责任。

第三,损害必须是违法行为造成的。在我国,行政违法是引起行政赔偿责任的必要条件。合法行政行为给公民、法人或其他组织的合法权益造成的影响不在其列。至于作出行政违法行为时,行为人是否有故意或过失(学理上统称为"过错")的心理状态,则不在考虑范围之内。

第四,损害必须是实际已经产生或必然产生的。没有实际产生或不是必然产生的,国家不予赔偿。如果不是直接的而是间接的损害,国家也不予赔偿。例如,某个体户被非法拘留,释放后,国家按照法定标准赔偿受害人因人身自由被限制遭受的直接损害,该个体户因停业遭受的利益损失便属间接损失,不属于赔偿的范围。

第五,行政赔偿的主体仅限于国家。不像有的西方国家,行政赔偿有时由中央政府与地方政府共同承担。

第六,行政赔偿实行法定原则。即国家行政机关是否承担赔偿责任,如何承担赔偿责任,以及赔偿的范围和标准、程序和方式等,完全以法律的明文规定为依据,而不以学理或判例为尺度。这与民事赔偿中只要不属于少数法律规定不予赔偿的情形,原则上侵害他人合法权益均须负赔偿责任不同。

在理解行政赔偿时,还应注意把"侵权"与"损害"区分开来。行政侵权在大多数情况下会造成损害后果,但也不是绝对的,只有造成损害后果的行政侵权行为才有可能引起国家行政赔偿责任,故在行政赔偿的含义中必须突出"损害"的存在。

第二节 行政赔偿与其他赔偿的区别

一、行政赔偿与国家赔偿

行政赔偿不能等同于国家赔偿,而只是国家赔偿的一部分,两者是从属关系,而不是并列关系。在有些西方国家,国家赔偿除行政赔偿外,还包括立法赔偿、司法赔偿。在我国,根据《国家赔偿法》的规定,国家赔偿包括行政赔偿和司法赔偿。

二、行政赔偿与民事赔偿

行政赔偿与民事赔偿有许多相似的地方。事实上,行政赔偿是从民事赔偿发展而来的,是从民事赔偿中分化出来的一种责任形式。因此,不少国家在民法中规定国家赔偿责任,也有的国家在国家赔偿法中规定可以适用民法的有关规定。但是,两者的责任性质、责任主体等均不同。具体区别为:

1. 产生的原因不同

行政赔偿是因国家行政权力违法行使侵害行政相对人合法权益引起的;而民事赔偿则是由平等主体之间侵权损害行为引起的,只发生在民事活动领域,不存在公权力的作用和因素。

2. 赔偿主体不同

民事赔偿中,赔偿主体亦是民事主体,赔偿主体与赔偿义务人是一致的;而行政赔偿责任主体仅是国家,具体的赔偿机关为侵权的公务人员所在的国家机关。

3. 归责原则不同

行政赔偿的归责原则是违法原则,而民事赔偿的归责原则主要是过错原则(少数无过错责任的情形只是过错原则的例外)。

4. 赔偿提起的程序不同

行政赔偿的程序相对民事赔偿的程序复杂,这主要表现为:其一,行政赔偿存在行政先行处理程序。即除了在行政诉讼中附带提起行政赔偿外,单独的行政赔偿诉讼不能直接向法院提起,请求人必须先向赔偿义务机关提出赔偿请求,对赔偿义务机关的决定不服的,才可起诉。民事赔偿中,受害人可以与侵权人自行协商赔偿事宜,也可以直接向法院起诉。其二,"在证据规则上有所不同"[①]。即赔偿请求人只要先证明行政主体的具体行政行为确实存在,并且该行政行为对其合法权益造成了侵害,随后就可以将证明责任转移给赔偿义务机关,由赔偿义务机关证明自己的行为与损害之间无因果关系,或自己的行为合法,或自己并未从事该行为。在民事赔偿中,则彻底实行"谁主张,谁举证"的证明规则。

5. 赔偿范围不同

行政赔偿与民事赔偿都是对受害人的救济,但在范围上有很大差别。民事赔偿的原则为全部赔偿,即在金钱上无最高限制,侵害人不仅要赔偿受害人的财产损害,还要赔偿精神损害;不仅要赔偿直接损失,还要赔偿间接损失。这是因为,民事赔偿主要是考虑对受害人的救济,而行政赔偿除需考虑对受害人的救济外,还要考虑公务的需要和平衡国家权力与私人权利。故相比较而言,行政赔偿的条件较严。例如,行政赔偿主要限于物质损害的赔偿,精神损害原则上不予赔偿,不包括间接损失,在金钱上有最高限额等。

6. 赔偿请求时效不同

行政赔偿的请求时效自行政侵权损害行为被依法确认为违法之日起计算,而民事赔偿的诉讼时效从权利人知道或应当知道权利受侵害时计算。

7. 赔偿费用来源不同

行政赔偿的费用来自国家财政,而民事赔偿的费用则来自义务人的自有财产。

---

① 马怀德:《国家赔偿法的理论与实务》,中国法制出版社1994年版,第183—184页。

三、行政赔偿与司法赔偿

司法赔偿,是指国家司法机关及其工作人员违法行使职权,侵犯公民、法人或者其他组织的合法权益并造成损害,由国家承担赔偿责任的制度。行政赔偿与司法赔偿同属于国家赔偿的组成部分,在许多方面存在一致性,如赔偿的计算标准相同、赔偿的主体均为国家等。两者的区别在于:

1. 发生的基础不同

行政赔偿发生在行政管理活动中,是由行政主体及其公务人员违法行使行政职权所引起的。司法赔偿则发生在司法活动中,由司法侵权所引起,具体而言,是由司法机关及其工作人员在刑事诉讼中违法行使侦查权、检察权、审判权、监狱管理权,人民法院在民事、行政审判中违法采取强制措施、保全措施以及执行措施所引起的。

2. 侵权行为主体不同

行政赔偿的侵权行为主体为国家行政机关及其工作人员,法律、法规授权的组织及其工作人员,受委托的组织及其工作人员。司法赔偿中,侵权行为主体为行使司法职能的国家公安机关、安全机关、军队的保卫部门、国家检察机关、国家审判机关、监狱管理机关及上述机关的工作人员。

3. 归责原则不尽相同

行政赔偿采取违法归责原则,以行政主体及其公务人员的致害行违法为前提。司法赔偿则在适用违法归责原则的同时,兼采结果责任原则。如一审人民法院判决被告无罪,即使人民检察院对该被告的逮捕决定在实体上和程序上都不违法,国家对该无辜公民仍应予赔偿。

4. 赔偿的范围不同

行政赔偿的范围比司法赔偿广泛。在我国,《国家赔偿法》没有特别排除某类行政职权行为的行政赔偿责任,但却明确地将人民法院在民事、行政审判中的国家赔偿限定为三种情形,即违法采取的对妨害诉讼的强制措施、保全措施或对判决、裁定及其他生效法律文书执行错误,造成损失的,国家应当承担赔偿责任。

5. 程序不同

这具体表现为:请求行政赔偿不必经过复议等程序,请求司法赔偿则必须经过复议程序(人民法院为赔偿义务人的除外);赔偿请求被提到人民法院后,行政赔偿请求由人民法院正常的审判组织处理,而司法赔偿则由中级以上人民法院内特设的赔偿委员会处理;行政赔偿可以向人民法院提起诉讼,而司法赔偿则不可以提起诉讼,只能申请赔偿委员会作出裁定。

四、行政赔偿与公有公共设施致害赔偿

公有公共设施致害赔偿,是指因公有公共设施的设置、管理、使用有欠缺和瑕

疵,造成公民生命、健康、财产损害的,国家负责赔偿的制度。在有些国家,这类赔偿属于国家赔偿的一部分,受国家赔偿法规范。例如,因桥梁年久失修,有人骑车掉进水里摔伤;公共建筑设计失当,倒塌后砸伤人等,均由国家予以赔偿。在我国,国家赔偿不包括公有公共设施致害赔偿。行政赔偿与公有公共设施致害赔偿的最大区别是:前者是行使行政权力引起的国家责任,后者是非权力行为引起的国家责任。同时,两种赔偿的归责原则也不同。在我国,公有公共设施致害的,由该设施的经营管理单位或通过保险渠道赔偿。例如,邮政损害由邮政企业赔偿;铁路、航空损害由保险公司赔偿;道路、桥梁致害由负责管理的单位赔偿。

第三节　行政赔偿与行政补偿的区别

一、行政补偿的概念和特征

行政补偿,又称"行政损失补偿",是指行政主体因合法行为造成行政相对人合法权益损失的,依法由前者对后者所承担的金钱给付义务。行政补偿具有如下特征:

第一,能够引起行政补偿的行为必须是国家行为。即一般应是以国家或政府名义,出于公共利益、国家建设、社会安全等需要,由一定的国家机关依据其职责分工而作出的行为。

第二,行政补偿仅适用于国家行政权力的合法行使而给行政相对人带来的权益损害。违法的行政行为只产生行政赔偿责任的后果,而不产生损失补偿的问题。

第三,须是给特定的、无义务的、无责任的行政相对人造成损失的行为。如果损失是基于诸如国家安全、公共需要等原因,而应由全体民众所普遍平均承担的,则不在补偿之列。例如,因战争原因而造成的停产、停业等经济损失。所谓无责任,主要指两种情形:一是指非属于一般公民依法应尽的义务。例如,服兵役属于一般公民应尽的义务,故国家不必加以补偿。二是指行政相对人没有违反有关的法律、法规规定,故也不存在一定责任。

第四,行政补偿以损失的实际存在为基础,并且损失的发生必须与合法的行政行为有因果关系。如果没有实际损失的存在,行政补偿无以发生。进一步而言,如果某一合法行政行为与某权益受损毫无因果关系,也不会导致行政补偿。至于因果关系的程度要求如何,各国立法和学者有一定的分歧,一般都强调要有直接因果关系。

二、行政补偿的理论依据

概括行政补偿的理论基础,主要源自于对一般私人人身权与财产权的尊重和保障这一观念。近代以来,各国都基本确认国家为促进公共利益所必需,可对私人权利和利益(主要指财产权)加以限制、使用及处分,而私人有服从的义务。但是,对私人权利和利益因国家、社会公共利益而蒙受牺牲的,站在公平的立场上,也应由国家予以适当的补偿。这可以说是国家补偿理论的立足点、大前提。具体而言,当代有关国家补偿理论分为以下几种:

1. 既得权说

该说认为,人民既得权既然合法取得,自然应予以绝对保障。保障一般公民的生存权、财产权,是现代宪法确立的根本原则,是民主国家的首要任务。纵然因为公益或公务之必需,使人民既得权蒙受损害,也应予以补偿;否则,难以体现公正,以及保障人民的既得权利。

2. 特别牺牲说

该说首倡者为德国学者奥托·梅耶,他认为,使特定的、无义务的且不应课以该负担之特殊事由的人,造成其财产上或人身上的损害,这意味着使之为国家或公益而蒙受了特别牺牲。这种牺牲不应由个人负担,而须由公众平均负担。办法是:通过国家从公众的税收——国库中支付,给作出牺牲者一定的补偿,即"以国家负担的形式有组织地予以平均化,经由损害补偿而转嫁给国民全体"①,如此才符合自然法上公平正义之精神,并求得国家、社会公共利益与个人利益之间的协调。我国台湾地区学者张家洋评论说:"特别牺牲说"更具有法制的说服力。

3. 公平负担说

这种理论认为,由于国家行为的受益者是社会全体,故当一部分人或个别人因国家行为而承担的义务超过相同情况下的其他人时,国家应设法调整和平衡这种义务承担的不均衡现象。即以平等为出发点,将之转由全体公民负担。

分析以上三种学说,可以看出,公平负担说与特别牺牲说是相通的,前者是结果,后者是原因。正因为个别人为国家、社会公共利益作出了特别牺牲,所以受益公众应当公平负担这种损害,如此才能恢复社会公众之间负担平等的机制。

我国自改革开放以来,人们拥有的私人财产普遍有了不同程度的增加,人们对用法律保护自己的财产有了更加迫切的要求。2004年十届全国人大二次会议通过的《宪法修正案》明确规定:"公民的合法的私有财产不受侵犯。""国家依照法律规定保护公民的私有财产权和继承权。"中共十六大报告中也特别指出:"一切合法的劳动收入和合法的非劳动收入,都应该得到保护。"另外,根据我国《物权法》的规定,私人对其依法取得的生活资料和生产资料享有所有权,国家保护私人投资以及因投资获得的收益等。其中,涉及保护私人财产的具体条款包括:私人对其合法取得的不动产和动产享有所有权;国家保护私人储蓄;国家保护私人投资及其收益;

---

① P. P. Craig Administrative Law, Sweet & Maxwell, 1983.

国家保护私人财产的继承权以及其他合法权益;国家、集体或者个人所有的不动产或者动产,投入到企业的,由出资人按照出资额享有资产收益、重大决策以及选择经营管理者等权利;等等。这些都为行政补偿提供了法律依据。

三、行政补偿的责任主体和范围

1. 行政补偿的责任主体

从形式意义上说,行政补偿的责任主体是行政机关。但是,从行政行为的目的而言,行政主体进行公用土地征收等合法行政行为造成行政相对人合法权益的损失,主要是为了国家、公众利益,故行政补偿的实质主体应为国家。

2. 行政补偿的范围

我国目前无统一规定行政补偿的法律。根据有关分散式法律、法规的规定,以及现实中的行政补偿实践,我国行政补偿的范围包括:

(1) 国家对非国有企业和财产实行国有化和征收的补偿。

(2) 国家征用土地和其他财产的补偿。征收与征用的区别在于,前者的所有权发生转移,后者的所有权不变,只是使用权转由国家或国家委托的社会组织行使。

(3) 对合法的行政公务行为破坏公民、组织财产以及侵犯公民人身权的补偿。例如,军事演习与戒严活动不得已损坏公民、组织财产的补偿或造成公民伤亡的补偿等。

(4) 国家危险废物、重点政策对公民、组织的财产与公民的人身造成意外损害的补偿。例如,核事故的补偿;因实行重点保护野生动物的政策所造成的农作物或其他损失的补偿等。

(5) 对某些政策或行政措施的变动所造成的特定、异常损失的补偿。例如,变更和撤销行政合同而使对方当事人利益受损的补偿;指令性计划的变动或撤销而使个别或少数企业利益受损的补偿。

(6) 对实行某些政策使国家和社会受益,却使自身利益受损的公民、组织的补偿。例如,国家对城市公共交通部门因实行低价运输而给予补贴即属此类。

四、行政补偿的程序

行政补偿的程序主要分为:

1. 主动补偿程序

主动补偿程序,是指由行政补偿义务机关主动进行的补偿程序。具体程序包括:(1) 发出补偿通知。通知中应包括补偿的事由、依据、具体计算标准与补偿方式等,尤其应列明被补偿人陈述意见的权利及时限。(2) 听取被补偿人的意见,并将被补偿人的意见记录在案。(3) 向被补偿人陈述补偿理由,答复被补偿人提出的意见。(4) 与被补偿人达成补偿协议,或由补偿义务机关单方面作出补偿决定。

2. 被动补偿程序

被动补偿程序,是指依当事人的申请而进行的行政补偿。被动补偿的申请人必须是合法权益受到损失的行政相对人,权益受损公民死亡后的继承人和与死者有扶养关系的其他亲属,以及权益受损法人或组织终止后承受其权利的法人或其他组织。基本程序为:被损害人提出补偿申请,申请应以书面方式提出,申请书中须写明要求补偿的事实、理由以及补偿的方式和标准;补偿义务机关对申请人提出的补偿申请进行审查;通知申请人补偿义务机关的审查结果,并将补偿义务机关拟作的补偿决定通知申请人;在听取申请人意见的基础上,就补偿的范围、方式和标准与申请人协商;达成补偿协议或者作出补偿或不予补偿的决定。在协议或决定中,应告知申请人所应享有的行政复议权和行政诉讼权及其时效。

五、行政补偿与行政赔偿

行政补偿与行政赔偿存在原则性区别:

第一,行政补偿因合法的行政行为引起,行为人的主观过错与补偿责任没有必然联系;行政赔偿则以行政违法为前提,多数行政赔偿责任缺乏行为人的主观过错就无法构成。

第二,行政补偿的原因通常属于积极创造条件去实现国家行政目标的行为;而行政赔偿的原因则是没有任何意义的、应予避免的行为。

第三,行政补偿不适用等价原则,补偿数额大小一般都有明文的法律依据;而行政赔偿适用等价原则,赔偿额往往等于实际损失额,当事人双方在不违背国家利益、集体利益和他人合法利益的前提下,可以自行协商。

第四,行政补偿可以在损失发生前进行先行补偿,然后作出某种行为;行政赔偿则必须以损害事实的发生为前提,没有损害事实就不可能赔偿。

第五,行政赔偿因涉及违法,多数国家允许司法审查,即人民法院有解决行政赔偿纠纷的管辖权和裁判权;而行政补偿纠纷一般都由行政机关解决。

第四节 行政赔偿的分类

通常情况下,行政违法并造成损害的行为有两大类:一类是违法的具体行政行为,即行政机关实施的产生行政法效力的法律行为,如行政处罚、行政许可、强制执行等;另一类是事实行为,如公安机关讯问、拘传公民时的辱骂、殴打行为,违法使用武器致人伤害行为等。按照我国《国家赔偿法》的规定,对违法的具体行政行为和事实行为造成的损害,国家都应当负责赔偿。但是,对与行使职权无关的个人行为造成的损害,因受害人自己的行为致使损害发生以及法律规定的其他情形不予赔偿。

根据《国家赔偿法》规定的范围,我国行政赔偿的内容分为对损害人身权的赔偿和对侵犯财产权的赔偿两大类。

一、对损害人身权的赔偿

1. 违法拘留或者违法采取限制人身自由的行政强制措施的行为

行政机关及其公务员违反法律规定的权限、程序,或在证据不足、事实不清的情况下拘留公民的,属于违法拘留。因违法拘留造成公民损害的,国家应予赔偿。

行政机关有权采取的限制人身自由的行政强制措施有:强制戒毒、强制治疗、强制约束、扣留等。行政机关及其公务员违法实施以上行政强制措施造成损害的,国家应予赔偿。

2. 非法拘禁或者以其他方法非法剥夺公民人身自由的行为

非法拘禁,是指行政机关及其公务员执行公务时,非法地对行政相对人实行强制拘禁,如捆绑、隔离、监禁,致使被害人失去行动自由。对此,国家应予赔偿。以其他方法非法剥夺公民人身自由的,如私设公堂、私设牢房、用办"学习班"等手段剥夺行政相对人人身自由的,国家也应承担赔偿责任。

3. 以殴打等暴力行为或者唆使、放纵他人以殴打等暴力行为造成公民身体伤害或者死亡的

这包括:殴打行政相对人致其遭受身体伤害的;采用其他方式,如捆绑、示众、罚跪、罚站以及种种酷刑,造成行政相对人身体伤害或者死亡的;唆使行政相对人相互殴打或者施暴造成伤害或者死亡的,国家应承担赔偿责任。

4. 违法使用武器、警械造成公民身体伤害或者死亡的

武器、警械,是指枪支、警棍、警笛、警绳、手铐和其他警械。行政机关及其公务员违反法律规定使用武器、警械,故意或失误造成行政相对人身体伤害或者死亡的,国家应予以赔偿。

5. 造成公民身体伤害或者死亡的其他违法行为

这是指除以上所列四项,行政机关及其公务员实施的,如刑讯逼供、打骂、体罚等造成行政相对人人身自由或者生命、健康权遭受损害的,国家也应当承担赔偿责任。

二、对侵犯财产权的赔偿

行政机关及其公务员在行使行政职权时有下列侵犯财产权情形之一的,受害人有取得赔偿的权利:

(1)违法实施罚款、吊销许可证和执照、责令停产停业、没收财物等行政处罚的。

(2) 违法对财产采取查封、扣押、冻结等行政强制措施的。
(3) 违反国家规定征收财物、摊派费用的。
(4) 造成财产损害的其他违法行为。例如,行政不作为行为、行政检查行为等给行政相对人造成损害的,国家应负赔偿责任。

第五节　行政赔偿请求人与义务机关

在行政赔偿案件中,存在两方当事人:一方为受到行政机关及其公务员违法侵害的赔偿请求人,另一方为承担赔偿义务的行政机关。

一、行政赔偿请求人

行政赔偿请求人,是指因行政违法而遭受损害,有权请求国家予以赔偿的行政相对人。在行政赔偿中,赔偿请求人包括:

(1) 受到行政违法行为侵害的公民、法人或者其他组织。根据我国《民法通则》第13、14、16、17条的规定,未成年人及不能辨认自己行为的精神病人属于无民事行为能力人或限制民事行为能力人,当他们的权益受到行政违法行为侵害时,他们的父母、兄弟、姐妹、成年子女、配偶、近亲属等监护人为法定代理人。但是,赔偿请求权人仍为受到侵害的未成人和精神病人。

(2) 受害人死亡的,其继承人和其他有扶养关系的亲属可以成为赔偿请求人。例如,甲某因行政侵权死亡,其继承人为赔偿请求人。其亲属乙某在甲某死亡前一直由甲某赡养,甲某死亡后,乙某随即丧失了赡养请求权。因此,乙某有权作为与甲某有扶养关系的亲属请求国家赔偿。

(3) 受害的法人或其他组织终止的,承受其权利的法人或其他组织有权要求赔偿。例如,某企业被工商行政管理机关违法罚款,后该企业被另一企业兼并,新的兼并企业有权对工商行政管理机关的处罚提出赔偿请求。

但是,在以下情形下,法人或其他组织的赔偿请求权不发生转移:一是法人或其他组织只被行政机关吊销许可证或执照,该法人或其他组织仍有权以自己的名义提出赔偿请求。二是法人或其他组织破产。在破产程序尚未终结时,破产企业仍有权就此前的行政侵权损害取得国家赔偿。三是法人或其他组织被主管行政机关决定撤销。我国《行政诉讼法》已经赋予上述情形下的法人或其他组织诉权,受害的法人或其他组织可以通过行政诉讼一并提出赔偿,不发生转移赔偿请求权问题。

二、行政赔偿义务机关

1. 行政机关为赔偿义务机关

行政机关及其公务员在行使职权时侵犯了公民、法人或者其他组织的合法权益造成损害的,该行政机关或该公务员所在的行政机关为赔偿义务机关。例如,海关违法处罚给某公司造成重大损失的,该公司应直接向作出处罚决定的海关请求赔偿。

2. 共同行政赔偿义务机关

所谓共同行政赔偿义务机关,是指共同行使行政职权时作出违法行政行为或分别作出相互之间有牵连关系的违法侵权行为时,造成行政相对人的损害,须共同对受害人履行赔偿义务的两个以上行政机关。此外,共同行使行政职权,是指两个以上行政机关分别以各自名义就同一对象作出共同职务行为,或两个以上行政机关以共同名义作出某种行为。分属于两个以上行政机关的公务员共同行使职权侵犯他人权益的,受害人应以这些公务员所在的行政机关为共同行政赔偿义务机关提出赔偿请求。

3. 法律、法规授权的组织为赔偿义务机关

例如,卫生防疫站、烟草公司、盐业公司等根据法律、法规授权,可以行使行政职权。这些组织在行使被授予的行政权力时侵犯行政相对人合法权益造成损害的,受害人请求赔偿,应当以这些法律、法规授权的组织为赔偿义务机关。

4. 委托机关为赔偿义务机关

例如,公安局交通管理部门委托居委会维护交通秩序、环境卫生管理局委托商场监督检查破坏环境卫生的行为,这些受委托的组织或者个人在行使受委托的行政权时,侵犯行政相对人的合法权益造成损害的,委托的行政机关为赔偿义务机关。

5. 行政赔偿义务机关被撤销后的责任承担

行政赔偿义务机关被撤销的,继续行使其职权的行政机关为赔偿义务机关;没有继续行使其职权的行政机关的,撤销该赔偿义务机关的行政机关为赔偿义务机关。行政赔偿义务机关被撤销一般有两种情形:一是受害人提出赔偿请求,赔偿义务机关尚未作出最终裁决时,该赔偿义务机关被撤销。在这种情形下,以继续行使其职权的行政机关为赔偿义务机关。二是受害人向法院提起行政赔偿诉讼后,赔偿义务机关被撤销。这种情形涉及变更赔偿诉讼被告问题,受害人应以赔偿义务机关被撤销后继续行使其行政职权的行政机关为赔偿诉讼被告;如果没有继续行使其职权的行政机关,则应以撤销赔偿义务机关的行政机关为赔偿诉讼被告。

6. 经行政复议后的赔偿义务机关

经复议的案件,以最初作出具体行政行为的行政机关为赔偿义务机关。但是,

复议机关的复议决定加重损害的,复议机关对加重的部分履行赔偿义务。例如,某人被区公安分局拘留5日,该人不服处罚申诉至市公安局,市公安局作出了改处拘留15日的处罚复议决定。后该人认为行政行为违法,应以原行政行为的作出机关即区公安分局为赔偿义务机关。但是,由于市公安局最终加重了原处罚决定,所以市公安局应对加重部分承担赔偿义务。因此,以市公安局为赔偿义务机关,请求复议机关对加重部分的损害承担赔偿责任是合适的。

第六节 行政赔偿的提起与处理程序

一、行政赔偿的提起

根据我国《国家赔偿法》的规定,行政赔偿的提起方式包括两种:

1. 单独式

单独式,是指受害人单独提起行政赔偿请求。即请求内容仅限于"赔偿",至于对于行政职权的行使是否违法等,争议双方并没有不同意见。在这种情况下,受害人应先向行政赔偿义务机关提出赔偿要求,赔偿义务机关不予赔偿或赔偿请求人对赔偿数额有异议的,赔偿请求人才可以向上级行政机关申请复议或直接向人民法院提起诉讼。

单独提出赔偿请求的主要情形有三种:

(1) 作出行政行为的行政机关承认其行政行为违法,但对赔偿问题,如赔偿数量多少、赔或不赔达不成协议的。

(2) 行政行为已被复议机关确认违法,或已被复议机关撤销或变更,但赔偿请求人在申请复议时并未提出赔偿请求,复议机关也未对赔偿问题作出决定,复议裁决生效后赔偿请求人又要求赔偿的,或者赔偿请求人对复议机关的赔偿裁决不服的。

(3) 行政行为已被法院的判决确认为违法,或已被该法院判决撤销或变更,判决生效后,赔偿请求人又提出赔偿请求的。

单独提出赔偿请求,必须遵循"先行程序",即"应先向赔偿义务机关提出",这是一道必经程序。只有在赔偿请求人向赔偿义务机关提出赔偿请求而被拒绝赔偿,或赔偿请求人对赔偿数额有异议时,赔偿请求人才可以向上级行政机关申请复议,或向人民法院提起诉讼。未经先行程序直接向上级行政机关申请复议或向人民法院提起行政诉讼的,上级行政机关或人民法院不予受理。

2. 连带式

连带式,是指受害人在申请行政复议或提起行政诉讼中一并提出赔偿要求。其特点为:

(1) 一并提出赔偿请求是将两项不同的请求一并向同一机关提出,要求并案审理。首先,要求确认行政行为违法,并提出撤销或变更该行为;其次,要求赔偿。

(2) 一并提出赔偿请求的基本条件是:两项请求之间存在内在联系。一方面,某行政行为违法;另一方面,损害事实是由该行为造成的。前为因,后为果。

(3) 一并提出赔偿请求后,复议机关或人民法院在审理时,一般须以确认行政行为违法并撤销、变更该行为在先,然后才能就赔偿问题进行审理。如果行政行为经审理并不违法,赔偿请求也就没有审理的必要了。

(4) 一并提出赔偿请求可以在申请复议时提出,也可以在提起行政诉讼时提出。在申请复议时提出,按行政复议程序进行;在提起行政诉讼时提出,按行政诉讼的程序进行。

二、提起行政赔偿的条件

提起行政赔偿必须具备以下条件:

第一,赔偿请求人的赔偿请求必须向赔偿义务机关提出,其他任何机关均无权直接处理。

第二,赔偿请求人必须具有请求权。

第三,赔偿请求人所提出之赔偿请求必须是法律规定应该赔偿之损害。根据我国法律规定,不在法定赔偿范围之列的有:其一,行政机关及其公务员与行使职务无关的个人行为。例如,工商局的公务员因邻里纠纷将邻居殴打致伤。又如,公务员在行使职权时利用职务之便为商家拉广告、推销商品以谋私利。其二,因行政相对人自己的行为致使损害发生。例如,某公民心胸狭窄,错误地认为行政机关对其所作的处理决定不公而愤然自杀,对此死者亲属或继承人不能要求国家赔偿。其三,法律规定的其他情形。例如,对不可抗力、邮政通信造成的损害,也属于世界各国通行的行政赔偿免责事项。

第四,必须在法定的期限内提出赔偿请求。根据我国《国家赔偿法》的规定,赔偿请求人请求国家赔偿的时效为两年,自行政行为违法被依法确认之日起计算,但被羁押期间不计算在内。

第五,提交行政赔偿请求书。赔偿请求书上应写明赔偿请求人的名称、住所、法定代表人或主要负责人的姓名、职务,要求赔偿的理由和事实根据,具体的赔偿请求等。

三、行政赔偿的处理程序

根据《国家赔偿法》第9条第1款规定的原则,我国的行政赔偿并非必须是应受害人的请求才能实施的行为,行政赔偿义务机关负有主动赔偿的义务。

行政赔偿义务机关主动给予赔偿的前提是行政赔偿的诸项构成要件依法得到

确认。对行使某项行政职权的行政行为是否构成行政赔偿责任的确认可以由作出该行政行为的行政机关进行，也可以由其上级机关进行，然后责成应负赔偿义务的下级机关主动履行赔偿义务。

行政赔偿义务机关主动履行行政赔偿义务，应当首先将行政赔偿的原因，本机关对损害范围的认定和决定、给予赔偿的方式、数额，以及领取赔偿金的时间、地点预先通知受害人，在通知受害人与实际履行行政赔偿义务之间要给受害人留足提出异议的时间。如果受害人对损害范围、赔偿的方式和数额有异议，则应在法定请求时效内向行政赔偿义务机关提出。

1. 行政赔偿义务机关处理行政赔偿请求的程序

行政赔偿义务机关在收到受害人的行政赔偿请求后，首先，应对请求人行政赔偿申请书中所述的事实和理由进行审查和确认。当然，这种审查和确认并不以受害人请求行政赔偿的范围为限。如在审查中发现新的应依法予以赔偿的事实，赔偿义务机关应主动将其列入赔偿范围。其次，在对赔偿请求进行审查和确认之后，分别作出是否给予赔偿以及如何给予赔偿的决定。上述审查、确认和作出决定的期限为两个月，自赔偿义务机关收到申请之日起计算。对决定赔偿的，赔偿义务机关应当提出赔偿方案。方案内容应包括：赔偿方式、赔偿数额、计算数额的依据和理由以及履行期限等。赔偿义务机关在法定期限内如出现以下两种情况的，视为未处理：其一，赔偿义务机关对赔偿申请不予理睬或对自己提出的方案不予实施；其二，赔偿请求人对赔偿义务机关的方案有异议，包括对赔偿方式、赔偿金额、履行期限有不同意见的。赔偿义务机关逾期不予赔偿或者赔偿请求人对赔偿数额有异议的，赔偿请求人可以自两个月期间届满之日起三个月内向人民法院提起诉讼。

行政赔偿请求人也可以在申请行政复议时一并提出赔偿请求。如果复议机关在法定复议期间内不作出行政赔偿决定或者赔偿请求人对其所作出的赔偿决定不服的，赔偿请求人可在收到复议决定书之日起或自法定复议期间（一般为两个月）届满之日起15日内或者法律、法规规定的其他期限内向人民法院起诉。

2. 人民法院审理行政赔偿案件的程序

行政赔偿案件是行政案件的一种，故人民法院应依照行政诉讼程序审理行政赔偿案件。但是，审理行政赔偿案件又与审理普通行政案件有某些程序上的不同，主要表现为：一是赔偿诉讼不能直接单独向法院提起，而普通行政案件可以直接向法院提起；二是赔偿诉讼双方当事人按"谁主张，谁举证"原则分担举证责任，而在普通行政案件的审理中被告行政机关负主要的举证责任；三是赔偿诉讼可适用调解，而普通行政案件的审理则不适用调解；四是赔偿诉讼中法院的司法权不受特别限制，而在普通行政诉讼中法院原则上不得对被诉具体行政行为行使司法变更权；五是在赔偿诉讼中法院不得向赔偿请求人收取任何费用，而在普通行政诉讼中原告败诉后须按规定向法院交纳诉讼费。

第七节　行政赔偿的方式与计算标准

一、行政赔偿的方式

行政赔偿的方式，是指国家承担行政赔偿责任的各种形式。根据我国《国家赔偿法》的规定，行政赔偿的方式有三种：

1. 金钱赔偿

即以货币形式支付赔偿金额。以金钱支付的方式赔偿，省时、省力、简便易行、适应性强。无论是对人身自由还是生命健康权的损害，都可以通过计算或者估算进行适当的金钱赔偿。

2. 返还财产

即行政机关将违法占有或控制的受害人的财产返还给受害人。返还之"财产"既可以是金钱，也可以是物品。返还财产包括：返还罚没款，返还没收的财物，返还扣押、查封、冻结的财产等。

3. 恢复原状

即负有赔偿义务的机关按照赔偿请求人的愿望和要求，负责将其违法分割或毁损而遭到破坏的财产修复以恢复原状。

以上三种方式，就性质分析，后两者是相同的，即都是使行政相对人受损的合法权益恢复到受损前的状态。根据《国家赔偿法》第32条的规定，行政赔偿以支付赔偿金为主要方式。能够返还财产或恢复原状的，予以返还财产或恢复原状。所谓"能够"，是指财产尚未灭失，且在赔偿义务机关控制之下；或财产已经灭失，但容易找到替代物而受害人无异议；或财产受到损坏，但修复工作简便易行。以上三种赔偿方式并不互相排斥，行政赔偿机关可视具体情况，按便捷、经济的原则配合使用。例如，返还已遭损坏的财产，同时支付必要的修理费等。

此外，《国家赔偿法》第35条规定，行政赔偿义务机关致人精神损害的，应当在侵权行为影响的范围内，为受害人消除影响，恢复名誉，赔礼道歉；造成严重后果的，应当支付相应的精神损害抚慰金。"消除影响，恢复名誉，赔礼道歉"，这是在物质赔偿之外附加适用的赔偿方式。由于严格意义上的赔偿应当带有物质内容，因而"消除影响，恢复名誉，赔礼道歉"严格来说只能算一种准赔偿方式或辅助的赔偿方式。另有一些当事人承担的法律责任方式，如排除妨碍、恢复自由等，从表面上看具有使受害人被侵犯的合法权益恢复到被侵害之前的状态的意义，但不能将其视为赔偿方式。因为它所起的实际作用是停止侵害，对已经造成的损害不能起到弥补作用，故而不能将其作为赔偿方式使用。

二、行政赔偿的计算标准

行政赔偿的计算标准,是指计算赔偿金额的尺度和准则。根据我国《国家赔偿法》的规定,对损害行政相对人的人身自由、生命健康、财产按不同的损害标准计算。

1. 人身自由损害的赔偿标准

侵犯公民人身自由的,每日的赔偿金按照国家上年度职工日平均工资计算。

2. 生命健康损害的赔偿标准

(1) 造成身体伤害的,应当支付医疗费、护理费,以及赔偿因误工减少的收入。减少的收入,每日的赔偿金按照国家上年度职工日平均工资计算,最高额为国家上年度职工年平均工资的5倍。

(2) 造成部分或者全部丧失劳动力的,应当支付医疗费、护理费、残疾赔偿金等。残疾赔偿金根据丧失劳动能力的程度,按照国家规定的伤残等级确定,最高不超过国家上年度职工年平均工资的20倍。造成全部丧失劳动能力的,对其扶养的无劳动能力的人,还应当支付生活费。

(3) 造成公民死亡的,应当支付死亡赔偿金、丧葬费,总额为国家上年度职工年平均工资的20倍。对死者生前扶养的无劳动能力的人,还应当支付生活费。生活费的发放标准,参照当地最低生活保障标准执行。被扶养人是未成年人的,生活费给付至18周岁为止;其他无劳动能力的人,生活费给付至死亡为止。

3. 财产损害的赔偿标准

在我国,对行政违法造成行政相对人的财产损失,以赔偿直接损失为原则。所谓直接损失,是指由于违法行为直接造成的已经发生的实际损失。财产损害的具体赔偿标准为:

(1) 处罚款、罚金、追缴、没收财产或者违法征收、征用财产的,返还财产。

(2) 查封、扣押、冻结财产的,解除对财产的查封、扣押、冻结;造成财产损坏或灭失的,能够恢复原状的恢复原状,不能恢复原状的按照损害程度给付相应的赔偿金;应当返还的财产灭失的,给付相应的赔偿金。

(3) 财产已经拍卖或者变卖的,给付拍卖或者变卖所得的价款。

(4) 吊销许可证和执照、责令停产停业的,赔偿停产停业期间必要的经常性费用开支。

三、行政赔偿费用及其管理

1. 行政赔偿费用及其来源

行政赔偿费用是国家用以支付给行政赔偿请求人的金钱,以货币为表现形式,由行政赔偿义务机关负责支付。行政赔偿费用列入各级财政预算,由各级财政按照财政管理体制分级负担。各级政府应根据本地区的实际情况,确定一定数额的行政赔偿费用,列入本级财政预算。当年实际支付的行政赔偿费用以及其他国家赔偿费用超过年度预算的部分,在本级预算预备费中解决。

2. 行政赔偿费用的管理

行政赔偿费用由各级财政机关负责管理。行政赔偿义务机关履行行政赔偿义务时,先从本单位预算经费和留归本单位使用的资金中支付,支付后再向同级财政机关申请核拨。如以返还财产的方式履行行政赔偿义务,财产尚未上缴财政的,由赔偿义务机关负责返还;已经上缴财政的,由赔偿义务机关负责向同级财政机关申请返还。

财政机关对行政赔偿义务机关的申请进行审核查实后,应及时核拨行政赔偿费用或返还财产。但是,如在审核中发现行政赔偿义务机关因故意或重大过失造成国家赔偿的,或者超出《国家赔偿法》规定的范围和标准赔偿的,可提请本级政府责令该赔偿义务机关自行承担部分或全部行政赔偿费用。

行政赔偿义务机关向赔偿请求人履行赔偿义务后,应将赔偿请求人出具的收据或其他凭证的副本报送同级财政机关备案,以财政机关核拨的赔偿费用履行赔偿义务,并在履行义务后向有关责任人员实行追偿,追偿的费用应上缴同级财政。

3. 行政赔偿义务机关违反赔偿费用管理制度的责任

行政赔偿义务机关的下列行为属违反赔偿费用管理制度的行为:虚报、冒领、骗取行政赔偿费用;挪用行政赔偿费用;未按规定追偿行政赔偿费用;违反《国家赔偿法》的规定支付行政赔偿费用。发生上述行为之一的,由国家财政机关依法追缴被侵占的行政赔偿费用,并由有关部门对负有直接责任的主管人员和其他直接责任人员依法追究法律责任。

第八节 行政赔偿的追偿制度

所谓追偿,是指国家在对受害人承担了赔偿责任后,要求致害的公务人员部分承担或全部承担赔偿费用的制度。追偿实际上是一种制裁,其着眼点在于监督责任人员恪尽职守、依法行政,防止公务人员违法行政,而并不过于计较财力上的负担。

一、追偿的要件

追偿的实行,根据其性质,必须具备以下条件:

1. 赔偿义务机关已对受害人给予赔偿

追偿本身决定了只有具备国家承担赔偿责任这一前提条件,才能产生追偿问题。如果行政赔偿义务机关未曾支付赔偿费用,追偿无从谈起。

2. 公务人员有故意或重大过失

故意,是指责任人在行使职权时,明知自己的行为会造成行政相对人合法权益的损害,却故意加以损害;重大过失,是指责任人行使职权时,未达到普通公民应当注意并能注意的标准而造成行政相对人合法权益损害的主观状态。公务人员是否符合追偿条件,由该人员所属的行政赔偿义务机关审查和决定,一旦确认其有故意或重大过失,行政赔偿义务机关应责令其承担全部或部分赔偿费用。

二、追偿金额

追偿制度中所给付的均为金钱。追偿金额应以赔偿义务机关向受害人所支付的损害赔偿金额为限。按照我国《国家赔偿法》的规定,金额负担分为完全负担和部分负担两种。金额负担的确定应遵守以下原则:

(1) 金额负担大小与过错程度相适应。过错较重,负担应多一些;过错较小,负担应少一些。

(2) 考虑公务人员的薪金收入。金额负担要从公务人员的薪金收入中扣除,因此应在其除维持日常家庭生活外能够负担的范围内确定。

(3) 行政追偿不能替代公务人员应负的其他法律责任。对有故意或重大过失的责任人员,有权机关应当依法给予行政处分;构成犯罪的,应当依法追究刑事责任。

思考题

1. 试述行政赔偿的概念。
2. 试述行政赔偿与行政追偿的区别。
3. 试述行政赔偿的程序。

拓展阅读书目

1. 马怀德主编:《国家赔偿法学》,中国政法大学出版社2007年版。
2. 高家伟:《国家赔偿法》,商务印书馆2004年版。
3. 沈开举主编:《行政补偿法研究》,法律出版社2004年版。

第十八章　行政信访救济

> **本章要点**
>
> 1. 了解信访制度及信访关系主体。
> 2. 了解信访的受案范围。
> 3. 了解信访程序。

> **导语**

信访,是指公民、法人或者其他组织采用书信、电子邮件、传真、电话、走访等形式,向各级人民政府、县级以上人民政府工作部门反映情况,提出建议、意见或者投诉请求,依法由有关行政机关处理的活动。信访作为一种行政救济途径,自出现以来发挥了重要作用,成为很多公民、法人或者其他组织选择维护自身合法权益的不二选择,由此也导致了坊间流传着"信访不信法"的说法。那么,信访产生的历史背景是什么?它又有什么主要的功能与价值?我们将在以下部分进行阐述。

第一节　行政信访的概念

一、信访

我国《信访条例》第 2 条所界定的"信访"的定义,实际上是"行政信访的定义"。目前,我国只有一些地方性法规对信访作出了界定。例如,《江苏省信访条例》第 2 条规定:"本条例所称信访,是指公民、法人或者其他组织采用书信、电子邮件、传真、电话、走访等形式,向各级国家机关反映情况,提出建议、意见或者投诉请求,依法由有关国家机关处理的活动。"《安徽省信访条例》第 2 条规定:"本条例所称信访,是指采用书信、电子邮件、传真、电话、走访等形式,向国家机关反映情况,提出建议、意见或者投诉诉求,依法由国家机关处理的活动。"这些定义基本上是以《信访条例》对行政信访的定义为基础作了相应的变通。

由此可见,信访主要包括下列构成要素:(1) 信访主体包括公民、法人或者其他组织。(2) 被信访的对象应该是国家机关作出的职务行为。地方性法规通常采用分别列举的方式规定各级人大常委会、各级政府及其工作部门、法院和检察院各自受理的公权或准公权行为,作出该行为的主体可以是国家机关及其工作人员,也可以是一些重要的企事业单位等,基本上可以归纳为职务行为。(3) 信访的形式多种多样。(4) 信访的目的有三种,即反映情况,提出建议、意见,投诉请求。(4) 信访是有关国家机关依法处理有关争议的活动,国家机关包括各级人大及其常委会、各级政府及其工作部门、各级法院和检察院。

二、行政信访

《信访条例》第 2 条第 1 款规定:"本条例所称信访,是指公民、法人或者其他组织采用书信、电子邮件、传真、电话、走访等形式,向各级人民政府、县级以上人民政府工作部门反映情况,提出建议、意见或者投诉请求,依法由有关行政机关处理的活动。"这是以行政法规的形式对行政信访所作的界定。行政信访既是公民权利的一种重要救济途径,又是行政监督的重要形式。

需要指出的是,从实践来看,在《信访条例》调整之外,特别是在初次办理、复查和复核之后,当事人继续向有关行政机关提出投诉,这些活动虽然不是《信访条例》调整的范围,但是就其实质来说,它们仍然是实质性的准行政信访行为,我们可以称之为"法定性准行政信访行为"。

第二节　行政信访法律关系主体

行政信访法律关系,是指在行政信访过程中,参加行政信访的各个主体依据《信访条例》和其他有关法律、法规、规章所产生的权利义务关系。它包括行政信访法律关系主体、行政信访法律关系内容以及相关主体所针对的对象。本节重点讨论行政信访法律关系主体。

行政信访法律关系主体,是指在行政信访活动中享有权利或职权、承担义务或履行职责的具体个人、国家机关、法人或其他组织,具体包括行政信访人、行政信访机关、第三人以及实施监督的行政机关等。明确各主体在行政信访中的地位以及各自享有的权利和必须承担的义务,对于更好地行使权利和履行义务,更好地履行职责和行使职责具有重要的意义。

一、行政信访人

1. 行政信访人的概念

信访人是行政信访活动的重要主体,没有信访人的启动行为,就没有行政信访行为的发生。《信访条例》第 2 条第 1 款对信访作了定义,第 2 款规定:"本条例所称信访人,是指采用前款规定的形式,反映情况,提出建议、意见或者投诉请求的公民、法人或者其他组织。"由此可见,信访人包括公民、法人或者其他组织,同时成为信访人必须具备两个条件:其一,行为具有信访活动的内容,即反映情况,提出建议、意见或者投诉请求;其二,采用规定的形式从事信访活动,即按照指定方式,向特定行政机关或者到指定接待场所提出信访事项。与行政复议申请人和行政诉讼起诉人相比,信访人的条件相对较低,因为就行政行为可以提出信访的,不必是行政行为的利害关系人。但是,公民、法人或者其他组织出于表达意愿、提出要求的目的,采取其他方式的,如游行、示威、静坐,或者不到有关机关设立或指定接待场所反映问题,而是向新闻媒体发布或到指定接待场所之外的场合散布传播有关信息的,都不能被称为"信访人"。

2. 行政信访人的权利和义务

信访人享有法律规定的权利,同时也应当承担相应的义务。《信访条例》没有集中列举信访人的权利,但是它为明确信访人的权利提供了直接的行政法规依据。有学者根据《信访条例》的规定,把信访人的权利归纳为以下十类:依法反映情况,提出建议、意见或者投诉请求的权利;依法信访不受打击报复的权利;就行政机关的行政行为及其工作人员的职务行为提出信访事项的权利;查询信访事项办理情况的权利;就信访事项受理、办理情况得到书面答复的权利;要求对办理信访事项有直接利害关系的工作人员回避的权利;自身受到保护的权利;检举、揭发材料及有关材料不被透露或者转给被检举、揭发的人员或者单位的权利;受到奖励的权利;反映的情况,提出的建议、意见,对国民经济和社会发展或者对改进国家机关工作以及保护社会公共利益有贡献的,得到奖励的权利;事实清楚、法律依据充分的投诉请求得到支持的权利;对信访事项处理不服,要求复查复核的权利。[①] 总之,行政信访人享有广泛的权利,这些权利同时也是行政机关应当履行的职责,行政机关有责任保证信访人上诉权利的实现。

《信访条例》第 17—20 条对信访人的义务作了相应的规定,分别对信访人信访申请提出的形式、信访活动场所和人数、信访人提出信访事项的真实性义务以及信访人遵守信访秩序等提出了要求。一些地方性法规基本上也是重复了《信访条例》的规定。

二、行政信访机关

根据《信访条例》的规定,行政信访机关包括两类:县级以上政府信访工作机构和具体处理信访事项的政府及其工作部门,后者通常又被称为"有权处理信访事项

---

① 参见曹康泰、王学军主编:《信访条例辅导读本》,中国法制出版社 2005 年版,第 47—48 页。

的机关"。行政信访机关是具体承担登记、转交、受理、调查、协调、作出处理决定的行政机构或行政机关,甚至有时还包括实施监督工作的行政机关。

1. 行政信访工作机构

《信访条例》第6条第2款规定:"县级以上人民政府信访工作机构是本级人民政府负责信访工作的行政机构"。由此可见,政府信访工作机构属于行政机构,它不同于行政部门,一般不以自己的名义向社会行使行政管理权,其基本职责是信访工作,且对本级政府负责。① 该条第1款规定了政府信访工作机构的设置:"县级以上人民政府应当设立信访工作机构;县级以上人民政府工作部门及乡、镇人民政府应当按照有利工作、方便信访人的原则,确定负责信访工作的机构(以下简称信访工作机构)或者人员,具体负责信访工作。"

县级以上政府信访工作机构履行的职责包括:(1)受理、交办、转送信访人提出的信访事项;(2)承办上级和本级人民政府交由处理的信访事项;(3)协调处理重要信访事项;(4)督促检查信访事项的处理;(5)研究、分析信访情况,开展调查研究,及时向本级人民政府提出完善政策和改进工作的建议;(6)对本级人民政府其他工作部门和下级人民政府信访工作机构的信访工作进行指导。上述工作职责在《信访条例》第21条中进一步具体化了。从这些规定可以看出,政府信访工作机构承担的主要是程序性的工作职责,它本身并不是一个直接解决问题的行政主体。

2. 具体处理信访事项的政府及其工作部门

《信访条例》第3条第1、2款规定:"各级人民政府、县级以上人民政府工作部门应当做好信访工作,认真处理来信、接待来访,倾听人民群众的意见、建议和要求,接受人民群众的监督,努力为人民群众服务。各级人民政府、县级以上人民政府工作部门应当畅通信访渠道,为信访人采用本条例规定的形式反映情况,提出建议、意见或者投诉请求提供便利条件。"可见,各级人民政府、县级以上人民政府工作部门是行政信访的办理机关。

(1) 政府处理信访事项

根据《信访条例》的规定,政府有权也有责任处理信访事项。但是,从实际情况来看,政府自身处理信访事项的规定并不多,主要是承担在宏观上领导和建立行政信访体制和机制方面的任务,如第5条规定各级人民政府应当负责信访工作的决策和建立工作体制;第9条规定各级人民政府应当建立信访服务方面的工作规范制度;第10条规定政府应当建立负责人信访接待制度;第25条规定职责不清的信访事项应当由本级人民政府或者其指定的机关受理。

(2) 政府工作部门处理信访事项

《信访条例》对政府工作部门的信访处理权作了多处规定,这是由于它是直接

---

① 参见汪永清主编:《信访条例释义》,中国法制出版社2005年版,第44页。

承担处理信访事项的最重要的责任承担者,是它和政府信访工作机构最大的不同。政府工作部门处理信访事项的内容主要体现在《信访条例》第31—33条中,分别对有权办理机关的程序、处理信访事项实体性的决定权以及办结信访的时间等提出了要求。

3. 信访工作人员

行政信访中的信访工作人员是具体承担信访工作的行政机关公务人员。信访工作人员的素质和工作质量如何,直接关系到信访的处理结果。《信访条例》在第28、30条中规定了信访工作人员必须遵循的工作规范要求;在第38、44、45条中明确了信访工作人员违法、失职所要承担的责任,包括行政处分和刑事责任。地方性法规对此作了更加具体的规定,如《贵州省信访条例》在第22条中比较具体地规定了信访工作人员的行为规范要求;《安徽省信访条例》第15、16条既规定了信访工作人员的素质要求,也提出了行为规范要求。这些规定弥补了《信访条例》相应的不足之处。

三、第三人和代理人

《信访条例》没有规定信访第三人,但在实践中经常发生第三人是否应当参加信访活动的争议问题。由于第三人没有参与信访活动,最后导致信访处理活动复杂,或者处理过的信访事项反复变更的情况,不仅大大削弱了信访处理机关的处理决定的效力及权威,而且容易诱发更多的信访,甚至诱发重复信访的现象。

因此,可以借鉴《行政复议法》《行政诉讼法》和《民事诉讼法》中对于第三人的规定,增加行政信访第三人的制度规定。例如,修改《信访条例》,在其中增加有关第三人的内容,或者由行政机关制定具体的操作规程,明确第三人在行政信访中的地位、权利和义务等,如作出规定:"同信访事项有利害关系的其他公民、法人或者其他组织,可以作为第三人申请参加信访办理、复查、复核活动;利害关系人没有提出申请的,行政机关应当依职权通知其参加信访办理、复查、复核活动。第三人在信访办理、复查、复核活动中的权利和义务与信访人相同,行政机关应当听取第三人陈述事实和理由。"

同样,《信访条例》也尚未规定代理人制度,这种情况不利于信访活动的正常开展,也不利于信访人权利的有效保护。一些地方性法规已经对信访代理作出了具体规定,弥补了《信访条例》的不足。因此,信访工作应当借鉴相关法律、法规的规定,确立代理制度。例如,借鉴《行政复议法》,可以比照作出如下规定:"有权申请行政信访的公民死亡的,其近亲属可以申请行政信访。有权申请行政信访的公民为无民事行为能力人或者限制民事行为能力人的,其法定代理人可以代为申请行政信访。有权申请行政信访的法人或者其他组织终止的,承受其权利的法人或者其他组织可以申请行政信访。申请人、第三人可以委托代理人代为参加行政信访。"

第三节　行政信访的受案范围及管辖

一、行政信访的受案范围

行政信访的受案范围，是指行政机关受理行政信访事项的范围。它既是行政机关对相关主题进行监督的范围，也是信访人请求信访审查的事项范围。更重要的是，它是明确按照行政信访程序和行政复议程序处理争议的行政机关之间、信访行政机关与法院之间对同一事项同时属于行政信访、行政复议、行政诉讼的受案范围时，相关行政机关和人民法院对于争议事项的处理权限的划分依据。

我国《信访条例》第14条第1款对信访的受案范围作了规定："信访人对下列组织、人员的职务行为反映情况，提出建议、意见，或者不服下列组织、人员的职务行为，可以向有关行政机关提出信访事项：（一）行政机关及其工作人员；（二）法律、法规授权的具有管理公共事务职能的组织及其工作人员；（三）提供公共服务的企业、事业单位及其工作人员；（四）社会团体或者其他企业、事业单位中由国家行政机关任命、派出的人员；（五）村民委员会、居民委员会及其成员。"同时，该条第2款规定："对依法应当通过诉讼、仲裁、行政复议等法定途径解决的投诉请求，信访人应当按照有关法律、行政法规规定的程序向有关机关提出。"

由此可见，行政信访的受案范围非常广泛。总体来说，行政信访审查的职务行为和作出职务行为的主体都比行政复议和行政诉讼涉及的职务行为（主要是具体行政行为）和实施主体（主要是行政机关和法律、法规授权的组织）宽泛。

二、行政信访的管辖

《信访条例》规定了县级以上政府信访工作机构与政府及其工作部门在信访工作中的各自职权和职责，并且作了有区别的规定。这种有区别的规定为分清这些主体的职责，促使其正确行使职权提供了依据。政府信访工作机构与政府及其工作部门之间的信访工作各有优势和不足，明确它们在信访事项管辖上的分工和衔接问题，有利于发挥各自优势，扬长避短。

1. 政府信访工作机构在信访问题上主要承担程序性职责

《信访条例》确立了政府信访工作机构主要承担程序性责任。该条例第6条第2款就规定："县级以上人民政府信访工作机构是本级人民政府负责信访工作的行政机构，履行下列职责：（一）受理、交办、转送信访人提出的信访事项；（二）承办上级和本级人民政府交由处理的信访事项；（三）协调处理重要信访事项；（四）督促检查信访事项的处理；（五）研究、分析信访情况，开展调查研究，及时向本级人民政府提出完善政策和改进工作的建议；（六）对本级人民政府其他工作部门和下级人民政府信访工作机构的信访工作进行指导。"由此可见,在处理信访事项上,政府信访工作机构一般不承担实体性处理权,它所承担的主要是程序性责任,包括"受理、交办、转送信访人提出的信访事项"等。这些规定随后在第21条中也得到了进一步具体化。

2. 政府及其工作部门承担信访事项的实体性处理权

从《信访条例》来看,政府及其工作部门承担了信访处理上的实体性处理权。该条例第3条第1、2款规定:"各级人民政府、县级以上人民政府工作部门应当做好信访工作,认真处理来信、接待来访,倾听人民群众的意见、建议和要求,接受人民群众的监督,努力为人民群众服务。各级人民政府、县级以上人民政府工作部门应当畅通信访渠道,为信访人采用本条例规定的形式反映情况,提出建议、意见或者投诉请求提供便利条件。"由此可见,承担实体性职责的是各级政府及其工作部门。但是,在实践中,政府直接以自己名义处理的信访并不多,实际承担信访事项处理权的主要是政府工作部门。同样地,这样的总概括性的规定在随后的第22、27、31、32条规定中也被加以具体化。由此可见,信访事项的处理主体为各级政府及其工作部门,政府信访工作机构不会从实体上直接解决信访问题,不可能对信访事项直接作出处理意见。

之所以这样规定,是因为目前信访事项大多数源于信访人的实体性权利受到了政府工作部门的侵害,而政府工作部门拥有实权的特点决定了它能够从实体上解决问题,所以政府及其工作部门应当主动承担信访的主要责任。当前存在的问题是,不少政府工作部门对信访问题并未关注从实体上解决问题,没有将信访工作放到本部门工作的重要议事日程上来,大量的信访事项被提交到政府信访工作机构,而经过信访工作机构的转交或协调,往往需要一定时间的周转,影响了信访问题的及时解决。另外,政府工作部门配合协助政府信访工作机构协调信访事项的主动性也不够。

3. 综合性的协作工作机制

关于综合性的协作工作机制,《信访条例》有明确的规定。该条例第5条第2款规定:"县级以上人民政府应当建立统一领导、部门协调、统筹兼顾、标本兼治,各负其责、齐抓共管的信访工作格局,通过联席会议、建立排查调处机制、建立信访督查工作制度等方式,及时化解矛盾和纠纷。"之所以要建立有效的综合性的协作工作机制,主要原因在于:在实践中,信访问题产生的原因复杂多样,来源于多个部门、多个环节。有的是历史原因造成的,有的是决策上出了问题,有的是处理问题的方法不当,或者对于重大问题没有及时作出回应或拖延时间过长。综合性的协作工作机制可以体现在确立各自分工又相互协调的工作原则、确立牵头协调和要求受理制度、建立集中办理信访中心等方面。

第四节　行政信访程序

行政信访实体方面问题的解决离不开程序的保障。行政机关作出信访决定和作出决定的程序是信访制度的重要内容。程序既是实体权利实现的保障,同时也具有自身独立的价值,良好的程序本身可以使信访人感觉受到了公平的对待,可以缓解部分矛盾。

一、受理

《信访条例》第21条和第22条对政府信访工作机构和政府其他工作部门之间就信访的受理和处理作了规定。该条例采取了分别对待的方法规定了两类不同行政机关(构)的分别处理措施。

1. 受理机构

(1) 信访工作机构

《信访条例》第21条规定了县级以上人民政府信访工作机构在收到信访事项后应当履行的职责。从该条规定中可以看出,在收到信访事项后,政府信访工作机构对信访事项只行使程序性转交权,不能进行实质性处理,立法上没有明确使用"受理"的表达。需要注意的是,《信访条例》在这里只对"县级以上人民政府信访工作机构"在接受信访事项时的职责作了规定。但是,根据该条例第6条,信访工作机构不仅包括县级以上人民政府信访工作机构,还包括县级以上人民政府工作部门及乡、镇人民政府设立的信访工作机构。关于后者在接受信访事项时的相关职责,该条例没有作出规定。一些地方性法规通过将两种信访工作机构都囊括在内的方式明确了县级以上人民政府工作部门及乡、镇人民政府设立的信访工作机构的职责。

(2) 政府工作部门的受理权

《信访条例》第22条第1款规定:"信访人按照本条例规定直接向各级人民政府信访工作机构以外的行政机关提出的信访事项,有关行政机关应当予以登记;对符合本条例第十四条第一款规定并属于本机关法定职权范围的信访事项,应当受理,不得推诿、敷衍、拖延;对不属于本机关职权范围的信访事项,应当告知信访人向有权的机关提出。"可见,该款确立了政府工作部门享有包括"受理"在内的实质性处理权。

实际上,政府工作部门与政府信访工作机构在接受信访人的信访事项这一点上是共同的,都包括了登记、告知、转送和通告。两者的不同之处在于,政府信访工作机构还要将信访事项转送给其他相关机关;而直接有权处理信访的行政机关是由本机关直接行使受理权,不存在二次受理的问题。

2. 不予受理的相关规定

《信访条例》第 21 条第 1 款第 1 项规定:"县级以上人民政府信访工作机构收到信访事项,应当予以登记,并区分情况,在 15 日内分别按下列方式处理:(一) 对本条例第十五条规定的信访事项,应当告知信访人分别向有关的人民代表大会及其常务委员会、人民法院、人民检察院提出。对已经或者依法应当通过诉讼、仲裁、行政复议等法定途径解决的,不予受理,但应当告知信访人依照有关法律、行政法规规定程序向有关机关提出。"①

《信访条例》第 22 条第 1 款规定:"信访人按照本条例规定直接向各级人民政府信访工作机构以外的行政机关提出的信访事项,有关行政机关应当予以登记;……对不属于本机关职权范围的信访事项,应当告知信访人向有权的机关提出。"

《信访条例》第 35 条第 3 款规定:"信访人对复核意见不服,仍然以同一事实和理由提出投诉请求的,各级人民政府信访工作机构和其他行政机关不再受理。"

上述三条规定中,第 21 条明确使用了"不予受理",第 22 条没有明确使用"不予受理",第 35 条使用了"不再受理"。

值得一提的是,《信访条例》虽然规定了"不予受理"的制度,但是没有将"不予受理"的决定纳入信访复查和复核的范围内。因此,一旦办理机关作出"不予受理"的意见,信访人就无法获得复查和复核的救济,这是《信访条例》制度设计的一大缺憾。

二、信访办理、复查和复核

1. 信访办理

《信访条例》第 31—33 条规定了行政信访事项的办理程序和作出的决定。

(1) 听取陈述、要求说明情况、调查甚至听证

《信访条例》第 31 条规定:"对信访事项有权处理的行政机关办理信访事项,应当听取信访人陈述事实和理由;必要时可以要求信访人、有关组织和人员说明情况;需要进一步核实有关情况的,可以向其他组织和人员调查。对重大、复杂、疑难的信访事项,可以举行听证。听证应当公开举行,通过质询、辩论、评议、合议等方式,查明事实,分清责任。听证范围、主持人、参加人、程序等由省、自治区、直辖市人民政府规定。"

(2) 作出处理决定并答复信访人

《信访条例》第 32 条规定:"对信访事项有权处理的行政机关经调查核实,应当依照有关法律、法规、规章及其他有关规定,分别作出以下处理,并书面答复信访人:(一) 请求事实清楚,符合法律、法规、规章或者其他有关规定的,予以支持;

---

① 《信访条例》第 15 条规定的信访事项,是指各级人民代表大会以及县级以上各级人民代表大会常务委员会、人民法院、人民检察院职权范围内的信访事项。

(二)请求事由合理但缺乏法律依据的,应当对信访人做好解释工作;(三)请求缺乏事实根据或者不符合法律、法规、规章或者其他有关规定的,不予支持。有权处理的行政机关依照前款第(一)项规定作出支持信访请求意见的,应当督促有关机关或者单位执行。"由此可见,信访办理的处理意见种类包括:支持并督促执行、不予支持和做好解释工作。

2. 信访复查和复核

《信访条例》第34、35条规定了对信访办理意见的复查和复核。第34条规定:"信访人对行政机关作出的信访事项处理意见不服的,可以自收到书面答复之日起30日内请求原办理行政机关的上一级行政机关复查。收到复查请求的行政机关应当自收到复查请求之日起30日内提出复查意见,并予以书面答复。"第35条规定:"信访人对复查意见不服的,可以自收到书面答复之日起30日内向复查机关的上一级行政机关请求复核。收到复核请求的行政机关应当自收到复核请求之日起30日内提出复核意见。复核机关可以按照本条例第三十一条第二款的规定举行听证,经过听证的复核意见可以依法向社会公示。"

根据2005年发布的《国务院法制办公室、国家信访局对〈信访条例〉第三十四条、第三十五条中"上一级行政机关"的含义及〈信访条例〉适用问题的解释》(国法函〔2005〕253号),《信访条例》第34条、第35条中"上一级行政机关"是指:原办理行政机关、复查机关是设区的市级以下人民政府工作部门的,其上一级行政机关是指本级人民政府或者上一级人民政府主管部门;原办理行政机关、复查机关是省级人民政府工作部门的,其上一级行政机关是指本级人民政府。

三、行政信访听证

《信访条例》对行政信访听证作了简单规定,主要有三个条文:

第13条第2款规定:"信访工作机构应当组织相关社会团体、法律援助机构、相关专业人员、社会志愿者等共同参与,运用咨询、教育、协商、调解、听证等方法,依法、及时、合理处理信访人的投诉请求。"

第31条第2款规定:"对重大、复杂、疑难的信访事项,可以举行听证。听证应当公开举行,通过质询、辩论、评议、合议等方式,查明事实,分清责任。……"

第35条第2款规定:"复核机关可以按照本条例第三十一条第二款的规定举行听证,经过听证的复核意见可以依法向社会公示。……"

由上述规定可见,第13条并未限制在哪些程序中适用听证,第31条规定的听证适用于信访办理的环节,第35条规定的听证则适用于复核程序中。据此规定,信访复查阶段似乎不需要采用听证程序,对于保障信访人权利和彻底化解矛盾来说有其不足。同时,第31条和第35条均使用了"可以"的表达方式,赋予了行政机关较大的裁量权。

此外，我国不少省级人民政府根据《信访条例》第31条的规定制定了专门的规章，如《上海市信访事项听证试行办法》《重庆市信访听证暂行办法》《浙江省信访听证暂行办法》等。其主要内容一般包括《信访条例》第31条中提到的听证范围、主持人、参加人、程序等。

四、行政信访公示

《信访条例》对信访公示的适用条件作了相应规定。该条例第35条规定："信访人对复查意见不服的，可以自收到书面答复之日起30日内向复查机关的上一级行政机关请求复核。收到复核请求的行政机关应当自收到复核请求之日起30日内提出复核意见。复核机关可以按照本条例第三十一条第二款的规定举行听证，经过听证的复核意见可以依法向社会公示。"

由上述规定可知，信访公示的适用须具备以下条件：

（1）经过行政机关的信访办理、复查和复核三级处理程序。

（2）信访复核机关采用听证程序，针对不服信访复查意见作出了相应的决定。如果信访复核机关没有采用听证程序，不能予以公示。

（3）即使复核机关采用了听证程序，是否予以公示完全取决于复核机关的自由裁量权。《信访条例》只规定了"可以"，具体情况由行政机关自行决定。

（4）向社会公示的信访事项必须是"经过听证的复核意见"，而不是所有内容。至于"经过听证的复核意见"具体包括哪些内容，《信访条例》并未明确规定。一般来说，经过听证的复核意见应当包括对信访人提出的事实、证据，适用的法律、法规和政策依据，信访人的主张，以及复查机关作出的处理决定是否事实清楚、证据充足、适用依据充分、合法合理等方面的内容。

五、行政信访书面告知

1. 需要书面告知的情形

《信访条例》明确规定的书面告知包括：政府信访工作机构以外的政府其他工作部门受理或不予受理信访的决定（第22条）；信访处理机关的处理意见（第32条）；复查和复核机关受理或不予受理的决定，以及行政机关作出的复查和复核意见（第34、35条）等。

此外，一些地方性法规、规范性文件补充规定了需要书面告知的情形。总之，通过扩大书面告知的适用范围，可以更好地保护信访人的权利，也能更好地监督行政机关的行为，特别是不作为和乱作为。这些规定有利于信访人明确信访渠道，应当得到严格执行。

2. 对拒不作出书面告知的处理

《信访条例》第42条规定："负有受理信访事项职责的行政机关在受理信访事

项过程中违反本条例的规定,有下列情形之一的,由其上级行政机关责令改正;造成严重后果的,对直接负责的主管人员和其他直接责任人员依法给予行政处分:……(三)行政机关未在规定期限内书面告知信访人是否受理信访事项的。"该条将未以"书面告知"纳入信访工作责任追究范围,很有实践意义。

六、行政信访与其他行政救济手段的分工和衔接

1. 行政信访与行政复议、行政诉讼之间的受理分工

如前所述,行政信访程序适用的事项范围比行政复议和行政诉讼要广泛得多。如反映情况、提出建议和意见等,都能够申请按照行政信访程序处理,而不能按照行政复议或行政诉讼程序加以救济。在这方面,行政信访与行政复议、行政诉讼之间没有重合或交叉之处,但是对于某些具体行政行为,情况则有所不同。行政信访与其他行政救济手段的分工,就是在有些行政行为同时属于行政复议、行政诉讼和行政信访的受案范围时,应当如何处理三者之间受理分工的问题。

《信访条例》中有三条对三者之间的关系作了规定:

第 14 条第 2 款规定:"对依法应当通过诉讼、仲裁、行政复议等法定途径解决的投诉请求,信访人应当依照有关法律、行政法规规定的程序向有关机关提出。"

第 21 条第 1 款第 1 项规定:"县级以上人民政府信访工作机构收到信访事项,应当予以登记,并区分情况,在 15 日内分别按下列方式处理:(一)对本条例第十五条规定的信访事项,应当告知信访人分别向有关的人民代表大会及其常务委员会、人民法院、人民检察院提出。对已经或者依法应当通过诉讼、仲裁、行政复议等法定途径解决的,不予受理,但应当告知信访人依照有关法律、行政法规规定程序向有关机关提出。"

第 22 条第 1 款规定:"信访人按照本条例规定直接向各级人民政府信访工作机构以外的行政机关提出的信访事项,有关行政机关应当予以登记;对符合本条例第十四条第一款规定并属于本机关法定职权范围的信访事项,应当受理,不得推诿、敷衍、拖延;对不属于本机关职权范围的信访事项,应当告知信访人向有权的机关提出。"

从上述几条规定可以看出,《信访条例》总的思路是:在有行政复议或行政诉讼救济的情况下,不得申请行政信访救济。对于属于行政复议或行政诉讼的受案范围,但因超过时效而不能复议或诉讼的信访事项能否受理,《信访条例》没有规定。基于法理学的一般理论,超过行政复议或行政诉讼时效的,只是失去了程序权利,信访人的实体权利并没有丧失,可以依据该失去程序保护的实体权利继续向行政机关寻求救济。至于行政机关对此实体权利是否进行救济,法律不干预。因此,对于超过行政复议或诉讼时效的事项,能否申请行政信访救济,取决于行政机关的裁量。这一解释基本上为目前的行政实务界所接受。

也有学者认为,《信访条例》的这种总体规定有其不足和漏洞。原因在于,我国目前能够给当事人提供的行政救济和司法救济都有很大的局限性。例如,行政复议和行政诉讼原则上都不审查抽象行政行为(行政复议审查的抽象行政行为只是附带性的);行政复议机关不是独立的第三方,而与被复议申请人之间具有行政隶属关系或业务上指导与被指导的关系,其作出的处理决定难以保持独立公正;行政诉讼能够审查的具体行政行为的范围非常狭窄,特别是我国的行政诉讼不仅受案范围小,而且法院的独立性较弱,无法对人权的保障充分发挥应有的作用。通过一系列分析,该学者提出了几种行政机关"可以"采用甚至"应当"优先采用行政信访程序处理的情况,如应急性信访事项、超过行政复议或诉讼时效无法获得救济权利的事项以及非由信访人自身原则造成的举证困难的事项等。①

2. 行政信访与行政复议、行政诉讼的衔接

(1) 能否对行政信访处理意见申请行政复议

行政机关对于信访人投诉所作出的相关行为,包括不答复、不予受理以及受理之后依法作出的信访办理意见、复查意见和复核意见等,均具有法律上的效力。对这些行政信访行为处理决定不服的,能否申请行政复议?《信访条例》中没有对此作出规定。根据《行政复议法》,可以申请行政复议的行政行为必须符合两个条件:第一,必须是具体行政行为,抽象行政行为不能独立成为行政复议的审查对象,但可以成为附属性审查对象。第二,必须属于《行政复议法》规定的受案范围。因此,这一问题可以归结为:行政信访决定是否属于这里所说的具体行政行为或附属性抽象行政行为;行政信访决定是否属于《行政复议法》规定的受案范围。据此,有学者认为应当从这两个标准出发,根据不同的情况作不同的分析。

(2) 能否对行政机关作出的信访行为提起诉讼

从理论上说,只要符合《行政诉讼法》规定的受案范围,且没有超过诉讼时效,就可以纳入行政诉讼的范围。但是,最高人民法院在 2005 年的一份批复中完全否定了任何信访处理决定的可诉性。

2005 年 12 月 12 日,最高人民法院立案庭对湖北省高级人民法院《关于不服县级以上人民政府信访行政管理部门,负责受理信访事项的行政管理机关以及镇(乡)人民政府作出的处理意见或者不再受理决定而提起的行政诉讼人民法院是否受理的请示》作出答复,给出了否定的回答。其意见如下:"一、信访工作机构是各级人民政府或政府工作部门授权负责信访工作的专门机构,其依据《信访条例》作出的登记、受理、交办、转送、承办、协调处理、督促检查、指导信访事项等行为,对信访人不具有强制力,对信访人的实体权利不产生实质影响。信访人对信访工作机构依据《信访条例》处理信访事项的行为或者不履行《信访条例》规定的职责不服提

---

① 参见朱应平:《谈谈制定信访法的几个问题》,载《信访与社会矛盾问题研究》2013 年第 5 期,第 61—64 页。

起行政诉讼的,人民法院不予受理。二、对信访事项有权处理的行政机关依据《信访条例》作出的处理意见、复查意见、复核意见和不再受理决定,信访人不服提起行政诉讼的,人民法院不予受理。"

思考题

1. 试述信访的概念及特征。
2. 试述信访与行政诉讼之间的关系。
3. 试述信访的程序。

拓展阅读书目

1. 张宗林、郑广森主编:《信访与法治》,人民出版社2014年版。
2. 张铎:《中国信访制度研究》,华夏出版社2012年版。
3. 李秋学:《中国信访史论》,中国社会科学出版社2009年版。
4. 朱应平:《行政信访若干问题研究》,上海人民出版社2007年版。

参考文献

1. 罗豪才、湛中乐主编:《行政法学》(第三版),北京大学出版社2012年版。
2. 陈新民:《中国行政法学原理》,中国政法大学出版社2002年版。
3. 应松年主编:《行政法与行政诉讼法》(第二版),中国政法大学出版社2011年版。
4. 胡锦光、莫于川:《行政法与行政诉讼法概论》(第二版),中国人民大学出版社2009年版。
5. 杨解君:《行政法与行政诉讼法》,清华大学出版社2009年版。
6. 胡建淼:《行政法学》(第三版),法律出版社2010年版。
7. 叶必丰主编:《行政法与行政诉讼法》(第三版),中国人民大学出版社2011年版。
8. 田思源:《行政法与行政诉讼法学》,清华大学出版社2011年版。
9. 杨海坤、章志远:《中国行政法基本理论研究》,北京大学出版社2004年版。
10. 朱芒:《功能视角中的行政法》,北京大学出版社2004年版。
11. 应松年主编:《当代中国行政法》,中国方正出版社2005年版。
12. 章剑生:《现代行政法专题》,清华大学出版社2014年版。
13. 姜明安、余凌云主编:《行政法》,科学出版社2010年版。
14. 余凌云:《行政法讲义》,清华大学出版社2010年版。
15. 周佑勇主编:《行政法专论》,中国人民大学出版社2010年版。
16. 应松年主编:《行政程序法》,法律出版社2009年版。
17. 应松年主编:《行政处罚法教程》,法律出版社2012年版。
18. 张越:《行政复议法学》,中国法制出版社2007年版。
19. 石佑启、杨勇萍编著:《行政复议法新论》,北京大学出版社2007年版。
20. 沈岿:《国家赔偿法:原理与案例》,北京大学出版社2011年版。
21. 姜明安主编:《行政法与行政诉讼法》(第六版),北京大学出版社2015年版。
22. 马怀德主编:《行政诉讼原理》(第二版),法律出版社2009年版。
23. 章志远:《行政诉讼法前沿问题研究》,山东人民出版社2008年版。
24. 林莉红:《行政诉讼法学》(第三版),武汉大学出版社2009年版。

25. 林莉红等:《行政诉讼法问题专论》,武汉大学出版社 2010 年版。
26. 江必新、梁凤云:《行政诉讼法理论与实务》(第二版),北京大学出版社 2011 年版。
27. 何兵主编:《行政法案例研习》,高等教育出版社 2005 年版。
28. 叶必丰、徐晨主编:《行政法与行政诉讼法案例》,中国人民大学出版社 2004 年版。
29. 马怀德、周兰领:《行政诉讼案例教程》,中国政法大学出版社 2005 年版。
30. 杨小君:《重大行政案件选编》,中国政法大学出版社 2006 年版。
31. 余凌云:《行政法案例分析和研究方法》,中国人民大学出版社 2008 年版。
32. 章志远:《个案变迁中的行政法》,法律出版社 2011 年版。
33. 张正钊、胡锦光主编:《行政法与行政诉讼法》(第六版),中国人民大学出版社 2015 年版。
34. 罗豪才主编:《现代行政法的平衡理论》,北京大学出版社 1998 年版。
35. 罗豪才等:《现代行政法的平衡理论》第二辑、第三辑,北京大学出版社 2003、2008 年版。
36. 沈岿:《平衡论:一种行政法认知模式》,北京大学出版社 1999 年版。
37. 孙笑侠:《法律对行政的控制:现代行政法的法理解释》,山东人民出版社 1999 年版。
38. 叶必丰:《行政法的人文精神》,北京大学出版社 2005 年版。
39. 金国坤:《依法行政的现实基础:影响和制约政府依法行政的因素分析》,中国政法大学出版社 2001 年版。
40. 董炯:《国家、公民与行政法:一个国家—社会的角度》,北京大学出版社 2001 年版。
41. 张树义:《变革与重构:改革背景下的中国行政法理念》,中国政法大学出版社 2002 年版。
42. 甘文:《行政与法律的一般原理》,中国法制出版社 2002 年版。
43. 石佑启:《论公共行政与行政法学范式转换》,北京大学出版社 2003 年版。
44. 宋功德:《行政法的均衡之约》,北京大学出版社 2004 年版。
45. 袁曙宏、宋功德:《统一公法学原论》,中国人民大学出版社 2005 年版。
46. 金自宁:《公法/私法二元区分的反思》,北京大学出版社 2007 年版。
47. 何海波:《实质法治:寻求行政判决的合法性》,法律出版社 2009 年版。
48. 罗豪才主编:《软法的理论与实践》,北京大学出版社 2010 年版。
49. 沈岿:《公法变迁与合法性》,法律出版社 2010 年版。
50. 包万超:《行政法与社会科学》,商务印书馆 2011 年版。
51. 罗豪才等:《行政法平衡理论讲演录》,北京大学出版社 2011 年版。

52. 应松年、薛刚凌:《行政组织法研究》,法律出版社 2002 年版。

53. 黎军:《行业组织的行政法问题研究》,北京大学出版社 2002 年版。

54. 黎军:《行业自治与国家监督:行业协会实证研究》,法律出版社 2006 年版。

55. 沈岿编:《谁还在行使权力:准政府组织个案研究》,清华大学出版社 2003 年版。

56. 薛刚凌主编:《行政主体的理论与实践:以公共行政改革为视角》,中国方正出版社 2009 年版。

57. 周汉华:《政府监管与行政法》,北京大学出版社 2007 年版。

58. 马英娟:《政府监管机构研究》,北京大学出版社 2007 年版。

59. 刘恒主编:《行政许可与政府管制》,北京大学出版社 2007 年版。

60. 刘恒主编:《典型行业政府规制研究》,北京大学出版社 2007 年版。

61. 傅蔚冈、宋华琳主编:《规制研究·第 1 辑:转型时期的社会性规制与法治》,格致出版社、上海人民出版社 2008 年版。

62. 宋华琳、傅蔚冈主编:《规制研究·第 2 辑:食品与药品安全的政府监管》,格致出版社、上海人民出版社 2009 年版。

63. 孙丽岩:《授益行政行为研究:探寻行政法通道内的公共资源配置》,法律出版社 2007 年版。

64. 胡敏洁:《福利权研究》,法律出版社 2008 年版。

65. 陈国刚:《福利权研究:一个公法的视角》,中国民主法制出版社 2009 年版。

66. 林莉红、孔繁华:《社会救助法研究》,法律出版社 2008 年版。

67. 王敬波:《高等教育领域里的行政法问题研究》,中国法制出版社 2007 年版。

68. 湛中乐:《大学法治与权益保护》,中国法制出版社 2011 年版。

69. 王旭:《行政法解释学研究:基本原理、实践技术与中国问题》,中国法制出版社 2010 年版。

70. 伍劲松:《行政解释研究:以行政执法与适用为视角》,人民出版社 2010 年版。

71. 李纬华:《行政案件法律适用方法》,法律出版社 2011 年版。

72. 张兴祥:《行政法合法预期保护原则研究》,北京大学出版社 2006 年版。

73. 王贵松:《行政信赖保护论》,山东人民出版社 2007 年版。

74. 闫尔宝:《行政法诚实信用原则研究》,人民出版社 2008 年版。

75. 姜昕:《比例原则研究:一个宪政的视角》,法律出版社 2008 年版。

76. 蒋红珍:《论比例原则:政府规制工具选择的司法评价》,法律出版社 2010 年版。

77. 余凌云:《行政自由裁量论》,中国人民公安大学出版社 2009 年版。

78. 周佑勇：《行政裁量治理研究：一种功能主义的立场》，法律出版社 2008 年版。

79. 徐晨：《权力竞争：控制行政裁量权的制度选择》，中国人民大学出版社 2007 年版。

80. 方世荣：《论具体行政行为》，武汉大学出版社 1996 年版。

81. 宋功德：《聚焦行政处理：行政法上"熟悉的陌生人"》，北京大学出版社 2007 年版。

82. 闫尔宝：《行政行为的性质界定与实务》，法律出版社 2010 年版。

83. 叶必丰：《行政行为的效力研究》，中国人民大学出版社 2002 年版。

84. 章志远：《行政行为效力论》，中国人事出版社 2003 年版。

85. 金伟峰：《无效行政行为研究》，法律出版社 2005 年版。

86. 赵宏：《法治国下的行政行为存续力》，法律出版社 2007 年版。

87. 叶必丰、周佑勇：《行政规范研究》，法律出版社 2002 年版。

88. 崔卓兰、于立深：《行政规章研究》，吉林人民出版社 2002 年版。

89. 刘莘：《行政立法研究》，法律出版社 2003 年版。

90. 孔祥俊：《法律规范冲突的选择适用与漏洞填补》，人民法院出版社 2004 年版。

91. 袁曙宏：《行政处罚的创设、实施和救济》，中国法制出版社 1997 年版。

92. 应松年、刘莘主编：《行政处罚法理论与实务》，中国社会出版社 1996 年版。

93. 杨解君：《秩序·权力与法律控制》（增补本），四川大学出版社 1999 年版。

94. 杨小君：《行政处罚研究》，法律出版社 2002 年版。

95. 肖金明：《行政处罚制度研究》，山东大学出版社 2004 年版。

96. 马怀德：《行政许可》，中国政法大学出版社 1994 年版。

97. 张兴祥：《中国行政许可法的理论和实务》，北京大学出版社 2003 年版。

98. 应松年、杨解君主编：《行政许可法的理论与制度解读》，北京大学出版社 2004 年版。

99. 傅士成：《行政强制研究》，法律出版社 2001 年版。

100. 胡建淼主编：《行政强制》，法律出版社 2002 年版。

101. 余凌云：《警察行政强制的理论与实践》（第二版），中国人民公安大学出版社 2007 年版。

102. 周汉华主编：《政府信息公开条例专家建议稿：草案·说明·理由·立法例》，中国法制出版社 2003 年版。

103. 刘恒等：《政府信息公开制度》，中国社会科学出版社 2004 年版。

104. 李广宇：《政府信息公开诉讼：理念、方法与案例》，法律出版社 2009 年版。

105. 郭润生、宋功德：《论行政指导》，中国政法大学出版社 1999 年版。

106. 莫于川:《法治视野中的行政指导》,中国政法大学出版社2005年版。
107. 余凌云:《行政契约论》,中国人民大学出版社2006年版。
108. 何渊:《区域性行政协议研究》,法律出版社2009年版。
109. 李煜兴:《区域行政规划研究》,法律出版社2009年版。
110. 杨海坤、黄学贤:《中国行政程序法典化:从比较法角度研究》,法律出版社1999年版。
111. 应松年主编:《行政程序法立法研究》,中国法制出版社2001年版。
112. 章剑生:《行政程序法基本理论》,法律出版社2003年版。
113. 胡锦光、刘飞宇:《行政处罚听证程序研究》,法律出版社2004年版。
114. 应松年、杨小君:《法定行政程序实证研究:从司法审查角度的分析》,国家行政学院出版社2005年版。
115. 王万华:《中国行政程序法立法研究》,中国法制出版社2005年版。
116. 张兴祥等:《外国行政程序法研究》,中国法制出版社2010年版。
117. 王锡锌:《行政程序法理念与制度研究》,中国民主法制出版社2007年版。
118. 王锡锌:《公众参与和行政过程:一个理念和制度分析的框架》,中国民主法制出版社2007年版。
119. 章剑生:《行政听证制度研究》,浙江大学出版社2010年版。
120. 王万华:《中国行政程序法典试拟稿及立法理由》,中国法制出版社2010年版。
121. 江必新、梁凤云、梁清:《国家赔偿法的理论与实务》,中国社会科学出版社2010年版。
122. 应松年、杨小军主编:《国家赔偿制度的完善》,国家行政学院出版社2008年版。
123. 杨建华:《行政赔偿和解程序研究:从行政赔偿"私了"现象的分析入手》,中国民主法制出版社2010年版。
124. 杨小君:《我国行政复议制度研究》,法律出版社2002年版。
125. 蔡小雪:《行政复议与行政诉讼的衔接》,中国法制出版社2003年版。
126. 周汉华主编:《行政复议司法化:理论、实践与改革》,北京大学出版社2005年版。
127. 蔡小雪:《行政审判中的合法性审查》,人民法院出版社1999年版。
128. 薛刚凌:《行政诉权研究》,华文出版社1999年版。
129. 杨伟东:《行政行为司法审查强度研究:行政审判权纵向范围分析》,中国人民大学出版社2003年版。
130. 甘文:《行政诉讼证据司法解释之评论:理由、观点与问题》,中国法制出版社2003年版。

131. 章志远:《行政诉讼类型构造研究》,法律出版社2007年版。
132. 解志勇:《论行政诉讼审查标准:兼论行政诉讼审查前提问题》(修订版),中国人民公安大学出版社2009年版。
133. 刘东亮:《行政诉讼程序的改革与完善:行政行为司法审查标准问题研究》,中国法制出版社2010年版。
134. 高家伟:《行政诉讼证据的理论与实践》,工商出版社1998年版。
135. 孔祥俊:《行政诉讼证据规则与法律适用》,人民法院出版社2005年版。
136. 蔡小雪:《行政诉讼证据规则及运用》,人民法院出版社2006年版。
137. 吴淞豫:《行政诉讼证据合法性研究》,法律出版社2009年版。
138. 胡建淼等:《行政诉讼证据的实证与理论研究:〈最高人民法院关于行政诉讼证据若干问题的规定〉的修改建议稿与论证》,中国法制出版社2010年版。
139. 杨解君主编:《中国行政合同的理论与实践探索》,法律出版社2009年版。
140. 罗豪才、宋功德:《软法亦法:公共治理呼唤软法之治》,法律出版社2009年版。
141. 叶必丰:《行政行为原理》,商务印书馆2014年版。
142. 江必新主编:《中华人民共和国行政诉讼法理解适用与实务指南》,中国法制出版社2015年版。
143. 王克稳:《行政许可中特许权的物权属性与制度构建研究》,法律出版社2015年版。
144. 关保英:《行政法的私权文化与潜能》,山东人民出版社2011年版。
145. 王名扬:《英国行政法》,北京大学出版社2007年版。
146. 何海波:《司法审查的合法性基础:英国话题》,中国政法大学出版社2007年版。
147. 〔英〕威廉·韦德:《行政法》,徐炳等译,中国大百科全书出版社1997年版。
148. 〔英〕彼得·莱兰、戈登·安东尼:《英国行政法教科书》,杨伟东译,北京大学出版社2007年版。
149. 〔英〕卡罗尔·哈洛、理查德·罗林斯:《法律与行政》,杨伟东等译,商务印书馆2004年版。
150. 〔英〕T. R. S. 艾伦:《法律、自由与正义:英国宪政的法律基础》,成协中、江菁译,法律出版社2006年版。
151. 应松年主编:《四国行政法》,中国政法大学出版社2005年版。
152. 张千帆等:《比较行政法:体系、制度与过程》,法律出版社2008年版。
153. 〔新西兰〕迈克尔·塔格特编:《行政法的范围》,金自宁译,中国人民大学出版社2006年版。

154. 罗豪才、毕洪海编:《行政法的新视野》,商务印书馆 2011 年版。

155. 王名扬:《美国行政法》,中国法制出版社 1995 年版。

156. 王静:《美国行政法法官制度研究》,国家行政学院出版社 2009 年版。

157. 〔美〕史蒂文·卡恩:《行政法原理与案例》,张梦中等译,中山大学出版社 2004 年版。

158. 〔美〕肯尼思·F. 沃伦:《政治体制中的行政法》,王丛虎等译,中国人民大学出版社 2005 年版。

159. 〔美〕特伦斯·丹提斯、阿兰·佩兹:《宪制中的行政机关:结构、自治与内部控制》,刘刚等译,高等教育出版社 2006 年版。

160. 〔美〕理查德·B. 斯图尔特:《美国行政法的重构》,沈岿译,商务印书馆 2002 年版。

161. 〔美〕杰瑞·L. 马肖:《行政国的正当程序》,沈岿译,高等教育出版社 2005 年版。

162. 〔美〕凯斯·桑斯坦:《权利革命之后:重塑规制国》,钟瑞华译,中国人民大学出版社 2008 年版。

163. 〔美〕史蒂芬·布雷耶:《规制及其改革》,李洪雷等译,北京大学出版社 2008 年版。

164. 〔美〕肯尼斯·卡尔普·戴维斯:《裁量正义:一项初步的研究》,毕洪海译,商务印书馆 2009 年版。

165. 〔美〕史蒂芬·布雷耶:《打破恶性循环:政府如何有效规制风险》,宋华琳译,法律出版社 2009 年版。

166. 〔美〕朱迪·弗里曼:《合作治理与新行政法》,毕洪海、陈标冲译,商务印书馆 2010 年版。

167. 王名扬:《法国行政法》,北京大学出版社 2007 年版。

168. 〔英〕L. 赖维乐·布朗、〔法〕约翰·S. 贝尔:《法国行政法》,高秦伟、王锴译,中国人民大学出版社 2006 年版。

169. 〔法〕让·里韦罗、让·瓦利纳:《法国行政法》,鲁仁译,商务印书馆 2008 年版。

170. 〔法〕莫里斯·奥里乌:《行政法与公法精要》,龚觅等译,辽海出版社、春风文艺出版社 1999 年版。

171. 〔法〕狄骥:《公法的变迁》,郑戈译,中国法制出版社 2010 年版。

172. 于安:《德国行政法》,清华大学出版社 1999 年版。

173. 刘飞:《德国公法权利救济制度》,北京大学出版社 2009 年版。

174. 〔德〕哈特穆特·毛雷尔:《行政法学总论》,高家伟译,法律出版社 2000 年版。

175. 〔德〕汉斯·沃尔夫等:《行政法》,高家伟译,商务印书馆2002年版。

176. 〔德〕奥托·迈耶:《德国行政法》,刘飞译,商务印书馆2002年版。

177. 〔德〕弗里德赫尔穆·胡芬:《行政诉讼法》,莫光华译,法律出版社2003年版。

178. 〔德〕米歇尔·施托莱斯:《德国公法史(1800—1914):国家法学说和行政学》,雷勇译,法律出版社2007年版。

179. 杨建顺:《日本行政法通论》,中国法制出版社1998年版。

180. 韩君玲:《日本最低生活保障法研究》,商务印书馆2007年版。

181. 王贵松:《日本食品安全法研究》,中国民主法制出版社2009年版。

182. 王天华:《行政诉讼的构造:日本行政诉讼法研究》,法律出版社2010年版。

183. 〔日〕美浓部达吉:《公法与私法》,黄冯明译,中国政法大学出版社2003年版。

184. 〔日〕大桥洋一:《行政法学的结构性变革》,吕艳滨译,中国人民大学出版社2008年版。

185. 〔日〕盐野宏:《行政法总论》,杨建顺译,北京大学出版社2008年版。

186. 〔日〕盐野宏:《行政救济法》,杨建顺译,北京大学出版社2008年版。

187. 〔日〕盐野宏:《行政组织法》,杨建顺译,北京大学出版社2008年版。

188. 〔日〕南博方:《行政法》(第六版),杨建顺译,中国人民大学出版社2009年版。

189. 〔日〕室井力等主编:《日本行政程序法逐条注释》,朱芒译,上海三联书店2014年版。

190. 叶俊荣:《环境政策与法律》,中国政法大学出版社2003年版。

191. 吴庚:《行政法之理论与实用》,中国人民大学出版社2005年版。

192. 翁岳生主编:《行政法》,中国法制出版社2009年版。

193. 刘春萍:《转型期的俄罗斯联邦行政法》,法律出版社2005年版。

194. 〔韩〕金东熙:《行政法》(Ⅰ、Ⅱ),赵峰译,中国人民大学出版社2008年版。

195. 张尚鷟主编:《走出低谷的中国行政法学:中国行政法学综述与评价》,中国政法大学出版社1991年版。

196. 许崇德、皮纯协主编:《新中国行政法学研究综述(1949—1990)》,法律出版社1991年版。

197. 何海波编著:《法治的脚步声:中国行政法大事记(1978—2004)》,中国政法大学出版社2005年版。

198. 刘莘、莫于川主编:《行政法治文苑》,中国政法大学出版社2005年版。

199. 应松年、杨伟东编:《中国行政法学20年研究报告》,中国政法大学出版社2008年版。

200. 林莉红主编:《行政法治的理想与现实——〈行政诉讼法〉实施状况实证研究报告》,北京大学出版社2014年版。

201. 应松年、袁曙宏主编:《走向法治政府:依法行政理论研究与实证调查》,法律出版社2001年版。